MANUAL DO

DIREITO DAS VÍTIMAS E DE VITIMOLOGIA

A tutela das vítimas nas legislações penal e processual penal
e nas Resoluções 243/2021 do CNMP e 253/2018 do CNJ

COLEÇÃO
MANUAIS Dizer o Direito
Coord.: MÁRCIO CAVALCANTE

Leonardo Barreto Moreira Alves

MANUAL DO DIREITO DAS VÍTIMAS E DE VITIMOLOGIA

A tutela das vítimas nas legislações penal e processual penal e nas Resoluções 243/2021 do CNMP e 253/2018 do CNJ

2024

EDITORA JusPODIVM
www.editorajuspodivm.com.br

Dizer o Direito
www.dizerodireito.com.br

EDITORA *Jus*PODIVM
www.editorajuspodivm.com.br

Rua Canuto Saraiva, 131 – Mooca – CEP: 03113-010 – São Paulo – São Paulo
Tel: (11) 3582.5757
• Contato: https://www.editorajuspodivm.com.br/central-de-relacionamento

Copyright: Edições *Jus*PODIVM

Diagramação: Claudia Fatel Lino *(claudiafatellino@gmail.com)*

Capa: Ana Caquetti

A474m Alves, Leonardo Barreto Moreira
Manual do Direito das Vítimas e de Vitimologia / Leonardo Barreto Moreira Alves – São Paulo: Editora JusPodivm, 2024.
432 p.

ISBN: 978-85-442-5214-7

1. Direito Penal. 2. Vitimologia. I. Alves, Leonardo Barreto Moreira. II. Título.

CDD 341.5

BIBLIOTECÁRIA RESPONSÁVEL
Ana Carolina Ribeiro Mois – CRB7 – RJ 007348/0

Dedico a realização deste sonho àqueles que, com muita tolerância, gentileza e sapiência, o alimentaram de perto e diariamente: meus filhos, Cecília e Leonardo, e minha esposa, Patrícia, meus grandes amores, minhas alegrias, meus maiores incentivadores, minha inspiração, minha paz e meu orgulho! Muito obrigado pela compreensão, pela paciência e por todo apoio ao longo do desenvolvimento deste projeto! Este livro também foi escrito por vocês!

AGRADECIMENTOS

Agradeço a Deus, pela vida, saúde, por tantas bênçãos e por iluminar o meu caminho; aos meus pais, Ana Angélica e Jaime, meus heróis, pelo amor incondicional e desmedido, exemplos e valores de vida; à minha querida irmã, Manuela, pela alegria de viver, inspiração para mim; aos meus sogros, Adolpho e Lília, e minhas cunhadas, Luciana e Mariana, pelo suporte em todos os momentos; aos amigos e alunos dos cursos Fundação Escola Superior do Ministério Público de Minas Gerais (FESMPMG), CP Iuris, Fundação Escola Superior do Ministério Público (FMP), Supremo Concursos, Ouse Saber e Sobredireito por prestigiarem meu trabalho como Professor de Direito Processual Penal e por contribuírem diretamente para o amadurecimento das ideias e reflexões apresentadas neste livro; aos colegas, servidores e estagiários do Ministério Público de Minas Gerais, pela troca cotidiana de experiências e pelo constante e incomensurável apoio; aos amigos Lélio Braga Calhau e Renee do Ó Souza, pela valiosa contribuição a esta obra; ao querido amigo Márcio André Lopes Cavalcante, com toda a minha profunda admiração, por mais essa parceria; e a toda equipe da Editora Juspodivm, principalmente Ricardo Didier e Vauledir Santos, por permitir a realização deste projeto.

Belo Horizonte (MG), abril de 2024.

Leonardo Barreto Moreira Alves

Redes sociais: Instagram (professor.leonardobarreto);
X/Twitter (@leonardobmalves);
Facebook (www.facebook.com/leonardobarretomalves).

NOTA DO AUTOR

Desde o advento da Resolução nº 253/2018 do CNJ, que define a política institucional do Poder Judiciário de atenção e apoio às vítimas de crimes e atos infracionais, a tutela penal (em sentido amplo) das vítimas de fatos ilícitos (crimes, atos infracionais, desastres ambientais etc.) vem ganhando destaque na prática forense e, por consequência, na cobrança da matéria em concursos públicos dos mais diversos.

A importância do tema se tornou ainda maior a partir da Resolução nº 243/2021 do CNMP, que dispõe sobre a Política Institucional de Proteção Integral e de Promoção de Direitos e Apoio às Vítimas.

Especificamente quanto aos concursos do Ministério Público, o estudo deste conteúdo passou a ser imperativo, considerando que a Recomendação nº 101/2023 do CNMP inseriu o "Direito das Vítimas" e a Vitimologia como temas obrigatórios no programa dos editais de concurso de ingresso na carreira do Ministério Público e nos cursos de formação de novos membros.

Apesar de toda essa relevância teórica e prática deste conteúdo jurídico, detectamos no mercado uma produção bibliográfica ainda muito escassa a respeito dele. Normalmente, a Vitimologia é abordada em um ou dois capítulos de obras que versam acerca da Criminologia como um todo. Embora muitas delas sejam excelentes, tais obras, pelo seu perfil mais generalista, acabam não proporcionando a necessária profundidade no tratamento da disciplina. De outro lado, há poucos (e ótimos) livros que tratam apenas da Vitimologia, mas eles buscam imprimir um tratamento mais acadêmico ao estudo do tema. Ademais, não surgiu, até o momento, nenhum trabalho que se aventure em apreciar detalhadamente aqueles atos normativos do CNJ e do CNMP.

Nesse cenário, do aparecimento da Recomendação nº 101/2023 do CNMP para cá, passei a receber centenas de pedidos de leitores e seguidores em redes sociais para que escrevesse uma obra que preenchesse aquela lacuna.

Aliado a isso, vale registrar que, na minha experiência profissional enquanto Promotor de Justiça do Ministério Público de Minas Gerais, venho, desde 2021, exercendo minhas funções em Promotorias de Belo Horizonte/MG que atuam na tutela penal de vítimas de crimes, quais sejam, a Promotoria de Combate a Crimes Contra Crianças e Adolescentes (2021-2022) e a Promotoria Especializada no Combate à Violência Doméstica e Familiar Contra a Mulher (2022-até os dias de hoje).

Tudo isso me motivou então a escrever esse "Manual do Direito das Vítimas e de Vitimologia[1]", que, com muita alegria, ora apresento aos queridos leitores!

Trata-se de obra absolutamente pioneira, que é dividida em três partes distintas.

Na primeira parte, o leitor encontrará estudo completo sobre a "Teoria Geral do Direito das Vítimas e de Vitimologia". Assim, serão estudados, por exemplo, o conceito e as espécies de vítima, as espécies de vitimização, as síndromes sofridas pelas vítimas e as cifras da criminalidade, dentre outros. Serão também externadas as concepções da Justiça Restaurativa, do garantismo penal integral e do Processo Penal Coletivo, sendo esta última essencial para se entender por inteiro que a vítima não é definida apenas no plano individual, mas também possui alcance coletivo (vítima coletiva), como se identifica na prática de crimes contra as relações de consumo e o meio ambiente. Além disso, serão apresentados (nesta parte ainda de forma genérica) os direitos titularizados pelas vítimas de crimes, inclusive apontando-se o seu embasamento constitucional. Nesse ponto, é fundamental esclarecer que *toda a abordagem será feita a partir do recorte apresentado pela Resolução nº 253/2018 do CNJ e, sobretudo, pela Resolução nº 243/2021 do CNMP*. É dizer, o enfoque será dado aos direitos fundamentais das vítimas contemplados nos dispositivos desses atos normativos, ainda que eles não constituam um rol taxativo. A finalidade principal dessa primeira parte do trabalho será preparar terreno para a correta compreensão dos direitos das vítimas em espécie, a serem desenvolvidos na segunda parte.

Já na segunda parte, será realizado justamente o estudo dos direitos das vítimas em espécie, discutindo-se os "Instrumentos Penais e Processuais Penais de Tutela aos Direitos das Vítimas em Espécie". Ou seja, serão indicados os mecanismos criados pelo Estado para a defesa dos direitos das vítimas de fatos ilícitos e que se encontram previstos em diplomas legislativos do país, a saber, o CP, a LEP, o CPP, a Lei dos Juizados Especiais Criminais, a Lei da Escuta Especializada, a Lei do PROVITA, a Lei Maria da Penha, a Lei Henry Borel, o Estatuto da Pessoa Idosa, o Estatuto da Pessoa com Deficiência, a Lei de Racismo (com a sua extensão aos crimes de homofobia e transfobia), o CDC e a Lei dos Crimes Ambientais.

Na terceira e última parte, serão avaliadas as atuações do Ministério Público, do Poder Judiciário e da Defensoria Pública para a consecução, na prática, dos direitos das vítimas, sempre sob o olhar da Resolução nº 253/2018 do CNJ e da Resolução nº 243/2021 do CNMP.

Ao longo de todo o texto, constam tabelas e gráficos que otimizam sobremaneira o estudo feito pelo leitor. E, ao final de cada capítulo, há quadro sinótico que o resume.

Dessa maneira, oferecemos à comunidade jurídica uma obra que procura ser didática e objetiva e, ao mesmo tempo, completa sobre a tutela penal dos direitos fundamentais de fatos ilícitos, de acordo com todo o tratamento que a doutrina, a legislação e a jurisprudência atualmente promovem à matéria.

---

1. A obra é tão fiel aos atos normativos do CNJ e do CNMP que escolhemos o seu título exatamente a partir do que fala a Recomendação nº 101/2023 do CNMP, quando se refere ao "Direito das Vítimas" e à Vitimologia como conteúdos obrigatórios nos concursos do Ministério Público.

Decerto, a obra fornecerá todo o conteúdo necessário à preparação para qualquer concurso público que cobre o tema, notadamente aqueles do Ministério Público, da magistratura, da Defensoria Pública e de Delegado de Polícia. Acrescente-se que ela também servirá como um guia completo, de fácil e eficiente consulta, para quem já atua na área.

Esperamos que o amigo leitor fique satisfeito com o resultado final e, ao término da leitura da obra, se sinta preparado para os desafios relacionados ao Direito das Vítimas e à Vitimologia.

Belo Horizonte (MG), abril de 2024.

Leonardo Barreto Moreira Alves
Redes sociais: Instagram (professor.leonardobarreto);
X/Twitter (@leonardobmalves);
Facebook (www.facebook.com/leonardobarretomalves).

APRESENTAÇÃO

Foi com alegria e gratidão que recebi o convite do colega Promotor de Justiça do Ministério Público de Minas Gerais, Leonardo Barreto Moreira Alves, para fazer a apresentação de mais uma de suas valiosas obras jurídicas.

Conheço o professor Leonardo Barreto há mais de uma década. É um pesquisador sério, um professor dedicado ao ensino e uma pessoa sensacional.

Embora o assunto dos direitos das vítimas de crimes já seja estudado há muitas décadas ao redor do mundo, as discussões por profissionais do Direito e, em especial, das ciências criminais, sobre o papel da vítima e sua relação com o Direito Penal e o Processo Penal, são bem mais recentes.

O tema tem ganhado muito espaço nos últimos dez anos não somente pelo esforço dos criminólogos e vitimólogos, mas também pelo papel das decisões de cortes internacionais de direitos humanos, entre elas a europeia e a interamericana.

Paralelamente, as discussões acadêmicas amadureceram muito dentro do Ministério Público, sendo que diversos congressos nacionais do MP, alguns promovidos pela CONAMP – Associação Nacional dos Membros do Ministério Público, foram realizados nos últimos cinco anos com uma grande repercussão dentro da instituição e da própria sociedade civil.

O Professor Barreto traz, ainda, uma importante apresentação sobre a necessidade de se trabalhar uma Teoria Geral do Direito das Vítimas e de Vitimologia neste livro.

O advento das Resoluções 253/2018 do CNJ e 243/2021 do CNMP reforçaram a importância do tema dentro do Ministério Público da Magistratura nacional. Trata-se, pois, de obra essencial para que possamos compreender esses importantes direitos e buscarmos refletir sobre a sua aplicação em face da legislação processual penal brasileira.

Belo Horizonte, abril de 2024.

Lélio Braga Calhau

Promotor de Justiça do MP-MG.

PREFÁCIO

É com imenso entusiasmo e profunda responsabilidade que me encontro diante da honrosa missão de prefaciar este "Manual do Direito das Vítimas e de Vitimologia", obra do estimado colega e renomado jurista Leonardo Barreto Moreira Alves. A perspicácia e a meticulosidade com que o autor desvenda este tema crucial para o sistema de justiça criminal brasileiro elevam este trabalho à categoria de referência indispensável para todos aqueles que se dedicam à árdua tarefa de garantir os direitos das vítimas.

Leonardo Barreto é um profissional destacado no cenário jurídico brasileiro, atuando como promotor de justiça em Minas Gerais. Sua vasta experiência prática no sistema de justiça criminal o habilita a oferecer *insights* valiosos em suas obras. Além disso, sua formação acadêmica como mestre em direito e sua atuação como professor de processo penal em diversos cursos pelo país demonstram seu compromisso com a excelência acadêmica e sua habilidade em transmitir conhecimentos de forma clara e acessível. Seu recente *Manual de Processo Penal* tornou-se rapidamente uma referência nacional, graças ao seu didatismo e profundo conhecimento. No novo *Manual sobre o Direito das Vítimas e de Vitimologia*, esses mesmos atributos garantem uma análise minuciosa e esclarecedora sobre um tema crucial para o contexto jurídico brasileiro.

O "Manual do Direito das Vítimas e de Vitimologia" é uma obra abrangente que se destaca pela sua estrutura meticulosamente organizada, refletindo a *expertise* do autor, Leonardo Barreto, em abordar o tema de maneira abrangente e aprofundada.

Dividido em três partes fundamentais, o manual oferece uma análise interconectada da tutela das vítimas nas legislações penal e processual penal brasileiras, bem como nas importantes Resoluções 243/2021 do Conselho Nacional do Ministério Público (CNMP) e 253/2018 do Conselho Nacional de Justiça (CNJ).

Na primeira parte, o leitor é guiado por uma jornada pela teoria geral do direito das vítimas e de vitimologia, proporcionando uma base sólida para compreender a evolução desses conceitos em nosso país. Nesta seção introdutória, o autor estabelece os fundamentos essenciais e os principais conceitos que permeiam o universo das vítimas e da vitimologia, oferecendo um panorama abrangente sobre o tema.

A segunda parte do manual mergulha profundamente na análise dos instrumentos jurídicos disponíveis às vítimas em geral, conforme previstos em normas esparsas.

Aqui, o leitor é conduzido por uma análise minuciosa das diferentes formas de proteção e assistência oferecidas pelo ordenamento jurídico brasileiro, destacando tanto as lacunas quanto as potenciais áreas de aprimoramento para garantir uma tutela eficaz às vítimas de crimes.

Por fim, a terceira e última parte do manual concentra-se nas instituições moldadas pelo Estado brasileiro para lidar com essa nova fronteira de atuação. Neste segmento, o autor destaca a importância crucial dessas instituições para o sucesso da nova política de atendimento às vítimas, fornecendo *insights* valiosos sobre os desafios enfrentados e as possíveis soluções inovadoras que podem ser adotadas para aprimorar o sistema de justiça e garantir uma proteção efetiva às vítimas. Trata-se de arranjo fundamental para essa política.

A importância e relevância do tema do direito das vítimas no contexto atual do direito brasileiro são inquestionáveis. Em um país onde a efetividade das leis muitas vezes se mostra deficiente na proteção dos direitos dos cidadãos, a questão dos direitos das vítimas ganha ainda mais destaque e urgência. É fundamental compreendermos a evolução histórica do tratamento dispensado às vítimas pelo Estado para entendermos a sua relevância nos dias de hoje.

Historicamente, a atenção dada pelo Estado às vítimas passou por diferentes estágios, conforme apontado pela criminologia. Inicialmente, na chamada Fase Protagonista, a vítima desempenhava um papel central na persecução penal, buscando vingança privada contra o autor do crime. Nessa fase, a vítima tinha um papel ativo na busca por justiça, o que refletia uma abordagem mais individualista e vingativa do sistema penal. Posteriormente, na fase de Neutralização, o Estado assumiu o controle do processo penal, substituindo a vingança privada pela aplicação de punições públicas. Nesse estágio, a vítima perdeu o protagonismo, e o Estado passou a ser o titular do *ius puniendi*, o direito de punir. Embora tenha representado um avanço em relação à justiça privada, essa abordagem muitas vezes deixava as vítimas à margem do sistema, sem oferecer-lhes a devida proteção e assistência. Na atual fase da Redescoberta, na qual a vitimologia se desenvolveu e políticas sociais em favor das vítimas foram implementadas, o foco passou a ser a sua proteção e o apoio, incluindo programas de assistência, reparação, compensação e tratamento.

No contexto normativo atual, observamos um avanço progressivo no tratamento do direito das vítimas, refletido na crescente conscientização sobre a importância de garantir a proteção e assistência adequadas às pessoas afetadas pela criminalidade e pelo abuso de poder. Esse progresso pode ser identificado em diversas iniciativas, desde instrumentos internacionais até legislações nacionais.

Iniciando no âmbito internacional, destacamos a Resolução 40/34 de 1985 da ONU, conhecida como Declaração de Princípios Básicos de Justiça relativos às Vítimas da Criminalidade e Abuso de Poder. Essa declaração estabeleceu princípios fundamentais para a proteção e assistência às vítimas em nível global, influenciando diretamente as políticas adotadas pelos Estados-membros.

No cenário nacional, merece destaque a Reforma no Código de Processo Penal de 2008, que trouxe importantes alterações visando fortalecer os direitos das vítimas no processo penal brasileiro. Além disso, as recentes Resoluções do Conselho Nacional de Justiça (CNJ) e do Conselho Nacional do Ministério Público (CNMP) têm sido cruciais na promoção de diretrizes e procedimentos específicos para o tratamento das vítimas no âmbito do sistema de justiça brasileiro.

Ademais, não podemos ignorar a aprovação de leis recentes, como a Lei 14.245/2022, conhecida como Lei Mariana Ferrer, que trouxe importantes alterações para a proteção das vítimas de violência sexual, e a Lei 14.321/2022, que aborda o crime de violência institucional. Destaca-se ainda o Projeto de Lei que versa sobre o Estatuto das Vítimas, que representará, caso aprovado, um marco na legislação brasileira ao propor uma ampla gama de direitos e garantias para as vítimas de crimes.

Além disso, as sucessivas condenações do Brasil pela Corte Interamericana de Direitos Humanos (CIDH) servem como um alerta e um norte para o país estruturar uma política efetiva de atendimento às vítimas. Essas condenações destacam a necessidade premente de o Estado brasileiro cumprir seu dever de tutela como garantidor positivo dos direitos humanos das vítimas, assegurando-lhes acesso à justiça, reparação integral dos danos e assistência adequada ao longo do processo penal.

Muitos desses julgamentos se fundamentam no art. 8º da Declaração Universal de Direitos Humanos, uma peça-chave no direito internacional que estabelece que toda pessoa vítima de violação de sua esfera juridicamente protegida tem direito a um recurso efetivo perante os tribunais nacionais, para a obtenção de reparação. É importante ressaltar que o conceito de reparação abrange não apenas a compensação financeira, mas também a busca pela condenação do réu, quando aplicável. Essa garantia reforça a crença no sistema penal e tem um efeito preventivo geral, atuando como um elemento dissuasório contra futuras violações.

Além disso, o dever de punição dos autores de violações de direitos humanos está fundamentado em diversos instrumentos internacionais, como a Convenção Americana de Direitos Humanos. Os artigos 8.1, 25 e 1.1 desta Convenção estabelecem claramente o direito das vítimas e seus familiares ao devido processo legal, ao acesso à justiça e à garantia dos direitos humanos por meio da punição dos responsáveis por violações.

No contexto nacional, a Constituição Federal de 1988, em seu artigo 5º, XXXV, assegura à vítima de um crime o direito fundamental à proteção judicial, proibindo a exclusão da apreciação do Poder Judiciário em casos de lesão ou ameaça a direito. Essa garantia constitucional reflete o compromisso do Estado brasileiro em garantir a efetividade do acesso à justiça e a proteção dos direitos das vítimas.

No entanto, os defeitos estruturais do sistema de justiça do Brasil têm contribuído para a perpetuação da impunidade, definida pela Comissão Interamericana de Direitos Humanos (CIDH) como "a falta em seu conjunto de investigação, persecução, captura, instrução processual e condenação dos responsáveis pelas violações dos direitos protegidos pela Convenção Americana, uma vez que o Estado tem a obrigação de combater tal situação por todos os meios legais disponíveis, já que a impunidade propicia a repetição crônica das violações de direitos humanos e a total desproteção das vítimas e seus familiares". (Corte IDH. Caso Ivcher Bronstein. Sentença de 6 de fevereiro de 2001. Série C Nº. 74, par. 186; Corte IDH, Caso do Tribunal Constitucional Sentença de 31 de janeiro de 2001. Série C Nº 71, par. 123;

Corte IDH, Caso Bámaca Velásquez. Sentença de 25 de novembro de 2000. Série C Nº 70, par. 211).

É urgente que o Estado brasileiro adote medidas eficazes para combater a impunidade e garantir a efetiva proteção dos direitos humanos das vítimas, conforme estabelecido pelos tratados internacionais e pela Constituição Federal.

É profundamente lamentável que, em meio a esses avanços normativos notáveis na salvaguarda dos direitos das vítimas, persista uma contra-informação que visa subverter tais direitos, geralmente sob a tese de que *o processo penal não deve nada à vítima* ou que a proteção de seus direitos prejudica as garantias dos acusados. Essa retórica ultrapassada e equivocada apenas serve para obstaculizar o progresso do tema no país. É importante ressaltar que não há propriamente uma dicotomia entre vítima e acusado; trata-se, na verdade, de uma obrigação de proporcionar um meio justo e equitativo para as partes envolvidas no processo, sem relação de prejudicialidade.

Como poderíamos duvidar que essas pessoas não devem ser *agraciadas* com prerrogativas como o direito ao devido acolhimento, à informação, à dignidade, à reparação dos danos, à solução consensual do litígio, à proteção integral, à privacidade e à prioridade de atendimento? Os direitos inerentes às vítimas não devem ser concebidos como contraditórios ou antitéticos aos direitos dos acusados, mas sim como componentes interdependentes e imprescindíveis para a consecução de um sistema de justiça equitativo e imparcial para todas as partes concernidas.

O reconhecimento e a garantia desses direitos das vítimas não acarretam, de maneira automática, prejuízos aos direitos dos acusados. Pelo contrário, constituem elementos basilares de um ordenamento jurídico voltado à conciliação dos interesses e necessidades de todos os atores envolvidos, promovendo, por conseguinte, uma justiça verdadeiramente equânime e compassiva. A tutela e o respaldo conferidos às vítimas não apenas se revestem de imperativos éticos, mas também se revelam como instrumentos de suma relevância na prevenção do delito e na edificação de uma sociedade mais justa e solidária.

Nesse contexto, a análise e o discernimento acerca do direito das vítimas assumem um caráter ainda mais premente. Faz-se mister enfrentar os equívocos e as desinformações que circundam o tema, promovendo um diálogo embasado e construtivo. Somente mediante o reconhecimento e o respeito aos direitos das vítimas é que se poderá alcançar, verdadeiramente, uma justiça que seja equitativa e imparcial para todos os envolvidos.

Nesse sentido, não há dúvidas de que a presente obra representa uma contribuição de valor inestimável para a compreensão e o aprofundamento desse tema de vital importância nos dias atuais. Com sua abordagem minuciosa e perspicaz, o autor desvela nuances cruciais do direito das vítimas, oferecendo uma análise fundamentada e abrangente da legislação que rege a matéria.

É nossa convicção que este trabalho não apenas enriquecerá o debate acadêmico e jurídico sobre o tema, mas também fornecerá subsídios essenciais para profissionais do direito, estudantes e demais interessados na área. Ao mergulhar nas páginas deste manual, o leitor será conduzido por um percurso elucidativo, no qual terá a oportunidade de explorar os conceitos, princípios e instrumentos jurídicos relacionados à tutela das vítimas.

Dessa forma, convidamos calorosamente todos aqueles que almejam aprofundar seus conhecimentos nesse campo tão relevante a se deleitarem com a leitura desta obra. Os benefícios que dela advêm são múltiplos: desde o enriquecimento intelectual até a ampliação das habilidades práticas no exercício do direito. Este livro representa, sem dúvida alguma, uma fonte valiosa de aprendizado e reflexão para aqueles que desejam compreender e atuar de maneira mais eficaz na proteção dos direitos das vítimas e na promoção de uma justiça verdadeiramente inclusiva e humanizada.

Renee do Ó Souza

Mestre em Direito. Pós-graduado em Direito Constitucional,
Direito Processual Civil e em Direito Civil, Difusos e Coletivos.
Promotor de Justiça em Mato Grosso. Professor e autor de obras.

SUMÁRIO

PARTE I

TEORIA GERAL DO DIREITO DAS VÍTIMAS E DE VITIMOLOGIA

PARTE II

INSTRUMENTOS PENAIS E PROCESSUAIS PENAIS DE TUTELA AOS DIREITOS DAS VÍTIMAS EM ESPÉCIE

PARTE I

TEORIA GERAL DO DIREITO DAS VÍTIMAS E DE VITIMOLOGIA

CAPÍTULO I
VITIMOLOGIA

1. BREVES NOÇÕES GERAIS SOBRE VITIMOLOGIA

O termo "Vitimologia" é proveniente da junção entre as palavras "vítima" e "*logos*", o que resulta na concepção do estudo das vítimas. Desse modo, em apertada síntese, pode-se afirmar que a Vitimologia deve ser compreendida como o **estudo científico das vítimas.**

Desenvolvendo com mais detalhes esse conceito clássico, Lélio Braga Calhau, citando Leah E. Daigle, assevera que a Vitimologia é "*o estudo da etiologia (ou causas) da vitimização, suas consequências, como o sistema de justiça criminal acomoda e auxilia as vítimas e como outros elementos da sociedade, como a mídia,* lidam com vítimas de crimes[1]".

Nessa esteira, desde já, é possível verificar a extrema relevância da Vitimologia, pois ela permite (i) compreender com mais exatidão o papel da vítima no processo penal contemporâneo, (ii) destacar o olhar da vítima acerca do fenômeno criminal e dos danos produzidos por este e suportados por aquela, (iii) apontar a necessidade de assistência moral, psicológica, terapêutica e jurídica da vítima, inclusive quanto à reparação do dano (indenização), (iv) constatar, a partir da relação mantida entre vítima e autor do fato delitivo, a eventual prática de conduta dolosa ou culposa deste último, assim também o grau de responsabilidade ou contribuição da vítima, mesmo que voluntária e inconscientemente, para a ocorrência da infração penal, permitindo a correta adequação típica e a justa sanção penal, e (v) tornar possível o estudo da criminalidade real, por meio de informes de vítimas de crimes não conhecidos pelos órgãos oficiais do Estado (a denominada cifra negra[2]).

Quanto ao seu histórico, os primeiros trabalhos sobre vítimas são atribuídos a Hans Gross em 1901. Contudo, a expressão "Vitimologia" foi utilizada pela primeira vez por Benjamim Mendelsohn, na conferência "Um horizonte novo na ciência biopsicossocial: a vitimologia", na Universidade de Bucareste, em 1947, motivo pelo qual ele passou a ser considerado o pai da Vitimologia. Posteriormente, o estudo científico das vítimas se consolidou com a publicação da obra "O criminoso e sua vítima", em 1948, de autoria de Hans Vonz Henting. Digno ainda de registro foi o fato de que, em 1973, foi promovido o 1º Simpósio Internacional de Vitimologia,

---

1. CALHAU, Lélio Braga. *Princípios de Criminologia*. 9. ed. rev., ampl. e atual. Niterói: Impetus, 2020, p. 92.
2. OLIVEIRA, Natacha Alves de. *Criminologia*. 2. ed. rev., ampl. e atual. Salvador: Juspodivm, 2020, p. 135-136.

sob a presidência de Israel Drapkin. No Brasil, o pioneiro da Vitimologia foi Edgard de Moura Bittencourt, com a publicação da obra "Vítima" em 1971.

Até os dias de hoje, ainda se identifica na doutrina a discussão sobre a autonomia da Vitimologia. É dizer, para uma corrente minoritária, ela constitui uma ciência autônoma, ao passo que a maioria sustenta que ela é um ramo ou uma disciplina da Criminologia. A nosso ver, é inócua tal discussão, devendo toda a atenção da dogmática ser focada, na verdade, no seu efetivo objeto de estudo, a vítima, figura que cada vez mais vem ganhando o merecido protagonismo na legislação penal e processual penal brasileira e em atos normativos de órgãos públicos, notadamente do Conselho Nacional do Ministério Público (CNMP). Diante disso, nos próximos tópicos, se buscará conhecê-la mais de perto, o que será essencial para o estudo a ser feito na segunda parte desta obra, quando serão abordados os direitos das vítimas reconhecidos pelo ordenamento do país. Nessa senda, nos dois itens a seguir, passa-se a apresentar o conceito e a classificação das vítimas.

2. CONCEITO DE VÍTIMA

Basicamente, há dois tipos de conceito de vítima, um restrito, outro amplo.

De acordo com o conceito restrito, vítima é o sujeito passivo da infração penal. Esse conceito é o adotado no âmbito do Direito Penal. Assim, a vítima é o titular do bem jurídico tutelado pela norma penal incriminadora. Consoante ensinamentos da doutrina, o sujeito passivo se subdivide em *(i) sujeito passivo formal ou constante*, que é o Estado, titular do interesse jurídico de punir advindo da prática da infração penal, e *(ii) sujeito passivo material ou eventual*, que é o titular do bem jurídico ameaçado ou violado[3].

Já sob a ótica do conceito amplo, a vítima é toda pessoa, física ou jurídica, ou mesmo ente coletivo, que tenha sido, de alguma forma, prejudicada por um comportamento humano definido como infração penal. É exatamente esse o conceito adotado pela Vitimologia.

Com efeito, como reconhece a Declaração dos Princípios Fundamentais de Justiça Relativos às Vítimas da Criminalidade e de Abuso de Poder da Organização das Nações Unidas (ONU), de 29 de novembro de 1985, nos itens 1 e 2 de seu anexo,

> *1. Entendem-se por "vítimas" as pessoas que, individual ou coletivamente, tenham sofrido um prejuízo, nomeadamente um atentado à sua integridade física ou mental, um sofrimento de ordem moral, uma perda material, ou um grave atentado aos seus direitos fundamentais, como consequência de atos ou de omissões violadores das leis penais em vigor num Estado membro, incluindo as que proíbem o abuso de poder.*
>
> *2. Uma pessoa pode ser considerada como "vítima", no quadro da presente Declaração, quer o autor seja ou não identificado, preso, processado ou declarado culpado, e quaisquer que sejam os laços de parentesco deste com a vítima. O termo "vítima" inclui também, conforme o caso, a família próxima ou as pessoas a cargo da vítima direta e as pessoas que tenham sofrido um prejuízo ao intervirem para prestar assistência às vítimas em situação de carência ou para impedir a vitimização.*

3. OLIVEIRA, Natacha Alves de. *Criminologia*. 2. ed. rev., ampl. e atual. Salvador: Juspodivm, 2020, p. 135-133.

Como se percebe, indo além da concepção adotada pelo Direito Penal, a Vitimologia considera como vítima toda e qualquer pessoa que sofreu algum tipo de repercussão, ainda que indireta, decorrente da prática de uma infração penal. Nessa linha de raciocínio, igualmente é vítima "a família próxima ou as pessoas a cargo da vítima direta e as pessoas que tenham sofrido um prejuízo ao intervirem para prestar assistência às vítimas em situação de carência ou para impedir a vitimização". Por exemplo, em um crime de homicídio de um arrimo de família, é vítima não só o indivíduo que faleceu, mas também os seus familiares que dele dependiam economicamente.

Elastecendo ainda mais esse conceito já bem amplo, há corrente doutrinária na Vitimologia (mesmo que minoritária), apregoando que a vítima não é apenas a pessoa afetada por uma infração penal, como igualmente aquela lesionada por acidentes e catástrofes. Aliás, impende registrar que é justamente esse o **conceito de vítima adotado pela Resolução nº 243/2021 do CNMP**, a qual dispõe sobre a Política Institucional de Proteção Integral e de Promoção de Direitos e Apoio às Vítimas. Consoante o teor do art. 3º, *caput*, desse ato normativo, *"Entende-se por vítima qualquer pessoa natural que tenha sofrido danos físicos, emocionais, em sua própria pessoa, ou em seus bens, causados diretamente pela prática de um crime, ato infracional, calamidade pública, desastres naturais ou graves violações de direitos humanos"*.

> **Entende-se por vítima qualquer pessoa natural que tenha sofrido danos físicos, emocionais, em sua própria pessoa, ou em seus bens, causados diretamente pela prática de um crime, ato infracional, calamidade pública, desastres naturais ou graves violações de direitos humanos (art. 3º, *caput*, da Resolução nº 243/2021 do CNMP).**

Destarte, o **fato vitimizante** não se limitaria à prática de crime (ou infração penal), podendo resultar da ocorrência de "ato infracional, calamidade pública, desastres naturais ou graves violações de direitos humanos". Nesse trilhar, o § 3º do art. 3º daquele ato normativo, em complemento, estipula que *"Entende-se por fato vitimizante a ação ou omissão que causa dano, menoscaba ou coloca em perigo os bens jurídicos ou direitos de uma pessoa, convertendo-a em vítima, podendo ser tipificados como crime, ato infracional, ou constituir uma violação dos direitos humanos reconhecidos pela Constituição Federal ou por tratados internacionais dos quais o Brasil seja parte"*. A título de ilustração, são vítimas as pessoas que perdem seu patrimônio ou a própria vida em enchentes que atinjam bairros carentes de determinado Município, ainda que não se detecte qualquer responsabilidade penal dos gestores públicos daquela localidade.

Aliás, como se extrai do próprio art. 1º da Resolução nº 243/2021 do CNMP, é objetivo desse ato normativo "assegurar direitos fundamentais às vítimas de infrações penais, atos infracionais, desastres naturais, calamidades públicas e graves violações de direitos humanos, garantindo-lhes acesso à informação, comunicação, participação, verdade, justiça, diligência devida, segurança, apoio, tratamento profissional individualizado e não discriminatório, proteção física, patrimonial, psicológica e de dados pessoais, participação e reparação dos danos materiais, morais e simbólica, suportados em decorrência do fato vitimizante".

Por força desse reconhecimento normativo, é essa a concepção de vítima que passa a ser adotada a partir daqui em toda esta obra.

Em complemento, convém noticiar que, com conteúdo semelhante ao art. 3º, *caput*, da Resolução nº 243/2021 do CNMP, o art. 1º, § 1º, da **Resolução nº 253/2018 do CNJ**, estabelece que *"Para os fins da presente Resolução, consideram-se vítimas as pessoas que tenham sofrido dano físico, moral, patrimonial ou psicológico em razão de crime ou ato infracional cometido por terceiro, ainda que não identificado, julgado ou condenado."*. Essa concepção também será adotada ao longo de toda esta obra.

3. CLASSIFICAÇÃO DAS VÍTIMAS

Na doutrina da Vitimologia, são encontradas diversas classificações das vítimas. Neste tópico, serão abordadas aquelas de maior relevância e, na sequência, será apresentada a classificação própria adotada pela Resolução nº 243/2021 do CNMP.

3.1. Classificação de Benjamim Mendelsohn

A principal classificação dogmática das vítimas é a engendrada por **Benjamim Mendelsohn**, que leva em conta a contribuição da própria vítima para o fato, isto é, se houve participação ou provocação dela para a ocorrência do evento que lhe trouxe prejuízos. Com base nesta classificação, são listadas as seguintes vítimas:

a) **Vítima ideal ou completamente inocente**: é a que não participou (ou participou de forma insignificante), nem contribuiu, de nenhum modo, para a prática do fato. É o que se verifica no crime de infanticídio e em fatos envolvendo pessoas com mediana prudência.

b) **Vítima menos culpada que o criminoso ou vítima por ignorância**: é a que, de modo inadvertido, por negligência ou ignorância, se coloca em situação de perigo e com isso contribui para a ocorrência do fato. É o exemplo da vítima que circula em local perigoso com a bolsa aberta, sendo imprudente.

c) **Vítima tão culpada quanto o criminoso ou vítima voluntária**: é a vítima que tem participação essencial para o cometimento do fato, sendo que a sua responsabilidade se equivale àquela atribuída ao agressor. Exemplos: dupla suicida, rixa, torpeza bilateral no delito de estelionato, aborto consentido, eutanásia etc.

d) **Vítima mais culpada que o criminoso ou vítima provocadora**: é a vítima que dá causa à prática do fato, isto é, provoca ou instiga a sua própria vitimização, contribuindo de maneira relevante para o ato. É o exemplo marcante da vítima de um homicídio privilegiado que ocorre após injusta provocação por parte dela.

e) **Vítima como única culpada**: é a vítima inteiramente responsável pelo fato. É também conhecida como vítima agressora, simulada, simuladora, imaginária ou pseudovítima. É o exemplo do suicida ou mesmo de um agressor que acaba vindo a ser vítima de legítima defesa.

3.2. Classificação de Hans von Hentig

Deve-se ainda destacar a classificação de **Hans von Hentig**, para quem as vítimas são agrupadas em 3 (três) tipos de grupos distintos, a saber:

a) **1º grupo – criminoso – vítima – criminoso, de forma sucessiva**: em virtude da hostilização que o sistema penitenciário lhe conferiu e da repulsa social que sofre fora do cárcere, o criminoso volta a praticar crime, se tornando então reincidente.

b) **2º grupo – criminoso – vítima – criminoso, de forma simultânea**: é o exemplo sintomático do usuário de drogas que acaba se tornando traficante.

c) **3º grupo – criminoso – vítima, de forma imprevisível**: é o exemplo clássico do linchamento do criminoso por populares.

3.3. Classificação geral

A doutrina também fornece uma **classificação geral** das vítimas, nos seguintes termos:

a) **Vítima nata**: é a pessoa que possui predisposição e por isso atua, consciente ou inconscientemente, para se tornar vítima de fatos ilícitos.

b) **Vítima potencial**: é a pessoa que, em virtude do seu comportamento, temperamento ou estilo de vida, atrai o criminoso e facilita o cometimento do ilícito, daí porque se torna, com frequência, vítima dos mesmos fatos.

c) **Vítima eventual ou real**: é a pessoa que não contribui, de nenhuma maneira, para a prática do fato.

d) **Vítima falsa ou simuladora**: é a pessoa que, sabendo não ter sido vítima de nenhum fato, imputa a outrem a prática do ato contra ela, seja por vingança, seja por interesse pessoal.

e) **Vítima voluntária**: é a pessoa que consente e participa do fato. É o exemplo da prática da denominada "roleta russa".

f) **Vítima acidental**: é a pessoa que, ocasionalmente, por negligência ou imprudência, pratica o fato em seu próprio desfavor.

3.4. Classificação adotada pela Resolução nº 243/2021 do CNMP (art. 3º)

As classificações doutrinárias anteriormente apresentadas, no âmbito da denominada vítimo-dogmática, têm como fundamento principal a autorresponsabilidade e a contribuição da vítima para a prática do fato, possuindo relevância no que diz respeito à análise de eventual atenuação da sanção penal a ser aplicada, ou mesmo a isenção de qualquer responsabilidade do autor do fato.

Por sua vez, a **Resolução nº 243/2021 do CNMP**, em seu art. 3º, apresenta classificação própria das vítimas, que leva em conta a relação que a vítima possui com o fato ilícito e a condição pessoal que cada uma delas ostenta. Tal classificação possui uma repercussão prática extremamente importante, que é a de ampliar o espectro de tutela estatal à vítima, pois considera como vítima um rol bem extenso de pessoas. Aliás, como já afirmado em passagem anterior deste capítulo, o *caput* do art. 3º desse ato normativo adota conceito bem elástico de vítima, nele incluindo não só a pessoa que suporta os danos decorrente de um crime, mas também de ato infracional, calamidade pública, desastres naturais ou graves violações de direitos humanos. Assim, de acordo com os incisos I a V do art. 3º do ato normativo em estudo, há as seguintes espécies de vítimas: **I – vítima direta; II – vítima indireta; III – vítima de especial vulnerabilidade; IV – vítima coletiva; V – familiares e pessoas economicamente dependentes da vítima.**

A seguir, cada uma dela será apreciada em tópico separado.

3.4.1. Vítima direta (art. 3º, I, Resolução 243/2021 CNMP)

Por força do previsto no art. 3º, inciso I, da Resolução nº 243/2021 do CNMP, entende-se como **vítima direta** aquela que sofreu lesão direta causada pela ação ou omissão do agente. É o exemplo da vítima do roubo que teve seu aparelho celular subtraído pelo autor do fato.

3.4.2. Vítima indireta (art. 3º, II, Resolução 243/2021 CNMP)

Nos termos do art. 3º, inciso II, da Resolução nº 243/2021 do CNMP, a **vítima indireta** envolve todas as pessoas que possuam relação de afeto ou parentesco com a vítima direta, até o terceiro grau, desde que convivam, estejam sob seus cuidados ou desta dependam, no caso de morte ou desaparecimento causado por crime, ato infracional ou calamidade pública. É o exemplo dos filhos menores de idade de uma pessoa que veio a falecer pela prática de um crime de homicídio por terceiro em seu desfavor.

Esta concepção liga-se diretamente à denominada **vitimização indireta**, processo de vitimização que compreende o sofrimento suportado por pessoas relacionadas intimamente à vítima (direta) do fato ilícito, as quais, embora não sejam lesadas diretamente pela conduta praticada, partilham de seu sofrimento, considerando o vínculo de afeto mantido com aquela vítima[4].

3.4.3. Vítima de especial vulnerabilidade (art. 3º, III e § 2º, Resolução 243/2021 CNMP)

Com fincas no art. 3º, inciso III, da Resolução nº 243/2021 do CNMP, a **vítima de especial vulnerabilidade** é aquela cuja singular fragilidade resulte, especificamente, de sua idade, do seu gênero, do seu estado de saúde ou de deficiência, bem como do fato de o tipo, o grau e a duração da vitimização terem resultado em lesões com consequências graves no seu equilíbrio psicológico ou nas condições de sua integração social. A própria legislação brasileira já vem conferindo proteção especial a essas vítimas. Assim, por exemplo, o art. 171, § 5º, do Código Penal, excepcionando a regra de ação penal pública condicionada à representação do ofendido para o crime de estelionato, estabelece a ação penal pública incondicionada em se

4. OLIVEIRA, Natacha Alves de. *Criminologia*. 2. ed. rev., ampl. e atual. Salvador: Juspodivm, 2020, p. 135-148.

tratando da prática deste delito em desfavor de criança ou adolescente (inciso II), pessoa com deficiência mental (inciso III) ou maior de 70 (setenta) anos de idade ou incapaz (inciso IV). A tutela especial ao hipossuficiente e/ou à pessoa que integra as minorias resta evidente também em leis bem conhecidas e destacadas, como a Lei Maria da Penha (Lei nº 11.340/2006), o Estatuto da Pessoa com Deficiência (Lei nº 13.146/2015) e a Lei Henry Borel (Lei nº 14.344/2022).

Em complemento, reforçando a necessidade de um olhar estatal diferenciado para aquelas vítimas, o § 2º do art. 3º da Resolução nº 243/2021 do CNMP ainda assevera que "devem ser priorizadas as vítimas de infrações penais e atos infracionais que, pela condição de vulnerabilidade em decorrência da idade, do gênero, de deficiência, pelo estado de saúde ou pelas condições, natureza e duração da vitimização causada pelo delito, tenham experimentado consequências físicas ou psíquicas graves".

3.4.4. Vítima coletiva (art. 3º, IV e § 1º, Resolução 243/2021 CNMP)

Como conceitua o art. 3º, inciso IV, da Resolução nº 243/2021 do CNMP, entende-se como **vítima coletiva** o grupo social, comunidades ou organizações sociais atingidas pela prática de crime, ato infracional ou calamidade pública que ofenda bens jurídicos coletivos, tais como a saúde pública, o meio ambiente, o sentimento religioso, o consumidor, a fé pública, a administração pública. É o que se verifica, por exemplo, nos crimes contra as relações de consumo tipificados no Código de Defesa do Consumidor – Lei nº 8.078/1990 (arts. 63 a 74) e nos crimes contra o meio ambiente previstos na Lei nº 9.605/1998 (arts. 29 a 69-A).

Trata-se, pois, de situação verificada quando da prática de fatos que violem interesses difusos, coletivos ou individuais homogêneos (art. 81, I a III, do CDC). Insere-se no contexto do Direito Penal/Processo Penal Coletivo, que será objeto detalhado e específico de estudos no capítulo 3 desta obra, para onde, desde já, se remete o(a) leitor(a).

Em acréscimo, o § 1º do art. 3º da Resolução nº 243/2021 do CNMP ainda esclarece que "aplicam-se às pessoas jurídicas vítimas, no que couber, as medidas de proteção e os direitos assegurados nesta Resolução".

Por fim, saliente-se que a vítima coletiva é também chamada pela doutrina de **vítima não individualizável** ou **conglomerada** ou **virtual**.

3.4.5. Familiares e pessoas economicamente dependentes da vítima (art. 3º, V, Resolução 243/2021 CNMP)

O art. 3º, inciso V, da Resolução nº 243/2021 do CNMP estatui que são também vítimas os **familiares e pessoas economicamente dependentes da vítima**. É o exemplo dos filhos menores de idade que são dependentes economicamente de pessoa vítima (direta) de lesão corporal que resulta em incapacidade permanente para o trabalho (art. 129, § 2º, I, CP).

A hipótese estampada no inciso V se diferencia daquela contida no inciso II do art. 3º do ato normativo em comento, considerando que este último dispositivo se refere a "pessoas que possuam relação de afeto ou parentesco com a vítima direta, até o terceiro grau, desde que convivam, estejam sob seus cuidados ou desta dependam" na situação em que ocorra *morte ou desaparecimento causado por crime, ato infracional ou calamidade pública*, ao passo que o inciso V trata de situação mais genérica, envolvendo "familiares e pessoas economicamente dependentes da vítima" em todo e qualquer caso, salvo justamente se ocorrer "morte ou desaparecimento causado por crime, ato infracional ou calamidade pública" (quando então incidirá a previsão do inciso II).

Como ponto em comum, assim como ocorre no inciso II, a vítima delineada pelo inciso V do art. 3º da Resolução nº 243/2021 do CNMP também se liga diretamente à **vitimização indireta**, processo de vitimização que compreende o sofrimento suportado por pessoas relacionadas intimamente à vítima (direta) do fato ilícito, as quais, embora não sejam lesadas diretamente pela conduta praticada, partilham de seu sofrimento, considerando o vínculo de afeto mantido com aquela vítima[5].

No mais, vale a pena noticiar que, com conteúdo semelhante ao art. 3º, inciso V, da Resolução nº 243/2021 do CNMP, o art. 1º, § 2º, da **Resolução nº 253/2018 do CNJ** aponta que *"O disposto na presente Resolução aplica-se igualmente aos cônjuges, companheiros, familiares em linha reta, irmãos e dependentes das vítimas cuja lesão tenha sido causada por um crime."*.

Espécies de vítimas na Resolução nº 243/2021 do CNMP (art. 3º)
1. Vítima direta (inciso I).
2. Vítima indireta (inciso II).
3. Vítima de especial vulnerabilidade (inciso III e § 2º).
4. Vítima coletiva (inciso IV e § 1º).
5. Familiares e pessoas economicamente dependentes da vítima (inciso V).

4. PROCESSOS DE VITIMIZAÇÃO

A vitimização deve ser compreendida como um fenômeno pelo qual determinada pessoa ou um grupo de indivíduos se tornam vítimas de um fato ilícito. Nesse trilhar, o processo de vitimização (ou *iter victimae*) necessita ser lido como todo o iter percorrido para que alguém se torne vítima de um fato, ou, em outros termos, o "conjunto de etapas que se operam cronologicamente no desenvolvimento da vitimização[6]".

Com efeito, em uma classificação clássica ou tradicional, a doutrina aponta a existência de 4 (quatro) etapas ou fases ou segmentos do processo de vitimização, quais sejam, a (i) vitimização primária, a (ii) vitimização secundária, a (iii) vitimização terciária e a (iv) vitimização quaternária.

---

5. OLIVEIRA, Natacha Alves de. *Criminologia*. 2. ed. rev., ampl. e atual. Salvador: Juspodivm, 2020, p. 135-148.
6. OLIVEIRA, Edmundo. *Vitimologia e direito penal*: o crime precipitado pela vítima. 2. ed. Rio de Janeiro: Forense, 2001, p. 103-104.

Já em outra classificação, são destacadas a (I) vitimização direta e a (II) vitimização indireta.

A seguir, observando-se as duas classificações expostas, cada uma dessas etapas passa a ser destacada em tópico próprio.

4.1. Classificação tradicional

4.1.1. Vitimização primária

A vitimização primária envolve todo o prejuízo imediato que a vítima suporta com a prática do fato ilícito, ou seja, está ligada aos danos patrimoniais, físicos e emocionais provocados diretamente pelo cometimento do fato. A título de ilustração, se, por conta de uma calúnia, um artista deixa de fechar um contrato de publicidade milionário, suportará danos materiais (danos emergentes e lucros cessantes relacionados ao valor que receberia pelo contrato que deixou de firmar), além dos danos morais pela ofensa à sua honra objetiva. Já em um crime de furto de um telefone celular, a vitimização primária se dá no instante em que a vítima perde do seu patrimônio o valor daquele aparelho.

Vale o registro de que o art. 3º, *caput*, da **Resolução nº 243/2021 do CNMP**, trata da vitimização primária quando afirma que se entende por vítima qualquer pessoa natural que tenha sofrido "danos físicos, emocionais, em sua própria pessoa, ou em seus bens, causados diretamente pela prática de um crime, ato infracional, calamidade pública, desastres naturais ou graves violações de direitos humanos [...]". Em complemento, o art. 4º, *caput*, desse ato normativo apregoa que incumbe ao Ministério Público zelar para que sejam assegurados os direitos à informação, segurança, apoio, proteção física, patrimonial, psicológica, documental, inclusive de dados pessoais, participação e reparação *dos danos materiais, psicológicos e morais suportados pelas vítimas em decorrência de delitos penais e atos infracionais* (destacamos).

4.1.2. Vitimização secundária ou revitimização ou sobrevitimização

Em diversas situações, a vítima, além do prejuízo direto que suporta pela prática de um fato ilícito, ainda acaba sendo tratada com absoluta desconfiança, descaso, desinteresse ou mesmo insensibilidade por órgãos públicos que têm o papel de combater a criminalidade e de zelar pela defesa daquela (muitas vezes atuando de forma meramente burocrática), bem como pela própria sociedade e até pela mídia. Desse modo, a intimidade da vítima é exposta no curso do processo (*strepitus judicii*), o que amplia o seu sofrimento físico, emocional, econômico e social.

Nessa senda, tem-se o processo de vitimização secundária ou revitimização ou sobrevitimização como o fenômeno que justamente intensifica o sofrimento da vítima, acrescenta um *plus* aos prejuízos por ela sofridos, em virtude do tratamento que lhe é destinado pelas instituições formais (Polícia, Ministério Público, Poder Judiciário etc.) e informais (sobretudo a mídia e o meio social em que convive) de controle social. Em razão desse processo, a vítima perde a sua credibilidade nas instâncias formais de controle social, o que, por sua vez, contribui para que ela deixe de comunicar a prática de fatos ilícitos aos agentes públicos competentes, fomentando o aumento das denominadas *cifras negras* ou *ocultas*. Por tudo, identifica-se com o processo em comento que a vítima resta estigmatizada e abandonada pelo Estado como um todo e pelo grupo social da qual pertence.

Assim, por exemplo, há vitimização secundária quando a vítima espera por muito tempo em uma Delegacia de Polícia o seu momento para prestar depoimento, ou quando, em qualquer ambiente, tem sua privacidade desrespeitada, com procedimentos invasivos, produções indevidas de perícias, perguntas sobre sua vida pessoal etc. Há também a revitimização se é determinado o comparecimento da vítima a diversos atos processuais, ou se ela é submetida à identificação de suspeitos sem qualquer necessidade para tanto.

Como bem pontua a doutrina, "a vítima se sente maltratada e negligenciada pelo sistema legal, que não dispensa um tratamento condizente com seu papel e que, por vezes, desconfia de seu relato ou a responsabiliza pelo delito sofrido. O sistema penal tradicional coisifica a vítima, tratando-a como mero objeto e não como pessoa titular de direitos e merecedora de dignidade. No sistema tradicional de justiça criminal, portanto, a vítima é reificada (tratada como *res*, coisa). É o caso, por exemplo, da mulher que se dirige a uma delegacia para fazer boletim de ocorrência de estupro e se sente humilhada, ridicularizada, julgada em função dos procedimentos, dos comentários, ou da frieza dos policiais. Não há dúvidas, portanto, de que o sofrimento adicional imposto à vítima pela dinâmica de investigação e julgamento do delito configuram vitimização secundária[7]".

Em complemento, frise-se que o art. 5º, inciso II, do Decreto nº 9.603/18 (decreto regulamentador da Lei nº 13.431/17) conceitua a revitimização como o "discurso ou prática institucional que submeta vítimas ou testemunhas a procedimentos desnecessários, repetitivos, invasivos, que levem tais pessoas a reviver a situação de violência ou outras situações que gerem sofrimento, estigmatização ou exposição de sua imagem".

Nesse contexto, ganha destaque a denominada **violência institucional**, "entendida como a praticada por instituição pública ou conveniada, inclusive quando gerar revitimização", como estatui o art. 4º, inciso IV, da Lei nº 13.431/17. Ou, como estabelece o art. 5º, inciso I, do Decreto nº 9.603/18, é a "violência praticada por agente público no desempenho de função pública, em instituição de qualquer natureza, por meio de atos comissivos ou omissivos que prejudiquem o atendimento à criança ou ao adolescente vítima ou testemunha de violência".

Aliás, noticie-se que o art. 15-A da Lei nº 13.869/19 tipifica como crime de **violência institucional** a conduta de "submeter a vítima de infração penal ou a testemunha de crimes violentos a procedimentos desnecessários, repetitivos ou invasivos, que a leve a reviver, sem estrita necessidade: I – a situação de violência; ou II – outras situações potencialmente geradoras de sofrimento ou estigmatização", prevendo a pena de detenção, de 3 (três) meses a 1 (um) ano, e multa. E se o agente público (notadamente o magistrado) permitir que terceiro intimide a vítima

---

7. BARREIRAS, Mariana Barros. *Manual de Criminologia*. 3. ed. rev., atual. e ampl. São Paulo: Juspodivm, 2023, p. 349-350.

de crimes violentos, gerando indevida revitimização, aplica-se a pena aumentada de 2/3 (dois terços) – § 1º. Finalmente, se o agente público intimidar a vítima de crimes violentos, gerando indevida revitimização, aplica-se a pena em dobro – § 2º.

Ademais, impende mencionar que, no âmbito da **Resolução nº 243/2021 do CNMP**, há referência à vitimização secundária (e à vitimização terciária), mais especificamente em seu art. 4º, parágrafo único, segundo o qual "a vítima tem o direito de ser protegida contra a repetição de delitos da mesma natureza e contra a vitimização secundária e terciária".

4.1.3. Vitimização terciária

A vitimização terciária é aquela decorrente da omissão e da falta de amparo à vítima por parte do Estado, dos familiares e do grupo social em que ela convive, ocasionando nesta o sentimento de profunda humilhação. Trata-se de situação muito comum de se verificar em crimes contra a dignidade sexual, nos quais a vergonha e a discriminação desestimulam a vítima a dar notícia do fato às autoridades competentes.

Assim, por exemplo, no estupro é frequente a vítima ser alvo de preconceito e por isso alijada do convívio social, não sendo raras as situações em que o grupo social comenta à exaustão o fato e até mesmo atribui parcela de culpa àquela. Aliás, como lembra a doutrina, "a fim de ilustrar tal espécie de vitimização, cumpre ressaltar o [...] episódio no Rio de Janeiro, em que uma garota foi vítima do chamado "**estupro coletivo**", onde **vários homens revezaram** entre si durante alguns dias mantendo relações sexuais forçadas com ela, em típico caso de estupro. Após o ocorrido, foi comentário geral nas redes sociais e na comunidade em que a vítima morava de que ela teria sido parcialmente culpada pelo ocorrido, uma vez que já teria feito tal prática anteriormente e não tinha reclamado na Polícia. Ademais, ela também mantinha relacionamento amoroso com um dos envolvidos e de forma sistemática frequentava bailes *funk* em que tal prática era corriqueira[8]".

No mais, relembre-se que a **Resolução nº 243/2021 do CNMP** menciona a vitimização terciária (ao lado da vitimização secundária), quando, em seu art. 4º, parágrafo único, afirma que "a vítima tem o direito de ser protegida contra a repetição de delitos da mesma natureza e contra a vitimização secundária e terciária".

4.1.4. Vitimização quaternária

Conforme concepção mais moderna dos processos de vitimização, há de se falar da denominada vitimização quaternária, entendida como o "medo irracional de se converter em vítima que se internaliza pela falsa percepção da realidade a partir das informações levantadas pela mídia, que apresenta a criminalidade de acordo com uma série de interesses particulares (econômico-políticos), sem se preocupar com uma visão criminológica crítica[9]".

8. GONZAGA, Christiano. *Manual de Criminologia*. São Paulo: Saraiva, 2018, p. 163.
9. BARREIRAS, Mariana Barros. *Manual de Criminologia*. 3. ed. rev., atual. e ampl. São Paulo: Juspodivm, 2023, p. 351.

Com efeito, nota-se o sentimento social de receio de pessoas que nem sempre são as mais perigosas e, de outro lado, a falta de noção coletiva dos índices reais da criminalidade no contexto de cada localidade.

Nessa esteira, é sintomática a influência da mídia (especialmente aquela sensacionalista, que se utiliza de apresentadores ou jornalistas populares) na falta percepção da sociedade acerca da criminalidade, o que faz com que muitas vezes o corpo coletivo volte as suas atenções a indivíduos que, embora pratiquem crimes, como homicídio, roubo e estupro, não são os maiores riscos para a ordem pública, ao passo que os agentes que cometem delitos que verdadeiramente colocam em xeque valores sociais relevantes, instituições democráticas, agentes públicos e a própria Democracia, acabam sendo negligenciados, normalmente por fatores ligados à Economia e à política.

Desse modo, identifica-se que o contexto da *macrocriminalidade*, que envolve a prática de crimes como os de colarinho branco, contra a ordem tributária, a ordem econômica, o sistema financeiro, crimes políticos/crimes contra o Estado Democrático de Direito etc., é acobertado pelo destaque intenso e diário aos delitos que ocorrem no cenário clássico da microcriminalidade. Não há dúvidas de que estes últimos crimes, muitas vezes, são graves e têm relevância social, mas decerto eles têm repercussão localizada e delimitada, pois atingem bens jurídicos individualizados, ao contrário do que ocorre com os delitos cometidos dentro da *macrocriminalidade*, violadores de interesses difusos, coletivos e individuais homogêneos e que por isso contam com uma repercussão social difusa.

O cenário da *macrocriminalidade* será destacado com maiores detalhes nos dois próximos capítulos, para onde se remete o(a) leitor(a).

Processos de vitimização (classificação tradicional)
1. Vitimização primária.
2. Vitimização secundária ou revitimização ou sobrevitimização.
3. Vitimização terciária.
4. Vitimização quaternária.

4.2. Vitimização direta e vitimização indireta

Levando em conta classificação mais contemporânea, a doutrina distingue a vitimização direta da vitimização indireta.

A **vitimização direta** é a que se relaciona à **vítima direta**, isto é, aquela que suporta diretamente os prejuízos de um fato ilícito. Como já visto anteriormente, o art. 3º, inciso I, da Resolução nº 243/2021 do CNMP estipula como vítima direta aquela que sofreu lesão direta causada pela ação ou omissão do agente. É o exemplo da vítima do roubo que teve seu aparelho celular subtraído pelo autor do fato.

Por sua vez, a **vitimização indireta** é o processo de vitimização que compreende o sofrimento suportado por pessoas relacionadas intimamente à vítima (direta) do fato ilícito, as quais, embora não sejam lesadas diretamente pela conduta praticada, partilham de seu sofrimento, considerando o vínculo de afeto mantido com aquela vítima[10].

Também como já explicitado em passagem anterior, o art. 3º, inciso II, da Resolução nº 243/2021 do CNMP prevê que a **vítima indireta** envolve todas as pessoas que possuam relação de afeto ou parentesco com a vítima direta, até o terceiro grau, desde que convivam, estejam sob seus cuidados ou desta dependam, no caso de morte ou desaparecimento causado por crime, ato infracional ou calamidade pública. Por exemplo, em um crime de feminicídio, os filhos menores de idade são vítimas indiretas, não só por perderem a mãe, mas também por presenciarem o delito. Aliás, registre-se que o art. 121, § 7º, inciso III, do Código Penal reconhece como causa especial de aumento de pena (de 1/3 até metade) o fato de que o feminicídio foi praticado na presença física ou virtual de descendente ou ascendente da vítima.

Em complemento, igualmente no contexto da vitimização indireta, o art. 3º, inciso V, da Resolução nº 243/2021 do CNMP, estatui que são também vítimas os familiares e pessoas economicamente dependentes da vítima. É o exemplo dos filhos menores de idade que são dependentes economicamente de pessoa vítima (direta) de lesão corporal que resulta em incapacidade permanente para o trabalho (art. 129, § 2º, I, CP). Com sentido semelhante, o art. 1º, § 2º, da **Resolução nº 253/2018 do CNJ** aponta que *"§ 2º O disposto na presente Resolução aplica-se igualmente aos cônjuges, companheiros, familiares em linha reta, irmãos e dependentes das vítimas cuja lesão tenha sido causada por um crime"*.

Em termos legislativos, vale a pena mencionar que a Lei nº 13.344/2016, que dispõe sobre prevenção e repressão ao tráfico interno e internacional de pessoas e sobre medidas de atenção às vítimas, acolheu expressamente a distinção entre vítima direta e indireta, ao estipular, em seu art. 6º, o seguinte:

> *Art. 6º A proteção e o atendimento à vítima direta ou indireta do tráfico de pessoas compreendem:*
>
> *I – assistência jurídica, social, de trabalho e emprego e de saúde;*
>
> *II – acolhimento e abrigo provisório;*
>
> *III – atenção às suas necessidades específicas, especialmente em relação a questões de gênero, orientação sexual, origem étnica ou social, procedência, nacionalidade, raça, religião, faixa etária, situação migratória, atuação profissional, diversidade cultural, linguagem, laços sociais e familiares ou outro status;*
>
> *IV – preservação da intimidade e da identidade;*
>
> *V – prevenção à revitimização no atendimento e nos procedimentos investigatórios e judiciais;*
>
> *VI – atendimento humanizado;*
>
> *VII – informação sobre procedimentos administrativos e judiciais.*

Por fim, saliente-se que, para além da vitimização indireta, a doutrina ainda destaca o processo de **heterovitimização**, que compreende a "autorrecriminação da

10. OLIVEIRA, Natacha Alves de. *Criminologia*. 2. ed. rev., ampl. e atual. Salvador: Juspodivm, 2020, p. 135-148.

vítima" pelo crime, por meio de busca de razões que poderiam responsabilizá-la pela prática delituosa. É o exemplo da vítima que deixa a porta do automóvel destrancada.

Processos de vitimização na Resolução nº 243/2021 do CNMP
1. Vitimização direta (art. 3º, I).
2. Vitimização indireta (art. 3º, II e V).

5. SÍNDROMES RELACIONADAS À VITIMIZAÇÃO

Como complemento ao estudo dos processos de vitimização realizados no tópico anterior, no presente item serão abordadas as síndromes relacionadas à vitimização engendradas pela doutrina, senão vejamos.

5.1. Síndrome de Estocolmo

Também conhecida como **Vinculação Afetiva de Terror ou Traumática**, a Síndrome de Estocolmo é um estado psicológico desenvolvido por vítimas privadas de sua liberdade que passam a nutrir simpatia, afinidade/afetividade ou até mesmo sentimentos de amizade e amor por seus agressores.

A expressão tem origem em um assalto a banco ocorrido em 23 de agosto de 1973 a uma agência bancária de Kreditbanken na praça de Norrmalmstorg, no centro de Estocolmo, Suécia, quando quatro vítimas foram mantidas reféns por seis dias e desenvolveram identificação com os agentes do delito, chegando a defendê-los, pedindo a sua liberdade, dando pistas falsas e alegando que a culpada por tudo seria a polícia, por ter efetuado os primeiros disparos. Além disso, ao serem resgatadas, negaram a ajuda dos policiais e utilizaram os próprios corpos para proteger os agressores. Em seguida, uma das vítimas criou um fundo para ajudar os assaltantes com as despesas processuais. Após quarenta anos, uma das reféns ainda mantinha contato com um dos seus algozes.

O termo foi criado pelo criminólogo e psiquiatra Nils Bejerot, que inclusive ajudou a polícia ao longo do sequestro.

Nesta Síndrome, a vítima, buscando evitar comportamentos que desagradem o agressor, cria, como mecanismo de defesa, a identificação com o sequestrador, procurando conquistar sua simpatia. É situação comum em crimes como sequestro, cárcere privado e agressões domésticas.

Como consequência da Síndrome, pode-se criar maior dificuldade para a investigação criminal do fato, já que a vítima se comporta de modo a ocultar informações importantes a respeito da prática delitiva.

5.2. Síndrome de Lima

A Síndrome de Lima pode ser entendida como a outra face da mesma moeda da Síndrome de Estocolmo. É que ela também envolve a afeição advinda de hipótese de privação de liberdade, mas a Síndrome em comento se refere aos agressores, que acabam desenvolvendo sentimentos de cumplicidade e simpatia em relação às vítimas, preocupando-se com o seu bem-estar.

A expressão tem origem em um sequestro de centenas de pessoas praticado pelo Movimento Revolucionário Túpac Amaru que ocorreu na Embaixada do Japão, em Lima, Peru, em 1996. Após toda a prática delitiva, não foi feito pelos agentes qualquer pedido de resgate, tendo os reféns sido liberados por sentimentos de afeto e compaixão.

Aliás, já no episódio que levou à criação do termo Síndrome de Estocolmo, um dos raptores, Jan Olsson, já havia afirmado em entrevistas posteriores ao fato que não conseguiu matar as vítimas porque estreitou laços de afeto com elas.

5.3. Síndrome de Londres

Em sentido oposto à Síndrome de Estocolmo, na Síndrome de Londres as vítimas passam a ter uma postura de franco enfrentamento com os seus agressores em face do comportamento hostil recebido deles. Diante disso, as vítimas discutem e discordam dos autores do fato, criando-se uma desafeição, a qual pode comprometer a negociação feita pela polícia, com a possibilidade de desfecho trágico, até mesmo com a morte das pessoas capturadas.

A expressão tem origem em um sequestro realizado por seis terroristas iranianos na Embaixada do Irã em Londres, no período entre 30 de abril a 5 de maio de 1980, quando mantiveram como reféns dezesseis diplomatas e funcionários iranianos, três cidadãos britânicos e um libanês, em episódio que ficou conhecido como Operação Nimrod. Dentre os reféns, estava um funcionário iraniano, chefe de imprensa da Embaixada, chamado Abbas Lavasani, que teve postura de enfrentamento e discussão com os terroristas, afirmando a todo momento que nunca se dedicaria ao Aiatolá e que seu compromisso era com a justiça da revolução islâmica. O embate chegou a tal ponto que os sequestradores executaram Lavasani e o jogaram para fora do prédio no intuito de conferir credibilidade às ameaças que foram feitas e demonstrar a força que alegavam possuir.

5.4. Síndrome da Mulher de Potifar

Segundo o texto da Bíblia (Gênesis, capítulos 37 e 39), José (do Egito, filho de Jacó) foi vendido como escravo a um oficial do exército egípcio, Potifar, cuja mulher, após ter tentado sem sucesso seduzi-lo, passou a imputar-lhe falsamente a prática de crime de estupro, o que culminou em sua prisão. Diante disso, a Criminologia criou a Síndrome da mulher de Potifar para se referir à situação em que a mulher, rejeitada, oferece uma notícia de crime contra a dignidade sexual falsa apenas para prejudicar a pessoa que a rejeitou.

Além dos efeitos de Direito Penal (crime de calúnia ou até denunciação caluniosa), há repercussão da matéria também no Processo Penal, cabendo ao delegado que receber essa notícia-crime, antes de instaurar formalmente o inquérito policial, realizar diligências preliminares e informais que busquem apurar um mínimo de veracidade dos fatos narrados pela suposta vítima. Em juízo, no contexto do convencimento motivado, este depoimento certamente perderia credibilidade com a análise das demais provas colhidas pelas partes.

Em crimes contra a dignidade sexual, essa situação é extremamente delicada, pois, muitas vezes, eles ocorrem sem testemunhas, motivo por que a prova pericial e os depoimentos da vítima e do agressor ganhem especial relevância. Por consequência, cabe às autoridades competentes atuarem de modo cuidadoso na busca da verossimilhança do depoimento da vítima.

Nessa direção, consoante Enunciado nº 2 do Jurisprudência em Teses, edição 151, do STJ, "*em delitos sexuais, comumente praticados às ocultas, a palavra da vítima possui especial relevância, desde que esteja em consonância com as demais provas acostadas aos autos*".

A doutrina esclarece que, apesar de o termo em estudo se referir ao gênero feminino, também se admite sua incidência na hipótese de vítimas do gênero masculino, considerando que, desde a reforma promovida no Código Penal pela Lei nº 12.015/2009, o sujeito passivo do delito de estupro pode ser tanto a mulher quanto o homem. Além disso, a dogmática esclarece que "não se pode admitir, sob pena de se contribuir para a vitimização secundária, que, com base em dita teoria, as autoridades públicas se neguem a registrar e apurar notícias de crimes contra a dignidade sexual praticados sem a presença de testemunhas, devendo-se destacar ser esta uma característica típica do *modus operandi* de delitos dessa natureza[11]".

5.5. Síndrome de Barbie

A Síndrome de Barbie está ligada ao fato de muitas mulheres não se enxergarem enquanto sujeitos de direito, pois, ao longo da sua vida, desde a infância – quando brincavam de boneca (daí o termo "Barbie"), casinha etc. –, foram condicionadas ao papel de objeto.

Há, pois, verdadeira coisificação das mulheres, o que pode configurar importante obstáculo à apuração de delitos das quais elas são vítimas.

5.6. Síndrome do Desamparo Aprendido

Trata-se de Síndrome em que a vítima, depois de vivenciar diversos episódios traumáticos sem qualquer reação, internaliza a crença de que não é mais capaz de modificar o contexto em que está inserida. É situação comum no cenário de violência doméstica e familiar frequente, no qual a vítima deixa de acreditar que pode ficar livre do seu agressor.

5.7. Síndrome da Mulher Maltratada

A **Síndrome da Mulher Maltratada ou da Mulher Espancada** (***Battered Woman Syndrome* – *BWS***) refere-se à situação em que a mulher, vítima de agressões e abusos constantes, revida contra o agente apenas depois dos fatos terem sido praticados,

11. OLIVEIRA, Natacha Alves de. *Criminologia*. 2. ed. rev., ampl. e atual. Salvador: Juspodivm, 2020, p. 155.

de modo imprevisto ou até mesmo premeditado, o que decorre do seu instinto de preservação. Assim, a mulher não reage no exato instante em que a violência contra ela ocorre, mas em momento futuro, o que pode ter consequência penal relevante, qual seja, o afastamento da tese de legítima defesa. Todavia, admite-se que se exclua a culpabilidade pela inexigibilidade de conduta diversa.

5.8. Síndrome da Gaiola de Ouro

A Síndrome da Gaiola de Ouro engloba a situação em que a vítima declara estar vivenciando um relacionamento abusivo, tem chances de romper tal relação, porém acaba preferindo permanecer naquela situação, normalmente por algum tipo de benefício secundário, especialmente a estabilidade financeira.

5.9. Síndrome de Oslo

Na Síndrome de Oslo, a vítima acredita que é a única pessoa responsável pela situação de maus-tratos pela qual está passando, sendo até mesmo "merecedora" da experiência que vem vivenciando.

Síndromes relacionadas à vitimização
1. Síndrome de Estocolmo.
2. Síndrome de Lima.
3. Síndrome de Londres.
4. Síndrome da Mulher de Potifar.
5. Síndrome de Barbie.
6. Síndrome do Desamparo Aprendido.
7. Síndrome da Mulher Maltratada.
8. Síndrome da Gaiola de Ouro.
9. Síndrome de Oslo.

6. CIFRAS DA CRIMINALIDADE

A partir do momento histórico em que a Criminologia passou a se dedicar mais à importância da vítima, conheceu-se mais de perto as reais taxas de criminalidade. Assim, as **pesquisas de vitimização** deixaram de se basear nas estatísticas oficiais, passando a se perguntar a indivíduos de um grupo social se eles foram vítimas de algum crime em determinado lapso temporal. Com essa sistemática, a pergunta é realizada diretamente às possíveis vítimas, por entrevistadores que não ligam os seus questionamentos à atuação dos órgãos de persecução penal, conferindo com isso maiores chances de que as respostas efetivamente correspondam à realidade.

Conforme salienta a doutrina, "as pesquisas de vitimização têm se revelado imprescindíveis, sobretudo por demonstrar que as taxas de subnotificação criminal – ou seja, de delitos que não são reportados às autoridades ou que não são registrados adequadamente pelo Poder Público – são muito significativas em uma série de delitos, como é o caso dos crimes sexuais, em que há vergonha e sentimento de humilhação; dos crimes de corrupção policial, em que há temor em denunciar o crime para colegas dos próprios agressores; dos crimes de maus-tratos contra crianças, já que a vítima não tem acesso ao sistema de justiça criminal; e dos estelionatos, em que as pessoas ou sentem vergonha de relatar que foram ludibriadas, ou percebem que é desnecessário fazer um registro criminal porque não tiveram prejuízo (nos casos de clonagem de cartão de crédito, por exemplo, quando o próprio banco emissor do cartão realiza o estorno das operações fraudulentas, é comum que a vítima deixe de fazer qualquer registro criminal[12])".

Com efeito, identifica-se uma disparidade considerável entre a **criminalidade real** (aquela que se refere ao número efetivo de crimes praticados em determinado local e em intervalo de tempo delimitado) e a **criminalidade relevada, aparente ou registrada** (a que compreende o número de crimes que, de fato, chegam ao conhecimento do Estado). A partir dessa constatação, a doutrina desenvolve os conceitos de cifra negra, cifra dourada, cifra cinza, cifra amarela, cifra verde, cifra rosa, cifra azul, cifra branca e cifra vermelha, os quais serão explicitados nos tópicos seguintes.

6.1. Cifra negra

Também conhecida como **cifra oculta ou cifra ou zona escura, *dark number* ou *ciffre noir***, a cifra negra envolve a diferença matemática entre a criminalidade real e a criminalidade revelada, ou seja, é o número de crimes que não chega efetivamente ao conhecimento do Estado.

Como se percebe da prática, a cifra negra é elevada em crimes sexuais. Por vergonha, sofrimento ou medo, vítimas deixam de noticiar às autoridades competentes a ocorrência desses delitos. Tem-se a estatística de que, em média, aproximadamente 90% dos crimes sexuais ocorridos não são comunicados ao Estado.

Já em crimes que deixam vestígios, a exemplo do homicídio, a cifra negra costuma ser baixa. Em delitos contra o patrimônio, que atingem bens valiosos protegidos por seguros, como no caso de furto ou roubo de veículo, para que a vítima acione a seguradora deve apresentar o boletim de ocorrência, o que implica em comunicação do fato ao Estado.

Diversos fatos contribuem para a existência da cifra negra, como a crença no sistema de justiça penal, a ocorrência de situação vexatória para a vítima, o grau de relacionamento da vítima com o agressor, a existência de seguro que cobre o objeto do crime, o montante envolvido no delito, dentre outros[13].

Deve o Estado sempre procurar atuar de modo a reduzir ao máximo a cifra negra. Caso ela se mantenha elevada, as estatísticas deixam de ser confiáveis, dificultando a atuação estatal na solução de problemas sociais, já que não se conhece o seu real alcance. Sem dúvida alguma, a sociedade será a maior prejudicada nessa situação.

---

12. BARREIRAS, Mariana Barros. *Manual de Criminologia*. 3. ed. rev., atual. e ampl. São Paulo: Juspodivm, 2023, p. 345.
13. BARREIRAS, Mariana Barros. *Manual de Criminologia*. 3. ed. rev., atual. e ampl. São Paulo: Juspodivm, 2023, p. 346.

6.2. Cifra dourada

A cifra dourada está ligada aos **crimes de colarinho branco (*white-collar crimes*)**, não esclarecidos ou mesmo apurados pelo Estado.

O termo "crimes de colarinho branco" foi difundido por Edwin Sutherland e engloba os **crimes econômicos em sentido amplo**, a exemplo dos crimes de lavagem de capitais (Lei nº 9.613/98), os crimes contra o Sistema Financeiro Nacional (Lei nº 7.492/86), os crimes contra a ordem tributária, ordem econômica e as relações de consumo (Lei nº 8.137/90), os crimes contra a ordem econômica (Lei nº 8.176/91), os crimes eleitorais (Lei nº 4.737/65) etc. São delitos cometidos por indivíduos com alta respeitabilidade e elevado *status* social (integram a elite social), sendo que tais pessoas se utilizam do seu prestígio (pessoal, político e econômico) e dos seus conhecimentos (técnicos e profissionais) para não serem responsabilizados. Tais fatos ocorrem no contexto da *macrocriminalidade*, o qual será devidamente delineado nos dois próximos capítulos desta obra.

6.3. Cifra cinza

A cifra cinza refere-se ao número de **crimes registrados na Delegacia de Polícia** e resolvidos no próprio âmbito policial, sem que haja a necessidade de se instaurar processo penal para que o fato delitivo venha a ser julgado por um magistrado.

Com efeito, são as situações que são solucionadas pelos próprios órgãos policiais em suas atividades cotidianas, ou ainda na própria Delegacia de Polícia, ou ainda quando a vítima renuncia ao seu direito de queixa de representação. No Código de Processo Penal, são os casos previstos no art. 5º, § 4º, c/c art. 24 (não oferecimento ou retratação da representação do ofendido em crimes de ação penal pública condicionada à representação para fins de instauração de inquérito policial) e no art. 5º, § 5º, c/c art. 30 (não autorização da vítima para início do inquérito policial).

A cifra cinza tem o papel de relevar a importância que a Polícia Judiciária possui para promover a mediação enquanto formal alternativa e humanizada de resolução de conflitos, buscando o diálogo entre as partes que construa uma solução consensual capaz de pacificar definitivamente o conflito posto.

6.4. Cifra amarela

A cifra amarela compreende os casos em que se identifica **abuso e violência policial** contra pessoas que acabam não levando tais fatos ao conhecimento dos órgãos públicos competentes (Delegacia de Polícia, Corregedoria, Ouvidoria, Ministério Público etc.), temendo represálias.

6.5. Cifra verde

A cifra verde envolve as ocorrências referentes aos crimes contra o meio ambiente, que não são levadas ao conhecimento dos órgãos policiais ou não são processados porque impossível a tentativa de descoberta da autoria.

6.6. Cifra rosa

Também conhecida como **cifra arco-íris**, a cifra rosa refere-se aos **crimes homofóbicos** que não chegam ao conhecimento das autoridades competentes.

6.7. Cifra azul

O emprego da expressão cifra azul está relacionado à prática de **crimes de colarinho azul (*blue collar crimes*)**, uma alusão à gola do macacão azul usado por operários nas fábricas, ou seja, está ligada à **criminalidade de rua**, aos **delitos cometidos por pessoas economicamente menos favorecidas**, a exemplo do que se verifica nos crimes contra o patrimônio, contra a vida etc. É, pois, o oposto da cifra dourada.

6.8. Cifra branca

A cifra branca está relacionada aos delitos que são efetivamente solucionados, passando por todas as etapas da persecução penal, ainda que não seja proferida uma condenação. Assim, há situações em que os crimes são investigados, denunciados e processados, mas, ao final do processo penal, o acusado não é condenado, por ter agido, por exemplo, por legítima defesa, ou por estar presente uma causa de extinção da punibilidade, como a prescrição.

6.9. Cifra vermelha

A cifra vermelha está relacionada aos homicídios cometidos por um assassino em série (*serial killer*), que conta com um *modus operandi* que é sequencialmente repetido, servindo como uma verdadeira assinatura dele.

Cifras da Criminalidade
1. Cifra negra.
2. Cifra dourada.
3. Cifra cinza.
4. Cifra amarela.
5. Cifra verde.
6. Cifra rosa.
7. Cifra azul.
8. Cifra branca.
9. Cifra vermelha.

7. ATUAÇÃO PREVENTIVA DO ESTADO E POLÍTICAS PÚBLICAS DE PROTEÇÃO ÀS VÍTIMAS

Há certos indivíduos que têm maior propensão de se tornarem vítimas de fatos ilícitos, o que pode decorrer de uma série de fatores, de ordem pessoal, de personalidade ou profissional. A doutrina se refere a essas pessoas como **vítimas latentes ou potenciais** (**"potencial de receptividade vitimal"**).

Nesse cenário, as estatísticas de risco evidenciam que há determinados grupos humanos mais suscetíveis a serem vítimas de crimes, como crianças, adolescentes, pessoas idosas ou com deficiência etc.

Vale aqui o lembrete de que, com esteio no art. 3º, inciso III, da **Resolução nº 243/2021 do CNMP**, denomina-se **vítima de especial vulnerabilidade** aquela cuja singular fragilidade resulte, especificamente, de sua idade, do seu gênero, do seu estado de saúde ou de deficiência, bem como do fato de o tipo, o grau e a duração da vitimização terem resultado em lesões com consequências graves no seu equilíbrio psicológico ou nas condições de sua integração social.

Em razão desse quadro de vulnerabilidade ostentado por esses grupos de indivíduos e considerando a função precípua do Estado Democrático de Direito de tutelar direitos fundamentais dos cidadãos, em respeito à dignidade da pessoa humana (art. 1º, III, da Constituição Federal), faz-se imprescindível que o ente público crie **programas de prevenção vitimária**, com a finalidade de informar e conscientizar tais pessoas de todos os riscos por ela assumidos, fomentando ainda a defesa dos seus próprios interesses. A título de ilustração, é o que pode ser feito por meio de campanhas divulgadas por meios de comunicação e a organização de atividades comunitárias[14].

Em complemento, reforçando a necessidade de um olhar estatal diferenciado para aquelas vítimas, o § 2º do art. 3º da **Resolução nº 243/2021 do CNMP** ainda assevera que "devem ser priorizadas as vítimas de infrações penais e atos infracionais que, pela condição de vulnerabilidade em decorrência da idade, do gênero, de deficiência, pelo estado de saúde ou pelas condições, natureza e duração da vitimização causada pelo delito, tenham experimentado consequências físicas ou psíquicas graves".

Com efeito, impõe-se que o Estado forneça todo tipo de amparo às vítimas de fatos delitivos, por meio de assistência e proteção que mitiguem, ao máximo, os danos físicos, materiais, morais e psicológicos sofridos por elas. É o que se verifica, por exemplo, quando o ente estatal presta assessoramento jurídico e atendimento multidisciplinar (por psicólogo, assistente social, médico etc.), ou quando implementa políticas públicas em favor de vítimas de crimes.

Vale o lembrete de que o art. 245 do Texto Constitucional assevera que *"A lei disporá sobre as hipóteses e condições em que o Poder Público dará assistência aos herdeiros e dependentes carentes de pessoas vitimadas por crime doloso, sem prejuízo da responsabilidade civil do autor do ilícito"*.

No âmbito infraconstitucional, há leis bem destacadas que conferem tutela especial ao hipossuficiente e/ou à pessoa que integra as minorias, como a Lei Maria da Penha

---

14. OLIVEIRA, Natacha Alves de. *Criminologia*. 2. ed. rev., ampl. e atual. Salvador: Juspodivm, 2020, p. 149.

(Lei nº 11.340/2006), o Estatuto da Pessoa com Deficiência (Lei nº 13.146/2015) e a Lei Henry Borel (Lei nº 14.344/2022).

Na Lei Maria da Penha, por exemplo, em seu Título III, há a previsão da assistência à mulher em situação de violência doméstica e familiar, estipulando medidas integradas de prevenção (art. 8º), a assistência à mulher em situação de violência doméstica e familiar prestada de forma articulada e conforme os princípios e as diretrizes previstos na Lei Orgânica da Assistência Social, no Sistema Único de Saúde, no Sistema Único de Segurança Pública, entre outras normas e políticas públicas de proteção, e emergencialmente quando for o caso (art. 9º) e todo um regramento acerca do atendimento a ser feito pela autoridade policial em face da iminência ou da prática de violência doméstica e familiar (art. 10).

Em reforço, a Lei nº 12.845/2013 dispõe sobre o atendimento obrigatório e integral de pessoas em situação de violência sexual.

Há ainda de registrar o comando contido na Lei nº 9.807/1999, que estabelece normas para a organização e a manutenção de programas especiais de proteção a vítimas e a testemunhas ameaçadas, institui o Programa Federal de Assistência a Vítimas e a Testemunhas Ameaçadas, criando, no âmbito do órgão do Ministério da Justiça e Segurança Pública com atribuições para a execução da política de direitos humanos, o Programa Federal de Assistência a Vítimas e a Testemunhas Ameaçadas, regulamentado pelo Decreto nº 3.518/2000 (art. 12).

Em sede específica do Ministério Público, a **Resolução nº 243/2021 do CNMP**, em seu Capítulo V, trata da atuação preventiva e difusa do órgão, afirmando que lhe incumbe "estimular políticas públicas e criar, em sua estrutura interna, meios de atendimento às vítimas que busquem evitar a revitimização, bem como núcleos próprios de jurimetria para diagnosticar e produzir uma política de atuação mais eficaz, resolutiva e preventiva" (art. 11). Além disso, "caberá à Presidência do Conselho Nacional do Ministério Público compilar informações do número de casos atendidos, do número de casos em que se verificou a reparação dos danos sofridos, das taxas de vitimização, além de outras políticas que permitam a identificação de direitos difusos, coletivos ou individuais homogêneos lesados" (art. 12).

No mais, como bem pondera a doutrina, "a participação da vítima e sua colaboração com a investigação criminal é de irrefutável importância para o controle social formal. Para tanto, é necessária a credibilidade dos órgãos estatais, devendo-se evitar a chamada vitimização secundária, que, muitas vezes, ante o descaso e desinteresse dos agentes do Estado (policiais, delegados de polícia, promotores, defensores públicos, juízes etc.), faz com que a vítima deixe de levar ao conhecimento das autoridades públicas a ocorrência criminal, incrementando a cifra negra[15]".

15. OLIVEIRA, Natacha Alves de. *Criminologia*. 2. ed. rev., ampl. e atual. Salvador: Juspodivm, 2020, p. 151.

8. QUADRO SINÓTICO

CAPÍTULO I – VITIMOLOGIA	
1. Breves noções gerais sobre Vitimologia	A Vitimologia deve ser compreendida como o estudo científico das vítimas. Quanto ao seu histórico, os primeiros trabalhos sobre vítimas são atribuídos a Hans Gross em 1901. Contudo, a expressão "Vitimologia" foi utilizada pela primeira vez por Benjamim Mendelsohn, na conferência "Um horizonte novo na ciência biopsicossocial: a vitimologia", na Universidade de Bucareste, em 1947, motivo pelo qual ele passou a ser considerado o pai da Vitimologia. Posteriormente, o estudo científico das vítimas se consolidou com a publicação da obra "O criminoso e sua vítima", em 1948, de autoria de Hans Vonz Henting. Digno ainda de registro foi o fato de que, em 1973, foi promovido o 1º Simpósio Internacional de Vitimologia, sob a presidência de Israel Drapkin. No Brasil, o pioneiro da Vitimologia foi Edgard de Moura Bittencourt, com a publicação da obra "Vítima" em 1971. Até os dias de hoje, ainda se identifica na doutrina a discussão sobre a autonomia da Vitimologia. É dizer, para uma corrente minoritária, ela constitui uma ciência autônoma, ao passo que a maioria sustenta que ela é um ramo ou uma disciplina da Criminologia.
2. Conceito de vítima	De acordo com o conceito restrito, vítima é o sujeito passivo da infração penal. Esse conceito é o adotado no âmbito do Direito Penal. Assim, a vítima é o titular do bem jurídico tutelado pela norma penal incriminadora. Consoante ensinamentos da doutrina, o sujeito passivo se subdivide em *(i) sujeito passivo formal ou constante*, que é o Estado, titular do interesse jurídico de punir advindo da prática da infração penal, e *(ii) sujeito passivo material ou eventual*, que é o titular do bem jurídico ameaçado ou violado. Já sob a ótica do conceito amplo, a vítima é toda pessoa, física ou jurídica, ou mesmo ente coletivo, que tenha sido, de alguma forma, prejudicada por um comportamento humano definido como infração penal. É exatamente esse o conceito adotado pela Vitimologia, bem como pelo art. 3º, *caput*, da Resolução nº 243/2021 do CNMP e art. 1º, § 1º, da Resolução nº 253/2018 do CNJ. O fato vitimizante não se limita à prática de crime (ou infração penal), podendo resultar da ocorrência de "ato infracional, calamidade pública, desastres naturais ou graves violações de direitos humanos". Nessa direção é o disposto no § 3º do art. 3º da Resolução nº 243/2021 do CNMP.
3. Classificação das vítimas. **3.1. Classificação de Benjamim Mendelsohn**	A principal classificação dogmática das vítimas é a engendrada por Benjamim Mendelsohn, que leva em conta a contribuição da própria vítima para o fato, isto é, se houve participação ou provocação dela para a ocorrência do evento que lhe trouxe prejuízos. Com base nesta classificação, são listadas as seguintes vítimas: **a) Vítima ideal ou completamente inocente**: é a que não participou (ou participou de forma insignificante), nem contribuiu, de nenhum modo, para a prática do fato. É o que se verifica no crime de infanticídio e em fatos envolvendo pessoas com mediana prudência.

CAPÍTULO I – VITIMOLOGIA	
3. Classificação das vítimas. 3.1. Classificação de Benjamim Mendelsohn	b) **Vítima menos culpada que o criminoso ou vítima por ignorância**: é a que, de modo inadvertido, por negligência ou ignorância, se coloca em situação de perigo e com isso contribui para a ocorrência do fato. É o exemplo da vítima que circula em local perigoso com a bolsa aberta, sendo imprudente. c) **Vítima tão culpada quanto o criminoso ou vítima voluntária**: é a vítima que tem participação essencial para o cometimento do fato, sendo que a sua responsabilidade se equivale àquela atribuída ao agressor. Exemplos: dupla suicida, rixa, torpeza bilateral no delito de estelionato, aborto consentido, eutanásia etc. d) **Vítima mais culpada que o criminoso ou vítima provocadora**: é a vítima que dá causa à prática do fato, isto é, provoca ou instiga a sua própria vitimização, contribuindo de maneira relevante para o ato. É o exemplo marcante da vítima de um homicídio privilegiado que ocorre após injusta provocação por parte dela. e) **Vítima como única culpada**: é a vítima inteiramente responsável pelo fato. É também conhecida como vítima agressora, simulada, simuladora, imaginária ou pseudovítima. É o exemplo do suicida ou mesmo de um agressor que acaba vindo a ser vítima de legítima defesa.
3. Classificação das vítimas. 3.2. Classificação de Hans von Hentig	Para **Hans von Hentig**, as vítimas são agrupadas em 3 (três) tipos de grupos distintos, a saber: **1º grupo – criminoso – vítima – criminoso, de forma sucessiva**: em virtude da hostilização que o sistema penitenciário lhe conferiu e da repulsa social que sofre fora do cárcere, o criminoso volta a praticar crime, se tornando então reincidente. **2º grupo – criminoso – vítima – criminoso, de forma simultânea**: é o exemplo sintomático do usuário de drogas que acaba se tornando traficante. **3º grupo – criminoso – vítima, de forma imprevisível**: é o exemplo clássico do linchamento do criminoso por populares.
3. Classificação das vítimas. 3.3. Classificação de geral	A doutrina também fornece uma **classificação geral** das vítimas, nos seguintes termos: **Vítima nata**: é a pessoa que possui predisposição e por isso atua, consciente ou inconscientemente, para se tornar vítima de fatos ilícitos. **Vítima potencial**: é a pessoa que, em virtude do seu comportamento, temperamento ou estilo de vida, atrai o criminoso e facilita o cometimento do ilícito, daí porque se torna, com frequência, vítima dos mesmos fatos. **Vítima eventual ou real**: é a pessoa que não contribui, de nenhuma maneira, para a prática do fato. **Vítima falsa ou simuladora**: é a pessoa que, sabendo não ter sido vítima de nenhum fato, imputa a outrem a prática do ato contra ela, seja por vingança, seja por interesse pessoal. **Vítima voluntária**: é a pessoa que consente e participa do fato. É o exemplo da prática da denominada "roleta russa". **Vítima acidental**: é a pessoa que, ocasionalmente, por negligência ou imprudência, pratica o fato em seu próprio desfavor.

CAPÍTULO I – VITIMOLOGIA

3. Classificação das vítimas. 3.4. Classificação adotada pela Resolução nº 243/2021 do CNMP (art. 3º)

A **Resolução nº 243/2021 do CNMP**, em seu art. 3º, apresenta classificação própria das vítimas, que leva em conta a relação que a vítima possui com o fato ilícito e a condição pessoal que cada uma delas ostenta. Assim, de acordo com os incisos I a V do art. 3º daquele ato normativo, há as seguintes espécies de vítimas:

I – vítima direta (art. 3º, I, da Resolução nº 243/2021 do CNMP): entende-se como **vítima direta** aquela que sofreu lesão direta causada pela ação ou omissão do agente. É o exemplo da vítima do roubo que teve seu aparelho celular subtraído pelo autor do fato.

II – vítima indireta (art. 3º, II, da Resolução nº 243/2021 do CNMP): envolve todas as pessoas que possuam relação de afeto ou parentesco com a vítima direta, até o terceiro grau, desde que convivam, estejam sob seus cuidados ou desta dependam, no caso de morte ou desaparecimento causado por crime, ato infracional ou calamidade pública. É o exemplo dos filhos menores de idade de uma pessoa que veio a falecer pela prática de um crime de homicídio por terceiro em seu desfavor.

III – vítima de especial vulnerabilidade (art. 3º, III e § 2º, da Resolução nº 243/2021 do CNMP): é aquela cuja singular fragilidade resulte, especificamente, de sua idade, do seu gênero, do seu estado de saúde ou de deficiência, bem como do fato de o tipo, o grau e a duração da vitimização terem resultado em lesões com consequências graves no seu equilíbrio psicológico ou nas condições de sua integração social. A própria legislação brasileira já vem conferindo proteção especial a essas vítimas. Assim, por exemplo, o art. 171, § 5º, do Código Penal, excepcionando a regra de ação penal pública condicionada à representação do ofendido para o crime de estelionato, estabelece a ação penal pública incondicionada em se tratando da prática deste delito em desfavor de criança ou adolescente (inciso II), pessoa com deficiência mental (inciso III) ou maior de 70 (setenta) anos de idade ou incapaz (inciso IV). A tutela especial ao hipossuficiente e/ou à pessoa que integra as minorias resta evidente também em leis bem conhecidas e destacadas, como a Lei Maria da Penha (Lei nº 11.340/2006), o Estatuto da Pessoa com Deficiência (Lei nº 13.146/2015) e a Lei Henry Borel (Lei nº 14.344/2022). Em complemento, reforçando a necessidade de um olhar estatal diferenciado para aquelas vítimas, o § 2º do art. 3º da Resolução nº 243/2021 do CNMP ainda assevera que "devem ser priorizadas as vítimas de infrações penais e atos infracionais que, pela condição de vulnerabilidade em decorrência da idade, do gênero, de deficiência, pelo estado de saúde ou pelas condições, natureza e duração da vitimização causada pelo delito, tenham experimentado consequências físicas ou psíquicas graves".

IV – vítima coletiva (art. 3º, IV, da Resolução nº 243/2021 do CNMP): é o grupo social, comunidades ou organizações sociais atingidas pela prática de crime, ato infracional ou calamidade pública que ofenda bens jurídicos coletivos, tais como a saúde pública, o meio ambiente, o sentimento religioso, o consumidor, a fé pública, a administração pública. É o que se verifica, por exemplo, nos crimes contra as relações de consumo tipificados no Código de Defesa do Consumidor – Lei nº 8.078/1990 (arts. 63 a 74) e nos crimes contra o meio ambiente previstos

CAPÍTULO I – VITIMOLOGIA	
3. Classificação das vítimas. 3.4. Classificação adotada pela Resolução nº 243/2021 do CNMP (art. 3º)	na Lei nº 9.605/1998 (arts. 29 a 69-A). Em acréscimo, o § 1º do art. 3º da Resolução nº 243/2021 do CNMP ainda esclarece que "aplicam-se às pessoas jurídicas vítimas, no que couber, as medidas de proteção e os direitos assegurados nesta Resolução". Saliente-se que a vítima coletiva é também chamada pela doutrina de **vítima não individualizável** ou **conglomerada** ou **virtual**. **V – familiares e pessoas economicamente dependentes da vítima** (art. 3º, V, da Resolução nº 243/2021 do CNMP): são também vítimas os **familiares e pessoas economicamente dependentes da vítima**. É o exemplo dos filhos menores de idade que são dependentes economicamente de pessoa vítima (direta) de lesão corporal que resulta em incapacidade permanente para o trabalho (art. 129, § 2º, I, CP).
4. Processos de vitimização. 4.1. Classificação tradicional	A vitimização deve ser compreendida como um fenômeno pelo qual determinada pessoa ou um grupo de indivíduos se tornam vítimas de um fato ilícito. Com efeito, em uma classificação clássica ou tradicional, a doutrina aponta a existência de 4 (quatro) etapas ou fases ou segmentos do processo de vitimização, quais sejam: **Vitimização primária**: envolve todo o prejuízo imediato que a vítima suporta com a prática do fato ilícito, ou seja, está ligada aos danos patrimoniais, físicos e emocionais provocados diretamente pelo cometimento do fato. O art. 3º, *caput*, da **Resolução nº 243/2021 do CNMP** trata da vitimização primária quando afirma que se entende por vítima qualquer pessoa natural que tenha sofrido "danos físicos, emocionais, em sua própria pessoa, ou em seus bens, causados diretamente pela prática de um crime, ato infracional, calamidade pública, desastres naturais ou graves violações de direitos humanos [...]". Em complemento, o art. 4º, *caput*, desse ato normativo apregoa que incumbe ao Ministério Público zelar para que sejam assegurados os direitos à informação, segurança, apoio, proteção física, patrimonial, psicológica, documental, inclusive de dados pessoais, participação e reparação *dos danos materiais, psicológicos e morais suportados pelas vítimas em decorrência de delitos penais e atos infracionais* (destacamos). **Vitimização secundária ou revitimização ou sobrevitimização**: é o fenômeno que intensifica o sofrimento da vítima, acrescenta um *plus* aos prejuízos por ela sofridos, em virtude do tratamento que lhe é destinado pelas instituições formais (Polícia, Ministério Público, Poder Judiciário etc.) e informais (sobretudo a mídia e o meio social em que convive) de controle social. No âmbito da **Resolução nº 243/2021 do CNMP**, há referência à vitimização secundária (e à vitimização terciária), mais especificamente em seu art. 4º, parágrafo único, segundo o qual "a vítima tem o direito de ser protegida contra a repetição de delitos da mesma natureza e contra a vitimização secundária e terciária". **Vitimização terciária**: é aquela decorrente da omissão e da falta de amparo à vítima por parte do Estado, dos familiares e do grupo social em que ela convive, ocasionando nesta o sentimento de profunda humilhação. Trata-se de situação muito comum de se verificar em crimes contra a

CAPÍTULO I – VITIMOLOGIA	
4. Processos de vitimização. 4.1. Classificação tradicional	dignidade sexual, nos quais a vergonha e a discriminação desestimulam a vítima a dar notícia do fato às autoridades competentes. A **Resolução nº 243/2021 do CNMP** menciona a vitimização terciária (ao lado da vitimização secundária), quando, em seu art. 4º, parágrafo único, afirma que "a vítima tem o direito de ser protegida contra a repetição de delitos da mesma natureza e contra a vitimização secundária e terciária". **Vitimização quaternária**: é o medo irracional de se converter em vítima que se internaliza pela falsa percepção da realidade a partir das informações levantadas pela mídia, que apresenta a criminalidade de acordo com uma série de interesses particulares (econômico-políticos), sem se preocupar com uma visão criminológica crítica.
4. Processos de vitimização. 4.2. Vitimização direta e vitimização indireta	Levando em conta classificação mais contemporânea, a doutrina distingue a vitimização direta da vitimização indireta, a saber: **Vitimização direta:** é a que se relaciona à **vítima direta**, isto é, aquela que suporta diretamente os prejuízos de um fato ilícito. O art. 3º, inciso I, da Resolução nº 243/2021 do CNMP estipula como vítima direta aquela que sofreu lesão direta causada pela ação ou omissão do agente. É o exemplo da vítima do roubo que teve seu aparelho celular subtraído pelo autor do fato. **Vitimização indireta:** é o processo de vitimização que compreende o sofrimento suportado por pessoas relacionadas intimamente à vítima (direta) do fato ilícito, as quais, embora não sejam lesadas diretamente pela conduta praticada, partilham de seu sofrimento, considerando o vínculo de afeto mantido com aquela vítima. O art. 3º, inciso II, da Resolução nº 243/2021 do CNMP prevê que a **vítima indireta** envolve todas as pessoas que possuam relação de afeto ou parentesco com a vítima direta, até o terceiro grau, desde que convivam, estejam sob seus cuidados ou desta dependam, no caso de morte ou desaparecimento causado por crime, ato infracional ou calamidade pública. Em complemento, igualmente no contexto da vitimização indireta, o art. 3º, inciso V, da Resolução nº 243/2021 do CNMP estatui que são também vítimas os familiares e pessoas economicamente dependentes da vítima. Com sentido semelhante, o art. 1º, § 2º, da **Resolução nº 253/2018 do CNJ** aponta que *"§ 2º O disposto na presente Resolução aplica-se igualmente aos cônjuges, companheiros, familiares em linha reta, irmãos e dependentes das vítimas cuja lesão tenha sido causada por um crime"*. Para além da vitimização indireta, a doutrina ainda destaca o processo de **heterovitimização**, que compreende a "autorrecriminação da vítima" pelo crime, por meio de busca de razões que poderiam responsabilizá-la pela prática delituosa. É o exemplo da vítima que deixa a porta do automóvel destrancada.
5. Síndromes relacionadas à vitimização. 5.1. Síndrome de Estocolmo	Também conhecida como **Vinculação Afetiva de Terror ou Traumática**, a Síndrome de Estocolmo é um estado psicológico desenvolvido por vítimas privadas de sua liberdade que passam a nutrir simpatia, afinidade/afetividade ou até mesmo sentimentos de amizade e amor por seus agressores.

CAPÍTULO I – VITIMOLOGIA	
5. Síndromes relacionadas à vitimização. 5.2. Síndrome de Lima	A Síndrome de Lima pode ser entendida como a outra face da mesma moeda da Síndrome de Estocolmo. É que ela também envolve a afeição advinda de hipótese de privação de liberdade, mas a Síndrome em comento se refere aos agressores, que acabam desenvolvendo sentimentos de cumplicidade e simpatia em relação às vítimas, preocupando-se com o seu bem-estar.
5. Síndromes relacionadas à vitimização. 5.3. Síndrome de Londres	Em sentido oposto à Síndrome de Estocolmo, na Síndrome de Londres as vítimas passam a ter uma postura de franco enfrentamento com os seus agressores em face do comportamento hostil recebido deles. Diante disso, as vítimas discutem e discordam dos autores do fato, criando-se uma desafeição, a qual pode comprometer a negociação feita pela polícia, com a possibilidade de desfecho trágico, até mesmo com a morte das pessoas capturadas.
5. Síndromes relacionadas à vitimização. 5.4. Síndrome da Mulher de Potifar	A Síndrome da mulher de Potifar refere-se à situação em que a mulher, rejeitada, oferece uma notícia de crime contra a dignidade sexual falsa apenas para prejudicar a pessoa que a rejeitou.
5. Síndromes relacionadas à vitimização. 5.5. Síndrome de Barbie	A Síndrome de Barbie está ligada ao fato de muitas mulheres não se enxergarem enquanto sujeitos de direito, pois, ao longo da sua vida, desde a infância – quando brincavam de boneca (daí o termo "Barbie"), casinha etc. –, foram condicionadas ao papel de objeto.
5. Síndromes relacionadas à vitimização. 5.6. Síndrome do Desamparo Aprendido	Trata-se de Síndrome em que a vítima, depois de vivenciar diversos episódios traumáticos sem qualquer reação, internaliza a crença de que não é mais capaz de modificar o contexto em que está inserida. É situação comum no cenário de violência doméstica e familiar frequente, no qual a vítima deixa de acreditar que pode ficar livre do seu agressor.
5. Síndromes relacionadas à vitimização. 5.7. Síndrome da Mulher Maltratada	A Síndrome da Mulher Maltratada refere-se à situação em que a mulher, vítima de agressões e abusos constantes, revida contra o agente apenas depois dos fatos terem sido praticados, de modo imprevisto ou até mesmo premeditado, o que decorre do seu instinto de preservação. Assim, a mulher não reage no exato instante em que a violência contra ela ocorre, mas em momento futuro, o que pode ter consequência penal relevante, qual seja, o afastamento da tese de legítima defesa. Todavia, admite-se que se exclua a culpabilidade pela inexigibilidade de conduta diversa.
5. Síndromes relacionadas à vitimização. 5.8. Síndrome da Gaiola de Ouro	A Síndrome da Gaiola de Ouro engloba a situação em que a vítima declara estar vivenciando um relacionamento abusivo, tem chances de romper tal relação, porém acaba preferindo permanecer naquela situação, normalmente por algum tipo de benefício secundário, especialmente a estabilidade financeira.
5. Síndromes relacionadas à vitimização. 5.9. Síndrome de Oslo	Na Síndrome de Oslo, a vítima acredita que é a única pessoa responsável pela situação de maus-tratos pela qual está passando, sendo até mesmo "merecedora" da experiência que vem vivenciando.

CAPÍTULO I – VITIMOLOGIA	
6. Cifras da Criminalidade. 6.1. Cifra negra	Também conhecida como **cifra oculta ou cifra ou zona escura, *dark number* ou *ciffre noir***, a cifra negra envolve a diferença matemática entre a criminalidade real e a criminalidade revelada, ou seja, é o número de crimes que não chega efetivamente ao conhecimento do Estado.
6. Cifras da Criminalidade. 6.2. Cifra dourada	A cifra dourada está ligada aos **crimes de colarinho branco (*white-collar crimes*)**, não esclarecidos ou mesmo apurados pelo Estado. O termo "crimes de colarinho branco" foi difundido por Edwin Sutherland e engloba os **crimes econômicos em sentido amplo**, a exemplo dos crimes de lavagem de capitais (Lei nº 9.613/98), os crimes contra o Sistema Financeiro Nacional (Lei nº 7.492/86), os crimes contra a ordem tributária, ordem econômica e as relações de consumo (Lei nº 8.137/90), os crimes contra a ordem econômica (Lei nº 8.176/91), os crimes eleitorais (Lei nº 4.737/65) etc. São delitos cometidos por indivíduos com alta respeitabilidade e elevado *status* social (integram a elite social), sendo que tais pessoas se utilizam do seu prestígio (pessoal, político e econômico) e dos seus conhecimentos (técnicos e profissionais) para não serem responsabilizados.
6. Cifras da Criminalidade. 6.3. Cifra cinza	A cifra cinza refere-se ao número de **crimes registrados na Delegacia de Polícia** e resolvidos no próprio âmbito policial, sem que haja a necessidade de se instaurar processo penal para que o fato delitivo venha a ser julgado por um magistrado.
6. Cifras da Criminalidade. 6.4. Cifra amarela	A cifra amarela compreende os casos em que se identifica **abuso e violência policial** contra pessoas que acabam não levando tais fatos ao conhecimento dos órgãos públicos competentes (Delegacia de Polícia, Corregedoria, Ouvidoria, Ministério Público etc.), temendo represálias.
6. Cifras da Criminalidade. 6.5. Cifra verde	A cifra verde envolve as ocorrências referentes aos crimes contra o meio ambiente, que não são levadas ao conhecimento dos órgãos policiais ou não são processados porque impossível a tentativa de descoberta da autoria.
6. Cifras da Criminalidade. 6.6. Cifra rosa	Também conhecida como **cifra arco-íris**, a cifra rosa refere-se aos **crimes homofóbicos** que não chegam ao conhecimento das autoridades competentes.
6. Cifras da Criminalidade. 6.7. Cifra azul	O emprego da expressão cifra azul está relacionado à prática de **crimes de colarinho azul (*blue collar crimes*)**, uma alusão à gola do macacão azul usado por operários nas fábricas, ou seja, está ligada à **criminalidade de rua**, aos **delitos cometidos por pessoas economicamente menos favorecidas**, a exemplo do que se verifica nos crimes contra o patrimônio, contra a vida etc. É, pois, o oposto da cifra dourada.
6. Cifras da Criminalidade. 6.8. Cifra branca	A cifra branca está relacionada aos delitos que são efetivamente solucionados, passando por todas as etapas da persecução penal, ainda que não seja proferida uma condenação. Assim, há situações em que os crimes são investigados, denunciados e processados, mas, ao final do processo penal, o acusado não é condenado, por ter agido, por exemplo, por legítima defesa, ou por estar presente uma causa de extinção da punibilidade, como a prescrição.

CAPÍTULO I – VITIMOLOGIA	
6. Cifras da Criminalidade. 6.9. Cifra vermelha	A cifra vermelha está relacionada aos homicídios cometidos por um assassino em série (*serial killer*), que conta com um *modus operandi* que é sequencialmente repetido, servindo como uma verdadeira assinatura dele.
7. Atuação preventiva do Estado e Políticas Públicas de proteção às vítimas	Há certos indivíduos que têm maior propensão de se tornarem vítimas de fatos ilícitos, o que pode decorrer de uma série de fatores, de ordem pessoal, de personalidade ou profissional. A doutrina se refere a essas pessoas como **vítimas latentes ou potenciais ("potencial de receptividade vitimal")**. Nesse cenário, as estatísticas de risco evidenciam que há determinados grupos humanos mais suscetíveis a serem vítimas de crimes, como crianças, adolescentes, pessoas idosas ou com deficiência etc. Vale o lembrete de que, com esteio no art. 3º, inciso III, da **Resolução nº 243/2021 do CNMP**, denomina-se **vítima de especial vulnerabilidade** aquela cuja singular fragilidade resulte, especificamente, de sua idade, do seu gênero, do seu estado de saúde ou de deficiência, bem como do fato de o tipo, o grau e a duração da vitimização terem resultado em lesões com consequências graves no seu equilíbrio psicológico ou nas condições de sua integração social. Em razão desse quadro de vulnerabilidade ostentado por esses grupos de indivíduos e considerando a função precípua do Estado Democrático de Direito de tutelar direitos fundamentais dos cidadãos, em respeito à dignidade da pessoa humana (art. 1º, III, da Constituição Federal), faz-se imprescindível que o ente público crie **programas de prevenção vitimária**, com a finalidade de informar e conscientizar tais pessoas de todos os riscos por ela assumidos, fomentando ainda a defesa dos seus próprios interesses. A título de ilustração, é o que pode ser feito por meio de campanhas divulgadas por meios de comunicação e a organização de atividades comunitárias. Em complemento, reforçando a necessidade de um olhar estatal diferenciado para aquelas vítimas, o § 2º do art. 3º da **Resolução nº 243/2021 do CNMP** ainda assevera que "devem ser priorizadas as vítimas de infrações penais e atos infracionais que, pela condição de vulnerabilidade em decorrência da idade, do gênero, de deficiência, pelo estado de saúde ou pelas condições, natureza e duração da vitimização causada pelo delito, tenham experimentado consequências físicas ou psíquicas graves". Em sede específica do Ministério Público, a **Resolução nº 243/2021 do CNMP**, em seu Capítulo V, trata da atuação preventiva e difusa do órgão, afirmando que lhe incumbe "estimular políticas públicas e criar, em sua estrutura interna, meios de atendimento às vítimas que busquem evitar a revitimização, bem como núcleos próprios de jurimetria para diagnosticar e produzir uma política de atuação mais eficaz, resolutiva e preventiva" (art. 11). Além disso, "caberá à Presidência do Conselho Nacional do Ministério Público compilar informações do número de casos atendidos, do número de casos em que se verificou a reparação dos danos sofridos, das taxas de vitimização, além de outras políticas que permitam a identificação de direitos difusos, coletivos ou individuais homogêneos lesados" (art. 12).

CAPÍTULO II

GARANTISMO PENAL INTEGRAL E TUTELA AOS DIREITOS DAS VÍTIMAS

1. NOÇÕES GERAIS SOBRE GARANTISMO PENAL

A concepção clássica do garantismo tem sua origem no período do Iluminismo e do liberalismo econômico, no século XVIII, reações ao antigo regime absolutista monárquico, que apregoavam a não intervenção do Estado nas relações privadas, utilizando-se como fundamentos a legalidade estrita, lesividade, responsabilidade pessoal, presunção de inocência (ou não culpabilidade) e contraditório, no intuito de limitar o poder punitivo estatal e tutelar a pessoa humana contra abusos e arbitrariedades[1].

Na concepção garantista, o desvio punível será definido em lei pelo convencionalismo penal, ficando reservada ao legislador, em atenção ao princípio da legalidade estrita, fixar a taxatividade e precisão dos dispositivos legais, livres de valorações subjetivas próprias de um direito penal do autor[2].

Há ainda de se destacar no modelo garantista o elemento do cognitivismo processual, que, com fundamento no princípio da estrita jurisdicionariedade, "atua na determinação concreta do desvio punível, impondo que o juízo penal se limite a apreciar os fatos e direitos constantes do processo[3]".

Nessa senda, o garantismo sustenta que o juiz deve sempre buscar a denominada verdade formal ou processual, de acordo com o modelo juspositivista, observando o direito de defesa, o contraditório e as regras processuais. Desse modo, rechaça-se a ideia de verdade material ou substancial, típica do modelo jusnaturalista, cuja busca, desatrelada aos limites legais, pode suscitar abusos e arbitrariedades em desfavor da pessoa investigada. Assim, a verdade processual é definida como uma verdade provável, sendo que, na hipótese de insuficiência probatória, deve prevalecer o princípio da presunção de inocência ou de não culpabilidade[4].

Com efeito, nas lições de Luigi Ferrajoli, são 10 (dez) os princípios fundantes do garantismo penal[5], a saber:

---

1. OLIVEIRA, Natacha Alves de. *Criminologia*. 2. ed. rev., ampl. e atual. Salvador: Juspodivm, 2020, p. 245.
2. OLIVEIRA, Natacha Alves de. *Criminologia*. 2. ed. rev., ampl. e atual. Salvador: Juspodivm, 2020, p. 245.
3. OLIVEIRA, Natacha Alves de. *Criminologia*. 2. ed. rev., ampl. e atual. Salvador: Juspodivm, 2020, p. 245.
4. OLIVEIRA, Natacha Alves de. *Criminologia*. 2. ed. rev., ampl. e atual. Salvador: Juspodivm, 2020, p. 245.
5. FERRAJOLI, Luigi. *Derecho y razón*: teoria del garantismo penal. 4. ed. Madrid: Trotta, 2000, p. 103-104.

1) Princípio da retributividade ou da sucessividade ou consequencialidade da pena em relação ao delito cometido (*nulla poena sine crimine*): a aplicação da pena depende do cometimento de um fato definido como crime, o que evidencia que Ferrajoli reconhece a necessidade do Direito Penal, contrapondo-se aos abolicionistas;
2) Princípio da legalidade, no sentido lato ou estrito (*nullum crimen sine lege*): não se admite a condenação de alguém, com a consequente imposição da respectiva pena, se não houver previsão legal, devendo esta ser compatível com o sistema constitucional vigente;
3) Princípio da necessidade ou da economia do Direito Penal (*nulla lex poenalis sine necessitate*): apenas se deve recorrer ao Direito Penal quando absolutamente necessário, daí porque se procura solucionar os conflitos, sempre que possível, outros meios. É a *ultima ratio* do Direito Penal;
4) Princípio da lesividade ou da ofensividade do ato (*nulla necessitas sine injuria*): o ato, além de ser típico, deve provocar efetiva lesividade ou ofensividade ao bem jurídico tutelado, desde que se origine da Constituição (direta ou indiretamente) mandato que ordene sua criminalização;
5) Princípio da materialidade ou da exterioridade da ação (*nulla injuria sine actione*);
6) Princípio da culpabilidade ou da responsabilidade pessoal (*nulla actio sine culpa*): a responsabilidade penal recai sobre o agente que praticou o ato, impondo-se a efetiva demonstração da sua culpabilidade; havendo dúvidas razoáveis, deve-se invocar o *in dubio pro reo*;
7) Princípio da jurisdicionalidade, no sentido lato ou estrito (*nulla culpa sine judicio*): o devido processo legal se relaciona diretamente com a imperiosa necessidade de que as sanções penais sejam aplicadas por agente investido de jurisdição de acordo com as competências firmadas pela Constituição;
8) Princípio acusatório ou da separação entre juiz e acusação (*nullum judicium sine accusatione*): o julgador da causa deve ser pessoa distinta da do acusador;
9) Princípio do encargo ou ônus da prova ou da verificação (*nulla accusatio sine probatione*): não cabe ao réu o ônus da prova da sua inocência, mas sim à acusação demonstrar a sua responsabilidade penal;
10) Princípio do contraditório, da defesa ou da falseabilidade (*nulla probatio sine defensione*): decorrência do devido processo legal, veda a existência de "procedimentos kafkanianos", possuindo o réu o direito fundamental de conhecer do que está sendo acusado, devendo lhe ser conferida a mais ampla possibilidade (ampla defesa) para rebater as acusações que lhe são dirigidas.

Com o tempo, essas lições de Ferrajoli acabaram se incorporando às constituições e às codificações de inúmeros ordenamentos jurídicos espalhados pelo mundo, inclusive o brasileiro, transformando-se em verdadeiros princípios do contemporâneo Estado Democrático de Direito.

Aliás, a própria efetividade do sistema penal garantista passou a ser verificada apreciando-se se há ou não a presença desses princípios na ordem jurídico-penal de determinado país. Nesses termos, a falta de alguns princípios pode levar à criação de **sistemas punitivos irracionais**, a saber:

(i) Sistema de mera prevenção: havendo violação ao princípio da retributividade, nesse sistema a sanção penal passa a servir para punir perigos futuros, tendo, pois, caráter preventivo;

(ii) Sistema do Estado policial: descumprindo-se o princípio da legalidade, tal sistema é marcado pela estipulação de tipos penais abertos, sem limites muito bem definidos, dando-se margem ao arbítrio;

(iii) Sistema da justiça patriarcal: é o sistema que se fundamenta na vontade soberana dos monarcas, a qual resta livre de qualquer limite previamente fixado, o que permite a prolação de decisões arbitrárias.

Ainda com esteio nos ensinamentos de Ferrajoli[6], podem ser indicados três significados ou acepções da expressão "garantismo", quais sejam:

a) Modelo normativo de direito: no que diz respeito especificamente ao Direito Penal, o garantismo penal significa um modelo normativo de direito, no sentido de compreender um modelo de estrita legalidade próprio do Estado de direito, que se manifestam em três planos, a saber:

a.1.) Plano epistemológico: é marcado como um sistema cognitivo ou de poder mínimo;

a.2.) Plano político: revela-se como uma técnica de tutela idônea que deveria ser capaz de minimizar a violência e de maximizar a liberdade;

a.3.) Plano jurídico: é caracterizado como um sistema de vínculos impostos à função punitiva do Estado em garantia dos direitos dos cidadãos.

Assim, será garantista todo sistema penal que se ajusta normativamente a tal modelo e o satisfaz de maneira efetiva.

b) Teoria jurídica da "validade" e da "efetividade" como categorias distintas não só entre si, mas, também, pela "existência" ou "vigor" das normas: por esse prisma, garantismo envolve uma aproximação teórica que conserva a separação entre o ser e o dever ser em Direito. Desse modo, não há qualquer dever, principalmente por parte dos juízes, de aplicar as leis inválidas, isto é, incompatíveis com o ordenamento constitucional, mesmo se vigentes. Com efeito, não é suficiente que as regras sejam formalmente vigentes, mas também devem ser válidas, ou seja, emitidas em conformidade com os princípios e valores fundamentais consagrados nos ordenamentos comunitários e nas próprias Constituições.

c) Filosofia política: esse prisma impõe ao Direito e ao Estado o ônus da justificação externa consoante os bens jurídicos e os interesses cuja tutela e garantia constituem exatamente a finalidade de ambos.

Delineada toda a precisa concepção garantista engendrada por Ferrajoli, faz-se imprescindível destacar que, no Brasil, o garantismo penal é apresentado por boa

6. FERRAJOLI, Luigi. *Derecho y razón*: teoria del garantismo penal. 4. ed. Madrid: Trotta, 2000, p. 851-852.

PARTE I

parcela da comunidade jurídica de uma forma distorcida, incompleta, o que dificulta a correta compreensão de diversos institutos de Direito Penal e sobretudo de Processo Penal. Para indicar os erros dessa postura e, sobretudo, apontar caminhos que contornem essa distorção, a doutrina passa a defender no país a adoção de um *garantismo penal integral*, expressão alcunhada por Douglas Fischer[7], para quem o garantismo deve ser entendido de forma integral, ou seja, não somente pela ótica originária de defesa exclusiva de direitos fundamentais de primeira geração, de imposição de limites à atuação do Estado, mas também incluindo as denominadas obrigações processuais penais positivas. Destarte, o garantismo penal integral fornece um duplo viés, negativo e positivo, como será abordado com maiores detalhes no tópico seguinte.

2. GARANTISMO PENAL INTEGRAL

Em matéria penal em sentido amplo, não há dúvidas de que um dos maiores desafios contemporâneos é estabelecer um equilíbrio entre o direito de punir do Estado (*jus puniendi*) – pretensão punitiva – e o direito de liberdade do réu (*jus libertatis*) – pretensão de liberdade. Assim, voltando a atenção especificamente ao Processo Penal, a efetividade da coerção penal *versus* a observância dos direitos fundamentais marca o verdadeiro *dilema existencial do Processo Penal.*[8] Como já foi muito bem reconhecido pelo STJ, "o processo penal moderno é desenvolvido com base em dois direitos fundamentais e, por vezes, antagônicos: direito à segurança e direito à liberdade. Portanto, de um lado, o processo tem que ser eficiente, para efetivar o direito a segurança pública e, ao mesmo tempo, garantista, visando regrar a atuação do Estado, com o fim de evitar arbítrio e preservar a liberdade do cidadão." (STJ, 5ª Turma, RHC nº 161.096/SC, Rel. Min. Joel Ilan Paciornik, j. 17.10.2022).

Ampliando consideravelmente o alcance desta vertente do Processo Penal como instrumento de tutela de direitos fundamentais, é preciso ponderar ainda que, seguindo a lógica de um *garantismo penal integral*, não apenas a esfera do réu deve ser por ele protegida, mas também a condição do ofendido e a própria coletividade.

É natural e aceitável que, em resposta a um longo período ditatorial vivenciado pelo Brasil em boa parte do século XX, a leitura mais recente do Processo Penal feita pela comunidade jurídica nacional tivesse uma maior preocupação com o *status* do réu. Desde a Era Vargas, período em que o CPP foi criado no país, sob a nítida inspiração fascista do Código Rocco editado na Itália por Mussolini, passando pela ditadura militar, o acusado no Processo Penal sempre foi tido com *objeto* (não sujeito) de direitos.

A título de ilustração, na redação original do CPP, o interrogatório era ato privativo do juiz, que buscava, a todo custo, extrair do réu a sua confissão, não se falando, pois, em exercício do contraditório e da ampla defesa nesse momento, daí porque não era permitida a participação das partes neste ato. Como segundo exemplo, tem-se o fato de que, também na redação original do Código, no momento do

7. FISCHER, Douglas. *O que é garantismo penal (integral)?*. *In*: CALABRICH, Bruno; FISCHER, Douglas; PELELLA, Eduardo (Orgs.). *Garantismo Penal Integral*. Salvador: Juspodivm, 2010, p. 25-50.

8. LIMA, Renato Brasileiro de. *Manual de Processo Penal*: volume único. 8. ed. rev., atual. e ampl. Salvador: Juspodivm, 2020, p. 42.

recebimento da peça acusatória, o magistrado necessariamente deveria decretar a prisão preventiva do réu, pouco importando se havia ou não motivo cautelar para tanto. Valia à época a máxima de que "onde há fumaça, há fogo", logo, se foi formulada uma pretensão acusatória pelo Estado, a qual foi recebida pelo juiz, merecia o indivíduo ser recolhido ao cárcere, não se falando em presunção de inocência em seu favor, mas efetivamente em uma presunção de culpabilidade.

Com a Constituição Federal de 1988 e a consolidação do Estado Democrático de Direito no país, era realmente de se esperar que a reação às ações inquisitivas que habitavam o Processo Penal brasileiro até então levasse a uma supervalorização da figura do réu. Sem dúvida alguma, a preocupação da comunidade jurídica nacional, nesse primeiro momento de reação, foi destacar a figura do acusado como verdadeiro *sujeito* (não mais objeto) de direitos fundamentais, tais como contraditório, ampla defesa, presunção de inocência, igualdade etc. Nesse trilhar é que as distorções alhures referidas foram retificadas com o passar do tempo. O interrogatório, por exemplo, desde 2003, com a Lei nº 10.792, em reconhecimento ao contraditório e à ampla defesa, passou a permitir a participação das partes, sendo entendido não apenas como meio de prova, mas também meio de defesa, momento propício para que o acusado possa expor ao julgador a sua versão pessoal dos fatos. A prisão preventiva, por sua vez, em face da presunção de inocência, passou a exigir a configuração de motivos cautelares para a sua decretação, fundamento este que permeia todas as legislações recentes que disciplinaram o tema, notadamente as Leis de números 12.403/2011 e 13.964/2019.

Consequência indesejada desta supervalorização do réu foi a adoção de uma ideia bastante equivocada do sistema garantista no país, que já é conhecido em sede de doutrina como *garantismo à brasileira*. Diferente da concepção original do garantismo na Europa, principalmente na Itália, com Luigi Ferrajoli, no Brasil o garantismo passou a ser sinônimo de uma proteção cega, irrestrita e ilimitada a todo e qualquer direito fundamental exclusivamente do réu, ainda que isso resulte em prejuízo a direito de terceiros, inclusive da própria coletividade. É o que se verifica com o exagerado alcance dos princípios da não autoincriminação, direito ao silêncio, ampla defesa etc., que permitem, a nosso ver, abusos como o direito de o réu até mesmo mentir em juízo em sua defesa, não respondendo penalmente por crime de perjúrio, ao contrário do que ocorre em diversos países, a exemplo dos Estados Unidos. O mesmo se diga quanto a provas obtidas a partir de intervenção corporal no agente delitivo sem o consentimento dele, ainda que não impliquem em nenhuma violação a sua integridade física, a exemplo da realização de exame de DNA por meio da extração de um fio de cabelo ou de saliva. Atualmente, a jurisprudência vem admitindo apenas a prova colhida a partir de material genético descartado.

Ademais, até bem pouco tempo a conduta de atribuir-se falsa identidade perante autoridade policial era atípica, eis que escudada pela autodefesa, o que veio a ser definitivamente alterado com o advento da Súmula nº 522 do STJ (*"A conduta de atribuir-se falsa identidade perante autoridade policial é típica, ainda que em situação de alegada autodefesa"*).

Mais recentemente, verifica-se que o STJ decidiu que "os direitos ao silêncio e de não produzir prova contra si mesmo não são absolutos, razão pela qual não podem ser invocados para a prática de outros delitos. Embora por fatos diversos, aplica-se ao presente caso a mesma solução jurídica decidida pela Terceira Seção desta Corte Superior quando do julgamento do REsp n. 1.362.524/MG, submetido à sistemática dos recursos repetitivos, no qual foi fixada a tese de que 'típica é a conduta de atribuir-se falsa identidade perante autoridade policial, ainda que em situação de alegada autodefesa'" (HC 369.082/SC, Rel. Min. Felix Fischer, Quinta Turma, julgado em 27/6/2017, DJe 1º/8/2017). Em outra oportunidade, no regime de recursos repetitivos, o Tribunal da Cidadania julgou que a desobediência à ordem legal de parada, emanada por agentes públicos em contexto de policiamento ostensivo, para a prevenção e repressão de crimes, constitui conduta penalmente típica, prevista no art. 330 do Código Penal Brasileiro (STJ, Terceira Seção, REsp nº 1.859.933/SC, Rel. Min. Antonio Saldanha Palheiro, j. 09.03.2022 - Tema 1060).

Nessa esteira, aponta-se ainda para a chamada *Síndrome de Alice no País das Maravilhas* ou *Direito Penal da Fantasia*, que se refere ao comportamento adotado por parcela da doutrina que critica todos aqueles que defendem uma maior efetividade do Processo Penal no combate à criminalidade moderna, através de restrições a algumas garantias processuais em casos limites de delitos graves. Esta corrente doutrinária viveria, pois, em um mundo da fantasia, regido por um Direito Penal da Fantasia e no qual não existiriam terroristas e organizações criminosas que comprometessem o bem-estar da coletividade e a sobrevivência humana. Exemplo sintomático desta Síndrome seria a crítica feita por muitos doutrinadores à colaboração premiada, por supostamente ser instituto que acoberta a deslealdade entre coagentes de um delito, ignorando que ela se trata de uma das novas ferramentas criadas para o combate da criminalidade contemporânea (a *macrocriminalidade*, decorrente de atividades exercidas por organizações criminosas).

É preciso superar essa visão *monocular* (isolada) e *hiperbólica* (desproporcional) do garantismo brasileiro (*garantismo hiperbólico monocular*), como aponta Douglas Fischer, para se chegar ao verdadeiro garantismo, o garantismo penal integral.[9] Segundo uma concepção completa do sistema garantista, impõe-se a tutela de todo e qualquer direito fundamental reconhecido pelo Estado Democrático de Direito, seja ele individual (do réu, do ofendido ou até de terceiros, a exemplo de testemunhas) ou coletivo. Em outros termos, o garantismo penal será integral quando efetivamente tutelar todos os direitos fundamentais reconhecidos pelo sistema, pouco importando a sua titularidade. Noutra concepção doutrinária, almeja-se implementar um verdadeiro sistema de **proteção de 360 graus**, no qual todos os envolvidos no processo penal (acusados, vítimas, testemunhas etc.) devem ter seus direitos fundamentais devidamente tutelados.

Desse modo, superado o trauma herdado da ditadura, é chegado o tempo de se buscar um equilibro maior no Processo Penal brasileiro entre os direitos fundamentais que podem se encontrar em jogo. Decerto que a proteção ao réu acaba sendo realmente a mais destacada, até porque ele figura como aquele tecnicamente hipossuficiente em face do Estado, mas isso não pode implicar a ausência absoluta de tutela a outros direitos dos demais envolvidos no processo e da própria sociedade.

9. FISCHER, Douglas. *O que é garantismo penal (integral)?*. *In*: CALABRICH, Bruno; FISCHER, Douglas; PELELLA, Eduardo (Orgs.). *Garantismo Penal Integral*. Salvador: Juspodivm, 2010, p. 25-50.

Com efeito, é exatamente nessa linha de intelecção que se verifica o crescimento da tutela aos direitos fundamentais do ofendido no âmbito do Processo Penal. O Estado (Democrático de Direito) passou a perceber que a sua função nesta seara não é apenas se preocupar com a figura do réu (punindo-o ou protegendo-o), mas também com a pessoa da vítima. Assim, se porventura a prática de uma infração penal provoca no ofendido qualquer tipo de dano (material ou moral), cabe ao Estado, no próprio âmbito do Processo Penal, procurar resolvê-lo ou ao menos minorá-lo. Com isso, o ente estatal assume uma função muito mais proativa de tutela de direitos fundamentais, abandonando assim a posição clássica e bastante cômoda de encaminhar a vítima à esfera cível, para que, por conta própria, alcance a reparação dos danos por ele sofridos, por meio, *verbi gratia*, da via da ação civil *ex delicto*.

Logo, a *instrumentalidade* do processo penal deve abranger também a tutela dos direitos fundamentais do ofendido. Ora, "como o procedimento penal não pode ser reconhecido como a instância mais adequada ao enfrentamento dos crimes e à salvaguarda dos direitos fundamentais violados, o que deveria ser realizado, eminentemente, antes e fora do processo, é igualmente certo que, quando a necessária resposta penal perante a lesão aos direitos humanos se concretiza na repressão penal, desenvolve-se necessariamente pelo mecanismo processual da forma mais eficiente possível, caminho obrigatório na verificação dos fatos [...]. Não há como se visualizar um processo penal sem levar em consideração, necessariamente, os direitos e os deveres fundamentais de todos os envolvidos na esfera de responsabilidade criminal. A visão não pode ser parcial, unicamente pelo prisma de direitos fundamentais do processado, como normalmente alguns se limitam a defender[10]".

Diversos exemplos na recente legislação brasileira evidenciam essa inédita preocupação do Estado com a figura da vítima no Processo Penal. É o que se verifica do inteiro teor do art. 201 do Código de Processo Penal, que, após a redação dada pela Lei nº 11.690/2008, passou a conferir uma série de direitos fundamentais ao ofendido, dentre eles o de ser comunicado de qualquer ato processual relevante do processo, por qualquer meio, inclusive eletrônico (§§2º e 3º), o de aguardar a sua oportunidade de depor em espaço separado (§4º), o de ser acompanhado por equipe multidisciplinar (§5º) e o de o juiz determinar o segredo de justiça em relação a dados, depoimentos e outras informações constantes dos autos a seu respeito, justamente em prol da sua intimidade, vida privada, honra e imagem (direitos fundamentais), para evitar sua exposição aos meios de comunicação (§6º).

Além disso, se o juiz verificar que a presença do réu poderá causar humilhação, temor ou sério constrangimento ao ofendido, de modo que prejudique a verdade do depoimento, fará a inquirição por videoconferência e, na impossibilidade dessa forma, determinará a retirada do réu, prosseguindo na inquirição, com a presença do seu defensor, consoante o art. 217 do CPP.

Ainda sintomático desta tendência contemporânea é o disposto no art. 387, inciso IV, do CPP, segundo o qual o juiz, ao proferir sentença condenatória, fixará

10. FISCHER, Douglas; PEREIRA, Frederico Valdez. *As Obrigações Processuais Penais Positivas*: segundo as Cortes Europeia e Interamericana de Direitos Humanos. 2. ed. rev. e ampl. Porto Alegre: Livraria do Advogado, 2019, p. 105-106.

valor mínimo para reparação dos danos causados pela infração, considerando os prejuízos sofridos pelo ofendido. Em outros termos, o Estado permitirá que, na própria esfera processual penal, o ofendido possa ter assegurado o seu direito (cível) de reparação do dano sofrido pela prática da infração penal, o que, sem dúvida alguma, lhe trará um extraordinário benefício, até porque permitirá que ele já possa executar imediatamente no juízo cível o valor fixado na sentença penal condenatória, sem prejuízo da liquidação para a apuração do dano efetivamente sofrido (art. 63, parágrafo único, CPP).

Aliás, em se tratando de reparação de danos, vale a pena registrar que tal objetivo se insere no contexto de uma *terceira via do Direito Penal*. É que, na concepção de Claus Roxin, essa via do Direito Penal é justamente a reparação de danos, legitimada que está pelo princípio da subsidiariedade deste ramo do Direito. Isso porque, para além da pena (primeira via do Direito Penal) e da medida de segurança (segunda via), ela é uma medida penal independente, que alia elementos do direito civil e cumpre com os fins da pena. Para o consagrado doutrinador, a reparação substituiria ou atenuaria a pena naqueles casos nos quais convenha, tão bem ou melhor, aos fins da pena e às necessidades da vítima. A inclusão no sistema penal, sancionador da indenização material e imaterial da vítima, significa que o Direito Penal passa a se aproximar mais da realidade social.

Também podem ser apontados exemplos desta terceira via do Direito Penal, a saber, a composição civil dos danos no Juizado Especial Criminal (art. 74 da Lei nº 9.099/95), a própria reparação dos danos em si como condição para a suspensão do processo (art. 89, §1º, I, da Lei nº 9.099/95), da transação penal em crimes contra o meio ambiente (art. 27 da Lei nº 9.605/98), da suspensão da pena (art. 78, §2º, do Código Penal) e do acordo de não persecução penal (art. 28-A, I, CPP), bem como uma das finalidades do instituto da fiança (art. 336 do Código de Processo Penal). Saliente-se ainda que não necessariamente a reparação do dano será patrimonial, já que poderá ser também de ordem moral, com uma retratação, pedido de desculpas etc.

Tais institutos estão também em plena consonância com o cenário da denominada ***Justiça Restaurativa***. Originada na Nova Zelândia e adotada com sucesso em países como Inglaterra, Austrália, Canadá, África do Sul e Colômbia, a Justiça Restaurativa é modelo de Justiça que envolve o agente delitivo, a vítima e a comunidade, os quais procuram atuar ativamente na solução do conflito. Nessa esteira, o caráter retributivo, que marca o modelo da Justiça penal tradicional, deixa de ser fator preponderante na Justiça Restaurativa, na qual se observa intensa mediação vítima-ofensor. De forma precípua, ela busca diminuir os números de reincidência entre jovens criminosos, fazendo com que eles assumam a responsabilidade por sua conduta antissocial, a compreender as consequências materiais e psicológicas de seus delitos para as vítimas e a reparar os danos causados a elas[11].

Nas exatas palavras de Lélio Braga Calhau, nesse modelo "não é a punição como retribuição pura da sociedade que prevalece, mas a mediação, a resolução efetiva do conflito através da mediação vítima-ofensor. A ideia da justiça restaurativa é substituir o castigo pela conscientização, permitir que a rigidez processual dê lugar ao

11. CALHAU, Lélio Braga. *Princípios de Criminologia*. 9. ed. rev., ampl. e atual. Niterói RJ: Impetus, 2020, p. 123.

diálogo e à mediação e estimular o Poder Público, empresas, escolas e igrejas a agir em conjunto, auxiliando na consecução de acordos de bom comportamento com autores de crimes como lesão corporal e pequenos furtos. Como esses delitos costumam ser cometidos na comunidade onde seus autores moram, o mediador judicial, com o apoio da polícia e de órgãos municipais, procura criar condições mínimas de entendimento entre as partes [...]. A justiça restaurativa se ergue sobre três pilares ou elementos simples: **os danos e as consequentes necessidades** (dos vitimados em primeiro lugar, mas também da comunidade e dos que causaram o dano); as **obrigações** (do ofensor, mas também da comunidade) que advêm do dano (e que levaram ao dano); e o **engajamento** daqueles que detêm legítimo interesse no caso e na sua solução (os prejudicados, os que causaram o dano e membros da comunidade[12])".

A tutela à vítima que está em curso no ordenamento jurídico brasileiro encontra-se em perfeita consonância à tendência que se verifica nos dias de hoje na jurisprudência das cortes supranacionais, especialmente da Corte europeia de direitos humanos, de, cada vez mais, reconhecer obrigações processuais positivas ligadas à proteção das pessoas ofendidas.

Nesse cenário, vale a pena ressaltar que as condenações impostas ao Brasil em matéria criminal pela Corte IDH são todas decorrentes de *omissões* ou *inações* do Estado brasileiro em promover efetivo cumprimento às suas obrigações positivas de tutela aos direitos humanos por meio da persecução penal, não se garantindo às vítimas de violações a direitos humanos a devida reparação do Estado. Ou seja, nenhuma delas está ligada a eventual excesso na persecução penal pelos órgãos públicos brasileiros.

Insta salientar que, em uma dessas condenações, que se deu no Caso *Favela Nova Brasília vs. Brasil* (2017), a Corte IDH reconheceu que o incidente de deslocamento de competência (IDC), previsto no art. 109, § 5º, da Constituição Federal brasileira ("Nas hipóteses de grave violação de direitos humanos, o Procurador-Geral da República, com a finalidade de assegurar o cumprimento de obrigações decorrentes de tratados internacionais de direitos humanos dos quais o Brasil seja parte, poderá suscitar, perante o Superior Tribunal de Justiça, em qualquer fase do inquérito ou processo, incidente de deslocamento de competência para a Justiça Federal."), tem o papel de servir como garantia constitucional de cumprimento das obrigações positivas do Estado brasileiro.

Outrossim, para que o garantismo penal seja efetivamente integral, faz-se ainda necessária a tutela, além dos direitos individuais dos cidadãos, também dos interesses sociais e coletivos, diante de eventuais violações que eles vierem a sofrer. É que, como pondera Douglas Fischer, na "*compreensão (integral) dos postulados garantistas*, o Estado deve levar em conta que, na aplicação dos direitos fundamentais (individuais e sociais), há a necessidade de garantir também ao cidadão a *eficiência e segurança*".[13]

Por consequência, ainda de acordo com o referido autor, "*também* como imperativo constitucional (art. 144, *caput*, CF), o dever de garantir *segurança* (que se

---

12. CALHAU, Lélio Braga. *Princípios de Criminologia*. 9. ed. rev., ampl. e atual. Niterói RJ: Impetus, 2020, p. 123-126.
13. FISCHER, Douglas. *O que é garantismo penal (integral)?*. *In*: CALABRICH, Bruno; FISCHER, Douglas; PELELLA, Eduardo (Orgs.). *Garantismo Penal Integral*. Salvador: Juspodivm, 2010, p. 36.

desdobra em direitos *subjetivos individuais e coletivos*) não está em apenas *evitar* condutas criminosas que atinjam direitos fundamentais de terceiros, mas também na *devida apuração* (com respeito aos direitos dos investigados ou processados) do ato ilícito e, em sendo o caso, da punição do responsável".[14]

Em arremate, o citado autor conclui que é por isso que "compreendemos que o processo criminal e a respectiva imposição de pena aos infratores é uma forma de, mediante as irradiações dos efetivos da prevenção geral positiva, garantir a segurança e convivência entre os pares que não infringiram o ordenamento jurídico".[15]

É esse o chamado *garantismo positivo*, verdadeiro dever de proteção a direitos fundamentais (o que inclui a segurança dos cidadãos), que implica para o Estado, na esfera do Direito Penal e, em particular, do Processo Penal, a obrigação, nas hipóteses necessárias, de modo adequado e proporcional, de restringir direitos fundamentais individuais dos cidadãos, ainda que eles sejam do réu.[16]

É o que se daria, por exemplo, na eventual, excepcional, extrema e extraordinária admissão do uso da prova ilícita em favor da sociedade, em detrimento de interesses daquele acusado que se revelar de altíssima periculosidade, autor de infrações penais graves, as quais colocariam em risco a ordem pública. Registre-se, porém, que o exemplo ora oferecido ainda não é aceito pela doutrina e jurisprudência majoritárias, as quais admitem somente o uso da prova ilícita *pro reo*. Vedar o debate do tema logo de antemão, sem a análise dos argumentos favoráveis e contrários a esta admissão, é, no mínimo, adotar o conceito apenas parcial do garantismo.

Nessa concepção, fala-se, portanto, na existência de verdadeiras **obrigações processuais penais positivas**, ou seja, na estipulação de *deveres de proteção* por parte do Estado a direitos fundamentais, consubstanciando um agir positivo deste ente na tutela a direitos dessa natureza. Com esteio nas lições de Douglas Fischer e Frederico Valdez Pereira, "o *garantismo penal integral* procura exatamente enfatizar que os direitos e os deveres fundamentais precisam ser compreendidos e aplicados na máxima medida possível, não se podendo esquecer jamais que já obrigação de o Estado agir positivamente para exatamente garantir também a proteção dos direitos fundamentais dos demais integrantes da sociedade, e não apenas daqueles que, por suas ações, possam ter violado o ordenamento jurídico. Não se pretende exclusão ou minimização de direitos fundamentais de primeira geração, mas que eles são apenas mais uma engrenagem num sistema que contempla inúmeros outros valores, princípios e obrigações[17]".

Portanto, conclui-se que o maior desafio do Estado Democrático de Direito no Processo Penal da pós-modernidade é conseguir equilibrar e harmonizar todos os

14. FISCHER, Douglas. *O que é garantismo penal (integral)?*. *In*: CALABRICH, Bruno; FISCHER, Douglas; PELELLA, Eduardo (Orgs.). *Garantismo Penal Integral*. Salvador: Juspodivm, 2010, p. 36.
15. FISCHER, Douglas. *O que é garantismo penal (integral)?*. *In*: CALABRICH, Bruno; FISCHER, Douglas; PELELLA, Eduardo (Orgs.). *Garantismo Penal Integral*. Salvador: Juspodivm, 2010, p. 36-37.
16. FISCHER, Douglas. *O que é garantismo penal (integral)?*. *In*: CALABRICH, Bruno; FISCHER, Douglas; PELELLA, Eduardo (Orgs.). *Garantismo Penal Integral*. Salvador: Juspodivm, 2010, p. 38.
17. FISCHER, Douglas; PEREIRA, Frederico Valdez. *As Obrigações Processuais Penais Positivas*: segundo as Cortes Europeia e Interamericana de Direitos Humanos. 2. ed. rev. e ampl. Porto Alegre: Livraria do Advogado, 2019, p. 30.

direitos e deveres fundamentais expressos na Carta Maior, sejam eles individuais ou coletivos. Na busca da estabilidade do sistema, ferramenta bastante útil será a aplicação do princípio da proporcionalidade, entendido em seus dois parâmetros: o que não ultrapassar as balizas do excesso (*Übermassverbot*) e da deficiência (*untermassverbot*) será proporcional.[18]

O que se quer, pois, com esta nova visão do Processo Penal não é privilegiar quem quer que seja. Devem ser evitadas posições extremadas a respeito da disciplina, ou seja, tanto, em um polo, o garantismo hiperbólico monocular quanto, em outro polo, movimentos como o da Lei e da Ordem. Repita-se, o que se busca é apenas tentar equilibrar todos os direitos fundamentais estampados no Texto Constitucional, individuais (do réu, do ofendido ou até de terceiros, a exemplo de testemunhas) ou coletivos (segurança pública). Não é uma tarefa nem um pouco simples, reconheça-se.

Dentro dessa proposta de busca de equilíbrio e seguindo a ótica que vem sendo exposta nesta obra, passa-se a abordar, no próximo tópico, com um pouco mais de profundidade, a importância da necessária tutela aos direitos fundamentais das vítimas de infrações penais.

3. A TUTELA AOS DIREITOS DAS VÍTIMAS NO GARANTISMO PENAL INTEGRAL

Tradicionalmente, o Direito Penal e o Processo Penal se preocupam com a figura da vítima no plano individual. Basta uma rápida consulta ao Código Penal para perceber, por exemplo, que ele tipifica muito mais delitos contra pessoas certas e determinadas, a exemplo dos crimes contra a vida, contra a honra, contra o patrimônio e contra a dignidade sexual. Ademais, em regra, a vítima é pessoa física, apenas excepcionalmente pessoa jurídica, como no caso de alguns crimes contra a honra (calúnia e difamação).

Todavia, em face das inúmeras mudanças sociais, tecnológicas e econômicas operadas no curso do século XX, passou-se a identificar a prática de delitos que atingiam interesses de titularidade difusa, coletiva ou individual homogênea, como, *verbi gratia*, aqueles ligados ao meio ambiente, às relações de consumo, às ordens tributária e econômico-financeira, ao sistema financeiro nacional etc. Engendrou-se uma nova criminalidade, ou, em outros termos, a *macrocriminalidade*, costumeiramente correlata à atividade exercida por organizações criminosas, que, muitas vezes, atentam contra agentes públicos, instituições democráticas e o próprio Estado Democrático de Direito.

Em resposta à criminalidade da pós-modernidade, o Estado, na esfera do Direito Penal, procurou reagir, valendo-se da edição de novas leis que tipificassem com precisão aquelas condutas. A título de ilustração, foi o que se deu com o surgimento das leis de números 8.078/90 (CDC, que prevê crimes contra as relações de consumo), 8.137/90 (crimes contra a ordem tributária, econômica e contra as relações de consumo), 9.605/98 (crimes ambientais), dentre tantas outras. Sem falar na lei

18. FISCHER, Douglas. *O que é garantismo penal (integral)?*. *In*: CALABRICH, Bruno; FISCHER, Douglas; PELELLA, Eduardo (Orgs.). *Garantismo Penal Integral*. Salvador: Juspodivm, 2010, p. 39.

que cuida das organizações criminosas (antigamente, a Lei nº 9.034/95, atualmente a Lei nº 12.850/13).

O Processo Penal não poderia ignorar essa realidade. Não há mais espaço para que, nessa esfera, o Estado não possua ferramentas que tutelem adequadamente os interesses difusos, coletivos e individuais homogêneos. Pouco a pouco então, começaram a ser criados mecanismos de combate à *macrocriminalidade*, merecendo destaque as novas técnicas especiais de investigação (TEIs), notadamente a colaboração premiada, o agente infiltrado, a ação controlada, o flagrante diferido, o agente disfarçado etc. Tem-se assim o chamado *Processo Penal Coletivo*, o qual será devidamente abordado nesta obra no próximo capítulo.

Relembre-se que a **Resolução nº 243/2021 do CNMP**, em seu art. 3º, inciso IV, reconhece a figura da **vítima coletiva** como o grupo social, comunidades ou organizações sociais atingidas pela prática de crime, ato infracional ou calamidade pública que ofenda bens jurídicos coletivos, tais como a saúde pública, o meio ambiente, o sentimento religioso, o consumidor, a fé pública, a administração pública. Em acréscimo, o § 1º do art. 3º desse ato normativo ainda esclarece que "aplicam-se às pessoas jurídicas vítimas, no que couber, as medidas de proteção e os direitos assegurados nesta Resolução".

Nesse trilhar, a tutela aos interesses coletivos em sentido amplo, no fundo, procura proteger a segurança pública, direito fundamental de ordem difusa (art. 5º, *caput*, CF).

Como se vê, o Estado Democrático de Direito, tutor de direitos fundamentais, deve procurar implementá-los não apenas no Direito Penal, mas também no Processo Penal. Passa-se a se falar em uma nova instrumentalidade do Processo Penal, isto é, o Processo Penal não se limita a servir como mero instrumento de aplicação do Direito Penal, servindo também (e principalmente) como instrumento de tutela de direitos fundamentais. E direitos de titularidade não apenas do réu, mas igualmente da vítima, entendida seja no plano individual, seja no plano coletivo.

Com efeito, na concepção do *garantismo penal integral*, é papel do Estado Democrático de Direito tutelar direitos fundamentais da vítima (individual ou coletiva) por meio do Processo Penal.

Sem dúvida alguma, atualmente a vítima é figura que vem merecendo maior atenção no Processo Penal, o que é muito justo. Ela não fica mais relegada a segundo plano, como outrora ocorria, época em que o Processo Penal se limitava a encaminhá-la à esfera cível, por meio da ação civil *ex delicto*, para tentar obter a reparação dos danos que suportou com a prática do crime. Há um destacado cuidado do Processo Penal com ela. E não é de hoje, desde o advento da Lei nº 9.099/95, que criou o instituto da composição civil dos danos, já existe a proteção legal da vítima quanto ao seu interesse reparatório. Posteriormente, esse interesse foi também reconhecido pelo CPP, que, em seu art. 387, inciso IV, assegura ao ofendido que, no próprio bojo de uma ação penal, tenha reconhecido em sentença penal condenatória o valor mínimo de indenização devida em face dos danos decorrentes da infração penal. Aliás, a tutela processual penal da vítima não se restringe ao aspecto reparatório em sentido econômico. O Estado atua no Processo Penal igualmente para fins de reparação (e também prevenção) de danos de outras naturezas, como psicológicos, psíquicos, sociais, familiares etc. É o que se denota, por exemplo, da Lei nº 11.340/06 (Lei Maria da Penha) e da Lei nº 13.431/17 (lei do depoimento especial).

Como assevera Rodrigo Iennaco, todo esse regramento legal permite "trazer, para o processo, a necessidade de tratamento digno e diferenciado à vítima, evitando-se a revitimização pelos danos do próprio procedimento (vitimização secundária), projeto, para a teoria da pena, a função de satisfação da vítima, uma espécie de (re)composição psicológica apta a abafar qualquer interesse de vingança, ainda que proporcional, substituída pela tutela estatal e pela aplicação de 'sofrimento' ao autor do crime, proporcional ao mal infligido à vítima[19]".

Nessa linha de intelecção, verifica-se que a Lei nº 14.245/21 ("Lei Mariana Ferrer") se preocupa em conferir uma tutela diferenciada à vítima no processo penal, coibindo a prática de atos atentatórios à dignidade dela (e de testemunhas). Assim, tal lei acrescenta dispositivos ao CPP e à Lei nº 9.099/95 para estipular que, na audiência de instrução e julgamento do procedimento comum (art. 400-A do CPP), inclusive do procedimento sumaríssimo (art. 81, § 1º-A, da Lei nº 9.099/95), bem como durante a instrução em plenário do Júri (art. 474-A do CPP), especialmente se esses atos apuram crimes contra a dignidade sexual, todas as partes e demais sujeitos processuais presentes em tais atos deverão zelar pela integridade física e psicológica da vítima, sob pena de responsabilização civil, penal e administrativa, cabendo ao juiz garantir o cumprimento deste dever, vedadas: I – a manifestação sobre circunstâncias ou elementos alheios aos fatos objeto de apuração nos autos; II – a utilização de linguagem, de informações ou de material que ofendam a dignidade da vítima ou de testemunhas. Em acréscimo, a lei ainda insere um parágrafo único ao art. 344 do Código Penal para prever causa de aumento de pena de 1/3 (um terço) até metade no crime de coação no curso do processo se o feito envolver crime contra a dignidade sexual.

Nessa senda, vale a pena noticiar a condenação do Brasil na Corte IDH, em 2021, no caso *Barbosa de Souza e outros vs. Brasil.* No caso concreto apreciado, o então Deputado Estadual pela Paraíba, Aércio Pereira de Lima, passou a ser investigado em 1998 pelo homicídio da vítima Márcia Barbosa de Souza (o que hoje configuraria a prática de feminicídio) e correlata ocultação de cadáver. No entanto, graças à imunidade parlamentar, o então Deputado não pôde ser processado. Houve duas solicitações à Assembleia Legislativa da Paraíba para processamento deste agente, mas elas foram negadas. Porém, em virtude de Emenda Constitucional, a autorização legislativa para processamento de Deputado Estadual deixou de ser exigida, motivo pelo qual o Ministério Público da Paraíba ofereceu denúncia em 2003. Em 2007, o acusado foi condenado a uma pena de 16 (dezesseis) anos de prisão, mas veio a recorrer dessa decisão. Em 2008, o réu faleceu sem ter cumprido a pena. No entender da Corte IDH, a imunidade parlamentar não pode ser utilizada como um privilégio pessoal do parlamentar, o que acabou ocorrendo no caso em tela, servindo como um obstáculo indevido ao direito de acesso à justiça. Além disso, a Corte concluiu que a investigação e o processo penal pelo homicídio de Márcia Barbosa de Souza foram

19. IENNACO, Rodrigo. *Da Vítima no Processo Penal. In*: ALVES, Leonardo Barreto Moreira; ARAÚJO, Fábio Roque (coords.). *O Projeto do Novo Código de Processo Penal.* Salvador: Juspodivm, 2012, p. 177.

marcados por práticas discriminatórias com base em gênero e não foram conduzidos conforme uma adequada perspectiva de gênero. Nos exatos dizeres da Corte, "a conduta e a sexualidade de Márcia Barbosa de Souza foram objeto de atenção especial, levando à construção de sua imagem como provocadora ou merecedora do ocorrido". Pontuou-se ainda que essa indevida prática processual serviu para "desviar o foco das investigações" por meio de estereótipos relacionados a aspectos da vida pessoal da vítima. Em arremate, foram reafirmados os deveres estatais de investigar, processar e punir, indicando-se que o Estado brasileiro foi responsável pelo uso indevido da imunidade parlamentar na situação em apreço. Pelo que se nota, esta decisão da Corte IDH se interliga com o objetivo da Lei nº 14.245/21 alhures aludida, já que em ambas há a preocupação em se evitar o uso de estereótipos em ações penais, principalmente em se tratando de vítima do sexo feminino.

A vítima possui ainda um autêntico **direito a um julgamento justo**. Nessa concepção, como lembra Vladimir Aras[20], há recente decisão da Corte Interamericana de Direitos Humanos (IDH), que cumpriu essa obrigação internacional, ao reconhecer a violação da Convenção Americana de Direitos Humanos (CADH), de 1969, tendo em vista que as vítimas de um determinado crime de homicídio e tentativa de homicídio foram completamente esquecidas em um processo penal que tramitou na Nicarágua, perante o Tribunal do Júri. Trata-se do caso *Roche Azaña y Otros vs. Nicarágua*, julgado em 2020 pela Corte IDH. Neste caso, em uma ação de fiscalização estilo barreira realizada por policiais nicaraguenses, um cidadão equatoriano foi morto a tiros e outro foi ferido. Submetidos a julgamento pelo tribunal popular, os acusados foram absolvidos. Assim como no Brasil, os veredictos do Júri não são motivados. A Comissão Interamericana de Direitos Humanos (CIDH), entre outras coisas, reconheceu que a absolvição imotivada pelos jurados violava a CADH. Reconheceu também que a ausência de um recurso contra a decisão absolutória, de igual modo, violava o direito das vítimas à proteção judicial. Agravando esse cenário, verificou-se que o júri foi realizado sem que as vítimas pudessem dele participar. Em 03 de junho de 2020, a Corte IDH acolheu parcialmente os argumentos da Comissão e reconheceu a responsabilidade internacional da Nicarágua por violação de direitos dos ofendidos, migrantes equatorianos que aparentemente estavam indo para os EUA quando foram parados na *blitz*.

Nas exatas palavras do referido autor, "está muito claro: **as vítimas de crimes também têm direito ao devido processo legal**, algo que parte da doutrina brasileira (in)compreensivelmente resiste em reconhecer... Embora a Corte IDH não tenha abordado concretamente a questão da não motivação da decisão dos jurados para a absolvição dos policiais acusados, a Comissão Interamericana o fez e considerou essa prática inconvencional, como se pode ler no "Informe de Fondo", relatório de mérito, que a CIDH divulgou em 2018, especialmente nos §67 a 73. Tais decisões da Corte IDH e esse pronunciamento da Comissão Interamericana deveriam **inspirar** de forma **verdadeiramente garantista** os julgados do STF[21]".

---

20. ARAS, Vladimir. *O direito das vítimas a um julgamento justo*. Disponível em: <https://vladimiraras.blog/2020/10/04/o-direito-das-vitimas-a-um-julgamento-justo/>. Acesso em: 01 mar. 2021.
21. ARAS, Vladimir. *O direito das vítimas a um julgamento justo*. Disponível em: <https://vladimiraras.blog/2020/10/04/o-direito-das-vitimas-a-um-julgamento-justo/>. Acesso em: 01 mar. 2021.

Contudo, nem sempre isso acontece. A título de ilustração, no ano de 2020, o STF chegou a autorizar a utilização da tese da "legítima defesa da honra" em julgamento de crime de feminicídio, na forma tentada, ocorrido no Estado de Minas Gerais e manteve a decisão absolutória dos jurados, mesmo manifestamente contrária à prova dos autos (havia no processo a confissão do réu e outros elementos contundentes de prova a respeito da autoria e materialidade delitivas), não admitindo o recurso de apelação interposto com base no art. 593, inciso III, alínea "d", do CPP, sob o argumento de respeito (absoluto) à soberania dos veredictos (STF, 1ª Turma, HC nº 178.777/MG, Rel. Min. Marco Aurélio, j. 29.09.20). Algo que remonta ao ano de 1976, no conhecido Caso Doca Street, autor do homicídio de Ângela Diniz. A Suprema Corte do país, guardião da Constituição, negou à mulher vítima de feminicídio o direito de ver o seu agressor sendo julgamento novamente pelo crime contra ela praticado.

Novamente invocando os ensinamentos de Vladimir Aras, "é preciso que tenhamos no Brasil um Estatuto dos Direitos das Vítimas de Crimes. Normalmente, no processo penal a vítima é esquecida. Rotineiramente, o Ministério Público fala por elas. É muito frequente que no júri fale pela última vez por elas. E infelizmente algumas vezes fala sozinho[22]".

Note-se que a Constituição Federal, em seu art. 245, dispõe expressamente que "*A lei disporá sobre as hipóteses e condições em que o Poder Público dará assistência aos herdeiros e dependentes carentes de pessoas vitimadas por crime doloso, sem prejuízo da responsabilidade civil do autor do ilícito*". Muito embora a norma seja de 1988, até hoje, essa lacuna legislativa ainda não foi preenchida, caracterizando o estado de mora inconstitucional. Por esse motivo, o Procurador-Geral da República, em 26 de fevereiro de 2021, ajuizou ação direta de inconstitucionalidade por omissão (ADO) para que o STF determine ao Congresso Nacional que elabore a norma.

Na ação (ADO 19), destacou-se que a omissão inconstitucional da falta de norma regulamentadora do artigo 245 da Constituição "torna inviável aos herdeiros e pessoas carentes dependentes de vítimas de crimes dolosos o exercício do direito constitucional à assistência social, conspurcando a sobrevivência, o mínimo existencial, a dignidade humana e a proteção da família". Apontou-se que a jurisprudência da Corte Interamericana determina que, nos casos de graves violações de direitos humanos, familiares das vítimas também são considerados como vítimas. Pontuou-se ainda que todas as nove condenações já sofridas pelo Brasil na Corte Interamericana de Direitos Humanos envolveram violações aos direitos das vítimas e de seus familiares. Exemplificando, no Caso Favela Nova Brasília v. Brasil, sentenciado em 2017, a Corte Interamericana de Corte IDH consignou o entendimento de que as vítimas e seus familiares não têm verdadeira participação no Processo Penal brasileiro, ficando constrangidos a uma atuação meramente coadjuvante, residual e de pouca importância. Ao final, concluiu-se afirmando que esta ação busca concretizar a referida norma constitucional de eficácia limitada, diante da inércia do Poder Público em regulamentar o direito nela previsto, após mais de 30 anos da promulgação da Constituição Federal.

---

22. ARAS, Vladimir. *O direito das vítimas a um julgamento justo*. Disponível em: <https://vladimiraras.blog/2020/10/04/o-direito-das-vitimas-a-um-julgamento-justo/>. Acesso em: 01 mar. 2021.

Ocorre que esta ADO foi extinta sem apreciação do mérito (STF, ADO nº 19/DF, Rel. Min. Roberto Barroso, j. 24.10.13), persistindo, portanto, a mora legislativa.

Buscando mitigar esse cenário de lacuna legal, e atento ao disposto no art. 245 da Carta Magna, posteriormente, o legislador, por meio da Lei nº 14.717/2023, instituiu pensão especial aos filhos e dependentes crianças ou adolescentes, órfãos em razão do crime de feminicídio (art. 121, § 2º, VI, CP), cuja renda familiar mensal *per capita* seja igual ou inferior a 1/4 (um quarto) do salário mínimo. Os requisitos para a concessão deste benefício encontram-se detalhadamente previstos naquele diploma legal. Talvez esta lei marque o início da resolução do problema ora apontado, mas ainda há um longo caminho a ser percorrido para que o mandamento constitucional seja cumprido na íntegra.

Mirando especificamente a nossa atenção no CPP, nota-se inicialmente que ele resguarda alguns direitos do ofendido em seu art. 201, como o direito de ser comunicado a respeito de atos relevantes do processo (§ 2º), o que pode ocorrer inclusive por meio eletrônico (§ 3º); o direito de aguardar a oportunidade de depor em espaço reservado (§ 4º), evitando com isso qualquer contato com o réu que venha a intimidá-lo; o direito de ser acompanhado por equipe multidisciplinar (§ 5º), para recomposição dos mais diversos danos por ele suportados; os direitos à intimidade, vida privada, honra e imagem, o que pode justificar a adoção de medidas por parte do juiz, como o decreto de segredo de justiça quanto a dados, depoimentos e outras informações constantes dos autos a seu respeito para evitar sua exposição aos meios de comunicação (§ 6º).

Além disso, o CPP também fornece ao ofendido algumas faculdades importantes, como requerer a instauração de inquérito policial (art. 5º, II), bem como de realização de diligência investigatória no curso deste (art. 14); oferecer queixa-crime subsidiária na hipótese de absoluta inércia do Ministério Público (art. 29); pleitear medidas assecuratórias, como o sequestro (arts. 125 e seguintes) e a hipoteca (arts. 134 e seguintes); atuar enquanto assistente de acusação (arts. 268 e seguintes).

Tais previsões contidas no Código de Processo Penal serão apreciadas com maior cuidado na segunda parte desta obra, em capítulo próprio.

4. QUADRO SINÓTICO

CAPÍTULO II – GARANTISMO PENAL INTEGRAL E TUTELA AOS DIREITOS DAS VÍTIMAS	
1. Noções gerais sobre garantismo penal	A concepção clássica do garantismo tem sua origem no período do Iluminismo e do liberalismo econômico, no século XVIII, reações ao antigo regime absolutista monárquico, que apregoavam a não intervenção do Estado nas relações privadas, utilizando-se como fundamentos a legalidade estrita, lesividade, responsabilidade pessoal, presunção de inocência (ou não culpabilidade) e contraditório, no intuito de limitar o poder punitivo estatal e tutelar a pessoa humana contra abusos e arbitrariedades.

CAPÍTULO II – GARANTISMO PENAL INTEGRAL E TUTELA AOS DIREITOS DAS VÍTIMAS	
1. Noções gerais sobre garantismo penal	Na concepção garantista, o desvio punível será definido em lei pelo convencionalismo penal, ficando reservada ao legislador, em atenção ao princípio da legalidade estrita, fixar a taxatividade e precisão dos dispositivos legais, livres de valorações subjetivas próprias de um direito penal do autor. Há ainda de se destacar no modelo garantista o elemento do cognitivismo processual, que, com fundamento no princípio da estrita jurisdicionariedade, atua na determinação concreta do desvio punível, impondo que o juízo penal se limite a apreciar os fatos e direitos constantes do processo.
2. Garantismo penal integral	Em matéria penal em sentido amplo, não há dúvidas de que um dos maiores desafios contemporâneos é estabelecer um equilíbrio entre o direito de punir do Estado (*jus puniendi*) – pretensão punitiva – e o direito de liberdade do réu (*jus libertatis*) – pretensão de liberdade. Assim, voltando a atenção especificamente ao Processo Penal, a efetividade da coerção penal *versus* a observância dos direitos fundamentais marca o verdadeiro *dilema existencial do Processo Penal*. Como já foi muito bem reconhecido pelo STJ, "o processo penal moderno é desenvolvido com base em dois direitos fundamentais e, por vezes, antagônicos: direito à segurança e direito à liberdade. Portanto, de um lado, o processo tem que ser eficiente, para efetivar o direito a segurança pública e, ao mesmo tempo, garantista, visando regrar a atuação do Estado, com o fim de evitar arbítrio e preservar a liberdade do cidadão." (STJ, 5ª Turma, RHC nº 161.096/SC, Rel. Min. Joel Ilan Paciornik, j. 17.10.2022). Ampliando consideravelmente o alcance desta vertente do Processo Penal como instrumento de tutela de direitos fundamentais, é preciso ponderar ainda que, seguindo a lógica de um *garantismo penal integral*, não apenas a esfera do réu deve ser por ele protegida, mas também a condição do ofendido e a própria coletividade. Nessa concepção, fala-se na existência de verdadeiras **obrigações processuais penais positivas**, ou seja, na estipulação de *deveres de proteção* por parte do Estado a direitos fundamentais, consubstanciando um agir positivo deste ente na tutela a direitos dessa natureza. O maior desafio do Estado Democrático de Direito no Processo Penal da pós-modernidade é conseguir equilibrar e harmonizar todos os direitos e deveres fundamentais expressos na Carta Maior, sejam eles individuais ou coletivos. Na busca da estabilidade do sistema, ferramenta bastante útil será a aplicação do princípio da proporcionalidade, entendido em seus dois parâmetros: o que não ultrapassar as balizas do excesso (*Übermassverbot*) e da deficiência (*untermassverbot*) será proporcional.
3. A tutela aos direitos das vítimas no garantismo penal integral	Em resposta à criminalidade da pós-modernidade, o Estado, na esfera do Direito Penal, procurou reagir, valendo-se da edição de novas leis que tipificassem com precisão aquelas condutas. A título de ilustração, foi o que se deu com o surgimento das leis de números 8.078/90 (CDC, que prevê crimes contra as relações de consumo), 8.137/90 (crimes

CAPÍTULO II – GARANTISMO PENAL INTEGRAL E TUTELA AOS DIREITOS DAS VÍTIMAS	
3. A tutela aos direitos das vítimas no garantismo penal integral	contra a ordem tributária, econômica e contra as relações de consumo), 9.605/98 (crimes ambientais), dentre tantas outras. Sem falar na lei que cuida das organizações criminosas (antigamente, a Lei nº 9.034/95, atualmente a Lei nº 12.850/13). O Processo Penal não poderia ignorar essa realidade. Não há mais espaço para que, nessa esfera, o Estado não possua ferramentas que tutelem adequadamente os interesses difusos, coletivos e individuais homogêneos. Pouco a pouco então, começaram a ser criados mecanismos de combate à *macrocriminalidade*, merecendo destaque as novas técnicas especiais de investigação (TEIs), notadamente a colaboração premiada, o agente infiltrado, a ação controlada, o flagrante diferido, o agente disfarçado etc. Tem-se assim o chamado *Processo Penal Coletivo*. Relembre-se que a **Resolução nº 243/2021 do CNMP**, em seu art. 3º, inciso IV, reconhece a figura da **vítima coletiva** como o grupo social, comunidades ou organizações sociais atingidas pela prática de crime, ato infracional ou calamidade pública que ofenda bens jurídicos coletivos, tais como a saúde pública, o meio ambiente, o sentimento religioso, o consumidor, a fé pública, a administração pública. Em acréscimo, o § 1º do art. 3º desse ato normativo ainda esclarece que "aplicam-se às pessoas jurídicas vítimas, no que couber, as medidas de proteção e os direitos assegurados nesta Resolução". Com efeito, na concepção do *garantismo penal integral*, é papel do Estado Democrático de Direito tutelar direitos fundamentais da vítima (individual ou coletiva) por meio do Processo Penal.

CAPÍTULO III

A TUTELA PENAL COLETIVA, O PROCESSO PENAL COLETIVO E A VÍTIMA COLETIVA

1. A TUTELA PENAL COLETIVA E O PROCESSO PENAL COLETIVO

No contexto do garantismo penal integral, passa-se cada vez mais a construir a concepção de uma tutela pena coletiva, que resulta em um Processo Penal Coletivo, o qual ultrapassa as noções do Processo Penal clássico, até então tido como meramente individual.

Com efeito, a dogmática processual penal, classicamente, sempre esteve vinculada à concepção individual desta disciplina. Em termos históricos, tal dogmática foi engendrada a partir de um Direito Penal ligado a uma visão do Estado Liberal do Direito, o qual não possuía em seu espectro a tutela de direitos fundamentais massificados, em especial os de titularidade difusa. No Brasil, a legislação penal edificada ao longo do século XX, principalmente o Código Penal de 1940, preocupou-se em reconhecer sobremaneira os valores liberais, tipificando delitos que, em sua maioria, destinavam-se a proteger bens jurídicos individuais, como o patrimônio, a liberdade, a honra e a vida, e possuíam vítimas determinadas, específicas. O Processo Penal, lido à época como mero veículo de aplicação do Direito Penal ao caso concreto, seguiu essa mesma tendência, disciplinando seus institutos (investigação criminal, ação penal, processo, procedimento, coisa julgada, recursos etc.) de modo a conferir respostas a infrações penais que violassem tão somente a órbita individual do cidadão.

Ocorre que, na centúria passada, com maior força na sua segunda metade, o incremento da tecnologia, da informática, dos meios de comunicação em massa e dos transportes e o próprio desenvolvimento do fenômeno da globalização, em suas mais diversas facetas, dentre outros fatores, transformaram a realidade social, criando relações, as quais passariam inclusive a envolver entes coletivos, o que resultou em temáticas (e problemas) muito mais complexos.

A esfera cível (em sentido amplo) foi sensível a essa alteração de paradigma e, com eficiência, saiu na frente e passou a prever, nos planos material e processual, uma verdadeira tutela coletiva, ganhando destaque o diálogo de fontes mantido entre a Lei da Ação Civil Pública (Lei nº 7.347/85), o Código de Defesa do Consumidor (Lei nº 8.078/90) e o próprio Código de Processo Civil de 2015, o que é complementado posteriormente por outras leis especiais relevantes, como os Estatutos da Criança e do Adolescente (Lei nº 8.069/90), da Cidade (Lei nº 10.257/01), da Pessoa Idosa (Lei nº 10.741/03) e da Pessoa com Deficiência (Lei nº 13.146/15).

Na esfera penal, notou-se, em um primeiro momento, uma profunda crise da tutela individual a bens jurídicos, que não se revelou suficiente para garantir a devida proteção a bens jurídicos de titularidade difusa, coletiva ou de titulares individuais homogêneos, a exemplo do meio ambiente, das relações de consumo em massa, das ordens tributária e econômico-financeira, do sistema financeiro nacional etc. Diante disso, para muito além do combate a crimes com repercussão individual (que passam a definir uma *microcriminalidade*), fez-se imprescindível a criação de mecanismos legais para o combate a crimes com ampla repercussão social, que marcam o novo cenário de *macrocriminalidade*, crimes estes que violam esses novos bens jurídicos e verdadeiramente assolam e preocupam o país, até porque, na maioria dos casos, estão vinculados a organizações criminosas, grupos de pessoas que se infiltram em instituições públicas, atingem funções desempenhadas por agentes públicos, fomentando a corrupção e o desvio de verbas públicas, colocando, portanto, em xeque o próprio funcionamento do Estado.

Contudo, ainda que tardiamente, começa-se a perceber, de uns anos para cá, uma reação legislativa no âmbito do Direito Penal para combate à *macrocriminalidade*, merecendo destaque as Leis de números 9.605/98 (tipifica os crimes contra o meio ambiente), 9.613/98 (trata dos crimes de lavagem de dinheiro ou de capitais) e 12.846/13 (Lei Anticorrupção).

Já no Processo Penal, impõe-se que a disciplina seja reformatada para também contemplar a tutela processual coletiva, que seja necessária, adequada e suficiente para garantir a proteção aos bens jurídicos difusos, coletivos e de titularidade individual homogênea, bem como permitam o correto tratamento de delitos correlatos à *macrocriminalidade*.

É a partir daí que se fala na construção (ainda em andamento) do chamado *Processo Penal Coletivo*, considerando que, como apontam com maestria Gregório Assagra de Almeida e Rafael de Oliveira Costa, em obra primorosa a respeito do tema, não se revela razoável que os bens jurídicos-penais coletivos (em sentido amplo) continuem sendo tratados pelas mesmas estruturas investigativas e judiciais clássicas, que foram concebidas para uma repressão penal de índole prevalentemente de bens penais de titularidade individual[1].

Ainda segundo esses autores, o Direito Coletivo pode ser definido como "a parte integrante da teoria constitucional dos direitos fundamentais, que compõe um dos blocos do sistema jurídico brasileiro e se integra pelo conjunto de princípios, garantias e regras disciplinadoras dos direitos ou interesses difusos, dos direitos ou interesses coletivos em sentido estrito, dos direitos e interesses individuais homogêneos e dos interesses objetivos coletivos legítimos[2]".

1. ALMEIDA, Gregório Assagra de; COSTA, Rafael de Oliveira. *Direito Processual Coletivo*: a tutela penal dos bens jurídicos coletivos. Belo Horizonte: D'Plácido, 2019, p. 95.
2. ALMEIDA, Gregório Assagra de; COSTA, Rafael de Oliveira. *Direito Processual Coletivo*: a tutela penal dos bens jurídicos coletivos. Belo Horizonte: D'Plácido, 2019, p. 104.

Aprofundando a análise do tema, os citados autores apontam os pressupostos necessários para que o Processo Penal Coletivo se realize, os quais são a seguir apresentados de forma sistematizada e resumida:

I – Acesso à tutela jurídica adequada, justa e razoável: exige-se um amplo acesso à tutela jurídica proposta pelo Processo Penal Coletivo, para que haja a efetiva tutela dos interesses transindividuais. O acesso a essa tutela não deve se limitar ao acesso ao Judiciário, incluindo também o direito fundamental da sociedade de acesso ao Ministério Público e a um sistema de polícia investigativa adequado e eficiente, bem como à observância dos princípios constitucionais do processo e ao direito constitucional fundamental de obtenção de um resultado adequado através da prestação jurisdicional (art. 5º, XXXV, da Constituição Federal)[3]. Quanto especificamente ao Ministério Público, impende destacar que ele possui natureza jurídica de *garantia constitucional fundamental* de acesso à justiça da sociedade, conforme o seu perfil delineado nos artigos 127 e 129 da Carta Magna Federal;

II – Tutela Coletiva Penal Preventiva, jurisdicional e extrajurisdicional: devem ser adotadas medidas jurídicas adequadas e necessárias para evitar a prática, a continuidade e a repetição de ilícitos penais a bens difusos, coletivos e individuais homogêneos, assim como promover a remoção desses ilícitos e, também, para combater as suas causas geradoras[4];

III – Priorização da resolução negociada do caso penal coletivo: a resolução negociada deve ser priorizada sempre que se mostrar, diante do caso concreto, a mais adequada, justa, razoável e efetiva para a solução de conflitos que envolvem direitos difusos, coletivos e individuais homogêneos. São exemplos da resolução negociada os institutos da transação penal, suspensão condicional do processo, colaboração premiada, acordo de leniência e acordo de não persecução penal[5];

IV – Colaboração e cooperação entre as instituições na busca da verdade sobre os fatos apurados: devem ser adotadas todas as medidas jurisdicionais e extrajurisdicionais adequadas, necessárias e imprescindíveis à elucidação da infração penal contra bem de titularidades difusas, coletivas ou individuais homogêneas, assim como durante a execução da pena. Esta colaboração envolve uma tríplice dimensão: a colaboração das partes com o juiz, do juiz com as partes e das partes entre si[6];

V – Máxima cooperação e boa-fé entre todos os sujeitos da relação processual penal coletiva: pretende-se com isso obter, em tempo razoável, decisão de mérito justa e efetiva – os deveres de proceder com cooperação e com boa-fé buscam a evitar os exageros no exercício da acusação e da ampla defesa, prevendo condutas que violam

3. ALMEIDA, Gregório Assagra de; COSTA, Rafael de Oliveira. *Direito Processual Coletivo*: a tutela penal dos bens jurídicos coletivos. Belo Horizonte: D'Plácido, 2019, p. 35-36.

4. ALMEIDA, Gregório Assagra de; COSTA, Rafael de Oliveira. *Direito Processual Coletivo*: a tutela penal dos bens jurídicos coletivos. Belo Horizonte: D'Plácido, 2019, p. 170.

5. ALMEIDA, Gregório Assagra de; COSTA, Rafael de Oliveira. *Direito Processual Coletivo*: a tutela penal dos bens jurídicos coletivos. Belo Horizonte: D'Plácido, 2019, p. 171.

6. ALMEIDA, Gregório Assagra de; COSTA, Rafael de Oliveira. *Direito Processual Coletivo*: a tutela penal dos bens jurídicos coletivos. Belo Horizonte: D'Plácido, 2019, p. 172.

a lealdade processual, traçando-se um equilíbrio entre os deveres éticos e a ampla atuação das partes na defesa de seus interesses[7];

VI – Máxima utilidade da tutela penal coletiva: forçoso permitir o transporte *in utilibus* da coisa julgada penal coletiva para as áreas cível e respectivas áreas de tutela coletiva comum – deve-se buscar a máxima utilidade da tutela penal coletiva, não só responsabilizando o agente pela violação ao bem jurídico-penal coletivo, mas também pelos danos ocasionados na esfera cível[8];

VII – Máxima priorização no processamento, na conclusão dos procedimentos, no processamento e no julgamento de medidas e processos que integram o Sistema do Direito Processual Penal Coletivo: reconhece-se a supremacia do interesse social encampado nos feitos coletivos sobre os interesses individuais, fazendo com que exista a prioridade no andamento dos primeiros em face das demandas particulares[9];

VIII – Primazia, sempre que possível, da busca pelo melhor conhecimento das questões de mérito sobre as questões meramente formais e processuais: em decorrência do princípio da primazia no conhecimento do mérito, o julgador deve priorizar a decisão de mérito, evitando, sempre que possível, a extinção do feito em virtude de aspectos meramente formais, considerando que não se põe fim ao litígio[10];

IX – Interpretação do Processo Penal Coletivo baseada no diálogo das fontes: deve existir um diálogo entre as diversas fontes legislativas, orientada e conduzida por direitos, princípios, regras e garantias constitucionais fundamentais[11];

X – Dever de atuação dos órgãos do Estado na persecução penal nas fases investigativa e jurisdicional: essa atuação deve ocorrer de forma planejada e organizada, administrativa e funcionalmente[12];

XI – Integral reparação dos danos materiais, morais e sociais: como consequência do princípio da reparação integral do dano coletivo, os prejuízos causados à coletividade não devem ser objeto de parcial ressarcimento, ou seja, a indenização deve abranger a integralidade dos danos provocados. Nesse trilhar, digno de destaque é o teor do art. 91, inciso I, do Código Penal, que estabelece como efeito da condenação tornar certa a obrigação de indenizar o dano causado pela infração penal[13];

XII – Atuação Extrajurisdicional e Jurisdicional Planejada pelo Estado: devem ser fixados objetivos e metas claras, amparados em Programas de Atuação Funcional

7. ALMEIDA, Gregório Assagra de; COSTA, Rafael de Oliveira. *Direito Processual Coletivo*: a tutela penal dos bens jurídicos coletivos. Belo Horizonte: D'Plácido, 2019, p. 173.
8. ALMEIDA, Gregório Assagra de; COSTA, Rafael de Oliveira. *Direito Processual Coletivo*: a tutela penal dos bens jurídicos coletivos. Belo Horizonte: D'Plácido, 2019, p. 173.
9. ALMEIDA, Gregório Assagra de; COSTA, Rafael de Oliveira. *Direito Processual Coletivo*: a tutela penal dos bens jurídicos coletivos. Belo Horizonte: D'Plácido, 2019, p. 174.
10. ALMEIDA, Gregório Assagra de; COSTA, Rafael de Oliveira. *Direito Processual Coletivo*: a tutela penal dos bens jurídicos coletivos. Belo Horizonte: D'Plácido, 2019, p. 174.
11. ALMEIDA, Gregório Assagra de; COSTA, Rafael de Oliveira. *Direito Processual Coletivo*: a tutela penal dos bens jurídicos coletivos. Belo Horizonte: D'Plácido, 2019, p. 175-176.
12. ALMEIDA, Gregório Assagra de; COSTA, Rafael de Oliveira. *Direito Processual Coletivo*: a tutela penal dos bens jurídicos coletivos. Belo Horizonte: D'Plácido, 2019, p. 176.
13. ALMEIDA, Gregório Assagra de; COSTA, Rafael de Oliveira. *Direito Processual Coletivo*: a tutela penal dos bens jurídicos coletivos. Belo Horizonte: D'Plácido, 2019, p. 176.

alinhados aos respectivos Planejamentos Estratégicos Institucionais e ao Programa de Integridade[14].

Em termos de legislação, como já mencionado alhures, houve uma demora do Estado para o reconhecimento do Processo Penal Coletivo. Em verdade, até o ano de 2013, poucas eram as normas que traziam algum tipo de previsão a esse respeito. A título de ilustração, podem ser destacados o art. 26, parágrafo único, da Lei nº 7.492/86 (*"Sem prejuízo do disposto no art. 268 do Código de Processo Penal, aprovado pelo Decreto-lei nº 3.689, de 3 de outubro de 1941, será admitida a assistência da Comissão de Valores Mobiliários - CVM, quando o crime tiver sido praticado no âmbito de atividade sujeita à disciplina e à fiscalização dessa Autarquia, e do Banco Central do Brasil quando, fora daquela hipótese, houver sido cometido na órbita de atividade sujeita à sua disciplina e fiscalização."*) e o art. 80 da Lei nº 8.078/90 – Código de Defesa do Consumidor (*"No processo penal atinente aos crimes previstos neste código, bem como a outros crimes e contravenções que envolvam relações de consumo, poderão intervir, como assistentes do Ministério Público, os legitimados indicados no art. 82, inciso III e IV, aos quais também é facultado propor ação penal subsidiária, se a denúncia não for oferecida no prazo legal"*).

Mas, sem dúvida alguma, é em 2013, com a Lei nº 12.850, que a noção de um Processo Penal Coletivo é estabelecida com maior clareza no país, considerando que tal legislação define organização criminosa, grupo de pessoas responsável pela prática de infrações penais que, em sua maioria, colocam em risco os bens transindividuais e ofendem o próprio Estado, bem como disciplina com detalhes técnicas de investigação criadas justamente para o combate da *macrocriminalidade*, a saber: I – colaboração premiada; II – captação ambiental de sinais eletromagnéticos, ópticos ou acústicos; III – ação controlada; IV – acesso a registros de ligações telefônicas e telemáticas, a dados cadastrais constantes de bancos de dados públicos ou privados e a informações eleitorais ou comerciais; V – interceptação de comunicações telefônicas e telemáticas, nos termos da legislação específica; VI – afastamento dos sigilos financeiro, bancário e fiscal, nos termos da legislação específica; VII – infiltração, por policiais, em atividade de investigação, na forma do art. 11; VIII – cooperação entre instituições e órgãos federais, distritais, estaduais e municipais na busca de provas e informações de interesse da investigação ou da instrução criminal (art. 3º, incisos I a VIII, da lei).

Aliás, as técnicas especiais de investigação (TEIs) para o combate da *macrocriminalidade* foram posteriormente aprimoradas com o advento da Lei nº 13.964/19 ("Pacote Anticrime"), que conferiu um regramento mais detalhado à colaboração premiada (arts. 3º-A a 7º da Lei nº 12.850/13), permitiu a ação de agentes de polícia infiltrados virtuais no contexto de infrações penais correlatas às organizações criminosas (arts. 10-A a 10-D da Lei nº 12.850/13), assim também criou outras técnicas, a exemplo do agente disfarçado, figura reconhecida nos arts. 17, § 2º, e 18, parágrafo único, do Estatuto do Desarmamento (Lei nº 10.826/03) e art. 33, § 1º, inciso IV, da Lei de Tóxicos (Lei nº 11.343/06).

14. ALMEIDA, Gregório Assagra de; COSTA, Rafael de Oliveira. *Direito Processual Coletivo*: a tutela penal dos bens jurídicos coletivos. Belo Horizonte: D'Plácido, 2019, p. 176.

No âmbito da jurisprudência, também já se verifica o reconhecimento do Processo Penal Coletivo, especialmente a partir do julgamento paradigmático proferido em 2018 pela 2ª Turma do STF no *Habeas Corpus* Coletivo nº 143.641/SP, no qual foi concedida ordem de *habeas corpus* para que mulheres presas preventivamente que estivessem grávidas, amamentando ou tivessem filhos com até 12 (doze) anos ou com deficiência cumprissem prisão domiciliar. Para que fosse possível a concessão do benefício, seria imprescindível que a mulher: 1) não tivesse cometido crimes com violência ou grave ameaça à pessoa ou ainda contra algum filho; 2) não tivesse perdido a guarda da criança por algum motivo que não seja a prisão; 3) tivesse convívio ou relação com o filho. O benefício seria estendido às mães menores de idade que estivessem detidas em centros socioeducativos. Em qualquer hipótese, quando a detida fosse reincidente, caberia ao juiz do caso analisar a situação concreta para deliberar acerca da concessão deste benefício.

Nesse mesmo julgamento, o STF destacou a ação coletiva como um dos únicos instrumentos capazes de garantir o acesso à justiça dos grupos mais vulneráveis socioeconomicamente. Consignou que o *habeas corpus* se presta a salvaguardar a liberdade. Desse modo, se o bem jurídico ofendido é o direito de ir e vir, quer pessoal, quer de um grupo determinado de pessoas, o instrumento processual para resgatá-lo é o *habeas corpus*, individual ou coletivo. Esse remédio constitucional é notadamente maleável diante de lesões a direitos fundamentais, e existem dispositivos legais que encorajam o cabimento do *writ* na forma coletiva, como o art. 654, § 2º, do CPP, que preconiza a competência de juízes e tribunais para expedir ordem de *habeas corpus* de ofício. O art. 580 do mesmo diploma, por sua vez, permite que a ordem concedida em determinado *writ* seja estendida para todos que se encontram na mesma situação. Ao final da decisão, o ministro Dias Toffoli acresceu que, nos termos da Constituição, o mandado de segurança é cabível quando não cabe o *habeas corpus*; e é admissível o mandado de segurança coletivo. Por dedução, está prevista a possibilidade do *habeas corpus* coletivo (STF, Informativo nº 891).

Nessa esteira, afigura-se não só possível como também recomendável a ampliação do espectro do Processo Penal Coletivo, o que pode ser feito com a incorporação não apenas do mandado de segurança coletivo apontado naquela decisão do STF pelo Ministro Toffoli, mas de todas as ferramentas típicas da tutela coletiva cível, como a recomendação, o termo de ajustamento de conduta, a ação civil pública e a ação popular. Assim, por exemplo, na hipótese de atuação do Ministério Público na fiscalização de penitenciária em condições absolutamente precárias, com superlotação, falta de condições apropriadas de salubridade, higiene, segurança etc., é possível que o agente ministerial encaminhe recomendação ao ente federativo responsável por esse estabelecimento, na pessoa do seu gestor, advertindo-o sobre a necessidade de realização de obras no local que respeitem os direitos fundamentais das pessoas que ali se encontram presas, tente firmar termo de ajustamento de conduta que regularize a situação ou mesmo ajuíze ação civil pública formulando os pleitos pertinentes, o que pode incluir até o pedido de interdição de tal local.

Ainda há muito a se evoluir, mas, no cenário atual, como visto neste tópico, já é plenamente possível falar na existência de um Processo Penal Coletivo, que tutele com mais eficiência os bens jurídicos transindividuais, resulte em uma atuação mais apropriada do Estado no combate à *macrocriminalidade* e, em última instância, reflita a ideia de um garantismo penal integral, para que se consiga chegar a um maior equilíbrio entre os direitos fundamentais do réu (notadamente o seu estado de liberdade) e os da coletividade (relembrando aqui a concepção de segurança pública como direito fundamental difuso).

2. A VÍTIMA COLETIVA NA RESOLUÇÃO Nº 243/2021 DO CNMP

É exatamente no contexto da tutela penal coletiva e do Processo Penal delineado no tópico anterior é que se insere (e se compreende com maior facilidade) a denominada **vítima coletiva**.

Também tratada pela doutrina como **vítima não individualizável** ou **conglomerada** ou **virtual**, a vítima coletiva é definida pelo art. 3º, inciso IV, da **Resolução nº 243/2021 do CNMP** como o grupo social, comunidades ou organizações sociais atingidas pela prática de crime, ato infracional ou calamidade pública que ofenda bens jurídicos coletivos, tais como a saúde pública, o meio ambiente, o sentimento religioso, o consumidor, a fé pública, a administração pública. Como já visto, é o que se verifica, por exemplo, nos crimes contra as relações de consumo tipificados no Código de Defesa do Consumidor – Lei nº 8.078/1990 (arts. 63 a 74) e nos crimes contra o meio ambiente previstos na Lei nº 9.605/1998 (arts. 29 a 69-A).

> **Entende-se por vítima coletiva o grupo social, comunidades ou organizações sociais atingidas pela prática de crime, ato infracional ou calamidade pública que ofenda bens jurídicos coletivos, tais como a saúde pública, o meio ambiente, o sentimento religioso, o consumidor, a fé pública, a administração pública (art. 3º, IV, da Resolução nº 243/2021 do CNMP).**

Trata-se, pois, de situação verificada quando da prática de fatos que violem interesses difusos, coletivos ou individuais homogêneos (art. 81, I a III, do CDC).

Em acréscimo, o § 1º do art. 3º da Resolução nº 243/2021 do CNMP ainda esclarece que "aplicam-se às pessoas jurídicas vítimas, no que couber, as medidas de proteção e os direitos assegurados nesta Resolução".

3. QUADRO SINÓTICO

CAPÍTULO III – A TUTELA PENAL COLETIVA, O PROCESSO PENAL COLETIVO E A VÍTIMA COLETIVA	
1. A tutela penal coletiva e o Processo Penal Coletivo	No contexto do garantismo penal integral, passa-se cada vez mais a construir a concepção de uma tutela pena coletiva, que resulta em um Processo Penal Coletivo, o qual ultrapassa as noções do Processo Penal clássico, até então tido como meramente individual. Para muito além do combate a crimes com repercussão individual (que passam a definir uma *microcriminalidade*), há mecanismos legais para o combate a crimes com ampla repercussão social, que marcam

CAPÍTULO III – A TUTELA PENAL COLETIVA, O PROCESSO PENAL COLETIVO E A VÍTIMA COLETIVA	
1. A tutela penal coletiva e o Processo Penal Coletivo	o novo cenário de *macrocriminalidade*, crimes estes que violam esses novos bens jurídicos e verdadeiramente assolam e preocupam o país, até porque, na maioria dos casos, estão vinculados a organizações criminosas, grupos de pessoas que se infiltram em instituições públicas, atingem funções desempenhadas por agentes públicos, fomentando a corrupção e o desvio de verbas públicas, colocando, portanto, em xeque o próprio funcionamento do Estado. Assim, no Processo Penal, impõe-se que a disciplina seja reformatada para contemplar a tutela processual coletiva, que seja necessária, adequada e suficiente para garantir a proteção aos bens jurídicos difusos, coletivos e de titularidade individual homogênea, bem como permitam o correto tratamento de delitos correlatos à *macrocriminalidade*. É a partir daí que se fala na construção (ainda em andamento) do chamado *Processo Penal Coletivo*. Em termos legislativos, sem dúvida alguma, é em 2013, com a Lei nº 12.850, que a noção de um Processo Penal Coletivo é estabelecida com maior clareza no país, considerando que tal legislação define organização criminosa, grupo de pessoas responsável pela prática de infrações penais que, em sua maioria, colocam em risco os bens transindividuais e ofendem o próprio Estado, bem como disciplina com detalhes técnicas de investigação criadas justamente para o combate da *macrocriminalidade* (art. 3º, incisos I a VIII, da lei). Aliás, as técnicas especiais de investigação (TEIs) para o combate da *macrocriminalidade* foram posteriormente aprimoradas com o advento da Lei nº 13.964/19 ("Pacote Anticrime"), que conferiu um regramento mais detalhado à colaboração premiada (arts. 3º-A a 7º da Lei nº 12.850/13), permitiu a ação de agentes de polícia infiltrados virtuais no contexto de infrações penais correlatas às organizações criminosas (arts. 10-A a 10-D da Lei nº 12.850/13), assim também criou outras técnicas, a exemplo do agente disfarçado, figura reconhecida nos arts. 17, § 2º, e 18, parágrafo único, do Estatuto do Desarmamento (Lei nº 10.826/03) e art. 33, § 1º, inciso IV, da Lei de Tóxicos (Lei nº 11.343/06). No âmbito da jurisprudência, também já se verifica o reconhecimento do Processo Penal Coletivo, especialmente a partir do reconhecimento da figura do *Habeas Corpus* Coletivo.
2. A vítima coletiva na Resolução nº 243/2021 do CNMP	Também tratada pela doutrina como **vítima não individualizável** ou **conglomerada** ou **virtual**, a vítima coletiva é definida pelo art. 3º, inciso IV, da **Resolução nº 243/2021 do CNMP** como o grupo social, comunidades ou organizações sociais atingidas pela prática de crime, ato infracional ou calamidade pública que ofenda bens jurídicos coletivos, tais como a saúde pública, o meio ambiente, o sentimento religioso, o consumidor, a fé pública, a administração pública. Como já visto, é o que se verifica, por exemplo, nos crimes contra as relações de consumo tipificados no Código de Defesa do Consumidor – Lei nº 8.078/1990 (arts. 63 a 74) e nos crimes contra o meio ambiente previstos na Lei nº 9.605/1998 (arts. 29 a 69-A). Trata-se, pois, de situação verificada quando da prática de fatos que violem interesses difusos, coletivos ou individuais homogêneos (art. 81, I a III, do CDC). Em acréscimo, o § 1º do art. 3º da Resolução nº 243/2021 do CNMP ainda esclarece que "aplicam-se às pessoas jurídicas vítimas, no que couber, as medidas de proteção e os direitos assegurados nesta Resolução".

CAPÍTULO IV
JUSTIÇA RESTAURATIVA

1. BREVES NOÇÕES SOBRE A JUSTIÇA RESTAURATIVA

Originada na Nova Zelândia e adotada com sucesso em países como Inglaterra, Austrália, Canadá, África do Sul e Colômbia, a Justiça Restaurativa é um dos modelos contemporâneos de Justiça que envolve o agente delitivo, a vítima e a comunidade, os quais procuram atuar ativamente na solução do conflito. Nessa esteira, o caráter retributivo, que marca o modelo da Justiça penal tradicional, deixa de ser fator preponderante na Justiça Restaurativa, na qual se observa intensa mediação vítima-ofensor. De forma precípua, ela busca diminuir os números de reincidência entre jovens criminosos, fazendo com que eles assumam a responsabilidade por sua conduta antissocial, a compreender as consequências materiais e psicológicas de seus delitos para as vítimas e a reparar os danos causados a elas[1].

Nas exatas palavras de Lélio Braga Calhau, nesse modelo "não é a punição como retribuição pura da sociedade que prevalece, mas a mediação, a resolução efetiva do conflito através da mediação vítima-ofensor. A ideia da justiça restaurativa é substituir o castigo pela conscientização, permitir que a rigidez processual dê lugar ao diálogo e à mediação e estimular o Poder Público, empresas, escolas e igrejas a agir em conjunto, auxiliando na consecução de acordos de bom comportamento com autores de crimes como lesão corporal e pequenos furtos. Como esses delitos costumam ser cometidos na comunidade onde seus autores moram, o mediador judicial, com o apoio da polícia e de órgãos municipais, procura criar condições mínimas de entendimento entre as partes [...]. A justiça restaurativa se ergue sobre três pilares ou elementos simples: **os danos e as consequentes necessidades** (dos vitimados em primeiro lugar, mas também da comunidade e dos que causaram o dano); as **obrigações** (do ofensor, mas também da comunidade) que advêm do dano (e que levaram ao dano); e o **engajamento** daqueles que detêm legítimo interesse no caso e na sua solução (os prejudicados, os que causaram o dano e membros da comunidade[2])".

Em reforço, Natacha Alves de Oliveira esclarece que a Justiça Restaurativa, "superando o sistema penal tradicional retribucionista, associa-se ao **modelo de reação social restaurador ou integrador**, em que o enfrentamento do fenômeno criminal foca na **reparação dos danos** e deve se pautar na noção de **direito penal mínimo**, com a priorização de **medidas alternativas à pena privativa de liberdade** (reparação, restituição, prestação de serviço comunitário etc.) para a resolução de

1. CALHAU, Lélio Braga. *Princípios de Criminologia*. 9. ed. rev., ampl. e atual. Niterói RJ: Impetus, 2020, p. 123.
2. CALHAU, Lélio Braga. *Princípios de Criminologia*. 9. ed. rev., ampl. e atual. Niterói RJ: Impetus, 2020, p. 123-126.

conflitos, contemplando a **participação da vítima, do delinquente e da sociedade** [...]. Na justiça restaurativa, o castigo é substituído pela conscientização e o juiz apresenta maior flexibilidade em sua decisão por não estar adstrito aos limites da lei, sendo a maior preocupação a convivência futura das partes na sociedade[3]".

Sob outra ótica, a Justiça Restaurativa deve ser entendida como uma manifestação da denominada **Justiça Multiportas**. Nesse passo, a Justiça Multiportas é aquela em que a atividade jurisdicional do Estado não é a única, muito menos a principal opção conferida às partes para solucionarem um litígio, sendo previstas outras possibilidades de pacificação social. Na esfera do Processo Civil, são apontadas a conciliação, a mediação e a arbitragem como institutos que, em conjunto com a jurisdição, caracterizam o novo modelo de Justiça Multiportas. Ela está, portanto, positivada no CPC em seus arts. 3º, § 1º, e 334, *caput*. No Processo Penal, o acordo de não persecução penal é exemplo concreto de manifestação da Justiça Multiportas, negócio jurídico pré-processual entre o Ministério Público e o investigado, juntamente com seu defensor, como alternativa à propositura de ação penal para certos tipos de crimes, principalmente no momento presente, em que se faz necessária a otimização dos recursos públicos e a efetivação da chamada Justiça multiportas, com a perspectiva restaurativa" (STJ, HC nº 607.003-SC, Rel. Min. Reynaldo Soares da Fonseca, j. 24.11.20).

Portanto, cabe aos próprios envolvidos no conflito posto buscar, por meio de processos colaborativos, construir a solução ideal para se chegar à pacificação social, minimizando-se o dano decorrente da prática da infração penal.

Nesse cenário, a vítima passa a ser protagonista no processo colaborativo de solução do conflito em que está envolvida. Ora, conhecendo como ninguém os danos que suportou pelo cometimento do delito e ciente de todas as suas necessidades para redução, ao máximo, dos efeitos decorrentes de tais danos, ela possui papel decisivo para se formar uma solução consensual que encerre de uma vez por todas o litígio até então existente. Até porque a sua participação nas escolhas a serem feitas legitima ainda mais a solução encontrada. Contando com a aceitação da vítima e do próprio autor dos fatos, a opção resolutiva adotada pelas partes para extinguir o conflito terá muito mais chances de ser cumprida na prática e de atingir os objetivos dela esperados, reduzindo-se também os riscos de que fatos daquela natureza voltem a ocorrer.

Em acréscimo, há de se registrar que os processos restaurativos contam ainda com um **facilitador** ou **mediador judicial**, figura que, com o apoio do Poder Público e da sociedade, poderá se valer de ferramentas altamente relevantes de solução extrajudicial de conflitos, como a **conciliação** e a **mediação**, as quais fomentam o diálogo e a correta compreensão entre as partes do conflito, estimulando que se obtenha a correta solução de todos os problemas advindos da prática da infração penal.

De fato, nas palavras de Rogério Sanches Cunha, "a forma mais comum de promover a justiça restaurativa é a mediação, que envolve, na maior parte das vezes, um processo formal no qual um terceiro desinteressado atua para facilitar o

3. OLIVEIRA, Natacha Alves de. *Criminologia*. 2. ed. rev., ampl. e atual. Salvador: Juspodivm, 2020, p. 267.

entendimento entre as partes, que, em condições favoráveis, podem ter seus pontos de vista confrontados e, na medida do possível, harmonizados para que se alcance a melhor solução[4]".

Impende esclarecer que a prática da mediação extrajudicial deve ser admitida em crimes tanto de ação penal privada como de ação penal pública, seja ela condicionada à representação do ofendido ou incondicionada. Não há dúvidas quanto ao cabimento desta prática em delitos de ação penal privada e de ação penal pública condicionada à representação do ofendido, considerando que o início da persecução penal depende da iniciativa da vítima. Ademais, ainda que exista certa divergência na doutrina se a mediação é possível também em crimes de ação penal pública incondicionada, a nosso ver, ela deve restar igualmente autorizada nesta hipótese, pois, em diversas vezes, o conflito é prévio à prática da infração penal, conflito este que, se não devidamente pacificado, decerto resultará na prática de novos fatos delitivos, sendo ele mantido; logo, a mediação, nessas situações, terá o relevante papel preventivo, de evitar a ocorrência de novos crimes, assim como irá alavancar a vítima à justa posição de protagonista do sistema penal.

Outrossim, as iniciativas da Justiça Restaurativa não proíbem o exercício da ação penal, considerando que elas não se limitam às infrações penais de menor potencial ofensivo. Logo, não é requisito que a mediação se verifique apenas antes de iniciado o processo penal. Como bem esclarece Anderson Burke, "a justiça restaurativa é passível de manejo em qualquer fase pertinente ao momento posterior ao cometimento da conduta delituosa, uma vez que é cabível na fase de inquérito policial, na fase de conhecimento e de execução de pena[5]". Afinal de contas, se o objetivo das partes é que a situação delas seja restaurada às condições prévias ao crime, a existência do processo criminal não pode ser um óbice[6].

Frise-se ainda que, embora a reparação dos danos (materiais e morais) funcione como uma medida restaurativa relevante, ela não deve ser a única. É que a simples reparação financeira "se limita a conferir um valor ao sofrimento decorrente da conduta criminosa, mas não traz consigo outros arranjos que busquem de fato solucionar o problema[7]". Dessa forma, a restauração pressupõe também a "implementação de medidas consensuais de efetiva resolução do conflito[8]".

Em termos normativos, vale a pena registrar inicialmente que a Justiça Restaurativa é alvo de Resoluções da ONU, de números 1999/26, 2000/14 e 2002/12, as quais possuem recomendações para o desenvolvimento desse modelo contemporâneo de Justiça nos Estados membros. A título de ilustração, é digno de destaque o conteúdo

---

4. CUNHA, Rogério Sanches. *Manual de Direito Penal*: parte geral. 11. ed. rev., ampl. e atual. São Paulo: Juspodivm, 2022, p. 540.
5. BURKE, Anderson. *Vitimologia*: manual da vítima penal. 2. ed. rev., ampl. e atual. São Paulo: Juspodivm, 2022, p. 214-215.
6. CUNHA, Rogério Sanches. *Manual de Direito Penal*: parte geral. 11. ed. rev., ampl. e atual. São Paulo: Juspodivm, 2022, p. 541.
7. CUNHA, Rogério Sanches. *Manual de Direito Penal*: parte geral. 11. ed. rev., ampl. e atual. São Paulo: Juspodivm, 2022, p. 541.
8. CUNHA, Rogério Sanches. *Manual de Direito Penal*: parte geral. 11. ed. rev., ampl. e atual. São Paulo: Juspodivm, 2022, p. 541.

da Resolução nº 2002/12 da ONU, ao estipular que "a justiça restaurativa evolui como uma resposta ao crime que respeita a dignidade e a igualdade das pessoas, constrói o entendimento e promove harmonia social mediante a restauração das vítimas, ofensores e comunidades".

No ordenamento jurídico brasileiro, não há lei específica que trate da Justiça Restaurativa, ficando a matéria exclusivamente a cargo de atos normativos do CNJ e do CNMP, quais sejam, a Resolução nº 225/2016 do CNJ e a própria Resolução nº 243/2021 do CNMP, as quais serão destacadas em tópico futuro ainda deste capítulo.

Ainda em termos legislativos, podem ser mencionados como exemplos de espaços para negociação os institutos da composição civil dos danos e da suspensão condicional do processo (respectivamente, disciplinados pelos arts. 74 e 89 da Lei nº 9.099/95), a exigência prévia de composição do dano para se permitir a transação penal em crimes ambientais (art. 27 da Lei nº 9.605/98), a colaboração premiada (merecendo destaque o regramento contido nos arts. 3º-A e seguintes da Lei nº 12.850/13) e, como já indicado anteriormente, o acordo de não persecução penal (art. 28-A do CPP).

Aliás, tais institutos integram o contexto atual da denominada Justiça Penal Consensual ou Negociada ou Pactuada, matéria correlata à Justiça Restaurativa (não obstante com ela não se confunda) e que será destacada, em breves linhas, no tópico seguinte.

2. JUSTIÇA PENAL CONSENSUAL (OU NEGOCIADA OU PACTUADA)

Para os fins desta obra, será adotada, neste tópico, a concepção de Justiça Penal Consensual (ou Negociada ou Pactuada) como sinônimo de modelo de Justiça que busca resolver a demanda penal por meio de qualquer tipo de ajuste firmado entre os principais interessados em tal demanda. Dessa maneira, será incluído no âmbito da Justiça Penal Consensual também o modelo de **Justiça Reparatória**, aquela que se realiza mediante conciliação promovida pelos órgãos integrantes do sistema criminal[9], como se verifica na transação penal e na suspensão condicional do processo. É dizer, nesta obra denomina-se Justiça Penal Consensual aquela que engloba (gênero) como espécies tanto o modelo da Justiça Reparatória como também a **Justiça Negociada** propriamente dita (modelo em que o agente e o órgão de acusação acordam sobre as consequências da prática delitiva, pressupondo a admissão de culpa, aplicado sobretudo no direito norte-americano e que, no Brasil, tem como exemplos o acordo de colaboração premiada e o acordo de não persecução penal).

Tradicionalmente, o princípio da obrigatoriedade da ação penal pública é entendido como o dever atribuído ao Ministério Público de, sempre que possível, oferecer a denúncia, iniciando esta ação penal. Assim, desde que presentes indícios suficientes de autoria e prova da materialidade delitiva, bem como preenchidos os pressupostos processuais e as condições da ação penal, o Ministério Público

---

9. CUNHA, Rogério Sanches. *Manual de Direito Penal*: parte geral. 11. ed. rev., ampl. e atual. São Paulo: Juspodivm, 2022, p. 541.

obrigatoriamente deverá oferecer denúncia (art. 24, *caput*, 1ª parte, CPP). Trata-se de dever imposto pela Constituição Federal (art. 129, I, CF) e pela lei (art. 257, I, CPP), ou, em outros termos, dever funcional atribuído aos membros do Ministério Público, que, se descumprido injustificadamente, pode ensejar a sua responsabilidade funcional.

Todavia, verifica-se que o princípio da obrigatoriedade da ação penal pública sofre mitigação ou relativização a partir de alguns institutos relevantes existentes no Processo Penal, a exemplo da transação penal, colaboração premiada, acordo de não persecução penal.

Como se vê, os institutos que regularmente mitigam a obrigatoriedade da ação penal pública estão ligados à chamada Justiça Penal Consensual ou Negociada ou Pactuada, na qual se confere valor jurídico ao acordo firmado entre os interessados na persecução penal, em regra, o Ministério Público e o autor dos fatos.

Com efeito, a obrigatoriedade não deve servir como empecilho à realização de acordos penais no país. Ela não objetiva, de forma alguma, impedir a tentativa de se alcançar uma solução mais efetiva para o processo penal, que otimize o sistema penal e permita o oferecimento de respostas mais adequadas à realidade atual.

Nessa perspectiva, a correta leitura da obrigatoriedade deve ser feita à luz da concepção do *garantismo penal integral*, o qual, como já visto nesta obra, recomenda sejam observados também os direitos fundamentais difusos da sociedade, notadamente o direito à segurança pública (art. 5º, *caput*, CF).

Ademais, uma vez respeitado o devido processo legal, a solução consensual pode se revelar benéfica ao próprio agente delitivo, tutelando também os seus direitos fundamentais, o que será apreciado por ele em cada caso concreto, até porque ele necessariamente estará acompanhado por uma defesa técnica, que irá auxiliá-lo na análise da conveniência e da oportunidade da celebração do pacto que lhe é oferecido. Privar o agente de, ao menos, receber a proposta de acordo é sim desrespeitar os seus direitos fundamentais, inclusive a própria ampla defesa.

Por tudo, a disponibilização ao Ministério Público e ao autor dos fatos da Justiça Penal Consensual ou Negociada ou Pactuada é mais uma ferramenta extremamente relevante para a busca do desejado equilíbrio entre os direitos fundamentais da sociedade e os do agente, finalidade última do *garantismo penal integral*.

A solução consensual trará respostas imediatas e adequadas à infração penal praticada, bem como permitirá que o Ministério Público se dedique a oferecer a ação penal para crimes de ampla repercussão, que, de fato, atingem, de forma preocupante, a sociedade. O Judiciário, por sua vez, processará e julgará apenas feitos que envolvam esses delitos, o que, decerto, trará uma maior qualidade à prestação jurisdicional, além de uma necessária celeridade, sem se descuidar, por óbvio, dos direitos fundamentais ligados ao acusado.

Nesse prisma, fica assegurada ao Ministério Público a prerrogativa de evitar ajuizar ações desprovidas de qualquer importância, o que, de um lado, respeitará a igualdade material, corrigindo desigualdades do processo de seleção penal, e, de outro, permitirá que o sistema penal se dedique a assuntos mais graves. Nesse trilhar, a Justiça Penal Consensual implementará os princípios penais da *ultima ratio*, da mínima intervenção, da não naturalização, da economia da violência, da utilidade e do princípio do respaldo[10].

Sob o olhar da Justiça Restaurativa, na linha do que já foi abordado em passagem anterior, a vítima também tem participação direta e efetiva na Justiça Penal Consensual, se envolvendo ativamente no diálogo mantido com o autor dos fatos e, se for o caso, também com o Ministério Público, no intuito de construir a solução ideal que pacifique o conflito posto.

Assim, em crimes de ação penal privada, conforme entendimento da jurisprudência prevalecente no país, compete ao ofendido (ou quem atue em seu favor) propor os acordos disponíveis no cenário da Justiça Penal Pactuada, como é o exemplo sintomático da transação penal.

Em delito de ação penal pública, embora a iniciativa da propositura do acordo, em regra, deva ser exclusivamente do Ministério Público, a vítima também possui papel relevante, funcionando como uma das protagonistas do ajuste. Por exemplo, na suspensão condicional do processo, a reparação do dano (salvo impossibilidade de fazê-lo) é uma das condições a serem impostas para a celebração do pacto (art. 89, § 1º, I, da Lei nº 9.099/95); de modo semelhante, no acordo de não persecução penal, será imposta ao autor do fato a condição de reparar o dano ou restituir a coisa à vítima, exceto na impossibilidade de fazê-lo (art. 28-A, I, do CPP).

E ainda há a composição civil dos danos (art. 74 da Lei nº 9.099/95), possível em crimes de ação penal privada ou pública, instituto em que a vítima negocia diretamente com o autor do fato a reparação dos danos por ela sofridos, tudo sob a supervisão do Ministério Público e do magistrado. Em termos de vítima coletiva, relembre-se que a composição civil do dano ambiental é etapa prévia e obrigatória para que se torne possível o acordo de transação penal em crimes ambientais (art. 27 da Lei nº 9.605/98).

Decerto, a atuação, direta ou indireta, da vítima nessas espécies de acordo trará os benefícios que se espera da Justiça Restaurativa.

Em razão disso, o Conselho Nacional do Ministério Público editou atos normativos que versam sobre a importância da autocomposição (Resolução nº 118/2014) e da própria Justiça restaurativa (art. 10 da Resolução nº 243/2021), como será exposto com maiores detalhes no último tópico deste capítulo.

3. RESOLUÇÃO 225/2016 DO CNJ (JUSTIÇA RESTAURATIVA)

A **Resolução nº 225/2016 do CNJ** dispõe sobre a Política Nacional de Justiça Restaurativa no âmbito do Poder Judiciário. Algumas previsões contidas neste ato normativo são dignas de destaque, senão vejamos.

Inicialmente, esta Resolução define a Justiça Restaurativa como um conjunto ordenado e sistêmico de princípios, métodos, técnicas e atividades próprias, que visa à conscientização sobre os fatores relacionais, institucionais e sociais motivadores

10. CABRAL, Rodrigo Leite Ferreira. *Manual do Acordo de Não Persecução Penal*: à luz da Lei 13.964/2019 (Pacote Anticrime). Salvador: Juspodivm, 2020, p. 34.

de conflitos e violência, e por meio do qual os conflitos que geram dano, concreto ou abstrato, são solucionados de modo estruturado (art. 1º, *caput*). Tal solução se dará na seguinte forma (art. 1º, I a III):

I – é necessária a participação do ofensor, e, quando houver, da vítima, bem como, das suas famílias e dos demais envolvidos no fato danoso, com a presença dos representantes da comunidade direta ou indiretamente atingida pelo fato e de um ou mais facilitadores restaurativos;

II – as práticas restaurativas serão coordenadas por facilitadores restaurativos capacitados em técnicas autocompositivas e consensuais de solução de conflitos próprias da Justiça Restaurativa, podendo ser servidor do tribunal, agente público, voluntário ou indicado por entidades parceiras;

III – as práticas restaurativas terão como foco a satisfação das necessidades de todos os envolvidos, a responsabilização ativa daqueles que contribuíram direta ou indiretamente para a ocorrência do fato danoso e o empoderamento da comunidade, destacando a necessidade da reparação do dano e da recomposição do tecido social rompido pelo conflito e as suas implicações para o futuro.

Para efeitos desta Resolução, considera-se (art. 1º, § 1º, I a V):

I – **Prática Restaurativa**: forma diferenciada de tratar as situações citadas no *caput* e incisos do art. 1º.

II – **Procedimento Restaurativo**: conjunto de atividades e etapas a serem promovidas objetivando a composição das situações a que se refere o *caput* do art. 1º. A aplicação desse procedimento pode ocorrer de forma alternativa ou concorrente com o processo convencional, devendo suas implicações ser consideradas, caso a caso, à luz do correspondente sistema processual e objetivando sempre as melhores soluções para as partes envolvidas e a comunidade (art. 1º, § 2º).

III – **Caso**: quaisquer das situações elencadas no *caput* do art. 1º, apresentadas para solução por intermédio de práticas restaurativas.

IV – **Sessão Restaurativa**: todo e qualquer encontro, inclusive os preparatórios ou de acompanhamento, entre as pessoas diretamente envolvidas nos fatos a que se refere o *caput* do art. 1º.

V – **Enfoque Restaurativo**: abordagem diferenciada das situações descritas no *caput* do art. 1º, ou dos contextos a elas relacionados, compreendendo os seguintes elementos:

a) participação dos envolvidos, das famílias e das comunidades;

b) atenção às necessidades legítimas da vítima e do ofensor;

c) reparação dos danos sofridos;

d) compartilhamento de responsabilidades e obrigações entre ofensor, vítima, famílias e comunidade para superação das causas e consequências do ocorrido.

A Resolução nº 225/2016 do CNJ ainda apresenta os **princípios que orientam a Justiça Restaurativa**, a saber, a corresponsabilidade, a reparação dos danos, o atendimento às necessidades de todos os envolvidos, a informalidade, a voluntariedade, a imparcialidade, a participação, o empoderamento, a consensualidade, a confidencialidade, a celeridade e a urbanidade (art. 2º, *caput*).

Para que o conflito seja trabalhado no âmbito da Justiça Restaurativa, é necessário que as partes reconheçam, ainda que em ambiente confidencial incomunicável com a instrução penal, como verdadeiros os fatos essenciais, sem que isso implique admissão de culpa em eventual retorno do conflito ao processo judicial, com fincas no art. 2º, § 1º, do ato normativo em comento. Pelo que se percebe deste dispositivo, "a forma como a justiça restaurativa é estruturada pelo CNJ não exclui o processo criminal, que lhe pode ser alternativo ou paralelo[11]". Em acréscimo, tem-se que é condição fundamental para que ocorra a prática restaurativa, o prévio consentimento, livre e espontâneo, de todos os seus participantes, assegurada a retratação a qualquer tempo, até a homologação do procedimento restaurativo (art. 2º, § 2º).

Os participantes devem ser informados sobre o procedimento e sobre as possíveis consequências de sua participação, bem como do seu direito de solicitar orientação jurídica em qualquer estágio do procedimento (art. 2º, § 3º). Todos os participantes deverão ser tratados de forma justa e digna, sendo assegurado o mútuo respeito entre as partes, as quais serão auxiliadas a construir, a partir da reflexão e da assunção de responsabilidades, uma solução cabível e eficaz visando sempre o futuro (art. 2º, § 4º). E o acordo decorrente do procedimento restaurativo deve ser formulado a partir da livre atuação e expressão da vontade de todos os participantes, e os seus termos, aceitos voluntariamente, conterão obrigações razoáveis e proporcionais, que respeitem a dignidade de todos os envolvidos (art. 2º, § 5º).

No mais, a Resolução contempla detalhado regramento, em matéria de Justiça Restaurativa, a respeito das atribuições do Conselho Nacional de Justiça (arts. 3º e 4º) e dos Tribunais de Justiça (arts. 5º e 6º), do atendimento restaurativo em âmbito judicial (arts. 7º a 12), do facilitador restaurativo (arts. 13 a 15), da formação e capacitação (arts. 16 e 17), do monitoramento e da avaliação (arts. 18 a 20), além de algumas disposições finais (arts. 21 a 30).

4. RESOLUÇÕES 118/2014 (AUTOCOMPOSIÇÃO) E 243/2021 (JUSTIÇA RESTAURATIVA) DO CNMP

A **Resolução nº 118/2014 do CNMP** dispõe sobre a Política Nacional de Incentivo à Autocomposição no âmbito do Ministério Público, com o objetivo de assegurar a promoção da justiça e a máxima efetividade dos direitos e interesses que envolvem a atuação da Instituição (art. 1º, *caput*), incumbindo-lhe implementar e adotar mecanismos de autocomposição, como a negociação, a mediação, a conciliação, o processo restaurativo e as convenções processuais, bem assim prestar atendimento e orientação ao cidadão sobre tais mecanismos (art. 1º, parágrafo único), visando à boa qualidade dos serviços, à disseminação da cultura de pacificação, à redução da litigiosidade, à satisfação social, ao empoderamento social e ao estímulo de soluções consensuais (art. 2º, *caput*).

Em termos de **práticas autocompositivas** no âmbito do Ministério Público, nos termos do art. 8º, *caput*, do ato normativo, a **negociação** é recomendada para as

11. CUNHA, Rogério Sanches. *Manual de Direito Penal*: parte geral. 11. ed. rev., ampl. e atual. São Paulo: Juspodivm, 2022, p. 541.

controvérsias ou conflitos em que o Ministério Público possa atuar como parte na defesa de direitos e interesses da sociedade, em razão de sua condição de representante adequado e legitimado coletivo universal (art. 129, III, da CR/1988). A negociação é recomendada, ainda, para a solução de problemas referentes à formulação de convênios, redes de trabalho e parcerias entre entes públicos e privados, bem como entre os próprios membros do Ministério Público (art. 8º, parágrafo único).

Já a **mediação** é recomendada para solucionar controvérsias ou conflitos que envolvam relações jurídicas nas quais é importante a direta e voluntária ação de ambas as partes divergentes (art. 9º, *caput*). Recomenda-se que a mediação comunitária e a escolar que envolvam a atuação do Ministério Público sejam regidas pela máxima informalidade possível (art. 9º, parágrafo único). Em complemento, o art. 10 do ato normativo estabelece que, no âmbito do Ministério Público: I – a mediação poderá ser promovida como mecanismo de prevenção ou resolução de conflito e controvérsias que ainda não tenham sido judicializados; II – as técnicas do mecanismo de mediação também podem ser utilizadas na atuação em casos de conflitos judicializados; III – as técnicas do mecanismo de mediação podem ser utilizadas na atuação em geral, visando ao aprimoramento da comunicação e dos relacionamentos.

A **conciliação**, por sua vez, é recomendada para controvérsias ou conflitos que envolvam direitos ou interesses nas áreas de atuação do Ministério Público como órgão interveniente e nos quais sejam necessárias intervenções propondo soluções para a resolução das controvérsias ou dos conflitos (art. 11). A conciliação será empreendida naquelas situações em que seja necessária a intervenção do membro do Ministério Público, servidor ou voluntário, no sentido de propor soluções para a resolução de conflitos ou de controvérsias, sendo aplicáveis as mesmas normas atinentes à mediação (art. 12).

Noutro giro, as **práticas restaurativas** são recomendadas nas situações para as quais seja viável a busca da reparação dos efeitos da infração por intermédio da harmonização entre o (s) seu (s) autor (es) e a (s) vítima (s), com o objetivo de restaurar o convívio social e a efetiva pacificação dos relacionamentos (art. 13). Nas práticas restaurativas desenvolvidas pelo Ministério Público, o infrator, a vítima e quaisquer outras pessoas ou setores, públicos ou privados, da comunidade afetada, com a ajuda de um facilitador, participam conjuntamente de encontros, visando à formulação de um plano restaurativo para a reparação ou minoração do dano, a reintegração do infrator e a harmonização social (art. 14).

Por fim, as **convenções processuais** são recomendadas toda vez que o procedimento deva ser adaptado ou flexibilizado para permitir a adequada e efetiva tutela jurisdicional aos interesses materiais subjacentes, bem assim para resguardar âmbito de proteção dos direitos (art. 15). Segundo a lei processual, poderá o membro do Ministério Público, em qualquer fase da investigação ou durante o processo, celebrar acordos visando constituir, modificar ou extinguir situações jurídicas processuais (art. 16). As convenções processuais devem ser celebradas de maneira dialogal e colaborativa, com o objetivo de restaurar o convívio social e a efetiva pacificação dos relacionamentos por intermédio da harmonização entre os envolvidos, podendo ser documentadas como cláusulas de termo de ajustamento de conduta (art. 17).

No que diz respeito à **Justiça Restaurativa**, a sua disciplina normativa no âmbito do Ministério Público é feita pela **Resolução nº 243/2021 do CNMP**, mais precisamente em seu art. 10. Com fincas neste dispositivo, tem-se que incumbe ao Ministério Público implementar projetos e mecanismos de resolução extrajudicial de conflitos, por meio da negociação, mediação e conferências reparadoras dos traumas derivados dos eventos criminosos ou de atos infracionais, observando-se as diretrizes traçadas nas Resoluções CNMP nos 118, de 1º de dezembro de 2014, e 181, de 7 de agosto de 2017 (art. 10, *caput*). Vale o lembrete de que a Resolução nº 118/2014, como visto alhures, trata da autocomposição no âmbito do Ministério Público, ao passo que a Resolução nº 181/2017, disciplinando o procedimento investigatório criminal (PIC), aborda, em seu art. 17, os direitos das vítimas que devem ser assegurados pelo órgão neste procedimento.

Além disso, o Ministério Público deve implementar políticas de atuação em rede, mediante termos de cooperação e parcerias destinadas à implementação de políticas restaurativas, observada a assistência a que se refere o art. 6º, que visem à adesão e à integração voluntária e esclarecida da vítima (art. 10, parágrafo único).

Sem dúvida alguma, orientada, amparada e incentivada pelo Estado, por meio de órgãos públicos, notadamente o Ministério Público, a vítima participará do diálogo com o agente delitivo e com a sociedade como um todo em plenas condições de construir a solução ideal para o conflito que lhe gerou os danos a serem superados.

5. QUADRO SINÓTICO

CAPÍTULO IV – JUSTIÇA RESTAURATIVA	
1. Breves noções sobre a Justiça Restaurativa	Originada na Nova Zelândia e adotada com sucesso em países como Inglaterra, Austrália, Canadá, África do Sul e Colômbia, a Justiça Restaurativa é um dos modelos contemporâneos de Justiça que envolve o agente delitivo, a vítima e a comunidade, os quais procuram atuar ativamente na solução do conflito. Nessa esteira, o caráter retributivo, que marca o modelo da Justiça penal tradicional, deixa de ser fator preponderante na Justiça Restaurativa, na qual se observa intensa mediação vítima-ofensor. De forma precípua, ela busca diminuir os números de reincidência entre jovens criminosos, fazendo com que eles assumam a responsabilidade por sua conduta antissocial, a compreender as consequências materiais e psicológicas de seus delitos para as vítimas e a reparar os danos causados a elas. Cabe aos próprios envolvidos no conflito posto buscar, por meio de processos colaborativos, construir a solução ideal para se chegar à pacificação social, minimizando-se o dano decorrente da prática da infração penal. Nesse cenário, a vítima passa a ser protagonista no processo colaborativo de solução do conflito em que está envolvida. Conhecendo como ninguém os danos que suportou pelo cometimento do delito e ciente de todas as suas necessidades para redução, ao máximo, dos efeitos decorrentes de tais danos, ela possui papel decisivo para se formar uma solução consensual que encerre de uma vez por todas o litígio até então

<table>
<tr><th colspan="2">CAPÍTULO IV – JUSTIÇA RESTAURATIVA</th></tr>
<tr><td>1. Breves noções sobre a Justiça Restaurativa</td><td>existente. Até porque a sua participação nas escolhas a serem feitas legitima ainda mais a solução encontrada. Contando com a aceitação da vítima e do próprio autor dos fatos, a opção resolutiva adotada pelas partes para extinguir o conflito terá muito mais chances de ser cumprida na prática e de atingir os objetivos dela esperados, reduzindo-se também os riscos de que fatos daquela natureza voltem a ocorrer.
Há de se registrar que os processos restaurativos contam ainda com um facilitador ou mediador judicial, figura que, com o apoio do Poder Público e da sociedade, poderá se valer de ferramentas altamente relevantes de solução extrajudicial de conflitos, como a conciliação e a mediação, as quais fomentam o diálogo e a correta compreensão entre as partes do conflito, estimulando que se obtenha a correta solução de todos os problemas advindos da prática da infração penal.
No ordenamento jurídico brasileiro, não há lei específica que trate da Justiça Restaurativa, ficando a matéria exclusivamente a cargo de atos normativos do CNJ e do CNMP, quais sejam, a Resolução nº 225/2016 do CNJ e a própria Resolução nº 243/2021 do CNMP.</td></tr>
<tr><td>2. Justiça Penal Consensual (ou Negociada ou Pactuada)</td><td>O princípio da obrigatoriedade da ação penal pública sofre mitigação ou relativização a partir de alguns institutos relevantes existentes no Processo Penal, a exemplo da transação penal, colaboração premiada, acordo de não persecução penal. Tais institutos estão ligados à chamada Justiça Penal Consensual ou Negociada ou Pactuada, na qual se confere valor jurídico ao acordo firmado entre os interessados na persecução penal, em regra, o Ministério Público e o autor dos fatos.
A disponibilização ao Ministério Público e ao autor dos fatos da Justiça Penal Consensual ou Negociada ou Pactuada é mais uma ferramenta extremamente relevante para a busca do desejado equilíbrio entre os direitos fundamentais da sociedade e os do agente, finalidade última do garantismo penal integral.
Assim, em crimes de ação penal privada, conforme entendimento da jurisprudência prevalecente no país, compete ao ofendido (ou quem atue em seu favor) propor os acordos disponíveis no cenário da Justiça Penal Pactuada, como é o exemplo sintomático da transação penal.
Em delito de ação penal pública, embora a iniciativa da propositura do acordo, em regra, deva ser exclusivamente do Ministério Público, a vítima também possui papel relevante, funcionando como uma das protagonistas do ajuste. Por exemplo, na suspensão condicional do processo, a reparação do dano (salvo impossibilidade de fazê-lo) é uma das condições a serem impostas para a celebração do pacto (art. 89, § 1º, I, da Lei nº 9.099/95); de modo semelhante, no acordo de não persecução penal, será imposta ao autor do fato a condição de reparar o dano ou restituir a coisa à vítima, exceto na impossibilidade de fazê-lo (art. 28-A, I, do CPP).
E ainda há a composição civil dos danos (art. 74 da Lei nº 9.099/95), possível em crimes de ação penal privada ou pública, instituto em que a vítima negocia diretamente com o autor do fato a reparação dos danos por ela sofridos, tudo sob a supervisão do Ministério Público e do magistrado. Em termos de vítima coletiva, relembre-se que a composição</td></tr>
</table>

CAPÍTULO IV – JUSTIÇA RESTAURATIVA	
2. Justiça Penal Consensual (ou Negociada ou Pactuada)	civil do dano ambiental é etapa prévia e obrigatória para que se torne possível o acordo de transação penal em crimes ambientais (art. 27 da Lei nº 9.605/98). Decerto, a atuação, direta ou indireta, da vítima nessas espécies de acordo trará os benefícios que se espera da Justiça Restaurativa. Em razão da relevância da matéria, o Conselho Nacional do Ministério Público editou atos normativos que versam sobre a importância da autocomposição (Resolução nº 118/2014) e da própria Justiça restaurativa (art. 10 da Resolução nº 243/2021).
3. Resolução 225/2016 do CNJ (Justiça Restaurativa)	A Resolução nº 225/2016 do CNJ dispõe sobre a Política Nacional de Justiça Restaurativa no âmbito do Poder Judiciário, merecendo o ato normativo ser lido na íntegra.
4. Resoluções 118/2014 (Autocomposição) e 243/2021 (Justiça Restaurativa) do CNMP	A Resolução nº 118/2014 do CNMP dispõe sobre a Política Nacional de Incentivo à Autocomposição no âmbito do Ministério Público, com o objetivo de assegurar a promoção da justiça e a máxima efetividade dos direitos e interesses que envolvem a atuação da Instituição (art. 1º, *caput*), incumbindo-lhe implementar e adotar mecanismos de autocomposição, como a negociação, a mediação, a conciliação, o processo restaurativo e as convenções processuais, bem assim prestar atendimento e orientação ao cidadão sobre tais mecanismos (art. 1º, parágrafo único), visando à boa qualidade dos serviços, à disseminação da cultura de pacificação, à redução da litigiosidade, à satisfação social, ao empoderamento social e ao estímulo de soluções consensuais (art. 2º, *caput*). Em termos de práticas autocompositivas no âmbito do Ministério Público, o ato normativo destaca a negociação (art. 8º), a mediação (arts. 9º e 10) e a conciliação (arts. 11 e 12). No que diz respeito à Justiça Restaurativa, a sua disciplina normativa no âmbito do Ministério Público é feita pela Resolução nº 243/2021 do CNMP, mais precisamente em seu art. 10, que merece ser lido na íntegra

CAPÍTULO V
TUTELA AOS DIREITOS DAS VÍTIMAS NA CONSTITUIÇÃO FEDERAL

1. TUTELA AOS DIREITOS DAS VÍTIMAS NO ART. 5º DA CF

No presente tópico, será feito apenas e tão somente um breve registro dos direitos fundamentais encontrados no art. 5º da Constituição Federal (cláusulas pétreas – art. 60, § 4º, IV) que se aplicam às vítimas de fatos delitivos. O objetivo do tópico é apontar as normas constitucionais que fundamentam a existência de outros tantos direitos das vítimas que serão apreciados no capítulo seguinte, desta feita com maior profundidade.

A seguir, em itens separados, serão destacados o *caput* e os incisos III, V, X, XI, XII, XXXV e LIX do art. 5º do Texto Constitucional.

1.1. Direito à vida (art. 5º, *caput*, CF)

Previsto no art. 5º, *caput*, da Constituição Federal, o direito à vida é um direito individual que engloba tanto (1) o direito de não ser morto, isto é, privado da vida (é o direito de continuar vivo) como também (2) o direito de ter uma vida digna.

Verifica-se, pois, que esse direito possui uma concepção positiva e uma concepção negativa. A concepção negativa compreende aquela primeira faceta, qual seja, o direito de não ser morto. Por consequência dela, veda-se no país a pena de morte, salvo em caso de guerra declarada (art. 84, XIX, CF). Já a concepção positiva está ligada ao segundo viés alhures indicado, ou seja, o direito de ter uma vida digna, com as condições mínimas para uma existência saudável e sem tratamentos degradantes.

Quanto à concepção negativa, o direito à vida resta intimamente ligado ao direito à integridade física, o qual envolve a necessidade de conservação do corpo e da saúde da pessoa humana, repelindo-se qualquer ofensiva direta (quando a conduta lesiva é direcionada ao indivíduo) ou mesmo indireta (quando há comportamentos que abalam coletivamente a saúde e o bem-estar). Na ótica da vítima de um crime, fala-se então em um *direito à proteção física*.

No que diz respeito à concepção positiva, há correlação com o direito à integridade psicológica, no sentido de garantia do bem-estar mental da pessoa humana. Tal direito está vinculado à dignidade da pessoa humana, tratada pela Constituição Federal como um dos fundamentos da República Federativa do Brasil. Tendo como foco a vítima de um fato delitivo, surge o *direito à proteção psicológica*. Este último direito, por sua vez, está conectado ao *direito à reparação dos danos materiais, psicológicos e morais e à reparação simbólica.*

No mais, esses direitos ora mencionados das vítimas de crimes servirão como objeto de um outro direito, o *direito a apoio.*

Todos esses direitos serão devidamente analisados no próximo capítulo.

1.2. Direito à liberdade (art. 5°, *caput*, CF)

Também estampado no art. 5º, *caput*, do Texto Constitucional, o direito à liberdade é um direito individual que deve ser compreendido como a possibilidade de o indivíduo coordenar, de forma consciente, os instrumentos necessários à realização do seu projeto pessoal de felicidade.

Assim como o direito à vida, o direito à liberdade envolve duas concepções distintas, a saber, a positiva e a negativa. De acordo com a concepção positiva, a liberdade deve ser entendida como uma verdadeira conquista dos direitos civis e dos direitos político-sociais, assegurando-se ao indivíduo o poder e os recursos para exercer as suas potencialidades e para controlar e determinar as suas ações e o seu próprio destino (é a autorrealização). Já pela concepção negativa, a liberdade denota a ausência de interferência e restrições de quem quer que seja em seu projeto de realização pessoal; é a liberdade de contenção externa.

No próprio art. 5º, a Constituição Federal reconhece tipos distintos de liberdade, quais sejam, a liberdade de manifestação de pensamento (art. 5º, IV e V, CF), a liberdade de consciência, crença e culto (art. 5º, VI a VIII, CF), a liberdade de atividade intelectual, artística, científica ou de comunicação (art. 5º, IX, CF), sendo assegurada a indenização em caso de dano (art. 5º, X, CF), a liberdade de trabalho (art. 5º, XIII, CF), a liberdade de informação (art. 5º, XIV e XXXIII, CF), a liberdade de locomoção e de residência (art. 5º, XV e LXI, CF) e a liberdade de associação e de reunião (art. 5º, XVI, XVII e XXI, CF). Há ainda outras normas constitucionais relacionadas ao direito à liberdade, como, por exemplo, o disposto no art. 206, inciso II, que prevê a liberdade de aprender, ensinar, pesquisar e divulgar o pensamento, a arte e o saber.

Em termos de direitos das vítimas de crimes, pode-se afirmar que o direito à liberdade é um dos fundamentos do *direito à informação e à comunicação* e do *direito de participação*, pois, por meio deles, as vítimas têm um comportamento proativo, adotando medidas que buscam superar os efeitos danosos dos delitos, para que consigam, mesmo à vista de adversidades, implementar o seu plano de felicidade.

Esses direitos serão tratados no próximo capítulo com maiores detalhes.

1.3. Direito à igualdade (art. 5°, *caput*, CF)

O próprio art. 5º, *caput*, da Carta Magna Federal traz a primeira concepção a respeito do direito à igualdade, ao afirmar que "*todos são iguais perante a lei, sem distinção de qualquer natureza*, garantindo-se aos brasileiros e aos estrangeiros no País a inviolabilidade do direito à vida, à liberdade, à *igualdade*, à segurança e à propriedade" (destacamos).

Em complemento, o inciso I deste dispositivo constitucional estabelece que "homens e mulheres são iguais em direitos e obrigações, nos termos desta Constituição". Reforçando tal previsão, o art. 226, § 5º, do Texto Constitucional, assevera que "os direitos e deveres referentes à sociedade conjugal são exercidos igualmente pelo homem e pela mulher". Vale rememorar que o STF, ao decidir pela constitucionalidade da Lei Maria da Penha, fez expressa referência ao teor do art. 5º, inciso I, da Constituição, entendendo que o Estado deve intervir em situações de violência doméstica, principalmente naquelas envolvendo a mulher (STF, Plenário, ADC nº 19/DF e ADI nº 4.424/DF, Rel. Min. Marco Aurélio, j. 09.02.2012). Seguindo essa mesma lógica, a Suprema Corte julgou que a legítima defesa da honra não pode ser sustentada como argumento inerente à plenitude de defesa do Tribunal do Júri, já que viola a dignidade da pessoa humana em seus mais diversos aspectos, entre eles a igualdade de gênero (STF, Plenário, ADPF nº 779, Rel. Min. Dias Toffoli, j. 01.08.2023).

Pelo que se percebe de toda previsão constitucional referente à igualdade, ela possui duas dimensões distintas, quais sejam, a (1) igualdade formal e (2) a igualdade material.

Com efeito, a igualdade formal significa tratar a todos da mesma forma, independentemente da existência de qualquer situação de desigualdade de fato. É o que se reconhece no *caput* do art. 5º da Constituição.

Já a igualdade material implica na exigência de tratamento desigual a pessoas que estão em situação de desigualdade, para se garantir a condição de igualdade. Ela leva em conta, portanto, os sujeitos e os valores em jogo e procura alcançar o equilíbrio nas relações de fato. Trata-se de faceta da igualdade implícita ao Texto Constitucional, extraindo-se das normas constitucionais alhures apontadas.

Há inúmeros exemplos do tratamento desigual conferido pelo Estado a determinadas pessoas com o intuito de se obter a igualdade material. A título de ilustração, a Carta Magna assegura a reserva de vagas para pessoas com deficiência, estipula imunidades parlamentares, confere tutela diferenciada ao consumidor etc.

O STF possui decisões marcantes que tiveram como um dos fundamentos a igualdade material. Uma delas já foi mencionada anteriormente, quando a Suprema Corte julgou a Lei Maria da Penha como constitucional (STF, Plenário, ADC nº 19/DF e ADI nº 4.424/DF, Rel. Min. Marco Aurélio, j. 09.02.2012). Outro julgado relevante se deu com o reconhecimento da constitucionalidade do sistema de cotas para afrodescendentes em universidades enquanto marco das ações afirmativas no país (STF, Plenário, ADPF nº 186/DF, Rel. Min. Ricardo Lewandowski, j. 26.04.2012).

No que tange aos direitos das vítimas de crimes, detecta-se que a igualdade é o principal fundamento do *direito a tratamento profissional individualizado e não discriminatório*, que será abordado com riqueza de detalhes no próximo capítulo.

1.4. Direito à segurança (art. 5º, *caput*, CF)

O direito à segurança vem previsto igualmente no *caput* do art. 5º do Texto Constitucional. Há facetas distintas desse direito, como, por exemplo, a segurança jurídica, que se consubstancia no inciso XXXVI daquele dispositivo, segundo o qual "a lei não prejudicará o direito adquirido, o ato jurídico perfeito e a coisa julgada".

No entanto, para os fins desta obra, no presente tópico, será dado destaque ao viés da segurança pública.

Destarte, pode-se afirmar que a segurança pública é também direito fundamental reconhecido no art. 5º, *caput*, da Constituição Federal, estando, pois, no rol dos direitos fundamentais ali estampados, verdadeiras cláusulas pétreas (art. 60, § 4º, IV, CF). Trata-se de direito fundamental de ordem difusa, já que o seu titular não é apenas um indivíduo, mas toda a sociedade.

Nesse sentido, o art. 144, *caput*, do Texto Constitucional, assevera que a segurança pública é dever do Estado e direito e responsabilidade todos, devendo ser exercida através dos órgãos policiais listados nos incisos I a VI deste dispositivo para a preservação da ordem pública e da incolumidade das pessoas e do patrimônio.

Como se verifica, se o Estado tem o dever de segurança pública, todos os cidadãos do país, na outra face da mesma moeda, possuem o direito a ela. E com a vítima de crime não é diferente, muito antes pelo contrário, a necessidade de receber do Estado a devida segurança é ainda maior para ela, especialmente após a prática delitiva, para que se evite a ocorrência de novos fatos ilícitos, ligados ao anterior, em seu prejuízo e a revitimização.

Assim, o Estado tem a obrigação de adotar medidas que preservem a intimidade, as integridades física e psicológica, a vida e o patrimônio da vítima, buscando sobretudo afastá-la de qualquer contato ou convívio com o seu agressor.

É exatamente essa concepção do *direito à segurança* que será tratado no próximo capítulo.

1.5. Direito à propriedade (art. 5º, *caput*, CF)

O direito à propriedade é a prerrogativa assegurada ao seu titular de usar, gozar, dispor e reaver determinado bem, assim como de controlar o acesso a este mesmo bem. Tem-se aqui um direito real, oponível a quem quer que seja (*erga omnes*).

Tal direito vem reconhecido não só no *caput* do art. 5º da Constituição, mas também nos incisos XXII a XXIV. De acordo com o inciso XXII, "é garantido o direito de propriedade". O inciso XXIII, por sua vez, apresenta importante limite à propriedade, impondo que ela atenda a sua função social, o que faz com que esse direito não seja de caráter absoluto. Por fim, o inciso XXIV fornece outro limite relevante à propriedade, relativizando esse direito, ao dispor que "a lei estabelecerá o procedimento para desapropriação por necessidade ou utilidade pública, ou por interesse social, mediante justa e prévia indenização em dinheiro, ressalvados os casos previstos nesta Constituição".

Outras normas constitucionais tratam da propriedade, da sua função social e da possibilidade de desapropriação, com destaque aos artigos 182, §§ 2º e 4º, III, e 184 a 186. E há ainda o direito à propriedade intelectual disciplinado nos incisos XXVII a XXIX do art. 5º da Carta Magna.

Com relação aos direitos das vítimas de crimes, sem dúvida alguma o direito à propriedade fundamenta direitos específicos de titularidade delas, notadamente o *direito à proteção patrimonial* e o *direito à reparação dos danos materiais*. Ambos serão apreciados no próximo capítulo desta obra.

1.6. Proibição da tortura ou de qualquer outro tratamento desumano ou degradante (art. 5º, III, CF)

Consoante dispõe o art. 5º, inciso III, da Constituição Federal, "ninguém será submetido a tortura nem a tratamento desumano ou degradante". Trata-se de norma de extrema relevância histórica, que procura, no âmbito do Estado Democrático de Direito, romper com o paradigma do período político anterior à ordem constitucional de 1988, o da ditatura militar, quando a prática de atos que violavam direitos humanos, sobretudo a tortura para se extrair uma confissão, era corriqueira.

A vítima de tortura ou de qualquer outro tratamento desumano ou degradante pode sofrer abalo em sua integridade física e certamente terá sensível prejuízo à sua integridade psicológica. Não se olvida ainda do risco à vida. Em essência, viola-se a sua dignidade enquanto pessoa humana (art. 5º, III, CF).

Conforme conceito trazido pela Comissão Europeia de Direitos Humanos (CEDH) ao analisar um caso de violações sistemáticas aos direitos humanos na Grécia, a tortura é um tratamento desumano aplicado sobre uma pessoa com um objetivo específico, como obter informações sobre a própria vítima ou um terceiro, castigá-la por ato cometido, intimidar ou coagir esta ou outras pessoas, entre outras razões baseadas em discriminações de qualquer natureza.

Já o tratamento desumano é um tratamento que provoca grande sofrimento físico ou mental. Não há justificativa para que ele ocorra, sendo as vítimas desse tratamento submetidas a esforços que passam dos limites humanos. De outro turno, o tratamento degradante envolve situação em que o indivíduo é levado a agir contra a sua vontade ou quando é humilhado perante si mesmo ou outras pessoas. Destarte, pode-se afirmar que o tratamento degradante é uma espécie do gênero tratamento desumano.

No Brasil, o Texto Constitucional prevê, em seu art. 5º, inciso XLIII, que a lei considerará crime inafiançável e insuscetível de graça ou anistia a prática da tortura, por ele respondendo os mandantes, os executores e os que, podendo evitá-lo, se omitirem. Atualmente, a lei que tipifica o crime de tortura no país é a de nº 9.455/1997.

O direito fundamental em comento é utilizado como justificativa para uma série de outros direitos fundamentais que serão analisados no próximo capítulo, a saber, o *direito à verdade*, o *direito à proteção física*, o *direito à proteção psicológica*, o *direito à reparação dos danos materiais, psicológicos e morais e à reparação simbólica*.

1.7. Intimidade, vida privada, honra e imagem (art. 5º, X, CF)

A intimidade, a vida privada, a honra e a imagem são direitos fundamentais que são tratados em um só dispositivo constitucional, o art. 5º, inciso X, segundo o qual "são invioláveis a intimidade, a vida privada, a honra e a imagem das pessoas, assegurado o direito a indenização pelo dano material ou moral decorrente de sua violação".

Em apertada síntese, pode-se afirmar que o direito à intimidade é aquele que preserva a pessoa humana do conhecimento alheio, reservando-lhe a sua própria vivência.

Por sua vez, o direito à privacidade deve ser considerado como o conjunto de manifestações da esfera íntima, particular e da personalidade da pessoa humana. Trata-se da prerrogativa assegurada ao indivíduo de impedir que terceiros se intrometam em sua vida particular e familiar. É, pois, o direito de estar só (*right to be alone*), de ser deixado em paz por quem quer que seja.

Os direitos à intimidade e à privacidade servem de justificativa para outros direitos fundamentais previstos na Constituição, como, por exemplo, a inviolabilidade do domicílio (art. 5º, XI, CF), a inviolabilidade do sigilo da correspondência e das comunicações telegráficas, de dados e das comunicações telefônicas (art. 5º, XII, CF) e a proteção dos dados pessoais, inclusive nos meios digitais (art. 5º, LXXIX, CF).

O direito à honra compreende a forma como o seu titular se vê e como a sociedade o vê, estando correlacionado a tudo o que é divulgado e falado a seu respeito. Classicamente, a doutrina divide a honra em duas facetas, a honra objetiva e a honra subjetiva. A honra objetiva é a forma com que a sociedade vê o seu titular, ao passo que a honra subjetiva ou interna ou psíquica diz respeito a como o próprio indivíduo se enxerga. Pessoa física possui honras objetiva e subjetiva, mas a pessoa jurídica somente possui a honra objetiva (a forma como o público a enxerga). Em termos penais, o Código Penal tipifica, nos arts. 138 a 140, os crimes contra a honra, a saber, calúnia (art. 138 CP), difamação (art. 139 CP) e injúria (art. 140 CP). Os delitos de calúnia e difamação atingem a honra objetiva, enquanto o de injúria ofende a honra subjetiva; logo, pessoa jurídica apenas pode ser vítima de calúnia e difamação, não de injúria.

E o direito à imagem, intimamente ligado ao direito à honra, é aquele que assegura à pessoa humana o controle e a proteção acerca da utilização da sua imagem, impedindo que ela seja reproduzida, divulgada ou explorada comercialmente sem prévia e expressa autorização. Desse modo, deve ser entendido como a expressão exterior sensível da individualidade da pessoa humana, digna de tutela jurídica. Tradicionalmente, a doutrina subdivide a imagem em dois tipos distintos, a imagem-retrato (é o aspecto físico da pessoa) e a imagem-atributo (é a forma com o seu titular é visto socialmente). No mais, esclareça-se que a imagem vai além do mero atributo físico, comportando inclusive a transmissão sonora (a proteção da voz do seu titular).

Por constituírem direitos da personalidade, a intimidade, a vida privada, a honra e a imagem recebem tratamento do Código Civil, especialmente dos seus artigos 20 e 21. Além disso, caso ocorra violação a tais direitos, fica assegurado o direito a indenização pelo dano material ou moral, nos termos do art. 5º, X, da Constituição alhures transcrito.

Os direitos em comento fundamentam direitos das vítimas de crimes que serão separadamente abordados no capítulo anterior, quais sejam, o *direito à proteção psicológica*, o *direito à proteção documental (inclusive de dados pessoais)*, o *direito à reparação dos danos materiais, psicológicos e morais e à reparação simbólica*.

2. TUTELA AOS DIREITOS DAS VÍTIMAS EM OUTROS DISPOSITIVOS DA CF

Neste tópico, será feito um breve registro sobre outras normas constitucionais que reconhecem direitos a determinados indivíduos ou a uma coletividade e que terão reflexos no estudo dos direitos das vítimas a ser feito no próximo capítulo.

Assim, por exemplo, o art. 225, *caput*, do Texto Constitucional assegura que todos têm direito ao *meio ambiente* ecologicamente equilibrado, bem de uso comum do povo e essencial à sadia qualidade de vida, impondo-se ao Poder Público e à coletividade o dever de defendê-lo e preservá- lo para as presentes e futuras gerações. Tem-se aqui um direito fundamental de ordem difusa. Em termos de Vitimologia, a prática de crimes contra o meio ambiente (com destaque para aqueles tipificados na Lei nº 9.605/1998) trará prejuízos à vítima coletiva, conceito já apresentado nesta obra em tópico anterior.

O art. 227, *caput*, da Constituição estabelece que é dever da família, da sociedade e do Estado assegurar à *criança, ao adolescente e ao jovem*, com absoluta prioridade, o direito à vida, à saúde, à alimentação, à educação, ao lazer, à profissionalização, à cultura, à dignidade, ao respeito, à liberdade e à convivência familiar e comunitária, além de colocá-los a salvo de toda forma de negligência, discriminação, exploração, violência, crueldade e opressão. Tem-se aqui o principal fundamento para a criação da Lei Henry Borel.

Já o art. 230, *caput*, prevê que a família, a sociedade e o Estado têm o dever de amparar as *pessoas idosas*, assegurando sua participação na comunidade, defendendo sua dignidade e bem-estar e garantindo-lhes o direito à vida. É esse o fundamento precípuo do Estatuto da Pessoa Idosa.

3. CLÁUSULA DE ABERTURA DE DIREITOS FUNDAMENTAIS (ART. 5º, §§ 2º E 3º, CF) E ROL NÃO TAXATIVO

Para a correta compreensão de alguns temas que serão desenvolvidos na sequência desta obra, sobretudo em sua segunda parte, faz-se imprescindível destacar neste tópico, ainda que de forma sucinta, a **cláusula de abertura material de direitos fundamentais** encontrada no art. 5º, §§ 2º e 3º, da Constituição Federal.

Na dicção do art. 5º, § 2º, da Carta Magna, "os direitos e garantias expressos nesta Constituição não excluem outros decorrentes do regime e dos princípios por ela adotados, ou dos tratados internacionais em que a República Federativa do Brasil seja parte". Em virtude do teor desta norma, percebe-se que os direitos fundamentais reconhecidos no país não são apenas aqueles expressos na Constituição, muito menos estão limitados ao que consta em seu art. 5º, havendo direitos dessa natureza que decorrem "do regime e dos princípios por ela adotados", bem como estão previstos textualmente em "tratados internacionais em que a República Federativa do Brasil seja parte".

Com efeito, os direitos decorrentes do regime e dos princípios adotados pela Constituição constituem os denominados *direitos fundamentais implícitos*, aqueles extraídos de direitos fundamentais nela expressos ou positivados. É o exemplo marcante do direito à verdade (a ser tratado no próximo capítulo), que procura evidenciar a verdade sobre fatos violadores de direitos humanos praticados em períodos de transição de regime político ou após conflitos armados. No Brasil, busca revelar toda a verdade a respeito das graves violações a direitos fundamentais ocorridas no período da ditadura militar.

No próximo capítulo, serão expostos com maiores detalhes direitos fundamentais das vítimas de crimes, sendo alguns deles direitos expressos na Carta Maior, enquanto outros são direitos fundamentais implícitos, podendo ser extraídos de determinados direitos expressos.

No que tange aos direitos fundamentais decorrentes dos tratos internacionais em que a República Federativa do Brasil seja parte, é importante relembrar inicialmente que, no ordenamento jurídico brasileiro, os tratados e as convenções internacionais estão em pé de igualdade com a lei ordinária federal, devendo prevalecer, portanto, aquele instrumento normativo que for mais novo (posição do STF). Os tratados e as convenções, porém, não prevalecem sobre a Constituição Federal. Contudo, se o tratado e a convenção versarem sobre direitos humanos, ingressam no ordenamento jurídico como norma constitucional, por força do art. 5º, § 2º, da Constituição Federal. A Emenda Constitucional nº 45/04 reforçou esse caráter, ao estipular no art. 5º, § 3º, da Carta Magna Federal que "os tratados e convenções internacionais sobre direitos humanos que forem aprovados, em cada Casa do Congresso Nacional, em dois turnos, por três quintos dos votos dos respectivos membros, serão equivalentes às emendas constitucionais". Se, entretanto, o tratado e a convenção que versem sobre direitos humanos forem anteriores à Emenda Constitucional nº 45/04 ou ainda não preencherem os requisitos formais exigidos pelo art. 5º, § 3º, da Constituição, a exemplo do que ocorre com a Convenção Americana de Direitos Humanos (Pacto de São José da Costa Rica), terão caráter supralegal, superiores à lei ordinária, mas devendo respeito ao Texto Constitucional, conforme entendimento do STF exarado nos julgamentos do RE nº 466.343/SP e HC nº 87.585/TO (Informativo nº 531).

Como se percebe, rol de direitos fundamentais encontrados na Constituição Federal **não é taxativo** (é meramente exemplificativo). Ou seja, para além daqueles positivados no Texto Constitucional (direitos fundamentais positivados ou fundamentalidade formal), há os direitos fundamentais implícitos e aqueles disciplinados por tratados internacionais dos quais o Brasil seja signatário (direitos fundamentais não positivados ou fundamentalidade material).

4. FUNDO NACIONAL DE PROTEÇÃO ÀS VÍTIMAS DE CRIMES (ART. 245 CF)

A Constituição Federal, em seu art. 245, afirma expressamente que *"A lei disporá sobre as hipóteses e condições em que o Poder Público dará assistência aos herdeiros e dependentes carentes de pessoas vitimadas por crime doloso, sem prejuízo da responsabilidade civil do autor do ilícito"*.

A norma prevê um direito fundamental fora do rol do art. 5º do Texto Constitucional, qual seja, o **direito fundamental (de ordem difusa) ao Fundo Nacional de Proteção às Vítimas de crimes**.

Esse Fundo terá o papel de alta relevância de servir como política pública em que o Estado garantirá o pagamento da reparação dos danos suportados por vítimas de crimes, mesmo diante da insolvência dos agressores. Pretende-se com isso que o próprio ente público arque com o pagamento das indenizações pecuniárias devidas às vítimas, de forma subsidiária ou complementar, promovendo-se a reparação civil e o acesso à justiça por parte delas no contexto pós-crime[1].

---

1. BURKE, Anderson. *Vitimologia*: manual da vítima penal. 2. ed. rev., ampl. e atual. São Paulo: Juspodivm, 2022, p. 165.

De fato, no contexto social vivenciado pelo Brasil, a implementação deste Fundo será medida de extremo valor, considerando que, em sua maioria, são responsabilizados pela prática de crimes no país pessoas de baixa renda, que não têm mesmo condições de arcar com os custos as indenizações. Assim, o risco da insolvência pelos agressores é sempre elevado, ficando as vítimas desamparadas.

Como pondera Anderson Burke, "para se evitar a frustração de direitos do vitimado no tocante à consagração de sua reparação civil devida pela ocorrência de um crime contra si, deve existir uma antecipação de atitude sobre a possível incapacidade patrimonial dos agressores em reparar o dano causado. Será uma luta em vão caso apenas se busque os institutos que promovam de modo particular e privado a indenização decorrente do delito. Temos que pensar lá na frente, e, nesse ponto, o Estado terá um papel fundamental de assistência quanto à materialização da pecúnia à vítima. O agressor que fica insolvente deverá, posteriormente, ressarcir o Estado através dos meios legais inerentes à cobrança de dívidas públicas. O Estado, portanto, na hipótese do tratamento penal sobre algum conflito penal no qual o infrator seja insolvente, tem a responsabilidade de promover a reparação civil ao ofendido e deve se sub-rogar de modo subsidiário frente ao agressor para a promoção da indenização ao vitimado. Após o adimplemento do Estado com a vítima, cria-se uma dívida em face do autor da infração penal, cuja natureza da obrigação é de ordem patrimonial que se não quitada é convertida em dívida ativa de cunho tributário[2]".

Além de minimizar os impactos da incapacidade econômica dos autores de delitos, o Fundo em apreço ainda terá a função de satisfazer os interesses patrimoniais das vítimas mesmo quando os crimes comunicados ao Estado não são solucionados, o que se agravaria quando sequer os autores dos fatos seriam identificados.

A partir da criação do Fundo, surgiria uma verdadeira responsabilidade social (dever social) da comunidade com as vítimas de crimes, exercida por meio do Estado que lhe representa, pois aquela estaria amparando estas financeiramente.

Sob este viés, é possível também afirmar que o Estado assume corresponsabilidade, de modo concorrente, pela falha no cumprimento do dever de segurança pública (art. 144 CF). Em outros termos, para superar a sua deficiência na tutela à segurança pública, que resulta no surgimento de inúmeras pessoas vítimas de delitos, o Estado assume um outro dever, o de criar fundos públicos assistenciais aos ofendidos, garantindo o seu direito à reparação civil[3] (ou, como será visto no próximo capítulo, direito à reparação dos danos materiais, psicológicos e morais e à reparação simbólica).

Muito embora a norma em destaque seja de 1988, até hoje, essa lacuna legislativa ainda não foi preenchida, caracterizando o estado de mora inconstitucional. Por esse motivo, o Procurador-Geral da República, em 26 de fevereiro de 2021, ajuizou ação direta de inconstitucionalidade por omissão (ADO) para que o STF determine ao Congresso Nacional que elabore a norma.

---

2. BURKE, Anderson. *Vitimologia*: manual da vítima penal. 2. ed. rev., ampl. e atual. São Paulo: Juspodivm, 2022, p. 166-167.
3. BURKE, Anderson. *Vitimologia*: manual da vítima penal. 2. ed. rev., ampl. e atual. São Paulo: Juspodivm, 2022, p. 168.

Na ação (ADO 19), destacou-se que a omissão inconstitucional da falta de norma regulamentadora do artigo 245 da Constituição "torna inviável aos herdeiros e pessoas carentes dependentes de vítimas de crimes dolosos o exercício do direito constitucional à assistência social, conspurcando a sobrevivência, o mínimo existencial, a dignidade humana e a proteção da família". Apontou-se que a jurisprudência da Corte Interamericana determina que, nos casos de graves violações de direitos humanos, familiares das vítimas também são considerados como vítimas. Pontuou-se ainda que todas as nove condenações já sofridas pelo Brasil na Corte Interamericana de Direitos Humanos envolveram violações aos direitos das vítimas e de seus familiares. Exemplificando, no Caso Favela Nova Brasília v. Brasil, sentenciado em 2017, a Corte Interamericana de Corte IDH consignou o entendimento de que as vítimas e seus familiares não têm verdadeira participação no Processo Penal brasileiro, ficando constrangidos a uma atuação meramente coadjuvante, residual e de pouca importância. Ao final, concluiu-se afirmando que esta ação busca concretizar a referida norma constitucional de eficácia limitada, diante da inércia do Poder Público em regulamentar o direito nela previsto, após mais de 30 anos da promulgação da Constituição Federal.

Ocorre que esta ADO foi extinta sem apreciação do mérito (STF, ADO nº 19/DF, Rel. Min. Roberto Barroso, j. 24.10.13), persistindo, portanto, a mora legislativa.

Buscando mitigar esse cenário de lacuna legal, e atento ao disposto no art. 245 da Carta Magna, mais recentemente, o legislador, por meio da Lei nº 14.717/2023, instituiu pensão especial aos filhos e dependentes crianças ou adolescentes, órfãos em razão do crime de feminicídio (art. 121, § 2º, VI, CP), cuja renda familiar mensal *per capita* seja igual ou inferior a 1/4 (um quarto) do salário mínimo. Os requisitos para a concessão deste benefício encontram-se detalhadamente previstos naquele diploma legal. Talvez esta lei marque o início da resolução do problema ora apontado, mas ainda há um longo caminho a ser percorrido para que o mandamento constitucional seja cumprido na íntegra.

Aguarda-se então seja criado o fundo indenizatório, que ficará a cargo do Estado, tendo atuação subsidiária, complementar, isto é, somente na hipótese em que restarem frustrados os direitos das vítimas de crimes.

No mais, vale a pena frisar que a Declaração dos Princípios Fundamentais de Justiça Relativos às Vítimas da Criminalidade e de Abuso de Poder da Organização das Nações Unidas (ONU), de 29 de novembro de 1985, no item 13 de seu anexo, ressalta a necessidade de criação de fundo dessa natureza, ao apregoar que "será incentivado o estabelecimento, o reforço e a expansão de fundos nacionais de indemnização às vítimas. De acordo com as necessidades, poderão estabelecer-se outros fundos com tal objetivo, nomeadamente nos casos em que o Estado de nacionalidade da vítima não esteja em condições de indenizá-la pelo dano sofrido".

5. QUADRO SINÓTICO

CAPÍTULO V – TUTELA AOS DIREITOS DAS VÍTIMAS NA CONSTITUIÇÃO FEDERAL	
1. Tutela aos direitos das vítimas no art. 5º da CF. 1.1. Direito à vida (art. 5º, *caput*, CF)	Previsto no art. 5º, *caput*, da Constituição Federal, o direito à vida é um direito individual que engloba tanto (1) o direito de não ser morto, isto é, privado da vida (é o direito de continuar vivo) como também (2) o direito de ter uma vida digna. Na ótica da vítima de um crime, o direito à vida fundamenta outros direitos fundamentais, a saber, o *direito à proteção física*, o *direito à proteção psicológica*, o *direito à reparação dos danos materiais, psicológicos e morais e à reparação simbólica* e o *direito a apoio*.
1. Tutela aos direitos das vítimas no art. 5º da CF. 1.2. Direito à liberdade (art. 5º, *caput*, CF)	Também estampado no art. 5º, *caput*, do Texto Constitucional, o direito à liberdade é um direito individual que deve ser compreendido como a possibilidade de o indivíduo coordenar, de forma consciente, os instrumentos necessários à realização do seu projeto pessoal de felicidade. Em termos de direitos das vítimas de crimes, pode-se afirmar que o direito à liberdade é um dos fundamentos do *direito à informação e à comunicação* e do *direito de participação*, pois, por meio deles, as vítimas têm um comportamento proativo, adotando medidas que buscam superar os efeitos danosos dos delitos, para que consigam, mesmo à vista de adversidades, implementar o seu plano de felicidade.
1. Tutela aos direitos das vítimas no art. 5º da CF. 1.3. Direito à igualdade (art. 5º, *caput*, CF)	O art. 5º, *caput*, da Carta Magna Federal traz a primeira concepção a respeito do direito à igualdade, ao afirmar que "*todos são iguais perante a lei, sem distinção de qualquer natureza*, garantindo-se aos brasileiros e aos estrangeiros no País a inviolabilidade do direito à vida, à liberdade, à *igualdade*, à segurança e à propriedade" (destacamos). Em complemento, o inciso I deste dispositivo constitucional estabelece que "homens e mulheres são iguais em direitos e obrigações, nos termos desta Constituição". Reforçando tal previsão, o art. 226, § 5º, do Texto Constitucional assevera que "os direitos e deveres referentes à sociedade conjugal são exercidos igualmente pelo homem e pela mulher". Pelo que se percebe de toda previsão constitucional referente à igualdade, ela possui duas dimensões distintas, quais sejam, a (1) igualdade formal e (2) a igualdade material. Com efeito, a igualdade formal significa tratar a todos da mesma forma, independentemente da existência de qualquer situação de desigualdade de fato. É o que se reconhece no *caput* do art. 5º da Constituição. Já a igualdade material implica na exigência de tratamento desigual a pessoas que estão em situação de desigualdade, para se garantir a condição de igualdade. Ela leva em conta, portanto, os sujeitos e os valores em jogo e procura alcançar o equilíbrio nas relações de fato. Trata-se de faceta da igualdade implícita ao Texto Constitucional, extraindo-se das normas constitucionais alhures apontadas. No que tange aos direitos das vítimas de crimes, detecta-se que a igualdade é o principal fundamento do *direito a tratamento profissional individualizado e não discriminatório*.

CAPÍTULO V – TUTELA AOS DIREITOS DAS VÍTIMAS NA CONSTITUIÇÃO FEDERAL	
1. Tutela aos direitos das vítimas no art. 5º da CF. 1.4. Direito à segurança (art. 5º, *caput*, CF)	O direito à segurança vem previsto igualmente no *caput* do art. 5º do Texto Constitucional. Há facetas distintas desse direito, como, por exemplo, a segurança jurídica, que se consubstancia no inciso XXXVI daquele dispositivo, segundo o qual "a lei não prejudicará o direito adquirido, o ato jurídico perfeito e a coisa julgada". Há ainda o viés da segurança pública. Destarte, pode-se afirmar que a segurança pública é também direito fundamental reconhecido no art. 5º, *caput*, da Constituição Federal, estando, pois, no rol dos direitos fundamentais ali estampados, verdadeiras cláusulas pétreas (art. 60, § 4º, IV, CF). Trata-se de direito fundamental de ordem difusa, já que o seu titular não é apenas um indivíduo, mas toda a sociedade. Nesse sentido, o art. 144, *caput*, do Texto Constitucional assevera que a segurança pública é dever do Estado e direito e responsabilidade todos, devendo ser exercida através dos órgãos policiais listados nos incisos I a VI deste dispositivo para a preservação da ordem pública e da incolumidade das pessoas e do patrimônio. Como se verifica, se o Estado tem o dever de segurança pública, todos os cidadãos do país, na outra face da mesma moeda, possuem o direito a ela. E com a vítima de crime não é diferente, muito antes pelo contrário, a necessidade de receber do Estado a devida segurança é ainda maior para ela, especialmente após a prática delitiva, para que se evite a ocorrência de novos fatos ilícitos, ligados ao anterior, em seu prejuízo e a revitimização. Assim, o Estado tem a obrigação de adotar medidas que preservem a intimidade, as integridades física e psicológica, a vida e o patrimônio da vítima, buscando sobretudo afastá-la de qualquer contato ou convívio com o seu agressor. É reconhecido então às vítimas de crimes o *direito à segurança*.
1. Tutela aos direitos das vítimas no art. 5º da CF. 1.5. Direito à propriedade (art. 5º, *caput*, CF)	O direito à propriedade é a prerrogativa assegurada ao seu titular de usar, gozar, dispor e reaver determinado bem, assim como de controlar o acesso a este mesmo bem. Tem-se aqui um direito real, oponível a quem quer que seja (*erga omnes*). Tal direito vem reconhecido não só no *caput* do art. 5º da Constituição, mas também nos incisos XXII a XXIV. Outras normas constitucionais tratam da propriedade, da sua função social e da possibilidade de desapropriação, com destaque aos artigos 182, §§ 2º e 4º, III, e 184 a 186. E há ainda o direito à propriedade intelectual disciplinado nos incisos XXVII a XXIX do art. 5º da Carta Magna. Com relação aos direitos das vítimas de crimes, sem dúvida alguma o direito à propriedade fundamenta direitos específicos de titularidade delas, notadamente o *direito à proteção patrimonial* e o *direito à reparação dos danos materiais*.

CAPÍTULO V – TUTELA AOS DIREITOS DAS VÍTIMAS NA CONSTITUIÇÃO FEDERAL	
1. Tutela aos direitos das vítimas no art. 5º da CF. 1.6. Proibição da tortura ou de qualquer outro tratamento desumano ou degradante (art. 5º, III, CF)	Consoante dispõe o art. 5º, inciso III, da Constituição Federal, "ninguém será submetido a tortura nem a tratamento desumano ou degradante". Trata-se de norma de extrema relevância histórica, que procura, no âmbito do Estado Democrático de Direito, romper com o paradigma do período político anterior à ordem constitucional de 1988, o da ditatura militar, quando a prática de atos que violavam direitos humanos, sobretudo a tortura para se extrair uma confissão, era corriqueira. A vítima de tortura ou de qualquer outro tratamento desumano ou degradante pode sofrer abalo em sua integridade física e certamente terá sensível prejuízo à sua integridade psicológica. Não se olvida ainda do risco à vida. Em essência, viola-se a sua dignidade enquanto pessoa humana (art. 5º, III, CF). No Brasil, o Texto Constitucional prevê, em seu art. 5º, inciso XLIII, que a lei considerará crime inafiançável e insuscetível de graça ou anistia a prática da tortura, por ele respondendo os mandantes, os executores e os que, podendo evitá-lo, se omitirem. Atualmente, a lei que tipifica o crime de tortura no país é a de nº 9.455/1997. O direito fundamental em comento é utilizado como justificativa para uma série de outros direitos fundamentais, a saber, o *direito à verdade*, o *direito à proteção física*, o *direito à proteção psicológica*, o *direito à reparação dos danos materiais, psicológicos e morais e à reparação simbólica*.
1. Tutela aos direitos das vítimas no art. 5º da CF. 1.7. Intimidade, vida privada, honra e imagem (art. 5º, X, CF)	A intimidade, a vida privada, a honra e a imagem são direitos fundamentais que são tratados em um só dispositivo constitucional, o art. 5º, inciso X, segundo o qual "são invioláveis a intimidade, a vida privada, a honra e a imagem das pessoas, assegurado o direito a indenização pelo dano material ou moral decorrente de sua violação". Os direitos em comento fundamentam direitos das vítimas de crimes, quais sejam, o *direito à proteção psicológica*, o *direito à proteção documental (inclusive de dados pessoais)*, o *direito à reparação dos danos materiais, psicológicos e morais e à reparação simbólica*.
2. Tutela aos direitos das vítimas em outros dispositivos da CF	Há outras normas constitucionais que reconhecem direitos a determinados indivíduos ou a uma coletividade, a saber, os artigos 225, *caput* (meio ambiente), 227, *caput* (criança e adolescente) e 230, *caput* (pessoa idosa), da Carta Maior.

CAPÍTULO VI

DIREITOS FUNDAMENTAIS DAS VÍTIMAS EM ESPÉCIE

1. ROL NÃO TAXATIVO DOS DIREITOS DAS VÍTIMAS

Naturalmente, sob a proteção do Estado Democrático de Direito, a vítima é titular de uma série de direitos fundamentais. Assim, por exemplo, enquanto pessoa física, ela possui direito à vida, à liberdade, à igualdade, à segurança e à propriedade (art. 5º, *caput*, CF), à intimidade e à vida privada (art. 5º, X, CF); em se tratando de vítima pessoa jurídica, são assegurados o direito à honra – objetiva – e à imagem – perante o público – (art. 5º, X, CF). Como se percebe então, há um verdadeiro **rol não taxativo dos direitos das vítimas.**

Aliás, como abordado no capítulo anterior, o rol de direitos fundamentais encontrados na Constituição Federal não é taxativo, por força do que dispõe o seu art. 5º, §§ 2º e 3º. Nesse passo, nota-se que, quanto às vítimas de crimes, alguns direitos fundamentais são expressos na Carta Maior, enquanto outros são *direitos fundamentais implícitos*, podendo ser extraídos de determinados direitos expressos.

O objetivo dessa obra não é procurar esgotar a análise de todos os direitos das vítimas, até porque, pela conclusão a que se chegou alhures, essa seria uma tarefa impossível. Desse modo, pretende-se neste espaço destacar apenas os direitos fundamentais de vítimas de fatos ilícitos que mais se sobressaem, despertando maior atenção do Estado nos dias de hoje na tarefa de protegê-los por meio dos seus órgãos que atuam na persecução penal.

Dentre tais órgãos, indubitavelmente o Ministério Público ganha destaque, funcionando como uma instituição de garantia de direitos fundamentais de cidadãos, entre eles as vítimas de infrações penais.

Nessa esteira, para fins didáticos, será levado em consideração no estudo ora realizado o rol de direitos fundamentais das vítimas constantes da **Resolução nº 243/2021 do CNMP**, mais precisamente em seus arts. 1º, *caput*, e 4º, *caput*.

De acordo com estes dispositivos, é possível extrair a existência dos seguintes direitos em espécie: (1) direito à informação e à comunicação; (2) direito à verdade; (3) direito à justiça; (4) direito à devida diligência; (5) direito a apoio; (6) direito à segurança; (7) direito à proteção física; (8) direito à proteção patrimonial; (9) direito à proteção psicológica; (10) direito à proteção documental (inclusive de dados pessoais); (11) direito de participação; (12) direito à reparação dos danos materiais, psicológicos e morais e à reparação simbólica; (13) direito a tratamento profissional individualizado e não discriminatório.

Rol (não taxativo) de direitos fundamentais das vítimas na Resolução nº 243/2021 do CNMP
1. Direito à informação e à comunicação.
2. Direito à verdade.
3. Direito à justiça.
4. Direito à devida diligência.
5. Direito a apoio.
6. Direito à segurança.
7. Direito à proteção física.
8. Direito à proteção patrimonial.
9. Direito à proteção psicológica.
10. Direito à proteção documental (inclusive de dados pessoais).
11. Direito de participação.
12. Direito à reparação dos danos materiais, psicológicos e morais e à reparação simbólica.
13. Direito a tratamento profissional individualizado e não discriminatório.

A seguir, serão abordados, em tópicos separados, todos esses direitos fundamentais, sempre procurando apontar exemplos de institutos que pretendem implementá-los e de previsões legislativas acerca deles, bem como avaliando-se o teor do regramento encontrado na Resolução nº 243/2021 do CNMP que trata da matéria.

2. DIREITO À INFORMAÇÃO E À COMUNICAÇÃO

Na dicção do **art. 5º da Resolução nº 243/2021 do CNMP**, *"Informações sobre direitos básicos, serviços de apoio, processos e outros meios de obtenção de reparação dos danos causados pela infração penal e ato infracional devem ser prestadas de forma completa e transparente às vítimas."*.

Esta previsão normativa está intimamente correlacionada com o Texto Constitucional, o qual apregoa que "é assegurado a todos o acesso à informação [...]" (art. 5º, XIV, 1ª parte, CF), bem como que "todos têm direito a receber dos órgãos públicos informações de seu interesse particular, ou de interesse coletivo ou geral, que serão prestadas no prazo da lei, sob pena de responsabilidade, ressalvadas aquelas cujo sigilo seja imprescindível à segurança da sociedade e do Estado" (art. 5º, XXXIII, CF).

Nessa direção, como reconhece a Declaração dos Princípios Fundamentais de Justiça Relativos às Vítimas da Criminalidade e de Abuso de Poder da Organização das Nações Unidas (ONU), de 29 de novembro de 1985, no item 15 de seu anexo, "as vítimas devem ser informadas da existência de serviços de saúde, de serviços sociais e de outras formas de assistência que lhes possam ser úteis, e devem ter fácil acesso aos mesmos".

Logo, a vítima tem o direito de ser informada seus direitos básicos, os locais onde pode obter informações, as medidas de assistência e de apoio disponíveis, o andamento, os rumos e as etapas da investigação criminal e do processo penal, incluindo prazos para tramitação do inquérito policial, para oferecimento de denúncia por parte do Ministério Público e de queixa-crime por ela própria, e todos os detalhes sobre as fases seguintes do feito, e os meios para se obter consulta jurídica ou assistência jurídica, como a Defensoria Pública, os núcleos jurídicos atuantes em universidades federais etc. Todas as informações úteis às vítimas devem ser prestadas nas unidades policiais, nas sedes do Ministério Público, da Defensoria Pública e do Poder Judiciário.

Assim, a vítima deve ser informada/comunicada, da maneira mais ampla e clara possível, não só sobre todos os seus direitos básicos, como também a respeito de toda a estrutura mantida pelo Estado em seu favor, para que não fique desassistida. A título de ilustração, se uma mulher vítima de violência doméstica e familiar comparece a uma Delegacia de Polícia para relatar o fato delitivo contra ela praticado, deverá ser orientada, nesse momento, sobre os órgãos que podem acompanhar a sua situação, como a Delegacia Especializada de Atendimento à Mulher, o núcleo da Defensoria Pública que atua na área, a Promotoria de Justiça com atribuições nesta seara, dentre outros, inclusive informando-se os respectivos endereços e os canais de comunicação (telefone, *e-mail* etc.). Além disso, é preciso explicar à vítima acerca dos serviços de apoio existentes à sua disposição, como programa oficial ou comunitário de proteção ou de atendimento, a exemplo de programa de acompanhamento psicológico.

Nesse cenário, sintomático é o regramento da Lei nº 11.340/2006 (Lei Maria da Penha), a qual, em seu art. 11, afirma que no atendimento à mulher em situação de violência doméstica e familiar, a autoridade policial deverá, entre outras providências encaminhar a ofendida ao hospital ou posto de saúde e ao Instituto Médico Legal (inciso II) e informar à ofendida os direitos a ela conferidos nesta Lei e os serviços disponíveis, inclusive os de assistência judiciária para o eventual ajuizamento perante o juízo competente da ação de separação judicial, de divórcio, de anulação de casamento ou de dissolução de união estável (inciso V). Já o art. 23, em seu inciso I, prevê que poderá o juiz, quando necessário, sem prejuízo de outras medidas, encaminhar a ofendida e seus dependentes a programa oficial ou comunitário de proteção ou de atendimento.

Impõe-se também a comunicação a respeito dos "processos e outros meios de obtenção de reparação dos danos causados pela infração penal e ato infracional".

No Código de Processo Penal, há previsão sintomática desta comunicação no art. 201. O § 2º deste dispositivo estabelece que o ofendido será comunicado dos atos processuais relativos ao ingresso e à saída do acusado da prisão, à designação de data para audiência e à sentença e respectivos acórdãos que a mantenham ou modifiquem. Ademais, as comunicações ao ofendido deverão ser feitas no endereço por ele indicado, admitindo-se, por opção do ofendido, o uso de meio eletrônico, por força do que consta no § 3º daquele mesmo dispositivo. De seu turno, o art. 28-A, § 9º, do CPP reza que a vítima será intimada da homologação do acordo de não persecução penal e de seu descumprimento.

Em complemento, **o art. 5º, incisos I e II, da Resolução nº 253/2018 do Conselho Nacional de Justiça (CNJ)** estatui que no curso dos processos de apuração de crimes e atos infracionais e de execução de penas e medidas socioeducativas, as autoridades judiciais deverão: I – orientar as vítimas sobre o seu direito de estar presente em todos os atos do processo; II – determinar às serventias o estrito cumprimento do parágrafo 2º do artigo 201 do Código de Processo Penal, notificando-se a vítima, por carta ou correio eletrônico, dos seguintes eventos: a) instauração da ação penal ou arquivamento do inquérito policial; b) expedição de mandados de prisão, alvarás de soltura e respectivos cumprimentos; c) fugas de réus presos; d) prolação de sentenças e decisões judiciais monocráticas ou colegiadas.

3. DIREITO À VERDADE

O direito à verdade deve ser compreendido como um princípio do Direito Internacional dos Direitos Humanos com dimensão dúplice, que procura evidenciar a verdade sobre fatos violadores de direitos humanos praticados em períodos de transição de regime político ou após conflitos armados.

A dimensão dúplice se dá em virtude de a titularidade desse direito restar dividida em individual e coletiva, possuindo como titulares, de um lado, os amigos e familiares da vítima, e, de outro, a sociedade, a qual detém o poder de fiscalizar a atuação dos agentes estatais e tutelar os seus valores mais caros.

Destarte, dando transparência aos atos do Estado e permitindo que a sociedade deles tome conhecimento, o direito à verdade tem o relevante papel de fomentar o controle realizado por esta quanto à "coisa pública", o que legitima e reforça a Democracia. Evita-se com isso a existência de um lado obscuro do Estado e, por consequência, da própria sociedade, o que consolida a integral observância dos direitos dos cidadãos, autênticos detentores dos poderes estatais.

Nessa concepção, o direito à verdade serve como um verdadeiro guia que conduz a atuação do Estado na apuração de atos que violem os direitos dos cidadãos.

A ONU define o direito à verdade como um direito inalienável e autônomo e como um direito que não deve sofrer nenhum tipo de restrição ou suspensão, considerando que ele está intimamente correlacionado a outros direitos.

Nesse passo, o direito à verdade não se restringe ao simples direito de acesso aos fatos, mas também deve funcionar como um mecanismo que permita a devida sanção dos agentes que violem direitos, inibindo com isso novos atos que os descumpram, daí porque se afirma que o direito em comento se liga ao direito à justiça.

Desse modo, impõe-se ao Estado uma obrigação quádrupla, pois ele passa a ter o dever de (i) investigar e divulgar os fatos, (ii) de processar e punir os seus autores, (iii) de reparar os danos e (iv) de excluir dos quadros públicos os indivíduos envolvidos no fato delitivo.

Aliás, especificamente quanto à obrigação de reparar os danos, o Estado deve adotar todas medidas que façam desaparecer por completo ou, ao menos, mitiguem as consequências advindas do fato praticado, permitindo-se a recomposição do bem jurídico violado. A esse respeito, noticie-se que a Corte Interamericana de Direitos

Humanos aponta que, além do pagamento de indenização, a reparação do dano na hipótese de violação ao direito à verdade também pode ocorrer com a descoberta (entrega) da ossada de pessoa falecida aos seus familiares, tornando-se possível a realização da cerimônia fúnebre de acordo com os costumes de tais familiares.

Historicamente, o direito à verdade foi, de início, objeto de uma Resolução da ONU de 1993 (Resolução nº 1993/33 de 5 de março de 1993), a qual estipulava a necessidade de que os Estados membros adotassem medidas para que fossem introduzidas na prática estatal a prevenção e a investigação das execuções sumárias, arbitrárias e extralegais.

Em seguida, em 2005, por meio da Resolução nº 2005/66 do Alto Comissariado das Nações Unidas para os Direitos Humanos, a ONU reconheceu a importância do respeito e da garantia do direito à verdade como uma relevante ferramenta no combate à impunidade e na promoção dos direitos humanos.

Em 2009, o Relatório Anual do Conselho de Direitos Humanos da ONU concluiu que o acesso aos registros acerca das violações aos direitos humanos é um importante instrumento para o controle dos funcionários do Governo, bem como para descobrir a verdade e viabilizar a devida reparação.

No sistema americano de proteção humana, são encontradas duas Resoluções que versam sobre o direito à verdade, quais sejam, a Resolução AG./RES. 2267 (XXXVII-O/07) de 5 de junho de 2007 e a Resolução AG/RES. 2513 (XXXIX-O/09) de 04 de junho de 2009. A primeira Resolução funciona como um grande incentivo para que os Estados tomem providências que criem mecanismos ou instituições que busquem divulgar informações a respeito de violações de direitos humanos, no intuito de promover o exercício do direito à verdade e prevenir futuras transgressores. Por sua vez, a segunda Resolução reconhece que o desaparecimento forçado é uma violação múltipla e contínua de diversos direitos humanos, não podendo ser, de nenhuma maneira, praticado, autorizado ou tolerado, ainda que em situações emergenciais, de exceção ou de suspensão de garantias.

Na América do Sul, há precedentes jurisdicionais relevantes que tratam do direito à verdade e devem ser registrados.

Na Argentina, a Suprema Corte julgou o caso "Gualtieri Rugnone de Prieto, Emma Elidia y otros s/ sustracción de menores de 10 años (art. 146) S.C. G. 291; L. XLIII", envolvendo uma denúncia formulada pela "Asociación Madres de Plaza de Mayo" em que se relata o desaparecimento de noventa e cinco crianças, supostamente filhos de desaparecidos durante o último regime militar do país. O objetivo do pleito foi permitir fosse relevado o paradeiro dessas crianças. Ao decidir o caso, a Suprema corte argentina entendeu que é dever da administração judiciária, enquanto integrante do Estado, adotar todos os instrumentos jurídicos para o esclarecimento da verdade histórica proveniente da lesão à humanidade pelos desaparecimentos forçados.

Outra demanda importante se deu no Peru, quando o Tribunal Constitucional, julgando o caso "2488-2002-HC/TC", impôs ao Ministério Público o dever de iniciar a investigação do desaparecimento do estudante universitário Genaro Villegas Namuche, ocorrido em 02 de outubro de 1992 depois de sair para trabalhar e nunca mais voltar.

Como se percebe, todo o sistema universal de proteção dos direitos humanos compreende o direito à verdade como um mecanismo de alta relevância para fins de revelar a violação aos direitos humanos, estimulando-se com isso que a prática seja extirpada de toda e qualquer atividade estatal.

No Brasil, em 2012, foi criada a Comissão Nacional da Verdade, a qual procurou investigar as graves violações de direitos humanos ocorridas nos períodos ditatoriais entre 18 de setembro de 1946 e 5 de outubro de 1988 (data da proclamação da Constituição Federal de 1988). A partir dela, o Estado brasileiro intentou reconstruir a sua própria sociedade, revistando o seu passado violento e, com o apoio de medidas judiciais, responsabilizando os autores das violações de direitos humanos, servindo com um caráter de Justiça Restaurativa.

Contudo, a Comissão acabou tendo sua atuação consideravelmente limitada, por encontrar resistência na Lei nº 6.683/79, a Lei de Anistia, que impediu a integral responsabilização de agentes públicos, sobretudo militares, por atos que atentaram os direitos humanos, a exemplo de homicídios, tortura, desaparecimentos forçados, violências sexuais, entre outras práticas conhecidas no período da Ditadura militar.

Mesmo assim, o relatório final da Comissão Nacional da Verdade conseguiu apontar 434 mortes e desaparecimentos de vítimas diretas da repressão. Entre essas pessoas, 210 são desaparecidas e suas famílias não puderam sequer sepultá-las.

Noticie-se ainda que a Corte IDH condenou o Brasil, em 2018, pelo assassinato do jornalista Vladimir Herzog e de outras pessoas durante a Ditadura militar. Neste julgamento, a Corte foi categórica ao determinar que não fosse aplicada a Lei de Anistia para os responsáveis pelos fatos apreciados neste caso, por envolverem verdadeiros crimes contra a humanidade.

Aliás, registre-se que o uso amplo da Lei de Anistia está sendo atualmente questionado no STF por meio das ADPFs nºs 153 e 320.

No mais, vale o lembrete de que, no Brasil, o direito à verdade está intimamente ligado ao disposto no art. 5º, inciso III, da Carta Maior, segundo o qual "ninguém será submetido a tortura nem a tratamento desumano ou degradante". A prática de tortura no país é tipificada como crime na Lei nº 9.455/1997.

4. DIREITO À JUSTIÇA

A vítima possui ainda um autêntico **direito a um julgamento justo**. Nessa concepção, como lembra Vladimir Aras[1], há recente decisão da Corte Interamericana de Direitos Humanos (IDH), que cumpriu essa obrigação internacional, ao reconhecer a violação da Convenção Americana de Direitos Humanos (CADH), de 1969, tendo em vista que as vítimas de um determinado crime de homicídio e tentativa de homicídio foram completamente esquecidas em um processo penal que tramitou na Nicarágua, perante o Tribunal do Júri. Trata-se do caso *Roche Azaña y Otros vs. Nicarágua*, julgado em 2020 pela Corte IDH. Neste caso, em uma ação de fiscalização estilo barreira realizada por policiais nicaraguenses, um cidadão

1. ARAS, Vladimir. *O direito das vítimas a um julgamento justo*. Disponível em: <https://vladimiraras.blog/2020/10/04/o-direito-das-vitimas-a-um-julgamento-justo/>. Acesso em: 01 mar. 2021.

equatoriano foi morto a tiros e outro foi ferido. Submetidos a julgamento pelo tribunal popular, os acusados foram absolvidos. Assim como no Brasil, os veredictos do Júri não são motivados. A Comissão Interamericana de Direitos Humanos (CIDH), entre outras coisas, reconheceu que a absolvição imotivada pelos jurados violava a CADH. Reconheceu também que a ausência de um recurso contra a decisão absolutória, de igual modo, violava o direito das vítimas à proteção judicial. Agravando esse cenário, verificou-se que o júri foi realizado sem que as vítimas pudessem dele participar. Em 03 de junho de 2020, a Corte IDH acolheu parcialmente os argumentos da Comissão e reconheceu a responsabilidade internacional da Nicarágua por violação de direitos dos ofendidos, migrantes equatorianos que aparentemente estavam indo para os EUA quando foram parados na *blitz*.

PARTE I

Nas exatas palavras do referido autor, "está muito claro: **as vítimas de crimes também têm direito ao devido processo legal**, algo que parte da doutrina brasileira (in)compreensivelmente resiste em reconhecer... Embora a Corte IDH não tenha abordado concretamente a questão da não motivação da decisão dos jurados para a absolvição dos policiais acusados, a Comissão Interamericana o fez e considerou essa prática inconvencional, como se pode ler no "Informe de Fondo", relatório de mérito, que a CIDH divulgou em 2018, especialmente nos §67 a 73. Tais decisões da Corte IDH e esse pronunciamento da Comissão Interamericana deveriam **inspirar** de forma **verdadeiramente garantista** os julgados do STF[2]".

Contudo, nem sempre isso acontece. A título de ilustração, no ano de 2020, o STF chegou a autorizar a utilização da tese da "legítima defesa da honra" em julgamento de crime de feminicídio, na forma tentada, ocorrido no Estado de Minas Gerais e manteve a decisão absolutória dos jurados, mesmo manifestamente contrária à prova dos autos (havia no processo a confissão do réu e outros elementos contundentes de prova a respeito da autoria e materialidade delitivas), não admitindo o recurso de apelação interposto com base no art. 593, inciso III, alínea "d", do CPP, sob o argumento de respeito (absoluto) à soberania dos veredictos (STF, 1ª Turma, HC nº 178.777/MG, Rel. Min. Marco Aurélio, j. 29.09.20). Algo que remonta ao ano de 1976, no conhecido Caso Doca Street, autor do homicídio de Ângela Diniz. A Suprema Corte do país, guardião da Constituição, negou à mulher vítima de feminicídio o direito de ver o seu agressor sendo julgamento novamente pelo crime contra ela praticado.

Novamente invocando os ensinamentos de Vladimir Aras, "é preciso que tenhamos no Brasil um Estatuto dos Direitos das Vítimas de Crimes. Normalmente, no processo penal a vítima é esquecida. Rotineiramente, o Ministério Público fala por elas. É muito frequente que no júri fale pela última vez por elas. E infelizmente algumas vezes fala sozinho[3]".

Em acréscimo, detecta-se o direito da vítima à justiça na atuação contemporânea da figura do assistente de acusação no processo penal. Com efeito, podem ser

---

2. ARAS, Vladimir. *O direito das vítimas a um julgamento justo*. Disponível em: <https://vladimiraras.blog/2020/10/04/o-direito-das-vitimas-a-um-julgamento-justo/>. Acesso em: 01 mar. 2021.
3. ARAS, Vladimir. *O direito das vítimas a um julgamento justo*. Disponível em: <https://vladimiraras.blog/2020/10/04/o-direito-das-vitimas-a-um-julgamento-justo/>. Acesso em: 01 mar. 2021.

apontados 2 (dois) objetivos na atuação do assistente de acusação. O primeiro é o objetivo clássico, qual seja, a obtenção de um título executivo judicial (com a sentença penal condenatória) para futura execução no juízo cível, por meio da ação civil *ex delicto*. Há aqui, portanto, um interesse meramente particular (econômico). Ocorre que, além do objetivo clássico, deve ser acrescido o objetivo moderno, que é auxiliar o combate à criminalidade e exatamente promover a justiça. Nesse sentido, verifica-se a presença de um verdadeiro interesse público (social). Desse modo, o assistente de acusação procura, além da obtenção do título executivo judicial, assessorar o Ministério Público na atividade acusatória, visando alcançar a condenação do réu e a aplicação da lei penal. Em atenção a este objetivo é que o assistente de acusação está autorizado a recorrer da sentença condenatória para agravar a pena do réu. Nesse sentido é a posição da doutrina. É essa também a posição atual do STF (RTJ 127/940) e do STJ (REsp nº 1.496.114/RJ, Rel. Min. Rogerio Schietti Cruz, j. 07.11.17).

5. DIREITO À DEVIDA DILIGÊNCIA

O artigo 1 da Convenção Americana de Direitos Humanos (CADH) prevê que "Os Estados Partes nesta Convenção se comprometem a respeitar os direitos e liberdades nela reconhecidos e a garantir seu livre e pleno exercício a toda pessoa que esteja sujeita à sua jurisdição, sem discriminação alguma por motivo de raça, cor, sexo, idioma, religião, opiniões políticas ou de qualquer outra natureza, origem nacional ou social, posição econômica, nascimento ou qualquer outra condição social.".

A partir desse marco, é possível afirmar que, em matéria de direitos humanos, o direito à devida diligência deve ser compreendido como a obrigação imposta aos Estados Partes de adotar, se porventura ainda inexistentes, preceitos legislativos ou de qualquer outra natureza que se relevem necessários para a efetivação dos direitos e liberdades assegurados na CADH. Em outros termos, os Estados Partes possuem o dever de prevenir e combater as violações aos direitos humanos reconhecidos na CADH, praticadas pelo próprio poder público ou mesmo por particulares, por meio de medidas já existentes e por aquelas que ainda devem ser criadas com este fim.

Em suma, "a este dever do Estado de atuar com o intuito de prevenir as possíveis violações a direitos humanos cometidas pelos seus agentes ou por particulares, sob pena de responsabilização internacional, de utilizar mecanismos disponíveis e ainda criar mecanismos a fim de garantir o pleno gozo dos direitos humanos dá-se o nome de devida diligência. A devida diligência é efetivamente a adoção de medidas legislativas ou não que possam auxiliar no combate e na precaução necessários em relação aos direitos humanos que são ou que possam ser violados. A inércia dos Estados Partes perante as violações que sabe acontecer em seu território, desde que razoavelmente evitáveis a partir de políticas públicas que possam ser adotadas, já bastam para que reste comprovada a ausência de devida diligência e, consequentemente, seja possível a responsabilização internacional[4]".

4. ROSA, Alexandre Morais da; AMORIM, Fernanda Pacheco. *O que implica a devida diligência na violência doméstica*. Disponível em: <https://www.conjur.com.br/2019-out-04/limite-penal-implica-devida-diligencia-violencia-domestica/>. Acesso em 9. mar. 2024.

Entre as medidas adotadas pelo Estado para a tutela dos direitos humanos, invocando-se a concepção do garantismo penal integral, sem dúvida alguma está a atuação de órgãos públicos ao longo de toda a persecução penal na busca da correta investigação, do regular processamento e da eventual e justa aplicação da pena aos autores de delitos que atentem contra tais direitos.

Nesse trilhar, no Brasil, impende registrar julgado paradigmático do STJ abordando o dever do Estado de devida diligência e o correlato direito da vítima a esse respeito. Com efeito, em matéria de arquivamento do inquérito policial, antes do julgamento proferido pelo STF nas ADIs ajuizadas contra o Pacote Anticrime (nºs 6.298, 6.299, 6.300 e 6.305), a jurisprudência havia consolidado o entendimento segundo o qual, em regra, não caberia qualquer meio de impugnação para combater a decisão judicial homologatória do arquivamento, nem mesmo o mandado de segurança em matéria criminal. Porém, o Tribunal da Cidadania decidiu que, em hipóteses excepcionalíssimas, a exemplo daquela que envolve violência doméstica e familiar contra a mulher, nas quais há flagrante violação a direito líquido e certo da vítima, seria admitido o manejo do mandado de segurança manejado pela vítima para impugnar a decisão judicial de arquivamento. Assim, nessas situações excepcionais, caberia mandado de segurança impetrado pela vítima para impugnar o arquivamento do inquérito promovido pelo Ministério Público, o qual teria o poder de remeter os autos ao Procurador-Geral de Justiça para a revisão deste arquivamento. Neste julgado, o STJ reconheceu o **"dever de devida diligência"** das autoridades que atuam na persecução penal, fruto de uma obrigação processual positiva do Estado para a tutela de direitos humanos. Foi invocada ainda a jurisprudência da Corte IDH, com destaque aos casos Márcia Barbosa de Souza (envolvendo feminicídio) e Favela Nova Brasília (envolvendo violência policial). Por tudo, concluiu-se que a decisão que homologa o arquivamento do inquérito que apura violência doméstica e familiar contra a mulher deve observar a devida diligência na investigação e o cumprimento dos aspectos básicos do Protocolo para Julgamento com Perspectiva de Gênero do CNJ, em especial quanto à valoração da palavra da vítima, corroborada por outros indícios probatórios, que assume inquestionável importância (STJ, 6ª Turma, RMS nº 70.338/SP, Rel. Min. Laurita Vaz, j. 22.08.2023).

Como se percebe, este julgado também reconhece o **direito de participação** da vítima no processo penal, inclusive na etapa de investigação criminal, ainda que ela não esteja habilitada nos autos como assistente de acusação. O direito de participação será abordado em tópico futuro deste capítulo, para onde, desde já, se remete o(a) leitor(a).

6. DIREITO A APOIO

A vítima possui o direito de receber do Estado todo apoio para superação ou, ao menos, mitigação dos danos patrimoniais, físicos e/ou psicológicos por ela suportados em virtude da prática de fato ilícito em seu desfavor, o que deve ocorrer por meio de toda a estrutura criada por aquele ente para este fim.

Destarte, o Estado deve disponibilizar à vítima uma rede de proteção, para que, sentindo-se amparada, possa ter estímulos na busca da recomposição do dano por ela sofrido, seja de qual monta for.

A título de ilustração, como já afirmado em passagem anterior deste capítulo, a mulher vítima de violência doméstica e familiar deve estar ciente que possui à sua disposição a Delegacia Especializada de Atendimento à Mulher, o núcleo da Defensoria Pública que atua na área, a Promotoria de Justiça com atribuições nesta seara, dentre outros, além dos serviços de apoio existentes, como programa oficial ou comunitário de proteção ou de atendimento, a exemplo de programa de acompanhamento psicológico.

Nesse cenário, sintomático é o regramento da Lei nº 11.340/2006 (Lei Maria da Penha), a qual, em seu art. 11, afirma que no atendimento à mulher em situação de violência doméstica e familiar, a autoridade policial deverá, entre outras providências encaminhar a ofendida ao hospital ou posto de saúde e ao Instituto Médico Legal (inciso II) e informar à ofendida os direitos a ela conferidos nesta Lei e os serviços disponíveis, inclusive os de assistência judiciária para o eventual ajuizamento perante o juízo competente da ação de separação judicial, de divórcio, de anulação de casamento ou de dissolução de união estável (inciso V). Já o art. 23, em seu inciso I, prevê que poderá o juiz, quando necessário, sem prejuízo de outras medidas, encaminhar a ofendida e seus dependentes a programa oficial ou comunitário de proteção ou de atendimento.

Correlato ao direito a apoio é o **direito a tratamento profissional individualizado e não discriminatório**, o qual será abordado com maiores detalhes em tópico seguinte deste capítulo. Com efeito, a vítima tem o direito a receber serviço de apoio e tratamento profissional individualizado, por meio de equipes multidisciplinares (formadas por profissionais especializados nas áreas psicossocial, jurídica e de saúde). Tais equipes devem prestar toda orientação e o mais adequado encaminhamento da vítima, desenvolver trabalhos e programas de prevenção e outras medidas, além de fornecer subsídios ao Poder Judiciário, ao Ministério Público e à Defensoria Pública.

Relembre-se que o art. 201, § 5º, do CPP estatui que "se o juiz entender necessário, poderá encaminhar o ofendido para atendimento multidisciplinar, especialmente nas áreas psicossocial, de assistência jurídica e de saúde, a expensas do ofensor ou do Estado".

Nessa senda, revela-se fundamental a atuação do Ministério Público. Como destaca o art. 6º, *caput*, da **Resolução nº 243/2021 do CNMP**, o Ministério Público diligenciará a fim de que seja assegurada às vítimas a prestação de apoio e atendimento especializado, por meio de equipe multidisciplinar da própria instituição ou pelo devido encaminhamento às redes de apoio externas. Ademais, o parágrafo único deste dispositivo apregoa que o *Parquet* fomentará a construção e a consistência das políticas de atuação em rede, mediante termos de cooperação e parcerias destinadas à implementação de atendimento das vítimas por equipes multidisciplinares, compostas por profissionais devidamente habilitados para a proteção integral, de modo a diminuir os efeitos e danos suportados em decorrência do fato.

Portanto, a vítima poderá, em qualquer caso, procurar auxílio e orientação junto à sede do Ministério Público da localidade em que reside, onde receberá o encaminhamento necessário para obter apoio e proteção.

Em outra perspectiva, o direito a apoio também deve compreender o **direito a ser encaminhada à programa de proteção**. Como é cediço, o Programa de Proteção às Vítimas e Testemunhas Ameaçadas (PROVITA) é previsto na Lei nº 9.807/1999, a qual será analisada em capítulo separado desta obra, para onde, desde já, se remete o(a) leitor(a).

7. DIREITO À SEGURANÇA

Inicialmente, convém relembrar a concepção já desenvolvida em passagem anterior desta obra de que a segurança pública é direito fundamental de ordem difusa. Nesse sentido, ela vem prevista no art. 5º, *caput*, da Constituição Federal no rol dos direitos fundamentais ali estampados, verdadeiras cláusulas pétreas (art. 60, § 4º, IV, CF). Além disso, o art. 144, *caput*, do Texto Constitucional, assevera que a segurança pública é dever do Estado e direito e responsabilidade todos, devendo ser exercida através dos órgãos policiais listados nos incisos I a VI deste dispositivo para a preservação da ordem pública e da incolumidade das pessoas e do patrimônio.

Como se verifica, se o Estado tem o dever de segurança pública, todos os cidadãos do país, na outra face da mesma moeda, possuem o direito a ela. E com a vítima de crime não é diferente, muito antes pelo contrário, a necessidade de receber do Estado a devida segurança é ainda maior para ela, especialmente após a prática delitiva, para que se evite a ocorrência de novos fatos ilícitos, ligados ao anterior, em seu prejuízo e a revitimização.

Assim, o Estado tem a obrigação de adotar medidas que preservem a intimidade, as integridades física e psicológica, a vida e o patrimônio da vítima, buscando sobretudo afastá-la de qualquer contato ou convívio com o seu agressor.

Há diversos exemplos no ordenamento jurídico de medidas dessa natureza, senão vejamos.

No Código de Processo Penal, tem-se o § 4º do art. 201 prevendo que "antes do início da audiência e durante a sua realização, será reservado espaço separado para o ofendido". A medida visa exatamente impedir que a vítima tenha qualquer contato com o autor do crime ou alguém do seu ciclo de convivência que possa, de alguma forma, constranger, coagir e intimidar a vítima, prejudicando inclusive a veracidade e a credibilidade do depoimento que irá prestar. Em acréscimo, o § 6º deste dispositivo ainda afirma que "o juiz tomará as providências necessárias à preservação da intimidade, vida privada, honra e imagem do ofendido, podendo, inclusive, determinar o segredo de justiça em relação aos dados, depoimentos e outras informações constantes dos autos a seu respeito para evitar sua exposição aos meios de comunicação". Trata-se de providência que visa evitar a superexposição da vítima na mídia e no grupo social a que pertence, o que poderia servir como estímulo para novas ofensivas contra ela, sobretudo por parte do autor do crime. Por meio dessa norma, na referência feita ao "segredo de justiça", também se reconhece o direito ao sigilo.

Vale o registro também de que o art. 217, *caput*, do CPP, assevera que "se o juiz verificar que a presença do réu poderá causar humilhação, temor, ou sério constrangimento à testemunha ou ao ofendido, de modo que prejudique a verdade do depoimento, fará a inquirição por videoconferência e, somente na impossibilidade dessa forma, determinará a retirada do réu, prosseguindo na inquirição, com a presença do seu defensor". Ora, cabe ao magistrado, enquanto tutor de direitos fundamentais, ter especial cuidado na colheita do depoimento da vítima, ainda mais em delitos que resultem em sérios abalos psicológicos, como nos crimes contra a dignidade sexual, o que justifica plenamente o conteúdo daquele dispositivo legal.

Naturalmente, o direito à segurança está intimamente ligado a outros direitos. Há, por exemplo, vínculo direto com o direito a apoio e o direito a ser encaminhada à programa de proteção, o que se consubstancia por meio do Programa de Proteção às Vítimas e Testemunhas Ameaçadas (PROVITA), previsto na Lei nº 9.807/1999, a qual será analisada em capítulo separado desta obra, para onde, desde já, se remete o(a) leitor(a).

É correlato ainda ao direito de proteção (física, patrimonial e psicológica), merecendo destaque as medidas protetivas de urgência, especialmente aquelas previstas na Lei Maria da Penha (arts. 18 a 24) e na Lei Henry Borel (arts. 15 a 21).

Nesse cenário, impende destacar o relevante papel a ser exercido pelo Ministério Público na segurança e proteção da vítima. Como reconhece o art. 7º da **Resolução nº 243/2021 do CNMP**, "o Ministério Público deverá zelar pela proteção da segurança e da vida privada das vítimas e de seus familiares, mediante aplicação efetiva das medidas de proteção já previstas na legislação pátria e outras que se afigurem adequadas ao caso concreto, adotando, como princípio, o estatuto normativo mais protetivo, velando sempre pelo direito de a vítima não ter contato com o autor do fato, pela proteção de sua intimidade e integridade física e psíquica, mediante adoção de meios para evitar sua revitimização".

No mais, frise-se que toda a segurança disponibilizada pelo Estado à vítima pode perfeitamente se estender aos seus familiares.

8. DIREITO À PROTEÇÃO FÍSICA

Como decorrência do direito à segurança, a vítima possui também direito à proteção, que se subdivide em proteção física, proteção patrimonial, proteção psicológica e proteção documental (inclusive de dados pessoais).

Quanto ao direito à proteção física, inerente ao direito à vida, a vítima possui a prerrogativa de que o Estado assegure a proteção das suas mais diversas funções biológicas, toda vez em que não estiver em risco a sua sobrevivência (pois nessa situação estará em pauta o próprio direito à vida).

A integridade física resta então abalada quando há a prática de condutas que atingem a incolumidade física da pessoa, isto é, o corpo ou a saúde, como é o caso do exemplo clássico do crime de lesão corporal (art. 129 CP).

Dessa forma, o direito à proteção física compreende a necessidade de conservação do corpo e da saúde da pessoa humana, repelindo-se qualquer ofensiva direta (quando a conduta lesiva é direcionada ao indivíduo) ou mesmo indireta (quando há comportamentos que abalam coletivamente a saúde e o bem-estar).

Em termos legislativos, a Lei Maria da Penha, em seu art. 7º, inciso I, define a violência física como qualquer conduta que ofenda a integridade ou saúde corporal da mulher. Para proteção da mulher contra esse tipo de violência, esta lei estipula as medidas previstas nos artigos 9º (sobretudo nos §§ 2º e 4º), 10-A, § 1º, I, 12-C, *caput* e § 2º, 19 (especialmente nos §§ 4º e 6º) e 22, III, alínea "c". Digno de destaque ainda é o rol de medidas protetivas de urgência (arts. 18 a 24).

De modo semelhante, a Lei Henry Borel, em seu art. 2º, *caput*, define a violência doméstica e familiar contra a criança e o adolescente como qualquer ação ou omissão que lhe cause morte, *lesão*, *sofrimento físico*, *sexual*, psicológico ou dano patrimonial (destacamos). No intuito de proteger a criança e o adolescente contra esse tipo de violência, esta lei elenca as medidas indicadas nos artigos 14 (principalmente no *caput* c/c § 3º) e 20, inciso V, além das medidas protetivas estipuladas no extenso regramento dos arts. 15 a 21. Já a Lei nº 13.431/2017 (que estabelece o sistema de garantia de direitos da criança e do adolescente vítima ou testemunha de violência), em seu art. 4º, inciso I, conceitua a violência física como "a ação infligida à criança ou ao adolescente que ofenda sua integridade ou saúde corporal ou que lhe cause sofrimento físico".

Acrescente-se a importância do Programa de Proteção às Vítimas e Testemunhas Ameaçadas (PROVITA), previsto na Lei nº 9.807/1999, a qual inclusive menciona expressamente que um dos seus principais objetivos é a tutela à integridade física, *ex vi* dos artigos 2º, *caput* e § 2º, 13, inciso II, e 15, *caput*.

Maiores informações a respeito dessas previsões legais serão apresentadas em capítulos futuros desta obra, para onde, desde já, se remete o(a) leitor(a).

9. DIREITO À PROTEÇÃO PATRIMONIAL

Considerando que o direito à propriedade é direito fundamental do cidadão, como reconhece o art. 5º, *caput*, da Constituição Federal, deve possuir a vítima também direito à proteção patrimonial.

Nesse trilhar, o art. 7º, inciso IV, da Lei Maria da Penha, conceitua a violência patrimonial como "qualquer conduta que configure retenção, subtração, destruição parcial ou total de seus objetos, instrumentos de trabalho, documentos pessoais, bens, valores e direitos ou recursos econômicos, incluindo os destinados a satisfazer suas necessidades".

Assim, por exemplo, há violência patrimonial quando um indivíduo destrói objetos de uso pessoal (como um computador), profissional (como livros técnicos caros) ou com valor sentimental (como fotos de família) da vítima, retém o seu cartão de crédito, se apropria do seu salário ou de bens de considerável valor, como o imóvel em que reside ou o veículo que possui, danifica suas roupas, pratica coação contra ela para que assine documentos financeiros contra a sua vontade, entre outras condutas.

Para a proteção patrimonial da mulher vítima de violência doméstica e familiar, a Lei Maria da Penha estipula, dentre outras, as medidas encontradas nos artigos 9º (especialmente nos §§ 4º e 6º) e 24.

A Lei Henry Borel, por sua vez, em seu art. 2º, *caput*, define a violência doméstica e familiar contra a criança e o adolescente como qualquer ação ou omissão que lhe cause morte, lesão, sofrimento físico, sexual, psicológico ou *dano patrimonial* (destacamos). Já a Lei nº 13.431/2017 (que estabelece o sistema de garantia de direitos da criança e do adolescente vítima ou testemunha de violência), em seu art. 4º, inciso V, define a violência patrimonial como "qualquer conduta que configure retenção, subtração, destruição parcial ou total de seus documentos pessoais, bens, valores e direitos ou recursos econômicos, incluídos os destinados a satisfazer suas necessidades, desde que a medida não se enquadre como educacional".

No intuito de proteger a criança e o adolescente contra esse tipo de violência, esta lei elenca as medidas indicadas nos artigos 14 (principalmente no *caput* c/c § 3º) e 20, inciso V, além das medidas protetivas estipuladas no extenso regramento dos arts. 15 a 21.

No Estatuto da Pessoa Idosa (Lei nº 10.741/2003), há a tipificação de crimes que envolvem a violência patrimonial contra a pessoa idosa, quais sejam, os delitos encontrados nos artigos 102 ("Apropriar-se de ou desviar bens, proventos, pensão ou qualquer outro rendimento da pessoa idosa, dando-lhes aplicação diversa da de sua finalidade"), 103 ("Negar o acolhimento ou a permanência da pessoa idosa, como abrigada, por recusa desta em outorgar procuração à entidade de atendimento"), 104 ("Reter o cartão magnético de conta bancária relativa a benefícios, proventos ou pensão da pessoa idosa, bem como qualquer outro documento com objetivo de assegurar recebimento ou ressarcimento de dívida"), 106 ("Induzir pessoa idosa sem discernimento de seus atos a outorgar procuração para fins de administração de bens ou deles dispor livremente") e 107 ("Coagir, de qualquer modo, a pessoa idosa a doar, contratar, testar ou outorgar procuração").

Essas e outras previsões legais serão abordadas em capítulos separados desta obra, para onde, desde já, se remete o(a) leitor(a).

Praticada a violência patrimonial, a vítima, seja ela qual for, poderá buscar o ressarcimento dos danos materiais por ela suportados. Para tanto, o ordenamento consagra alguns institutos, senão vejamos.

Em Direito Penal, há a pena de prestação pecuniária, que, de acordo com o art. 45, § 1º, do Código Penal, consiste no pagamento em dinheiro à vítima, a seus dependentes ou a entidade pública ou privada com destinação social, de importância fixada pelo juiz, não inferior a 1 (um) salário mínimo nem superior a 360 (trezentos e sessenta) salários mínimos. O valor pago será deduzido do montante de eventual condenação em ação de reparação civil, se coincidentes os beneficiários.

No Código de Processo Penal, são disciplinados os institutos da ação civil *ex delicto* (arts. 63 a 68) e do valor mínimo para reparação dos danos causados pela infração, considerando os prejuízos sofridos pelo ofendido, estipulado pelo juiz na sentença penal condenatória (art. 387, IV). Além disso, o dinheiro ou objetos dados como fiança servirão ao pagamento não só das custas, da prestação pecuniária e da multa, mas também da indenização do dano, se o réu for condenado (art. 336, *caput*).

Na Lei nº 9.099/1995, há os institutos da composição civil dos danos (art. 74), da transação penal (art. 76) – que, conforme será visto em capítulo próprio, poderá ter como objeto a pena de prestação pecuniária – e da suspensão condicional do processo (art. 89) – que pode impor como condição ao autor do fato a reparação do dano, salvo impossibilidade de fazê-lo (art. 89, § 1º, I).

Todos esses institutos patrimoniais estão inseridos no contexto da Terceira Via do Direito Penal, que já foi devidamente apreciado em tópico anterior desta obra.

Enfim, o direito à proteção patrimonial pode estar conectado à reparação dos danos materiais, tema que será abordado em tópico futuro ainda deste capítulo.

10. DIREITO À PROTEÇÃO PSICOLÓGICA

A integridade psicológica compreende o bem-estar mental da pessoa humana. Nessa concepção, o termo deve ser entendido de forma ampla para englobar também a integridade psíquica.

De início, registre-se que a integridade psicológica está intimamente ligada à dignidade da pessoa humana, tratada pela Constituição Federal como um dos fundamentos da República Federativa do Brasil. Além disso, o Texto Constitucional, em seu art. 5º, inciso III, elenca como direito fundamental do indivíduo a proibição de que seja submetido a tortura ou a tratamento desumano ou degradante.

No plano infraconstitucional, tem-se o disposto no art. 7º, inciso II, da Lei Maria da Penha, que conceitua a violência psicológica como qualquer conduta que cause à mulher vítima de violência doméstica e familiar "dano emocional e diminuição da autoestima ou que lhe prejudique e perturbe o pleno desenvolvimento ou que vise degradar ou controlar suas ações, comportamentos, crenças e decisões, mediante ameaça, constrangimento, humilhação, manipulação, isolamento, vigilância constante, perseguição contumaz, insulto, chantagem, violação de sua intimidade, ridicularização, exploração e limitação do direito de ir e vir ou qualquer outro meio que lhe cause prejuízo à saúde psicológica e à autodeterminação". Para proteção da mulher contra esse tipo de violência, esta lei estipula as medidas previstas nos artigos 9º (sobretudo nos §§ 2º e 4º), 12-C, *caput*, 19 (especialmente nos §§ 4º e 6º) e 22, III, alínea "c". Digno de destaque ainda é o rol de medidas protetivas de urgência (arts. 18 a 24).

Já a Lei Henry Borel, em seu art. 2º, *caput*, define a violência doméstica e familiar contra a criança e o adolescente como qualquer ação ou omissão que lhe cause morte, lesão, sofrimento físico, sexual, *psicológico* ou dano patrimonial (destacamos). De seu turno, a Lei nº 13.431/2017 (que estabelece o sistema de garantia de direitos da criança e do adolescente vítima ou testemunha de violência), em seu art. 4º, inciso II, define a violência psicológica como "a) qualquer conduta de discriminação, depreciação ou desrespeito em relação à criança ou ao adolescente mediante ameaça, constrangimento, humilhação, manipulação, isolamento, agressão verbal e xingamento, ridicularização, indiferença, exploração ou intimidação sistemática (**bullying**) que possa comprometer seu desenvolvimento psíquico ou emocional; b) o ato de alienação parental, assim entendido como a interferência na formação psicológica da criança ou do adolescente, promovida ou induzida por um dos genitores, pelos avós ou por quem os tenha sob sua autoridade, guarda ou vigilância, que leve ao repúdio de genitor ou que cause prejuízo ao estabelecimento ou à manutenção de vínculo com este; c) qualquer conduta que exponha a criança ou o adolescente, direta ou indiretamente, a crime violento contra membro de sua família ou de sua rede de apoio, independentemente do ambiente em que cometido, particularmente quando isto a torna testemunha".

No Código Penal, há a tipificação de alguns crimes que abalam a integridade psicológica da vítima, a exemplo dos delitos de intimidação sistemática – *bullying* ("Art. 146-A. Intimidar sistematicamente, individualmente ou em grupo, mediante violência física ou psicológica, uma ou mais pessoas, de modo intencional e repetitivo, sem motivação evidente, por meio de atos de intimidação, de humilhação ou de discriminação ou de ações verbais, morais, sexuais, sociais, psicológicas, físicas, materiais ou virtuais"), intimidação sistemática virtual – *cyberbullying* ("Art. 146-A. Parágrafo único. Se a conduta é realizada por meio da rede de computadores, de rede social, de aplicativos, de jogos **on-line** ou por qualquer outro meio ou ambiente digital, ou transmitida em tempo real"), ambos com a redação dada pela Lei nº 14.811/2024; perseguição ("Art. 147-A. Perseguir alguém, reiteradamente e por qualquer meio, ameaçando-lhe a integridade física ou psicológica, restringindo-lhe a capacidade de locomoção ou, de qualquer forma, invadindo ou perturbando sua esfera de liberdade ou privacidade") e de violência psicológica contra a mulher ("Art. 147-B. Causar dano emocional à mulher que a prejudique e perturbe seu pleno desenvolvimento ou que vise a degradar ou a controlar suas ações, comportamentos, crenças e decisões, mediante ameaça, constrangimento, humilhação, manipulação, isolamento, chantagem, ridicularização, limitação do direito de ir e vir ou qualquer outro meio que cause prejuízo à sua saúde psicológica e autodeterminação").

No Código de Processo Penal, devem ser destacadas as previsões contidas nos arts. 400-A e 474-A, acrescidas pela Lei nº 14.245/2021 ("Lei Mariana Ferrer"), segundo as quais na audiência de instrução e julgamento do procedimento comum (art. 400-A) e durante a instrução em plenário no procedimento especial do Tribunal do Júri (art. 474-A), e, em especial, nas que apurem crimes contra a dignidade sexual, todas as partes e demais sujeitos processuais presentes no ato deverão zelar pela integridade física e psicológica da vítima, sob pena de responsabilização civil, penal e administrativa, cabendo ao juiz garantir o cumprimento do disposto nestes artigos, vedadas: I – a manifestação sobre circunstâncias ou elementos alheios aos fatos objeto de apuração nos autos; II – a utilização de linguagem, de informações ou de material que ofendam a dignidade da vítima ou de testemunhas.

Voltando à Lei nº 13.431/2017, dignos de nota são os institutos da escuta especializada e do depoimento especial, disciplinados em seus arts. 7º a 12, que, em essência, respeitando a integridade psicológica de crianças e adolescentes vítimas (ou até testemunhas) de violência, buscam minorar os danos psicológicos decorrentes da prática de crimes e dos próprios depoimentos que vão prestar a respeito deles, contribuindo para se evitar a sua revitimização.

Todas essas previsões legais serão detidamente analisadas nesta obra em capítulo próprio, para onde, desde já, se remete o(a) leitor(a).

11. DIREITO À PROTEÇÃO DOCUMENTAL (INCLUSIVE DE DADOS PESSOAIS)

De acordo com o art. 5º, inciso X, da Constituição Federal, "são invioláveis a intimidade, a vida privada, a honra e a imagem das pessoas, assegurado o direito a indenização pelo dano material ou moral decorrente de sua violação". Dessa norma constitucional, no presente tópico, deve ser destacado o direito à privacidade, considerado como o conjunto de manifestações da esfera íntima, particular e da personalidade da pessoa humana. Trata-se da prerrogativa assegurada ao indivíduo de impedir que terceiros se intrometam em sua vida particular e familiar. É, pois, o direito de estar só (*right to be alone*), de ser deixado em paz por quem quer que seja.

Nesse cenário é que foi publicada no país a Lei nº 13.709/2018 (Lei Geral de Proteção de Dados), que dispõe sobre o tratamento de dados pessoais, inclusive nos meios digitais, por pessoa natural ou por pessoa jurídica de direito público ou privado, com o objetivo de proteger os direitos fundamentais de liberdade e de privacidade e o livre desenvolvimento da personalidade da pessoa natural.

Posteriormente, foi promulgada a Emenda Constitucional nº 115/2022, que alterou a Constituição Federal para incluir a **proteção de dados pessoais entre os direitos e garantias fundamentais** e para fixar a competência privativa da União para legislar sobre proteção e tratamento de dados pessoais.

Assim, inseriu-se no art. 5º do Texto Constitucional o inciso LXXIX, segundo o qual "é assegurado, nos termos da lei, o direito à proteção dos dados pessoais, inclusive nos meios digitais".

Ainda por força desta Emenda Constitucional, o art. 21, inciso XXVI, da Carta Magna estipula que é competência da União organizar e fiscalizar a proteção e o tratamento de dados pessoais, nos termos da lei. Além disso, o art. 22, inciso XXX, da Constituição estabelece a competência privativa da União para disciplinar a proteção e o tratamento de dados pessoais.

Correlatas ao direito à privacidade são a inviolabilidade do domicílio (art. 5º, XI, CF) e do sigilo da correspondência e das comunicações telegráficas, de dados e das comunicações telefônicas (art. 5º, XII, CF). Ademais, há vínculo do direito à privacidade com o sigilo bancário e fiscal, direito fundamental implícito que se extrai da inviolabilidade da intimidade (art. 5º, X, CF) e do sigilo de dados (art. 5º, XII, CF).

Em meio a todo esse contexto é que se deve entender o direito à proteção documental reconhecido em favor das vítimas de fatos ilícitos como a prerrogativa de que elas tenham livre e irrestrito acesso a todos os seus documentos pessoais, não podendo terceiros criarem qualquer tipo de obstáculo a esse acesso, muito menos praticarem condutas que destruam, danifiquem ou modifiquem de forma indevida tais documentos.

Assim, por exemplo, tem-se que o art. 104 do Estatuto da Pessoa Idosa prevê como crime a conduta de "Reter o cartão magnético de conta bancária relativa a benefícios, proventos ou pensão da pessoa idosa, bem como qualquer outro documento com objetivo de assegurar recebimento ou ressarcimento de dívida", algo que inclusive também se relaciona ao direito à proteção patrimonial, conforme já visto em tópico anterior deste capítulo.

Nunca é demais relembrar que a Constituição Federal, em seu art. 5º, inciso LXXII, prevê o instituto do *habeas data* a) para assegurar o conhecimento de informações relativas à pessoa do impetrante, constantes de registros ou bancos de dados de entidades governamentais ou de caráter público; e b) para a retificação de dados, quando não se prefira fazê-lo por processo sigiloso, judicial ou administrativo.

Sintomático a respeito da proteção dos dados pessoais da vítima, como consequência da tutela estatal à intimidade e à privacidade da pessoa humana, é o disposto no art. 201, § 6º, do CPP, segundo o qual "o juiz tomará as providências necessárias à preservação da intimidade, vida privada, honra e imagem do ofendido, podendo, inclusive, determinar o segredo de justiça em relação aos dados, depoimentos e outras informações constantes dos autos a seu respeito para evitar sua exposição aos meios de comunicação".

12. DIREITO DE PARTICIPAÇÃO

A vítima possui o direito de participar ativa e efetivamente de todas as fases da persecução penal (investigação criminal e processo penal), tendo com isso a prerrogativa de influenciar no seu resultado. Assim, ela tem o direito de ser ouvida, de propor elementos de prova, requerer diligências, bem como de ter restituídos os bens que tenham sido eventualmente apreendidos por parte das autoridades que atuam na persecução.

Ora, como a vítima é parte essencial da investigação e do processo, considerando que foi ela quem suportou todos os danos físicos, patrimoniais e psicológicos decorrentes da prática delitiva, é ela quem tem melhores condições de apresentar às autoridades competentes informações relevantes para a correta elucidação dos fatos.

Nesse sentido é que, por exemplo, o Código de Processo Penal estabelece, como regra geral, o dever de o Estado colher o depoimento do ofendido sobre as circunstâncias da infração e quem seja ou presuma ser o seu autor, tanto no âmbito do inquérito policial (art. 6º, IV), como no curso do processo penal (art. 201, *caput*). Na oportunidade, além de ser ouvido, o ofendido terá a prerrogativa também de indicar provas acerca da autoria e da materialidade delitivas.

Ainda em sede de inquérito policial, o CPP, em seu art. 14, estipula que o ofendido, ou seu representante legal, tem o direito de requerer qualquer diligência, embora esta só venha a ser realizada a juízo da autoridade policial.

A vítima possui também o direito de ser encaminhada para fins de realização do exame de corpo de delito quando tiver sofrido ofensas à sua integridade física, o que será indispensável para a demonstração da materialidade delitiva, como impõe o art. 158 do CPP.

Tem a faculdade de reaver seus objetos e pertences pessoais que lhe foram subtraídos, ressalvados apenas os casos em que a restituição das coisas apreendidas não possa ser efetuada imediatamente porque elas interessam ao processo (art. 118 CPP).

A vítima tem ainda direito de obter cópias de peças do inquérito policial e do processo penal, exceto quando, justificadamente, devam permanecer em estrito sigilo.

Ademais, ela detém a prerrogativa – e deve ser devidamente orientada a esse respeito – de apresentar a representação para permitir o início do inquérito policial em crimes de ação penal pública (art. 5º, II e § 4º, CPP), requerer a instauração do inquérito em crimes de ação penal privada (art. 5º, § 5º, CPP), ajuizar a ação penal privada subsidiária da pública (art. 29 CPP), oferecer a queixa-crime em delitos de ação penal privada (art. 30 CPP), iniciar a ação civil *ex delicto* (arts. 63 e 64 CPP), atuar enquanto assistente de acusação em processos que tenham como objeto crime de ação penal pública (art. 268 CPP), possuindo todos os poderes previstos em lei (art. 271 CPP), e requerer a fixação judicial de valor mínimo para reparação dos danos causados pela infração, considerando os prejuízos sofridos (art. 387, IV, CPP).

Em acréscimo, possui a vítima a possibilidade entabular acordos no contexto da Justiça Penal Consensual, notadamente a composição civil dos danos (art. 74 Lei nº 9.099/95). Conforme entendimento da doutrina e da jurisprudência, autoriza-se que a vítima até mesmo venha a propor acordo de não persecução penal (art. 28-A CPP), transação penal (art. 76 Lei nº 9.099/95) e suspensão condicional do processo (art. 89 Lei nº 9.099/95).

O direito de participação da vítima engloba o direito à informação e à comunicação (já abordado em tópico anterior deste capítulo) sobre a prática de atos processuais relevantes. A título de ilustração, a vítima será intimada da homologação do acordo de não persecução penal e de seu descumprimento (art. 28-A, § 9º, CPP). Deve ainda será comunicada dos atos processuais relativos ao ingresso e à saída do acusado da prisão, à designação de data para audiência e à sentença e respectivos acórdãos que a mantenham ou modifiquem (art. 201, § 2º, CPP).

Em complemento, **o art. 5º, incisos I e II, da Resolução nº 253/2018 do Conselho Nacional de Justiça (CNJ)** afirma que no curso dos processos de apuração de crimes e atos infracionais e de execução de penas e medidas socioeducativas, as autoridades judiciais deverão: I – orientar as vítimas sobre o seu direito de estar presente em todos os atos do processo; II – determinar às serventias o estrito cumprimento do parágrafo 2º do artigo 201 do Código de Processo Penal, notificando-se a vítima, por carta ou correio eletrônico, dos seguintes eventos: a) instauração da ação penal ou arquivamento do inquérito policial; b) expedição de mandados de prisão, alvarás de soltura e respectivos cumprimentos; c) fugas de réus presos; d) prolação de sentenças e decisões judiciais monocráticas ou colegiadas.

Como já abordado no tópico próprio que avaliou o direito à devida diligência, o STJ, em decisão paradigmática proferida antes do julgamento do STF nas ADIs ajuizadas contra o Pacote Anticrime (nºs 6.298, 6.299, 6.300 e 6.305), admitiu, em situações excepcionais, que a vítima impetre mandado de segurança para impugnar o arquivamento do inquérito promovido pelo Ministério Público, o qual teria o poder de remeter os autos ao Procurador-Geral de Justiça para a revisão deste arquivamento. Neste julgado, o STJ reconheceu o **"dever de devida diligência"** das autoridades que atuam na persecução penal, fruto de uma obrigação processual positiva do Estado para a tutela de direitos humanos. Foi invocada ainda a jurisprudência da Corte IDH, com destaque aos casos Márcia Barbosa de Souza (envolvendo feminicídio) e Favela Nova Brasília (envolvendo violência policial). Por tudo, concluiu-se que a decisão que homologa o arquivamento do inquérito que apura violência doméstica e familiar contra a mulher deve observar a devida diligência na investigação e o cumprimento dos aspectos básicos do Protocolo para Julgamento com Perspectiva de Gênero do CNJ, em especial quanto à valoração da palavra da vítima, corroborada por outros indícios probatórios, que assume inquestionável importância (STJ, 6ª Turma, RMS nº 70.338/SP, Rel. Min. Laurita Vaz, j. 22.08.2023). Como se percebe, este julgado também reconhece o **direito de participação** da vítima no processo penal, inclusive na etapa de investigação criminal, ainda que ela não esteja habilitada nos autos como assistente de acusação.

Saliente-se que deve ser garantido às vítimas fácil acesso, sem empecilhos ou burocracias, às autoridades públicas que atuam ao longo da persecução penal, merecendo destaque o Ministério Público, órgão com o papel de, regularmente, juntar aos autos da investigação ou do processo todos os documentos e demais elementos que lhe foram entregues por aquelas.

Quanto à atuação do Ministério Público como órgão público de destaque que viabiliza a efetiva participação da vítima na persecução penal, vale o registro de que o **art. 8º da Resolução nº 243/2021 do CNMP** estabelece que a instituição "deverá zelar para que as vítimas tenham participação efetiva na fase da investigação e no processo, seja por meio da materialização dos direitos de serem ouvidas, de terem seus bens restituídos, de apresentarem elementos de prova, de serem comunicadas de decisões no curso do processo, notadamente acerca do ingresso e saída do autor do fato da prisão, caso assim manifestem interesse, entre outras formas de participação".

13. DIREITO À REPARAÇÃO DOS DANOS MATERIAIS, PSICOLÓGICOS E MORAIS E À REPARAÇÃO SIMBÓLICA

A vítima possui o direito de buscar a **reparação dos danos materiais, psicológicos e morais** por ela suportados pela prática do fato delitivo.

O direito à reparação dos danos está expresso na Declaração de Princípios Básicos de Justiça para as Vítimas da ONU. Segundo o texto, os autores de crimes devem reparar de forma equitativa o prejuízo causado às vítimas, às suas famílias ou às pessoas a seu cargo. Esta reparação não se limita à restituição de bens, considerando que incluem também indenização pelo dano moral e psicológico e o reembolso das despesas realizadas como consequência da vitimização.

Há caminhos distintos previstos no ordenamento jurídico, nas esferas cível e criminal, para que ela possa receber a devida reparação dos danos, senão vejamos.

Com efeito, no juízo cível, é admitido o ajuizamento da ação civil *ex delicto*, nas hipóteses dos arts. 63 e 64 do CPP.

No juízo penal, o ponto de partida normativo é o disposto no art. 92, inciso I, do Código Penal, que estipula como efeito da condenação tornar certa a obrigação de indenizar o dano causado pelo crime. A partir daí, surgem algumas opções à disposição da vítima para que obtenha a reparação dos danos.

Em uma primeira, ela própria poderá requerer a fixação judicial de valor mínimo para reparação dos danos causados pela infração, considerando os prejuízos sofridos (art. 387, IV, CPP), seja na condição de querelante em ações penais privadas, seja enquanto assistente de acusação em ações penais públicas.

Como segunda opção, em delitos de ação penal pública, o ofendido poderá deixar esse requerimento a cargo do Ministério Público, o qual, por sua vez, irá formulá-lo em sede de denúncia. Deverá a vítima fornecer ao órgão ministerial todos os dados, informações e provas que permitam o encaminhamento do pedido na peça acusatória.

No que diz respeito a esta opção, deve ser registrado o teor do **art. 9º da Resolução nº 243/2021 do CNMP**, de acordo com o qual o Ministério Público deverá pleitear, de forma expressa, no bojo dos autos, a fixação de valor mínimo para reparação dos danos materiais, morais e psicológicos, causados pela infração penal ou ato infracional, em prol das vítimas diretas, indiretas e coletivas (*caput*). Incumbe ao Ministério Público, orientado pelo princípio da unidade institucional, implementar políticas, parâmetros e protocolos para a exigência, sempre que possível, da reparação dos danos materiais e morais das vítimas e familiares em investigações, processos e acordos celebrados com sua mediação ou participação (§ 1º). Os acordos ou valores recuperados para fins de ressarcimento dos danos suportados por vítimas ou familiares devem ser devidamente registrados em sistema próprio (§ 2º).

A terceira opção é encontrada na Justiça Penal Consensual, possibilitando-se que a vítima, por meio de acordos, ajuste o recebimento de indenização. É o que ocorre notadamente com a composição civil dos danos (art. 74 Lei nº 9.099/95). No acordo de não persecução penal (art. 28-A, I, CPP) e na suspensão condicional do processo (art. 89, § 1º, I, Lei nº 9.099/95), a reparação do dano deverá ser pactuada, salvo impossibilidade de fazê-lo. Na transação penal (art. 76 Lei nº 9.099/95), a reparação do dano poderá ser ajustada, especialmente se o objeto do acordo for o cumprimento de pena de prestação pecuniária.

Aliás, relembre-se que a pena de prestação pecuniária pode consistir no pagamento em dinheiro à vítima ou a seus dependentes, como estabelece o art. 45, § 1º, do Código Penal. Ademais, o dinheiro ou objetos dados como fiança servirão ao pagamento não só das custas, da prestação pecuniária e da multa, mas também da indenização do dano, se o réu for condenado (art. 336, *caput*, CPP).

No âmbito da execução penal, os artigos 29, 31 e 39 da Lei de Execução Penal (LEP) reconhecem como dever do apenado, através do trabalho oferecido no sistema criminal, reparar o dano causado pelo delito.

Em qualquer situação, pelo princípio da reparação integral, a vítima tem direito a receber indenização a título de danos materiais (incluindo danos emergentes e lucros cessantes) e danos morais. Em determinados crimes inclusive, como naqueles que ocorram no contexto de violência doméstica e familiar contra a mulher, a jurisprudência do STJ e do STF entende que o dano moral é ínsito a tais delitos, isto é, presumido (*in re ipsa*). A mesma jurisprudência também admite a estipulação judicial do dano moral coletivo, principalmente em crimes que abalam a Administração Pública e o Erário, bem como em delitos que violam interesses difusos, coletivos e individuais homogêneos, como os contra o meio ambiente e as relações de consumo. Trata-se de ferramenta marcante do denominado Processo Penal Coletivo, tema ligado à "vítima coletiva" (art. 3º, IV, Resolução nº 243/2021 do CNMP) e já abordado em capítulo anterior desta obra. É possível ainda extrair a previsão do dano moral coletivo do disposto no art. 9º, *caput*, da Resolução nº 243/2021 do CNMP, conforme alhures transcrito.

Noutro giro, impende também rememorar que, na concepção desenvolvida pelo art. 3º, inciso II, da Resolução nº 243/2021 do CNMP, são também vítimas (vítimas indiretas) as pessoas que possuam relação de afeto ou parentesco com a vítima direta, até o terceiro grau, desde que convivam, estejam sob seus cuidados ou desta dependam, no caso de morte ou desaparecimento causado por crime, ato infracional ou calamidade pública.

Nesse trilhar, note-se que a Constituição Federal, em seu art. 245, afirma expressamente que "*A lei disporá sobre as hipóteses e condições em que o Poder Público dará assistência aos herdeiros e dependentes carentes de pessoas vitimadas por crime doloso, sem prejuízo da responsabilidade civil do autor do ilícito*". Muito embora a norma seja de 1988, até hoje, essa lacuna legislativa ainda não foi preenchida, caracterizando o estado de mora inconstitucional. Por esse motivo, o Procurador-Geral da República, em 26 de fevereiro de 2021, ajuizou ação direta de inconstitucionalidade por omissão (ADO) para que o STF determine ao Congresso Nacional que elabore a norma.

Na ação (ADO 19), destacou-se que a omissão inconstitucional da falta de norma regulamentadora do artigo 245 da Constituição "torna inviável aos herdeiros e pessoas carentes dependentes de vítimas de crimes dolosos o exercício do direito constitucional à assistência social, conspurcando a sobrevivência, o mínimo existencial, a dignidade humana e a proteção da família". Apontou-se que a jurisprudência da Corte Interamericana determina que, nos casos de graves violações de direitos humanos, familiares das vítimas também são considerados como vítimas. Pontuou-se ainda que todas as nove condenações já sofridas pelo Brasil na Corte Interamericana de Direitos Humanos envolveram violações aos direitos das vítimas e de seus familiares. Exemplificando, no Caso Favela Nova Brasília v. Brasil, sentenciado em 2017, a Corte Interamericana de Corte IDH consignou o entendimento de que as vítimas e seus familiares não têm verdadeira participação no Processo Penal brasileiro, ficando constrangidos a uma atuação meramente coadjuvante, residual e de pouca importância. Ao final, concluiu-se afirmando que esta ação busca concretizar a referida norma constitucional de eficácia limitada, diante da inércia do Poder Público em regulamentar o direito nela previsto, após mais de 30 anos da promulgação da Constituição Federal.

Ocorre que esta ADO foi extinta sem apreciação do mérito (STF, ADO nº 19/DF, Rel. Min. Roberto Barroso, j. 24.10.13), persistindo, portanto, a mora legislativa.

Buscando mitigar esse cenário de lacuna legal, e atento ao disposto no art. 245 da Carta Magna, mais recentemente, o legislador, por meio da Lei nº 14.717/2023, instituiu pensão especial aos filhos e dependentes crianças ou adolescentes, órfãos em razão do crime de feminicídio (art. 121, § 2º, VI, CP), cuja renda familiar mensal *per capita* seja igual ou inferior a 1/4 (um quarto) do salário mínimo. Os requisitos para a concessão deste benefício encontram-se detalhadamente previstos naquele diploma legal. Talvez esta lei marque o início da resolução do problema ora apontado, mas ainda há um longo caminho a ser percorrido para que o mandamento constitucional seja cumprido na íntegra.

Noutro giro, entende-se como **reparação simbólica (ou histórica ou política de promoção de memória)** o conjunto de ações que visam mitigar ou diminuir práticas ocorridas no passado que violaram direitos humanos, sobretudo aqueles de titularidade das minorias. Ela pretende essencialmente neutralizar os efeitos negativos à memória das vítimas, simbolizar a confissão de culpa ("mea culpa") do Estado pelos fatos praticados, expondo a sua vergonha com o que ocorreu e o seu compromisso de eles não voltem mais a acontecer, e, quando as vítimas são pessoas que compõem uma minoria, diminuir as injustiças, combater a discriminação e promover a igualdade.

Entre as ações estatais, podem ser citadas como exemplos pedidos de desculpas oficiais pelos erros do passado, revisão de programas educacionais, construção de museus e outros tipos de monumentos públicos, criação de feriados, comemorações e denominações de logradouros em homenagem a mártires da luta contra os crimes praticados pelo e/ou no país, inserir em cédulas de dinheiro os rostos de figuras históricas relevantes na proteção dos direitos humanos, notadamente quando reflitam a diversidade étnico-racial de uma sociedade etc.

Em todo o mundo, são encontrados exemplos destacados dessas ações. Na França, em 2001, a Lei Taubira definiu a escravatura e o comércio de escravos como crimes contra a humanidade. Nos Estados Unidos, em 2016, em Washington, foi inaugurado o Museu Nacional de História e Cultura Afro-Americana. Também neste país, em 2021, retomou-se o projeto de colocar na cédula de 20 (vinte) dólares a imagem da abolicionista negra Harriet Tubman.

No Brasil, há também exemplos marcantes da reparação simbólica. Em 2004, foi inaugurado em São Paulo, no Parque do Ibirapuera, o Museu Afro Brasil.

Em 2015, foi lançado pela Prefeitura de São Paulo o projeto "Ruas de Memória", que tem como objetivo promover a alteração dos nomes de ruas, pontes, viadutos, praças e demais logradouros públicos que homenageiam pessoas vinculadas à repressão do regime militar. Há, pois, uma reparação simbólica das vítimas da ditadura. A iniciativa da ação seguiu a linha de recomendações do Programa Nacional de Direito Humanos – PNDH-3 e a recomendação 29 do Relatório Final da Comissão Nacional da Verdade, publicado em 2014.

Aliás, quanto à reparação às vítimas do período da ditadura militar, saliente-se a extrema relevância da atuação do Ministério Público para garantir o pagamento de indenização a vítimas de tortura, considerando que o art. 14 da Convenção contra a Tortura e Outros Tratamentos ou Penas Cruéis, Desumanos ou Degradantes, promulgada pelo Decreto nº 40, de 15 de fevereiro de 1991, impõe aos seus Estados-partes a obrigação de assegurar a todas as vítimas de atos de tortura o direito à reparação e a uma indenização justa e adequada, incluindo-se todas as providências necessárias à sua completa reabilitação, ao passo que o art. 387, inciso IV, do CPP estipula que o juiz, ao proferir sentença penal condenatória, fixe valor mínimo para a reparação dos danos sofridos pelo ofendido.

Por fim, há de se ressaltar o teor da Súmula nº 647 do STJ, segundo a qual *"São imprescritíveis as ações indenizatórias por danos morais e materiais decorrentes de atos de perseguição política com violação de direitos fundamentais ocorridos durante o regime militar"*.

14. DIREITO A TRATAMENTO PROFISSIONAL INDIVIDUALIZADO E NÃO DISCRIMINATÓRIO

A vítima possui o direito de receber serviço de apoio e tratamento profissional individualizado, por meio de equipes multidisciplinares (formadas por profissionais especializados nas áreas psicossocial, jurídica e de saúde). Tais equipes devem prestar orientação e o mais adequado encaminhamento da vítima, desenvolver trabalhos e programas de prevenção e outras medidas, além de fornecer subsídios para a correta atuação do Poder Judiciário, do Ministério Público e da Defensoria Pública.

Relembre-se que o art. 201, § 5º, do CPP, estatui que "se o juiz entender necessário, poderá encaminhar o ofendido para atendimento multidisciplinar, especialmente nas áreas psicossocial, de assistência jurídica e de saúde, a expensas do ofensor ou do Estado".

Na Lei Maria da Penha, há previsões importantes acerca do atendimento especializado que deve ser destinado às mulheres vítimas de violência doméstica e familiar, a saber, aquelas contidas nos artigos 8º, inciso IV (atendimento policial especializado para as mulheres, em particular nas Delegacias de Atendimento à Mulher), 10-A, *caput* (atendimento policial e pericial especializado, ininterrupto e prestado por servidores – preferencialmente do sexo feminino – previamente capacitados) e § 2º, inciso II (quando for o caso, inquirição intermediada por profissional especializado em violência doméstica e familiar designado pela autoridade judiciária ou policial), 29 (os Juizados de Violência Doméstica e Familiar contra a Mulher que vierem a ser criados poderão contar com uma equipe de atendimento multidisciplinar, a ser integrada por profissionais especializados nas áreas psicossocial, jurídica e de saúde), 31 (quando a complexidade do caso exigir avaliação mais aprofundada, o juiz poderá determinar a manifestação de profissional especializado, mediante a indicação da equipe de atendimento multidisciplinar) e 35, inciso III (os entes federativos podem criar e promover delegacias, núcleos de defensoria pública, serviços de saúde e centros de perícia médico-legal especializados no atendimento à mulher em situação de violência doméstica e familiar).

Já na Lei Henry Borel, o art. 7º, inciso III, assevera que os entes federativos podem criar e promover, para a criança e o adolescente em situação de violência doméstica e familiar, delegacias, núcleos de defensoria pública, serviços de saúde e centros de perícia médico-legal especializados. Em complemento, na Lei nº 13.431/2017, há todo o regramento dos institutos da escuta especializada e do depoimento especial (arts. 7º a 12), os quais, por meio de profissionais especializados, buscam colher a oitiva de crianças e adolescentes vítimas ou testemunhas de violência da maneira menos traumática possível.

Todas essas previsões legais serão apreciadas com detalhes em capítulos separados desta obra, para onde, desde já, se remete o(a) leitor(a).

Nessa esteira, revela-se fundamental a atuação do Ministério Público. Como destaca o art. 6º, *caput*, da **Resolução nº 243/2021 do CNMP**, o Ministério Público diligenciará a fim de que seja assegurada às vítimas a prestação de apoio e atendimento especializado, por meio de equipe multidisciplinar da própria instituição ou pelo devido encaminhamento às redes de apoio externas. Ademais, o parágrafo único deste dispositivo apregoa que o *Parquet* fomentará a construção e a consistência das políticas de atuação em rede, mediante termos de cooperação e parcerias destinadas à implementação de atendimento das vítimas por equipes multidisciplinares, compostas por profissionais devidamente habilitados para a proteção integral, de modo a diminuir os efeitos e danos suportados em decorrência do fato.

Quanto ao tratamento não discriminatório, como reconhece a Declaração dos Princípios Fundamentais de Justiça Relativos às Vítimas da Criminalidade e de Abuso de Poder da Organização das Nações Unidas (ONU), de 29 de novembro de 1985, no item 3 de seu anexo, "as disposições da presente secção aplicam-se a todos, sem distinção alguma, nomeadamente de raça, cor, sexo, idade, língua, religião, nacionalidade, opiniões políticas ou outras, crenças ou práticas culturais, situação económica, nascimento ou situação familiar, origem étnica ou social ou capacidade física".

Nessa direção, deve-se ressaltar que os órgãos participantes da persecução penal têm o dever de prestar apoio a vítima de crimes, de modo a minimizar os danos por ela suportados, não se admitindo que eles, sob hipótese alguma, atuem para ampliar esses danos. Assim, os órgãos públicos com o papel de proteger a vítima não podem tratá-la de forma preconceituosa e discriminatória, o que levaria à indesejada revitimização.

Nessa senda, não se deve tolerar (muito antes pelo contrário, se deve punir) que um delegado de polícia que atenda uma mulher vítima de violência doméstica e familiar na Delegacia de Polícia em que atua seja machista e preconceituoso com ela; que um defensor público que atue em uma audiência de instrução e julgamento formule perguntas a uma vítima de homofobia que ataquem a sua orientação sexual; ou que um juiz, ao julgar um feito relacionado a crime de racismo, se utilize na sentença de termos, por si só, racistas em desfavor da própria vítima do fato.

Vale noticiar que a **Resolução nº 492/2023 do CNJ** estabelece, para adoção de Perspectiva de Gênero nos julgamentos em todo o Poder Judiciário, as diretrizes do protocolo aprovado pelo Grupo de Trabalho constituído pela Portaria CNJ nº 27/2021 (**Protocolo para Julgamento com Perspectiva de Gênero**), institui obrigatoriedade de capacitação de magistrados e magistradas, relacionada a direitos humanos, gênero, raça e etnia, em perspectiva interseccional, e cria o Comitê de Acompanhamento e Capacitação sobre Julgamento com Perspectiva de Gênero no Poder Judiciário e o Comitê de Incentivo à Participação Institucional Feminina no Poder Judiciário.

Dessa forma, são obrigatórias para o Poder Judiciário em todo o país as diretrizes do Protocolo para Julgamento com Perspectiva de Gênero. Os tribunais brasileiros devem levar em consideração, em seus julgamentos, as especificidades das pessoas envolvidas, visando evitar preconceitos e discriminação por gênero e outras características.

As Cortes deverão promover cursos de formação inicial e continuada que incluam, obrigatoriamente, os conteúdos relativos a direitos humanos, gênero, raça e etnia, conforme as diretrizes previstas no Protocolo em comento.

Criou-se também um Comitê de Acompanhamento e Capacitação sobre Julgamento com Perspectiva de Gênero no Poder Judiciário, cabendo a este Comitê acompanhar o cumprimento da Resolução nº 492/2023; elaborar estudos e propor medidas concretas de aperfeiçoamento do sistema de justiça quanto às causas que envolvam direitos humanos, gênero, raça e etnia, em perspectiva interseccional. Ademais, converteu-se o Grupo de Trabalho previsto na Resolução nº 255/2018 do CNJ e constituído pela Portaria nº 27/2021 do CNJ no Comitê de Incentivo à Participação Institucional Feminina no Poder Judiciário.

No mais, verifica-se que o Protocolo para Julgamento com Perspectiva de Gênero apresenta considerações teóricas acerca da igualdade, servindo como um guia para que os julgamentos proferidos nos diversos âmbitos da Justiça observem o direito à igualdade e à não discriminação de todas as pessoas. Pretende o Protocolo que o exercício da função jurisdicional se dê de modo a concretizar um papel de não repetição de estereótipos, de não perpetuação de diferenças, constituindo-se um espaço de rompimento com culturas de discriminação e de preconceitos.

15. QUADRO SINÓTICO

CAPÍTULO VI – DIREITOS FUNDAMENTAIS DAS VÍTIMAS EM ESPÉCIE	
1. Rol não taxativo dos direitos das vítimas	O rol dos direitos das vítimas não é taxativo. Ciente disso, a Resolução nº 243/2021 do CNMP, mais precisamente em seus arts. 1º, *caput*, e 4º, *caput*, lista, em um rol exemplificativo, os seguintes direitos em espécie das vítimas: (1) direito à informação e à comunicação; (2) direito à verdade; (3) direito à justiça; (4) direito à devida diligência; (5) direito a apoio; (6) direito à segurança; (7) direito à proteção física; (8) direito à proteção patrimonial; (9) direito à proteção psicológica; (10) direito à proteção documental (inclusive de dados pessoais); (11) direito de participação; (12) direito à reparação dos danos materiais, psicológicos e morais e à reparação simbólica; (13) direito a tratamento profissional individualizado e não discriminatório.
2. Direito à informação e à comunicação	Na dicção do art. 5º da Resolução nº 243/2021 do CNMP, *"Informações sobre direitos básicos, serviços de apoio, processos e outros meios de obtenção de reparação dos danos causados pela infração penal e ato infracional devem ser prestadas de forma completa e transparente às vítimas."*. Em complemento, o art. 5º, incisos I e II, da Resolução nº 253/2018 do Conselho Nacional de Justiça (CNJ) estatui que no curso dos processos de apuração de crimes e atos infracionais e de execução de penas e medidas socioeducativas, as autoridades judiciais deverão: I – orientar as vítimas sobre o seu direito de estar presente em todos os atos do processo; II – determinar às serventias o estrito cumprimento do parágrafo 2º do artigo 201 do Código de Processo Penal, notificando-se a vítima, por carta ou correio eletrônico, dos seguintes eventos: a) instauração da ação penal ou arquivamento do inquérito policial; b) expedição de mandados de prisão, alvarás de soltura e respectivos cumprimentos; c) fugas de réus presos; d) prolação de sentenças e decisões judiciais monocráticas ou colegiadas.
3. Direito à verdade	O direito à verdade deve ser compreendido como um princípio do Direito Internacional dos Direitos Humanos com dimensão dúplice, que procura evidenciar a verdade sobre fatos violadores de direitos humanos praticados em períodos de transição de regime político ou após conflitos armados.

CAPÍTULO VI – DIREITOS FUNDAMENTAIS DAS VÍTIMAS EM ESPÉCIE	
	A dimensão dúplice se dá em virtude de a titularidade desse direito restar dividida em individual e coletiva, possuindo como titulares, de um lado, os amigos e familiares da vítima, e, de outro, a sociedade, a qual detém o poder de fiscalizar a atuação dos agentes estatais e tutelar os seus valores mais caros. No Brasil, em 2012, foi criada a Comissão Nacional da Verdade, a qual procurou investigar as graves violações de direitos humanos ocorridas nos períodos ditatoriais entre 18 de setembro de 1946 e 5 de outubro de 1988 (data da proclamação da Constituição Federal de 1988). A partir dela, o Estado brasileiro intentou reconstruir a sua própria sociedade, revistando o seu passado violento e, com o apoio de medidas judiciais, responsabilizando os autores das violações de direitos humanos, servindo com um caráter de Justiça Restaurativa. Noticie-se ainda que a Corte IDH condenou o Brasil, em 2018, pelo assassinato do jornalista Vladimir Herzog e de outras pessoas durante a Ditadura militar. Neste julgamento, a Corte foi categórica ao determinar que não fosse aplicada a Lei de Anistia para os responsáveis pelos fatos apreciados neste caso, por envolverem verdadeiros crimes contra a humanidade.
4. Direito à justiça	A vítima possui ainda um autêntico direito a um julgamento justo, conforme inclusive já reconhecido pela Corte Interamericana de Direitos Humanos (IDH). Possui também direito ao devido processo legal.
5. Direito à devida diligência	Em matéria de direitos humanos, o direito à devida diligência deve ser compreendido como a obrigação imposta aos Estados Partes de adotar, se porventura ainda inexistentes, preceitos legislativos ou de qualquer outra natureza que se relevem necessários para a efetivação dos direitos e liberdades assegurados na CADH. Em outros termos, os Estados Partes possuem o dever de prevenir e combater as violações aos direitos humanos reconhecidos na CADH, praticadas pelo próprio poder público ou mesmo por particulares, por meio de medidas já existentes e por aquelas que ainda devem ser criadas com este fim. Entre as medidas adotadas pelo Estado para a tutela dos direitos humanos, invocando-se a concepção do garantismo penal integral, sem dúvida alguma está a atuação de órgãos públicos ao longo de toda a persecução penal na busca da correta investigação, do regular processamento e da eventual e justa aplicação da pena aos autores de delitos que atentem contra tais direitos. Nesse trilhar, no Brasil, o STJ, abordando o dever do Estado de devida diligência e o correlato direito da vítima a esse respeito, reconheceu o **"dever de devida diligência"** das autoridades que atuam na persecução penal, fruto de uma obrigação processual positiva do Estado para a tutela de direitos humanos. (STJ, 6ª Turma, RMS nº 70.338/SP, Rel. Min. Laurita Vaz, j. 22.08.2023).

CAPÍTULO VI – DIREITOS FUNDAMENTAIS DAS VÍTIMAS EM ESPÉCIE	
6. Direito a apoio	A vítima possui o direito de receber do Estado todo apoio para superação ou, ao menos, mitigação dos danos patrimoniais, físicos e/ou psicológicos por ela suportados em virtude da prática de fato ilícito em seu desfavor, o que deve ocorrer por meio de toda a estrutura criada por aquele ente para este fim. Destarte, o Estado deve disponibilizar à vítima uma rede de proteção, para que, sentindo-se amparada, possa ter estímulos na busca da recomposição do dano por ela sofrido, seja de qual monta for. Nessa senda, revela-se fundamental a atuação do Ministério Público. Como destaca o art. 6º, *caput*, da Resolução nº 243/2021 do CNMP, o Ministério Público diligenciará a fim de que seja assegurada às vítimas a prestação de apoio e atendimento especializado, por meio de equipe multidisciplinar da própria instituição ou pelo devido encaminhamento às redes de apoio externas. Ademais, o parágrafo único deste dispositivo apregoa que o *Parquet* fomentará a construção e a consistência das políticas de atuação em rede, mediante termos de cooperação e parcerias destinadas à implementação de atendimento das vítimas por equipes multidisciplinares, compostas por profissionais devidamente habilitados para a proteção integral, de modo a diminuir os efeitos e danos suportados em decorrência do fato. Em outra perspectiva, o direito a apoio também deve compreender o direito a ser encaminhada à programa de proteção. Como é cediço, o Programa de Proteção às Vítimas e Testemunhas Ameaçadas (PROVITA) é previsto na Lei nº 9.807/1999.
7. Direito à segurança	A segurança pública é direito fundamental de ordem difusa. Nesse sentido, ela vem prevista no art. 5º, *caput*, da Constituição Federal no rol dos direitos fundamentais ali estampados, verdadeiras cláusulas pétreas (art. 60, § 4º, IV, CF). Além disso, o art. 144, *caput*, do Texto Constitucional assevera que a segurança pública é dever do Estado e direito e responsabilidade todos, devendo ser exercida através dos órgãos policiais listados nos incisos I a VI deste dispositivo para a preservação da ordem pública e da incolumidade das pessoas e do patrimônio. Como se verifica, se o Estado tem o dever de segurança pública, todos os cidadãos do país, na outra face da mesma moeda, possuem o direito a ela. E com a vítima de crime não é diferente, muito antes pelo contrário, a necessidade de receber do Estado a devida segurança é ainda maior para ela, especialmente após a prática delitiva, para que se evite a ocorrência de novos fatos ilícitos, ligados ao anterior, em seu prejuízo e a revitimização. Assim, o Estado tem a obrigação de adotar medidas que preservem a intimidade, as integridades física e psicológica, a vida e o patrimônio da vítima, buscando sobretudo afastá-la de qualquer contato ou convívio com o seu agressor. Nesse cenário, impende destacar o relevante papel a ser exercido pelo Ministério Público na segurança e proteção da vítima. Como reconhece o art. 7º da Resolução nº 243/2021 do CNMP, "o Ministério Público deverá zelar pela proteção da segurança e da vida privada das vítimas e de seus familiares, mediante aplicação efetiva das medidas de proteção já previstas na legislação pátria e outras que se afigurem adequadas

CAPÍTULO VI – DIREITOS FUNDAMENTAIS DAS VÍTIMAS EM ESPÉCIE	
7. Direito à segurança	ao caso concreto, adotando, como princípio, o estatuto normativo mais protetivo, velando sempre pelo direito de a vítima não ter contato com o autor do fato, pela proteção de sua intimidade e integridade física e psíquica, mediante adoção de meios para evitar sua revitimização". No mais, frise-se que toda a segurança disponibilizada pelo Estado à vítima pode perfeitamente se estender aos seus familiares.
8. Direito à proteção física	Como decorrência do direito à segurança, a vítima possui também direito à proteção, que se subdivide em proteção física, proteção patrimonial, proteção psicológica e proteção documental (inclusive de dados pessoais). Quanto ao direito à proteção física, inerente ao direito à vida, a vítima possui a prerrogativa de que o Estado assegure a proteção das suas mais diversas funções biológicas, toda vez em que não estiver em risco a sua sobrevivência (pois nessa situação estará em pauta o próprio direito à vida).
9. Direito à proteção patrimonial	Considerando que o direito à propriedade é direito fundamental do cidadão, como reconhece o art. 5º, *caput*, da Constituição Federal, deve possuir a vítima também direito à proteção patrimonial. Assim, por exemplo, há violência patrimonial quando um indivíduo destrói objetos de uso pessoal (como um computador), profissional (como livros técnicos caros) ou com valor sentimental (como fotos de família) da vítima, retém o seu cartão de crédito, se apropria do seu salário ou de bens de considerável valor, como o imóvel em que reside ou o veículo que possui, danifica suas roupas, pratica coação contra ela para que assine documentos financeiros contra a sua vontade, entre outras condutas. Praticada a violência patrimonial, a vítima, seja ela qual for, poderá buscar o ressarcimento dos danos materiais por ela suportados. Para tanto, ela se valerá dos institutos previstos pelo ordenamento.
10. Direito à proteção psicológica	A integridade psicológica compreende o bem-estar mental da pessoa humana. Nessa concepção, o termo deve ser entendido de forma ampla para englobar também a integridade psíquica. A integridade psicológica está intimamente ligada à dignidade da pessoa humana, tratada pela Constituição Federal como um dos fundamentos da República Federativa do Brasil. Além disso, o Texto Constitucional, em seu art. 5º, inciso III, elenca como direito fundamental do indivíduo a proibição de que seja submetido a tortura ou a tratamento desumano ou degradante.
11. Direito à proteção documental (inclusive de dados pessoais)	O direito à proteção documental reconhecido em favor das vítimas de fatos ilícitos é a prerrogativa de que elas tenham livre e irrestrito acesso a todos os seus documentos pessoais, não podendo terceiros criarem qualquer tipo de obstáculo a esse acesso, muito menos praticarem condutas que destruam, danifiquem ou modifiquem de forma indevida tais documentos.

CAPÍTULO VI – DIREITOS FUNDAMENTAIS DAS VÍTIMAS EM ESPÉCIE	
12. Direito de participação	A vítima possui o direito de participar ativa e efetivamente de todas as fases da persecução penal (investigação criminal e processo penal), tendo com isso a prerrogativa de influenciar no seu resultado. Assim, ela tem o direito de ser ouvida, de propor elementos de prova, requerer diligências, bem como de ter restituídos os bens que tenham sido eventualmente apreendidos por parte das autoridades que atuam na persecução. Quanto à atuação do Ministério Público como órgão público de destaque que viabiliza a efetiva participação da vítima na persecução penal, vale o registro de que o art. 8º da Resolução nº 243/2021 do CNMP estabelece que a instituição "deverá zelar para que as vítimas tenham participação efetiva na fase da investigação e no processo, seja por meio da materialização dos direitos de serem ouvidas, de terem seus bens restituídos, de apresentarem elementos de prova, de serem comunicadas de decisões no curso do processo, notadamente acerca do ingresso e saída do autor do fato da prisão, caso assim manifestem interesse, entre outras formas de participação".
13. Direito à reparação dos danos materiais, psicológicos e morais e à reparação simbólica	A vítima possui o direito de buscar a reparação dos danos materiais, psicológicos e morais por ela suportados pela prática do fato delitivo. Há caminhos distintos previstos no ordenamento jurídico, nas esferas cível e criminal, para que ela possa receber a devida reparação dos danos. Um deles é por meio do Ministério Público, que, em delitos de ação penal pública, poderá formular requerimento de indenização por valor mínimo em sede de denúncia. No que diz respeito a esta opção, deve ser registrado o teor do art. 9º da Resolução nº 243/2021 do CNMP, de acordo com o qual o Ministério Público deverá pleitear, de forma expressa, no bojo dos autos, a fixação de valor mínimo para reparação dos danos materiais, morais e psicológicos, causados pela infração penal ou ato infracional, em prol das vítimas diretas, indiretas e coletivas (*caput*). Incumbe ao Ministério Público, orientado pelo princípio da unidade institucional, implementar políticas, parâmetros e protocolos para a exigência, sempre que possível, da reparação dos danos materiais e morais das vítimas e familiares em investigações, processos e acordos celebrados com sua mediação ou participação (§ 1º). Os acordos ou valores recuperados para fins de ressarcimento dos danos suportados por vítimas ou familiares devem ser devidamente registrados em sistema próprio (§ 2º). Noutro giro, entende-se como reparação simbólica (ou histórica ou política de promoção de memória) o conjunto de ações que visam mitigar ou diminuir práticas ocorridas no passado que violaram direitos humanos, sobretudo aqueles de titularidade das minorias. Ela pretende essencialmente neutralizar os efeitos negativos à memória das vítimas, simbolizar a confissão de culpa ("mea culpa") do Estado pelos fatos praticados, expondo a sua vergonha com o que ocorreu e o seu compromisso de eles não voltem mais a acontecer, e, quando as vítimas são pessoas que compõem uma minoria, diminuir as injustiças, combater a discriminação e promover a igualdade.

CAPÍTULO VI – DIREITOS FUNDAMENTAIS DAS VÍTIMAS EM ESPÉCIE	
13. Direito à reparação dos danos materiais, psicológicos e morais e à reparação simbólica	Entre as ações estatais, podem ser citadas como exemplos pedidos de desculpas oficiais pelos erros do passado, revisão de programas educacionais, construção de museus e outros tipos de monumentos públicos, criação de feriados, comemorações e denominações de logradouros em homenagem a mártires da luta contra os crimes praticados pelo e/ou no país, inserir em cédulas de dinheiro os rostos de figuras históricas relevantes na proteção dos direitos humanos, notadamente quando reflitam a diversidade étnico-racial de uma sociedade etc.
14. Direito a tratamento profissional individualizado e não discriminatório	A vítima possui o direito de receber serviço de apoio e tratamento profissional individualizado, por meio de equipes multidisciplinares (formadas por profissionais especializados nas áreas psicossocial, jurídica e de saúde). Tais equipes devem prestar orientação e o mais adequado encaminhamento da vítima, desenvolver trabalhos e programas de prevenção e outras medidas, além de fornecer subsídios para a correta atuação do Poder Judiciário, do Ministério Público e da Defensoria Pública. Nessa esteira, revela-se fundamental a atuação do Ministério Público. Como destaca o art. 6º, *caput*, da Resolução nº 243/2021 do CNMP, o Ministério Público diligenciará a fim de que seja assegurada às vítimas a prestação de apoio e atendimento especializado, por meio de equipe multidisciplinar da própria instituição ou pelo devido encaminhamento às redes de apoio externas. Ademais, o parágrafo único deste dispositivo apregoa que o *Parquet* fomentará a construção e a consistência das políticas de atuação em rede, mediante termos de cooperação e parcerias destinadas à implementação de atendimento das vítimas por equipes multidisciplinares, compostas por profissionais devidamente habilitados para a proteção integral, de modo a diminuir os efeitos e danos suportados em decorrência do fato. Quanto ao tratamento não discriminatório, como reconhece a Declaração dos Princípios Fundamentais de Justiça Relativos às Vítimas da Criminalidade e de Abuso de Poder da Organização das Nações Unidas (ONU), de 29 de novembro de 1985, no item 3 de seu anexo, "as disposições da presente secção aplicam-se a todos, sem distinção alguma, nomeadamente de raça, cor, sexo, idade, língua, religião, nacionalidade, opiniões políticas ou outras, crenças ou práticas culturais, situação económica, nascimento ou situação familiar, origem étnica ou social ou capacidade física". Nessa direção, deve-se ressaltar que os órgãos participantes da persecução penal têm o dever de prestar apoio a vítima de crimes, de modo a minimizar os danos por ela suportados, não se admitindo que eles, sob hipótese alguma, atuem para ampliar esses danos. Assim, os órgãos públicos com o papel de proteger a vítima não podem tratá-la de forma preconceituosa e discriminatória, o que levaria à indesejada revitimização.

CAPÍTULO VI – DIREITOS FUNDAMENTAIS DAS VÍTIMAS EM ESPÉCIE	
14. Direito a tratamento profissional individualizado e não discriminatório	Vale noticiar que a Resolução nº 492/2023 do CNJ estabelece, para adoção de Perspectiva de Gênero nos julgamentos em todo o Poder Judiciário, as diretrizes do protocolo aprovado pelo Grupo de Trabalho constituído pela Portaria CNJ nº 27/2021 (Protocolo para Julgamento com Perspectiva de Gênero), institui obrigatoriedade de capacitação de magistrados e magistradas, relacionada a direitos humanos, gênero, raça e etnia, em perspectiva interseccional, e cria o Comitê de Acompanhamento e Capacitação sobre Julgamento com Perspectiva de Gênero no Poder Judiciário e o Comitê de Incentivo à Participação Institucional Feminina no Poder Judiciário.

PARTE II

INSTRUMENTOS PENAIS E PROCESSUAIS PENAIS DE TUTELA AOS DIREITOS DAS VÍTIMAS EM ESPÉCIE

CAPÍTULO VII

INSTRUMENTOS DE TUTELA AOS DIREITOS DAS VÍTIMAS NO CÓDIGO PENAL E NA LEI DE EXECUÇÃO PENAL

1. INSTRUMENTOS DE TUTELA AOS DIREITOS DAS VÍTIMAS NO CÓDIGO PENAL

1.1. Mandados de criminalização

Mandados (constitucionais) de criminalização (ou de penalização) são mandamentos que a Constituição Federal impõe ao legislador ordinário, para que criminalize determinadas condutas ou estabeleça um tratamento penal mais rígido para alguns comportamentos, em face da diferenciada importância dos bens jurídicos em jogo. Assim, como ela própria não tipifica delitos, a Constituição "manda" (obriga) que o legislador ordinário legisle na seara penal sobre matérias que envolvam bens de alta relevância social, de forma a protegê-los adequada e integralmente.

Aproveitando a experiência de algumas constituições da Europa, como as da Alemanha, Espanha, Itália e França, a Constituição do Brasil de 1988 possui exemplos bem marcantes de mandados de criminalização. Os mais conhecidos são aqueles previstos no art. 5º do Texto Constitucional, mais precisamente em seus incisos XLII a XLIV.

Com efeito, na esteira do inciso XLII do art. 5º da Carta Magna, "a prática do racismo constitui crime inafiançável e imprescritível, sujeito à pena de reclusão, nos termos da lei". Atendendo a esta determinação constitucional, atualmente, o crime de racismo, em suas mais diversas modalidades, está tipificado na Lei nº 7.716/1989, com as modificações promovidas pela Lei nº 14.532/2023.

Por sua vez, o inciso XLIII do art. 5º da Constituição assevera que "a lei considerará crimes inafiançáveis e insuscetíveis de graça ou anistia a prática da tortura, o tráfico ilícito de entorpecentes e drogas afins, o terrorismo e os definidos como crimes hediondos, por eles respondendo os mandantes, os executores e os que, podendo evitá-los, se omitirem". Os crimes de tóxicos são detalhadamente previstos na Lei nº 11.343/2006. O terrorismo é objeto da Lei nº 13.260/2016. A tortura é tipificada na Lei nº 9.455/1997. O rol de crimes hediondos e todo o seu regramento vêm definidos na Lei nº 8.072/1990. Ademais, como se verifica, o Texto Constitucional conferiu a três condutas o mesmo tratamento destinado aos crimes hediondos, quais sejam, o tráfico de drogas, o terrorismo e a tortura; são, por isso, chamados de crimes equiparados aos hediondos.

Já o inciso XLIII estipula que "constitui crime inafiançável e imprescritível a ação de grupos armados, civis ou militares, contra a ordem constitucional e o Estado Democrático". Esse mandado de criminalização se consubstancia na Lei nº 14.197/2021, que acrescentou à Parte Especial do Código Penal o Título XII, relativo aos crimes contra o Estado Democrático de Direito.

Para os fins desta obra, digno de maior destaque é o mandado de criminalização um tanto quanto genérico contido no **inciso XLI do art. 5º da Constituição Federal**. De acordo com essa norma constitucional, "a lei punirá qualquer discriminação atentatória dos direitos e liberdades fundamentais".

Destarte, há imposição constitucional aberta dirigida ao legislador ordinário para que, sempre que vislumbre ofensiva discriminatória a direitos e liberdades fundamentais, venha a tipificar penalmente a matéria.

Nesse sentido, havendo possibilidade de violação a direitos fundamentais mais caros à sociedade, como aqueles mencionados nos dois capítulos anteriores, surge o dever de que o legislador infraconstitucional venha a tutelá-los utilizando como instrumento para tanto a tipificação penal das respectivas condutas atentatórias contra aqueles direitos.

Por esse caminho de tipificação penal de condutas que atingem direitos fundamentais destacados socialmente, o legislador ordinário, em verdade, atende ao princípio da proporcionalidade, no viés de **vedação à proteção deficiente** (ou vedação à infraproteção), de maneira a não deixar tais direitos sem a devida tutela penal ou com uma tutela penal insuficiente.

O Código Penal é recheado de exemplos a esse respeito. Desse modo, há previsão de crimes que atentam ao direito à vida (crimes contra a vida dos arts. 121 a 128), com destaque especial ao delito de feminicídio (art. 121, § 2º, VI, CP). Há igualmente a previsão de crimes que ofendem a integridade física, como é o caso clássico do delito de lesão corporal (art. 129 CP). Existe a previsão de crimes contra a honra (arts. 138 a 140), bem como contra o patrimônio (arts. 155 a 180-A).

Quanto ao direito fundamental à liberdade, vale rememorar a tipificação de crimes contra a liberdade pessoal, como a intimidação sistemática – *bullying* (art. 146-A, *caput*), a intimidação sistemática virtual – *cyberbullying* (art. 146-A, parágrafo único), ambos com a redação dada pela Lei nº 14.811/2024; a perseguição (art. 147-A) e a violência psicológica contra a mulher (art. 147-B); e de crimes contra a liberdade sexual, como o estupro (art. 213) e o estupro de vulnerável (art. 217-A).

Alguns exemplos são encontrados também na legislação extravagante, como a Lei Maria da Penha – Lei nº 11.340/2006 (art. 24-A), a Lei Henry Borel – Lei nº 14.344/2022 (arts. 25 e 26), o Estatuto da Pessoa Idosa – Lei nº 10.741/2023 (arts. 96 a 108), o Estatuto da Pessoa com Deficiência – Lei nº 13.146/2015 (arts. 88 a 91), o Código de Defesa do Consumidor – Lei nº 8.078/1990 (arts. 61 a 80), a Lei dos Crimes Ambientais – Lei nº 9.605/1998 (arts. 29 a 69-A) e a Lei dos Crimes de Abuso de Autoridade – Lei nº 13.869/2019 (arts. 9º a 38).

Mas a tutela penal a direitos fundamentais não se restringe à tipificação de delitos. Como adiante será demonstrado, há outros instrumentos que o Estado poderá utilizar para proteção de direitos fundamentais, conferindo um tratamento penal mais recrudescido, sobretudo, para os fins desta obra, daqueles de titularidade de vítimas de crimes, senão vejamos.

1.2. Pena de prestação pecuniária (arts. 43, I, e 45, §§ 1º e 2º, CP)

A pena de prestação pecuniária é uma espécie de pena restritiva de direitos (art. 43, I, CP) que, nos termos do art. 45, § 1º, do Código Penal, consiste no *pagamento em dinheiro à vítima, a seus dependentes* ou a entidade pública ou privada com destinação social, de importância fixada pelo juiz, não inferior a 1 (um) salário mínimo nem superior a 360 (trezentos e sessenta) salários mínimos. O valor pago será deduzido do montante de eventual condenação em ação de reparação civil, se coincidentes os beneficiários (destacamos). Além disso, se houver aceitação do beneficiário, a prestação pecuniária pode consistir em prestação de outra natureza (art. 45, § 2º, CP), o que, no entender de parcela da doutrina, é de duvidosa constitucionalidade, pois prevê a possibilidade de criação de pena sem previsão legal, descumprindo-se o princípio da legalidade.

Como se percebe do trecho anteriormente destacado (art. 45, § 1º, 1ª parte, CP), a pena de prestação pecuniária pode estar a serviço dos interesses da vítima ou de seus dependentes (que, conforme já visto, são também vítimas, dentro da concepção de vitimização indireta e com esteio no art. 3º, V, da Resolução nº 243/2021 do CNMP e no art. 1º, § 2º, da Resolução nº 253/2018 do CNJ). E o valor recebido por um desses destinatários será deduzido do montante de eventual condenação em ação de reparação civil, se coincidentes os beneficiários (art. 45, § 2º, CP).

Assim, a pena de prestação pecuniária atende ao *direito à reparação dos danos materiais, psicológicos e morais e à reparação simbólica das vítimas de delitos.*

1.3. Efeito genérico da condenação de tornar certa a obrigação de indenizar (art. 91, I, CP)

O art. 91, inciso I, do Código Penal, estipula como efeito genérico da condenação o de tornar certa a obrigação de indenizar o dano causado pelo crime, fazendo com que a sentença penal condenatória constitua título executivo judicial.

Trata-se de efeito genérico da condenação considerando-se que ele é um efeito automático do veredicto condenatório, isto é, independe de reconhecimento expresso na sentença. É também um efeito secundário extrapenal da condenação.

Tem-se aqui mais um instituto que resguarda o *direito à reparação dos danos materiais, psicológicos e morais e à reparação simbólica das vítimas de delitos.*

Ele voltará a ser tratado nesta obra, desta feita com maiores detalhes, no próximo capítulo, quando serão analisados os institutos da ação civil *ex delicto* (arts. 63 e 64 CPP) e da fixação de valor mínimo para reparação dos danos causados pela infração, considerando os prejuízos sofridos pelo ofendido, no bojo de sentença penal condenatória (art. 387, IV, CPP).

1.4. Outras previsões referentes à reparação do dano

Há outras tantas previsões no Código Penal a respeito reparação do dano, no intuito de o Estado tutelar o *direito à reparação dos danos materiais, psicológicos e morais e à reparação simbólica das vítimas de delitos*, senão vejamos.

O art. 9º, inciso I, do CP, estabelece que a sentença estrangeira, quando a aplicação da lei brasileira produz na espécie as mesmas consequências, pode ser homologada no Brasil para justamente obrigar o condenado à reparação do dano, a restituições e a outros efeitos civis.

No art. 16 do CP, versando sobre o arrependimento posterior, é afirmado que, nos crimes cometidos sem violência ou grave ameaça à pessoa, reparado o dano ou restituída a coisa, até o recebimento da denúncia ou da queixa, por ato voluntário do agente, a pena será reduzida de um a dois terços.

Em matéria de progressão do regime de cumprimento da pena, o art. 33, § 4º, do CP, estipula que o condenado por crime contra a administração pública terá a progressão de regime do cumprimento da pena condicionada à reparação do dano que causou, ou à devolução do produto do ilícito praticado, com os acréscimos legais.

De acordo com o art. 65, inciso III, alínea "b", do CP, é circunstância que sempre atenua a pena ter o agente procurado, por sua espontânea vontade e com eficiência, logo após o crime, evitar-lhe ou minorar-lhe as consequências, ou ter, antes do julgamento, reparado o dano.

Quanto à suspensão condicional da pena (*sursis*), o art. 78, § 2º, do CP, assevera que se o condenado houver reparado o dano, salvo impossibilidade de fazê-lo, e se as circunstâncias do art. 59 deste Código lhe forem inteiramente favoráveis, o juiz poderá substituir a exigência do parágrafo 1º ("No primeiro ano do prazo, deverá o condenado prestar serviços à comunidade (art. 46) ou submeter-se à limitação de fim de semana (art. 48).") pelas seguintes condições, aplicadas cumulativamente: a) proibição de frequentar determinados lugares; b) proibição de ausentar-se da comarca onde reside, sem autorização do juiz; c) comparecimento pessoal e obrigatório a juízo, mensalmente, para informar e justificar suas atividades.

Além disso, o art. 81, inciso II, do CP, estatui que a suspensão será revogada se, no curso do prazo, o beneficiário frustra, embora solvente, a execução de pena de multa ou não efetua, sem motivo justificado, a reparação do dano.

No que diz respeito ao livramento condicional, o art. 81, inciso IV, do CP, reza que o juiz poderá conceder este instituto ao condenado a pena privativa de liberdade igual ou superior a 2 (dois) anos, desde que, dentre outros requisitos, tenha reparado, salvo efetiva impossibilidade de fazê-lo, o dano causado pela infração.

Por fim, com relação ao crime de peculato culposo (art. 312, § 2º, CP), o § 3º do art. 312 do CP dispõe que a reparação do dano, se precede à sentença irrecorrível, extingue a punibilidade; se lhe é posterior, reduz de metade a pena imposta.

1.5. Termo inicial da prescrição da pretensão punitiva em abstrato nos crimes contra a dignidade sexual ou que envolvam violência contra crianças e adolescentes (art. 111, V, CP)

Conforme estatui o art. 111, inciso V, do Código Penal, a prescrição, antes de transitar em julgado a sentença final, começa a correr, nos crimes contra a dignidade sexual ou que envolvam violência contra a criança e o adolescente, previstos neste Código ou em legislação especial, da data em que a vítima completar 18 (dezoito) anos, salvo se a esse tempo já houver sido proposta a ação penal.

Desse modo, enquanto a vítima (criança ou adolescente) de crimes daquela natureza (contra a dignidade sexual ou que envolvam violência) não completar 18 (dezoito) anos, não correrá o prazo prescricional, exceto se até o advento da maioridade for proposta a ação penal, hipótese em que o prazo se inicia do recebimento da denúncia, na linha do que estabelece o art. 117, I, do CP. Advirta-se ainda que, se ocorrer a morte da vítima, a prescrição começa a correr da data da morte, e não da data em que se completaria a maioridade.

Esta previsão legal atende ao **mandado de criminalização contido no art. 227, § 4º, da Carta Maior**, segundo o qual "a lei punirá severamente o abuso, a violência e a exploração sexual da criança e do adolescente". Há, pois, um tratamento penal mais recrudescido, buscando-se maior eficiência na punição do agressor, afastando-se com isso que se realize uma proteção deficiente de direitos fundamentais por parte do Estado.

A partir da previsão legal em comento, cria-se um importante instrumento de tutela ao *direito à justiça* do qual as vítimas de delitos são titulares.

No mais, registre-se que, em se tratando de crime habitual, na dicção do art. 111, III, do CP, conta-se o prazo da prescrição da data da prática do último ato delituoso.

1.6. Ação penal nos crimes de perseguição (art. 147-A, § 3º, CP)

A Lei nº 14.132/21 inseriu no Código Penal o art. 147-A, tipificando no país o crime de "perseguição", prática conhecida no Direito Comparado como *stalking*. Assim, é punida com pena de reclusão, de 6 (seis) meses a 2 (dois) anos, e multa, a conduta de perseguir alguém, reiteradamente e por qualquer meio, ameaçando-lhe a integridade física ou psicológica, restringindo-lhe a capacidade de locomoção ou, de qualquer forma, invadindo ou perturbando sua esfera de liberdade ou privacidade (art. 147-A, *caput*, CP).

A pena é aumentada de metade se o crime é cometido: I – contra criança, adolescente ou idoso; II – contra mulher por razões da condição de sexo feminino, nos termos do § 2º-A do art. 121 do CP; III – mediante concurso de 2 (duas) ou mais pessoas ou com o emprego de arma (art. 147-A, § 1º, CP).

As penas do art. 147-A do CP são aplicáveis sem prejuízo das correspondentes à violência (art. 147-A, § 2º, CP).

No que diz respeito especificamente à **ação penal**, o art. 147-A, § 3º, do Código Penal, prevê para o delito em comento a **ação penal pública condicionada à representação do ofendido**.

PARTE II

Esclareça-se que, mesmo na hipótese de o crime de "perseguição" ser praticado no contexto de violência doméstica e familiar contra a mulher, a ação penal será pública condicionada à representação do ofendido. É o que estabelece inclusive o Enunciado nº 10 do CAOCRIM do MPSP: "*A representação da vítima é necessária para o oferecimento da inicial, mesmo no caso de perseguição cometida no ambiente doméstico e familiar contra a mulher.*".

A exigência de representação do ofendido para que o Ministério Público possa iniciar a ação penal quanto ao delito em comento se revela mais um instrumento relevante para a tutela das próprias vítimas de crimes, no sentido de que reconhece o *direito de participação*, o qual já foi devidamente abordado nesta obra no capítulo anterior, para onde se remete o(a) leitor(a).

1.7. Ação penal nos crimes de estelionato (art. 171, § 5º, CP)

Antes do advento da Lei nº 13.964/2019 ("Pacote Anticrime"), os crimes de estelionato estavam sempre submetidos a ação penal pública incondicionada.

Com o surgimento desta lei, a ação penal para tais delitos, em regra, deixou de ser pública incondicionada e passou a ser pública condicionada à representação do ofendido. Apenas excepcionalmente é que ela se tornará pública incondicionada, o que, conforme o art. 171, § 5º, incisos I a IV, do Código Penal, ocorrerá quando a vítima for:

> I – a Administração Pública, direta ou indireta;
>
> II – criança ou adolescente;
>
> III – pessoa com deficiência mental; ou
>
> IV – maior de 70 (setenta) anos de idade ou incapaz.

Como se trata de crime contra o patrimônio, está em jogo interesse de ordem privada, daí porque o legislador entendeu por bem respeitar o espaço íntimo da vítima delimitada, exigindo a sua autorização para que seja deflagrada a persecução penal. Aliás, é essa a tendência para todo e qualquer crime contra o patrimônio, desde que praticado sem violência ou grave ameaça contra a pessoa, considerando que o Projeto de Novo Código Penal pretende implementar no país a regra de ação penal pública condicionada à representação do ofendido em delitos desta espécie.

Além disso, como já apontado no tópico anterior, a exigência de representação do ofendido para que o Ministério Público possa iniciar a ação penal quanto ao delito em comento se revela mais um instrumento relevante para a tutela das próprias vítimas de crimes, no sentido de que reconhece o *direito de participação*, o qual já foi devidamente abordado nesta obra no capítulo anterior, para onde se remete o(a) leitor(a).

Neste ponto, a Lei nº 13.964/2019 se revela uma norma processual penal mista ou híbrida, motivo pelo qual, por ser mais benéfica ao réu (ao menos na regra geral de ação penal pública condicionada à representação do ofendido, que permite a extinção da punibilidade pelo instituto da decadência, o que não ocorre em hipótese de ação penal pública incondicionada), deverá ser aplicada retroativamente, atingindo fatos pretéritos.

Nessa esteira, passa a existir debate na doutrina e na jurisprudência sobre a extensão dessa retroatividade. Assim, duas situações distintas devem ser ponderadas, quais sejam, (1) se a denúncia já tiver sido oferecida e (2) se a denúncia ainda não tiver sido oferecida.

Vejamos, primeiro, qual a posição da **doutrina** a esse respeito:

1ª) Se a denúncia já tiver sido oferecida: há entendimento doutrinário segundo o qual o oferecimento da representação do ofendido configuraria verdadeira **condição de prosseguibilidade** da ação penal, ou seja, sem ela, não seria possível o prosseguimento do feito em seus regulares termos. Desse modo, o ofendido deveria ser intimado judicialmente para oferecer a sua representação, no prazo, para uns, de 6 (seis) meses (contados, para alguns, da entrada em vigor da Lei nº 13.964/2019, para outros da intimação judicial), para outros em 30 (trinta) dias desde a intimação judicial do ofendido, por analogia ao disposto no art. 91 da Lei nº 9.099/95 (que, à época, serviu como norma de transição para uma situação bastante semelhante a esta, quando a Lei do Juizado Especial Criminal, em seu art. 88, transformou a ação penal em crimes de lesões corporais leves e culposas de pública incondicionada para pública condicionada à representação do ofendido; neste dispositivo legal, foi conferido justamente este prazo de 30 (trinta) dias para a vítima representar). Nesse passo, tem-se o Enunciado nº 04 do Grupo Nacional de Coordenadores de Centro de Apoio Criminal (GNCCRIM): "*Nas investigações e processos em curso, o ofendido ou seu representante legal será intimado para oferecer representação no prazo de 30 dias, sob pena de decadência*".

No entanto, em doutrina, acabou prevalecendo posicionamento em sentido contrário sustentando a dispensabilidade da representação do ofendido para processos em andamento, em respeito ao ato jurídico perfeito (art. 5º, XXXVI, CF) e considerando que a Lei nº 13.964/2019 não exigiu essa condição de prosseguibilidade (diferente do que ocorreu, por exemplo, com o art. 88 da Lei nº 9.099/95). É o que vem estampado no Enunciado nº 3 PGJ-CGMP do Ministério Público do Estado de São Paulo a respeito da Lei nº 13.964/19: "*É dispensável a representação do ofendido no crime de estelionato se oferecida a denúncia antes da eficácia da Lei nº 13.964/19, em respeito ao ato jurídico perfeito*".

2ª) Se a denúncia ainda não tiver sido oferecida: a doutrina não diverge, entendendo que deve o Ministério Público aguardar eventual representação do ofendido para iniciar a ação penal, observado o prazo decadencial de 6 (seis) meses contados da intimação judicial da vítima. É o que apregoa o Enunciado nº 4 PGJ-CGMP do Ministério Público do Estado de São Paulo a respeito da Lei nº 13.964/19: "*Conhecida a autoria, é necessária a representação da vítima no crime de estelionato se não oferecida a denúncia até a eficácia da Lei nº 13.964/19, observado o prazo decadencial de seis meses a contar de sua intimação*".

Já na **jurisprudência**, no âmbito do STJ, a sua 3ª Seção, superando a anterior divergência entre a 5ª e a 6ª Turmas do tribunal, pacificou a matéria, tendo decidido que a mudança apresentada pelo "Pacote Anticrime" quanto à ação penal no delito de estelionato não pode ser aplicada retroativamente para beneficiar o réu em processos cuja **denúncia já tenha sido oferecida** pelo Ministério Público (STJ, Terceira Seção, HC nº 610.201/SP, Rel. Min. Ribeiro Dantas, j. 08.04.2021). Portanto, é possível concluir que a jurisprudência do STJ segue o mesmo entendimento

PARTE II

da doutrina majoritária, apregoando que não se aplica retroativamente o disposto na Lei nº 13.964/19 no que diz respeito à ação penal em delito de estelionato se a denúncia já tiver sido oferecida pelo *Parquet*.

Porém, não é esta a posição atual do STF. Com efeito, superando anterior divergência entre a 1ª e a 2ª Turmas do tribunal, o Plenário da Suprema Corte, em julgado posterior ao da 3ª Seção do STJ, definiu que a exigência de representação do ofendido para o crime de estelionato advinda do "Pacote Anticrime" deve retroagir, inclusive para os processos em curso. Destarte, a vítima deve ser intimada para, em 30 (trinta) dias, afirmar se deseja o prosseguimento da ação penal (STF, Plenário, AgRg no HC nº 208.817/RJ, Rel. Min. Cármen Lúcia, j. 13.04.2023). Nota-se então que a jurisprudência do STF se alinha ao entendimento da doutrina minoritária.

Em virtude desse novo entendimento do STF, aguarda-se que, logo em breve, o STJ venha a se manifestar mais uma vez sobre a matéria. A esse respeito, noticie-se que a Terceira Seção do Tribunal da Cidadania acolheu a proposta de afetação dos REsps 1.923.354/SC e 1.930.192/SP ao rito dos recursos repetitivos, a fim de uniformizar o entendimento a respeito da controvérsia sobre a retroatividade ou não da Lei n. 13.964/2019, relativamente à natureza jurídica da ação penal no delito de estelionato. Até o fechamento desta edição, ainda não houve qualquer decisão do STJ nestes recursos.

2. INSTRUMENTOS DE TUTELA AOS DIREITOS DAS VÍTIMAS NA LEI DE EXECUÇÃO PENAL

No âmbito da execução penal, os artigos 29, 31 e 39 da Lei de Execução Penal (LEP) reconhecem como dever do apenado, através do trabalho oferecido no sistema criminal, reparar o dano causado pelo delito.

Com efeito, inicialmente, o *caput* do art. 29 da LEP estipula que o trabalho do preso será remunerado, mediante prévia tabela, não podendo ser inferior a 3/4 (três quartos) do salário mínimo. Em seguida, o § 1º, alínea "a", deste dispositivo afirma que o produto da remuneração pelo trabalho deverá atender à indenização dos danos causados pelo crime, desde que determinados judicialmente e não reparados por outros meios.

Como se extrai da previsão legal, para que se torne possível o desconto em favor da vítima, é indispensável que a indenização tenha sido fixada judicialmente, seja por meio da ação civil *ex delicto*, seja por meio do disposto no art. 387, IV, do CPP. Por óbvio, o desconto não deverá ser efetuado se porventura o apenado já tiver realizado a reparação integral do prejuízo, seja de forma voluntária ou coativa. Ficará a cargo da legislação estadual dispor sobre o percentual da remuneração do preso que deve ser destinado à reparação.

Em complemento, o *caput* do art. 31 da LEP fixa como regra geral a obrigatoriedade do trabalho interno por parte do condenado à pena privativa de liberdade, na medida de suas aptidões e capacidade. Já o parágrafo único deste dispositivo apresenta exceção a esta regra, estipulando que, para o preso provisório, o trabalho não é obrigatório (o que decorre da presunção de inocência) e só poderá ser executado no interior do estabelecimento (considerando que o objetivo da prisão cautelar seria resguardar a investigação criminal ou instrução processual penal, a aplicação da lei penal, e para evitar a prática de infrações penais, nos termos do art. 282, I, do CPP, ele poderia estar frustrado se fosse permitido o direito de trabalhar fora do estabelecimento prisional).

Ademais, o art. 39, inciso VII, da LEP assevera que constitui dever do condenado indenização à vítima ou aos seus sucessores. A LEP não prevê como falta grave a violação a esse dever, mas, caso ocorra, poderá prejudicar o apenado ao longo da execução penal, como no caso de um futuro pedido de livramento condicional, cuja concessão fica vinculada à reparação do dano causado pela infração, salvo efetiva impossibilidade de fazê-lo (art. 83, IV, CP).

Todas essas previsões legais buscam, em essência, atender ao *direito à reparação dos danos materiais, psicológicos e morais e à reparação simbólica*, já abordado no capítulo anterior, para onde se remete o(a) leitor(a).

Por fim, é digno de nota o fato de que o art. 23, inciso VII, da LEP preleciona que incumbe ao serviço social orientar e amparar, quando necessário, não só a família do preso e do internado, como também a da vítima, o que materializa *o direito à informação e à comunicação e o direito a apoio.*

3. QUADRO SINÓTICO

CAPÍTULO VII – INSTRUMENTOS DE TUTELA AOS DIREITOS DAS VÍTIMAS NO CÓDIGO PENAL E NA LEI DE EXECUÇÃO PENAL	
1. Instrumentos de tutela aos direitos das vítimas no Código Penal	Mandados (constitucionais) de criminalização (ou de penalização) são mandamentos que a Constituição Federal impõe ao legislador ordinário, para que criminalize determinadas condutas ou estabeleça um tratamento penal mais rígido para alguns comportamentos, em face da diferenciada importância dos bens jurídicos em jogo. Assim, como ela própria não tipifica delitos, a Constituição "manda" (obriga) que o legislador ordinário legisle na seara penal sobre matérias que envolvam bens de alta relevância social, de forma a protegê-los adequada e integralmente. Aproveitando a experiência de algumas constituições da Europa, como as da Alemanha, Espanha, Itália e França, a Constituição do Brasil de 1988 possui exemplos bem marcantes de mandados de criminalização. Os mais conhecidos são aqueles previstos no art. 5º do Texto Constitucional, mais precisamente em seus incisos XLII a XLIV. Com efeito, na esteira do inciso XLII do art. 5º da Carta Magna, "a prática do racismo constitui crime inafiançável e imprescritível, sujeito à pena de reclusão, nos termos da lei". Atendendo a esta determinação constitucional, atualmente, o crime de racismo, em suas mais diversas modalidades, está tipificado na Lei nº 7.716/1989, com as modificações promovidas pela Lei nº 14.532/2023. Por sua vez, o inciso XLIII do art. 5º da Constituição assevera que "a lei considerará crimes inafiançáveis e insuscetíveis de graça ou anistia a prática da tortura, o tráfico ilícito de entorpecentes e drogas afins, o terrorismo e os definidos como crimes hediondos, por eles respondendo os mandantes, os executores e os que, podendo evitá-los, se omitirem". Os crimes de tóxicos são detalhadamente previstos na Lei nº 11.343/2006. O terrorismo é objeto da Lei nº 13.260/2016. A tortura é tipificada na Lei nº 9.455/1997. O rol de crimes hediondos e todo o seu regramento vêm definidos na Lei nº 8.072/1990. Ademais, como se verifica, o Texto Constitucional conferiu a três condutas o mesmo tratamento destinado aos crimes hediondos, quais sejam, o tráfico de drogas, o terrorismo e a

CAPÍTULO VII – INSTRUMENTOS DE TUTELA AOS DIREITOS DAS VÍTIMAS NO CÓDIGO PENAL E NA LEI DE EXECUÇÃO PENAL	
1. Instrumentos de tutela aos direitos das vítimas no Código Penal	tortura; são, por isso, chamados de crimes equiparados aos hediondos. Já o inciso XLIII estipula que "constitui crime inafiançável e imprescritível a ação de grupos armados, civis ou militares, contra a ordem constitucional e o Estado Democrático". Esse mandado de criminalização se consubstancia na Lei nº 14.197/2021, que acrescentou à Parte Especial do Código Penal o Título XII, relativo aos crimes contra o Estado Democrático de Direito. Para os fins desta obra, digno de maior destaque é o mandado de criminalização um tanto quanto genérico contido no inciso XLI do art. 5º da Constituição Federal. De acordo com essa norma constitucional, "a lei punirá qualquer discriminação atentatória dos direitos e liberdades fundamentais". Destarte, há imposição constitucional aberta dirigida ao legislador ordinário para que, sempre que vislumbre ofensiva discriminatória a direitos e liberdades fundamentais, venha a tipificar penalmente a matéria. Nesse sentido, havendo possibilidade de violação a direitos fundamentais mais caros à sociedade, surge o dever de que o legislador infraconstitucional venha a tutelá-los utilizando como instrumento para tanto a tipificação penal das respectivas condutas atentatórias contra aqueles direitos. Por esse caminho de tipificação penal de condutas que atingem direitos fundamentais destacados socialmente, o legislador ordinário, em verdade, atende ao princípio da proporcionalidade, no viés de vedação à proteção deficiente (ou vedação à infraproteção), de maneira a não deixar tais direitos sem a devida tutela penal ou com uma tutela penal insuficiente. Mas a tutela penal a direitos fundamentais não se restringe à tipificação de delitos. Há outros instrumentos que o Estado poderá utilizar para proteção de direitos fundamentais, conferindo um tratamento penal mais recrudescido, sobretudo, para os fins desta obra, daqueles de titularidade de vítimas de crimes. São eles: **1. Pena de prestação pecuniária (arts. 43, I, e 45, §§ 1º e 2º, CP);** **2. Efeito genérico da condenação de tornar certa a obrigação de indenizar (art. 91, I, CP);** **3. Outras previsões referentes à reparação do dano (arts. 9º, I, 16, 33, § 4º, 65, III, "b", 78, § 2º, 81, II e IV, e 312, § 3º, do CP);** **4. Termo inicial da prescrição da pretensão punitiva em abstrato nos crimes contra a dignidade sexual ou que envolvam violência contra crianças e adolescentes (art. 111, V, CP);** **5. Ação penal nos crimes de perseguição (art. 147-A, § 3º, CP);** **6. Ação penal nos crimes de estelionato (art. 171, § 5º, CP).**
2. Instrumentos de tutela aos direitos das vítimas na Lei de Execução Penal	No âmbito da execução penal, os artigos 29, § 1º, "a", 31, *caput*, e 39, VII, da Lei de Execução Penal (LEP) reconhecem como dever do apenado, através do trabalho oferecido no sistema criminal, reparar o dano causado pelo delito. Todas essas previsões legais buscam, em essência, atender ao *direito à reparação dos danos materiais, psicológicos e morais e à reparação simbólica*. O art. 23, VII, da LEP, preleciona que incumbe ao serviço social orientar e amparar, quando necessário, não só a família do preso e do internado, como também a da vítima, o que materializa o *direito à informação e à comunicação e o direito a apoio*.

CAPÍTULO VIII

INSTRUMENTOS DE TUTELA AOS DIREITOS DAS VÍTIMAS NO CÓDIGO DE PROCESSO PENAL

1. INSTRUMENTOS DE TUTELA AOS DIREITOS DAS VÍTIMAS NO CÓDIGO DE PROCESSO PENAL

Neste capítulo, serão abordados os instrumentos de tutela aos direitos das vítimas que vêm previstos expressamente no Código de Processo Penal. Tais instrumentos são aqueles que, na prática, as vítimas têm alcance mais próximo, direto e imediato, o que facilita sobremaneira a sua frequente utilização por elas. Desse modo, o estudo a respeito deles será realizado com maior profundidade, ocupando um espaço de destaque nesta obra.

2. *NOTITIA CRIMINIS* OU NOTÍCIA DO CRIME OU NOTÍCIA DO FATO (ART. 5º, II, CPP)

2.1. Noções gerais

Notitia criminis (ou notícia do crime ou notícia do fato) é o conhecimento pela autoridade competente, de forma espontânea ou provocada, a respeito da prática de um fato aparentemente criminoso.

Na prática, a autoridade competente, com frequência, é o delegado. Mas, na dicção do CPP, nada impede que seja o Ministério Público ou até mesmo o juiz.

Sendo o delegado, cabe a ele, ao tomar conhecimento da suposta infração penal, instaurar inquérito policial para apurá-la. Não há prazo fixado em lei para que o delegado venha a instaurar o inquérito. Salvo na hipótese de crimes ligados ao tráfico de pessoas em que exista requisição às empresas prestadoras de serviço de telecomunicações e/ou telemática para a localização da vítima ou suspeito, na qual o art. 13-B, § 3º, do CPP, prevê o prazo de 72 (setenta e duas) horas para o início do inquérito.

Se for o Ministério Público, se a notícia do fato já contiver a justa causa necessária para o ajuizamento da ação penal, deverá, no prazo de 15 (quinze) dias desde a respectiva provocação, oferecer a denúncia, dispensando o inquérito. Não havendo ainda na *notitia criminis* justa causa que autorize o início da ação penal, o Ministério Público poderá requisitar ao delegado o início do inquérito policial ou, ele próprio, instaurar a sua investigação, o procedimento investigatório criminal (PIC).

Quanto ao juiz, à luz do sistema acusatório e em prol da sua imparcialidade, de todo recomendável que ele não receba qualquer comunicação a respeito da prática de infração penal. Caso eventualmente a receba, na esteira do CPP, poderá requisitar ao delegado a instauração de inquérito (como já visto, medida igualmente não recomendada) ou encaminhar a notícia ao Ministério Público para ciência e adoção de providências cabíveis (medida correta e adequada).

De outro lado, podem ser apontadas as seguintes **espécies de** *notitia criminis*:

1) **direta ou espontânea ou de cognição imediata**: é aquela que se opera quando a autoridade policial, por conta própria, no exercício cotidiano das suas funções, toma conhecimento da prática da infração penal. Ela se subdivide em:

   a) *informal*: é o conhecimento da infração penal por parte do delegado através de comunicação informal. É o exemplo de um delegado que toma ciência do fato a partir de investigações que ele vem realizado ou mesmo por meio de notícia publicada pela mídia.

   b) *anônima*: também conhecida como delação apócrifa ou *notitia criminis* inqualificada, ela se verifica quando o delegado toma conhecimento do fato a partir de notícia que lhe é apresentada sem identificação do seu autor.

2) **indireta ou provocada ou de cognição mediata**: é aquela que se verifica quando o delegado toma conhecimento da prática da infração penal por meio de provocação de terceiros. Nesse trilhar, ela se subdivide em:

   a) *requisição do Ministério Público*;

   b) *requerimento do ofendido*;

   c) *delação*;

   d) *representação do ofendido*;

   e) *requisição do Ministro da Justiça*.

O requerimento do ofendido será apreciado com detalhes no próximo tópico.

3) **coercitiva**: é aquela apresentada juntamente com o indivíduo preso em flagrante delito[1]. Em determinada situação, ela pode configurar hipótese de notícia do crime espontânea, o que ocorre quando o próprio delegado ou seus agentes efetivam a prisão em flagrante. Pode ainda ser notícia do crime provocada, se o flagrante é efetivado por um particular, cidadão comum do povo.

Por fim, esclareça-se que, na ótica do delegado de polícia, ele recebe a notícia (informação) de um crime, que é a *notitia criminis*, tema estudado neste tópico. Já na ótica de todas as demais pessoas que informam a prática de um crime ao delegado, essa comunicação é chamada de *delatio criminis*. Nesse trilhar, a doutrina subdivide a *delatio criminis* em:

(i) simples: é aquela em que há uma mera comunicação de um crime;

---

1. TÁVORA, Nestor; ALENCAR, Rosmar Rodrigues. *Novo Curso de Direito Processual Penal*. 15. ed. reestrut., rev. e atual. Salvador: Juspodivm, 2020, p. 175.

(ii) postulatória: é aquela em que, além da comunicação de um crime, a pessoa que a encaminha postula a adoção de providências cabíveis em face do seu autor. Ela se dá em crimes de ação penal pública condicionada, constituindo a representação do ofendido ou até a requisição do Ministro da Justiça.

2.2. Requerimento do ofendido ou de quem tiver qualidade para representá-lo (art. 5º, II, CPP)

Dentre as espécies de *notitia criminis* indireta apontadas no tópico anterior, merece destaque, para os fins desta obra, o requerimento do ofendido, senão vejamos.

O ofendido da infração penal ou quem tenha qualidade para representá-lo pode comunicar o fato ao delegado por meio de requerimento (pedido) de instauração do inquérito policial, o qual deverá, sempre que possível, conter a narração do fato, com todas as circunstâncias; a individualização do indiciado ou seus sinais característicos e as razões de convicção ou de presunção de ser ele o autor da infração, ou os motivos de impossibilidade de o fazer; a nomeação das testemunhas, com indicação de sua profissão e residência (art. 5º, § 1º, CPP). Autoriza-se a instauração de inquérito policial sob esta modalidade em crime de qualquer espécie de ação penal (pública ou privada).

Possuem qualidade para representar o ofendido o seu *representante legal* (ascendente, tutor ou curador), no caso de incapacidade daquele; o *curador especial*, se o ofendido for menor de 18 (dezoito) anos, ou mentalmente enfermo, ou retardado mental, e não tiver representante legal, ou colidirem os interesses deste com os daquele; o *cônjuge*, *ascendente*, *descendente* ou *irmão* (nesta ordem preferencial), no caso de falecimento ou declaração de ausência do ofendido; ou por *procurador*. É possível estender a legitimidade também para a figura do companheiro, por equiparação das formas de família (art. 226, § 3º, CF) e na esteira do entendimento da jurisprudência (STF, RG-RE nº 646.721/RS, Rel. Min. Roberto Barroso, j. 10.05.17).

Se o requerimento for encaminhado com o mínimo de elementos que sustentem uma futura investigação criminal e se ele indicar a existência de infração penal a ser apurada, o delegado deverá acatá-lo, determinando a instauração do inquérito. No entanto, se, mesmo preenchidos esses requisitos, o delegado indeferir indevidamente o pedido, não promovendo a abertura do inquérito, o ofendido ou quem tenha qualidade para representá-lo poderá oferecer **recurso administrativo** dirigido ao **chefe de Polícia** (art. 5º, § 2º, CPP). Para uns, o chefe de Polícia é o Secretário ou Superintendente de Segurança Pública, mas prevalece o entendimento de que ele é o Delegado-Geral de Polícia. Nesse passo, no âmbito estadual, o art. 8º, *caput*, da Lei nº 14.735/2023, estabelece que "a polícia civil tem como chefe o Delegado-Geral de Polícia Civil, nomeado pelo governador e escolhido dentre os delegados de polícia em atividade da classe mais elevada do cargo". É possível também que o interessado encaminhe sua irresignação ao Ministério Público (e/ou ao juiz, na sistemática do CPP, o que, porém, resta não recomendado em face do sistema acusatório), que poderá requisitar a instauração de inquérito policial ao delegado, o qual, nesse caso, dificilmente poderá negá-la.

Na análise do requerimento de instauração do inquérito policial que lhe é encaminhado, o delegado poderá apreciar apenas e tão somente a **tipicidade formal da conduta**, conforme entendimento da doutrina majoritária e do STJ. Assim, se entender que o fato é atípico, não está obrigado a acatar o requerimento do ofendido ou de quem tenha legitimidade para representá-lo, não tendo tais pessoas direito líquido e certo a manejar mandado de segurança para fins de instauração do inquérito. Por conseguinte, o delegado não pode deixar de instaurar o inquérito policial arguindo a aplicação do **princípio da insignificância**, pois ele retira a tipicidade material da conduta, tema a ser apreciado privativamente pelo Ministério Público, titular da ação penal. Seria uma mera decorrência do princípio da obrigatoriedade. Se o Ministério Público, ao apreciar todo o material colhido na investigação, exercendo a sua *opinio delicti*, entendesse que restaria ausente a tipicidade material da conduta, promoveria o arquivamento do inquérito. O que o delegado poderia fazer à vista do princípio da insignificância seria deixar de indiciar o investigado, mas o inquérito deveria ser por ele instaurado e, uma vez concluído, seria remetido ao juízo criminal competente, no qual a matéria seria apreciada pelo Ministério Público. Isso não impede, porém, que o investigado, instaurado o inquérito, venha a impetrar *habeas corpus* com o objetivo de alcançar o seu trancamento em virtude do princípio da insignificância.

Por lealdade acadêmica, noticie-se que há entendimento (minoritário) na doutrina, principalmente na doutrina policial, sustentando que o delegado, como bacharel em Direito, tem amplas condições de avaliar todos os elementos que integram o fato delitivo, o que inclui, portanto, não apenas a tipicidade formal, mas também a tipicidade material, a antijuridicidade e a culpabilidade.

Ademais, registre-se que, nos crimes em que a ação pública depender de representação, o inquérito não poderá sem ela ser iniciado, nos termos do art. 5º, § 4º, do CPP. Nesse sentido, tem-se que a representação do ofendido configura modalidade de *delatio criminis* postulatória. Se, contudo, ocorrer a instauração do inquérito mesmo sem a representação do ofendido, é possível seja impetrado pela própria vítima mandado de segurança para promover o seu trancamento, considerando a violação de direito líquido e certo que ela possui de não desejar o inquérito sem a sua autorização.

Em complemento, frise-se que o art. 5º, § 5º, do CPP, estabelece que, nos crimes de ação privada, a autoridade policial somente poderá proceder a inquérito a requerimento de quem tenha qualidade para intentá-la.

Pelo que se percebe, o instituto em comento é exemplo sintomático de tutela ao *direito de participação*, já tratado em capítulo anterior desta obra, para onde se remete o(a) leitor(a).

3. PODER DE REQUERIMENTO DE DILIGÊNCIAS NA INVESTIGAÇÃO CRIMINAL (ART. 14 CPP)

Nos termos do art. 14 do CPP, o ofendido, ou seu representante legal, e o indiciado poderão requerer qualquer diligência, que será realizada, ou não, a juízo da autoridade.

Como se percebe, a primeira parte do dispositivo apresenta mais um mecanismo de tutela ao *direito de participação* da vítima de crimes na persecução penal. Assim, o ofendido, ou seu representante legal, poderá requerer ao delegado de polícia a produção de qualquer diligência investigatória que entenda ser interessante para fins de elucidação do crime e de sua autoria.

No entanto, invocando concepção clássica do Direito Administrativo, que rege a maioria dos atos realizados ao longo do inquérito policial, as diligências investigatórias somente serão realizadas a depender do juízo de conveniência e oportunidade exercido pelo presidente da investigação, o delegado de polícia.

Destarte, tendo como base o teor do art. 14 do CPP, o requerimento para produção de diligências feito pelo ofendido, seu representante legal ou até mesmo pelo indiciado pode ser indeferido pela autoridade policial sob a simples alegação de que a diligência não é recomendável para o andamento das investigações.

Reforçando essa ideia, a Lei nº 12.830, em seu art. 2º, § 2º, estatui que *"Durante a investigação criminal, cabe ao delegado de polícia a requisição de perícia, informações, documentos e dados que interessem à apuração dos fatos."*.

Há de se relembrar, porém, que o requerimento de realização de **exame de corpo de delito**, se o crime deixar vestígios, não pode ser indeferido pela autoridade policial, afinal de contas o art. 158, *caput*, do CPP exige a sua confecção para a demonstração da materialidade do crime desta natureza. Nessa direção, o art. 184 do CPP estatui que, *salvo o caso de exame de corpo de delito*, o juiz ou a autoridade policial negará a perícia requerida pelas partes, quando não for necessária ao esclarecimento da verdade. A imposição deste elemento informativo também é extraída do teor do art. 6º, inciso VII, do CPP. Se o delegado indevidamente denegar o requerimento de realização de exame de corpo de delito, é possível invocar, por analogia, o disposto no art. 5º, § 2º, do CPP, para garantir ao requerente a impugnação deste ato por meio da interposição de recurso administrativo ao Chefe de Polícia. Além disso, abre-se a alternativa para que o ofendido (ou investigado) encaminhe o seu pleito ao Ministério Público, o qual, por sua vez, requisitará ao delegado a realização do exame, com base no art. 13, inciso II, do CPP. Esse dispositivo legal acaba permitindo que a mesma providência de requisição do exame possa ser adotada pelo juiz, mas, a nosso ver, no contexto do sistema acusatório e em favor da imparcialidade do magistrado, tal opção não mais deve subsistir.

4. DESTINO DO INQUÉRITO POLICIAL EM CRIME DE AÇÃO PENAL PRIVADA (ART. 19 CPP)

Com esteio no art. 19 do CPP, se o delito estiver sujeito a ação penal privada, os autos, em regra, assim como ocorre em crime de ação penal pública, são encaminhados ao juízo competente, onde ficam aguardando a iniciativa do ofendido ou de seu representante legal, mas podem ser também entregues a ele, se o pedir, mediante traslado.

Cria-se com esta previsão legal mais um instrumento a serviço do *direito de participação* das vítimas de crimes.

5. DIREITO DE INTIMAÇÃO E PODER DE REVISÃO MINISTERIAL CONTRA O ATO DE ARQUIVAMENTO DA INVESTIGAÇÃO CRIMINAL (ART. 28 CPP)

5.1. Arquivamento da investigação criminal na sistemática advinda da interpretação conforme a Constituição do art. 28, *caput* e § 1º, do CPP realizada pelo STF nas ADIs ajuizadas contra o "Pacote Anticrime" (6.298, 6.299, 6.300 e 6.305)

5.1.1. Noções gerais

A sistemática do arquivamento da investigação criminal ganhou novos contornos a partir da leitura feita pelo STF do disposto no art. 28 do CPP, tema que ainda suscita diversas polêmicas em sede de doutrina. Isto posto, antes de se analisar toda a atuação da vítima em matéria de arquivamento da investigação que vem delineada no art. 28 do Código, faz-se imprescindível realizar um breve estudo acerca dessa sistemática. A partir daí, haverá melhor compreensão sobre o *direito à informação e à comunicação* e o *direito de participação* que vêm reconhecidos no mencionado dispositivo legal.

O STF, ao julgar as ADIs nºs 6.298, 6.299, 6.300 e 6.305 ajuizadas contra dispositivos do CPP alterados pelo "Pacote Anticrime", atribuiu interpretação conforme a Constituição ao art. 28, *caput*, do CPP para assentar que, ao se manifestar pelo arquivamento do inquérito policial ou de quaisquer elementos informativos da mesma natureza, o órgão do Ministério Público submeterá sua manifestação ao juiz competente e comunicará à vítima, ao investigado e à autoridade policial, podendo encaminhar os autos para o Procurador-Geral ou para a instância de revisão ministerial, quando houver, para fins de homologação, na forma da lei. Além disso, atribuiu interpretação conforme a Constituição ao § 1º do art. 28 do CPP, para assentar que, além da vítima ou de seu representante legal, a autoridade judicial competente também poderá submeter a matéria à revisão da instância competente do órgão ministerial, caso verifique patente ilegalidade ou teratologia no ato do arquivamento (STF, Plenário, ADIs nºs 6.298, 6.299, 6.300 e 6.305, Rel. Min. Luiz Fux, j. 24.08.2023).

É possível perceber, *data maxima venia*, que a Suprema Corte acabou desconfigurando o texto do art. 28 do CPP trazido pela Lei nº 13.964/2019. Em verdade, pela interpretação dada pelo STF ao dispositivo em comento, verifica-se que surgiu um art. 28 do CPP um tanto quanto híbrido, isto é, uma mescla entre o "antigo" art. 28 (anterior ao "Pacote Anticrime") e o "novo" art. 28 (aquele com a redação dada pelo "Pacote Anticrime"). É que, de um lado, retomou-se a sistemática do "antigo" art. 28 do CPP no sentido de autorizar ao juiz, de alguma forma, o controle do arquivamento do inquérito policial promovido pelo Ministério Público. De outro lado, adota-se a previsão do "novo" art. 28 do CPP quando se estabelece que o arquivamento do inquérito é providência que emana da manifestação do Ministério Público, a qual não dependerá mais de uma decisão judicial homologatória para produzir efeitos. Nesse passo, a manifestação ministerial deverá ser comunicada pela instituição ao delegado, ao investigado e à vítima. Porém, apesar do silêncio da lei, acrescentou o

STF que o Ministério Público deverá submeter sua manifestação de arquivamento ao juiz competente, o qual irá analisá-la.

Tanto a vítima quanto o magistrado podem provocar, de modos e por fundamentos distintos, o órgão superior do *Parquet* a rever o ato.

Assim, ao ser informada pelo Ministério Público do arquivamento promovido pelo órgão, a vítima terá o prazo de 30 (trinta) dias para impugnar este ato perante a instância de revisão ministerial, por meio de um simples "recurso administrativo" (ou "recurso inominado" ou ainda "pedido de reexame"), sem qualquer necessidade de externar os motivos da sua impugnação, podendo inclusive afirmar que apresenta a sua irresignação tão somente porque não concorda com o arquivamento.

Por sua vez, o juiz competente (em regra, é o juiz das garantias) analisará a manifestação ministerial de arquivamento. Se ele concordar com tal manifestação, não irá proferir qualquer decisão (homologatória), devendo apenas ficar inerte; ou seja, o magistrado irá aceitar o arquivamento. Não há mais, portanto, pedido de arquivamento formulado pelo Ministério Público e dirigido ao juiz; logo, deixa de existir decisão judicial homologatória de arquivamento. Por outro lado, se discordar do arquivamento *e desde que vislumbre patente ilegalidade ou teratologia* no ato, submeterá a matéria à instância de revisão ministerial. Entende-se que o magistrado terá o mesmo prazo de 30 (trinta) dias atribuído à vítima para provocar o órgão superior do *Parquet* para rever o arquivamento.

Ademais, ainda que o *caput* do art. 28 do CPP afirme que o arquivamento será "ordenado" pelo Ministério Público, na verdade, pelo que decidiu o STF, não há propriamente uma ordem, mas sim uma manifestação de arquivamento, que, para produzir efeitos, depende ou da não provocação da instância de revisão ministerial pela vítima e pelo juiz após 30 (trinta) dias, ou da confirmação (homologação) por essa instância, se ela for provocada pela vítima ou pelo magistrado.

Tal manifestação, ao contrário também do texto expresso deste dispositivo, não será sempre encaminhada à instância de revisão ministerial pelo membro do *Parquet* que arquivou o inquérito; esse encaminhamento ocorrerá apenas e tão somente se houver provocação da instância de revisão ministerial por parte da vítima ou do juiz competente.

Nessa esteira, no âmbito estadual, a instância de revisão ministerial será, em regra, o Procurador-Geral de Justiça, ou, excepcionalmente, se especificado em lei, outro órgão interno da instituição; no âmbito do Ministério Público Federal, serão as Câmaras de Coordenação e Revisão.

Por fim, ressalte-se que não se aplica a sistemática de arquivamento da investigação às situações de extinção da punibilidade, como inclusive esclarece o art. 19-K da Resolução nº 181/2017, com a redação dada pela Resolução nº 289/2024 do CNMP ("Não se aplica a sistemática de arquivamento prevista nesta Resolução às situações de extinção de punibilidade"). É que, à vista de uma causa de extinção da punibilidade, o Ministério Público deve requerer ao juiz competente que, de forma expressa, decrete a extinção da punibilidade, decisão de mérito que formará coisa julgada material. Não se fala, pois, tecnicamente, em manifestação ministerial pelo arquivamento da investigação na hipótese de presença de causa de extinção da punibilidade.

Em linhas gerais, esses são os aspectos mais relevantes referentes à sistemática do arquivamento do inquérito extraídos da decisão do STF. Como se nota, a Suprema Corte criou um terceiro gênero (*tertium genus*), um verdadeiro "Frankenstein". Como afirma a doutrina, entre o "antigo" e o "novo" art. 28, surgiu o "art. 28 do STF[2]".

5.1.2. Providência a cargo do Ministério Público e requisitos

O arquivamento do inquérito policial é providência a ser adotada única e exclusivamente pelo Ministério Público se preenchidos dois requisitos, a saber:

(1) esgotamento de diligências investigatórias cabíveis; e

(2) não ser caso de oferecimento de denúncia ou de adoção de alguma outra providência.

Lembrando que não será caso de oferecimento de denúncia quando não estiverem presentes as condições e os requisitos que autorizam esta providência pelo Ministério Público, não se vislumbrando mais a possibilidade de complemento da investigação. Em outras palavras, em sendo caso de futura rejeição da denúncia (art. 395 do CPP) ou de absolvição sumária (397 do CPP), deverá ser promovido pela instituição o arquivamento do inquérito.

Além disso, quanto à causa excludente de culpabilidade, se ela for a inimputabilidade (art. 26 CP), não permitirá, excepcionalmente, o arquivamento da investigação. É que a inimputabilidade é motivo para o ajuizamento de ação penal (chamada pela doutrina de ação de prevenção penal), para que se permita, ao seu final, seja aplicada medida de segurança, na chamada sentença absolutória imprópria (art. 386, parágrafo único, III, CPP). Assim, não sendo causa de rejeição da denúncia, não será hipótese de arquivamento do inquérito.

De outra banda, o arquivamento do inquérito promovido pelo Ministério Público não permite o ajuizamento por parte da vítima de ação penal privada subsidiária da pública. Como será estudado ainda neste capítulo, esta espécie de ação somente tem lugar na hipótese de absoluta inércia do Ministério Público no prazo que possui para oferecimento da denúncia. É dizer, deve o Ministério Público deixar esse prazo transcorrer em branco (*in albis*), não adotando qualquer providência, sendo, pois, absolutamente omisso. Promover o arquivamento do inquérito, ainda que implique no não ajuizamento da ação, não significa inércia do *Parquet*, mas sim a adoção de providência permitida em lei.

Ademais, se o Ministério Público deixa o prazo para a denúncia transcorrer em branco, admite-se a ação penal privada subsidiária da pública. Nessa hipótese, a posterior promoção de arquivamento do inquérito pelo *Parquet*, por ser tardia, não interfere em nada na ação ajuizada pelo particular. Em suma, o direito de queixa não é afetado por conduta posterior e tardia do Ministério Público, como a promoção do arquivamento do inquérito, ou mesmo a requisição de diligências ou o oferecimento de denúncia (STF, RG-ARE nº 859.251/DF, Rel. Min. Gilmar Mendes, j. 16.04.15).

---

2. LOPES JUNIOR, Aury; ROSA, Alexandre Morais da; SANTIAGO, Nestor Eduardo Araruna. *Para que simplificar se pode complicar o CPP? O "novo" arquivamento Frankenstein*. Disponível em: <https://www.conjur.com.br/2023-out-10/criminal-player-terceiro-modelo-arquivamento-supremo-tribunal-federal>. Acesso em: 09 nov. 2023.

5.1.3. Vedação ao arquivamento implícito

O ato de arquivamento do inquérito policial promovido pelo Ministério Público deve ser fundamentado. Mais do que isso, ele deve ser sempre expresso, não sendo admissível, pois, o chamado **arquivamento implícito ou tácito**. A esse respeito, convém destacar que ele consiste na espécie de arquivamento em que, havendo vários investigados ou vários crimes, o membro do Ministério Público promove o arquivamento do inquérito policial ou oferece denúncia apenas em face de alguns deles, não se manifestando expressamente sobre a exclusão dos demais, passando o juiz ao recebimento dessa "denúncia parcial" sem perceber a omissão do *Parquet*.

Há duas espécies de arquivamento implícito ou tácito, quais sejam, (1) o *objetivo* (arquivamento relacionado a fato delitivo) e (2) o *subjetivo* (arquivamento relacionado a agente delitivo).

Entretanto, como já afirmado alhures, **a doutrina e a jurisprudência não admitem a figura do arquivamento implícito do inquérito policial**. Isso porque se impõe a manifestação ministerial expressa acerca dos fatos e/ou agentes. Assim, ou o Ministério Público ordena expressamente o arquivamento ou oferece a denúncia. Não se permite, pois, o arquivamento implícito, sob pena de se criar insegurança jurídica. Caso o membro do *Parquet* não se manifeste sobre determinados fatos e/ou agentes da infração penal quando do arquivamento do inquérito ou do oferecimento da denúncia, pode o juiz, fiscalizando o cumprimento do princípio da obrigatoriedade da ação penal pública, na linha do decidido pelo STF nas ADIs 6.298, 6.299, 6.300 e 6.305 quanto ao teor do § 1º do art. 28 do CPP, determinar a devolução dos autos ao mesmo agente ministerial para que, desta feita, se manifeste expressamente a respeito da matéria, sob pena de, não o fazendo, submeter a matéria à instância de revisão ministerial.

5.1.4. Desnecessidade de decisão judicial homologatória da manifestação do Ministério Público de arquivamento do inquérito

Como estabelecido pelo art. 28, *caput*, do CPP, cabe ao membro do Ministério Público se manifestar pelo arquivamento do inquérito policial ou de quaisquer outras peças de informação. De acordo com a interpretação conforme a Constituição deste dispositivo realizada pelo STF quando do julgamento das ADIs 6.298, 6.299, 6.300 e 6.305, o ato do Ministério Público não ficará dependendo de uma decisão judicial que homologue este arquivamento. Ou seja, o arquivamento promovido pelo membro do *Parquet* não terá como destinatário um juiz para que este avalie se homologa ou recusa o ato ministerial. Daí porque não se fala em "pedido" ou "requerimento" de arquivamento feito pelo Ministério Público ao juiz competente (em regra, o juiz das garantias, por interpretação extensiva dos incisos IV e IX do art. 3º-B do CPP), mas sim, nos dizeres do STF, de **manifestação de arquivamento**. Ou, como já afirmava a doutrina, há *promoção* de arquivamento.

Com isso, reforça-se o papel do Ministério Público enquanto protagonista do sistema acusatório, destacando-se a sua autonomia, até por ser ele o órgão constitucionalmente legitimado à acusação, deixando de ficar, pois, submetido ao magistrado, no sentido de que, para alcançar o arquivamento, não deverá mais pleiteá-lo ao juiz.

No entanto, embora a efetivação do arquivamento não dependa mais de decisão judicial homologatória, o STF entende que, ao promover o arquivamento, deve o agente ministerial "submeter sua manifestação ao juiz competente", isto é, comunicá-la ao magistrado, o qual, por sua vez, se valendo da prerrogativa prevista para a vítima no § 1º do art. 28 do CPP, poderá também submeter a matéria à instância de revisão ministerial. Trata-se de entendimento da Suprema Corte que vai além do texto legal, considerando que o art. 28 do CPP, com a redação dada pelo "Pacote Anticrime", em nenhum momento exigiu que o Ministério Público submeta ou sequer informe o arquivamento ao juiz.

Esclareça-se, contudo, que o Ministério Público não remeterá os autos do inquérito ao juiz para controle do arquivamento; deverá o agente ministerial encaminhar tão somente a manifestação de arquivamento para análise pelo magistrado. Nesse momento, não se impõe que, concordando com o arquivamento, o juiz venha a proferir decisão homologatória do ato. Caso esteja de acordo com o arquivamento, apenas deverá se manter inerte, não provocando a instância de revisão ministerial; ou seja, o magistrado irá aceitar o arquivamento. Noutro giro, se verificar patente ilegalidade ou teratologia no ato, poderá provocar a instância de revisão ministerial, que, por sua vez, irá deliberar se confirma ou realiza a revisão do arquivamento. A nosso ver, o magistrado pode assim atuar em até 30 (trinta) dias, por ser este o prazo que o § 1º do art. 28 do CPP estipula para a vítima impugnar o arquivamento.

5.1.5. Inexistência de revisão automática pelo órgão ministerial superior

Ao contrário do texto expresso do art. 28, *caput*, do CPP, pelo que foi decidido pelo STF no julgamento das ADIs 6.298, 6.299, 6.300 e 6.305, a manifestação do membro do Ministério Público de arquivamento do inquérito *não será sempre* encaminhada por ele à instância de revisão ministerial. É dizer, não há uma revisão automática pelo órgão superior, isto é, obrigatória, válida em todo e qualquer caso de arquivamento promovido pelo agente ministerial.

Assim, o membro do Ministério Público que promoveu o arquivamento do inquérito não deve sempre encaminhar os autos para confirmação ou revisão do ato pelo órgão superior. Note-se que o STF, na decisão daquelas ADIs, afirma que o órgão do Ministério Público se manifesta pelo arquivamento, "podendo encaminhar os autos para o Procurador-Geral ou para a instância de revisão ministerial, quando houver, para fins de homologação, na forma da lei". Desse modo, o encaminhamento dos autos do inquérito, acompanhados da manifestação de arquivamento do membro do *Parquet*, ocorrerá apenas e tão somente se houver provocação da instância de revisão ministerial por parte da vítima ou do juiz competente.

Destarte, se a vítima e o juiz não provocarem a instância de revisão ministerial em 30 (trinta) dias, o arquivamento estará concluído sem necessidade alguma de remessa dos autos ao órgão superior. Todavia, havendo a provocação pela vítima ou pelo magistrado, os autos serão encaminhados à instância de revisão ministerial, cabendo-lhe então confirmar (homologar) ou rever o arquivamento, opções que serão abordadas em tópico futuro.

Por fim, deve ser ressalvada a possibilidade de que os Ministérios Públicos em todo o país, por atos normativos próprios, deliberem que a remessa do arquivamento à instância de revisão ministerial ocorrerá, por exemplo, quando se tentou intimar a vítima do arquivamento, mas esta não foi localizada.

5.1.6. Controle do arquivamento do inquérito policial e de peças de informação por órgão interno do próprio Ministério Público (art. 28, caput, CPP)

Mesmo antes do advento da Lei nº 13.964/19, a doutrina majoritária já sustentava que o controle do arquivamento do inquérito policial deveria ficar no âmbito exclusivamente interno do Ministério Público, já que é ele o titular da ação penal pública, não sendo, portanto, recomendável a atuação do magistrado nesta fase, sob pena de violação do sistema acusatório.

Acolhendo esse posicionamento da doutrina, a Lei nº 13.964/2019 pretendeu consagrar no art. 28, *caput*, do CPP, o sistema de controle do arquivamento do inquérito policial e de peças de informação no âmbito interno do Ministério Público. Assim, na dicção legal, o arquivamento continua sendo promovido pelo Ministério Público, se preenchidos os requisitos para tanto (esgotamento de diligências investigatórias e não ser caso de oferecimento de denúncia), mas ele deixaria de ser dirigido a um juiz para fins de homologação, ficando no âmbito interno da própria instituição.

Com esta mudança, a legislação não buscou que o arquivamento promovido pelo membro do *Parquet* não estivesse submetido a algum tipo de controle, apenas que tal controle não ficaria mais sob a responsabilidade de um juiz e sim de um órgão interno do Ministério Público, a ser indicado por lei orgânica da instituição. Nessa esteira, veja-se o conteúdo dos Enunciados números 07 e 08 do GNCCRIM: *"Compete exclusivamente ao Ministério Público o arquivamento do inquérito policial ou de quaisquer elementos informativos da mesma natureza. Trata-se de ato composto, constituído de decisão do promotor natural e posterior homologação pela instância de revisão ministerial (Procurador-Geral de Justiça ou órgão delegado)."* (Enunciado nº 07); *"A nova redação do artigo 28 do Código de Processo Penal, em harmonia com o princípio acusatório, dispõe que o arquivamento do inquérito policial não se reveste mais de um mero pedido, requerimento ou promoção, mas de verdadeira decisão de não acusar, isto é, o promotor natural decide não proceder à ação penal pública, de acordo com critérios de legalidade e oportunidade, tendo em vista o interesse público e as diretrizes de política criminal definidas pelo próprio Ministério Público."* (Enunciado nº 08).

Todavia, conforme já mencionado anteriormente, a previsão legal de afastamento do juiz do controle do arquivamento do inquérito promovido pelo Ministério Público restou mitigada pelo que foi decidido pelo STF nas ADIs 6.298, 6.299, 6.300 e 6.305. É que a Suprema Corte, dando interpretação conforme a Constituição a este dispositivo, assentou que, ao se manifestar pelo arquivamento do inquérito policial ou de quaisquer elementos informativos da mesma natureza, o órgão do Ministério Público submeterá sua manifestação ao juiz competente. Além disso, também realizando interpretação conforme a Constituição, desta feita ao § 1º do art. 28 do CPP, entendeu que o juiz poderá submeter o arquivamento à revisão da instância competente do órgão ministerial, caso verifique patente **ilegalidade** ou **teratologia** neste ato.

Desse modo, atualmente, deve-se compreender que cabe ao membro do Ministério Público se manifestar pelo arquivamento do inquérito policial ou de quaisquer elementos informativos da mesma natureza, comunicando o seu ato ao delegado de polícia, ao investigado e à vítima (sendo que esta poderá provocar o órgão ministerial superior para rever o arquivamento – art. 28, § 1º, CPP). Além disso, deverá submeter a sua manifestação ao juiz competente (que, em regra, será o juiz das garantias, por interpretação extensiva dos incisos IV e IX do art. 3º-B do CPP). Este último, por sua vez, se verificar patente ilegalidade ou teratologia no ato do arquivamento, poderá submeter a matéria à instância de revisão ministerial, a qual avaliará se o arquivamento deverá ser mantido (homologado) ou revisto.

Em arremate, consoante já exposto anteriormente, o membro do *Parquet* que promoveu o arquivamento não necessariamente deverá encaminhar os autos à instância de revisão ministerial; isso ocorrerá apenas por provocação da vítima ou do juiz. Não há, pois, revisão automática do arquivamento pela instância de revisão ministerial.

No mais, se a vítima ou o juiz não provocar a instância de revisão ministerial em 30 (trinta) dias, ou, provocando, o órgão superior confirma (homologa) o arquivamento, este ato restará concluído.

5.1.7. *Instância de revisão ministerial*

Em relação ao **Ministério Público dos Estados**, embora não haja em sua lei orgânica (Lei nº 8.625/93) a previsão expressa de atribuição para que algum órgão ministerial venha a atuar revendo o arquivamento do inquérito policial (e de peças de informação), prevalece o entendimento de que deve continuar atuando o próprio **Procurador-Geral de Justiça**, como já vinha ocorrendo na sistemática do "antigo" art. 28 do CPP. Para tanto, é invocado, por analogia, o teor do art. 10, inciso IX, alínea "d", da Lei nº 8.625/93, segundo o qual compete ao Procurador-Geral de Justiça designar membros do Ministério Público para oferecer denúncia nas hipóteses de não confirmação de arquivamento de inquérito policial, bem como de quaisquer peças de informações. Com fincas no Enunciado nº 11 do GNCCRIM, *"Ao receber os autos com a decisão de arquivamento, o órgão de revisão ministerial (Procurador-Geral de Justiça ou órgão delegado) poderá homologá-la, ou, em caso de discordância, designar outro membro para continuar as investigações ou oferecer denúncia."*. Além disso, *"O órgão revisor do Ministério Público poderá constituir jurisprudência própria, em enunciados cujo conteúdo servirá de fundamento para o arquivamento pelos órgãos de execução."* (Enunciado nº 12 do Grupo Nacional de Coordenadores de Centro de Apoio Criminal (GNCCRIM).

Mas nada impede que a própria Lei nº 8.625/93 ou mesmo a respectiva lei orgânica daquele determinado Ministério Público Estadual venha a ser reformada para especificar que algum outro órgão interno da instituição, como o Conselho Superior, venha a atuar como instância de revisão ministerial para fins de controle do arquivamento do inquérito. Ou mesmo que o Procurador-Geral de Justiça venha delegar esta função, na prática, a algum outro órgão. Nesse trilhar, o STF, ao julgar as ADIs 6.298, 6.299, 6.300 e 6.305, deixou tais possibilidades em aberto quando afirmou que o membro do Ministério Público que se manifesta pelo arquivamento poderá "encaminhar os autos para o Procurador-Geral ou para a instância de revisão ministerial, quando houver, para fins homologação, na forma da lei". É dizer, não havendo estipulação em sentido contrário em lei, atua, na órbita estadual, como instância de revisão ministerial o Procurador-Geral de Justiça; excepcionalmente, portanto, a respectiva legislação poderá atribuir este papel a algum outro órgão interno do Ministério Público, ou permitir que o Procurador-Geral de Justiça delegue esta atribuição a órgão dessa natureza, como, por exemplo, repita-se, o Conselho Superior. Aliás, é exatamente o que se verifica no denominado arquivamento originário (a ser comentado em tópico futuro), situação em que cabe ao **Colégio de Procuradores de Justiça** "rever, mediante requerimento de legítimo interessado, nos termos da Lei Orgânica, decisão de arquivamento de inquérito policial ou peças de informações determinada pelo Procurador-Geral de Justiça, nos casos de sua atribuição originária", por força do previsto textualmente em lei (art. 12, inciso XI, da Lei nº 8.625/93).

Quanto ao **Ministério Público Federal**, não há qualquer dúvida: o órgão que funciona como instância de revisão ministerial são as **Câmaras de Coordenação e Revisão do Ministério Público Federal**, pois há previsão legal expressa a esse respeito, mais especificamente no art. 62, inciso IV, da Lei Complementar nº 75/93 (Lei Orgânica do Ministério Público da União).

5.2. Comunicação do arquivamento à vítima (art. 28, *caput*, CPP)

Observando o teor do art. 28, *caput*, do CPP, o órgão do Ministério Público que se manifestar pelo arquivamento da investigação deverá comunicar à vítima, ao investigado e à autoridade policial. Relembre-se que, por interpretação conforme a Constituição feita pelo STF quanto a este dispositivo nas ADIs 6.298, 6.299, 6.300 e 6.305, deve ainda o agente ministerial submeter a sua manifestação de arquivamento ao juiz competente, que, em regra, será o juiz das garantias, por interpretação extensiva dos incisos IV e IX do art. 3º-B do CPP.

Como se vê, todas estas comunicações devem ser feitas pelo próprio Ministério Público, não sendo possível a utilização de aparato do Poder Judiciário (por exemplo, oficiais de justiça) para o cumprimento desta determinação legal.

No caso particular da vítima, a ciência a respeito do arquivamento da investigação criminal atende ao *direito à informação e à comunicação*, já abordado em capítulo anterior desta obra, para onde se remete o(a) leitor(a). Essencialmente, ela procura tornar possível o exercício de um outro direito por parte da vítima, qual seja, o direito de participação, na linha do que estabelece o § 1º do art. 28 do CPP, conforme adiante será analisado.

No mais, convém noticiar que o art. 19-A da Resolução nº 181/2017 do CNMP, com a redação dada pela Resolução nº 289/2024 do CNMP, apresenta importante regramento a respeito da comunicação da vítima sobre o arquivamento. Assim, a comunicação às vítimas ou a seus representantes legais deve ocorrer após a comunicação ao juízo competente, o que se dará preferencialmente por meio eletrônico, dentro do prazo de 5 (cinco) dias (caput). No caso de morte da vítima por fatos sem nexo de causalidade com o crime, a ciência será dada ao cônjuge, companheiro ascendente, descendente ou irmão (§ 1º). Nos crimes praticados em detrimento de entes federativos, a comunicação deverá ser dirigida à chefia do órgão a quem couber a sua representação judicial, nos termos do artigo 28, § 2º, do Código de Processo Penal (§ 2º). Não sendo localizada a vítima, a comunicação poderá feita por edital no Diário Oficial do Ministério Público, na forma de regulamentação própria (§ 4º).

5.3. Submissão do arquivamento pela vítima ou seu representante legal à instância de revisão ministerial (art. 28, § 1º, CPP)

Como mecanismo de tutela ao *direito de participação*, o art. 28, § 1º, do CPP, estatui que se a vítima, ou seu representante legal, não concordar com o arquivamento do inquérito policial, poderá, no prazo de 30 (trinta) dias do recebimento da comunicação, submeter a matéria à revisão da instância competente do órgão ministerial, conforme dispuser a respectiva lei orgânica. As razões do seu inconformismo devem ser apresentadas na origem (Enunciado nº 15 do GNCCRIM). Quanto à matéria, o Enunciado nº 14 do GNCCRIM esclarece que *"Ordenado o arquivamento do inquérito policial ou de qualquer elemento de informação, o órgão de execução do Ministério Público comunicará a vítima, o investigado e a autoridade policial, da forma mais célere possível, preferencialmente por meio eletrônico, inclusive por aplicativos de troca de mensagens ou recurso tecnológico similar, na forma de regulamentação própria. Não sendo localizados, a comunicação da vítima e/ou investigado poderá ser por edital no Diário Oficial do Ministério Público, na forma de regulamentação própria"*.

Como se percebe, o ofendido atuará encaminhando um mero **recurso administrativo**, ou, nas palavras da doutrina, um "**recurso inominado**" ou ainda "**pedido de reexame**". Não se exige, pois, qualquer formalismo especial nessa impugnação oferecida pelo ofendido.

Aliás, esclareça-se que, a uma, a vítima não possui qualquer dever jurídico, muito menos moral, de provocar a revisão do arquivamento pelo órgão ministerial superior (trata-se, portanto, de uma mera faculdade), e, a duas, se optar por submeter o arquivamento à instância de revisão ministerial, poderá fazê-lo sem externar qualquer motivo hábil para tanto, sendo suficiente que indique que simplesmente discorda do arquivamento.

De outra banda, saliente-se que a vítima pode provocar a revisão do arquivamento independentemente do posicionamento do juiz, isto é, admite-se que aquela provoque a instância de revisão ministerial mesmo quando este não o faz, por aceitar o arquivamento. A única exceção ocorrerá se, ante a presença de causa de extinção da punibilidade, o juiz, a requerimento do Ministério Público, reconhecê-la, declarando, pois, extinta a punibilidade: nessa hipótese, a decisão judicial somente pode ser impugnada por recurso (recurso em sentido estrito – art. 581, VIII, CPP – ou, a depender do caso, apelação – art. 593, I, CPP), não se autorizando com isso que a vítima provoque a instância de revisão ministerial. A discussão que será travada é se a vítima terá legitimidade para interpor o recurso cabível e adequado para combater esta decisão judicial, tendo em vista que, na etapa de inquérito, não vem sendo admitido que o assistente de acusação atue.

Por fim, frise-se que o art. 19-A da Resolução nº 181/2017 do CNMP, com a redação dada pela Resolução nº 289/2024 do CNMP, fornece importantes regras acerca do processamento do pedido de revisão do ato de arquivamento realizado pela vítima, inclusive reconhecendo a possibilidade de uma espécie de "juízo de retratação" por parte do membro do Ministério Público que se manifestou pelo arquivamento. De acordo com esse dispositivo, apresentado, no prazo legal, pela vítima ou seu representante legal o pedido de revisão, que independe de representação por defesa técnica, previsto nos § 1º e § 2º do art. 28 do CPP, o membro do Ministério Público deverá remetê-lo, caso não haja reconsideração no prazo de 5 (cinco) dias, ao órgão superior para apreciação, no prazo de 10 (dez) dias, independentemente de a decisão estar em conformidade com súmula, enunciado ou orientação editada pela instância de revisão ministerial (§ 6º). Em caso de retratação pelo membro do Ministério Público, a vítima deverá ser comunicada, no prazo de 5 (cinco) dias (§ 8º).

5.4. Mandado de segurança em matéria criminal impetrado pelo ofendido contra o arquivamento

À época do "antigo" art. 28 do CPP, a jurisprudência do STJ vinha entendendo que, em regra, o ofendido não possuiria direito líquido e certo para impedir o arquivamento do inquérito promovido pelo Ministério Público (STJ, MS nº 21.081/DF, Rel. Min. Raul Araújo, j. 17.05.15). Como havia um controle judicial do arquivamento, que deveria ser feito de forma técnica e com rigor, a vítima acabava ficando excluída da sua sistemática, razão pela qual não teria legitimidade para impedir que o arquivamento ocorresse. Isso não impediria, porém, que o ofendido levasse ao conhecimento do Ministério Público novas provas, as quais, a depender do motivo que provocou o arquivamento, poderiam resultar no desarquivamento do inquérito, nos termos do art. 18 do CPP.

Todavia, excepcionalmente, a jurisprudência do STJ vinha admitindo, em situações extraordinárias, a impetração de mandado de segurança em matéria criminal, especialmente quando utilizado contra decisão teratológica que determinasse o arquivamento por motivo distinto do que a ausência de elementos hábeis para desencadear eventual persecução penal em desfavor do investigado. Se concedida a ordem, os autos deveriam ser encaminhados à respectiva instância de revisão ministerial no intuito de que fosse revista a promoção de arquivamento realizada pelo promotor natural anteriormente acolhido pelo juiz (STJ, 5ª Turma, RMS nº 66.734/SP, Rel. Min. João Otávio de Noronha, j. 22.02.2022).

Nesse trilhar, em julgado paradigmático, o STJ decidiu que, em hipóteses excepcionalíssimas, a exemplo daquela que envolve violência doméstica e familiar contra a mulher, nas quais há flagrante violação a direito líquido e certo da vítima, seria admitido o manejo do mandado de segurança para impugnar a decisão judicial de arquivamento. Assim, nessas situações excepcionais, caberia mandado de segurança impetrado pela vítima para impugnar o arquivamento do inquérito promovido pelo Ministério Público, o qual teria o poder de remeter os autos ao Procurador-Geral de Justiça para a revisão deste arquivamento. Neste julgado, o STJ inclusive reconheceu o **"dever de devida diligência"** das autoridades que atuam na persecução penal, fruto de uma obrigação processual positiva do Estado para a tutela de direitos humanos. Foi invocada ainda a jurisprudência da Corte IDH, com destaque aos casos Márcia Barbosa de Souza (envolvendo feminicídio) e Favela Nova Brasília (envolvendo violência policial). Por tudo, concluiu-se que a decisão que homologa o arquivamento do inquérito que apura violência doméstica e familiar contra a mulher deve observar a devida diligência na investigação e o cumprimento dos aspectos básicos do Protocolo para Julgamento com Perspectiva de Gênero do CNJ, em especial quanto à valoração da palavra da vítima, corroborada por outros indícios probatórios, que assume inquestionável importância (STJ, 6ª Turma, RMS nº 70.338/SP, Rel. Min. Laurita Vaz, j. 22.08.2023).

Porém, como já mencionado em inúmeras passagens anteriores, no julgamento das ADIs 6.298, 6.299, 6.300 e 6.305, o STF, dando interpretação conforme a Constituição ao art. 28, *caput* e § 1º, do CPP, entendeu que o arquivamento do inquérito é promovido pelo membro do Ministério Público, não dependendo para sua efetivação de decisão judicial homologatória, mas apenas ou de não provocação da instância de revisão ministerial por parte do juiz e da vítima, no prazo de 30 (trinta) dias, contados desde a comunicação do arquivamento que recebem do agente ministerial, ou de confirmação do arquivamento pelo órgão superior, quando provocado pela vítima ou pelo juiz. Diante disso, não há mais que se falar na impetração de mandado de segurança pelo ofendido para impugnar decisão judicial de arquivamento, eis que ela inexiste.

A nosso, ver, contudo, resta mantida a possibilidade de impetração de mandado de segurança pelo ofendido para impugnar o arquivamento (desde que demonstre a existência de direito líquido e certo), apontando-se como autoridade coatora não mais o juiz competente e sim a instância de revisão ministerial. Note-se, o mandado de segurança, à época do "antigo" art. 28 do CPP, tinha lugar para combater a decisão que definitivamente encerrava o arquivamento, que era a decisão judicial. Atualmente, quando a vítima ou o juiz provoca o órgão superior do Ministério Público, o ato que conclui o arquivamento emana da instância de revisão ministerial, quando ela confirma a manifestação do membro do *Parquet* que determinou este arquivamento. Logo, o alvo de eventual mandado de segurança, quando cabível, em hipóteses excepcionais, deve ser a confirmação do arquivamento por parte da instância de revisão ministerial, sendo esta a autoridade coatora.

Desse modo, o *writ* deve ser impetrado perante o tribunal competente para deliberar acerca do ato daquele órgão ministerial. Por exemplo, contra o arquivamento confirmado pelo Procurador-Geral de Justiça caberia mandado de segurança a ser impetrado perante o Tribunal de Justiça local.

Vale o lembrete de que o ofendido pode impugnar a manifestação de arquivamento do membro do Ministério Público, conforme prerrogativa definida no § 1º do art. 28 do CPP, o que deverá ser feito de modo informal ou inominado. Há, pois, nessa situação um mero recurso administrativo, ou "recurso inominado" ou "pedido de reexame", não se falando no cabimento de mandado de segurança, que fica reservado para combater o ato final de arquivamento proveniente da instância de revisão ministerial.

À guisa de conclusão, tem-se que: a) o ofendido poderá impugnar a manifestação do membro do Ministério Público que promoveu o arquivamento do inquérito, em até 30 (trinta) dias, por recurso administrativo (ou "recurso inominado" ou "pedido de reexame"), dirigido à instância de revisão ministerial; b) o ofendido poderá impugnar a confirmação do arquivamento realizada pela instância de revisão ministerial, quando ela foi provocada pela própria vítima ou pelo juiz, em hipóteses excepcionais, por meio do mandado de segurança em matéria criminal, dirigido ao tribunal com competência para analisar o ato.

5.5. Revisão do arquivamento em crimes praticados em detrimento da União, Estados e Municípios (art. 28, § 2º, CPP)

Como é cediço, há determinados delitos que têm como vítima o Estado em sentido amplo (o que inclui todos os entes federativos do país, ou seja, a União, os Estados-membros, o Distrito Federal e os Municípios) ou alguma outra pessoa jurídica de direito público. A título de ilustração, é o que se verifica no crime de dano qualificado, quando o crime é cometido contra o patrimônio da União, de Estado, do Distrito Federal, de Município ou de autarquia, fundação pública, empresa pública, sociedade de economia mista ou empresa concessionária de serviços públicos (art. 163, parágrafo único, III, CP). Nesse exemplo inclusive a ação penal é pública incondicionada (art. 167 CP; art. 24, § 2º, CPP).

Nessa esteira, nas ações penais relativas a crimes praticados em detrimento da União, Estados e Municípios, a revisão do arquivamento do inquérito policial poderá ser provocada pela chefia do órgão a quem couber a sua representação judicial. O art. 28, § 2º, do CPP permite a atuação da procuradoria judicial em qualquer crime praticado em detrimento do respectivo ente federativo. Ou seja, não se restringe a atuação apenas, por exemplo, aos crimes contra a administração pública. No mais, é de se lamentar a omissão deste dispositivo quanto aos casos em que é vítima o Distrito Federal.

Certo é que "os atos de comunicação, o pedido de revisão e a submissão dos autos ao órgão revisor para homologação poderão ser realizados por meios eletrônicos, na forma de regulamentação própria." (Enunciado nº 18 do GNCCRIM).

São apenas essas as pessoas que têm direito de provocar a revisão do arquivamento, como esclarece o Enunciado nº 19 PGJ-CGMP do Ministério Público do Estado de São Paulo a respeito da Lei nº 13.964/19: "*O direito de provocar a revisão do arquivamento limita-se às pessoas mencionadas nos §§ 1º e 2º do art. 28 do CPP*". O único acréscimo a ser feito é quanto à figura do juiz competente (juiz das garantias), na linha do que foi decidido pelo STF nas ADIs 6.298, 6.299, 6.300 e 6.305.

5.6. Arquivamento provisório

O arquivamento provisório é aquele que se opera na hipótese de ausência de uma condição de procedibilidade, como no caso de representação do ofendido nos crimes de ação penal pública a ela condicionada. Se a vítima se retrata antes do oferecimento da denúncia (art. 25 do CPP), caberá o arquivamento, que perdurará até que ela se arrependa e volte a representar. Se ultrapassado o prazo para tanto (6 meses contados a partir da descoberta da autoria do delito – art. 38 do CPP) e a vítima não representa, o arquivamento se torna definitivo.

5.7. Arquivamento originário

Nos casos de competência originária dos tribunais, mais especificamente nos de prerrogativa de foro, a denúncia é oferecida pelo próprio Procurador-Geral de Justiça (ou, na esfera federal, pelo Procurador-Geral da República ou por quem lhe faça as vezes, como o Subprocurador-Geral da República, que oficia perante o STJ). Desse modo, é ele também o órgão ministerial que possui atribuição para promover o arquivamento da investigação criminal. Ora, como é o próprio Chefe do Ministério Público quem formula a promoção de arquivamento da investigação, a doutrina vinha entendendo que, via de regra, nesta hipótese, não seria aplicada a sistemática prevista no "antigo" art. 28 do CPP, estando, pois, o Tribunal obrigado a homologar este arquivamento, o que se convencionou chamar de *arquivamento originário*. Era essa inclusive a posição da jurisprudência do STJ (Inq. nº 967/DF, Rel. Min. Humberto Martins, j. 18.03.15; QO-Inq. 1.041/DF, Rel. Min. Luis Felipe Salomão, j. 05.10.16) e do STF (QO-Inq. nº 1.030/DF, Rel. Min. Néri da Silveira, j. 20.06.96;

Inq. nº 3.609/GO, Rel. Min. Rosa Weber, j. 13.08.14; MS nº 34730, Rel. Min. Luiz Fux, j. 10.12.19). Este Tribunal reconheceu ainda que não se admitiria a retratação, expressa ou tácita, do arquivamento, mas se permitiria o desarquivamento com o surgimento de novas provas (Inq. nº 2.028/BA, Rel. Min. Ellen Gracie, j. 28.04.04).

Adaptando essa sistemática ao que foi decidido pelo STF nas ADIs 6.298, 6.299, 6.300 e 6.305, a nosso ver, ao menos em regra, em hipóteses de competência originária de tribunais, não se admite que o tribunal competente venha a se valer da prerrogativa estabelecida no § 1º do art. 28 do CPP, ou seja, não poderá discordar do arquivamento ordenado por órgão do Ministério Público ali atuante e submeter a matéria à instância de revisão ministerial.

Frise-se que a sistemática do arquivamento originário deve ser aplicada também ao PIC que investigue agente com prerrogativa de foro, cujo arquivamento promovido pelo Procurador-Geral da República ou Procurador-Geral de Justiça não se submete ao Poder Judiciário.

Por fim, impende ressaltar que, apesar de o arquivamento originário não ser controlado pelo Poder Judiciário, há previsão legal de que eventual legítimo interessado (na prática, acaba sendo justamente o ofendido) possa formular requerimento de revisão deste ato (o que se coaduna com o estabelecido no art. 28, § 1º, do CPP), quando promovido pelo Procurador-Geral de Justiça, requerimento este a ser apreciado por um órgão interno do Ministério Público, qual seja, o **Colégio de Procuradores de Justiça**, consoante o art. 12, inciso XI, da Lei nº 8.625/93. Com efeito, conforme este dispositivo legal, compete ao Colégio de Procuradores de Justiça "rever, mediante requerimento de legítimo interessado, nos termos da Lei Orgânica, decisão de arquivamento de inquérito policial ou peças de informações determinada pelo Procurador-Geral de Justiça, nos casos de sua atribuição originária". Como se percebe, nessa hipótese, a instância de revisão ministerial não será o Procurador-Geral de Justiça, mas sim um outro órgão interno do Ministério Público apontado por lei, qual seja, o Colégio de Procuradores de Justiça.

6. REPRESENTAÇÃO DO OFENDIDO (ART. 24 CPP)

Como mais um instituto previsto no CPP a serviço do *direito de participação*, a representação do ofendido é uma condição de procedibilidade para o exercício da ação penal pública que consiste em uma modalidade de *delatio criminis* postulatória, pois, por meio dela, não só o ofendido informa a prática do crime como também postula que seja instaurada a persecução penal[3].

Desse modo, a persecução penal (inquérito policial, o que inclui o auto de prisão em flagrante delito, e ação penal) não poderá ser instaurada sem que haja manifestação do ofendido nos crimes que dela dependam (ação penal pública condicionada à representação do ofendido).

Como é cediço, com fincas no art. 24, *caput*, do CPP e no art. 100, § 1º, do CP, um crime será de ação penal pública condicionada à representação do ofendido sempre que a lei expressamente afirmar que ele "somente se procede mediante representação.

São exemplos de crimes submetidos a esta espécie de ação penal a ameaça (art. 147, parágrafo único, CP), o furto de coisa comum (art. 156, § 1º, CP), as lesões

3. NUCCI, Guilherme de Souza. *Manual de Processo Penal e Execução Penal*. 5. ed. São Paulo: RT, 2008, p. 196.

corporais leves e culposas (art. 88 da Lei nº 9.099/95), com as exceções da Lei Maria da Penha (art. 41) e do Código de Trânsito Brasileiro (art. 291, §§ 1º e 2º), etc.

Ademais, convém registrar que, em casos de atos infracionais praticados por adolescentes (art. 103 do ECA) análogos a crimes de ação penal pública condicionada à representação do ofendido, não se exige, para fins da devida ação socioeducativa, o oferecimento de representação do ofendido. Como decidido pelo STJ, o procedimento de apuração de ato infracional é sempre de iniciativa exclusiva do Ministério Público, a quem cabe decidir sobre a propositura da ação socioeducativa, independentemente de qualquer manifestação ou representação do ofendido (STJ, HC nº 160.292/MG, Rel. Min. Jorge Mussi, j. 24.05.11).

Abaixo seguem características relevantes sobre este instituto:

1. **Fundamento**: O instituto em comento é exigido sempre que em determinada infração penal o Estado deva respeitar a esfera íntima do ofendido antes de iniciar a persecução penal, de modo que o interesse particular mereça se sobrepor ao interesse público. Com isso, compete ao particular avaliar se é conveniente ou não se expor ainda mais com o início da persecução penal referente ao crime do qual foi vítima. Pretende-se então evitar o chamado *strepitus judicii*, isto é, que seja gerado um escândalo maior ao ofendido com a discussão de algo tão íntimo em juízo. Lembrando que, sem a representação, sequer é possível que o delegado instaure o inquérito policial (art. 5º, § 4º, CPP).

2. **Oportunidade**: Em decorrência do fundamento acima apontado, tem-se que o ofendido não está obrigado a oferecer este ato, devendo, pois, em sua esfera íntima, analisar a oportunidade e a conveniência de representar. A obrigatoriedade, portanto, apenas incide para o Ministério Público, não para o ofendido, que representa caso queira.

3. **Natureza jurídica**: Em um viés, a representação do ofendido deve ser compreendida como uma verdadeira condição de procedibilidade, requisito processual que deve estar configurado para que se permita o ajuizamento da ação penal pública por parte do Ministério Público. Nesse sentido, esclareça-se que, apesar de constituir um instituto nitidamente processual (condição específica da ação penal), a representação acaba trazendo repercussão ao plano do direito material, pois o seu não oferecimento no prazo legal enseja a extinção da punibilidade pela decadência (art. 107, IV, CP). Por consequência, são aplicadas a este instituto as regras de direito material referentes ao direito intertemporal. Em outro prisma, ela deve ser também entendida como uma *delatio criminis* postulatória, isto é, por meio dela o ofendido, a um só tempo, (a) comunica à autoridade competente a prática do delito (*delatio criminis*) e, indo além, (b) requer sejam adotadas as providências cabíveis em face do seu agressor (postulatória).

4. **Prazo para oferecimento**: Em regra, ela deve ser oferecida no **prazo decadencial de 6 (seis) meses, contados do conhecimento da autoria** (art. 38 do CPP). O prazo decadencial tem seu cômputo finalizado com o simples oferecimento da representação no órgão competente. O descumprimento do prazo decadencial enseja a extinção da punibilidade (art. 107, IV, CP). Na hipótese de ação penal privada subsidiária da pública, o prazo é contado do dia em que se esgotar o prazo para o oferecimento da denúncia por parte do Ministério Público (art. 38, parte final, do CPP). Por ser prazo decadencial (penal), ele é contado nos termos do art. 10 do CP: inclui-se o dia do começo e exclui-se o do vencimento. Além

disso, ele não se interrompe, não se suspende nem se prorroga. Caso o prazo se encerre em dia não útil, o ofendido deverá oferecer a representação à autoridade de plantão, pois não será possível a prorrogação deste prazo para o primeiro dia útil subsequente. Assim, por exemplo, se a autoria do fato é descoberta no dia 25 de dezembro de determinado ano, a representação pode ser oferecida até 24 de junho do ano seguinte. O dia 25/12 é computado, mesmo sendo feriado; o último dia do prazo, 25/06, é excluído, passando o prazo a se encerrar no dia 24/06, independente se ele é dia útil ou não. Lembrando que o prazo não correrá se o ofendido for menor de 18 (dezoito) anos, até que ele complete a maioridade.

Se houver sucessão processual, por morte ou declaração judicial de ausência do ofendido (art. 31 CPP), o prazo para representar permanecerá de 6 (seis) meses contados desde a descoberta da autoria. Desse modo, se o ofendido, já falecido ou declarado ausente, chegou a ter conhecimento sobre a autoria, seus sucessores poderão representar dentro do prazo que ainda restar.

O prazo para oferecimento da representação previsto no art. 41 da Lei de Imprensa (Lei nº 5.250/67), qual seja, de 3 (três) meses, contados da data da publicação ou transmissão da notícia, não tem mais aplicabilidade, tendo em vista que o STF declarou a revogação do mencionado diploma legal no julgamento da ADPF nº 130/DF.

Além disso, relembre-se que o art. 91 da Lei nº 9.099/95 dispõe: *"Nos casos em que esta Lei passa a exigir representação para a propositura da ação penal pública, o ofendido ou seu representante legal será intimado para oferecê-la no prazo de trinta dias, sob pena de decadência."*. Tem-se aqui uma mera norma de transição, fundamental, pois, antes do advento desta Lei, os crimes de lesões corporais leves e culposas (art. 129, *caput* e § 6º, CP) não dependiam de representação; mas, após o surgimento da mencionada Lei, ela passou a ser exigida, motivo pelo qual a norma em comento entendeu por bem estipular que o ofendido ou seu representante legal será intimado para oferecê-la em até trinta dias, sob pena de decadência. Houve então um prazo especial em comparação ao prazo-regra de seis meses desde a descoberta da autoria. Certo é que, para os delitos de lesões leves e culposas praticados após o advento da Lei nº 9.099/95, incide a regra geral de prazo decadencial de seis meses contados a partir da data da descoberta da autoria.

5. **Legitimidade e capacidade para oferecimento**: A representação pode ser feita pessoalmente ou por procurador, desde que possua poderes especiais para tanto, nos termos do art. 39, *caput*, do CPP. Este procurador não precisa ser advogado, basta que seja pessoa maior de 18 anos atuando em favor dos interesses da vítima. Se a representação não estiver com a firma reconhecida do ofendido, deverá ser reduzida a termo (art. 39, § 1º, CPP).

No caso de o **ofendido ser menor de 18 (dezoito) anos de idade**, a representação será oferecida por meio do seu representante legal (art. 24, *caput*, parte final, do CPP). O menor de 18 (dezoito) anos não pode representar sozinho, ainda que seja maior de 16 (dezesseis) anos. Apenas pode representar quem possui responsabilidade penal, inclusive para fins da prática do crime de denunciação caluniosa (art. 339 CP), o que se dá somente a partir dos 18 (dezoito) anos.

Ainda sobre a representação do ofendido menor de 18 (dezoito) anos de idade, com a redução da maioridade civil para 18 (dezoito) anos operada pelo Código Civil de 2002, não há mais que se falar em duplicidade do prazo (um para o ofendido e outro para o seu representante legal), que ocorria na hipótese de agente maior de 18 (dezoito) e menor de 21 (vinte e um) anos de idade.

Assim, tem-se que o direito de representação é único. Se o menor de 18 (dezoito) anos levar ao conhecimento do representante legal a autoria delitiva, o prazo de 6 (seis) meses começa a fluir. Se o responsável legal não oferecer a representação, não poderá o menor, ao atingir a maioridade, oferecê-la, pois se operou a decadência do direito em testilha. Entretanto, se o menor não levar ao conhecimento do representante legal a autoria do crime, contra ele não flui o prazo (já que menor) e contra o representante também não (eis que não tem ciência). Logo, quando completar a maioridade, poderá representar, dentro do prazo decadencial de 6 (seis) meses[4]. Naturalmente, tudo dependerá da prova no caso concreto se o representante legal teve ou não conhecimento da autoria da infração penal.

Por tudo isso, não é mais aplicável o teor da Súmula nº 594 do STF ("Os direitos de queixa e de representação podem ser exercidos, independentemente, pelo ofendido ou por seu representante legal"). O art. 34, parte final, do CPP também se encontra tacitamente derrogado ("Se o ofendido for menor de 21 e maior de 18 anos, o direito de queixa poderá ser exercido por ele ou por seu representante legal" – grifo nosso).

De outro lado, **se o ofendido for emancipado**, ele ainda não poderá oferecer representação pessoalmente. Nesta hipótese, ou deve ser designado pelo juiz um curador especial para oferecer a representação em favor do ofendido emancipado, ou se deve aguardar o ofendido completar os 18 (dezoito) anos de idade para oferecê-la pessoalmente. Nesse segundo caso, o prazo decadencial só começa a ser contado a partir da maioridade do ofendido, o que, porém, gera o risco de se efetivar a prescrição do crime, que já começa a correr desde sempre.

Excepcionalmente, a representação pode ser oferecida pela figura do **curador especial**, pessoa maior e capaz nomeada pelo juiz, de ofício ou a requerimento do Ministério Público, para atuar em favor do ofendido. É o que prevê o art. 33 do CPP: *"Se o ofendido for menor de 18 anos, ou mentalmente enfermo, ou retardado mental, e não tiver representante legal, ou colidirem os interesses deste com os daquele, o direito de queixa poderá ser exercido por curador especial, nomeado, de ofício ou a requerimento do Ministério Público, pelo juiz competente para o processo penal"*.

Como se vê, o curador especial é nomeado para oferecer a representação nos casos de ausência de representante legal de menores de idade, bem como em se tratando de retardados mentais e pessoas mentalmente enfermas. É possível também para a hipótese de colisão de interesses do representante legal com o do representado, como no caso de crimes praticados por aquele contra este. O curador especial é nomeado pelo juiz competente para o processo penal, de ofício ou a requerimento do Ministério Público. Ele é um substituto processual, atuando em nome próprio defendendo direito alheio. No entanto, o curador não está obrigado a oferecer a representação, cabendo a ele ponderar a conveniência ou não da representação em face dos interesses da vítima[5].

---

4. LOPES JUNIOR, Aury. *Direito Processual e sua conformidade constitucional*. 5. ed. rev. e atual. Rio de Janeiro: Lumen Juris, 2010, v. I, p. 276.
5. TÁVORA, Nestor; ALENCAR, Rosmar Rodrigues. *Curso de Direito Processual Penal*. 3. ed. rev., ampl. e atual. Salvador: Juspodivm, 2009, p. 131.

No caso de **vítima morta ou declarada ausente judicialmente**, quem pode representar por ela são seus parentes mencionados no art. 24, § 1º, CPP, necessariamente nessa ordem de preferência: cônjuge, ascendente, descendente ou irmão. É o conhecido **CADI** (Cônjuge, Ascendente, Descendente ou Irmão). A ordem de preferência significa que, aparecendo mais de um sucessor, a preferência será dada nessa exata ordem. Assim, por exemplo, se comparecerem o cônjuge e o descendente, terá preferência na atuação em favor da vítima o cônjuge. Entretanto, no conflito entre representar ou não, deve sempre prevalecer a vontade de quem deseja representar (art. 36 do CPP).

Embora a doutrina entenda ser esse rol taxativo, a jurisprudência já admitiu a atuação em favor do ofendido de outros sucessores, a exemplo de avós, tios, guardiões, parentes ligados por qualquer vínculo ou mesmo por pessoas que possuíam dependência econômica. É de se registrar que, neste dispositivo legal, deve ser incluído também o companheiro, por força do princípio constitucional da igualdade entre as formas de família (art. 226, § 3º, CF).

As **pessoas jurídicas**, se forem vítimas de infrações penais, podem oferecer representação por quem os respectivos contratos ou estatutos designarem ou, no silêncio destes, pelos seus diretores ou sócios-gerentes, em analogia ao disposto no art. 37 do CPP, que versa sobre o exercício do direito de ação por esta entidade.

Ressalte-se que **a mulher casada** pode representar sem o consentimento do marido, pois o art. 35 do CPP, que exigia tal consentimento, foi expressamente revogado pela Lei nº 9.520/97.

No mais, nos crimes previstos nos arts. 168 (Utilização indevida de símbolos oficiais), 170 (Marketing de Emboscada por Associação) e 171 (Marketing de Emboscada por Intrusão) da Lei nº 14.597/2023 (Lei Geral do Esporte), somente se procede mediante representação da organização esportiva titular dos direitos violados, por força do que estabelece o art. 172 deste diploma legal.

6. **Destinatários**: Deve ser **dirigida à autoridade policial, ao juiz ou ao membro do Ministério Público** (art. 39, *caput*, do CPP). Em sendo dirigida à autoridade policial, esta última procederá a inquérito, ou, não sendo competente, remetê-lo-á à autoridade que o for (art. 39, § 3º, do CPP). Se, porém, for dirigida ao juiz ou perante este reduzida a termo, será remetida à autoridade policial para que esta proceda a inquérito (art. 39, § 4º, do CPP). Ressalte-se que, em prol do sistema acusatório, não se recomenda o encaminhamento da representação ao magistrado. Até porque, na prática, ele nada poderá fazer a respeito dela, devendo remetê-la imediatamente ao delegado para que inicie o inquérito policial. E se ela for encaminhada ao membro do Ministério Público, este dispensará o inquérito, se com a representação forem oferecidos elementos que o habilitem a promover a ação penal e, neste caso, oferecerá a denúncia no prazo de 15 (quinze) dias (art. 39, § 5º, do CPP).

7. **Eficácia objetiva**: Apresentada a representação ao Ministério Público, este fica atrelado àquela, não podendo alargá-la, incluindo, por exemplo, crime não mencionado em tal peça. A isso se dá o nome de eficácia objetiva da representação. A título de ilustração, se em uma determinada data ocorre um crime de ameaça e, dias depois, em outra situação fática, há um crime de furto de uso comum,

vindo o ofendido a representar apenas por este último delito, não poderá o Ministério Público alargar o alcance da representação e oferecer denúncia pelo crime de ameaça.

Entretanto, o que vincula o Ministério Público é o fato representado e não a sua tipificação. Por conta disso, o órgão ministerial poderá enquadrar a conduta delituosa em dispositivo legal diverso daquele eventualmente apontado pela vítima[6] (STJ, HC nº 57.200/RS, Rel. Min. Gilson Dipp, j. 03.10.06). Por exemplo, se o ofendido representa por fato que entende configurar o crime de lesões corporais leves, o Ministério Público pode oferecer denúncia por esse mesmo fato, mas considerando que ele melhor se enquadra como crime de ameaça.

De outro lado, a representação oferecida contra um dos autores ou partícipes de uma infração penal permite que o Ministério Público a considere para todos os demais, por força do princípio da obrigatoriedade da ação penal. É que a eficácia da representação é objetiva (diz respeito a fatos), e não subjetiva (referente a agentes). É a posição do STJ (RHC nº 70.157/RJ, Rel. Felix Fischer, j. 14.02.17). A título de ilustração, se o ofendido representa pelo crime de lesões corporais leves, imputando o fato a 2 agentes, o Ministério Público pode oferecer denúncia pelo mesmo fato, imputando-lhe a 3 agentes.

Ademais, **a representação não obriga o Ministério Público a oferecer a ação penal**: ele somente oferecerá denúncia se houver justa causa para tanto; caso não haja, pode promover o arquivamento do inquérito policial, sem que caiba ação penal privada subsidiária da pública. A representação, portanto, funciona para o Ministério Público como uma autorização para agir, não como uma ordem ou determinação.

8. **Ausência de formalismo: Não há formalismo para a elaboração da peça**. Assim, **ela pode ser escrita com a assinatura autenticada do ofendido ou oral** (art. 39, *caput*, do CPP). Porém, se a representação for feita oralmente ou por escrito, sem assinatura devidamente autenticada do ofendido, de seu representante legal ou procurador, será reduzida a termo, perante o juiz ou autoridade policial, presente o órgão do Ministério Público, quando a este houver sido dirigida (art. 39, § 1º, do CPP). Em ambos os casos, deve haver a menção ao autor e ao fato criminoso, já que o art. 39, § 2º, do CPP exige que a representação contenha todas as informações que possam servir à apuração do fato e da autoria.

O que realmente importa, portanto, não é a forma e sim o seu conteúdo, isto é, o **elemento volitivo**, bastando que seja possível apurar a intenção inequívoca do ofendido de instaurar a persecução penal contra o ofensor.

Nessa esteira, o STF tem posicionamento no sentido de que o oferecimento equivocado de queixa-crime, imaginando a vítima que seria caso de ação penal privada, implica o exercício do direito de representação (STF, Pet nº 5.620/DF, Rel. Min. Dias Toffoli, j. 15.06.16).

Além disso, este tribunal já decidiu que, no crime de lesão corporal culposa, de competência do Juizado Especial Criminal, a lavratura de boletim de ocorrência por

6. TÁVORA, Nestor; ALENCAR, Rosmar Rodrigues. *Curso de Direito Processual Penal*. 3. ed. rev., ampl. e atual. Salvador: Juspodivm, 2009, p. 131.

delegado de polícia supre a representação exigida pelo art. 88 da Lei nº 9.099/95, demonstrando a intenção da vítima de responsabilizar o autor do delito (HC nº 7.771-SP). O mesmo foi decidido em relação aos crimes praticados mediante violência doméstica e familiar contra a mulher, disciplinados pela Lei nº 11.340/06 (Lei Maria da Penha): o registro de ocorrência perante autoridade policial (boletim de ocorrência) serve para demonstrar a vontade da vítima de crimes desta natureza em dar seguimento à ação penal contra o agressor (HC nº 101742). Há precedentes do STF também nesse sentido (HC nº 73.226-7).

É certo que a jurisprudência do STF é firme no sentido de que a representação da vítima, em crimes de ação penal pública condicionada, dispensa maiores formalidades. Contudo, quando não houver inequívoca manifestação de vontade da vítima no sentido do interesse na persecução criminal, cumpre intimar a pessoa ofendida para oferecer representação, nos moldes do previsto no art. 91 da Lei 9.099/95, aplicado por analogia ao procedimento comum ordinário, consoante o art. 3º do CPP. Destarte, o comparecimento da vítima em Delegacia ou em Juízo para prestar declarações não traduz, necessariamente, manifestação de vontade inequívoca dessa de representar criminalmente contra o acusado. Nesse sentido, cumpre memorar que vítimas, assim como testemunhas, são intimadas a comparecer na fase inquisitorial ou processual sob pena de sofrer sanções processuais – arts. 201, § 1º e 224, do CPP (STF, 2ª Turma, AgRg no ARE nº 1.385.977/SP, Rel. Min. Edson Fachin, julgamento virtual finalizado em 30.09.2022).

9. **Retratação**: Dentro da discricionariedade reconhecida ao ofendido, a representação é retratável. É possível, pois, que, em um primeiro momento, ele entenda que a representação é conveniente e oportuna, mas, posteriormente, ele se arrependa e mude seu posicionamento, se retratando. Assim como a representação, a retratação não exige, *a priori*, qualquer formalismo.

Via de regra, cabe **retratação da representação até antes do oferecimento da denúncia** (art. 25 do CPP).

Contudo, nos **crimes praticados mediante violência doméstica e familiar contra a mulher**, consoante o art. 16 da Lei Maria da Penha (Lei nº 11.340/06), a retratação da representação pode ser feita **até o recebimento da denúncia**, exigindo-se um formalismo especial para a sua efetivação, isto é, que ela seja feita **perante o juiz, em audiência especial para esse fim, ouvido o Ministério Público**. Esta audiência especial somente deverá ser designada pelo juiz se houver algum elemento nos autos indicando que a vítima pretende se retratar. Por exemplo, se, após representar, a vítima comparece à Delegacia de Polícia, o Delegado colhe o seu depoimento em que ela afirma o seu desejo de se retratar e o remete para juntada aos autos do procedimento correlato. Não se admite, portanto, que, ausente este elemento, o magistrado designe tal audiência para que a vítima, uma vez, intimada, confirme em juízo a sua representação. Em outros termos, a citada audiência deverá ser utilizada somente para a retratação (e não para que se confirme a representação já oferecida).

Enfim, a realização da audiência prevista no art. 16 da Lei nº 11.340/06 somente se faz necessária se a vítima houver manifestado, de alguma forma, em momento anterior ao recebimento da denúncia, ânimo de desistir da representação (STJ, 5ª Turma, AgRg no REsp nº 1.946.824/SP, Rel. Min. Joel Ilan Paciornik, j. 14.06.2022).

Aliás, o mesmo STJ já decidiu que não atende ao disposto no art. 16 da Lei Maria da Penha a retratação da suposta ofendida ocorrida em cartório de Vara, sem a designação de audiência específica necessária para a confirmação do ato (Informativo nº 656).

Em acréscimo, na esteira também do entendimento do STJ, *o não comparecimento da ofendida à audiência prevista no art. 16 da Lei nº 11.340/06 não significa retratação tácita do direito de representação, mas, pelo contrário, a ratificação de seu interesse em levar adiante o feito*. Nas exatas palavras deste tribunal, "a audiência do art. 16 deve ser realizada nos casos em que houve manifestação da vítima em desistir da persecução penal. Isso não quer dizer, porém, que eventual não comparecimento da ofendida à audiência do art. 16 ou a qualquer ato do processo seja considerada como retratação tácita. Pelo contrário: se a ofendida já ofereceu a representação no prazo de 06 (seis) meses, na forma do art. 38 do CPP, nada resta a ela a fazer a não ser aguardar pelo impulso oficial da persecutio criminis" (STJ, EDcl no REsp nº 1.822.250/SP, Rel. Min. Antonio Saldanha Palheiro, j. 11.11.19; AREsp nº 1.165.962/AM, Rel. Min. Sebastião Reis Júnior, DJe 22.11.17). Logo, o procedimento prosseguirá, mesmo se a vítima, regularmente intimada para a audiência especial, não comparecer ao ato sem motivo justo. Nesse cenário, faz-se imprescindível relembrar que o STF, no julgamento da ADI 4424 e da ADC 19, assentou a natureza incondicionada da ação penal em caso de crime de lesão, pouco importando a extensão desta, praticado contra a mulher no ambiente doméstico. Assim, por exemplo, os crimes de lesões corporais leves e culposas no contexto da Lei Maria da Penha são de ação penal pública incondicionada, não podendo se falar, pois, em retratação da representação. Todavia, crimes que não sejam de lesões corporais e que eram de ação penal pública condicionada à representação do ofendido, a exemplo do crime de ameaça, continuam com a natureza desta ação penal inalterada, não sendo alcançados pela decisão do STF. É esse também o teor da recente Súmula nº 542 do STJ (*"A ação penal relativa ao crime de lesão corporal resultante de violência doméstica contra a mulher é pública incondicionada"*).

Conforme tese fixada pelo STJ no rito dos recursos repetitivos, *"A audiência prevista no art. 16 da Lei 11.340/2006 tem por objetivo confirmar a retratação, não a representação, e não pode ser designada de ofício pelo juiz. Sua realização somente é necessária caso haja manifestação do desejo da vítima de se retratar trazida aos autos antes do recebimento da denúncia."* (STJ, 3ª Seção, Tema Repetitivo nº 1167, REsps nºs 1964293/MG e 1977547/MG, Rel. Min. Reynaldo Soares da Fonseca, DJe 08.03.23).

Nessa mesma linha de intelecção, o STF entende que a interpretação no sentido da obrigatoriedade da audiência prevista no artigo 16 da Lei Maria da Penha (Lei 11.340/2006), sem que haja pedido de sua realização pela ofendida, viola o texto constitucional e as disposições internacionais que o Brasil se obrigou a cumprir, na medida em que discrimina injustamente a própria vítima de violência. Com efeito, asseverou-se que a audiência perante o juiz, de que trata o referido dispositivo para as ações penais públicas condicionadas à representação da ofendida, tem a finalidade de viabilizar que a vítima, devidamente assistida por uma equipe multidisciplinar, expresse, de forma livre, a sua vontade. Não se trata da mera avaliação da presença de um requisito procedimental, de modo que não cabe ao magistrado delegar a realização da audiência a outro profissional, ou designá-la de ofício ou a requerimento de outra parte. Visto que a garantia da liberdade somente é assegurada caso a própria vítima, de forma exclusiva, solicite a realização dessa solenidade, determinar o seu comparecimento ao ato configura desrespeito a sua intenção, que, nesse caso, deve prevalecer. Com base nesse entendimento, a Suprema Corte promoveu interpretação conforme a Constituição ao artigo 16 da Lei 11.340/2006, no sentido de reconhecer a inconstitucionalidade (i) da designação, de ofício, da audiência nele prevista; e (ii) do reconhecimento de que eventual não comparecimento da vítima de violência doméstica implique "retratação tácita" ou "renúncia tácita ao direito de representação" (STF, Plenário, ADI nº 7.267/DF, Rel. Min. Edson Fachin, julgamento virtual finalizado em 21.08.2023).

A retratação da representação, em qualquer caso, na regra geral ou na Lei Maria da Penha, conforme entendimento de parcela da doutrina, pode ser *expressa* ou *tácita*. A retração tácita ocorreria, por exemplo, quando o ofendido se reconcilia com o seu agressor. Mas se trata de hipótese, na prática, de difícil comprovação. Daí porque há julgado mais antigo do STF não admitindo a retratação tácita (STF, HC nº 82.206/SP, Rel. Min. Nelson Jobim, j. 08.10.02).

A doutrina majoritária entende que é possível a **retratação da retratação**. Ou seja, o ofendido primeiro representa, depois se retrata e, posteriormente, se retrata desta retratação, isto é, volta a ter interesse na representação. Para tanto, exige-se apenas que ela seja feita dentro do prazo decadencial de 6 meses, ou seja, desde que não haja a decadência, pois, em essência, essa situação envolve uma verdadeira representação. É esse também o posicionamento do STJ (HC nº 59.188/PA, Rel. Min. Arnaldo Esteves Lima, j. 29.10.09). Guilherme de Souza Nucci ainda acrescenta que "a retratação da retratação pode ser considerada inviável se ficar evidenciada a má-fé do ofendido, que vem ameaçando o agente e conseguindo vantagens, graças à possibilidade de 'ir e vir' no seu desejo de representar[7]".

Noutro giro, há discussão na doutrina se o funcionário público que oferece representação por ter sido vítima de crime praticado no exercício de suas funções pode ou não se retratar. Há duas correntes a esse respeito:

1ª corrente: é pela impossibilidade da retratação, considerando que, a partir da representação, passou a existir interesse público na apuração do fato delitivo.

2ª corrente: é pela possibilidade, aduzindo-se que não há qualquer restrição legal a esse respeito, estando a representação e a própria retratação na esfera da oportunidade (discricionariedade) do ofendido. Ademais, se o interesse público preponderasse sobre o interesse particular, a lei certamente iria prever para delitos dessa natureza a ação penal pública incondicionada. É a corrente que tende a ser a majoritária.

Há também discussão se é possível a retratação da manifestação do ofendido declarando que não deseja representar. Por exemplo, determinada pessoa, vítima

7. NUCCI, Guilherme de Souza. *Manual de Processo Penal e Execução Penal*. 5. ed. São Paulo: RT, 2008, p. 200.

do crime de ameaça, comparece à delegacia para prestar depoimento, oportunidade em que declara categoricamente que não pretende representar contra o seu agressor. Entende-se que é possível a retratação desse comportamento, sendo cabível, pois, o posterior oferecimento da representação, exigindo-se apenas, para tanto, que haja o cumprimento do prazo decadencial de 6 (seis) meses desde a descoberta da autoria. Ora, o que, de fato, extingue a punibilidade é o transcurso do prazo decadencial sem o oferecimento da representação, e não a manifestação do ofendido declarando seu desejo de não representar. Desse modo, declarando o ofendido que não pretende representar, deve-se, por cautela, manter os autos do procedimento arquivados até o fim do prazo decadencial (arquivamento provisório); somente após o transcurso desse prazo, se não oferecida a representação, é que haverá a extinção da punibilidade (art. 107, IV, CP[8]).

7. ACORDO DE NÃO PERSECUÇÃO PENAL (ART. 28-A CPP)

7.1. Noções gerais

O acordo de não persecução penal é definido como o ajuste passível de ser celebrado, via de regra, antes do início da ação penal (ou seja, da persecução penal em juízo), no âmbito da investigação criminal, entre o Ministério Público e o investigado (acompanhado de defensor), com o objetivo de evitá-la, ajuste este que, uma vez homologado judicialmente e cumprido, enseja a extinção da punibilidade.

Configura-se uma nítida hipótese de mitigação ao princípio da obrigatoriedade da ação penal pública, seguindo a experiência de países como os Estados Unidos e a Alemanha, em que os casos penais são resolvidos, em sua grande maioria, por meio de acordo.

Insere-se, pois, no contexto da Justiça Penal Consensual, que também é válido no Brasil, basta verificar os institutos da composição civil dos danos, transação penal, suspensão condicional do processo, colaboração premiada e o acordo de leniência.

Como tal, permite o debate, o diálogo, sendo a solução para o caso concreto construída pelas próprias partes envolvidas, o que certamente lhe confere uma aceitação e uma legitimidade muito maiores. Atende perfeitamente às relações dialógicas que são reconhecidas e estimuladas em um Estado Democrático de Direito.

Ademais, resulta em outros tantos benefícios, como a diminuição da sobrecarga do Judiciário; a resposta estatal à prática de uma infração penal com muito mais eficiência, proporcionalidade e celeridade, reduzindo a sensação social de impunidade; evita-se a estigmatização do investigado, que responde a uma infração penal que praticou sem ser condenado criminalmente, não havendo sequer registro em certidões de antecedentes criminais, o que contribui para facilitar a sua ressocialização; tudo isso sem falar na diminuição de custos por parte do Estado e do próprio investigado com o não prosseguimento da persecução penal.

8. ARAÚJO, Fábio Roque; COSTA, Klaus Negri. *Processo Penal Didático*. 3. ed. rev., atual. e ampl. Salvador: Juspodivm, 2020, p. 204.

Por tudo, pode-se apontar que o ANPP possui natureza jurídica de **instrumento de política criminal**. Sob esse prisma, é reconhecida ao Ministério Público discricionariedade para analisar a necessidade e a suficiência da medida para fins de reprovação e prevenção do crime praticado. Por conseguinte, este acordo se apresenta como uma **faculdade ou prerrogativa do Ministério Público**, não havendo que se falar em direito público subjetivo do investigado. O Enunciado nº 19 do Grupo Nacional de Coordenadores de Centro de Apoio Criminal (GNCCRIM) é claro a esse respeito: *"O acordo de não persecução penal é faculdade do Ministério Público, que avaliará, inclusive em última análise (§ 14), se o instrumento é necessário e suficiente para a reprovação e prevenção do crime no caso concreto."*. Ora, não se deve admitir direito público subjetivo do interessado ou, em outro viés, dever de o Ministério Público propor acordo no âmbito da Justiça Penal Consensual. São ideias absolutamente incompatíveis, acordo pressupõe discricionariedade para os dois negociadores, que devem assim ter liberdade em avaliar se há conveniência e oportunidade em sua celebração. Retirar esse poder das mãos do Ministério Público (e também do autor dos fatos) é desnaturar por completo a Justiça Penal Consensual.

Acrescente-se que o ANPP pode ser compreendido também como uma **medida despenalizadora**, pois pretende solucionar a demanda penal sem qualquer imposição de pena. O acordo terá como objeto apenas a fixação de condições ou obrigações, as quais, repita-se, não têm natureza de pena. Nas palavras de Rodrigo Leite Ferreira Cabral, as obrigações assumidas neste acordo devem ser consideradas como *equivalentes funcionais da pena*[9]. Tivesse o objeto do ANPP o caráter de pena, poderia ser novamente discutida a constitucionalidade do instituto, em face da exigência contida na Carta Magna de imposição de sanção penal mediante o devido processo legal (art. 5º, LV, CF).

Por conta disso é que o ANPP não deve ser confundido com o *plea bargain*, importante mecanismo de solução consensual de casos penais e que possui grande destaque nos Estados Unidos. Embora existam algumas semelhanças entre esses institutos, o *plea bargain*, via de regra, implica a condenação definitiva, sendo possível ainda aplicá-lo a qualquer crime. Já o acordo de não persecução penal não resulta em condenação ou aplicação de pena, não sendo possível também a assunção de medidas de privação de liberdade, e, além disso, ele é aplicável apenas a um determino grupo de delitos, de pequena ou média gravidade[10].

O ANPP deve ser ainda entendido como uma manifestação da denominada **Justiça Multiportas**. Nesse passo, a Justiça Multiportas é aquela em que a atividade jurisdicional do Estado não é a única, muito menos a principal opção conferida às partes para solucionarem um litígio, sendo previstas outras possibilidades de pacificação social. Na esfera do Processo Civil, são apontadas a conciliação, a mediação e a arbitragem como institutos que, em conjunto com a jurisdição, caracterizam o novo modelo de Justiça Multiportas. Ela está, portanto, positivada no CPC em seus arts. 3º,

---

9. CABRAL, Rodrigo Leite Ferreira. *Manual do Acordo de Não Persecução Penal*: à luz da Lei 13.964/2019 (Pacote Anticrime). Salvador: Juspodivm, 2020, p. 85.
10. CABRAL, Rodrigo Leite Ferreira. *Manual do Acordo de Não Persecução Penal*: à luz da Lei 13.964/2019 (Pacote Anticrime). Salvador: Juspodivm, 2020, p. 70.

§ 1º, e 334, *caput*. No Processo Penal, o acordo de não persecução penal é exemplo concreto de manifestação da Justiça Multiportas, negócio jurídico pré-processual entre o Ministério Público e o investigado, juntamente com seu defensor, como alternativa à propositura de ação penal para certos tipos de crimes, principalmente no momento presente, em que se faz necessária a otimização dos recursos públicos e a efetivação da chamada Justiça multiportas, com a perspectiva restaurativa" (STJ, HC nº 607.003-SC, Rel. Min. Reynaldo Soares da Fonseca, j. 24.11.20).

Para que se torne possível a celebração do acordo em comento, faz-se imprescindível o preenchimento (cumulativo) dos requisitos específicos extraídos do art. 28-A, *caput*, do CPP, o qual dispõe que, não sendo caso de arquivamento e tendo o investigado confessado formal e circunstancialmente a prática de infração penal sem violência ou grave ameaça e com pena mínima inferior a 4 (quatro) anos, o Ministério Público poderá propor acordo de não persecução penal, desde que necessário e suficiente para reprovação e prevenção do crime, mediante condições ajustadas cumulativa e alternativamente elencadas nos incisos I a V daquele dispositivo legal.

Em complemento, verifica-se que o § 2º do art. 28-A do CPP lista situações em que, mesmo preenchidos os requisitos do *caput* deste dispositivo, não será possível o acordo, a saber: I – se for cabível transação penal de competência dos Juizados Especiais Criminais, nos termos da lei; II – se o investigado for reincidente ou se houver elementos probatórios que indiquem conduta criminal habitual, reiterada ou profissional, exceto se insignificantes as infrações penais pretéritas; III – ter sido o agente beneficiado nos 5 (cinco) anos anteriores ao cometimento da infração, em acordo de não persecução penal, transação penal ou suspensão condicional do processo; e IV – nos crimes praticados no âmbito de violência doméstica ou familiar, ou praticados contra a mulher por razões da condição de sexo feminino, em favor do agressor.

7.2. Condição de reparação do dano ou restituir a coisa à vítima (art. 28-A, I, CPP)

O acordo de não persecução penal contemplará as condições (ou obrigações) previstas no art. 28-A, *caput*, incisos I a V, do CPP. Entre as condições que serão ajustadas "cumulativa e alternativamente", merece destaque, para os fins desta obra, aquela inserida no inciso I deste dispositivo legal, qual seja, a de **reparar o dano ou restituir a coisa à vítima, exceto na impossibilidade de fazê-lo**.

Como é cediço, nota marcante da Justiça Penal Consensual é sempre a tentativa de reparação do dano causado pela infração penal. Esta condição se insere ainda no contexto da Terceira Via do Direito Penal e da Justiça Restaurativa. Trata-se de medida que busca tutelar a esfera do ofendido, o que atende aos objetivos do *garantismo penal integral*. Em essência, procura implementar o *direito à reparação dos danos materiais, psicológicos e morais e à reparação simbólica*, já apreciado em passagem anterior desta obra.

Em face do princípio da reparação integral, a reparação dos danos estabelecida no ANPP pode englobar tanto o dano material (danos emergentes e lucros cessantes) quanto o dano moral.

Ademais, no cenário do *Processo Penal Coletivo*, o termo "vítima" deve ser compreendido em sentido amplo, para incluir não só pessoas físicas, mas também pessoas jurídicas e entes coletivos. Nesse prisma, é possível estipular no acordo o pagamento de dano moral coletivo. Relembre-se que, na linha do estabelecido no **art. 3º, inciso IV, da Resolução nº 243/2021 do CNMP**, também é vítima a denominada **vítima coletiva**, ou seja, o "grupo social, comunidades ou organizações sociais atingidas pela prática de crime, ato infracional ou calamidade pública que ofenda bens jurídicos coletivos, tais como a saúde pública, o meio ambiente, o sentimento religioso, o consumidor, a fé pública, a administração pública".

Quanto à ressalva de impossibilidade de reparação do dano, ela deve ser verificada a partir das circunstâncias do caso concreto. É dizer, "não abrange apenas as infrações penais nas quais a reparação é impossível em abstrato, mas também aquelas nas quais existe impossibilidade fática concreta de reparação[11]". A título de ilustração, é o que ocorre se o crime provoca dano patrimonial de grande monta, mas o agente não tem condições econômicas para arcar com o seu pagamento.

A reparação do dano pode ser feita pelo próprio investigado ou por terceiro em seu favor, como um familiar ou um amigo. Seja como for, ela não depende da anuência do ofendido. Assim, se a vítima se recusa a receber o valor pelo agente a título de reparação do dano, nada impede que o pagamento seja feito por meio de depósito em juízo, realizando-se posterior destinação social da quantia.

Em acréscimo, impende registrar o inteiro teor do art. 18-A, § 4º, da Resolução nº 181/2017 do CNMP, com a redação dada pela Resolução nº 289/2024 do CNMP, que destaca a participação da vítima ou dos seus familiares no ANPP para se alcançar a reparação dos danos causados pela infração. Na exata dicção daquele dispositivo, "*Na forma do art. 17 desta Resolução, o membro do Ministério Público deverá diligenciar para que a vítima ou, na ausência desta, seus respectivos familiares participem do acordo de não persecução penal com vistas à reparação dos danos causados pela infração, não se exigindo, contudo, sua aquiescência como requisito de validade ou eficácia do acordo, observando-se o seguinte: I – antes da apresentação da proposta ao investigado, o Ministério Público providenciará a notificação da vítima para informar sobre os danos decorrentes da infração penal e apresentar, sempre que possível, documentos ou informações que permitam estimar o dano suportado e a capacidade econômica do investigado; II – a vítima, sempre que possível acompanhada de advogado ou defensor público, poderá figurar como interveniente no ANPP, no que diz respeito à reparação dos danos civis decorrentes da infração penal; III – o não comparecimento da vítima ou a sua discordância em relação à composição civil dos danos, por si só, não obstará a celebração do ANPP; IV – na hipótese de não comparecimento da vítima ou da sua discordância em relação à composição civil dos danos, o montante a ser pactuado pelo Ministério Público nos termos do art. 28-A, I, do CPP, deverá ser expressamente ressalvado como valor mínimo, não impedindo a busca da reparação integral pelo ofendido por meio das vias próprias; V – a cláusula relativa à composição de danos civis poderá ser pactuada com caráter de irrevogabilidade, constituindo título executivo de natureza cível apto à execução, mesmo na hipótese de posterior rescisão do ANPP; VI – para o cumprimento das providências indicadas*

11. ARAÚJO, Fábio Roque; COSTA, Klaus Negri. *Processo Penal Didático*. 3. ed. rev., atual. e ampl. Salvador: Juspodivm, 2020, p. 168-169.

nos incisos anteriores o órgão de execução ministerial poderá requisitar à Autoridade Policial responsável pela investigação que traga aos autos, documentalmente, elementos de convicção que permitam estimar o dano suportado pela vítima e a capacidade econômica do investigado, sem prejuízo de a própria vítima complementar ou modificar tal documentação antes da celebração do acordo com o investigado".

7.3. Intimação da vítima da homologação do acordo e de seu descumprimento (art. 28-A, § 9º, CPP)

Em respeito ao *direito à informação e à comunicação*, o art. 28-A, § 9º, do CPP, estabelece que a vítima será intimada da homologação do acordo, bem como de seu descumprimento.

Com fundamento no art. 201, § 3º, do CPP, as comunicações do ofendido deverão ser feitas no endereço por ele indicado, admitindo-se, por opção dele, o uso do meio eletrônico.

Ademais, frise-se que a celebração do acordo de não persecução penal, ainda que ocorra o seu posterior descumprimento, não autoriza o início da ação penal privada subsidiária da pública ou supletiva, a qual será avaliada no tópico seguinte.

8. AÇÃO PENAL PRIVADA SUBSIDIÁRIA DA PÚBLICA OU SUPLETIVA (ART. 29 CPP E ART. 5º, LIX, CF)

Tem-se aqui mais um instituto que visa assegurar o *direito de participação* das vítimas de crimes na persecução penal.

A ação penal privada subsidiária da pública ou supletiva é a espécie de ação penal privada ajuizada pelo particular em hipóteses de crimes que, na origem, são de ação penal pública, mas para os quais o Ministério Público deixou transcorrer *in albis* (em branco) o prazo para o oferecimento da denúncia.

Nas palavras de Guilherme de Souza Nucci, ela se verifica, portanto, quando o ofendido ou seu representante legal ingressa "diretamente, com ação penal, através do oferecimento de queixa, quando o Ministério Público, nos casos de ações públicas, deixe de fazê-lo no prazo legal (art. 46, CPP[12])".

Esta espécie de ação penal privada tem autorização constitucional, mais precisamente no art. 5º, LIX, da Carta Magna Federal, o que permite a sua sobrevivência no ordenamento jurídico e consequentemente a validade do art. 29 do CPP, afinal de contas, como regra geral, a ação penal pública é privativa do Ministério Público, conforme estabelece o art. 129, inciso I, do Texto Constitucional. Aliás, ela está elencada na Constituição Federal como direito fundamental do cidadão porque visa promover um controle feito pelo ofendido contra abusos do Estado-acusação, quando houver demora excessiva no oferecimento da ação penal.

Busca-se com esta ação, portanto, suprir a absoluta inércia do Ministério Público, por meio de um controle da sua atuação feito pelo próprio particular, evitando-se que a omissão ministerial resulte em impunidade do fato delitivo e, por consequência, prejudique a sociedade.

12. NUCCI, Guilherme de Souza. *Manual de Processo Penal e Execução Penal*. 5. ed. São Paulo: RT, 2008, p. 211.

PARTE II

Nesse prisma, para que se permita o ajuizamento da ação em comento, exige-se a **absoluta inércia** do Ministério Público, não se manifestando, de forma alguma, no prazo legal para oferecimento da denúncia (art. 46 CPP), deixando-o transcorrer *in albis* (em branco).

Nessa esteira, **a promoção de arquivamento do inquérito policial pelo Ministério Público não permite o manejo dessa ação**, que só é permitido se houver, de fato, absoluta inércia do órgão ministerial. Nesse sentido é a posição do STF (RT 653/389, 431/419, 534/456, 597/421 e 613/431) e o STJ (AgRg no RMS nº 27.518/SP, Rel. Min. Marco Aurélio Bellizze, j. 20.02.14). O mesmo se diga se o Ministério Público procurar complementar o inquérito policial, adotando as providências mencionadas nos artigos 16 e 47 do CPP, ou ainda se este órgão firmar com o investigado o acordo de não persecução penal disciplinado pelo art. 28-A do CPP, com a redação dada pela Lei nº 13.964/2019 ("Pacote Anticrime").

Nesse cenário, o STF, em regime de repercussão geral, fixou a seguinte tese referente à ação penal privada subsidiária da pública (tema nº 811, ARE nº 859.251/DF, Rel. Min. Gilmar Mendes, j. 16.04.15):

> I – O ajuizamento da ação penal privada pode ocorrer após o decurso do prazo legal, sem que seja oferecida denúncia, ou promovido o arquivamento, ou requisitadas diligências externas ao Ministério Público. Diligências internas à instituição são irrelevantes;
>
> II – A conduta do Ministério Público posterior ao surgimento do direito de queixa não prejudica sua propositura. Assim, o oferecimento de denúncia, a promoção do arquivamento ou a requisição de diligências externas ao Ministério Público, posterior ao decurso do prazo legal para a propositura da ação penal não afastam o direito de queixa. Nem mesmo a ciência da vítima ou da família quanto a tais diligências afasta esse direito, por não representar concordância com a falta de iniciativa da ação penal pública.

Admite-se a ação penal privada em análise apenas e tão somente para crimes que possuam **vítima certa e determinada**, a exemplo do que ocorre com os delitos de homicídio, roubo, estupro etc. Por conseguinte, não se autoriza tal ação em crimes de perigo, como nos crimes de tóxicos (*verbi gratia*, uso e tráfico de drogas), nos quais a vítima é difusa, a saúde pública. Nesse passo, como já decidido pelo STF, "a legitimidade para o ajuizamento de ação penal privada subsidiária da pública pertence a quem sofra, diretamente, as consequências do delito, e não à toda coletividade. A condição de cidadão não confere um direito difuso ao ajuizamento de ação penal privada subsidiária da pública" (STF, AgRg na Pet nº 6.071/DF, Rel. Min. Roberto Barroso, j. 13.09.16).

Na ação penal privada subsidiária da pública, o ofendido propõe a ação em nome próprio, mas defendendo direito alheio. Para ele, porém, há uma mera faculdade, não incidindo qualquer dever de iniciar a ação penal.

Destarte, pode-se afirmar que ela é uma faculdade do ofendido, pois ele só oferecerá a ação se quiser. Para valer-se dela, o ofendido tem o **prazo decadencial de 6 (seis) meses** para oferecer a chamada **queixa-crime substitutiva**, prazo este **contado desde o fim do prazo que possui o Ministério Público para oferecer denúncia**. Logo, não se aplica a regra da ação penal privada prevista no art. 38 do CPP, segundo o qual o prazo seria contado a partir da descoberta da autoria. Na dicção do art. 46, *caput*, do CPP, o prazo se iniciaria então a partir do 6º dia (se o investigado estiver preso) ou 16º dia (em caso de investigado solto).

Registre-se que o prazo para o Ministério Público oferecer a denúncia é *impróprio*, isto é, mesmo se o agente ministerial perder o prazo fixado no art. 46, *caput*, do CPP, ainda poderá oferecer a denúncia, a qualquer tempo, desde que não tenha ocorrido a extinção da punibilidade pela prescrição. Porém, a inércia ministerial autorizará o ajuizamento da ação penal privada subsidiária da pública, se oferecida a queixa-crime substitutiva em 6 (seis) meses, desde o fim do prazo ministerial.

A esse respeito configura-se a **decadência imprópria**, que é aquela que incide na ação penal privada subsidiária da pública. Assim, como já registrado alhures, após o transcurso do prazo em branco (*in albis*) para o Ministério Público oferecer a denúncia, inicia-se o prazo de 6 (seis) meses para o particular oferecer essa ação penal (art. 38, *caput*, parte final do CPP), encaminhando ao juízo criminal competente a queixa-crime substitutiva. No entanto, a perda de tal prazo não enseja a extinção da punibilidade, caracterizando-se assim uma decadência, de fato, imprópria. O único efeito dessa decadência é a exclusão da legitimidade ativa desse agente, não se permitindo mais que ele ofereça a queixa-crime substitutiva, autorizando, porém, o órgão ministerial a iniciar a ação como seu autor, até porque o prazo para oferecimento da denúncia por este órgão é impróprio. Logo, esse prazo decadencial "não atinge o Estado-acusação, que mantém o dever de denunciar, até que ocorra a prescrição[13]".

Quanto à **legitimidade ativa** para a ação penal privada subsidiária da pública, tem-se que ela é do ofendido ou do seu representante legal (art. 30 CPP). A inércia do Ministério Público transfere a iniciativa para o início da ação penal a estes agentes. Mas isso não significa que a ação perderá a sua natureza originariamente pública. Em outras palavras, a inércia ministerial não transforma a natureza da ação penal de pública para privada[14].

Com efeito, a ação, de fato, possui natureza pública. A perda do prazo pelo Ministério Público confere legitimidade ao particular, mas não retira a legitimidade ministerial para atuar. Há, pois, hipótese de *legitimidade concorrente*.

Nesse sentido, o Ministério Público não atuará nessa ação como mero fiscal da ordem jurídica (*custos iuris*), como sói ocorrer nas demais espécies de ação penal privada. Em verdade, nesta ação, o Ministério Público figura, para Nestor Távora e Rosmar Rodrigues Alencar, como um **interveniente adesivo obrigatório ou parte adjunta**[15]; para Guilherme de Souza Nucci, ele é um **assistente litisconsorcial**[16]; para Fábio Roque Araújo e Klaus Negri Costa, ele atua como uma **parte secundária**[17].

Certo é que o órgão ministerial atua em conjunto com o ofendido, tendo amplos **poderes de parte** nesse tipo de ação (art. 29 do CPP): pode aditar a queixa-crime substitutiva (para incluir novo agente e/ou fato delitivo, por exemplo); oferecer *denúncia substitutiva*, repudiando a queixa-crime; intervir em todos os termos do processo; fornecer elementos de prova; interpor recurso; retomar a ação principal, se houver negligência do querelante.

13. NUCCI, Guilherme de Souza. *Manual de Processo Penal e Execução Penal*. 5. ed. São Paulo: RT, 2008, p. 212.
14. ARAÚJO, Fábio Roque; COSTA, Klaus Negri. *Processo Penal Didático*. 3. ed. rev., atual. e ampl. Salvador: Juspodivm, 2020, p. 213.
15. TÁVORA, Nestor; ALENCAR, Rosmar Rodrigues. *Curso de Direito Processual Penal*. 3. ed. rev., ampl. e atual. Salvador: Juspodivm, 2009, p. 141.
16. NUCCI, Guilherme de Souza. *Manual de Processo Penal e Execução Penal*. 5. ed. São Paulo: RT, 2008, p. 211-214.
17. ARAÚJO, Fábio Roque; COSTA, Klaus Negri. *Processo Penal Didático*. 3. ed. rev., atual. e ampl. Salvador: Juspodivm, 2020, p. 213.

A não atuação do Ministério Público nesta espécie de ação ensejará nulidade (art. 564, inciso III, alínea "d", do CPP), a depender da demonstração de prejuízo e alegação oportuna (STJ, AgRg no HC nº 258.852/PI, Rel. Min. Rogerio Schietti Cruz, j. 17.11.16).

Quanto ao poder do Ministério Público de repudiar a queixa-crime, oferecendo denúncia substitutiva, insta salientar que ele não deve ser exercido por simples capricho, orgulho, vaidade do agente ministerial, enfim, por mera arbitrariedade. Exige-se para tanto que a queixa seja inepta e não preencha os requisitos legais para o seu oferecimento. Ou a menos que se indique que o órgão ministerial não foi inerte. Do contrário, o juiz deverá rejeitar a denúncia substitutiva e manter a queixa-crime substitutiva. Por conseguinte, o *Parquet* apenas poderá repudiar a queixa até o seu recebimento pelo juiz.

Se o Ministério Público entender que a ação oferecida pelo ofendido não possui justa causa, deverá oferecer parecer pugnando pela rejeição da peça acusatória. O magistrado, porém, não está vinculado ao parecer ministerial, podendo receber a queixa-crime substitutiva. Restará ao *Parquet* (e ao próprio réu) o oferecimento de *habeas corpus* visando o trancamento da ação penal.

Ainda com relação ao Ministério Público, assevere-se que o art. 801 do CPP ("*Findos os respectivos prazos, os juízes e os órgãos do Ministério Público, responsáveis pelo retardamento, perderão tantos dias de vencimentos quantos forem os excedidos. Na contagem do tempo de serviço, para o efeito de promoção e aposentadoria, a perda será do dobro dos dias excedidos.*") não tem mais aplicabilidade, já que a Constituição Federal assegura a irredutibilidade dos vencimentos aos membros do *Parquet*, bem como os critérios de promoção encontram-se previstos nas respectivas Leis Orgânicas.

Noutro giro, considerando que a ação penal em comento não perde a sua natureza pública não se aplicam a ela os institutos da renúncia, do perdão do ofendido e da perempção. Pelo mesmo motivo, ela continua sendo regida pelos princípios da obrigatoriedade e da indisponibilidade.

Assim, se o Ministério Público deixa transcorrer *in albis* o prazo para a denúncia e, em seguida, o ofendido declara categoricamente a sua renúncia ao direito de queixa, não ocorrerá a extinção da punibilidade, sendo ainda possível o *Parquet*, dentro do prazo de prescrição do delito, oferecer a denúncia. E se for oferecida a queixa-crime substitutiva, mas, ao longo do processo, o querelante perdoar o agressor, desistindo da ação, cabe ao Ministério Público reassumir o polo ativo e promover o regular seguimento do feito em seus ulteriores termos. De outro lado, na hipótese de oferecimento da queixa, ficando o querelante inerte, dando causa à perempção (art. 60 CPP), também não será decretada a extinção da punibilidade, tendo como única consequência a substituição do polo ativo, sendo dele excluído o querelante, passando o Ministério Público a ocupar o seu lugar como parte principal.

Aliás, a redação de alguns dispositivos legais não deixa qualquer dúvida a esse respeito. É que o art. 105 do Código Penal (ao tratar do perdão do ofendido) e o art. 60 do CPP (ao tratar da perempção), de forma expressa, afirmam, respectivamente, que esses institutos se aplicam apenas "nos crimes em que somente se procede mediante queixa" ou "nos casos em que somente se procede mediante queixa". Logo, há nítida intenção do legislador de excluir a aplicação desses institutos para a ação penal privada subsidiária da pública.

Nas situações que resultariam em perempção (art. 60 CPP), tem-se hipótese de **ação penal indireta**, que é aquela que se verifica justamente quando, na hipótese de ação penal privada subsidiária da pública, há inércia ou negligência do querelante, o que permite o Ministério Público retomar o polo ativo da ação como parte principal. É o que se prevê no art. 29, parte final do CPP.

Nessa esteira, por tudo quanto aqui exposto, reitere-se: os institutos da decadência, renúncia, perdão do ofendido e perempção não provocam a extinção da punibilidade na ação penal privada subsidiária da pública, tendo como consequência apenas a exclusão da legitimidade ativa do particular, abrindo espaço para o *Parquet* iniciar/prosseguir a ação como seu autor.

Quanto à figura do ofendido, registre-se que, na hipótese de ele ser afastado do polo ativo desta demanda, ainda assim poderá habilitar-se como assistente de acusação.

Vale a pena destacar que a Lei de abuso de autoridade (Lei nº 13.869/2019) também prevê a ação penal privada subsidiária da pública, ao dispor, em seu art. 3º, § 1º, que *"Será admitida ação privada se a ação penal pública não for intentada no prazo legal, cabendo ao Ministério Público aditar a queixa, repudiá-la e oferecer denúncia substitutiva, intervir em todos os termos do processo, fornecer elementos de prova, interpor recurso e, a todo tempo, no caso de negligência do querelante, retomar a ação como parte principal."*. Esta ação será exercida no prazo de 6 (seis) meses, contado da data em que se esgotar o prazo para oferecimento da denúncia (art. 3º, § 2º). A anterior Lei de abuso de autoridade (Lei nº 4.898/65) possuía previsão semelhante de ação penal privada subsidiária da pública no teor do seu art. 16.

Registre-se que **não há pagamento de custas ou demais despesas processuais neste tipo de ação**. Nas demais espécies de ação penal privada, ocorrerá esse pagamento, nos termos previstos no art. 806 do CPP:

> *Art. 806. Salvo o caso do art. 32, nas ações intentadas mediante queixa, nenhum ato ou diligência se realizará, sem que seja depositada em cartório a importância das custas.*
>
> *§ 1º Igualmente, nenhum ato requerido no interesse da defesa será realizado, sem o prévio pagamento das custas, salvo se o acusado for pobre.*
>
> *§ 2º A falta do pagamento das custas, nos prazos fixados em lei, ou marcados pelo juiz, importará renúncia à diligência requerida ou deserção do recurso interposto.*
>
> *§ 3º A falta de qualquer prova ou diligência que deixe de realizar-se em virtude do não pagamento de custas não implicará a nulidade do processo, se a prova de pobreza do acusado só posteriormente foi feita.*

Quanto às despesas processuais, admite-se a condenação do vencido ao pagamento das verbas sucumbenciais nos delitos de ação penal privada, incluindo honorários advocatícios, por analogia ao princípio geral da sucumbência (STJ, ED no REsp nº 275.650/SP, Rel. Min. Hamilton Carvalhido, j. 29.11.05). Nesse passo, o STJ chegou a decidir que é possível condenar o querelante em honorários advocatícios sucumbenciais na hipótese de rejeição de queixa-crime por ausência de justa causa, com fundamento nos arts. 3º e 804 do CPP, em harmonia com o art. 20 do CPC/1973 (STJ, Informativo nº 586). De igual modo, o STF decidiu que caberá a fixação de honorários advocatícios quando houver a rejeição da queixa, por analogia ao art. 85 do CPC/2015 (STF, 2º AgRg no ARE nº 1.197.757/DF, Rel. Min., Ricardo Lewandowski, j. 18.10.19).

Portanto, no que tange aos honorários advocatícios em si, é possível a fixação do seu pagamento por parte do querelante vencido ao advogado que patrocinou a defesa do querelado. Nessa linha de intelecção, com fincas nos ensinamentos de

Nestor Távora e Rosmar Rodrigues Alencar, "Nas hipóteses de nomeação do advogado pelo juiz para ajuizar a ação, sendo a vítima pobre, em razão da impossibilidade ou inexistência de Defensor Público na comarca, os honorários devem ser fixados pelo magistrado, de acordo com a tabela organizada pelo Conselho Seccional da OAB, e são devidos pelo Estado, ao amparo do art. 22, § 1º da Lei nº 8.906/94[18]".

9. QUEIXA-CRIME (ART. 30 CPP)

9.1. Noções gerais

A queixa-crime é a peça privativa do particular legitimado para iniciar a ação penal privada, em qualquer uma das suas espécies, isto é, na exclusiva, na personalíssima ou na subsidiária da pública. Por meio dela, a vítima também exerce o *direito de participação* na persecução penal, desta feita especificamente na ação penal privada.

Desde já, registre-se que ela deve ser elaborada por meio de petição escrita e em língua portuguesa. Excepcionalmente, no Juizado Especial Criminal, o art. 77, *caput*, da Lei nº 9.099/95, autoriza o oferecimento de queixa oral, a qual será, em momento posterior, reduzida a termo.

Vejamos a seguir os requisitos exigidos por lei para a elaboração desta peça acusatória.

9.2. Legitimidade ativa

À semelhança do que ocorre com a representação do ofendido, em regra, possui legitimidade ativa para o oferecimento da ação penal privada o **ofendido ou o seu representante legal** (art. 30 CPP).

Em havendo a **morte ou declaração de ausência do ofendido**, passa a ter legitimidade ativa o rol do CADI, isto é, o cônjuge, ascendentes, descendentes e irmãos, nesta ordem de preferência (art. 31 CPP), embora qualquer um deles possa prosseguir na ação, caso o querelante desista da instância ou a abandone (art. 36 CPP).

É de se registrar que, neste rol de legitimados, deve ser inserido também o companheiro, por força do princípio constitucional da igualdade entre as formas de família (art. 226, § 3º, CF). É esse o posicionamento do STJ, que inclusive já decidiu no sentido de conferir legitimidade ativa à companheira em união estável homoafetiva (Informativo nº 654).

Quanto à figura do cônjuge, o STF reconheceu a legitimidade ativa *ad causam* de mulher de deputado federal para formalizar queixa-crime com imputação do crime de injúria, prevista no art. 140 do Código Penal, em tese perpetrada por senador contra a honra de seu marido. Na queixa-crime, a querelante se disse ofendida com a declaração do querelado, no Twitter (atual "X"), na qual insinuava que seu marido manteria relação homossexual extraconjugal com outro parlamentar. O Pretório Excelso considerou que a afirmação do senador pode configurar injúria contra a honra da mulher do deputado federal, em face da apontada traição, o que lhe confere a legitimidade ativa. Citou, ademais, entendimento doutrinário que reconhece a legitimidade ativa do homem casado

18. TÁVORA, Nestor; ALENCAR, Rosmar Rodrigues. *Curso de Direito Processual Penal*. 3. ed. rev., ampl. e atual. Salvador: Juspodivm, 2009, p. 142.

que é chamado de "corno" em relação a conduta desonrosa atribuída a sua mulher. Concluiu que o mesmo tratamento deve ser dado a uma mulher que se sente ofendida, em decorrência de alegada traição (STF, Informativo nº 919).

É possível ainda a figura do **curador especial**, se o ofendido for menor de 18 (dezoito) anos, ou mentalmente enfermo, ou retardado mental, e não tiver representante legal, ou colidirem os interesses deste com os daquele. Esse curador será nomeado, de ofício ou a requerimento do Ministério Público, pelo juiz competente *para o processo penal* (art. 33 do CPP). Não obstante, se o ofendido for criança ou adolescente em situação e risco e existindo necessidade de curador especial para a defesa dos seus interesses, caberá ao juiz da Infância e Juventude a sua nomeação, com base no art. 148, parágrafo único, alínea "f", do ECA.

Todavia, para o ofendido maior de 18 (dezoito) anos de idade e menor de 21 (vinte e um), por ser ele absolutamente capaz, conforme o Código Civil de 2002, a legitimidade é apenas e tão somente dele, não havendo mais a figura do representante legal para ele, motivo pelo qual houve a derrogação tácita do art. 34, parte final, do CPP, bem como a Súmula nº 594 do STF perdeu a sua eficácia.

Registre-se também que é possível o **oferecimento de ação penal privada por parte de pessoa jurídica**, por meio de quem os respectivos contratos ou estatutos designarem ou, no silêncio destes, pelos seus diretores ou sócios-gerentes, nos termos do art. 37 do CPP.

Em qualquer caso, **o autor da ação penal deve estar devidamente acompanhado de advogado** (salvo se ele próprio for advogado, hipótese em que advogará em causa própria), habilitado mediante *procuração com poderes especiais*, na qual deve ser feita *menção ao nome do querelado e ao fato criminoso* (art. 44 CPP).

Sobre a atuação de advogado, frise-se que o art. 32, *caput*, do CPP dispõe que *"Nos crimes de ação privada, o juiz, a requerimento da parte que comprovar a sua pobreza, nomeará advogado para promover a ação penal"*. O art. 32, § 1º, do CPP, por sua vez, estabelece que *"Considerar-se-á pobre a pessoa que não puder prover às despesas do processo, sem privar-se dos recursos indispensáveis ao próprio sustento ou da família"*. Em complemento, o art. 32, § 2º, do CPP esclarece que *"Será prova suficiente de pobreza o atestado da autoridade policial em cuja circunscrição residir o ofendido"*.

Lembre-se, todavia, que, nos dias de hoje, a função de defesa do hipossuficiente economicamente ("pobre em sentido legal") é atribuída à Defensoria Pública, nos termos do art. 4º, inciso XV, da Lei Complementar nº 85/94. Ademais, os requisitos para a concessão da gratuidade da justiça estão atualmente previstos nos arts. 98 a 102 do CPC, o que revogou o regramento contido na Lei nº 1.060/50 a respeito da assistência judiciária gratuita.

9.3. Requisitos para a elaboração da queixa-crime (arts. 41 e 44 CPP)

O art. 41 do CPP apresenta os requisitos formais para o oferecimento da queixa-crime, que devem ser fielmente cumpridos. Via de regra, o descumprimento desses requisitos torna a peça acusatória **inepta**, ensejando a sua rejeição, nos termos do art. 395, inciso I, do CPP. Nessa esteira, percebe-se que a acusação deve observar esses rígidos requisitos, daí porque não se fala na existência de um princípio da ampla acusação, sendo esta sempre exercida nos termos da lei.

Vejamos a seguir os requisitos encontrados no art. 41 do CPP:

> **I. Exposição do fato criminoso, com todas as suas circunstâncias**: O autor da ação penal deve imputar todos os fatos relacionados ao tipo penal principal e às qualificadoras e causas especiais de aumento de pena. Também devem ser narradas as circunstâncias de tempo, lugar e *modus operandi* (quando, onde e como a infração penal foi praticada).

Prepondera em doutrina o entendimento de que não há obrigatoriedade de a acusação narrar circunstâncias atenuantes e causas especiais de diminuição de pena, considerando que elas são matérias que devem ser arguidas pela defesa, sendo a queixa verdadeira peça processual acusatória. Mas há quem defenda que elas também devem ser deduzidas, pois caberia à acusação inserir na petição inicial todos os eventos ligados à prática delitiva, o que incluiria as atenuantes e as causas de diminuição de pena. Ademais, relembre-se que a tentativa (art. 14, II, CP), tida como causa especial de diminuição de pena, deverá ser sempre narrada na inicial acusatória.

> **II. Qualificação do acusado ou esclarecimentos pelos quais se possa identificá-lo**: É suficiente que o autor da ação proceda à *identificação física do acusado*, isto é, que a qualificação apresentada permita destacá-lo em meio a uma coletividade. Geralmente, a qualificação inclui a menção à nacionalidade, ao estado civil, profissão, data de nascimento, naturalidade, filiação, endereço, documentos de identidade e CPF etc. Na falta de um ou alguns desses elementos, recorre-se à identificação através de apelido, tatuagens, características físicas marcantes, a exemplo de uma deficiência física. O que não se permite, de modo algum, é o oferecimento da peça acusatória em desfavor de pessoa qualificada genericamente, como "baixa e negra". Exige-se que a pessoa seja certa e determinada.

Nesse sentido, vale a pena registrar que o art. 259 do CPP estatui que *"A impossibilidade de identificação do acusado com o seu verdadeiro nome ou outros qualificativos não retardará a ação penal, quando certa a identidade física. A qualquer tempo, no curso do processo, do julgamento ou da execução da sentença, se for descoberta a sua qualificação, far-se-á a retificação, por termo, nos autos, sem prejuízo da validade dos atos precedentes"*.

> **III. Classificação do crime**: É a tipicidade ou a definição jurídica do fato, que não vincula a defesa e o juiz, já que o acusado se defende dos fatos alegados e o magistrado deve se ater a estes em seu julgamento. Recomenda-se sempre que o autor da ação penal insira não só o dispositivo legal em que se encontra incurso o agente delitivo (exemplo: artigo 138 do Código Penal), mas também o nome do crime por este cometido – *nomen juris* (exemplo: calúnia). A esse respeito, vale a pena registrar que o art. 383 do CPP, consagrando o instituto da *emendatio libelli*, assevera que *"O juiz, sem modificar a descrição do fato contida na denúncia ou queixa, poderá atribuir-lhe definição jurídica diversa, ainda que, em consequência, tenha de aplicar pena mais grave"*.

Certo é que eventual equívoco na definição jurídica da conduta não torna a queixa inepta, muito menos é causa de trancamento da ação penal, afinal de contas o réu (no caso, o querelado) se defende do fato narrado, não do fato tipificado (STJ, HC nº 213.043/MS, Rel. Min. Laurita Vaz, j. 06.08.13).

IV. Rol das testemunhas: Dentre os requisitos encontrados no art. 41 do CPP, o rol de testemunhas é o único requisito facultativo da denúncia ou queixa, até porque este dispositivo legal afirma que ele será oferecido "quando necessário". Desse modo, a sua ausência não resulta em inépcia da peça acusatória.

Tradicionalmente, a jurisprudência brasileira sempre entendeu que este seria o momento correto e único para o oferecimento do rol de testemunhas, sob pena, portanto, de preclusão. No entanto, o STJ já decidiu que seria aplicável ao Processo Penal o disposto no art. 321 do CPC, que permite a emenda da inicial. Por conta disso, o tribunal permitiu que o Ministério Público emendasse a inicial acusatória (desde que antes da formação da relação processual) para incluir o rol de testemunhas (STJ, 5ª Turma, RHC nº 37.587/SC; Informativo nº 577). O dispositivo legal em comento é reflexo do princípio da cooperação processual estampado no art. 6º do CPC, que para alguns doutrinadores é aplicável à esfera processual penal. O mesmo raciocínio se estende para a queixa-crime na ação penal privada.

Ademais, é possível ainda que o juiz, a seu exclusivo critério, colha o depoimento de testemunhas não arroladas pelas partes, de acordo com o art. 209, *caput*, do CPP: *"O juiz, quando julgar necessário, poderá ouvir outras testemunhas, além das indicadas pelas partes"*.

O número de testemunhas varia de acordo com o procedimento a ser seguido. No procedimento comum ordinário, por exemplo, são 8 (oito) testemunhas. Esse número diz respeito a **cada fato criminoso**, no caso de concurso de crimes.

Encerrada a análise dos 4 (quatro) requisitos formais previstos pelo art. 41 do CPP, convém destacar que este dispositivo legal configura um mero rol exemplificativo, pois existem outros requisitos da queixa, os quais são a seguir apontados:

V. Pedido de condenação: O pedido de condenação é genérico, no sentido de que o autor da ação penal não precisa pleitear ao magistrado a pena que desejaria fosse aplicada ao agente do delito, sendo suficiente a solicitação tão somente de condenação. Compete ao juiz aplicar a pena cabível no caso concreto. De outro lado, o pedido de condenação não necessariamente precisa ser expresso, podendo defluir do contexto da peça inicial. Nesse momento, permite-se ainda que sejam formulados alguns requerimentos que decorram da condenação do agente. Assim, por exemplo, se há pretensão de se pleitear valor mínimo para reparação dos danos causados pela infração penal, com fundamento no art. 387, inciso IV, do CPP, este pleito deve ser encaminhado na queixa-crime.

VI. Endereçamento: O autor da ação deverá indicar o órgão jurisdicional competente para processá-la e julgá-la. No entanto, segundo posicionamento do STF, o erro quanto ao endereçamento não enseja inépcia da inicial (RHC nº 60.612/RO, Rel. Min. Cordeiro Guerra, DJU 24/9/1982, p. 9444).

VII. Nome e assinatura: A peça acusatória deve conter o nome e a assinatura do autor da ação. Trata-se da parte autenticativa da petição inicial. Como alerta Guilherme de Souza Nucci, a queixa-crime será sempre inexistente se não contiver a assinatura do seu subscritor, devendo ser rejeitada[19].

---

19. NUCCI, Guilherme de Souza. *Manual de Processo Penal e Execução Penal*. 5. ed. São Paulo: RT, 2008, p. 219.

Em acréscimo, o art. 44 do CPP ainda exige que a queixa-crime venha acompanhada de **procuração com poderes especiais** (não sendo suficiente a mera cláusula *ad juditia*), devendo constar em tal instrumento de mandato **o nome do querelado** (embora o dispositivo legal se refira ao nome do querelante, que, por óbvio, já vai aparecer na procuração) **e a menção ao fato criminoso**, salvo quando esses esclarecimentos dependerem de diligências que devem ser previamente requeridas ao juízo criminal. A menção ao fato criminoso diz respeito a uma descrição sucinta e direta do acontecimento delitivo. Nessa esteira, o STJ chegou a decidir que seria suficiente a mera indicação de artigo de lei (STJ, RHC nº 7762/SP, DJU 14/9/98, p. 92).

Quanto à exigência de procuração com poderes especiais, o STJ já decidiu que é nula a queixa-crime oferecida por advogado substabelecido com reserva de direitos por procurador que recebera do querelante apenas os poderes da cláusula *ad judicia et extra* - poderes para o foro em geral –, ainda que ao instrumento de substabelecimento tenha sido acrescido, pelo substabelecente, poderes especiais para a propositura de ação penal privada (Informativo nº 544).

Frise-se que a queixa-crime pode ser oferecida pelo próprio querelante, se ele for advogado, dispensando-se, por óbvio, a procuração.

Ressalte-se ainda que eventuais defeitos da procuração serão supridos se o querelante assinar a petição inicial juntamente com o advogado.

Além disso, eventuais vícios e irregularidades da procuração podem ser sanados até a prolação da sentença, mesmo após o transcurso do prazo decadencial, com fundamento no art. 569 do CPP (STF, HC nº 84397/DF, 1ª Turma, Rel. Min. Sepúlveda Pertence, DJ 12/11/2004, p. 29), salvo quanto às situações que se refiram à legitimidade *ad causam* (STJ, RHC nº 93.546/RJ, Rel. Min. Joel Ilan Paciornik, j. 14.08.18).

Como já afirmado no início do presente tópico, se não preenchidos os requisitos formais obrigatórios da queixa acima previstos e isso resultar em prejuízo à ampla defesa (*vício insanável, que não pode ser retificado por meio de aditamento*), deverá ocorrer a **rejeição** da inicial acusatória por inépcia, conforme previsto no art. 395, inciso I, do CPP. Aliás, a queixa também será rejeitada se faltar alguma condição da ação ou pressuposto processual (art. 395, inciso II, do CPP) ou ainda se faltar justa causa à ação penal (art. 395, inciso III, do CPP).

Contra a decisão de rejeição da queixa, em regra, cabe **recurso em sentido estrito**, no prazo de 5 (cinco) dias, nos termos do art. 581, inciso I, do CPP. Há, contudo, **exceções:**

> 1. *Art. 82 da Lei nº 9.099/95*: contra a rejeição da queixa no procedimento do Juizado Especial Criminal cabe o recurso de apelação, no prazo de 10 (dez) dias;
>
> 2. *Lei nº 8.038/90*: não cabe recurso ordinário contra a rejeição ou recebimento da queixa nos procedimentos de competência originária, apenas recurso extraordinário ou recurso especial, se presentes as hipóteses de cabimento exigidas pela Constituição Federal.

O art. 44, § 2º, da Lei nº 5.250/67 (Lei de Imprensa), asseverava que contra a decisão de rejeição da denúncia ou queixa por crime de imprensa era cabível o recurso de apelação, enquanto o recebimento da inicial deveria ser combatido por meio do recurso em sentido estrito. Entretanto, essas previsões especiais não são mais válidas, tendo em vista que o STF, no julgamento da Ação de Descumprimento de Preceito Fundamental (ADPF) nº 130/DF, julgou pela não recepção ou revogação de toda essa lei, daí porque, para esses casos, passa a valer a regra geral de cabimento do recurso em sentido estrito contra a rejeição da denúncia ou queixa.

Assevere-se, porém, que a rejeição da queixa não impedirá a continuação das investigações (STF, QO-AP nº 1.005/MG, Rel. Min. Edson Fachin, j. 08.08.17). Além disso, uma vez superado o erro que provocou a rejeição da inicial, será possível a **repropositura** da ação penal, desde que não extinta a punibilidade do agente. Até porque a decisão de rejeição da peça acusatória faz apenas coisa julgada formal.

Frise-se que eventuais deficiências na queixa que não prejudiquem o exercício da ampla defesa (*vício sanável*) podem ser supridas a todo tempo, antes da sentença de primeiro grau, por meio de aditamento, como estatui o art. 569 do CPP. Porém, conforme entendimento da doutrina, esse suprimento na ação penal privada somente pode ocorrer se dentro do prazo decadencial de 6 (seis) meses, contados desde o conhecimento da autoria, para o oferecimento da queixa-crime[20].

De outro lado, por não existir previsão legal de recurso contra o recebimento da queixa, tem-se que será possível atacar essa decisão judicial por meio do *habeas corpus*, com base no art. 648, inciso I, do CPP.

Por fim, saliente-se que é sempre recomendável que a queixa seja concisa, contendo apenas o absolutamente necessário, devendo se ater aos requisitos exigidos pelo art. 41 do CPP, ou, em uma ótica mais resumida, narrar a infração penal e todas as suas circunstâncias, bem como o envolvimento de cada um dos autores do delito. Nesse sentido, aliás, na prática, ao contrário do que é costumeiramente feito na área cível, deve ser absolutamente evitada a inclusão na peça acusatória de doutrina e de jurisprudência, o que deverá ser realizado apenas em fase de alegações finais. Naturalmente, há fatos que são bastante complexos, podendo evolver mais de um autor e/ou mais de uma vítima, a exemplo de uma calúnia praticada por diversos autores em desfavor de um número considerável de vítimas, o que demandará uma peça acusatória um pouco mais extensa, talvez sem tanta riqueza de detalhes quanto à individualização da conduta, deixando-se em segundo plano, pois, de modo excepcional, a ideia da concisão.

9.4. Prazo para oferecimento da queixa-crime (art. 38 CPP)

Nos termos do art. 38 do CPP, o prazo decadencial para oferecimento da queixa-crime é de **6 (seis) meses, contados a partir do conhecimento da autoria**. A contagem desse prazo é feita a partir da regra contida no art. 10 do CP (conta-se o dia de início e exclui-se o dia do vencimento), não se interrompendo, suspendendo ou prorrogando quando encerrar em dia não útil. Por isso, se o prazo findar, por exemplo, em um sábado, ele não se prorroga para a segunda-feira, devendo o legitimado oferecer a queixa antes do fim do prazo ou, se no último dia, acionar o

20. NUCCI, Guilherme de Souza. *Manual de Processo Penal e Execução Penal*. 5. ed. São Paulo: RT, 2008, p. 219.

plantão judiciário. De qualquer forma, em havendo dúvida, ela deve ser resolvida em favor do ajuizamento da ação[21].

Assim, por exemplo, se a autoria do fato é descoberta no dia 25 de dezembro de determinado ano, a queixa pode ser oferecida até 24 de junho do ano seguinte. O dia 25/12 é computado, mesmo sendo feriado; o último dia do prazo, 25/06, é excluído, passando o prazo a se encerrar no dia 24/06, independente se ele é dia útil ou não. Lembrando que o prazo não correrá se o ofendido for menor de 18 (dezoito) anos, até que ele complete a maioridade.

Embora de ocorrência prática rara, é possível que o agente delitivo esteja preso em virtude do cometimento de crime submetido a ação penal privada, especialmente em se tratando de prisão em flagrante. Nessa situação, como bem pondera a doutrina, não é razoável se aguardar o decurso do prazo de 6 (seis) meses desde a descoberta da autoria mantendo-se o agente preso. Diante disso, deve ser realizada uma interpretação extensiva para se aplicar à queixa o mesmo prazo da denúncia quando o investigado estiver preso, isto é, 5 (cinco) dias. Se descumprido tal prazo, incidem as mesmas consequências referentes à extrapolação do prazo para oferecimento da denúncia em desfavor do investigado preso, podendo resultar constrangimento ilegal e consequente relaxamento da prisão. Mas essa limitação do prazo em 5 (cinco) dias deve existir apenas e tão somente para fins de análise do estado de liberdade do cidadão; quanto ao direito de oferecer a queixa em si, permanece o prazo de 6 (seis) meses desde a descoberta da autoria, por ser ele um prazo legal.

O prazo decadencial tem seu cômputo finalizado com o simples oferecimento da peça acusatória da ação penal privada, que é a queixa-crime. Pouco importa, portanto, se houve ou não o recebimento desta peça.

A doutrina entende que o oferecimento da queixa-crime em juízo sem competência territorial (competência relativa) para processar e julgar o feito tem o condão de promover a interrupção do prazo decadencial, "desde que seja o próprio juiz a remeter os autos a outro magistrado, sem que o processo finde. Caso a parte desista da ação, propondo outra no foro correto, é preciso estar dentro do prazo de seis meses, pois nova demanda está sendo ajuizada e a interrupção perdeu efeito[22]". No entanto, ainda no entender da doutrina, o oferecimento da queixa em juízo sem competência absoluta (em razão da matéria ou por prerrogativa de foro) para processar e julgar o feito não tem o condão de interromper o prazo decadencial.

Mas esse posicionamento da doutrina, na prática, não prevalece. É que, divergindo da doutrina, o STJ entende que se o direito de queixa for exercido dentro do prazo legal, mesmo perante juízo incompetente, pouco importando se absoluta ou relativamente incompetente, não se operará a decadência (STJ, RHC nº 25.611/RJ, Rel. Min. Jorge Mussi, j. 09.08.11).

Noutro giro, **a instauração e mesmo a demora para a conclusão do inquérito policial não interrompem a decadência**. Nessa situação, para buscar evitar que

---

21. NUCCI, Guilherme de Souza. *Manual de Processo Penal e Execução Penal*. 5. ed. São Paulo: RT, 2008, p. 203.
22. NUCCI, Guilherme de Souza. *Manual de Processo Penal e Execução Penal*. 5. ed. São Paulo: RT, 2008, p. 204.

ocorra a decadência, é prudente que o querelante ofereça a ação penal e requeira ao magistrado, na inicial, o apensamento do inquérito concluído ao processo criminal.

No **crime continuado** previsto no art. 71 do Código Penal, conta-se o prazo decadencial **individualmente**, para cada delito (STJ, AP nº 216/SP, Rel. Min. Barros Monteiro, j. 05.11.03), regra idêntica àquela da contagem da prescrição para este crime, de acordo com o art. 119 do Código Penal[23].

Já para o **crime permanente**, a regra não deve ser a mesma da contagem da prescrição (da data em que cessar a permanência, como dispõe o art. 111, inciso III, do Código Penal), devendo ser seguida a regra geral de que se conta o prazo a partir do **conhecimento da autoria**. Se houver o término do prazo de 6 (seis) meses e ainda assim o crime persistir, continua sendo possível o oferecimento da ação penal, mas apenas para os fatos posteriores aos 6 (seis) meses já vencidos. Essa regra geral também deve ser aplicada para os **crimes habituais**[24].

Há, porém, **prazos decadenciais especiais** para o oferecimento da queixa-crime:

> **I. 6 (seis) meses, a partir do trânsito em julgado da sentença que, por motivo de erro ou impedimento, anule o casamento, no crime de induzimento a erro essencial e ocultação de impedimento (art. 236, parágrafo único, CP);**
>
> **II. 30 (trinta) dias, a contar da homologação do laudo, é o prazo para a queixa-crime no caso de crime de ação penal privada contra a propriedade imaterial que deixar vestígios (art. 529 CPP)**: com relação a este segundo prazo, porém, é preciso compatibilizá-lo com o prazo geral indicado no art. 38 do CPP (seis meses, contados do conhecimento da autoria), daí porque, "conhecido o infrator, é deflagrado o prazo decadencial de seis meses. Ficando pronto o laudo, com a respectiva homologação, terá então a vítima no máximo trinta dias para deflagrar a ação. É como se o prazo geral fosse limitado pela homologação do laudo[25]".

Frise-se que, na hipótese de ação penal privada subsidiária da pública, o prazo de 6 (seis) meses não é contado a partir da descoberta da autoria e sim do fim do prazo atribuído ao Ministério Público para o oferecimento da denúncia. Na prática, ele é computado a partir do 6º dia ou 16º dia, a depender se o investigado está preso ou solto. Transcorrido *in albis* (em branco) o prazo fixado para o particular oferecer a queixa-crime substitutiva, o Ministério Público reassume a condição de único legitimado para ajuizar a ação penal (ação penal pública indireta), sendo possível o oferecimento da denúncia enquanto não prescrito o crime. Portanto, haverá apenas uma decadência imprópria, que retira a legitimidade do particular, mas não resulta em extinção da punibilidade.

Por fim, noticie-se apenas que o prazo decadencial de 3 (três) meses para o oferecimento da queixa-crime, a contar da transmissão ou publicação da notícia, nos crimes de imprensa, previsto no art. 41, § 1º, da Lei nº 5.250/67 (Lei de Imprensa), não mais subsiste, tendo em vista que o STF, no julgamento da Ação de

23. NUCCI, Guilherme de Souza. *Manual de Processo Penal e Execução Penal*. 5. ed. São Paulo: RT, 2008, p. 204.
24. NUCCI, Guilherme de Souza. *Manual de Processo Penal e Execução Penal*. 5. ed. São Paulo: RT, 2008, p. 204-205.
25. TÁVORA, Nestor; ALENCAR, Rosmar Rodrigues. *Curso de Direito Processual Penal*. 3. ed. rev., ampl. e atual. Salvador: Juspodivm, 2009, p. 670.

Descumprimento de Preceito Fundamental (ADPF) nº 130/DF, julgou pela não recepção ou revogação de toda essa lei, daí porque, para esse caso, há de se aplicar a regra geral prevista no art. 38 do CPP.

10. AÇÃO CIVIL *EX DELICTO* (ARTS. 63 A 68 CPP)

10.1. Noções gerais

Como é cediço, um só fato ilícito pode ter repercussões em 3 (três) esferas jurídicas distintas, quais sejam, a penal, a cível e a administrativa. Assim, por exemplo, se um servidor público se apropria de verba pública em seu proveito, acaba praticando, a um só tempo, o crime de peculato (penal), ato de improbidade administrativa (cível) e falta funcional (administrativa), que serão alvos de procedimentos próprios de cada esfera (processo penal, ação civil de improbidade administrativa e procedimento administrativo disciplinar), sendo aplicável, ao final, a respectiva sanção (penas, sanções cíveis e sanções disciplinares).

Focando a atenção no caso particular das esferas penal e cível, verifica-se que o fato ilícito pode resultar em duas pretensões diferentes, a saber, no âmbito penal, a pretensão punitiva do Estado em impor a devida pena ao autor da infração penal, e, no âmbito cível, a pretensão de se obter a reparação do dano decorrente deste fato, que é formulada pela pessoa que o suporta. Em um novo exemplo, é a hipótese de alguém, intencionalmente, destruir o veículo automotor de outrem que se encontrava estacionado em via pública, vindo a responder, pois, pelas sanções penais previstas no art. 163 do Código Penal para o crime de dano e pela obrigação de indenizar os danos sofridos pela vítima do evento.

Nesse trilhar, alguns dispositivos legais são extremamente relevantes para uma melhor compreensão do tema, merecendo destaque, desde já, o teor dos artigos 186 (*"Aquele que, por ação ou omissão voluntária, negligência ou imprudência, violar direito e causar dano a outrem, ainda que exclusivamente moral, comete ato ilícito."*), 187 (*"Também comete ato ilícito o titular de um direito que, ao exercê-lo, excede manifestamente os limites impostos pelo seu fim econômico ou social, pela boa-fé ou pelos bons costumes."*) e 927, *caput* (*"Aquele que, por ato ilícito (arts. 186 e 187), causar dano a outrem, fica obrigado a repará-lo."*), do Código Civil e 91, inciso I (*"São efeitos da condenação: I – tornar certa a obrigação de indenizar o dano causado pelo crime;"*), do Código Penal.

Como ponto de intercessão entre as instâncias penal e cível, tem-se justamente o instituto da ação civil *ex delicto*, que, desse modo, pode ser definida como a ação ajuizada pelo ofendido, na esfera cível, para obter indenização pelo dano causado pela infração penal, quando existente[26].

Nesse contexto, nota-se pela análise do Código de Processo Penal que a referida ação pode ser oferecida por duas formas distintas, como adiante explicitado:

a) como ação de **execução**, no juízo cível, da sentença penal condenatória – **ação de execução** *ex delicto* (art. 63 do CPP) –, a qual, por tornar certa a obrigação de

26. NUCCI, Guilherme de Souza. *Manual de Processo Penal e Execução Penal*. 5. ed. São Paulo: RT, 2008, p. 233.

reparar o dano causado pelo crime (art. 91, inciso I, do Código Penal), servirá de título executivo judicial, com base no art. 515, inciso VI, do Código de Processo Civil; ou

b) como **ação civil de conhecimento (ação para ressarcimento do dano) – ação civil de conhecimento** *ex delicto*, em que se pleiteia a reparação dos danos causados à vítima (art. 64 do CPP). Trata-se de verdadeira ação ordinária de indenização, cujo objetivo é a formação de um título executivo cível (sentença condenatória cível transitada em julgado), ajuizada no âmbito cível independentemente da existência ou da fase em que se encontra o processo penal.

Há de se ressaltar ainda que, com fundamento no *princípio da reparação integral do dano*, podem ser reclamados em juízo, inclusive cumulativamente, tanto o dano material, quanto o dano moral[27]. Além disso, em se tratando de dano material, a parte interessada pode pleitear os danos emergentes (relativos àquilo que efetivamente se perdeu com a infração penal) e os lucros cessantes (referentes ao que se deixou de ganhar com a prática delitiva). Ademais, quando possível, poderá também solicitar a restituição da coisa.

Por fim, registre-se que a ação civil *ex delicto* é instituto que se insere perfeitamente nos contextos do *garantismo penal integral* e da Justiça Restaurativa, sendo mais uma ferramenta relevante reconhecida pelo Estado Democrático de Direito para tutelar a esfera da vítima, evitando que ela permaneça em situação de prejuízo (material e moral) em face da prática de um crime. Tem-se aqui mais um instituto à disposição da vítima para fazer valer o seu *direito à reparação dos danos materiais, psicológicos e morais e à reparação simbólica.*

10.2. Ação de execução *ex delicto* (art. 63 CPP)

Em doutrina, são apontados 4 (quatro) sistemas que buscam avaliar a relação entre as esferas penal e cível. São eles:

a) **sistema da confusão**: é o sistema que permite que uma mesma ação resolva as pretensões penal e cível, autorizando no seu bojo a aplicação de pena e também a fixação do dever de indenizar o dano decorrente do fato ilícito;

b) **sistema da solidariedade**: é o sistema que admite a existência de ações distintas, nas esferas penal e cível, cada uma reclamando a sua respectiva pretensão, mas que impõe a obrigação de que elas sejam resolvidas em conjunto, no mesmo processo e no juízo penal. A cumulação se revela então obrigatória;

c) **sistema da livre escolha**: é o sistema que admite a existência de ações distintas, nas esferas penal e cível, cada uma reclamando a sua respectiva pretensão, não impondo, no entanto, ao contrário do sistema da solidariedade, a obrigação de que elas sejam resolvidas em conjunto. Destarte, a cumulação das duas pretensões pode ou não ser feita no processo penal, sendo, portanto, facultativa. Caso o legítimo interessado opte por não promover a cumulação, ajuizando ação cível independente da ação penal, considerando a possibilidade de que a decisão penal

27. NUCCI, Guilherme de Souza. *Manual de Processo Penal e Execução Penal*. 5. ed. São Paulo: RT, 2008, p. 233.

PARTE II

interfira na pretensão cível e para evitar decisões contraditórias, o que se impõe é que o juiz cível determine a suspensão do andamento do processo desta natureza até que ocorra julgamento do processo penal;

d) **sistema da independência**: é o sistema que permite o livre oferecimento de ações nas esferas penal e cível, sem que haja qualquer vínculo de interdependência entre elas, considerando que envolvem bens jurídicos distintos, uma (a penal) matéria de ordem pública (aplicação de pena), outra (a cível) matéria disponível, patrimonial (estabelecimento de indenização).

O ordenamento jurídico brasileiro adota, como regra geral, o **sistema da independência ou separação da jurisdição**, o que é extraído notadamente do conteúdo do art. 935, primeira parte, do Código Civil (*"A responsabilidade civil é independente da criminal, não se podendo questionar mais sobre a existência do fato, ou sobre quem seja o seu autor, quando estas questões se acharem decididas no juízo criminal."*), e do art. 64 do CPP, o qual permite o ajuizamento de ação civil de *conhecimento* (ação para ressarcimento do dano), independente, portanto, do processo penal, para o pleito de reparação dos danos causados à vítima.

Todavia, esse sistema sofre uma certa mitigação, já que, na esfera cível, não se pode questionar mais sobre a existência do fato, ou sobre quem seja o seu autor, quando estas questões se acharem decididas no juízo criminal, consoante o previsto no art. 935 do Código Civil. A respeito desta mitigação, acrescente-se que, como visto, o Código Penal, no seu art. 91, inciso I, determina como efeito da condenação a obrigação de reparar o dano.

Nessa esteira é que o art. 63, *caput*, do CPP, apregoa que transitada em julgado a sentença condenatória, poderão promover-lhe a execução, no juízo cível, para o efeito da reparação do dano, o ofendido, seu representante legal ou seus herdeiros. Com efeito, quanto à indenização, tem-se que, no juízo cível, não se discutirá se esta é devida (*an debeatur*), mas tão somente o quanto é devido pelo réu (*quantum debeatur*[28]).

Quanto ao termo "sentença condenatória", impende asseverar que a **sentença penal condenatória proferida em país estrangeiro** pode ser homologada no Brasil, pelo STJ, por meio da concessão do *exequatur* (art. 105, inciso I, alínea "i", da Constituição Federal), quando a lei brasileira na espécie produzir as mesmas consequências (art. 9º, I, CP e art. 788 CPP); se esta homologação se operar, igualmente será possível a execução deste *decisum* no juízo cível.

Noutro giro, convém apreciar os efeitos que a procedência de uma **revisão criminal**, desconstituindo a sentença penal condenatória, produz para fins de cabimento da ação civil *ex delicto*. Desse modo, a revisão criminal, se procedente, tem o poder de apagar por completo a anterior sentença condenatória proferida, eliminando-se, portanto, o título executivo judicial, razão pela qual se entende que *tal sentença não mais poderá ser executada no juízo cível.*

Assim, 3 (três) situações podem ser verificadas, a saber:

---

28. NUCCI, Guilherme de Souza. *Manual de Processo Penal e Execução Penal.* 5. ed. São Paulo: RT, 2008, p. 236.

a) se a rescisão da sentença condenatória se deu antes de iniciada a execução *ex delicto*: não mais poderá ocorrer a execução, pois não subsistirá título a ser executado, que com isso deixou de ser exigível (art. 783, I, CPC);

b) se a rescisão da sentença condenatória se deu no curso do processo de execução *ex delicto*: caso a execução tenha começado, deverá o juiz extingui-la por inexigibilidade superveniente do título. O executado poderá alegar a matéria impugnando a execução ou apresentando exceção de pré-executividade;

c) se a rescisão da sentença condenatória se deu após a execução *ex delicto*: nesta hipótese, poderá ser formulado pelo condenado pedido de indenização, o qual será dirigido ao Estado (art. 5º, LXXV, CF), podendo ser oferecido no bojo da própria revisão criminal (art. 630, *caput*, CPP). De outro lado, há posição em doutrina sustentando que seria o caso de repetição de indébito (de devolução) por parte do condenado em desfavor da vítima que recebeu a indenização. A título de ilustração, Guilherme de Souza Nucci apregoa que se já tiver sido paga a indenização – uma vez que não houve processo de conhecimento para apurar a culpa na esfera cível –, caberia ação de restituição, na qual se poderia então debater a culpa do pretenso autor de ato ilícito[29] (e nela eventualmente a vítima poderia comprovar que a indenização paga era devida, haja vista a ocorrência não apenas de uma infração penal, mas também de um ilícito civil, postulando com isso a manutenção do valor já por ela recebido). Nestor Távora e Rosmar Rodrigues Alencar acrescentam que "Pode ocorrer ainda o trânsito em julgado da sentença cível assegurando a indenização. Se posteriormente, advier no âmbito penal sentença absolutória reconhecendo a inexistência do fato, admite-se agora, na esfera civil, o manejo da **ação rescisória**[30]" (art. 996 do CPC de 2015) – destacamos.

Voltando a mirar a atenção ao teor do art. 63, *caput*, do CPP, é imprescindível notar que a **legitimidade ativa** para a propositura da ação civil *ex delicto* é amplíssima, incluindo o ofendido, seu representante legal (se aquele for menor de 18 anos ou doente mental) e seus herdeiros (na hipótese de morte ou declaração judicial de ausência), sendo que tais herdeiros não são apenas o cônjuge, ascendentes, descendentes e irmãos, mas todos os potenciais herdeiros existentes.

De outro lado, o art. 63, parágrafo único, do CPP, com a redação dada pela Lei nº 11.719/08, estatui que transitada em julgado a sentença condenatória, a execução poderá ser efetuada pelo valor mínimo da reparação do dano fixado na sentença condenatória (art. 387, IV, CPP), sem prejuízo da liquidação para a apuração do dano efetivamente sofrido. O disposto no art. 387, inciso IV, do CPP, em virtude da sua considerável relevância para os interesses da vítima, será alvo de estudo detalhado a ser feito em tópico vindouro ainda neste capítulo.

Noutro giro, se o juiz fixou o valor mínimo da indenização, *poderá* (e não deverá) a vítima, no juízo cível, realizar a prévia liquidação do título judicial (art. 63,

29. NUCCI, Guilherme de Souza. *Manual de Processo Penal e Execução Penal*. 5. ed. São Paulo: RT, 2008, p. 237.
30. TÁVORA, Nestor; ALENCAR, Rosmar Rodrigues. *Curso de Direito Processual Penal*. 3. ed. rev., ampl. e atual. Salvador: Juspodivm, 2009, p. 187.

parágrafo único, do CPP), a qual observará o procedimento comum regido pelos artigos 509 a 512 do CPC, para, em momento posterior, executá-lo.

É dizer, se o juiz estipulou o valor mínimo da indenização, cabe à vítima escolher se pretende executar este valor exato, opção em que não estará obrigada a passar pela prévia liquidação dos danos, podendo executá-lo diretamente, ou se pretende discutir o valor efetivo dos danos, que supera o valor mínimo determinado na sentença penal condenatória, opção em que ela deverá, primeiro, propor a liquidação de tais danos. Nesta segunda hipótese, a vítima, na fase de liquidação, poderá inclusive impugnar o valor mínimo atribuído pelo juiz, sob o argumento de que ele é insuficiente para a cobertura dos danos por ela sofridos.

A título de ilustração, suponhamos que tenha ocorrido um crime de lesões corporais gravíssimas, que oneraram o ofendido com o custeio de despesas hospitalares no valor de R$ 30.000,00 (trinta mil reais). O juiz do processo penal proferiu sentença condenando o autor do delito e fixando o valor mínimo de indenização no patamar de R$ 20.000,00 (vinte mil reais). Pode a vítima executar no juízo cível diretamente este valor de R$ 20.000,00 (vinte mil reais), sem ter que passar pela etapa prévia de liquidação dos danos, pois ele já está certificado judicialmente, tornando-se um valor líquido. Mas se a vítima ainda insiste no valor que efetivamente teve que arcar para suportar os danos, ou seja, R$ 30.000,00 (trinta mil reais), poderá ainda iniciar a prévia liquidação destes danos, discutindo então o valor de R$ 10.000,00 (dez mil reais), que é o valor resultante da diferença entre o valor dos danos reais (R$ 30.000,00) e o valor mínimo dos danos reconhecidos em sentença penal condenatória (R$ 20.000,00). Teremos então tramitando simultaneamente a execução de um valor líquido (R$ 20.000,00) e a liquidação de um valor ilíquido (R$ 10.000,00). Julgado procedente o pedido de liquidação do valor de R$ 10.000,00 (dez mil reais), o ofendido passará a também executá-lo judicialmente.

Nestor Távora e Rosmar Rodrigues Alencar ainda destacam hipótese em que a execução poderá ocorrer no próprio juízo penal:

> *Caso o juiz penal fixe o quanto da indenização e o réu condenado tenha prestado fiança, entendemos que excepcionalmente a execução pode ser feita na própria esfera penal, bastando ao ofendido requerer ao próprio juízo criminal o levantamento do valor da fiança para satisfação do seu direito*[31].

10.3. Ação civil de conhecimento *ex delicto* (art. 64 CPP)

Caso a parte prejudicada não queira aguardar o trânsito em julgado de uma sentença penal condenatória, poderá, desde já, oferecer a ação para ressarcimento do dano, no juízo cível, contra o autor do crime e, se for o caso, contra o responsável civil (art. 64, *caput*, do CPP), o que apenas reforça a regra geral de separação da jurisdição. Registre-se que os civilmente responsáveis pelo pagamento da indenização são aqueles indivíduos elencados no art. 932 do Código Civil.

---

31. TÁVORA, Nestor; ALENCAR, Rosmar Rodrigues. *Curso de Direito Processual Penal*. 3. ed. rev., ampl. e atual. Salvador: Juspodivm, 2009, p. 185.

Vale a pena abrir aqui um parêntese para esclarecer que a **legitimidade passiva** da ação civil de conhecimento *ex delicto*, como afirmado alhures, envolve o autor do crime e o responsável civil, mas este último só poderá ser sujeito passivo da ação de conhecimento, não se admitindo a execução da sentença penal condenatória em seu detrimento, afinal, não foi parte no processo penal, não servindo o título contra aquele que não figurou no polo passivo da demanda[32]. Do contrário, haveria violação dos princípios constitucionais do devido processo legal, do contraditório e da ampla defesa.

Em sede de doutrina, vem prevalecendo o entendimento de que o responsável civil, por não participar do processo penal, poderá arguir qualquer matéria de defesa durante a ação civil de conhecimento, inclusive rediscutir a autoria e a materialidade delitivas, ainda que elas já estejam assentadas na sentença penal condenatória transitada em julgado[33].

No entanto, deve-se rememorar que, no procedimento sumaríssimo do Juizado Especial Criminal, o responsável civil é notificado para comparecer à audiência preliminar, oportunidade em que poderá firmar acordo de composição civil dos danos, o que ensejará uma sentença homologatória, título executivo judicial que vinculará tal pessoa (artigos 72 e 74 da Lei nº 9.099/95).

De outro lado, dispõe o art. 64, parágrafo único, do CPP que, uma vez intentada a ação penal, para evitar decisões contraditórias, o juiz da ação civil *poderá* suspender o curso desta, até o julgamento definitivo daquela. Seguindo o teor da norma processual penal, o CPC de 1973, em seu art. 110, *caput*, estipula que se o conhecimento da *lide* depender necessariamente da verificação da existência de fato delituoso, *pode* o juiz mandar *sobrestar* no andamento do processo até que se pronuncie a justiça criminal. Já o CPC de 2015, em seu art. 315, *caput*, com conteúdo semelhante ao diploma anterior, apenas com pequenas mudanças em relação ao emprego de alguns termos, assevera que se o conhecimento do *mérito* depender de verificação da existência de fato delituoso, o juiz *pode* determinar a *suspensão* do processo até que se pronuncie a justiça criminal.

Nesse sentido, embora seja sempre recomendável a suspensão da ação civil, prevalece na doutrina o entendimento de que essa **suspensão é meramente facultativa**. É a posição de Nestor Távora e Rosmar Rodrigues Alencar[34] e Eugênio Pacelli de Oliveira[35]. Na jurisprudência, é a posição do STJ no julgado REsp nº 47246/RJ, 3ª Turma, Rel. Min. Costa Leite, DJ 30/08/1994.

Ressalte-se também que, ainda que a ação penal não tenha sido deflagrada, será possível a suspensão da ação civil. De acordo com o que previa o CPC de 1973 (art. 110, parágrafo único), se a ação penal não for exercida dentro de *30 (trinta)* dias,

32. TÁVORA, Nestor; ALENCAR, Rosmar Rodrigues. *Curso de Direito Processual Penal*. 3. ed. rev., ampl. e atual. Salvador: Juspodivm, 2009, p. 180.
33. TÁVORA, Nestor; ALENCAR, Rosmar Rodrigues. *Curso de Direito Processual Penal*. 3. ed. rev., ampl. e atual. Salvador: Juspodivm, 2009, p. 181.
34. TÁVORA, Nestor; ALENCAR, Rosmar Rodrigues. *Curso de Direito Processual Penal*. 3. ed. rev., ampl. e atual. Salvador: Juspodivm, 2009, p. 184.
35. OLIVEIRA, Eugênio Pacelli de. *Curso de Processo Penal*. 10. ed. Rio de Janeiro: Lumen Juris, 2008.

contados da *intimação do despacho de sobrestamento*, cessará o efeito deste, decidindo o juiz cível a questão prejudicial. O CPC de 2015 amplia este prazo, ao afirmar, no seu art. 315, §1º, que se a ação penal não for proposta no prazo de *3 (três) meses*, contado da *intimação do ato de suspensão*, cessará o efeito desse, incumbindo ao juiz cível examinar incidentemente a questão prévia.

Frise-se, por fim, que se as ações civil e penal tramitarem simultaneamente, a ação civil somente poderá ficar suspensa pelo prazo de até 1 (um) ano, em conformidade com o disposto no art. 265, § 5º, do Código de Processo Civil de 1973 e no art. 315, §2º, do CPC de 2015. Todavia, a doutrina permite que, diante da hipótese em concreto, com base na razoabilidade, economia processual e celeridade, este prazo seja flexibilizado[36], até porque, não raras vezes, a ação penal não é encerrada em 1 (um) ano. Caso o juízo cível determine o prosseguimento da demanda civil e, no seu curso, sobrevenha sentença criminal, tal juízo poderá levá-la em consideração para julgamento da questão civil prejudicada, conforme permitido pelo art. 462 do CPC de 1973. O CPC de 2015 possui norma semelhante a esta, consagrada no art. 493, o qual ainda acrescenta que, surgindo fato novo (o advento da sentença penal), deverá ser respeitado o contraditório, impondo-se ao juízo cível a oitiva das partes sobre este fato antes de decidir.

10.4. Excludentes de ilicitude (art. 65 CPP)

O art. 65 do CPP prevê as situações em que a sentença penal fará coisa julgada no juízo cível. São os casos de reconhecimento das **excludentes de ilicitude** do *estado de necessidade*, *legítima defesa*, *estrito cumprimento do dever legal* e *exercício regular de direito*.

Pondere-se que o art. 65 do CPP deve ser lido em conjunto com o art. 188 do Código Civil, que assevera:

> *Art. 188. Não constituem atos ilícitos:*
>
> *I – os praticados em legítima defesa ou no exercício regular de um direito reconhecido;*
>
> *II – a deterioração ou destruição da coisa alheia, ou a lesão a pessoa, a fim de remover perigo iminente.*
>
> *Parágrafo único. No caso do inciso II, o ato será legítimo somente quando as circunstâncias o tornarem absolutamente necessário, não excedendo os limites do indispensável para a remoção do perigo.*

No que tange ao art. 188, inciso I, do Código Civil, é preciso destacar que a legítima defesa putativa e a hipótese de erro na execução do crime (*aberratio ictus*) permitem a indenização cível.

Com relação ao que consta no art. 188, inciso II, do Código Civil, há de se afirmar que se a pessoa lesada ou o dono da coisa deteriorada ou destruída não for o causador do perigo, terá direito à indenização (art. 929 do Código Civil). Nessa situação, o agente que atuou em estado de necessidade e foi absolvido na justiça

36. ARAÚJO, Fábio Roque; COSTA, Klaus Negri. *Processo Penal Didático*. Salvador: Juspodivm, 2018, p. 237.

penal deverá indenizar, cabendo ação regressiva contra o causador do perigo para reaver aquilo que pagou (art. 930 do Código Civil).

De outro lado, é de se registrar ainda que as excludentes de culpabilidade previstas no art. 22 do Código Penal (coação irresistível e obediência hierárquica) não afastam a possibilidade de oferecimento de ação civil indenizatória.

10.5. Causas que possibilitam a ação civil indenizatória (arts. 66 e 67 CPP)

O CPP prevê expressamente **causas que não impedem** o oferecimento da ação civil indenizatória. São elas:

> **I. sentença penal absolutória que não reconhecer categoricamente a inexistência material do fato** (art. 66 CPP): esta previsão legal será analisada mais detidamente ainda neste tópico, em linhas vindouras;
>
> **II. despacho de arquivamento do inquérito ou das peças de informação** (art. 67, I, CPP): com o advento da Lei nº 13.964/2019 e a interpretação conforme a Constituição ao art. 28, *caput* e § 1º, do CPP realizada pelo STF no julgamento das ADIs 6.298, 6.299, 6.300 e 6.305, este dispositivo resta prejudicado, considerando que não há mais despacho de arquivamento do inquérito ou das peças de informação. De qualquer forma, a manifestação do Ministério Público de arquivamento da investigação não impede a responsabilidade civil, até por não produzir coisa julgada (formal ou material).
>
> **III. decisão que julgar extinta a punibilidade** (art. 67, II, CPP): independente do seu fundamento, com supedâneo no art. 67, II, CPP, a decisão de extinção da punibilidade não exclui a obrigação de reparar o dano, motivo pelo qual ficam abertas as portas da ação civil *ex delicto*.

Assim, se esta decisão ocorre em face da *morte do agente* (art. 107, I, CP), ainda se permite a discussão do fato na esfera cível, com o ajuizamento de ação (de execução ou de conhecimento, a depender se a morte ocorreu depois ou antes do trânsito em julgado da decisão em tela) em desfavor do espólio ou, se for o caso, até dos herdeiros, nos limites da herança.

A extinção da punibilidade por conta da *prescrição* (art. 107, IV, CP) igualmente não impede a responsabilidade civil. Destarte, ocorrendo a prescrição da pretensão punitiva (extinção da punibilidade antes da sentença definitiva), como não haverá qualquer efeito da eventual sentença condenatória porventura prolatada, eis que não transitará em julgado, não formando o título executivo judicial, impede-se a ação de execução *ex delicto*, sendo possível, no entanto, o ajuizamento da ação de conhecimento *ex delicto*. O STJ já decidiu que a decretação da prescrição da pretensão punitiva do Estado na ação penal não fulmina o interesse processual no exercício da pretensão indenizatória a ser deduzida no juízo cível pelo mesmo fato (Informativo nº 666). E se for operada a prescrição da pretensão executória (extinção da punibilidade depois da sentença definitiva), não se veda a ação de execução *ex delicto*. Como todos os efeitos secundários da sentença condenatória prolatada persistem (maus antecedentes, reincidência etc.), há formação de um título executivo judicial, motivo pelo qual será possível a sua execução no juízo cível.

Na hipótese de extinção da punibilidade por *anistia, graça ou indulto* (art. 107, IV, CP), como ela não acarreta nenhuma repercussão quanto aos efeitos extrapenais da condenação, do mesmo modo, não proíbe a responsabilidade civil, logo é possível a ação de execução *ex delicto*. Nesse passo, importante registrar a Súmula nº 631 do STJ, segundo a qual *"O indulto extingue os efeitos primários da condenação (pretensão executória), mas não atinge os efeitos secundários, penais ou extrapenais"*.

Certa polêmica existe se a extinção da punibilidade se der em virtude do *perdão judicial*. A celeuma gira em torno da definição da natureza jurídica da decisão que concede este instituto. Para o STJ, em sua Súmula nº 18, *"A sentença concessiva do perdão judicial é declaratória da extinção da punibilidade, não subsistindo qualquer efeito condenatório."*, o que impediria a ação civil *ex delicto*. Todavia, prevalece na doutrina o entendimento de que ela possui **natureza condenatória e, como tal, pode ser executada no juízo cível**. Nesse sentido, Guilherme de Souza Nucci[37], Mirabete[38] e Nestor Távora e Rosmar Rodrigues Alencar[39]. É também a posição do STF.

> **IV. sentença absolutória que decidir que o fato imputado não constitui crime** (art. 67, III, CPP): como anunciado alhures, os efeitos da sentença absolutória para fins de responsabilidade civil serão apreciados com vagar a partir do parágrafo seguinte.

Quanto à sentença penal absolutória, a princípio, ela não causa nenhuma interferência na esfera cível. Contudo, o 66 do CPP assevera que se ela for proferida reconhecendo categoricamente a inexistência material do fato fará coisa julgada no juízo cível, impedindo o oferecimento da ação civil *ex delicto*. Além disso, o art. 935 do Código Civil dispõe que a responsabilidade civil é independente da criminal, não se podendo questionar mais sobre a existência do fato, ou sobre quem seja o seu autor, quando estas questões se acharem decididas no juízo criminal.

Como se vê, os fundamentos utilizados pelo juiz quando prolata sentença penal absolutória podem ou não impedir a ação civil *ex delicto*, daí porque faz-se imprescindível conhecer todos esses fundamentos, que se encontram previstos no rol taxativo do art. 386, incisos I a VII, do CPP.

De antemão, em apertada síntese, pode-se afirmar que quando a sentença absolutória é proferida com fundamento em uma certeza (de que não ocorreu o fato e/ou de que o réu não foi o seu autor ou partícipe), haverá coisa julgada no juízo cível, impedindo-se a responsabilidade civil.

Nessa direção, convém noticiar que, conforme decidido pelo STJ, a independência das instâncias deve ser mitigada quando, nos casos de inexistência material ou de negativa de autoria, o mesmo fato for provado na esfera administrativa, mas não o for na esfera criminal. Asseverou-se que a absolvição criminal só afasta a responsabilidade administrativa quando restar proclamada a inexistência do fato ou de autoria. Embora não se possa negar a independência entre as esferas – segundo

---

37. NUCCI, Guilherme de Souza. *Manual de Processo Penal e Execução Penal*. 5. ed. São Paulo: RT, 2008, p. 237.
38. MIRABETE, Júlio Fabbrini. *Processo Penal*. 16. ed. rev. e atual. por Renato N. Fabbrini. São Paulo: Atlas, 2004.
39. TÁVORA, Nestor; ALENCAR, Rosmar Rodrigues. *Curso de Direito Processual Penal*. 3. ed. rev., ampl. e atual. Salvador: Juspodivm, 2009, p. 185.

a qual, em tese, admite-se repercussão da absolvição penal nas demais instâncias apenas nos casos de inexistência material ou de negativa de autoria –, não há como ser mantida a incoerência de se ter o mesmo fato por não provado na esfera criminal e por provado na esfera administrativa. Assim, quando o único fato que motivou a penalidade administrativa resultou em absolvição no âmbito criminal, ainda que por ausência de provas, a autonomia das esferas há que ceder espaço à coerência que deve existir entre as decisões sancionatórias (STJ, 6ª Turma, AgRg nos EDcl no HC nº 601.533/SP, Rel. Min. Sebastião Reis Júnior, j. 21.09.2021).

De outro lado, se a absolvição é respaldada em um juízo de dúvida, invocando-se o *in dubio pro reo*, não se impedirá a discussão dos mesmos fatos na esfera cível.

Vejamos então o inteiro teor dos incisos I a VII do art. 386 do CPP:

> **I. Estar provada a inexistência do fato**: Nesta situação, a sentença absolutória exclui a responsabilidade civil, pois a decisão é proferida com fundamento em uma certeza, isto é, prova plena de que não ocorreu o fato. Ora, se não houve o fato, não haverá qualquer repercussão jurídica, seja na esfera penal (o que resulta na absolvição do réu), seja na esfera cível (impedindo-se a ação civil *ex delicto*).
>
> **II. Não haver prova da existência do fato**: É hipótese consagradora do princípio do *in dubio pro reo*, que, no entanto, não afasta a responsabilidade civil. A situação é diferente daquela prevista no inciso I: aqui não se tem certeza plena de que o fato não ocorreu, apenas não há prova segura de que ele tenha ocorrido. Por consequência, o réu é absolvido na área penal, mas o fato ainda pode ser rediscutido no juízo cível, considerando que o legítimo interessado pode lograr êxito em nele produzir prova segura de que houve o fato e, como tal, é devida a indenização.
>
> **III. Não constituir o fato infração penal**: Como, nesta hipótese, ainda poderá ser provado que o ilícito civil subsiste, permite-se a responsabilidade civil. Assim, o fato pode não ser definido como infração penal, mas ser considerado algum tipo de ilícito civil. É o exemplo do adultério, que não é crime no país, mas que pode configurar ilícito civil consistente no descumprimento do dever matrimonial de fidelidade recíproca, autorizador, a depender do caso concreto, de uma responsabilidade civil por dano moral. Aliás, como visto neste tópico, o art. 67, inciso III, do CPP é de clareza solar ao estatuir que não impede a propositura da ação civil a sentença absolutória que decidir que o fato imputado não constitui crime (fato atípico). Ademais, Renato Brasileiro faz importante advertência de que parte da doutrina ressalva a hipótese de crime culposo: como a culpa se exterioriza por meio da imprudência, negligência ou imperícia, havendo a absolvição na esfera penal sob o fundamento de ter sido comprovada a ausência de quaisquer das modalidades da culpa, esta absolvição deve refletir na esfera cível, pois soaria contraditório que o juízo criminal reconhecesse a ausência de imprudência, negligência ou imperícia e o juízo cível, posteriormente, atestasse a sua presença[40].
>
> **IV. Estar provado que o réu não concorreu para a infração penal**: É hipótese que afasta a responsabilidade civil. Há nesta hipótese absolvição com fundamento no juízo de certeza, prova plena de que o réu não se envolveu no fato como autor ou partícipe. Logo, provado na esfera criminal que o agente não teve envolvimento

40. LIMA, Renato Brasileiro de. *Manual de Processo Penal*: volume único. 8. ed. rev., atual. e ampl. Salvador: Juspodivm, 2020, p. 401.

PARTE II

no fato, seria incoerente permitir a ação civil *ex delicto* admitindo, na esfera cível, que teria ocorrido tal envolvimento.

V. Não existir prova de ter o réu concorrido para a infração penal: Há aqui absolvição com fundamento na dúvida razoável, invocando-se o *in dubio pro reo*, daí porque é possível ainda a responsabilidade civil, se, juízo cível, for provado categoricamente que o indivíduo participou do ilícito civil.

VI. Existirem circunstâncias que excluam o crime ou isentem o réu de pena, ou mesmo se houver fundada dúvida sobre sua existência: Nesta hipótese, é possível a absolvição por diversos fundamentos, os quais demandam uma análise em separado:

a) Se houver prova da existência de causa excludente de ilicitude real: Em regra, as excludentes de ilicitude afastam a possibilidade de ajuizamento da ação indenizatória, conforme já abordado anteriormente, nos termos do art. 65 do CPP e do art. 188 do Código Civil. Não obstante, Renato Brasileiro registra que a ação civil *ex delicto* será cabível se o ofendido não tiver dado causa à excludente de ilicitude, ou seja, se ela foi provocada por uma terceira pessoa. Nesse caso, a ação será ajuizada em desfavor do acusado absolvido no juízo criminal, que, por sua vez, terá direito de regresso em face do terceiro[41] (art. 930 do Código Civil);

b) Se houver prova da existência de causa excludente de ilicitude putativa e erro na execução (*aberratio ictus*): Não impede a responsabilidade civil a absolvição com fundamento em causa excludente de ilicitude putativa, a exemplo da legítima defesa putativa, exceto se a repulsa resultar de agressão do próprio ofendido[42]. De igual modo, se houver excludente de ilicitude real, mas resultando em ofensiva que atinja terceiro inocente em decorrência de erro na execução (*aberratio ictus*), também é admitida a ação civil *ex delicto*, reconhecendo-se, porém, o direito de regresso do acusado absolvido no processo penal em desfavor de quem deu causa à excludente, com fincas no art. 930, parágrafo único, do Código Civil;

c) Se houver prova da existência de causa excludente de culpabilidade: Com relação às excludentes de culpabilidade, elas não afastam a obrigação de indenizar;

d) Se houver fundada dúvida sobre a existência de causa excludente de ilicitude ou culpabilidade: Se o juiz absolve o réu em virtude de fundada dúvida sobre a existência de ambas as excludentes (parte final do art. 386, VI, CPP), não se impede, a reparação civil do dano, pois a decisão é proferida a partir do princípio do *in dubio pro reo*.

VII. Não existir prova suficiente para condenação: Este dispositivo legal consagra novamente o princípio do *in dubio pro reo*, permitindo, pois, a responsabilidade civil. Pode não existir prova suficiente para condenar o agente na área penal, mas essa prova pode surgir ao longo da ação cível.

Ainda com relação à sentença absolutória e o disposto no art. 386 do CPP, insta salientar que a **sentença absolutória imprópria** (aquela em que o magistrado absolve o réu, mas lhe aplica medida de segurança em virtude de sua inimputabilidade – art.

41. LIMA, Renato Brasileiro de. *Manual de Processo Penal*: volume único. 8. ed. rev., atual. e ampl. Salvador: Juspodivm, 2020, p. 402.
42. LIMA, Renato Brasileiro de. *Manual de Processo Penal*: volume único. 8. ed. rev., atual. e ampl. Salvador: Juspodivm, 2020, p. 402.

26 do Código Penal –, conforme art. 386, parágrafo único, inciso III, do CPP) não enseja a responsabilidade civil, haja vista que ela não tem caráter condenatório, sendo que a medida de segurança fixada judicialmente (internação ou tratamento ambulatorial) não tem caráter de pena, sendo a sua finalidade terapêutica, de recuperação da higidez mental do agente. No entanto, admite-se o ajuizamento da ação civil *ex delicto* pelo ofendido em desfavor da pessoa a quem competia a guarda do indivíduo inimputável, na qual se pretenderá demonstrar a negligência referente a esse dever (art. 932, inciso II, do Código Civil).

A **sentença absolutória proferida no Tribunal do Júri** igualmente não permite a ação civil *ex delicto*. É que, como é sabido, no Júri, a decisão é proferida pelos jurados de forma sigilosa, não sendo possível por isso precisar qual foi o fundamento utilizado pelos julgadores para o decreto absolutório, isto é, se foi invocado um juízo de certeza ou a regra probatória do *in dubio pro reo*, entendimento este que se aplica inclusive se a absolvição se deu por negativa do quesito referente à materialidade delitiva. Esclareça-se, porém, que a sentença condenatória proveniente do Júri permite normalmente a ação civil *ex delicto*.

Para além das hipóteses de absolvição e saltando os muros do CPP, faz-se conveniente registrar que a *abolitio criminis* faz cessar apenas os efeitos penais da sentença condenatória, conforme disposto no art. 2º, *caput*, do Código Penal, não atingindo, portanto, os efeitos extrapenais, daí porque não se proíbe a ação civil *ex delicto*, ainda que esta sentença já tenha transitado em julgado.

Por fim, no que tange à *transação penal*, considerando que o art. 76, § 6º, da Lei nº 9.099/95, é de clareza solar ao estatuir que a decisão judicial que reconhece validade ao acordo celebrado "não terá efeitos civis, cabendo aos interessados propor ação cabível no juízo cível", tem-se que ela não permitirá a ação de execução *ex delicto*, até mesmo levando em conta que, consoante entendimento doutrinário prevalecente, tal decisão possui natureza de sentença homologatória, isto é, declaratória, não tendo o condão de formar título executivo judicial. Cabe então ao interessado ajuizar a ação civil de conhecimento.

10.6. Legitimidades ativa e passiva para a ação civil *ex delicto*

Quanto à legitimidade ativa para ajuizamento da ação civil *ex delicto*, inicialmente deve ser destacado que o art. 63, *caput*, do CPP, reza que podem promover a execução da sentença condenatória transitada em julgado, no juízo cível, para o efeito da reparação do dano, o ofendido, seu representante legal (se aquele for menor de 18 anos ou doente mental) e seus herdeiros (na hipótese de morte ou declaração judicial de ausência; eles devem ser entendidos em sentido amplo, não apenas o cônjuge, ascendente, descendente e irmão).

Além disso, segundo o art. 68 do CPP, quando o titular do direito à reparação do dano for pobre, a execução da sentença penal condenatória (art. 63 do CPP) ou a ação civil de conhecimento (art. 64 do CPP) será promovida, a seu requerimento, pelo Ministério Público, que age como verdadeiro substituto processual. Nesse sentido, relembre-se que, nos termos do art. 32, § 1º, do CPP, é considerado pobre aquele que não pode prover às despesas do processo, sem privar-se dos recursos indispensáveis à sua manutenção ou de sua família. Além disso, prova-se a pobreza pela simples apresentação de declaração de próprio punho[43].

O STF entende, porém, que o art. 68 do CPP é eivado de **inconstitucionalidade progressiva ou temporária** (RE nº 147.776-SP, 1ª Turma, Rel. Min. Sepúlveda Pertence, DJ 19/05/1998), no sentido de que o Ministério Público só tem legitimidade para o oferecimento da ação enquanto a Defensoria Pública não se estruturar adequadamente; caso isso venha a ocorrer, a legitimidade deixa de ser do Ministério Público, passando à Defensoria Pública, instituição constitucionalmente formatada para o exercício de funções desta natureza, nos termos do art. 134 da Carta Magna Federal.

De qualquer forma, é possível também que o magistrado nomeie defensor dativo em favor do interessado pobre para o oferecimento da ação.

Nessa esteira, o STJ, por sua vez, já decidiu que se o juiz entender pela ilegitimidade do *Parquet* para iniciar ação civil *ex delicto* em favor de menores carentes, deverá intimar a Defensoria Pública para tomar conhecimento da demanda ajuizada por aquele órgão e, se for o caso, assumir o polo ativo da ação, sob risco de se violar o art. 68 do CPP (STJ, REsp nº 888.081/MG, Rel. Min. Raul Araújo, j. 15.09.16).

No que diz respeito à legitimidade passiva, ela é de quem figurou como réu no processo penal: apenas ele pode constar no polo passivo da ação de execução da sentença penal condenatória.

Desse modo, se o ofendido pretender reclamar os danos por ele suportados em face do responsável civil pelo fato (art. 932 do Código Civil), deverá iniciar uma ação civil de conhecimento, em observância ao contraditório e à ampla defesa, já que este último não participou do processo penal, logo não teve a oportunidade de produzir provas e se defender. É o exemplo clássico apontado pela doutrina de um motorista de uma empresa transportadora que culposamente causa lesões corporais em acidente automobilístico, configurando o crime definido no art. 303 da Lei nº 9.503/97 (Código de Trânsito Brasileiro), vindo apenas ele a figurar como réu no processo penal, em respeito ao princípio da pessoalidade da ação penal; se a vítima pretende postular o pagamento de indenização em desfavor do empregador do motorista condenado, com trânsito em julgado, no processo penal, deverá mover ação civil de conhecimento em face dele, já que ele não figurou como parte no processo criminal. Eventual sentença penal condenatória proferida contra o motorista só poderá ser utilizada pelo autor da ação civil como mais um meio de prova, não como título executivo judicial.

10.7. Competência na ação civil *ex delicto*

Não há dúvidas de que compete sempre ao juízo cível processar e julgar a ação civil *ex delicto*, seja ela executória ou de conhecimento, como se vê claramente do disposto nos artigos 63, *caput*, e 64, *caput*, do CPP. O desafio que se estabelece então é definir a competência territorial deste juízo.

---

43. NUCCI, Guilherme de Souza. *Manual de Processo Penal e Execução Penal*. 5. ed. São Paulo: RT, 2008, p. 243.

Na vigência do CPC de 1973, em sede de doutrina, prevalecia o entendimento de que a competência para o processamento e julgamento da ação civil *ex delicto* (pouco importava se a ação era de conhecimento ou executória) seria do juízo cível do domicílio da vítima ou do local do fato, devendo a opção ser feita pela própria vítima, com base no art. 100, parágrafo único, do referido diploma legal. Seria ainda possível que a vítima optasse pelo domicílio do réu[44].

Todavia, o CPC de 2015 dá novo tratamento à matéria, fornecendo regras de competência distintas para a ação de conhecimento e para a ação executória. Desse modo, para a ação de conhecimento, é aplicável o teor do art. 53, inciso V, segundo o qual é competente o foro do domicílio do autor ou do local do fato, para a ação de reparação de dano sofrido em razão de delito ou acidente de veículos, inclusive aeronaves, o que acaba constituindo regra semelhante àquela encontrada no CPC de 1973 (art. 100, parágrafo único). A grande novidade é encontrada na regra de competência para a ação executória, firmada no art. 516, parágrafo único, do CPC de 2015: o exequente poderá optar pelo juízo do atual domicílio do executado, pelo juízo do local onde se encontrem os bens sujeitos à execução ou pelo juízo do local onde deva ser executada a obrigação de fazer ou de não fazer, casos em que a remessa dos autos do processo será solicitada ao juízo de origem.

Lembremos ainda a posição de Nestor Távora e Rosmar Rodrigues Alencar já destacada neste capítulo, segundo a qual a execução poderá ocorrer no próprio juízo penal caso o juiz penal fixe o quanto da indenização e o réu condenado tenha prestado fiança, bastando ao ofendido requerer ao juízo criminal o levantamento do valor da fiança para satisfação do seu direito[45].

10.8. Prazo prescricional

Nos termos do art. 200 do Código Civil, quando a ação civil "se originar de fato que deva ser apurado no juízo criminal, não correrá a prescrição antes da respectiva sentença definitiva". A partir do trânsito em julgado da sentença penal condenatória é que o prazo prescricional para a ação civil começa a ter curso. Nesta hipótese, a prescrição se opera no prazo de 3 (três) anos, consoante o art. 206, § 3º, inciso V, do Código Civil.

Nessa linha de intelecção, o STJ já decidiu que, para fins de incidência do art. 200 do Código Civil, é fundamental que exista processo penal em curso ou, pelo menos, a tramitação de inquérito policial até o seu arquivamento. Assim, não havendo sequer a instauração de inquérito policial, tampouco iniciada a ação, não se estabelece a relação de prejudicialidade entre a ação penal e a ação indenizatória em torno da existência de fato que devesse ser apurado no juízo criminal como exige o texto legal (art. 200 do CC). Portanto, nesta hipótese, não ocorre a suspensão ou óbice da prescrição da pretensão indenizatória prevista no art. 200 do CC, pois a verificação da circunstância fática não é prejudicial à ação indenizatória (Informativo nº 500).

---

44. TÁVORA, Nestor; ALENCAR, Rosmar Rodrigues. *Curso de Direito Processual Penal*. 3. ed. rev., ampl. e atual. Salvador: Juspodivm, 2009, p. 181.
45. TÁVORA, Nestor; ALENCAR, Rosmar Rodrigues. *Curso de Direito Processual Penal*. 3. ed. rev., ampl. e atual. Salvador: Juspodivm, 2009, p. 185.

Por fim, há de se ressaltar a situação excepcional tratada pela Súmula nº 647 do STJ, segundo a qual *"São imprescritíveis as ações indenizatórias por danos morais e materiais decorrentes de atos de perseguição política com violação de direitos fundamentais ocorridos durante o regime militar"*.

11. MEDIDAS ASSECURATÓRIAS (ARTS. 125 A 144 CPP)

11.1. Noções gerais

As medidas assecuratórias podem ser definidas como as "providências tomadas, no processo criminal, para garantir futura indenização ou reparação à vítima da infração penal, pagamento das despesas processuais ou penas pecuniárias ao Estado ou mesmo evitar que o acusado obtenha lucro com a prática criminosa[46]".

Sob a ótica das vítimas de crimes, tais medidas servem como importantes instrumentos para resguardo do *direito à reparação dos danos materiais, psicológicos e morais e à reparação simbólica*, como adiante se demonstrará.

O CPP prevê 3 (três) espécies dessas medidas, a saber: o sequestro, a hipoteca legal e o arresto. Todas elas serão apreciadas em tópicos separados, de forma breve, buscando destacar tudo aquilo que interessa às vítimas de delitos.

11.2. Sequestro (arts. 125 a 133-A CPP)

O sequestro consiste em "reter os bens imóveis e móveis do indiciado ou acusado, ainda que em poder de terceiros, quando adquiridos com o proveito da infração penal, para que deles não se desfaça, durante o curso da ação penal, a fim de se viabilizar a indenização da vítima ou impossibilitar ao agente que tenha lucro com a atividade criminosa[47]".

Consoante jurisprudência do STJ, não há óbice ao sequestro de bens de pessoa jurídica, ainda que esta não conste do polo passivo da investigação ou da ação penal, desde que verificada a presença de indícios veementes de que tenha sido utilizada para a prática de delitos (STJ, 5ª Turma, AgRg no REsp nº 1712934/SP, Rel. Ministro Reynaldo Soares da Fonseca, j. 21.02.2019). Desse modo, o tribunal já decidiu que a constrição judicial que incide em imóvel bloqueado gerido por Fundo de Investimentos em Participações (FIP) deve estar adstrita à cota-parte do acusado/cotista (STJ, 6ª Turma, AgRg no RMS nº 58.018/RJ, Rel. Min. Olindo Menezes j. 23.08.2022).

Nesses termos, o CPP prevê o cabimento dessa medida assecuratória tanto em relação a bens **imóveis** (art. 125 do CPP) quanto para bens **móveis** (art. 132 do CPP). Para o sequestro de bens móveis é aplicado, no que for compatível, o regramento do sequestro de bens imóveis.

---

46. NUCCI, Guilherme de Souza. *Curso de Direito Processual Penal*. 17. ed. rev., atual. e reform. Rio de Janeiro: Forense, 2020, p. 405.
47. NUCCI, Guilherme de Souza. *Curso de Direito Processual Penal*. 17. ed. rev., atual. e reform. Rio de Janeiro: Forense, 2020, p. 406.

Recaindo sobre bem imóvel ou móvel, o que importa é que o bem sobre o qual incida o sequestro tenha sido **adquirido com os proventos da infração penal praticada**, mesmo se já transferido a terceiro. É inclusive o que se extrai da simples leitura do art. 125 do CPP. Por "proventos da infração" deve ser compreendido tudo aquilo que o agente adquiriu se valendo do produto crime. A título de exemplo, é cabível o sequestro quanto a joias adquiridas com o dinheiro obtido em um crime de roubo ou em relação a um apartamento de luxo adquirido com o lucro auferido com o crime de tráfico de drogas.

Destarte, na concepção de um garantismo penal integral, tem-se como fundamento deste instituto a *despatrimonialização* do criminoso, de modo que se procura atingir o patrimônio do agente delitivo para não só de puni-lo, mas também inibir a prática de novos delitos.

Na perspectiva da *análise econômica do direito* e da correlata *teoria dos jogos*, ambas aplicadas ao Processo Penal, o sistema criminal de um país, a depender das opções assumidas pelo legislador, pode fornecer incentivos ou impor desestímulos à prática de delitos com repercussão econômica, em especial aqueles ligados à *macrocriminalidade*. É dizer, se o sistema criminal é frágil e ineficiente, decerto estimulará que novos delitos ocorram, pois valerá assumir o risco de responder por uma sanção penal (perda) se os lucros auferidos forem bem superiores a ela (ganho); em outro prisma, se os riscos forem superiores às vantagens decorrentes desses crimes, o interesse na prática deles naturalmente diminuirá.

Aliás, vale frisar que o sequestro possui os objetivos de (1) confiscar o provento do crime e (2) indenizar o lesado e o terceiro de boa-fé[48].

Para que se permita o sequestro, ele deve recair em bem específico e determinado, sendo ainda exigida a chamada *referibilidade*, isto é, a medida deve incidir sobre os proventos do crime cometido, e não em qualquer bem.

Dessa forma, não se permite, por exemplo, que o sequestro recaia sobre o próprio objeto do crime em si (*verbi gratia*, o dinheiro fruto de um roubo). Para atingir bem dessa natureza, a medida correta é a busca e apreensão (art. 240, § 1º, alínea "b", do CPP), que é medida cautelar probatória (e não patrimonial). Nesse passo, o CPP é de clareza solar ao afirmar que caberá o sequestro de bens móveis apenas se não couber a medida de busca e apreensão prevista no art. 240 do CPP (art. 132 do CPP), ou seja, quando tais bens não forem produto direto do crime, mas sim proventos dele.

Em outra perspectiva, de acordo com o estipulado no art. 3º, inciso VI, da Lei nº 8.009/90, a impenhorabilidade do bem de família não é oponível por ter sido adquirido com produto de crime ou para execução de sentença penal condenatória a ressarcimento, indenização ou perdimento de bens. Por força desta previsão, seria possível sustentar que o sequestro recairia sobre bem de família. Entretanto, o STJ já decidiu que, para a incidência da exceção à impenhorabilidade do bem de família, prevista no art. 3º, inciso VI, da Lei nº 8.009/90, é imprescindível a sentença penal condenatória transitada em julgado, por não ser possível a interpretação

48. ARAÚJO, Fábio Roque; COSTA, Klaus Negri. *Processo Penal Didático*. Salvador: Juspodivm, 2018, p. 414.

extensiva nessas hipóteses. Em complemento, consignou que o reconhecimento da prescrição não faz presumir a existência de sentença penal condenatória para fins de aplicação da exceção contida no art. 3º, inciso VI, da Lei nº 8.009/90, ou seja, não se admite concluir que a sentença penal condenatória apenas não foi proferida em face do reconhecimento da prescrição. Seja como for, inexistindo sentença penal condenatória transitada em julgado, não se aplica a mencionada exceção legal à impenhorabilidade do bem de família (STJ, REsp nº 1.823.159-SP, Rel. Min. Nancy Andrighi, j. 13.10.20).

É ainda muito importante destacar que, para a decretação do sequestro, bastará a existência de **indícios veementes da proveniência ilícita dos bens** (art. 126 do CPP). Outrossim, de um lado, não se exige prova cabal e inequívoca a respeito da proveniência ilícita dos bens, mas, de outro, a mera suspeita não é fundamento idôneo para o decreto da medida. Nem a mais, nem a menos, o que a lei exige é a probabilidade em grau elevado da origem ilícita dos bens sobre os quais irão recair o sequestro.

O sequestro só pode ser determinado pelo **juiz** penal (judicialidade; cláusula de reserva de jurisdição), seja de ofício, seja a requerimento do Ministério Público ou do ofendido, ou ainda mediante representação da autoridade policial, no curso do inquérito policial (art. 127 do CPP). Não há qualquer óbice legal para que o assistente de acusação formule requerimento dessa medida cautelar.

Noutro giro, como se vê do art. 127 do CPP, o sequestro pode ser decretado tanto na fase do **inquérito policial** como **ao longo da ação penal**.

Quanto à forma, o pedido de sequestro deve ser formulado pela parte interessada em petição específica, instruída com as respectivas provas, embora se admita, se necessária, a dilação probatória. Nos termos do art. 129 do CPP, o procedimento será autuado em separado.

Em seguida, o sequestro já será decidido pelo juiz. Se a decisão for de deferimento da medida, ele ordenará a sua inscrição no Cartório de Registro de Imóveis (art. 128 do CPP) para que seja conferida publicidade. Via de regra, a guarda do bem sequestrado será confiada a depositário ou administrador, com base no art. 159 do CPC, aplicável ao Processo Penal por analogia (art. 3º do CPP). Contudo, nada impede que, excepcionalmente, o bem permaneça em poder do próprio réu, se for recomendável conforme as circunstâncias do caso concreto.

Finalmente, ressalte-se que cabe o recurso de **apelação** contra a decisão que nega ou concede a medida de sequestro (art. 593, inciso II, do CPP).

11.3. Hipoteca legal (arts. 134 e 135 CPP)

A hipoteca legal é uma medida assecuratória que compreende um gravame, um registro ou anotação, incidente em bem imóvel de origem lícita do agente (art. 134 do CPP), com a dupla finalidade de (1) reparar os danos causados pela sua conduta ilícita e (2) permitir o pagamento das custas e despesas processuais.

Nesse passo, é, pois, medida que visa "assegurar a indenização do ofendido pela prática do crime, bem como ao pagamento das custas e despesas processuais[49]".

49. NUCCI, Guilherme de Souza. *Manual de Processo Penal e Execução Penal*. 5. ed. São Paulo: RT, 2008, p. 319.

Não se trata de confisco, nem se destina o apurado pela eventual venda do imóvel à União[50].

Nesse contexto, é de se relembrar que o art. 91, inciso I, do Código Penal determina que é efeito da condenação tornar certa a obrigação de indenizar o dano causado pelo crime. Além disso, o Código Civil, no seu art. 1.489, inciso III, assevera que a lei confere hipoteca ao ofendido, ou aos seus herdeiros, sobre os imóveis do delinquente, para satisfação do dano causado pelo delito e pagamento das despesas judiciais. E, na dicção do art. 140 do CPP, as garantias do ressarcimento do dano alcançarão também as despesas processuais e as penas pecuniárias, tendo preferência sobre estas a reparação do dano ao ofendido.

Como já mencionado alhures, a hipoteca legal recai sobre **bens imóveis de origem lícita**. Nessa linha, ela poderia recair em qualquer bem imóvel de origem lícita, inclusive em bem de família, com fundamento na redação do art. 3º, inciso VI, da Lei nº 8.009/90, segundo o qual a impenhorabilidade do bem de família não é oponível por ter sido adquirido com produto de crime ou para execução de sentença penal condenatória a ressarcimento, indenização ou perdimento de bens. Há precedente do STJ nesse sentido (RMS nº 23.189/PR, Rel. Min. Jane Silva, j. 06.02.09). Entretanto, em julgado posterior, o STJ decidiu que, para a incidência da exceção à impenhorabilidade do bem de família, prevista no art. 3º, inciso VI, da Lei nº 8.009/90, é imprescindível a sentença penal condenatória transitada em julgado, por não ser possível a interpretação extensiva nessas hipóteses. Em complemento, consignou que o reconhecimento da prescrição não faz presumir a existência de sentença penal condenatória para fins de aplicação da exceção contida no art. 3º, inciso VI, da Lei nº 8.009/90, ou seja, não se admite concluir que a sentença penal condenatória apenas não foi proferida em face do reconhecimento da prescrição. Seja como for, inexistindo sentença penal condenatória transitada em julgado, não se aplica a mencionada exceção legal à impenhorabilidade do bem de família (STJ, REsp nº 1.823.159-SP, Rel. Min. Nancy Andrighi, j. 13.10.20).

Quanto ao procedimento, *ab initio*, deve ser esclarecido que o CPP comete um erro de terminologia no art. 134, ao afirmar que a hipoteca legal será "requerida". Na verdade, por ser legal a hipoteca, isto é, por ela decorrer do próprio texto da lei, o que se requer é apenas a sua especialização e a sua inscrição[51].

Verifica-se ainda daquele dispositivo legal que a especialização da hipoteca legal não pode ser determinada de ofício pelo juiz. Todavia, tal norma acaba cometendo outro equívoco ao apontar o ofendido como único legitimado para este fim. Em verdade, conforme entendimento da doutrina, são **legitimados** para tanto:

a) o ofendido;

b) o representante legal do ofendido (se este for incapaz);

c) os herdeiros do ofendido (se este for morto);

d) o assistente de acusação.

50. NUCCI, Guilherme de Souza. *Manual de Processo Penal e Execução Penal*. 5. ed. São Paulo: RT, 2008, p. 319.

51. ARAÚJO, Fábio Roque; COSTA, Klaus Negri. *Processo Penal Didático*. Salvador: Juspodivm, 2018, p. 419.

Quanto à **legitimidade do Ministério Público**, o art. 142 do CPP assevera que o *Parquet* terá legitimidade se houver interesse da Fazenda Pública ou se o ofendido for pobre e o requerer. Duas ponderações devem ser feitas a respeito desta previsão legal. A uma, quanto à legitimidade para atuar em prol de interesse da Fazenda Pública (para o recebimento de multa ou custas), entendemos que a previsão legal resta prejudicada, considerando que o órgão não poderá mais atuar em favor da Fazenda Pública, haja vista que cada ente federativo possui o seu próprio órgão de advocacia pública, assim como a Constituição Federal, no seu art. 129, inciso IX, vedou que a instituição exercesse a representação judicial e a consultoria jurídica de entidades públicas. A duas, no que tange à atuação em favor do ofendido pobre em sentido legal, é preciso relembrar que ela somente existe se no local não houver Defensoria Pública devidamente estruturada (inconstitucionalidade progressiva do dispositivo legal).

Não obstante, o STJ vem mantendo a legitimidade do Ministério Público, nos exatos termos do art. 142 do CPP, em virtude da sua titularidade para ajuizamento da ação penal (STJ, REsp nº 1.265.113/RS, Rel. Min. Sebastião Reis Júnior, j. 19.03.15).

Outra discussão relevante acerca do teor do art. 134 do CPP versa sobre o **momento** em que a especialização da hipoteca legal pode ocorrer. É que o dispositivo legal textualmente estipula que ela pode ser requerida "em qualquer fase do processo". Embora a redação deste dispositivo seja confusa (ora fala em indiciado, ora em processo), a maioria da doutrina, realizando uma interpretação gramatical, entende que somente é possível essa medida assecuratória **na fase do processo**, não tendo cabimento, pois, na fase de inquérito policial. Nesse sentido, Nestor Távora e Rosmar Rodrigues Alencar[52] e Norberto Avena[53]. Há minoria, no entanto, a exemplo de Eugênio Pacelli de Oliveira[54], sustentando que a medida poderia ser decretada no inquérito policial, haja vista que o termo "processo" deveria ser lido de forma ampla, para envolver toda a persecução penal, incluindo o inquérito, até porque o mesmo dispositivo se refere ao "indiciado", que, por óbvio, existe na fase de investigação.

No que tange aos **requisitos** da medida assecuratória, devem ser preenchidos os dois requisitos exigidos pelo art. 134 do CPP, a saber:

> *a) certeza da infração*: é a materialidade. Em verdade, há aqui mais uma impropriedade técnica da lei, pois a "certeza" apenas surge com o trânsito em julgado da sentença penal condenatória. Mais apropriado seria falar em "prova da ocorrência da infração[55]";
>
> *b) indícios suficientes de autoria.*

Ainda com fincas no art. 134 do CPP, como já apontado alhures, a hipoteca legal recai sobre os **bens imóveis de origem lícita**, exigindo-se também que eles sejam

52. TÁVORA, Nestor; ALENCAR, Rosmar Rodrigues. *Curso de Direito Processual Penal*. 3. ed. rev., ampl. e atual. Salvador: Juspodivm, 2009, p. 275.
53. AVENA, Norberto. *Processo Penal Esquematizado*. São Paulo: Método, 2009, p. 338.
54. OLIVEIRA, Eugênio Pacelli de. *Curso de Processo Penal*. 10. ed. Rio de Janeiro: Lumen Juris, 2008.
55. ARAÚJO, Fábio Roque; COSTA, Klaus Negri. *Processo Penal Didático*. Salvador: Juspodivm, 2018, p. 420.

determinados e específicos. Em complemento, o art. 1.473, inciso I, do Código Civil estipula que incidirá sobre os imóveis e seus acessórios.

O art. 135 do CPP traz todo o **procedimento** propriamente dito para a especialização da hipoteca legal. O procedimento de especialização da hipoteca correrá em auto apartado (art. 138 do CPP).

De acordo com o art. 143 do CPP, passando em julgado a sentença condenatória, serão os autos de hipoteca ou arresto remetidos ao juiz do cível (art. 63), onde será liquidada a execução civil.

Para combater a decisão judicial que defere ou indefere a especialização da hipoteca legal e sua consequente inscrição no Cartório de Registro de Imóveis, é cabível o recurso de **apelação**, com fundamento no art. 593, inciso II, do CPP, pois há aqui uma decisão com força de definitiva.

11.4. Arresto (arts. 136 a 144 CPP)

Conforme estudado no tópico anterior, a hipoteca apenas pode recair sobre bens imóveis. Além disso, trata-se de um incidente que, conforme entendimento da doutrina majoritária, se opera somente no curso do processo, além de ser um procedimento um tanto quanto demorado, o que pode eventualmente prejudicar o ofendido em seu propósito de reparação de danos, pois "acaba vendo o acusado dilapidar o seu patrimônio antes mesmo da oneração que a hipoteca legal gerará sobre os imóveis de sua propriedade[56]".

Ademais, deve-se levar em contar que há sempre a possibilidade de que o réu não possua bens imóveis, realidade muito frequente no Brasil, mas tenha em seu poder bens móveis de considerável valor, como obras de arte, carros, joias etc.

Nessa esteira, para preencher toda essa lacuna, o CPP apresenta a medida assecuratória do arresto. Esse instituto, em apertada síntese, procura (1) tornar indisponível bem imóvel antes da hipoteca legal ou (2) constringir bem móvel do réu quando ele não possui bens imóveis. Na primeira situação, fala-se em *arresto prévio*. Na segunda, em *arresto subsidiário*.

Também conhecido como *arresto preventivo*, o **arresto prévio** de bem imóvel é modalidade de medida assecuratória criada pelo CPP para contornar as dificuldades de ordem prática proporcionadas pela hipoteca legal, a saber, o fato de que ela é cabível apenas durante o curso do processo penal e a constatação de que o seu procedimento é extremamente moroso, o que poderia prejudicar os interesses do ofendido, o qual veria o acusado dilapidando o seu patrimônio imóvel que poderia garantir futura indenização decorrente da prática do crime.

Com efeito, é medida altamente salutar, pois "o procedimento de especialização de hipoteca legal pode demorar, razão pela qual se torna, de antemão, indisponível o bem (ou os bens imóveis), até que seja feita a inscrição do que for cabível no Registro de Imóveis[57]".

56. ARAÚJO, Fábio Roque; COSTA, Klaus Negri. *Processo Penal Didático*. Salvador: Juspodivm, 2018, p. 421-422.
57. NUCCI, Guilherme de Souza. *Manual de Processo Penal e Execução Penal*. 5. ed. São Paulo: RT, 2008, p. 321.

PARTE II

Por meio do arresto prévio, portanto, autoriza-se que os bens imóveis que seriam alvo de posterior hipoteca legal sejam, desde já, constringidos, o que ganha maior relevo em situações em que o réu, pelo seu comportamento, revela que está se desfazendo ou irá se desfazer do seu patrimônio imóvel. A título de exemplo, se a vítima percebe que o acusado está vendendo alguns dos seus imóveis, poderá se utilizar dessa ferramenta processual para tentar bloquear esse comportamento.

Assim como na hipoteca legal (e diferente do sequestro), o arresto recai sobre *bem de origem lícita*, e, como já afirmado, visa garantir futura indenização ao ofendido. Aliás, tanto na especialização da hipoteca legal como no arresto, as garantias obtidas alcançarão também as despesas processuais (o que resulta no atendimento aos interesses igualmente do Estado) e as penas pecuniárias, tendo preferência sobre estas a reparação do dano ao ofendido, como preceitua o art. 140 do CPP.

Nesse cenário, o art. 136 do CPP afirma que o arresto do imóvel poderá ser decretado de início, revogando-se, porém, se no prazo de 15 (quinze) dias não for promovido o processo de inscrição da hipoteca legal. Como se vê, o arresto prévio configura autêntica *medida preparatória da hipoteca legal, medida pré-cautelar*[58].

Pelo teor daquele dispositivo legal, verifica-se que o arresto prévio de bem imóvel será revogado se, após 15 (quinze) dias da sua efetivação, não for promovido o processo de inscrição da hipoteca legal.

Ele possui os mesmos requisitos da hipoteca legal, quais sejam, a *certeza da existência da infração* e *indícios suficientes de autoria*. Além deles, exige-se também a *urgência excepcional*. Tanto o processo de especialização da hipoteca como o do arresto correrão em auto apartado (art. 138 do CPP).

Para fins do arresto ora em estudo, não se impõe a indicação detalhada e a estimativa de valor do bem, bastando a exposição dos atos que o réu vem praticando que revelem a provável transferência do bem imóvel para outrem, o que impediria futura hipoteca.

Caso o arresto seja deferido, o juiz determinará a sua inscrição no Cartório de Registro de Imóveis, garantindo a publicidade da medida e tornando o bem inalienável.

Contra a decisão que determina o arresto provisório de bem imóvel não cabe o recurso de apelação, pois não há aqui uma decisão com força de definitiva, considerando que ela ainda depende de posterior especialização da hipoteca. Desse modo, há quem defenda em doutrina que é cabível **mandado de segurança em matéria criminal** para atacar decisão que defere ou mesmo indefere esse arresto.

No que diz respeito ao **arresto subsidiário** de bem móvel, ele terá lugar quando o acusado não possuir bens imóveis ou os possuir de valor insuficiente para permitir a reparação dos danos provocados ao ofendido, assim como o pagamento de custas e despesas processuais. Terá, portanto, caráter *residual*. Será então possível o arresto de bens móveis suscetíveis de penhora, nos termos em que é admitida a hipoteca legal de imóveis (art. 137, *caput*, do CPP). Nesse prisma, os requisitos das duas medidas são os mesmos: *certeza da existência da infração* e *indícios suficientes de autoria*.

58. ARAÚJO, Fábio Roque; COSTA, Klaus Negri. *Processo Penal Didático*. Salvador: Juspodivm, 2018, p. 422.

Como o próprio nome do instituto releva, esse arresto incidirá sobre *bens móveis penhoráveis de origem lícita*. Nesse ponto, difere da hipoteca, que recai sobre bens imóveis. Assim, não ocorrerá uma conversão do arresto subsidiário em hipoteca, pois inexiste esta última para bens móveis. Havendo o arresto dos bens móveis, eles ficarão submetidos ao regramento do depósito e do administrador das coisas arrestadas, penhoradas, sequestradas ou arrecadadas dos arts. 159 a 161 do CPC, conforme determina o art. 139 do CPP. Existindo órgão registral, como, por exemplo, o Detran, o juiz determinará a ele a devida comunicação. Certo é que tanto o processo de especialização da hipoteca como o do arresto correrão em auto apartado (art. 138 do CPP). Ademais, difere ainda do sequestro, o qual incide em bens de origem ilícita.

Como o arresto subsidiário recai sobre bens móveis *penhoráveis* (art. 137, *caput*, do CPP e art. 833 do CPC), entende-se que não será possível arrestar bens de família (Lei nº 8.009/90).

A doutrina aponta a possibilidade de arresto preventivo (art. 136 do CPP) de arresto subsidiário (art. 137 do CPP), isto é, arresto prévio (cautelar e urgente) do arresto de bens móveis do acusado[59].

Contra a decisão que defere ou indefere o arresto subsidiário caberá o **recurso de apelação**, com fundamento no art. 593, inciso II, do CPP, apesar de existir corrente doutrinária sustentando o cabimento do mandado de segurança em matéria criminal como sucedâneo recursal.

12. A PARTICIPAÇÃO DA VÍTIMA NA INSTRUÇÃO CRIMINAL DO PROCEDIMENTO COMUM ORDINÁRIO

12.1. Noções gerais

Tomando como base o procedimento padrão no processo penal, que é o procedimento comum ordinário, verifica-se que o CPP contempla uma série de previsões de participação da vítima ao longo da instrução criminal, as quais resguardam não só o *direito de participação* em si, como também outros direitos fundamentais dela, a saber, o *direito à informação e à comunicação, direito à segurança, direito à proteção física, direito à proteção psicológica, direito à proteção documental (inclusive de dados pessoais)* e o *direito a tratamento profissional individualizado e não discriminatório.* A seguir, em tópicos separados, será analisada cada uma dessas previsões.

12.2. Formulação de quesitos e indicação de assistente técnico (art. 159, § 3º, CPP)

O art. 159, § 3º, do CPP, com a redação dada pela Lei nº 11.690/08, permite que não só o Ministério Público e o acusado, mas também o ofendido, o assistente de acusação (que, via de regra, é o próprio ofendido na ação penal pública) e o querelante (que, em regra, é o próprio ofendido na ação penal privada) formulem quesitos e indiquem assistentes técnicos.

59. ARAÚJO, Fábio Roque; COSTA, Klaus Negri. *Processo Penal Didático*. Salvador: Juspodivm, 2018, p. 423.

Quanto à formulação de quesitos, registre-se que cada parte acima mencionada pode tanto formular quesitos a serem respondidos no laudo pericial (art. 159, § 3º, CPP), como igualmente pode requerer a oitiva dos peritos em audiência de instrução e julgamento com a finalidade de que informem dados sobre a prova produzida e justamente respondam estes quesitos. Para tanto, os peritos devem ser intimados no prazo de 10 (dez) dias de antecedência, recebendo os quesitos ou questões previamente. As respostas dos peritos podem ser fornecidas também por meio de laudo complementar (art. 159, § 5º, inciso I, CPP).

No que diz respeito ao assistente técnico, insta salientar que ele é considerado o "perito das partes", ou seja, o profissional de confiança delas. Em outras palavras, o assistente técnico é o profissional contratado pela parte que, possuindo conhecimentos técnicos especializados, lhe fornecerá informações que demandam tais conhecimentos, apreciando o teor dos laudos periciais, com o objetivo de influenciar o convencimento do juiz de modo que lhe seja favorável. Desse modo, fica vedado que o assistente técnico produza o laudo pericial: ele apenas o ratifica ou infirma, oferecendo o seu parecer técnico (art. 159, § 5º, inciso II, CPP).

Sob a ótica do ofendido (entendido aqui em sentido amplo, para incluir também o assistente de acusação e o querelante), as duas prerrogativas ora apreciadas servem como mecanismos interessantes que atendem ao *direito de participação*.

12.3. Requerimento de realização de exame complementar em crimes de lesões corporais (art. 168, *caput*, CPP)

No caso de crime de lesões corporais, se houver um primeiro exame pericial incompleto, é possível a realização de um exame complementar, por determinação da autoridade policial ou judiciária, de ofício ou a requerimento do Ministério Público (atuando como parte ou fiscal da ordem jurídica), *do ofendido* (por meio de advogado) ou do acusado (autodefesa), ou de seu defensor (defesa técnica), visando apurar a extensão da lesão corporal (art. 168, *caput*, CPP).

Nesse exame complementar, os peritos terão presente o auto de corpo de delito, a fim de suprir-lhe a deficiência ou ratificá-lo. É possível ainda a realização do exame pericial complementar para a constatação do crime de lesão corporal grave que resulta na incapacidade da vítima para as ocupações habituais, por mais de 30 (trinta) dias (art. 129, § 1º, inciso I, do Código Penal), se ainda presentes os vestígios, logo após o prazo de 30 (trinta) dias, contados da data do crime, para que se saiba justamente acerca do tempo de incapacidade provocada pelo delito. Se, no entanto, desaparecerem os vestígios do crime, não será possível a realização do exame complementar, devendo ser suprido, porém, pela prova testemunhal.

Quanto à legitimidade assegurada em lei ao ofendido para requerer a produção do exame complementar, há mais um instrumento a serviço do *direito de participação*.

12.4. Oitiva do ofendido (arts. 6º, IV, 201, *caput*, 217, *caput*, 400-A e 474-A CPP)

Em respeito ao *direito de participação*, o CPP prevê a oitiva do ofendido nas fases de investigação criminal e processual penal.

Com fincas no art. 6º, inciso IV, do Código, logo que tiver conhecimento da prática da infração penal, a autoridade policial deverá ouvir o ofendido. Embora seja pessoa naturalmente interessada na solução da causa, o ofendido pode prestar relevantes informações a respeito dos fatos delitivos, daí porque deve ser ouvido pela autoridade policial. Apesar de não prestar o compromisso de dizer a verdade, ele poderá ser conduzido coercitivamente para prestar depoimento perante a autoridade policial (art. 201, § 1º, CPP), bem como ser responsabilizado pelo cometimento de crime de denunciação caluniosa (art. 339 do Código Penal), se der causa à instauração do inquérito policial ou do processo contra pessoa sabidamente inocente.

Na etapa processual, o art. 201, *caput*, do CPP afirma que, sempre que possível, o ofendido será qualificado e perguntado sobre as circunstâncias da infração, quem seja ou presuma ser o seu autor, as provas que possa indicar, tomando-se por termo as suas declarações. Naturalmente, outras perguntas podem ser formuladas.

A título de complemento, apenas frise-se que, no procedimento especial do Tribunal do Júri, o ofendido será ouvido em plenário, se possível (isto é, se ela ainda estiver vive e em condições físicas para depor), como reza o art. 473, *caput*, do CPP.

O ofendido, por ser a vítima da infração penal cometida pelo réu, não é considerado testemunha. Diante disso, não presta o compromisso de dizer a verdade (art. 203 CPP) e, por consequência, não pode cometer crime de falso testemunho (art. 342 CP), embora possa ser autor do crime de denunciação caluniosa (art. 339 CP).

Todavia, é possível a sua **condução coercitiva** se, intimado, não comparecer perante a autoridade, sem motivo justo, pois ele tem o **dever de depor** (art. 201, § 1º, CPP). Por "autoridade" deve-se entender tanto o delegado de polícia quanto o juiz, ou seja, ambas autoridades podem determinar a condução coercitiva.

Ademais, a rigor, ele **não possuiria direito ao silêncio**, salvo se o seu depoimento puder incriminá-lo, como ocorre na hipótese de crime de lesões corporais recíprocas.

Contudo, vem crescendo na doutrina, com certo respaldo na jurisprudência, o posicionamento segundo o qual, em respeito à intimidade e à vida privada e para que não ocorra a revitimização, o ofendido poderia exercer o **direito ao silêncio** quanto a quaisquer fatos, independentemente se eles o incriminam ou não. É dizer, seria assegurado à vítima, em seu foro íntimo, a opção de não prestar qualquer depoimento em desfavor do seu agressor, pouco importando o motivo para o seu silêncio. A título de ilustração, uma vítima de estupro, que sofreu sério abalo psicológico/psíquico com o fato, após longo tratamento com psicólogo e psiquiatra, consegue retomar o curso da sua vida e da sua rotina; em seu foro íntimo, a lembrança dos fatos por meio do seu depoimento poderia agravar ainda mais o seu estado mental; não querendo rememorar o trauma, evitando assim a revitimização, poderia deixar de depor.

Nessa direção, no que tange ao direito ao silêncio da mulher vítima de violência doméstica e familiar, veja-se o teor do Enunciado nº 50 do Fonavid (Fórum Nacional de Juízas e Juízes de Violência Doméstica e Familiar contra a Mulher): *"Deve ser respeitada a vontade da mulher em situação de violência de não se expressar durante seu depoimento em juízo, após devidamente informada dos seus direitos"*.

Acrescente-se que a criança ou adolescente vítima ou testemunha de violência tem assegurado por lei o direito ao silêncio (art. 5º, VI, Lei nº 13.431/17), motivo pelo qual os órgãos policiais envolvidos devem envidar esforços investigativos para que o depoimento especial não seja o único meio de prova para o julgamento do réu (art. 22 Lei nº 13.431/17).

Noutro giro, retomando análise da sistemática do CPP, no entender da jurisprudência, se o ofendido não atender à intimação para prestar depoimento, **não poderá ser responsabilizado por crime de desobediência**. Argumenta-se que a lei já estabeleceu a devida solução para o descumprimento, independente da sua natureza, não se tipificando, pois, a desobediência. Em outras palavras, como o Código já prevê a condução coercitiva do ofendido na hipótese de descumprimento da intimação para depor, não há espaço para a caracterização do crime de desobediência, em face do princípio da intervenção mínima do Direito Penal, devendo ser aplicado como *ultima ratio* (STJ, AgRg no HC nº 298.460/RS, Rel. Min. Sebastião Reis Júnior, j. 06.11.14).

Registre-se que a não oitiva do ofendido, quando arrolado pelas partes ou determinado de ofício pelo juiz, enseja mera nulidade relativa do feito, dependente, pois, da demonstração de prejuízo.

Por conseguinte, a doutrina majoritária sustenta que a oitiva do ofendido é **facultativa**. É dizer, as partes devem analisar a necessidade de produção desse meio de prova. Se entenderem que as declarações da vítima podem contribuir para a demonstração das suas respectivas pretensões, deverão arrolá-la no momento oportuno (a acusação, na peça inicial; a defesa, na resposta escrita à acusação); do contrário, o juiz somente determinará a oitiva do ofendido se ela tiver o potencial de interferir na formação do seu convencimento. Não há, portanto, obrigatoriedade na tomada do depoimento da vítima. É essa também a posição da jurisprudência do STF (HC nº 131.158/RS, Rel. Min. Edson Fachin, j. 26.04.16) e do STJ (HC nº 277.045/RS, Rel. Min. Laurita Vaz, j. 22.10.13).

Em relação a isso, vale a pena registrar importante decisão proferida pelo STF envolvendo fato amplamente divulgado pela mídia nacional. Com efeito, em caso envolvendo o incêndio na boate "Kiss", ocorrido em Santa Maria/RS na madrugada de 27/01/2013 e que provocou a morte de 242 pessoas, deixando ainda 680 feridas, o STF entendeu que não seria obrigatória a oitiva de todas as vítimas do homicídio tentado. Assim, afirmou que não há direito absoluto à produção de prova. Em casos complexos, há que confiar no prudente arbítrio do juiz da causa, mais próximo dos fatos, quanto à avaliação da pertinência e relevância das provas requeridas pelas partes. Desse modo, a obrigatoriedade de oitiva da vítima deve ser compreendida à luz da razoabilidade e da utilidade prática da colheita da referida prova. O magistrado, em observância ao sistema da persuasão racional, motivara a dispensa da oitiva de todas as vítimas do homicídio tentado. Segundo o juiz de origem, a produção dessa prova, diante da peculiaridade do caso concreto, acarretaria, em síntese, a necessidade de mais de 954 horas de audiência para a tomada de declarações das 638 vítimas, a nova exposição delas ao cenário traumático em que os fatos teriam se desenvolvido e a repetição de relatos que não auxiliariam no esclarecimento dos fatos. Além disso, o paciente do *habeas corpus* impetrado perante este tribunal deixara de requerer, na resposta à acusação, a oitiva de todas as vítimas. Acrescentou-se, ainda, que o rito especial do Tribunal do Júri limita o número de testemunhas a serem inquiridas e, ao contrário do procedimento comum, não exclui dessa contagem as testemunhas que não prestam compromisso legal (STF, Informativo nº 823).

Nessa esteira, a iniciativa para propor a oitiva da vítima em juízo, via de regra, é das partes, mas nada impede que o juiz determine a colheita do seu depoimento de ofício. Certamente o depoimento do ofendido interessará a todas as partes, não apenas à acusação; em muitos casos, esse meio de prova poderá inclusive beneficiar a defesa. Poderá se revelar ainda extremamente relevante para o esclarecimento dos fatos e, portanto, para a formação do convencimento do juiz.

No contexto do *garantismo penal integral*, cabe ao magistrado, enquanto tutor de direitos fundamentais, ter especial cuidado na colheita do depoimento da vítima, ainda mais em delitos que resultem em sérios abalos psicológicos, a exemplo dos crimes contra a dignidade sexual. Nesse passo, tem-se que, se o juiz verificar que a presença do réu poderá causar humilhação, temor, ou sério constrangimento ao ofendido, de modo que prejudique a verdade do depoimento, fará a inquirição por videoconferência e, somente na impossibilidade dessa forma (por ausência de recursos tecnológicos, por exemplo), determinará a retirada do réu, prosseguindo na inquirição, com a presença do seu defensor, por força do art. 217, *caput*, do CPP.

Além disso, de acordo com o art. 19-A, parágrafo único, da Lei nº 9.807/99, qualquer que seja o rito processual criminal, o juiz, após a citação, tomará antecipadamente o depoimento das pessoas incluídas nos programas de proteção a vítimas e testemunhas ameaçadas, devendo justificar a eventual impossibilidade de fazê-lo no caso concreto ou o possível prejuízo que a oitiva antecipada traria para a instrução criminal.

Em acréscimo, como forma de destinar especial tutela à vítima, a Lei nº 14.245/21 ("Lei Mariana Ferrer") inseriu o art. 400-A no CPP, segundo o qual, no procedimento comum ordinário, "na audiência de instrução e julgamento, e, em especial, nas que apurem crimes contra a dignidade sexual, todas as partes e demais sujeitos processuais presentes no ato deverão zelar pela integridade física e psicológica da vítima, sob pena de responsabilização civil, penal e administrativa, cabendo ao juiz garantir o cumprimento do disposto neste artigo, vedadas: I – a manifestação sobre circunstâncias ou elementos alheios aos fatos objeto de apuração nos autos; II – a utilização de linguagem, de informações ou de material que ofendam a dignidade da vítima ou de testemunhas.". Registre-se que a Lei nº 14.245/21 ainda inseriu um parágrafo único no art. 344 do Código Penal, estipulando um aumento de pena de 1/3 (um terço) até a metade no crime de coação no curso do processo se o processo envolver crime contra a dignidade sexual.

Com conteúdo semelhante ao art. 400-A do CPP, o art. 474-A do Código, igualmente inserido pela Lei nº 14.245/21 ("Lei Mariana Ferrer"), dispõe que, no âmbito do Tribunal do Júri, "durante a instrução em plenário, todas as partes e demais sujeitos processuais presentes no ato deverão respeitar a dignidade da vítima, sob pena de responsabilização civil, penal e administrativa, cabendo ao juiz presidente garantir o cumprimento do disposto neste artigo, vedadas: I – a manifestação sobre circunstâncias ou elementos alheios aos fatos objeto de apuração nos autos; II – a utilização de linguagem, de informações ou de material que ofendam a dignidade da vítima ou de testemunhas".

Vale ainda lembrar que a Lei nº 14.321/22, alterando a Lei nº 13.869/19 (lei dos crimes de abuso de autoridade), tipifica no art. 15-A desta última, como crime de **violência institucional**, a conduta de "submeter a vítima de infração penal ou a testemunha de crimes violentos a procedimentos desnecessários, repetitivos ou invasivos, que a leve a reviver, sem estrita necessidade: I – a situação de violência; ou II - outras situações potencialmente geradoras de sofrimento ou estigmatização", prevendo a pena de detenção, de 3 (três) meses a 1 (um) ano, e multa. E se o agente público (notadamente o magistrado) permitir que terceiro intimide a vítima de crimes violentos, gerando indevida revitimização, aplica-se a pena aumentada de 2/3 (dois terços) – § 1º. Finalmente, se o agente público intimidar a vítima de crimes violentos, gerando indevida revitimização, aplica-se a pena em dobro – § 2º.

Toda essa previsão contida nos arts. 400-A e 474-A do CPP e no art. 15-A da Lei nº 13.869/19 visa, em essência, evitar a **revitimização**, discurso ou prática institucional que submeta vítimas ou testemunhas a procedimentos desnecessários, repetitivos, invasivos, que levem tais pessoas a reviver a situação de violência ou outras situações que gerem sofrimento, estigmatização ou exposição de sua imagem (art. 5º, II, Decreto nº 9.603/18).

Nesse contexto, ganha destaque, como já afirmado alhures, a denominada **violência institucional**, entendida como a praticada por instituição pública ou conveniada (art. 4º, IV, Lei nº 13.431/17). No âmbito da Lei Maria da Penha, a Resolução nº 254/2018 do CNJ, que institui a Política Judiciária Nacional de enfrentamento à violência contra as Mulheres pelo Poder Judiciário, em seu art. 9º, *caput*, apregoa que "configura violência institucional contra as mulheres no exercício de funções públicas a ação ou omissão de qualquer órgão ou agente público que fragilize, de qualquer forma, o compromisso de proteção e preservação dos direitos de mulheres".

No mais, apesar de inexistir previsão expressa no CPP, entende-se que, após as perguntas dirigidas ao ofendido pelo juiz, este deve conceder a palavra às partes (acusação e defesa, nessa ordem) para que encaminhem reperguntas à vítima, em respeito ao contraditório e à ampla defesa. Em outros termos, durante a oitiva do ofendido, é plenamente possível a participação das partes formulando perguntas para ele, inclusive de forma direta, consoante previsão do art. 473 do CPP, válido para o procedimento do Tribunal do Júri, mas invocado, por analogia, em qualquer outro procedimento[60].

12.5. Comunicação dos atos processuais (art. 201, §§ 2º e 3º, CPP)

Em observância ao *direito à informação e à comunicação* e para que se viabilize o *direito de participação*, o CPP assegura que o ofendido será comunicado dos atos processuais relativos ao ingresso e à saída do acusado da prisão, à designação de data para audiência e à sentença e respectivos acórdãos que a mantenham ou

60. TÁVORA, Nestor; ALENCAR, Rosmar Rodrigues. *Novo Curso de Direito Processual Penal*. 15. ed. reestrut., rev. e atual. Salvador: Juspodivm, 2020, p. 885.

modifiquem (art. 201, § 2º). Trata-se de providência a ser adotada desde a fase de investigação criminal até a execução penal.

A respeito desta previsão legal, insta salientar que o **art. 8º da Resolução nº 253/2018 do CNJ**, em seu art. 8º, estabelece que "a Corregedoria Nacional de Justiça e as Corregedorias locais deverão incluir em seus planos de inspeção a fiscalização do cumprimento do disposto no parágrafo 2º do art. 201 do Código de Processo Penal".

Aliás, a mesma **Resolução nº 253/2018**, em seu **art. 5º, incisos I e II**, promovendo uma interpretação extensiva do art. 201, § 2º, do CPP, amplia a lista de atos processuais dos quais a vítima deverá ser notificada. Na dicção daquela norma, "no curso dos processos de apuração de crimes e atos infracionais e de execução de penas e medidas socioeducativas, as autoridades judiciais deverão: I – orientar as vítimas sobre o seu direito de estar presente em todos os atos do processo; II – determinar às serventias o estrito cumprimento do parágrafo 2º do artigo 201 do Código de Processo Penal, notificando-se a vítima, por carta ou correio eletrônico, dos seguintes eventos: a) instauração da ação penal ou arquivamento do inquérito policial; b) expedição de mandados de prisão, alvarás de soltura e respectivos cumprimentos; c) fugas de réus presos; d) prolação de sentenças e decisões judiciais monocráticas ou colegiadas.". Assim, por exemplo, a vítima deve ser notificada do oferecimento da denúncia ou da queixa-crime, bem como do arquivamento dos autos da investigação criminal (como inclusive já impõe o art. 28, *caput*, do CPP).

Nessa mesma esteira, saltando os muros do CPP, a Lei Maria da Penha (Lei nº 11.340/06), em seu art. 21, estipula que a ofendida deverá ser notificada dos atos processuais relativos ao agressor, especialmente dos pertinentes ao ingresso e à saída da prisão, sem prejuízo da intimação do advogado constituído ou do defensor público (*caput*). A ofendida não poderá entregar intimação ou notificação ao agressor (parágrafo único). Posteriormente, a Lei Henry Borel (Lei nº 14.344/22), com as devidas adaptações, repetiu essa sistemática, prevendo, em seu art. 18, que o responsável legal pela criança ou pelo adolescente vítima ou testemunha de violência doméstica e familiar, desde que não seja o autor das agressões, deverá ser notificado dos atos processuais relativos ao agressor, especialmente dos pertinentes ao ingresso e à saída da prisão, sem prejuízo da intimação do advogado constituído ou do defensor público.

Por fim, frise-se que, de acordo com o art. 201, § 3º, do CPP, as comunicações ao ofendido deverão ser feitas no endereço por ele indicado, admitindo-se, por opção do ofendido, o uso de meio eletrônico.

12.6. Espaço separado nas audiências (art. 201, § 4º, CPP)

Antes do início da audiência e durante a sua realização, será reservado espaço separado para o ofendido. A medida vista evitar que ele tenha, antes da audiência, qualquer tipo de contato com o acusado, seu advogado, parentes deste ou quem quer que seja que possa causar algum tipo de influência em seu ânimo, ameaçando, constrangendo ou intimidando o ofendido e interferindo com isso nas declarações que ele prestará.

Trata-se, pois, de medida que preserva o *direito à segurança, direito à proteção física, direito à proteção psicológica* e, por via indireta, o próprio *direito de participação.*

12.7. Equipe multidisciplinar (art. 201, § 5º, CPP)

Se o juiz entender necessário, poderá encaminhar o ofendido para atendimento multidisciplinar, especialmente nas áreas psicossocial, de assistência jurídica e de saúde, a expensas do ofensor ou do Estado (art. 201, § 5º, CPP).

Trata-se de medida extremamente salutar, demonstrando que o Estado se preocupa com as integridades física e psicológica/psíquica da vítima, buscando ao máximo a sua recuperação. São tutelados, pois, o *direito à proteção física*, o *direito à proteção psicológica* e, em especial, o *direito a tratamento profissional individualizado e não discriminatório*.

Assim, por exemplo, na hipótese de uma lesão corporal grave, que demande uma lenta e gradual recuperação da integridade física da vítima, ela poderá contar com o apoio oferecido por médicos de distintas áreas (ortopedista e cirurgião, por exemplo), fisioterapeutas etc. Já se houver um crime contra a dignidade sexual, para tratamento da integridade psicológica/psíquica da vítima, ela poderá ser acompanhada por equipe formada por psicólogo, psiquiatra, assistente social, dentre outros, que procurem atuar de modo a minimizar os danos emocionais inerentes a esse tipo de delito.

O Estado deverá arcar com os custos da equipe multidisciplinar até o trânsito em julgado da sentença condenatória, em virtude do princípio da presunção de inocência. Apenas após esse momento é que haverá a possibilidade de o agressor assumir o pagamento de tais custos, os quais serão parte do valor mínimo indenizatório (art. 387, IV, CPP).

12.8. Preservação da intimidade, vida privada, honra e imagem – segredo de justiça (art. 201, § 6º, CPP)

Nos termos do art. 201, § 6º, do CPP, o juiz tomará as providências necessárias à preservação da intimidade, vida privada, honra e imagem do ofendido, podendo, inclusive, determinar o **segredo de justiça** em relação aos dados, depoimentos e outras informações constantes dos autos a seu respeito para evitar sua exposição aos meios de comunicação.

Tem-se aqui exemplo sintomático de proteção dos dados pessoais da vítima, como consequência da tutela estatal à intimidade e à privacidade da pessoa humana. Em última instância, busca essa tutela resguardar o *direito à proteção psicológica*.

13. ASSISTENTE DE ACUSAÇÃO (ARTS. 268 A 273 CPP)

13.1. Noções gerais

O assistente de acusação deve ser compreendido como a posição ocupada pelo ofendido, quando ingressa no processo penal no polo ativo para auxiliar o Ministério Público na acusação do réu por crime submetido a ação penal pública. Portanto, é figura que implementa o *direito de participação* da vítima em processos que versem sobre crimes de ação penal pública.

Nesse prisma, o art. 268 do CPP estatui que, em todos os termos da ação pública, poderá intervir, como assistente do Ministério Público, o ofendido ou seu representante legal, ou, na falta, qualquer das pessoas mencionadas no artigo 31 (ou seja, seu cônjuge, ascendente, descendente ou irmão).

Como se vê deste dispositivo legal, a intervenção do assistente de acusação no processo penal não é obrigatória. Por conta disso, a sua atuação tem natureza de **intervenção de terceiro facultativa**: ele não é uma parte necessária, podendo ou não atuar no feito. Trata-se, pois, de **parte acessória ou contingente**. Resolvendo atuar no processo, ele exercerá pretensão contrária àquela do acusado.

Ademais, somente é possível tal intervenção do assistente de acusação em processos envolvendo crimes de ação penal pública. Em razão disso, há quem sustente em doutrina que o termo mais apropriado para se referir ao ofendido auxiliando o Ministério Público na ação penal pública seria "assistente do Ministério Público" ao invés de "assistente de acusação". É que, na ação penal privada, o ofendido já é o autor da ação, não havendo, pois, assistência à acusação.

Consoante entendimento da doutrina majoritária, o assistente de acusação poderia intervir apenas em infrações penais que possuam vítima certa e determinada (ainda que eventualmente ela seja pessoa jurídica), a exemplo dos crimes de lesões corporais, furto, roubo, estelionato, estupro etc. Desde que cumprido esse requisito, nada impediria, portanto, a sua intervenção em contravenções penais, como nas vias de fato. *A priori*, porém, não seria admitida a atuação do assistente em crimes que não possuem sujeito passivo determinado, como os crimes vagos, a exemplo dos delitos de tóxicos (uso, tráfico etc.), cuja vítima seria a coletividade (a saúde pública).

É digna de nota a existência de corrente absolutamente minoritária que sustenta a inconstitucionalidade da figura do assistente de acusação, sob os argumentos de que, a uma, o Ministério Público já exerceria a função acusatória de modo eficaz, sendo o *dominus litis* (art. 129, I, CF), a duas, a admissão deste sujeito processual acabaria legitimando uma vingança privada, algo inaceitável no processo penal moderno. Embora essa corrente tenha encontrado respaldo em importante acórdão do Tribunal de Justiça do Rio Grande do Sul (TJRS, RSE nº 70007559131, 5ª Câmara Criminal, Rel. Des. Aramis Nassif, j. 3/3/2004), certo é que prevalece o entendimento de que a previsão do assistente de acusação é perfeitamente constitucional. O STJ já decidiu que a assistência à acusação é plenamente válida (STJ, HC nº 77.967/SP, Rel. Min. Maria Thereza de Assis Moura, j. 16.09.08).

13.2. Objetivo da atuação do assistente de acusação

Podem ser apontados 2 (dois) objetivos na atuação do assistente de acusação, quais sejam:

a) **objetivo clássico**: é a obtenção de um título executivo judicial (com a sentença penal condenatória) para futura execução no juízo cível, por meio da ação civil *ex delicto*. Há aqui, portanto, um **interesse meramente particular (econômico)**, ligado ao *direito à reparação dos danos materiais, psicológicos e morais e à reparação simbólica* das vítimas de crimes.

b) **objetivo moderno**: além do objetivo clássico, deve ser acrescido o objetivo contemporâneo, que é auxiliar o combate à criminalidade e a promoção da justiça. Nesse sentido, verifica-se a presença de um verdadeiro **interesse público (social)**, vinculado ao *direito à justiça* de vítimas de crimes. Desse modo, o assistente de acusação procura, além da obtenção do título executivo judicial, assessorar o Ministério Público na atividade acusatória, visando alcançar a condenação do réu e a aplicação da lei penal. Em atenção a este objetivo é que o assistente de acusação está autorizado a recorrer da sentença condenatória para agravar a pena do réu. Nesse sentido é a posição da doutrina, a exemplo de Guilherme de Souza Nucci[61]. É essa também a **posição atual do STF** (RTJ 127/940) **e do STJ** (REsp nº 1.496.114/RJ, Rel. Min. Rogerio Schietti Cruz, j. 07.11.17).

13.3. Momento de atuação

Pela redação do art. 268 do CPP (*"Em todos os termos da ação pública, poderá intervir, como assistente do Ministério Público, o ofendido ou seu representante legal, ou, na falta, qualquer das pessoas mencionadas no artigo 31"*), verifica-se que o assistente de acusação somente atua no processo penal de conhecimento (ação penal condenatória), não tendo, pois, qualquer atuação no inquérito policial.

Portanto, o assistente de acusação atua *durante a ação penal pública* (incondicionada ou condicionada), não se admitindo a sua intervenção no curso do inquérito policial, conforme inclusive já decidido pelo STJ (HC nº 123.365/SP, Rel. Min. Og Fernandes, j. 22.06.10). Não há assistência à acusação em ação penal privada, nem mesmo na subsidiária da pública, considerando que nesse tipo de ação o ofendido já é o próprio autor.

Há discussão doutrinária a respeito do momento a partir do qual é admitido o ingresso do assistente de acusação no processo. Para alguns, ele poderia atuar a partir do recebimento da denúncia, pois é nesse momento que passa a existir o processo penal condenatório. Para outros, ele poderia intervir desde o oferecimento da denúncia, haja vista que, se o juiz não receber a peça inicial acusatória, o assistente teria legitimidade para recorrer dessa decisão.

Além disso, consoante o art. 269 do CPP, é certo que o assistente de acusação somente atua até o trânsito em julgado da sentença condenatória, não tendo, pois, qualquer atuação na fase de execução penal. Ademais, intervindo no feito, seja qual for a fase processual em que isso ocorra, ele recebe a causa no estado em que se achar, para que não haja qualquer tipo de tumulto processual (art. 269 do CPP).

No Tribunal do Júri, o assistente somente será admitido se tiver requerido sua habilitação até 5 (cinco) dias antes da data da sessão na qual pretenda atuar, com fulcro no art. 430 do CPP. Aliás, no procedimento especial a ser observado neste juízo, vale o lembrete de que, com fincas no art. 431 do CPP, encerrada a primeira fase com a preclusão da pronúncia (art. 421, *caput*, CPP), estando o processo em ordem, o juiz presidente mandará intimar as partes, o *ofendido*, se for possível (isto é, se estiver vivo), as testemunhas e os peritos, quando houver requerimento, para

61. NUCCI, Guilherme de Souza. *Manual de Processo Penal e Execução Penal*. 5. ed. São Paulo: RT, 2008, p. 560.

a sessão de instrução e julgamento, observando, no que couber, o disposto no art. 420 deste Código.

Noutro giro, não há que se falar na atuação do assistente de acusação nas ações de *habeas corpus* e de revisão criminal, pois ela somente é possível em ações penais condenatórias (STJ, AgRg no HC nº 72.726/SP, Rel. Min Maria Thereza de Assis Moura, j. 27.02.07).

No âmbito do Juizado Especial Criminal, a doutrina entende que, à luz do disposto no art. 268 do CPP, não é possível a atuação do assistente na fase preliminar (por ser esta uma etapa pré-processual), somente no curso do processo penal em si.

13.4. Legitimados

Via de regra, o assistente de acusação é o ofendido. Ele pode ser tanto pessoa física (como a vítima de um crime de roubo) como pessoa jurídica (como a vítima de um estelionato). Todavia, se incapaz, também possui legitimidade para atuar em seu favor o seu representante legal (art. 268 CPP). No caso de morte do ofendido, podem sucedê-lo como assistente de acusação o cônjuge, ascendente, descendente ou irmão, nos termos do art. 268 c/c art. 31, ambos do CPP. Por equiparação das formas de família (art. 226, § 3º, CF), deve-se incluir como legitimado, além do cônjuge, igualmente o companheiro. Admite-se que mais de uma dessas pessoas atue como assistente, desde que em conjunto, não separadamente. Por exemplo, dois filhos da vítima de um crime de homicídio podem atuar, ao mesmo tempo, como assistentes de acusação.

É preciso esclarecer que é o ofendido (ou aqueles terceiros que atuam em seu favor) o assistente de acusação, não o seu advogado. Naturalmente, o próprio ofendido não tem capacidade postulatória para atuar, sozinho, como assistente de acusação, salvo se advogar em causa própria. Por consequência, ele deverá estar acompanhado de advogado. Mas, repita-se, isso não significa dizer que é o advogado o assistente de acusação.

Se a ação penal versar sobre mais de um crime, como, *verbi gratia*, dois roubos, o ofendido apenas poderá atuar quanto ao fato do qual foi vítima. É dizer, cada um dos ofendidos deverá se habilitar como assistente de acusação, atuando quanto ao crime do qual foi vítima.

Há discussão doutrinária a respeito da legitimidade de pessoa jurídica de direito público para figurar como assistente de acusação. Para uns, ela não deveria ser reconhecida, tendo em vista que o Ministério Público, representante do Estado-acusador, já agiria em nome do Estado, sendo despiciendo contar com mais um representante público no processo. Para outros, todavia, a legitimidade deveria ser reconhecida, levando em conta que, não obstante o Ministério Público constitua órgão do Estado, o seu interesse é distinto daquele titularizado pelo Estado. Assim, o Ministério Público atua com o objetivo de aplicar corretamente a lei ao caso concreto, tutelando os interesses da sociedade (interesse público primário), já o ente estatal, enquanto vítima de um delito, possui o interesse patrimonial em ser ressarcido do dano que lhe foi causado (interesse público secundário). Por exemplo, "o Estado possuirá interesse em atuar como assistente no caso de um acidente entre veículos com o envolvimento de uma viatura da prefeitura, o que interferirá na recomposição dos danos que, futura e fatalmente, atingirá o patrimônio do ente público[62]".

De outro lado, o art. 270 CPP **veda** a possibilidade de o **corréu servir como assistente de acusação**. Admitir o contrário seria algo ilógico, abusivo e serviria apenas para fomentar a vingança privada. Parte da doutrina entende que esta vedação é válida também para o caso de autor e vítima recíprocos, como na hipótese de lesões corporais recíprocas. Muito embora, para essa corrente, seja admitida a interposição de recurso do corréu contra a absolvição do outro agente delitivo, desde que o Ministério Público não tenha recorrido[63]. Todavia, há quem entenda que não há qualquer óbice para a assistência no caso de lesões corporais recíprocas. Seria possível ainda a assistência "no caso de o processo ter sido suspenso em relação a um dos acusados, o que, após o trânsito em julgado em relação a este, poderia ele atuar como assistente em relação ao seu parceiro de crime[64]".

O art. 270 do CPP não veda, porém, a atuação da testemunha como assistente de acusação. Com isso, ela é admitida pela jurisprudência. O STJ já decidiu que a mãe da vítima de crime sexual poderá funcionar tanto como assistente de acusação quanto testemunha, pois suas declarações serão valoradas conforme o livre convencimento do juiz (STJ, AgRg no AREsp nº 1.594.445/SP, Rel. Min. Reynaldo Soares da Fonseca, j. 06.02.20).

Com espeque em posicionamento do STJ, a **Defensoria Pública** pode figurar como representante do assistente de acusação, até porque esta instituição, na esfera processual penal, não atua apenas em favor do polo passivo, mas também do polo ativo, a exemplo do que ocorre com o patrocínio da ação penal privada (inclusive daquela subsidiária da pública). Nessa situação, é dispensável a juntada de procuração com poderes especiais. Isso porque o defensor público deve juntar procuração judicial somente nas hipóteses em que a lei exigir poderes especiais (arts. 44, XI, 89, XI, e 128, XI, da LC 80/1994) – Informativo nº 555.

Como já visto ao longo deste tópico, o assistente de acusação é o ofendido do crime (e não o seu advogado), que, excepcionalmente, pode comparecer em juízo por meio do seu representante legal (se incapaz) ou de seus sucessores indicados no art. 31 do CPP (se falecer). Porém, há **situações especiais** nas quais é admitida a intervenção de outras pessoas como assistente de acusação. São elas:

1) órgãos federais, estaduais e municipais podem ingressar como assistente de acusação em ações penais que visem apurar conduta delitiva de Prefeito. Eles podem pedir a instauração de inquérito policial ou o ajuizamento de ação penal pelo Ministério Público, assim como intervir, em qualquer fase do processo, como assistente da acusação (art. 2º, § 1º, do Decreto-Lei nº 201/67);

2) Comissão de Valores Mobiliários (CVM) atua quando o crime contra o sistema financeiro nacional é praticado em atividade sujeita à sua fiscalização e o Banco Central do Brasil atua se não houver essa hipótese, mas o crime tiver sido

62. ARAÚJO, Fábio Roque; COSTA, Klaus Negri. *Processo Penal Didático*. Salvador: Juspodivm, 2018, p. 479.
63. NUCCI, Guilherme de Souza. *Manual de Processo Penal e Execução Penal*. 5. ed. São Paulo: RT, 2008, p. 564.
64. ARAÚJO, Fábio Roque; COSTA, Klaus Negri. *Processo Penal Didático*. Salvador: Juspodivm, 2018, p. 480.

cometido em atividade sujeita à sua fiscalização (art. 26, parágrafo único, da Lei nº 7.492/86);

3) Corpos intermediários (as entidades e órgãos da Administração Pública, direta ou indireta, ainda que sem personalidade jurídica, especificamente destinados à defesa dos interesses e direitos protegidos pelo Código de Defesa do Consumidor, bem como as associações legalmente constituídas há pelo menos um ano e que incluam entre seus fins institucionais a defesa dos interesses e direitos protegidos por este Código, dispensada a autorização assemblear), nos crimes e contravenções que envolvem relações de consumo. Eles podem também propor ação penal subsidiária, se a denúncia não for oferecida no prazo legal (art. 80 da Lei nº 8.078/90 – Código de Defesa do Consumidor);

4) Associações de titulares de direito de autor e os que lhe são conexos, nos processos pelos crimes do art. 184 do Código Penal, quando praticados em detrimento de qualquer de seus associados (art. 530-H do CPP);

5) Presidentes dos Conselhos e das Subseções têm legitimidade para agir, judicial e extrajudicialmente, contra qualquer pessoa que infringir as disposições ou fins do Estatuto da OAB (art. 49, *caput*, da Lei nº 8.906/94). Lembrando ainda que essas autoridades têm legitimidade para intervir, inclusive como assistentes, nos inquéritos e processos em que sejam indiciados, acusados ou ofendidos os inscritos na OAB (art. 49, parágrafo único, da Lei nº 8.906/94).

Por fim, frise-se que o STJ já decidiu que a seguradora não tem direito líquido e certo de figurar como assistente do Ministério Público em ação penal na qual o beneficiário do seguro de vida é acusado de ter praticado o homicídio do segurado, em virtude da absoluta ausência de previsão legal a esse respeito (Informativo nº 560).

13.5. Habilitação

O legitimado a atuar como assistente de acusação deverá requerer a sua habilitação nos autos por meio de petição, assinada por advogado (salvo a hipótese de advocacia em causa própria), o qual terá que estar munido de procuração com poderes especiais. Em seguida, o juiz ouvirá o Ministério Público a esse respeito (art. 272 CPP) e, ao final, decidirá.

Quanto à oitiva do Ministério Público, este órgão somente deve se opor à atuação do assistente em caso de falta de legitimação. Em outros termos, o *Parquet* apenas deve recusar a habilitação do assistente se entender que ele não possui autorização em lei para atuar no caso. Não se permite que o órgão ministerial aprecie a conveniência ou oportunidade da atuação do assistente, nem mesmo se assistência é ou não necessária, ou ainda se o ofendido não possui interesse econômico quanto à matéria penal. Todavia, conforme entendimento de Guilherme de Souza Nucci, se no curso do processo o assistente trair o sentido teleológico da assistência, que é o de reforçar a acusação, pode o Ministério Público solicitar a sua exclusão[65].

65. NUCCI, Guilherme de Souza. *Manual de Processo Penal e Execução Penal*. 5. ed. São Paulo: RT, 2008, p. 567.

Segundo o art. 273 do CPP, **a decisão que admitir ou não o assistente de acusação é irrecorrível**. Contudo, a jurisprudência preceitua que cabe **mandado de segurança em matéria criminal** contra essa decisão (STJ, RHC nº 31.667/ES, Rel. Min. Jorge Mussi, j. 28.05.13).

A doutrina aponta que, em face da pluralidade de vítimas, o magistrado pode indeferir os pedidos de assistência se houver risco ou perturbação à regular persecução penal.

Uma vez habilitado nos autos, o assistente passa a ser intimado de todos os atos processuais praticados, sob pena de nulidade relativa, a ser reconhecida apenas se houver a demonstração de prejuízo. Diante disso, o STJ entende que haverá nulidade se o assistente não for intimado da decisão absolutória proferida no processo, devendo o tribunal determinar o retorno dos autos ao juízo *a quo* para que oportunize a apresentação de razões recursais por aquele (STJ, REsp nº 1.435.348/TO, Rel. Min. Sebastião Reio Júnior, j. 25.11.14). Contudo, se, após o encaminhamento das razões recursais pelo Ministério Público, o assistente, mesmo intimado, não se manifesta, resta claro o seu desinteresse no processo, dispensando-se a sua intimação para atos processuais futuros (STJ, REsp nº 1.035.320/SP, Rel. Min. Sebastião Reis Júnior, j. 02.04.13).

13.6. Poderes

O art. 271 do CPP, em um rol não taxativo ou exemplificativo, apresenta os poderes que podem ser exercidos pelo assistente de acusação no processo penal. Para o exercício de tais poderes, via de regra, o assistente deve estar previamente habilitado nos autos. No entanto, no caso de recursos, não se exige essa prévia habilitação, servindo a própria petição de interposição como um pedido implícito de habilitação.

Há, porém, precedente do STJ indicando que o rol do art. 271 do CPP seria taxativo (STJ, HC nº 499.052/SP, Rel. Min. Reynaldo Soares da Fonseca, j. 21.05.19). A nosso ver, *data maxima venia*, não assiste razão ao tribunal, principalmente levando em conta o objetivo contemporâneo da atuação do assistente, vinculado à busca da solução correta para o caso concreto, bem como em atenção às inúmeras alterações legislativas promovidas no CPP. Ora, admitido o assistente nos autos, deve ele ter amplos poderes de atuação (salvo restrições legais expressas), sob pena de indevida restrição ao acesso à Justiça.

Assim, conforme este dispositivo legal, o assistente de acusação pode propor meios de prova, requerer perguntas às testemunhas, aditar o libelo e os articulados, participar do debate oral e arrazoar os recursos interpostos pelo Ministério Público, ou por ele próprio, nos casos dos artigos 584, § 1º, e 598 do CPP.

Alerte-se que o Ministério Público deve ser ouvido quanto ao pedido formulado pelo assistente de acusação de produção de provas (art. 271, § 1º, do CPP), como forma de se evitar tumulto processual e provas indevidas ou prejudiciais à acusação.

No que diz respeito à prova testemunhal, parcela da doutrina sustenta não ser possível que o assistente de acusação arrole testemunhas, considerando que o rol deve ser oferecido com a denúncia, peça que não conta com a participação dele, daí porque ocorreria a preclusão. Mas há quem entenda por essa possibilidade, desde que o assistente tenha se habilitado antes da audiência de instrução e julgamento, bem como seja respeitado o limite do número legal de testemunhas. Desse modo, se o Ministério Público já esgotou o número legal de testemunhas, o assistente não poderia arrolar novas testemunhas. Restaria apenas propor a oitiva de testemunhas do juízo, com fundamento no art. 209 do CPP.

Certo é que o assistente pode formular perguntas às testemunhas, independente se arroladas pela acusação ou pela defesa. As perguntas serão formuladas sempre depois do Ministério Público e de forma direta aos depoentes.

No que tange ao poder de aditar o libelo, resta ele esvaziado, tendo em vista que o instituto do libelo foi revogado do CPP. Desse modo, "pouco lhe resta a fazer, a não ser, por exemplo, apresentar outras testemunhas para serem ouvidas em plenário, caso o Ministério Público não tenha esgotado o número legal, que é de cinco (art. 422, CPP[66])".

Não se admite que o assistente adite a denúncia oferecida pelo Ministério Público. Mas poderá aditar os articulados, ou seja, qualquer peça escrita juntada aos autos. Nesse sentido, quanto ao poder de aditar as alegações finais, deve-se registrar que ele também não tem mais razão de ser, pois o assistente de acusação tem o poder de apresentar as suas próprias alegações finais em separado, consoante o art. 403, § 2º, do CPP. Destarte, encerrada a instrução, o assistente pode apresentar as suas alegações finais oralmente por 10 (dez) minutos, após as alegações do Ministério Público. No procedimento especial do Tribunal do Júri, o assistente falará depois do Ministério Público, dividindo-se entre eles o prazo de uma hora e meia para debates orais; inexistindo acordo entre eles, cabe ao juiz promover a divisão do tempo, respeitado aquele limite máximo (art. 477 CPP).

Quanto ao direito de arrazoar recursos, insta salientar que o assistente de acusação poderá fazê-lo com os recursos do Ministério Público, mas poderá também apresentar os seus próprios recursos diretamente, nos seguintes casos:

1) apelação contra as decisões de impronúncia (art. 584, § 1º, do CPP, c/c art. 416 do CPP) e absolvição sumária (art. 416 do CPP) no Tribunal do Júri;
2) recurso em sentido estrito, nas hipóteses de decisão de extinção da punibilidade (art. 581, inciso VIII, do CPP, c/c art. 584, § 1º, do CPP) e de decisão que denega ou julga deserta a apelação interposta por ele próprio (art. 581, inciso XV, do CPP);
3) apelação contra sentença absolutória (art. 598 do CPP);
4) apelação contra a sentença condenatória visando o aumento de pena (posição do STJ e do STF);
5) carta testemunhável;
6) embargos de declaração;

66. NUCCI, Guilherme de Souza. *Manual de Processo Penal e Execução Penal*. 5. ed. São Paulo: RT, 2008, p. 564.

7) recurso extraordinário (Súmula nº 210 do STF);

8) recurso especial.

Ainda com relação ao direito ao oferecimento de recurso próprio, é preciso esclarecer que o art. 598, *caput*, do CPP afirma que, nos crimes de competência do Tribunal do Júri, ou do juiz singular, se da sentença não for interposta apelação pelo Ministério Público no prazo legal, o ofendido ou qualquer das pessoas enumeradas no art. 31, mesmo que não se tenha habilitado como assistente, poderá interpor apelação, que não terá, porém, efeito suspensivo. O fundamento deste recurso é semelhante àquele aplicado para a ação penal privada subsidiária da pública: fiscalizar a atuação do Ministério Público. Esse recurso é, pois, **supletivo ou subsidiário**: o assistente de acusação só oferece se o *Parquet* não o oferecer. Pode, no entanto, o assistente de acusação recorrer da parte da decisão não recorrida pelo Ministério Público.

A jurisprudência do STF (RTJ 127/940) e do STJ (REsp nº 1.496.114/RJ, Rel. Min. Rogerio Schietti Cruz, j. 07.11.17) entende que o assistente de acusação pode recorrer para agravar a pena do réu. Além disso, o assistente possui legitimidade para interpor recurso de apelação, em caráter supletivo, nos termos do art. 598 do CPP, ainda que o Ministério Público tenha requerido a absolvição do réu em plenário (STJ, 6ª Turma, REsp nº 1.451.720/SP, Rel. Min. Sebastião Reis Júnior, relator para acórdão Min. Nefi Cordeiro, DJe 24.06.2015; STF, Plenário, HC nº 102.085/RS, Rel. Min. Cármen Lúcia, DJe 27.08.2010).

Ademais, com fincas no parágrafo único do art. 598 do CPP, o prazo para interposição desse recurso será de 15 (quinze) dias e correrá do dia em que terminar o do Ministério Público (ou seja, imediatamente após o transcurso do prazo do Ministério Público, conforme a Súmula nº 448 do STF). Segundo entendimento do STF (HC nº 50.417/SP) e do STJ (REsp nº 235268-SC, j. 25/3/08), esse **prazo de 15 (quinze) dias só é válido para o assistente não habilitado nos autos**: para aquele habilitado, o prazo continua a ser de 5 (cinco) dias, embora contados também após o fim do prazo do *Parquet*. E se o Ministério Público recorrer, mas o seu recurso for considerado intempestivo, o recurso do assistente de acusação, desde que tempestivo, impedirá a formação da coisa julgada, operando-se regularmente o seu julgamento pelo tribunal (STF, AgRg no HC nº 154.076/PA, Rel. Min. Edson Fachin, j. 29.10.19).

Não poderá o assistente de acusação, contudo, recorrer, extraordinariamente, de decisão concessiva de *habeas corpus*, nos termos da Súmula nº 208 do STF. Esclareça-se, porém, que, após o advento da Lei nº 12.403/11, tal Súmula merece ser cancelada, pois o assistente passou a ter legitimidade para requerer prisão preventiva (ou medida cautelar alternativa à prisão) na fase processual, de acordo com a redação do art. 311 do CPP. Nessa esteira, entende-se que o assistente também passa a ter legitimidade para recorrer das decisões concessivas de liberdade provisória, de medidas cautelares diversas da prisão (art. 319 CPP) e de decisões que relaxem a prisão ou que defiram *habeas corpus*, afinal de contas "quem pode o mais, pode o menos".

Noutro giro, a Lei nº 11.689/08 veio a alterar a redação do art. 427 do CPP para permitir expressamente que o assistente de acusação requeira o desaforamento do julgamento do Tribunal do Júri.

Além disso, a Lei nº 11.690/08, alterando o art. 201, § 2º, do CPP, veio a impor a comunicação do assistente de acusação acerca dos atos processuais. Todavia, se o assistente de acusação não comparece a determinado ato processual sem qualquer justificativa plausível, embora devidamente intimado, o processo prosseguirá independente de nova intimação (art. 271, § 2º, do CPP).

No mais, o assistente, em qualquer processo que atue, pode arguir impedimentos e suspeições.

14. LEGITIMIDADE PARA REQUERER MEDIDAS CAUTELARES DIVERSAS DA PRISÃO E PRISÃO PREVENTIVA E PRERROGATIVA DE EFETUAR PRISÃO EM FLAGRANTE (ARTS. 282, § 2º, 301 C/C 302, III, E 311 CPP)

Na esteira do art. 282, § 2º, do CPP, o juiz não poderá determinar medidas cautelares diversas da prisão de ofício, dependendo, portanto, de provocação da parte legitimidade, isto é, de requerimento das partes ou, quando no curso da investigação criminal, por representação da autoridade policial ou requerimento do Ministério Público, o que se coaduna com o sistema acusatório.

O termo "partes" deve incluir, por óbvio, não só o Ministério Público, mas também o querelante, que é o ofendido atuando como autor da ação penal privada. Em uma interpretação sistemática, deve incluir também o assistente de acusação, pois o § 4º do art. 282 do CPP autoriza que este agente formule requerimento de substituição de medida cautelar, imposição de outra em cumulação ou, o que é mais grave, de decreto da prisão preventiva (logo, quem pode o mais pode o menos).

Contudo, querelante e assistente de acusação somente podem formular requerimento de aplicação da medida cautelar na fase da **ação penal**, não na investigação criminal, já que não atuam nesta última fase (querelante é o ofendido a partir do início da ação penal privada; assistente de acusação é o ofendido que atua em todos os termos da ação pública, consoante o previsto no art. 268 do CPP).

Quanto à prisão preventiva, o art. 311 do CPP estabelece que, em qualquer fase da investigação policial ou do processo penal, caberá a prisão preventiva decretada pelo juiz, a requerimento do Ministério Público, do querelante ou do assistente, ou por representação da autoridade policial.

Com relação ao querelante e ao ofendido, vale a mesma observação feita alhures: essas partes apenas podem requerer o decreto da preventiva no curso da ação penal.

Ainda no que diz respeito ao assistente de acusação, como, desde a Lei nº 12.403/11, ele passou a ter legitimidade para requerer prisão preventiva na fase processual, entende-se que ele também passa a ter legitimidade para recorrer das decisões concessivas de liberdade provisória, de medidas cautelares diversas da prisão (art. 319 CPP) e de decisões que relaxem a prisão ou que defiram *habeas corpus*, afinal de contas "quem pode o mais, pode o menos". Além disso, a Súmula nº 208 do STF, que não permite que o assistente recorra, extraordinariamente, de decisão concessiva de *habeas corpus*, merece ser cancelada.

Noutro giro, o CPP também assegura ao ofendido a prerrogativa de efetuar prisão em flagrante. A uma, quando afirma em seu art. 301 que qualquer do povo poderá prender quem quer que seja encontrado em flagrante delito (flagrante facultativo). A duas, ao asseverar, em seu art. 302, inciso III, que se considera em flagrante delito quem é perseguido, logo após, pela autoridade, pelo *ofendido* ou por qualquer pessoa, em situação que faça presumir ser autor da infração (flagrante impróprio ou imperfeito ou irreal ou quase flagrante).

A legitimidade reconhecida nos arts. 282, § 2º, e 311 e a prerrogativa estampada nos arts. 301 e 302, III, todos do CPP, funcionam como importantes instrumentos de salvaguarda do *direito à segurança*, tendo reflexos no *direito à proteção física*, *direito à proteção patrimonial* e *direito à proteção psicológica*, além de fomentar o *direito de participação*.

15. PRISÃO PREVENTIVA PARA GARANTIR A EXECUÇÃO DAS MEDIDAS PROTETIVAS DE URGÊNCIA SE O CRIME ENVOLVER VIOLÊNCIA DOMÉSTICA E FAMILIAR (ART. 313, III, CPP)

Consoante o art. 313, inciso III, do CPP, será admitida a decretação da prisão preventiva se o crime envolver violência doméstica e familiar contra a mulher, criança, adolescente, idoso, enfermo ou pessoa com deficiência, para garantir a execução das medidas protetivas de urgência. Há aqui o que a doutrina denomina de **prisão preventiva protetiva**, no sentido de que a preventiva serve como uma verdadeira **medida coercitiva** para cumprimento de medidas protetivas de urgência, daí porque ela só pode ser decretada se anteriormente foi fixada medida desta natureza, a qual vem a ser descumprida (ou seja, não pode ser decretada diretamente).

Pela redação deste dispositivo, nota-se que ele cuida de casos envolvendo crimes praticados com violência doméstica e familiar não apenas contra a mulher, mas também em desfavor de crianças, adolescentes, pessoas idosas, enfermos ou pessoas com deficiência.

Independentemente da condição da vítima, faz-se imprescindível destacar que a preventiva decretada com fundamento no art. 313, inciso III, do CPP deve observar dois requisitos lógicos, quais sejam, (1) o crime praticado deve ser **doloso** e (2) é **irrelevante a quantidade ou a natureza da pena** atribuída ao delito.

Quanto a este segundo requisito, não se exige a cumulação do inciso III com o inciso I do art. 313 do CPP; ou seja, a preventiva pode ser decretada com base no inciso III mesmo se o crime não possuir pena máxima de prisão superior a 4 (quatro) anos. Assim, por exemplo, é possível o juiz determinar a preventiva se um marido pratica o crime de ameaça (pena de detenção de 1 a 6 meses, ou multa) contra a sua esposa e descumpre medida protetiva de urgência previamente aplicada. Aliás, vale o registro de que, com fincas no art. 19, § 5º, da Lei Maria da Penha, com a redação dada pela Lei nº 14.550/2023, "as medidas protetivas de urgência serão concedidas independentemente da tipificação penal da violência, do ajuizamento de ação penal ou cível, da existência de inquérito policial ou do registro de boletim de ocorrência". Mas, na esteira inclusive do que consta na redação do *caput* do art. 313 do CPP, a preventiva, mesmo na situação do seu inciso III, independente da condição da vítima, deve ser decretada apenas se estiver presente alguma hipótese de justificação da medida estabelecida pelo art. 312 do Código. Logo, não é suficiente o simples descumprimento de medida protetiva de urgência, devendo ainda sobressair motivo cautelar que recomende a preventiva (STJ, HC nº 350.295/SP, Rel. Min. Antonio Saldanha Palheiro, j. 19.04.16). Afinal de contas, o descumprimento da medida pode resultar, por exemplo, na cumulação dela com outra(s), sendo a preventiva opção de *extrema* ou *ultima ratio* (art. 282, § 6º, CPP).

Voltando a atenção especificamente aos crimes com violência doméstica e familiar cometidos contra a mulher, a Lei Maria da Penha (Lei nº 11.340/06) prevê medidas protetivas de urgência que obrigam o agressor no art. 22. Nesse contexto, frise-se que o descumprimento de medidas protetivas de urgência de natureza cível não enseja o decreto da prisão preventiva, apenas o descumprimento de medidas penais é que tem esse condão. No caso do art. 22 da Lei Maria da Penha, são medidas penais aquelas insertas nos incisos I, II e III desse dispositivo legal, aplicando-se para elas inclusive o procedimento previsto no CPP, com incidência apenas subsidiária do CPC (STJ, 5ª Turma, REsp nº 2.009.402-GO, Rel. Min. Ribeiro Dantas, Rel. Acd. Min. Joel Ilan Paciornik, j. 08.11.2022).

A esse respeito, impende esclarecer que, como decidido pelo STJ, a alteração promovida pela Lei nº 14.550/2023 na Lei Maria da Penha, sobretudo quanto ao teor do art. 19, §§ 4º ("As medidas protetivas de urgência serão concedidas em juízo de cognição sumária a partir do depoimento da ofendida perante a autoridade policial ou da apresentação de suas alegações escritas e poderão ser indeferidas no caso de avaliação pela autoridade de inexistência de risco à integridade física, psicológica, sexual, patrimonial ou moral da ofendida ou de seus dependentes"), 5º ("As medidas protetivas de urgência serão concedidas independentemente da tipificação penal da violência, do ajuizamento de ação penal ou cível, da existência de inquérito policial ou do registro de boletim de ocorrência.") e 6º ("As medidas protetivas de urgência vigorarão enquanto persistir risco à integridade física, psicológica, sexual, patrimonial ou moral da ofendida ou de seus dependentes"), não provocou qualquer modificação quanto à natureza cautelar penal das medidas protetivas de urgência previstas no art. 22, incisos I, II e III, da Lei nº 11.340/2006, apenas previu uma fase pré-cautelar na disciplina das medidas protetivas de urgência (STJ, 5ª Turma, processo em segredo de justiça, Rel. Min. Joel Ilan Paciornik, j. 05.09.2023 – Informativo nº 786).

Noutro giro, a prática de *contravenção penal, no âmbito de violência doméstica*, não é motivo idôneo para justificar a prisão preventiva do réu (STJ, HC nº 437.535/SP, Rel. p/ ac. Min. Rogerio Schietti Cruz, j. 26.06.18).

Ainda no contexto da Lei Maria da Penha, prevalece o entendimento de que a redação do art. 313, III, do CPP dada pela Lei nº 12.403/11 e, posteriormente, o conteúdo do art. 311 do CPP conferido pela Lei nº 13.964/19 acabaram revogando tacitamente o disposto no art. 20, *caput*, da Lei nº 11.340/06, segundo o qual "em qualquer fase do inquérito policial ou da instrução criminal, caberá a prisão preventiva do agressor, decretada pelo juiz, de ofício, a requerimento do Ministério Público ou mediante representação da autoridade policial". De acordo com o dispositivo legal ora transcrito, a prisão preventiva em casos de violência doméstica e familiar contra a mulher poderia ser decretada de forma autônoma, ou seja, mesmo sem que previamente tivesse ocorrido descumprimento de medida protetiva de urgência, o que confronta com o espírito do art. 313, III, do CPP. Mais do que isso, tal norma dava a entender que, nestes casos, a prisão preventiva poderia ser decretada de ofício pelo juiz em qualquer fase do inquérito policial ou da instrução criminal, o que viola frontalmente o exposto no atual art. 311 do CPP. O conflito aparente entre normas seria resolvido não pelo princípio da especialidade, mas sim pelo princípio da posteridade, considerando que as Leis de nº 12.403/11 e 13.964/19 são posteriores à Lei Maria da Penha. É esse também o posicionamento do STJ, que já decidiu que, não obstante o art. 20 da Lei Maria da Penha ainda autorize a decretação da prisão preventiva de ofício pelo Juiz de direito, tal disposição destoa do atual regime jurídico. A atuação do juiz de ofício é vedada independentemente do delito praticado ou de sua gravidade, ainda que seja de natureza hedionda, e deve repercutir no âmbito da violência doméstica e familiar (STJ, 6ª Turma, RHC nº 145.225/RO, Rel. Min. Rogerio Schietti Cruz, j. 15.02.2022).

Aliás, em reforço a esse entendimento, verifica-se que a Lei Henry Borel (Lei nº 14.344/22), que busca essencialmente repetir a sistemática da Lei Maria da Penha no âmbito de violência doméstica e familiar contra crianças e adolescentes, possui dispositivo muito semelhante ao art. 20, *caput*, da Lei Maria da Penha, mas nele já não consta a previsão de decreto judicial da prisão preventiva de ofício pelo juiz, estando perfeitamente adaptado ao teor do "Pacote Anticrime". Assim, o art. 17, *caput*, da Lei Henry Borel assevera que *"Em qualquer fase do inquérito policial ou da instrução criminal, caberá a prisão preventiva do agressor, decretada pelo juiz, a requerimento do Ministério Público ou mediante representação da autoridade policial"*.

No mais, como mencionado no tópico anterior, a hipótese de prisão preventiva definida no art. 313, III, do CPP, também funciona como importante instrumento de salvaguarda do *direito à segurança*, tendo reflexos no *direito à proteção física*, *direito à proteção patrimonial* e *direito à proteção psicológica*.

16. MEDIDA CAUTELAR DIVERSA DA PRISÃO DE PROIBIÇÃO DE MANTER CONTATO COM PESSOA DETERMINADA (ART. 319, III, CPP)

No art. 319, inciso III, do CPP, há a previsão da medida cautelar diversa da prisão de proibição de manter contato com pessoa determinada quando, por circunstâncias relacionadas ao fato, deva o indiciado ou acusado dela permanecer distante.

Como se percebe da redação deste dispositivo, a restrição, à luz da razoabilidade, deve estar vinculada ao fato criminoso. Assim, por exemplo, a medida pode ser decretada na hipótese em que o agente, após ter agredido brutalmente a vítima, profira séria e concreta ameaça de que, na próxima oportunidade em que se encontrarem, irá matá-la.

Nesse prisma, verifica-se que se trata de medida de grande utilidade em relação a crimes com violência ou grave ameaça à pessoa.

Noutro giro, a medida não se limita a restringir o contato físico entre pessoas. É possível que o juiz determine a proibição de qualquer tipo de contato (não físico) entre elas, como por meio de cartas, telefonemas, ligações com imagem e som, mensagens de texto, redes sociais, *e-mails* etc.

Recomenda-se sempre que a pessoa beneficiada pela medida seja comunicada sobre a determinação dela, até para se garantir que ela venha a informar ao juízo criminal eventual descumprimento, aspecto relevante para que o magistrado analise futuramente, se for o caso, o decreto de prisão preventiva.

Sob a ótica da vítima, como frisado no tópico anterior, a medida em comento também funciona como importante instrumento de salvaguarda do *direito à segurança*, tendo reflexos no *direito à proteção física*, *direito à proteção patrimonial* e *direito à proteção psicológica*.

E a medida não se destina apenas a tutelar a esfera da vítima. Ela pode buscar resguardar a integridade física e a vida de pessoas que atuarão decisivamente na persecução penal, como, *verbi gratia*, peritos, assistentes técnicos, testemunhas etc. Nesse prisma, identifica-se também uma tutela da instrução criminal (*tutela da prova*).

17. VALOR MÍNIMO PARA REPARAÇÃO DOS DANOS FIXADO EM SENTENÇA PENAL CONDENATÓRIA (ART. 387, IV, CPP)

Instrumento da mais alta relevância para que a vítima tenha atendido o seu *direito à reparação dos danos materiais, psicológicos e morais e à reparação simbólica* é o disposto no art. 387, inciso IV, do CPP, com a redação dada pela Lei nº 11.719/08, segundo o qual o juiz, ao proferir sentença condenatória, fixará valor mínimo para reparação dos danos causados pela infração, considerando os prejuízos sofridos pelo ofendido.

Esta previsão legal é bastante significativa e, por isso mesmo, merece especial atenção, sendo dedicado neste tópico um espaço considerável para a sua correta análise.

Em primeiro lugar, constata-se que esta legislação mitigou ainda mais o sistema da separação ou independência das instâncias cível e criminal, passando a admitir excepcionalmente o **sistema da confusão**, já que as pretensões cível e penal podem ser discutidas em ação única, no juízo criminal. Em outras palavras, o pedido formulado no juízo criminal engloba ao mesmo tempo a condenação e a reparação dos danos[67].

A adoção pelo CPP do sistema da confusão a partir da Lei nº 11.719/08 constitui mais uma importante ferramenta de tutela dos direitos da vítima no Processo Penal, o que reflete a concepção de um *garantismo penal integral*. Destarte, o Estado Democrático de Direito, tutor de direitos fundamentais do cidadão (em sentido amplo, ou seja, não só do réu, também da vítima), traz o ofendido para discussão dos seus interesses na própria ação penal. Permite-se com isso um amparo maior à vítima, que não necessariamente deve pleitear a indenização pelo dano por ela suportado na esfera cível, abrindo-se campo para que venha a certificar o seu direito na esfera penal.

Outrossim, a citada tutela se dá por meio da chamada *Terceira Via do Direito Penal*, a via que procura proteger a vítima por meio do pagamento de *indenização*.

Contudo, esse sistema da confusão somente poderá ser adotado se as partes tiverem a possibilidade, durante a ação penal, de produzirem provas a respeito do

67. TÁVORA, Nestor; ALENCAR, Rosmar Rodrigues. *Curso de Direito Processual Penal*. 3. ed. rev., ampl. e atual. Salvador: Juspodivm, 2009, p. 182.

prejuízo suportado pelo ofendido e o nexo causal entre este dano e a infração penal imputada ao réu na peça inicial acusatória, o que apenas ocorrerá se tais provas não interferirem nem tumultuarem a instrução processual penal. Assim, se o *quantum* indenizatório for de evidente aferição, de complexidade mínima ou inexistente, será adotado o referido sistema da confusão. Mas se a causa cível for tão ou mais complexa do que a causa criminal, o juiz deverá remeter as partes à esfera cível, para que o valor indenizatório possa ser discutido de modo exauriente[68].

Nesse contexto, é extremamente relevante esclarecer que, a nosso ver, o magistrado só poderá fixar o valor mínimo da reparação do dano se houver **pedido expresso** nesse sentido do ofendido formulado na inicial acusatória, não podendo, portanto, arbitrá-lo de ofício, sob pena de julgamento *extra petita*. A esse respeito, Nestor Távora e Rosmar Rodrigues Alencar afirmam:

> *[...] não acreditamos que o magistrado possa reconhecer o pleito indenizatório sem que tenha havido requerimento neste sentido. Não funcionaria como um efeito automático da sentença condenatória, que até então apenas tornava certa a obrigação de indenizar. O magistrado não pode julgar* extra petita, *de sorte que só estabelecerá o valor da indenização se tal requerimento lhe foi apresentado, em regra, com a apresentação da inicial acusatória*[69].

É esse também o entendimento de Guilherme de Souza Nucci:

> *De todo modo, parece-nos que somente o ofendido poderia solicitar a indenização e o juiz não teria condições de fixá-la de ofício, sem nenhum pedido. Afinal, não tendo havido requerimento expresso, inexistiria discussão nos autos em relação ao valor, motivo pelo qual seria incabível a fixação de um montante qualquer, que não foi objeto de debate entre as partes interessadas*[70].

Não obstante o art. 91, inciso I, do Código Penal estipule que a obrigação de reparar o dano é efeito automático de toda e qualquer sentença penal condenatória transitada em julgado, isso não implica, em nosso entender, a possibilidade de fixação de ofício pelo juiz do valor mínimo para reparação dos danos causados pela infração.

A uma, considerando que o que se estampa no art. 387, inciso IV, do CPP, é um benefício a mais assegurado pelo ordenamento na tutela dos interesses do ofendido, um *plus*, que, caso não requerido expressamente no processo penal, não impedirá a ação de execução *ex delicto* na esfera cível, muito pelo contrário (como aponta o citado art. 91, inciso I, do Código Penal, o direito ao recebimento à indenização já está certificado judicialmente), exigindo-se para tanto apenas que ele instaure a etapa prévia de liquidação dos danos. Ou seja, não formulando requerimento expresso a esse respeito, a vítima não fica desamparada, ela nada perde, apenas deixa de ter um ganho extra quanto ao seu direito de recebimento à indenização.

---

68. TÁVORA, Nestor; ALENCAR, Rosmar Rodrigues. *Curso de Direito Processual Penal*. 3. ed. rev., ampl. e atual. Salvador: Juspodivm, 2009, p. 183.
69. TÁVORA, Nestor; ALENCAR, Rosmar Rodrigues. *Curso de Direito Processual Penal*. 3. ed. rev., ampl. e atual. Salvador: Juspodivm, 2009, p. 182-183.
70. NUCCI, Guilherme de Souza. *Manual de Processo Penal e Execução Penal*. 5. ed. São Paulo: RT, 2008, p. 235.

A duas, tendo em vista que a matéria em discussão, ainda que discutida em processo penal, é nitidamente privada, patrimonial (recebimento de valores); não sendo, pois, matéria de ordem pública, não compete ao juiz reconhecê-la de ofício, impondo-se seja feito pedido pela parte interessada.

A três, ainda que não envolva matéria de ordem pública, forçoso reconhecer que a estipulação do valor mínimo indenizatório amplia a demanda acusatória discutida em juízo, exigindo que a parte legítima interessada, no momento adequado, formule a devida imputação em desfavor do réu, para que este, por sua vez, tenha condições de se defender sobre o tema, garantindo-se ainda o direito das partes de produzirem provas quanto a esta imputação para que, só assim, ao final, o juiz venha a apreciar o pleito. Do contrário, o reconhecimento de ofício da matéria pelo magistrado poderia resultar em franca violação aos princípios da demanda, do contraditório, da ampla defesa, da inércia da jurisdição e até do próprio sistema acusatório.

O STJ acata integralmente a posição alhures exposta. Assim, por exemplo, no julgamento dos Embargos de Declaração em Recurso Especial nº 1286810/RS, chegou-se a asseverar categoricamente que "Para que seja fixado na sentença o valor mínimo para reparação dos danos causados à vítima, com base no art. 387, inciso IV, do Código Penal, deve haver pedido formal nesse sentido pelo ofendido, além de ser oportunizada a defesa pelo réu, sob pena de violação aos princípios da ampla defesa e do contraditório".

Aliás, indo além, o Tribunal da Cidadania chegou a decidir que, não havendo na sentença condenatória transitada em julgado determinação expressa de reparação do dano ou de devolução do produto do ilícito, não pode o juízo das execuções inserir referida condição para fins de progressão de regime (art. 33, § 4º, CP), sob pena de se ter verdadeira revisão criminal contra o réu. Anotou-se que o art. 91, inciso I, do Código Penal, que torna certa a obrigação de indenizar o dano causado pelo crime, deve ser lido em conjunto com os arts. 63 e 64 do Código de Processo Penal, uma vez que, de fato, a sentença condenatória é título executivo judicial, nos termos do art. 515, inciso VI, do Código de Processo Civil. Desse modo, deve referido título ser liquidado e executado na seara cível. Para que a reparação do dano ou a devolução do produto do ilícito faça parte da própria execução penal, condicionando a progressão de regime, mister se faz que conste expressamente da sentença condenatória, de forma individualizada e em observância aos princípios da ampla defesa e do contraditório, tão caros ao processo penal, observando-se, assim, o devido processo legal (STJ, 5ª Turma, HC nº 686.334/PE, Rel. Min. Reynaldo Soares da Fonseca, j. 14.09.2021).

Nesse cenário, impende noticiar que o STF, no julgamento do caso do "Mensalão" (Ação Penal nº 470/MG), deixou de fixar valor mínimo para reparação dos danos causados pelas infrações cometidas pelos réus alegando, dentre outros motivos, justamente a inexistência de pedido formal a esse respeito na denúncia, não sendo mais possível a formulação deste requerimento em sede de alegações finais, até mesmo em respeito ao contraditório e à ampla defesa, considerando que, nesta etapa processual, as partes não teriam mais a oportunidade de produzirem provas acerca da matéria e o réu teria diminuído o seu espectro de defesa quanto a ela.

Em matéria de crimes de abuso de autoridade, a Lei nº 13.869/19 é categórica ao prever, em seu art. 4º, inciso I, a necessidade de requerimento do ofendido para que o juiz possa fixar na sentença penal condenatória o valor mínimo para reparação dos danos causados pela infração, considerando os prejuízos por ele sofridos.

No entanto, por lealdade acadêmica, registre-se que há entendimento doutrinário em sentido contrário, sustentando que seria hipótese de um julgamento *extra petita* autorizado, ou seja, haveria a possibilidade de reconhecimento de um pedido implícito pelo juiz quanto a este valor. É o que apregoam Eugênio Pacelli de Oliveira[71], Rômulo de Andrade Moreira[72] e Renato Brasileiro[73].

Quanto à **legitimidade para requerer a indenização**, devem ser consideradas as seguintes situações:

1. *Se a ação penal for privada:* Terá legitimidade a *vítima do delito*, na condição de autor desta ação penal (*querelante*). O pleito então deve ser formulado no momento do oferecimento da queixa-crime, ampliando-se a demanda acusatória.

2. *Se a ação penal for pública*: Como regra geral, a legitimidade é igualmente da *vítima do delito*, devendo, porém, habilitar-se nos autos como *assistente de acusação* para que possa formular requerimento desta natureza[74] logo na primeira oportunidade em que se manifestar formalmente no feito. Todavia, o STJ já decidiu que o pedido de fixação do valor mínimo indenizatório, na forma do art. 387, IV, do CPP, formulado pelo assistente de acusação não supre a necessidade de que a pretensão conste da denúncia. No caso em apreço, pontificou-se que, muito embora a empresa vítima haja ingressado com pedido de habilitação como assistente de acusação, em que constou o pedido expresso de reparação do dano no valor mínimo mencionado, referido valor mínimo indenizatório, com fundamento no art. 387, IV, do CPP não constou da denúncia, circunstância que obstou a concessão de indenização na esfera penal, conforme o entendimento ora sedimentado no STJ (STJ, 6ª Turma, AgRg nos EDcl no AREsp 1.797.301/SP, Rel. Min. Rogerio Schietti Cruz, j. 12.03.2024 – Informativo nº 805).

A princípio, o Ministério Público não teria legitimidade, a uma porque o art. 387, inciso IV, do CPP menciona que a reparação dos danos levará em conta os "prejuízos sofridos pelo ofendido" (sendo dele, portanto, a legitimidade), a duas considerando que a matéria em jogo é eminentemente privada (patrimonial), não tendo o *Parquet*, pelo seu perfil delineado nos artigos 127 e 129 da Carta Magna, a atribuição para atuar na defesa de direito individual disponível.

No entanto, excepcionalmente, pode-se reconhecer legitimidade à instituição para o pleito indenizatório com fundamento no dispositivo legal em apreço em algumas situações, senão vejamos.

---

71. OLIVEIRA, Eugênio Pacelli de. *Curso de Processo Penal*. 10. ed. Rio de Janeiro: Lumen Juris, 2008.
72. MOREIRA, Rômulo de Andrade. *Curso Temático de Direito Processual Penal*. 2. ed. Salvador: Juspodivm, 2009b, p. 220.
73. LIMA, Renato Brasileiro de. *Manual de Processo Penal*: volume único. 8. ed. rev., atual. e ampl. Salvador: Juspodivm, 2020, p. 409.
74. TÁVORA, Nestor; ALENCAR, Rosmar Rodrigues. *Curso de Direito Processual Penal*. 3. ed. rev., ampl. e atual. Salvador: Juspodivm, 2009, p. 183.

Em primeiro lugar, se o Ministério Público atuar em favor de vítima pobre em local em que a Defensoria Pública não se encontra estruturada, como permitido pelo art. 68 do CPP, poderá postular a indenização por valor mínimo em seu benefício.

Há ainda entendimento doutrinário sustentando que o Ministério Público possui legitimidade para pleitear a fixação de valor mínimo de indenização em casos de ação penal pública e quando ocorresse prejuízo efetivo ao patrimônio público, a exemplo do que ocorre em alguns crimes contra a Administração Pública, como o peculato. O STF já chegou a se pronunciar a esse respeito, inclusive no julgamento do processo do "Mensalão" (Ação Penal nº 470/MG). Todavia, tal requerimento deverá ser formulado na peça acusatória, não sendo possível que ele se opere em momentos posteriores, como, por exemplo, em alegações finais, pois não haveria mais a oportunidade de as partes produzirem provas sobre tal matéria nesta etapa processual, estando ainda diminuído o espectro de defesa do réu.

Nesse passo, tornou-se fato conhecido no mundo jurídico o oferecimento de denúncia dirigida ao STF pelo Ministério Público Federal, por meio do então Procurador-Geral da República, Rodrigo Janot, em face do então Senador da República, Aécio Neves, em 2017, por solicitar e receber de Joesley Batista, do Grupo J&F, propina no valor de R$ 2 milhões (dois milhões de reais) e por obstrução da justiça ao tentar impedir as investigações da Operação Lava Jato. Nesta denúncia, foi formulado pedido de condenação do réu à reparação dos danos materiais no valor mínimo, a título de propina, justamente de R$ 2 milhões, devendo ser destinado à União. Também foi pedida a condenação do acusado à reparação dos danos morais, decorrentes da corrupção, cujos prejuízos revelam-se difusos, no valor de R$ 4 milhões.

Como se vê, nesta segunda situação ora em testilha, o *Parquet* poderá pleitear até mesmo o reconhecimento de indenização a título de *dano moral coletivo*, o que se coaduna perfeitamente com o perfil de um *Processo Penal Coletivo*.

O STJ (5ª Turma, REsp nº 2.018.422/RJ, Rel. Min. Ribeiro Dantas, j. 19.12.2023) e o STF (2ª Turma, AP nº 1.002/DF, Rel. Min. Edson Fachin, j. 09.06.2020; Plenário, AP nº 1.025/DF, Rel. Min. Edson Fachin, j. 01.06.2023) admitem que o juiz, na sentença penal condenatória, estipule valor de indenização por dano moral coletivo, especialmente quando há a prática de ato ilícito com grave ofensa à moralidade ou desrespeito aos princípios de observância obrigatória no âmbito da Administração Pública, com a intenção de satisfazer interesses pessoais.

Aliás, no cenário do Processo Penal Coletivo, ousamos ir além: em nosso sentir, o pleito indenizatório, a título de dano moral coletivo, pode ser formulado pelo Ministério Público sempre que estiverem em jogo crimes que tragam prejuízos aos interesses difusos, coletivos e individuais indisponíveis, a exemplo dos delitos contra as relações de consumo, contra o meio ambiente, contra a ordem tributária, a ordem econômico-financeira, o sistema financeiro nacional etc. Dessa forma, cria-se uma valiosa ferramenta de combate à *macrocriminalidade*, que se revela eficiente, pois repercute no patrimônio dos agentes que praticam as condutas que se procura coibir, devendo ser levado em conta que o maior objetivo desse tipo de atividade é justamente o lucro.

Para tanto, recomenda-se que o valor pleiteado pelo Ministério Público e, por consequência, estipulado judicialmente não seja baixo, mas sim de relevante monta, como forma de punir com rigor os delitos cometidos e inibir a prática de novos delitos desta natureza, incrementado com isso a atuação do Estado Democrático de Direito na repulsa à *macrocriminalidade*.

Não se diga que a proposição ora externada não encontra respaldo em lei. De fato, por uma simples interpretação literal do art. 387, inciso IV, do CPP, a reparação dos danos causados pela infração deve considerar "os prejuízos sofridos pelo ofendido". Todavia, na ótica do garantismo penal integral, o termo "ofendido" não pode nem deve ser compreendido apenas em seu sentido individual. Por meio de uma interpretação extensiva desta norma, permite-se concluir que o corpo social, em sentido amplo, também pode ser considerado como "ofendido". É dizer, os interesses de titularidade difusa, coletiva ou individual homogênea necessitam ser devidamente protegidos, tutelados, o que se dá, na temática em testilha, pela reparação dos danos que lhes foram causados pela infração penal, a ser buscada pelo órgão público que os representa processualmente em juízo, o Ministério Público.

Relembre-se que, na concepção trazida pelo **art. 3º, inciso IV, da Resolução nº 243/2021 do CNMP**, também é vítima a denominada **vítima coletiva**, definida como o grupo social, comunidades ou organizações sociais atingidas pela prática de crime, ato infracional ou calamidade pública que ofenda bens jurídicos coletivos, tais como a saúde pública, o meio ambiente, o sentimento religioso, o consumidor, a fé pública, a administração pública.

Corroborando com todo o entendimento ora sustentado, o STF, quando da condenação de um ex-deputado federal e um engenheiro civil por crimes de corrupção passiva e de lavagem de dinheiro, efetivamente fixou valor mínimo indenizatório para a reparação dos danos morais coletivos em quantia a ser adimplida de forma solidária pelos sentenciados (Informativo nº 981). Ao acolher a pretensão relativa aos danos coletivos, a Suprema Corte entendeu que o ordenamento jurídico também tutela, no âmbito da responsabilidade, o dano moral na esfera individual e na forma coletiva, conforme o inciso X do art. 5º da Constituição Federal; o art. 186 do Código Civil; e, destacadamente, o inciso VIII do art. 1º da Lei 7.347/1985. Apontou-se que, na tutela dos direitos coletivos em sentido amplo, a doutrina admite, de longa data, a configuração da responsabilidade civil decorrente de dano moral coletivo com base na prática de ato ilícito. Considerou ser nessa direção que o Poder Constituinte originário se postou à luz dos objetivos fundamentais elencados no art. 3º e declarados no preâmbulo da Constituição. Por fim, avaliou estar presente o dever de indenizar nos termos do art. 927 do Código Civil. Ao final, reputou ser legítima a condenação, especialmente ao se considerarem a natureza e a finalidade resultantes do reconhecimento de que se revestem os danos morais coletivos cuja metaindividualidade, caracterizada por sua índole difusa, atinge, de modo subjetivamente indeterminado, uma gama extensa de pessoas, de grupos e de instituições (STF, Informativo nº 981).

De outro lado, sob um olhar prático do tema, nota-se que, no cotidiano forense e para muito além da previsão legal, inúmeros membros do Ministério Público vêm oferecendo denúncias por crimes que não necessariamente trazem prejuízo ao patrimônio público, notadamente crimes contra o patrimônio (furto, roubo, estelionato etc.), os quais contam com vítimas certas e determinadas e cujo bem jurídico violado é de ordem disponível, postulando a fixação de valor mínimo indenizatório em favor de tais vítimas. Embora esta postura seja suscetível a discussões, é esta a realidade posta, que vem encontrando relativa aceitação perante juízos criminais de primeiro grau, havendo pouca ou quase nenhuma repercussão nos tribunais de segundo grau, muito menos na jurisprudência dos tribunais superiores.

Nesse passo, vale a pena noticiar que a Recomendação nº 96/2023 do CNMP, em seu art. 3º, inciso III, estipula que "recomenda-se aos membros do Ministério Público, respeitada a independência funcional, que: [...] III – priorizem a atuação judicial e extrajudicial a fim de garantir a reparação material e imaterial das vítimas de violações a direitos humanos, bem como o cumprimento das demais obrigações determinadas pela Corte Interamericana de Direitos Humanos ao Estado brasileiro, inclusive quanto às medidas provisórias.". Em uma terceira situação, o STJ já permitiu que, nos casos de violência contra a mulher praticados no âmbito doméstico e familiar, o Ministério Público requeira em favor dela o valor mínimo indenizatório, por danos materiais e morais, com base no art. 387, IV, CPP, mesmo que não especificada a quantia, e independentemente de instrução probatória (Informativo nº 621).

Reitere-se que, em todas as situações anteriormente explicitadas em que é reconhecida legitimidade ao Ministério Público, o pedido de valor mínimo indenizatório deve ser sempre formulado pelo órgão no momento do oferecimento da denúncia, em respeito ao contraditório e à ampla defesa.

Certo é que, salvo nos casos excepcionais em que se admite o pleito de indenização formulado pelo Ministério Público, conforme alhures apontado, o reconhecimento do disposto no art. 387, inciso IV, do CPP, apenas será possível em infrações penais que tenham resultado em algum tipo de prejuízo para um ofendido específico e determinado. Diante disso, se não houve nenhum prejuízo à vítima com a prática da infração penal ou ainda se ocorreu um crime sem vítima concreta e delimitada, como nos casos de crimes de perigo (a exemplo do crime de porte ilegal de arma de fogo de uso permitido – art. 14 da Lei nº 10.826/03) e nos crimes vagos (como o crime de tráfico ilícito de entorpecentes – art. 33 da Lei nº 11.343/06, que atinge a saúde pública), não se permite o reconhecimento do direito à indenização.

Além disso, deve ser sempre ressalvada a possibilidade de que o juiz remeta as partes às vias ordinárias, vindo elas a discutirem a indenização em uma ação civil de conhecimento. É a hipótese de o magistrado não ter elementos suficientes que permitam a fixação sequer do montante mínimo de indenização, devendo mencionar expressamente na sentença penal condenatória essa situação, apontando os motivos que levaram a esta impossibilidade, a exemplo da ausência de provas seguras quanto ao dano, complexidade da causa etc., o que abrirá as portas para a discussão da matéria pelas partes na ação cível de conhecimento.

Como se percebe, o pedido indenizatório deve ser feito no início da ação penal, isto é, na ação penal privada, na queixa-crime, e, na ação penal pública, no primeiro momento em que o assistente de acusação se manifestar nos autos ou, se reconhecida a legitimidade do Ministério Público para a formulação do pleito, já na denúncia.

O que se veda é que o requerimento seja oferecido na etapa de alegações finais, considerando que isso provocará surpresa ao réu, impossibilitando o contraditório e a ampla defesa. Conforme já mencionado anteriormente, é essa a posição do STF (firmada no julgamento do "Mensalão", AP nº 470/MG). É também o entendimento do STJ (AgRg no REsp nº 1.383.261/DF, Rel. Min. Sebastião Reis Júnior, j. 17.10.13).

Caso haja pedido expresso de valor mínimo da reparação dos danos, mas o magistrado deixe de reconhecê-lo ou mesmo o fixe em patamar que desagrade a parte, será possível a interposição do recurso de **apelação**, com fincas no art. 593, inciso I, do CPP. Na primeira hipótese (juiz deixa de reconhecer o valor mínimo da reparação dos danos), podem recorrer tanto o Ministério Público como a vítima, enquanto assistente de acusação. A legitimidade do *Parquet* resta assegurada considerando que o órgão atuará em prol da lisura das decisões judiciais, que devem ser proferidas de maneira a refletirem a realidade das provas dos autos e com respaldo no ordenamento jurídico. Já na segunda hipótese (juiz fixa valor da reparação dos danos que desagrade a parte), só poderá recorrer a vítima enquanto assistente de acusação, faltando interesse ao Ministério Público, porque se trata de assunto meramente privado e de interesse da vítima[75].

Ante a possibilidade de interposição do recurso de apelação envolvendo matéria indenizatória, o ideal é que o juiz a insira como um capítulo próprio da sentença penal condenatória. Dessa forma, se aquele recurso tiver como objeto apenas e tão somente a mencionada matéria, vindo a transitar em julgado o capítulo da sentença que trata da pena em si, será possível iniciar a execução (definitiva) desta última. Porém, se o recurso atacar tanto a indenização quanto a pena, não restará autorizada a expedição de guia definitiva de execução.

Noutro giro, se o juiz fixou o valor mínimo da indenização, *poderá* (e não deverá) a vítima, no juízo cível, realizar a prévia liquidação do título judicial (art. 63, parágrafo único, do CPP), a qual observará o procedimento comum regido pelos artigos 509 a 512 do CPC, para, em momento posterior, executá-lo.

É dizer, se o juiz estipulou o valor mínimo da indenização, cabe à vítima escolher se pretende executar este valor exato, opção em que não estará obrigada a passar pela prévia liquidação dos danos, podendo executá-lo diretamente, ou se pretende discutir o valor efetivo dos danos, que supera o valor mínimo determinado na sentença penal condenatória, opção em que ela deverá, primeiro, propor a liquidação de tais danos. Nesta segunda hipótese, a vítima, na fase de liquidação, poderá inclusive impugnar o valor mínimo atribuído pelo juiz, sob o argumento de que ele é insuficiente para a cobertura dos danos por ela sofridos.

A título de ilustração, suponhamos que tenha ocorrido um crime de lesões corporais gravíssimas, que oneraram o ofendido com o custeio de despesas hospitalares no valor de R$ 30.000,00 (trinta mil reais). O juiz do processo penal proferiu sentença condenando o autor do delito e fixando o valor mínimo de indenização no patamar de R$ 20.000,00 (vinte mil reais). Pode a vítima executar no juízo cível diretamente

75. GRINOVER, Ada Pellegrini; GOMES FILHO, Antonio Magalhães; FERNANDES, Antonio Scarance. *Recursos no Processo Penal*. 6. ed. rev., atual. e ampl. São Paulo: RT, 2009, p. 105.

este valor de R$ 20.000,00 (vinte mil reais), sem ter que passar pela etapa prévia de liquidação dos danos, pois ele já está certificado judicialmente, tornando-se um valor líquido. Mas se a vítima ainda insiste no valor que efetivamente teve que arcar para suportar os danos, ou seja, R$ 30.000,00 (trinta mil reais), poderá ainda iniciar a prévia liquidação destes danos, discutindo então o valor de R$ 10.000,00 (dez mil reais), que é o valor resultante da diferença entre o valor dos danos reais (R$ 30.000,00) e o valor mínimo dos danos reconhecidos em sentença penal condenatória (R$ 20.000,00). Teremos então tramitando simultaneamente a execução de um valor líquido (R$ 20.000,00) e a liquidação de um valor ilíquido (R$ 10.000,00). Julgado procedente o pedido de liquidação do valor de R$ 10.000,00 (dez mil reais), o ofendido passará a também executá-lo judicialmente.

Nestor Távora e Rosmar Rodrigues Alencar ainda destacam hipótese em que a execução poderá ocorrer no próprio juízo penal:

> *Caso o juiz penal fixe o quanto da indenização e o réu condenado tenha prestado fiança, entendemos que excepcionalmente a execução pode ser feita na própria esfera penal, bastando ao ofendido requerer ao próprio juízo criminal o levantamento do valor da fiança para satisfação do seu direito*[76].

No que tange ao *quantum* indenizatório, a doutrina majoritária sustenta que, em observância ao princípio da reparação integral do dano, podem ser arbitrados pelo juiz tanto os danos materiais, o que inclui os danos emergentes (relativos àquilo que efetivamente se perdeu com a infração penal) e os lucros cessantes (referentes ao que se deixou de ganhar com a prática delitiva), quanto os danos morais. É o que se consagra no Enunciado nº 16 do 1º Fórum Nacional dos Juízes Federais Criminais (FONACRIM): *"O valor mínimo para reparação dos danos causados pelo crime pode abranger danos morais"*.

Nesse passo, o STJ já decidiu que o juiz, ao proferir sentença penal condenatória, no momento de fixar o valor mínimo para a reparação dos danos causados pela infração (art. 387, IV, CPP), pode, sentindo-se apto diante de um caso concreto, quantificar, ao menos o mínimo, o valor do dano moral sofrido pela vítima, desde que fundamente essa opção (Informativo nº 588).

Em outro julgado, o Tribunal decidiu que, nos casos de violência contra a mulher praticados no âmbito doméstico e familiar, é possível a fixação de valor mínimo indenizatório (art. 387, IV, CPP) a título de dano moral, desde que haja pedido expresso da acusação ou da parte ofendida, mesmo que não especificada a quantia, e independentemente de instrução probatória (Informativo nº 621). Em outros termos, o STJ entendeu que, no contexto da Lei Maria da Penha, o que se impõe, além de pedido indenizatório expresso da parte legítima (que pode ser a própria ofendida ou até o Ministério Público, atuando em seu favor), é apenas a demonstração do fato delitivo em si; o dano moral seria então inerente, ínsito à relação doméstica e familiar (*in re ipsa*), dispensando, portanto, prova a respeito da sua ocorrência.

76. TÁVORA, Nestor; ALENCAR, Rosmar Rodrigues. *Curso de Direito Processual Penal*. 3. ed. rev., ampl. e atual. Salvador: Juspodivm, 2009, p. 185.

Na mesma linha de intelecção, o STF decidiu que o dano moral sofrido pela vítima é inerente aos crimes praticados contra a mulher no âmbito doméstico e familiar, de modo que a fixação do respectivo valor mínimo indenizatório (art. 387, IV, CPP) pressupõe o respeito aos princípios do contraditório e da ampla defesa, viabilizados pela oportunidade de manifestação do réu durante o curso da ação penal. Asseverou-se que o crime praticado contra a mulher no âmbito doméstico e familiar resulta em dano moral *in re ipsa*, ou seja, **independe de instrução probatória específica para a sua apuração, uma vez que a simples comprovação da prática da conduta delitiva é suficiente para demonstrá-lo, ainda que minimamente.** Por outro lado, a fixação da reparação civil mínima na sentença penal condenatória pressupõe a participação do réu, sob pena de violação aos postulados do contraditório e da ampla defesa (STF, 2ª Turma, ARE nº 1.369.282 AgR/SE, Rel. Min. Ricardo Lewandowski, redator do acordão Ministro Edson Fachin, julgamento finalizado em 19.09.2023).Ainda no âmbito da Lei Maria da Penha, em outra oportunidade, o STJ asseverou que a reconciliação entre a vítima e o agressor não é fundamento suficiente para afastar a necessidade de fixação do valor mínimo para reparação dos danos causados pela infração penal, seja porque não há previsão legal nesse sentido, seja porque compete à própria vítima decidir se irá promover a execução ou não do título executivo, sendo vedado ao Poder Judiciário omitir-se na aplicação da legislação processual penal que determina a fixação de valor mínimo em favor da vítima (Informativo nº 657).

Ultrapassando as fronteiras da Lei Maria da Penha, na linha do decidido pelo STJ, para fixação de indenização por danos morais, nos termos do art. 387, IV, do CPP, não se exige instrução probatória acerca do dano psíquico, do grau de sofrimento da vítima, bastanto que conste pedido expresso na inicial acusatória, garantia suficiente ao exercício do contraditório e da ampla defesa. No caso em apreço, ocorreu um crime de roubo majorado pelo concurso de pessoas e uso de arma branca, sendo que o ofendido teve a faca posta em seu pescoço, tendo sido constatado pelas instâncias ordinárias o trauma psicológico sofrido, já que passou a ter dificuldades para dormir e medo de ser perseguido na rua pelos acusados. Assim, definiu-se que é possível a fixação de um mínimo indenizatório a título de dano moral, sem a necessidade de instrução probatória específica para fins de sua constatação (existência do dano e sua dimensão). Decorre de abalo emocional inequívoco, facilmente verificado pelas provas dos autos, com pedido expresso na inicial acusatória (STJ, 5ª Turma, AgRg no Resp nº 2.029.732/MS, Rel. Min. Joel Ilan Paciornik, j. 22.08.2023).

Consoante posicionamento da jurisprudência, é inviável fixar, na esfera penal, indenização mínima a título de danos morais, sem que tenha havido a efetiva comprovação do abalo à honra objetiva da pessoa jurídica. Assim, o dano moral referente à pessoa jurídica como vítima de infração penal (ex: crimes de calúnia e difamação) não se presume, devendo, pois, ser alvo de instrução processual específica para demonstrá-lo para fins da indenização prevista no art. 387, IV, do CPP (STJ, 5ª Turma, AREsp nº 2.267.828/MG, Rel. Min. Messod Azulay, j. 17.10.2023).

Relembre-se que, consoante já exposto em passagem anterior deste capítulo, em crimes que resultam em prejuízos ao patrimônio público, o Ministério Público poderá pleitear o reconhecimento de indenização a título de *dano moral coletivo*, o que se coaduna perfeitamente com o perfil de um *Processo Penal Coletivo*.

Noutro giro, vale a pena registrar que, conforme decidido pelo STJ, a prestação pecuniária prevista no art. 45, § 1º, do Código Penal pode ser compensada com o montante fixado com fundamento no art. 387, IV, do CPP, ante a coincidência de beneficiários (STJ, 5ª Turma, REsp nº 1.882.059/SC, Rel. Min. Joel Ilan Paciornik, j. 19.10.2021).

Quanto à aplicação no tempo do disposto no art. 387, inciso IV, do CPP a partir do advento da Lei nº 11.719/08, o STJ já decidiu que a norma em comento seria processual penal pura, motivo por que, nos termos do art. 2º do CPP, deveria ser aplicada desde então, mesmo para os processos já em andamento (STJ, 6ª Turma, REsp nº 1176708/RS, Rel. Min. Sebastião Reis Júnior, julgado em 12.06.2012). Contudo, há entendimento doutrinário no sentido de que tal norma seria processual penal mista ou híbrida e, como tal, somente poderia incidir para crimes cometidos após a sua vigência, a exemplo do que apregoa Rômulo de Andrade Moreira[77]. Nessa esteira, o STF, mais recentemente, no julgamento do caso "Donadon" (Revisão Criminal nº 5437), por meio do seu Plenário, decidiu que a norma em questão não poderia retroagir, não sendo possível, portanto, a sua aplicação para fatos ocorridos e ações penais deflagradas antes do seu advento.

A possibilidade de fixação de valor mínimo de indenização definida no art. 387, inciso IV, do CPP se dá não apenas em feitos que sigam o procedimento comum. Na verdade, ela se opera em todo e qualquer procedimento, a exemplo do procedimento especial do Tribunal do Júri, no qual há previsão, no art. 492, inciso I, alínea "d", do CPP, de que, havendo condenação neste juízo, a sentença observará os ditames do art. 387 do Código, entre eles, por óbvio, o disposto em seu inciso IV.

Há também previsão desta possibilidade na legislação penal especial. Assim, por exemplo, em **crimes ambientais**, o art. 20 da Lei nº 9.605/98 possui redação bastante similar àquela encontrada nos artigos 63 e 387, IV, do CPP. Com isso, a sentença penal condenatória, sempre que possível, fixará o valor mínimo para reparação dos danos causados pela infração, considerando os prejuízos sofridos pelo ofendido ou pelo meio ambiente (art. 20, *caput*). Transitada em julgado a sentença condenatória, a execução poderá efetuar-se pelo valor fixado nos termos do *caput* do art. 20, sem prejuízo da liquidação para apuração do dano efetivamente sofrido (art. 20, parágrafo único).

Em matéria de **crimes de abuso de autoridade**, o art. 4º, inciso I, da Lei nº 13.869/19 possui conteúdo correlato ao que vem previsto nos artigos 63 e 387, IV, do CPP. O novel dispositivo legal assevera que é efeito da condenação, dentre outros, tornar certa a obrigação de indenizar o dano causado pelo crime, devendo o juiz, a requerimento do ofendido, fixar na sentença o valor mínimo para reparação dos danos causados pela infração, considerando os prejuízos por ele sofridos.

Nos **crimes praticados no contexto de violência doméstica e familiar contra a mulher**, a Lei Maria da Penha (Lei nº 11.340/06), no seu art. 9º, parágrafo 4º, com

---

77. MOREIRA, Rômulo de Andrade. *O Supremo Tribunal Federal e a fixação da reparação do dano na sentença penal condenatória. Jus Navigandi*, Teresina, ano 17, n. 3459, 20 dez. 2012. Disponível em: <http://jus.com.br/revista/texto/23296>. Acesso em: 4 fev. 2013.

a redação dada pela Lei nº 13.871/19, prevê que "*Aquele que, por ação ou omissão, causar lesão, violência física, sexual ou psicológica e dano moral ou patrimonial a mulher fica obrigado a ressarcir todos os danos causados, inclusive ressarcir ao Sistema Único de Saúde (SUS), de acordo com a tabela SUS, os custos relativos aos serviços de saúde prestados para o total tratamento das vítimas em situação de violência doméstica e familiar, recolhidos os recursos assim arrecadados ao Fundo de Saúde do ente federado responsável pelas unidades de saúde que prestarem os serviços*". Ademais, os dispositivos de segurança destinados ao uso em caso de perigo iminente e disponibilizados para o monitoramento das vítimas de violência doméstica ou familiar amparadas por medidas protetivas terão seus custos ressarcidos pelo agressor (art. 9 º, § 5º, da Lei Maria da Penha). Todo esse ressarcimento não poderá importar ônus de qualquer natureza ao patrimônio da mulher e dos seus dependentes, nem configurar atenuante ou ensejar possibilidade de substituição da pena aplicada (art. 9º, § 6º). Naturalmente, a reparação do dano ora em destaque pode ser fixada pelo juiz na sentença penal condenatória com fundamento no art. 387, inciso IV, do CPP.

18. PRIORIDADE DE TRAMITAÇÃO PARA PROCESSOS ENVOLVENDO CRIMES HEDIONDOS (ART. 394-A CPP)

De acordo com o teor do art. 394-A do CPP, os processos que apurem a prática de crime hediondo terão prioridade de tramitação em todas as instâncias. Há neste dispositivo mais um exemplo sintomático de **mandado de criminalização**. Com efeito, cumprindo o mandamento constitucional contido no art. 5º, inciso XLIII ("a lei considerará crimes inafiançáveis e insuscetíveis de graça ou anistia a prática da tortura, o tráfico ilícito de entorpecentes e drogas afins, o terrorismo e os definidos como crimes hediondos, por eles respondendo os mandantes, os executores e os que, podendo evitá-los, se omitirem"), a norma em comento estabelece um tratamento penal mais recrudescido a delitos dessa natureza.

O rol de crimes hediondos é aquele previsto no art. 1º da Lei nº 8.072/90, o qual é taxativo. Em interpretação extensiva do dispositivo, tem-se que a tramitação prioritária também valerá para processos que versem sobre os crimes equiparados aos hediondos, quais sejam, tortura (Lei nº 9.455/97), tráfico de drogas (Lei nº 11.343/06) e terrorismo (Lei nº 13.260/16).

A prioridade de tramitação se aplica em todas as instâncias, daí porque incidirá também, por exemplo, nas ações penais originárias, como aquelas que envolvem prerrogativa de foro e, na maioria dos casos, as ações autônomas de impugnação (revisão criminal, *habeas corpus* e mandado de segurança em matéria criminal). Naturalmente, incidirá também em grau recursal.

A medida de tramitação prioritária visa permitir que o Estado combata com maior rigor crimes extremamente graves, evitando com isso que ocorra prescrição da pretensão punitiva, o que serviria de incremento da sensação de impunidade no país. Dessa forma, haverá a devida tutela ao *direito à segurança*, no viés da segurança pública, direito fundamental de ordem difusa (arts. 5º, *caput*, e 144 CF).

Por ser regra processual, o art. 394-A do CPP, cuja redação foi dada pela Lei nº 13.285/16, teve a sua aplicação reconhecida imediatamente, mesmo aos processos em andamento, mantidos os atos já praticados (art. 2º CPP).

19. VEDAÇÃO ÀS TESES DA LEGÍTIMA DEFESA DA HONRA E DA CLEMÊNCIA NO TRIBUNAL DO JÚRI (ART. 483, III, CPP)

Na quesitação no Tribunal do Júri, com base no art. 483 do CPP, os quesitos serão formulados na seguinte ordem, indagando sobre: I – a materialidade do fato; II – a autoria ou participação; III – se o acusado deve ser absolvido; IV – se existe causa de diminuição de pena alegada pela defesa; V – se existe circunstância qualificadora ou causa de aumento de pena reconhecidas na pronúncia ou em decisões posteriores que julgaram admissível a acusação.

No que diz respeito especificamente ao quesito genérico de absolvição estampado no inciso III do art. 483 do CPP, há discussão na doutrina se ele seria absoluto ou não, isto é, se permitiria a absolvição do acusado pelo Conselho de Sentença com o reconhecimento de qualquer tipo de tese defensiva.

Para uns, a absolvição por resposta positiva a tal quesito seria plenamente livre, podendo ser proferida com fundamento em quaisquer motivos, de ordem fática ou não, jurídicos ou extrajurídicos, o que autorizaria até mesmo uma absolvição por "legítima defesa da honra" ou por mera "clemência".

No entanto, prevalece em doutrina o entendimento de que este quesito genérico não é absoluto, isto é, não confere aos jurados um "cheque em branco" para proferirem a absolvição por qualquer motivo. A Lei nº 11.689/08, que passou a prever este quesito genérico, assim o fez apenas e tão somente para simplificar a votação dos jurados, juízes leigos, que, na sistemática anterior a esta legislação, inúmeras vezes se perdiam com a quantidade de quesitos (muitos deles técnicos) que lhes eram encaminhados. Com isso, um só quesito acaba reunindo todas as teses de defesa, facilitando a votação e, em tese, garantindo um julgamento mais acertado. Na jurisprudência, o STJ vem adotando esta segunda corrente doutrinária (STJ, Terceira Seção, HC nº 313.251/RJ, Rel. Min. Joel Ilan Paciornik, DJe 27.03.18).

No âmbito do STF, no julgamento da Arguição de Descumprimento de Preceito Fundamental (ADPF) nº 779/DF, firmou-se o entendimento de que a tese da **"legítima defesa da honra"** é inconstitucional, por contrariar os princípios constitucionais da dignidade da pessoa humana (art. 1º, III, CF), da proteção à vida e da igualdade de gênero (art. 5º, *caput*, CF). Afastou-se assim a "legítima defesa da honra" como hipótese da excludente de ilicitude da legítima defesa, conferindo, para tanto, interpretação conforme a Constituição aos arts. 23, inciso II, e 25, *caput* e parágrafo único, do CP e ao art. 65 do CPP. Não se admitiu que a defesa sustente, direta ou indiretamente, a "legítima defesa da honra" (ou qualquer argumento que induza à tese) nas fases pré-processual ou processual penais, bem como no julgamento perante o Tribunal do Júri, sob pena de nulidade do ato e do julgamento (STF, ADPF nº 779/DF, Rel. Min. Dias Toffoli, j. 01.08.23).

Como se percebe, a vedação à tese da "legítima defesa da honra" no Tribunal do Júri protege o *direito à segurança*, no viés da segurança pública, bem como resguarda o *direito à proteção psicológica* da vítima, pois evita a exposição indevida da sua honra, intimidade e vida privada à sociedade em geral.

Em acréscimo, noticie-se que a 2ª Turma do STF já decidiu que, em crime de feminicídio, não é possível a absolvição pelos jurados com base na **clemência** (STF, 2ª Turma, AgRg no RHC nº 229.558/PR, Rel. Min. Nunes Marques, j. 21.11.2023).

PARTE II

Na linha de raciocínio da Suprema Corte, a soberania dos veredictos e o quesito genérico de absolvição não devem conceder ao Conselho de Sentença um "cheque em branco" no momento do julgamento, não se admitindo, pois, que o órgão acate toda e qualquer tese defensiva. Vale o registro de que esta matéria é alvo do tema 1.087 do STF, em que se discute se a realização de novo júri, determinada pelo Tribunal de segundo grau em julgamento de recurso interposto contra absolvição assentada no quesito genérico (art. 483, III, c/c § 2º, CPP), ante suposta contrariedade à prova dos autos (art. 593, III, "d", CPP), viola a soberania dos veredictos (art. 5º, XXXVIII, "c", CF). Já houve reconhecimento de repercussão geral à matéria (ARE nº 1225185).

20. APELAÇÃO SUPLETIVA OU SUBSIDIÁRIA (ART. 598 CPP)

Como já destacado neste capítulo quando do estudo dos poderes conferidos ao assistente de acusação, o art. 598, *caput*, do CPP, afirma ser possível o oferecimento de recurso de apelação, sem efeito suspensivo, nos crimes de competência do Tribunal do Júri, ou do juiz singular, pelo assistente de acusação, mesmo que não se tenha habilitado nos autos, se da sentença não for interposta apelação pelo Ministério Público.

O fundamento deste recurso é semelhante àquele aplicado para a ação penal privada subsidiária da pública: fiscalizar a atuação do Ministério Público. Esse recurso é, pois, **supletivo ou subsidiário**: o assistente de acusação só o oferece se o *Parquet* não o oferecer. Pode, no entanto, o assistente de acusação recorrer da parte da decisão não recorrida pelo Ministério Público.

Com fincas no parágrafo único do art. 598 do CPP, o prazo para interposição desse recurso será de 15 (quinze) dias e correrá do dia em que terminar o prazo do Ministério Público (ou seja, imediatamente após o transcurso do prazo do Ministério Público, conforme a Súmula nº 448 do STF).

Esse prazo especial de 15 (quinze) dias, porém, só se aplica se o assistente de acusação não estiver habilitado nos autos, pois ele, não tendo "participado antes da causa, necessita de um tempo maior para conhecer o material probatório, examinar a sentença e decidir sobre a conveniência do recurso[78]". Do contrário, se já estiver habilitado no feito, ele deverá respeitar o prazo regular de 5 (cinco) dias. É esse o posicionamento atual do STJ (REsp nº 235268-SC, j. 25/3/2008) e do STF (HC nº 50.417, Plenário).

Decerto é que, em qualquer hipótese de recurso de apelação por parte do assistente de acusação, considerando a natureza subsidiária ou supletiva de tal recurso, caso o assistente "seja intimado antes do promotor, o prazo só começará a correr depois de esgotado o prazo para o Ministério Público[79]".

No mais, nota-se que o instituto em comento é mais um instrumento previsto na legislação processual penal que assegura o *direito de participação*.

---

78. GRINOVER, Ada Pellegrini; GOMES FILHO, Antonio Magalhães; FERNANDES, Antonio Scarance. *Recursos no Processo Penal*. 6. ed. rev., atual. e ampl. São Paulo: RT, 2009, p. 112-113.
79. GRINOVER, Ada Pellegrini; GOMES FILHO, Antonio Magalhães; FERNANDES, Antonio Scarance. *Recursos no Processo Penal*. 6. ed. rev., atual. e ampl. São Paulo: RT, 2009, p. 113.

21. QUADRO SINÓTICO

<table>
<tr><th colspan="2">CAPÍTULO VIII – INSTRUMENTOS DE TUTELA AOS DIREITOS DAS VÍTIMAS NO CÓDIGO DE PROCESSO PENAL</th></tr>
<tr><td>1. Instrumentos de tutela aos direitos das vítimas no Código de Processo Penal</td><td>O Código de Processo Penal prevê diversos instrumentos de tutela aos direitos das vítimas, a saber:
1. Notitia criminis ou notícia do crime ou notícia do fato (art. 5º, II, CPP);
2. Poder de requerimento de diligências na investigação criminal (art. 14 CPP);
3. Destino do inquérito policial em crime de ação penal privada (art. 19 CPP);
4. Direito de intimação e poder de revisão ministerial contra o ato de arquivamento da investigação criminal (art. 28 CPP);
5. Representação do ofendido (art. 24 CPP);
6. Acordo de não persecução penal (art. 28-A CPP);
7. Ação penal privada subsidiária da pública ou supletiva (art. 29 CPP e art. 5º, LIX, CF);
8. Queixa-crime (art. 30 CPP);
9. Ação civil ex delicto (arts. 63 a 68 CPP);
10. Medidas assecuratórias (arts. 125 a 144 CPP);
11. A participação da vítima na instrução criminal do procedimento comum ordinário (formulação de quesitos e indicação de assistente técnico – art. 159, § 3º, CPP; requerimento de realização de exame complementar em crimes de lesões corporais – art. 168, caput, CPP; oitiva do ofendido – arts. 6º, IV, 201, caput, 217, caput, 400-A e 474-A CPP; comunicação dos atos processuais – art. 201, §§ 2º e 3º, CPP; espaço separado nas audiências – art. 201, § 4º, CPP; equipe multidisciplinar – art. 201, § 5º, CPP; preservação da intimidade, vida privada, honra e imagem/segredo de justiça – art. 201, § 6º, CPP);
12. Assistente de acusação (arts. 268 a 273 CPP);
13. Legitimidade para requerer medidas cautelares diversas da prisão e prisão preventiva e prerrogativa de efetuar prisão em flagrante (arts. 282, § 2º, 301 c/c 302, III, e 311 CPP);
14. Prisão preventiva para garantir a execução das medidas protetivas de urgência se o crime envolver violência doméstica e familiar (art. 313, III, CPP);
15. Medida cautelar diversa da prisão de proibição de manter contato com pessoa determinada (art. 319, III, CPP);
16. Valor mínimo para reparação dos danos fixado em sentença penal condenatória (art. 387, IV, CPP);
17. Prioridade de tramitação para processos envolvendo crimes hediondos (art. 394-A CPP);
18. Vedação às teses da legítima defesa da honra e da clemência no tribunal do júri (art. 483, III, CPP);
19. Apelação supletiva ou subsidiária (art. 598 CPP).</td></tr>
</table>

CAPÍTULO IX

INSTRUMENTOS DE TUTELA AOS DIREITOS DAS VÍTIMAS NA LEI Nº 9.099/95

1. TUTELA AOS DIREITOS DAS VÍTIMAS NA LEI Nº 9.099/95 POR MEIO DE ACORDOS

A Constituição Federal, em seu art. 98, inciso I, prevê a criação dos Juizados Especiais Criminais, com competência para a conciliação, o julgamento e a execução das infrações penais de menor potencial ofensivo, mediante os procedimentos oral e sumaríssimo, permitidos, nas hipóteses previstas em lei, a transação e o julgamento de recursos por turmas de juízes de primeiro grau.

A regulamentação desta norma constitucional foi realizada pela Lei nº 9.099/95, a qual possui como notas marcantes a tentativa de despenalização e o reconhecimento de uma Justiça Penal Consensual ou Negociada ou Pactuada, características estas que se refletem nos institutos da composição civil dos danos (art. 74), da transação penal (art. 76) e da suspensão condicional do processo (art. 89).

Nessa esteira, a Lei nº 9.099/95 simboliza um grande marco na implementação no país da Justiça Penal Consensual. Inovando no ordenamento jurídico até então vigente, esta lei cria aqueles 3 (três) tipos distintos de acordos, os quais permitem, a uma, a solução da demanda criminal pelos principais interessados (Justiça Restaurativa) e, a duas, fomentam a não aplicação de pena privativa de liberdade, até porque os fatos que permitem tais acordos são de menor gravidade.

Não se olvida ainda que, por meio dos acordos em pauta, os direitos fundamentais das vítimas das infrações penais também serão devidamente resguardados, principalmente o *direito à reparação dos danos materiais, psicológicos e morais e à reparação simbólica*. O que se torna bem evidente com o instituto da composição civil dos danos. Na transação penal, a pena a ser pactuada poderá ser a de prestação pecuniária; além disso, nos crimes ambientais de menor potencial ofensivo, ela somente se tornará viável desde que tenha havido a prévia composição do dano ambiental, salvo em caso de comprovada impossibilidade (art. 27 da Lei nº 9.605/98). E na suspensão condicional do processo, deverá ser firmado o acordo com a condição obrigatória de reparação do dano, salvo impossibilidade de fazê-lo (art. 89, § 1º, I, da Lei nº 9.099/95), admitindo-se a estipulação de outras condições (art. 89, § 2º, da Lei nº 9.099/95) que também atendam aos direitos das vítimas.

Esses 3 (três) institutos serão abordados a seguir, em tópicos separados.

2. COMPOSIÇÃO CIVIL DOS DANOS (ART. 74 DA LEI Nº 9.099/95)

Nos termos do art. 62 da Lei nº 9.099/95, um dos objetivos do Juizado Especial Criminal é a **reparação dos danos sofridos pela vítima**. Trata-se de objetivo que se implementa, com destaque, justamente a partir da composição civil dos danos, a qual se insere nos contextos da Justiça Penal Consensual e da Justiça Restaurativa.

Nessa esteira, vale a pena registrar que o objetivo de reparação dos danos ao ofendido também se adequa ao contexto de uma **terceira via do Direito Penal**. É que, na concepção de Claus Roxin, essa via do Direito Penal é exatamente a reparação de danos, legitimada que está pelo princípio da subsidiariedade deste ramo do Direito. Isso porque, para além da pena e da medida de segurança, ela é uma medida penal independente, que alia elementos do direito civil e cumpre com os fins da pena. Para o consagrado doutrinador, a reparação substituiria ou atenuaria a pena naqueles casos nos quais convenha, tão bem ou melhor, aos fins da pena e às necessidades da vítima. A inclusão no sistema penal, sancionador da indenização material e imaterial da vítima, significa que o Direito Penal passa a se aproximar mais da realidade social. No mais, o objetivo em comento está em perfeita consonância ao perfil do *garantismo penal integral*, preocupando-se o Estado Democrático de Direito em tutelar os interesses do ofendido, dando-lhe voz no Processo Penal.

A composição civil dos danos é um ajuste firmado entre o autor da infração penal de menor potencial ofensivo e o ofendido para que haja a reparação dos danos sofridos por este último em decorrência da prática daquela infração. A reparação dos danos normalmente se dá por meio do pagamento de indenização, mas nada impede que seja pactuada a retratação por parte do autor dos fatos.

Trata-se de acordo de índole cível, ainda que firmado no âmbito da jurisdição penal (Justiça Penal Consensual). Em outros termos, é um negócio jurídico processual civil. Nesse prisma, a composição civil dos anos no juízo penal faz com que o sistema criminal se torne híbrido, havendo elementos que colocam fim ao debate sobre os danos. Vê-se que a Lei nº 9.099/95 acaba adotando o sistema da confusão entre as instâncias penal e cível, conforme já estudado nesta obra no capítulo anterior, no tópico relacionado à ação civil *ex delicto*.

Uma vez firmado o acordo entre o ofendido e o autor dos fatos, ele não produz efeitos imediatamente, sendo necessário, para tanto, que haja a devida homologação judicial. Na análise do acordo, o controle do juiz é de mera legalidade, devendo verificar apenas se há justa causa para a ação penal (indícios suficientes de autoria e prova da materialidade delitiva). Portanto, não pode o magistrado adentrar ao mérito do acordo, limitando a vontade das partes quanto à quantidade e à qualidade da reparação dos danos.

Caso o juiz homologue tal acordo, proferirá uma **sentença irrecorrível**. Porém, a doutrina destaca que se houver alguma ilegalidade na sentença que desrespeite a vontade das partes, é admitida contra ela a impetração de mandado de segurança.

Essa sentença constituirá um título executivo judicial, que poderá ser executado no juízo cível, já que o acordo tem nítida natureza cível.

Ademais, em se tratando de crimes de ação penal privada e de ação penal pública condicionada à representação do ofendido, o acordo resulta na **renúncia** ao direito de queixa ou de representação, o que configura exceção ao disposto no art. 104, parágrafo único, parte final, do Código Penal. Haverá assim extinção da punibilidade. De outro lado, se a composição civil dos danos for firmada em crime de ação penal pública incondicionada, deve-se prosseguir com os demais termos do procedimento.

Se o fato estiver submetido à ação penal pública incondicionada, é possível que se verifique que a composição civil dos danos exclua a justa causa para o início da ação, como, por exemplo, no caso de vias de fato em que os envolvidos se perdoam reciprocamente; acionar penalmente o agressor colidiria com a concepção do Direito Penal como *extrema* ou *ultima ratio*[1].

Noutro giro, a doutrina aponta para o fato de que a prescrição e a decadência não interferem na possibilidade de ser celebrado o acordo de composição civil dos danos. É que o delito "pode estar prescrito, mas a possibilidade de indenizar não. De igual maneira, é possível entrar em acordo pelos danos cíveis, malgrado tenha se operado a decadência para ajuizar ação penal privada. Daí que prescrição e decadência não prejudicam a homologação, por sentença, do acordo de composição civil dos danos[2]".

É sempre recomendável a presença de advogado na audiência preliminar, mas ela não é obrigatória para fins de celebração do acordo de composição civil dos danos. Portanto, admite-se que vítima e autor dos fatos negociem pessoalmente o acordo em juízo. Até porque tal ajuste é realizado quando inexiste processo penal e, além disso, ele não envolve a aplicação de pena, não havendo ainda qualquer limite para que o mesmo autor dos fatos realize sucessivos acordos dessa natureza.

Por fim, pondere-se que, nos crimes de ação penal privada, não obtida a composição civil dos danos, recomenda-se que o juiz suspenda a audiência, "advertindo a vítima da necessidade de oferecer queixa-crime antes do decurso do prazo decadencial. Nada impede que a queixa-crime seja oferecida na própria audiência, oralmente, sendo reduzida a termo. Se decorrer tal prazo sem a propositura da queixa, será exarada decisão extintiva da punibilidade do agente. Tal providência evita que, ao autuado por crime de ação penal privada, seja oferecida transação penal antes de se certificar do efetivo desejo da vítima de ajuizar a ação penal privada[3]".

3. TRANSAÇÃO PENAL (ART. 76 DA LEI Nº 9.099/95)

Com fincas no art. 62 da Lei nº 9.099/95, um dos objetivos do Juizado Especial Criminal é a **aplicação de pena não privativa de liberdade**. Trata-se de objetivo que se implementa, especialmente, com a transação penal, instituto que também se insere no contexto da Justiça Penal Consensual. Trata-se de instituto despenalizador, pois evita a aplicação da pena privativa de liberdade, que fica reservada a infrações penais mais graves, tornando-se medida de *extrema* ou *ultima ratio*.

---

1. TÁVORA, Nestor; ALENCAR, Rosmar Rodrigues. *Novo Curso de Direito Processual Penal*. 15. ed. reestrut., rev. e atual. Salvador: Juspodivm, 2020, p. 1.436.
2. TÁVORA, Nestor; ALENCAR, Rosmar Rodrigues. *Novo Curso de Direito Processual Penal*. 15. ed. reestrut., rev. e atual. Salvador: Juspodivm, 2020, p. 1.436.
3. TÁVORA, Nestor; ALENCAR, Rosmar Rodrigues. *Novo Curso de Direito Processual Penal*. 15. ed. reestrut., rev. e atual. Salvador: Juspodivm, 2020, p. 1.256.

Com efeito, não havendo êxito na composição civil dos danos, a audiência preliminar prosseguirá com a tentativa de transação penal.

A transação penal é um acordo penal ou negócio jurídico processual penal que compreende a proposta de aplicação imediata de pena não privativa de liberdade ou alternativa (pena restritiva de direitos ou multa), a ser feita, via de regra, pelo Ministério Público e aceita pelo autor da infração penal de menor potencial ofensivo.

Desse modo, como se percebe, o acordo pode ter como objeto, por exemplo, o cumprimento da **pena de prestação pecuniária**, a qual, como já visto em capítulo anterior desta obra e com fundamento no art. 45, § 1º, do Código Penal, consiste no pagamento em dinheiro à vítima ou a seus dependentes (podendo ainda ser encaminhado a entidade pública ou privada com destinação social).

Em breves linhas a respeito do instituto em estudo, pode-se afirmar que cabe, em regra, ao Ministério Público, enquanto titular da ação penal pública, a iniciativa de oferecer a proposta de transação penal. Nesse sentido, inicialmente cumpre registrar que, em crime de ação penal pública condicionada à representação do ofendido, o órgão apenas poderá apresentar proposta deste benefício se houver o oferecimento de tal representação.

Além disso, o Ministério Público somente poderá formular a proposta de acordo se presentes indícios suficientes de autoria e prova da materialidade delitiva (justa causa), considerando que a transação penal deve ser entendida como uma via alternativa ao início da ação penal. Ademais, impõe-se a existência de fato típico, antijurídico e culpável, o qual deve ser de menor potencial ofensivo. Até porque o art. 76, *caput*, da Lei nº 9.099/95 assevera que o Ministério Público poderá propor a transação penal "não sendo caso de arquivamento".

Em acréscimo, para o oferecimento da proposta, o *Parquet* deve verificar se o autor dos fatos preenche, de forma cumulativa, os requisitos exigidos pelo art. 76, § 2º, da Lei nº 9.099/95.

Nessa esteira, tem-se que a transação penal não é um direito público subjetivo para o autor dos fatos, constituindo-se em um verdadeiro poder-dever para o Ministério Público, no sentido de que, preenchidos tais requisitos exigidos por lei, deverá oferecer a proposta ao agente delitivo. Note-se que o art. 76, *caput*, da Lei nº 9.099/95 afirma que o Ministério Público "poderá" propor a transação penal. É esse inclusive o posicionamento majoritário do STJ (HC APn 634/RJ).

Ademais, a transação penal constitui uma exceção ao princípio da obrigatoriedade da ação penal pública, falando-se em princípio da discricionariedade regrada ou obrigatoriedade mitigada.

Do exposto, presentes os requisitos legais, o Ministério Público deve oferecer a proposta do benefício em comento, somente tendo discricionariedade acerca da pena que será oferecida. Sob outra perspectiva, se o membro do *Parquet* entender que o autor dos fatos não preenche qualquer dos requisitos legais anteriormente apontados, deixará de oferecer a proposta de acordo, o que deve ser sempre devidamente justificado em manifestação ministerial própria, como, por exemplo, na cota em que o órgão de execução anuncia o oferecimento de denúncia.

Noutro giro, esclareça-se que, segundo o STJ, **é possível a transação penal em se tratando de crime de ação penal privada** (RHC nº 8.123), até por questões de igualdade e razoabilidade. Não há qualquer sentido lógico em se permitir a transação penal para um crime de ação penal pública e vedá-la para um delito de ação penal privada, que pode ter inclusive a mesma pena daquele.

Há, porém, discussão quanto à legitimidade para oferecer a proposta de transação penal em crime de ação penal privada. Basicamente, existem três correntes a respeito do tema:

1ª corrente: sustenta que a legitimidade é, inicialmente, do querelante e, posteriormente, do Ministério Público. Destarte, caberia ao querelante, ao oferecer a queixa-crime, propor a transação penal. Contudo, uma vez oferecida a queixa e não proposta pelo querelante a transação penal, caberia ao Ministério Público apresentar a proposta deste benefício. É posição minoritária.

2ª corrente: a legitimidade para propor a transação penal seria exclusiva do Ministério Público, sendo que o querelante deveria manifestar o seu interesse em ver aquele órgão apresentar a proposta de acordo apenas após oferecer a queixa-crime. Argumenta-se que a pena, mesmo alternativa à prisão, é exteriorização do *jus puniendi* estatal, não sendo possível, portanto, delegá-lo ao querelante. A ele seria atribuída somente a função de anuir para que o Ministério Público, enquanto órgão estatal, apresentasse a proposta de transação penal. É também posição minoritária.

3ª corrente: a legitimidade é exclusiva do querelante, por ser ele o titular da ação penal privada. Desse modo, se o querelante se manifesta revelando não possuir interesse em propor a transação penal, nada poderá ser feito pelo Ministério Público, deixando de ser oferecido ao autor dos fatos o benefício, prosseguindo-se o processo penal em seus regulares termos. O mesmo raciocínio é válido para a suspensão condicional do processo. É essa a posição da doutrina majoritária e do STJ (RHC nº 102.381/BA, Rel. Min. Felix Fischer, Dje 17.10.18).

De outro lado, na ótica do agente do delito, ele não está obrigado a aceitar a transação penal, podendo recusá-la ou até oferecer contraproposta. Caso aceite, ela não funciona como confissão de culpa, ao contrário do que se verifica no sistema jurídico norte-americano, em que o instituto do *guilty-plea* está condicionado à confissão de culpa. Por consequência, a transação penal não valerá como maus antecedentes ou para fins de reincidência, sendo registrada apenas para fins de se evitar novo oferecimento do benefício no prazo de cinco anos, não constando também em certidões criminais.

Nesse passo, o Plenário do STF, reconhecendo repercussão geral à matéria, decidiu que não é possível impor à transação penal os efeitos próprios da sentença penal condenatória, a exemplo das consequências jurídicas extrapenais previstas no art. 91 do Código Penal (como a perda ou confisco de bens utilizados na prática de crimes), as quais, portanto, somente poderiam ter validade se aceitas pelo beneficiário quando do acordo (RE nº 795567).

Como se percebe, na esfera penal, é aplicada a ideia da transação válida no Direito Civil, no sentido de que ela envolve concessões recíprocas. É dizer, ambos os celebrantes do acordo cedem um pouco, visando um ganho maior: o Ministério Público, enquanto órgão legitimado à acusação, deixa de oferecer a ação penal e obter a condenação do agente a uma pena que poderia ser mais grave, incluindo a pena de prisão, mas obtém a vantagem de ver sendo aplicada pena (não privativa de liberdade) sem sequer oferecer denúncia, deixando de movimentar a máquina do Judiciário e diminuindo consideravelmente os riscos de prescrição; o autor dos fatos, por sua vez, abre mão do seu direito de se defender ao longo de uma ação penal e de buscar a sua absolvição, o que evitaria o cumprimento de qualquer pena, no intuito de justamente não correr os riscos de uma futura condenação, a uma pena inclusive mais grave, condenação esta que seria registrada para fins de maus antecedentes e reincidência, sem falar que com a opção do acordo ele deixa de passar pelo sofrimento (psíquico/econômico/social/familiar) natural que toda e qualquer ação penal traz ao indivíduo.

Portanto, à luz da Análise Econômica do Direito e da Teoria dos Jogos, caberá ao autor dos fatos, orientado por seu defensor, no âmbito da sua ampla defesa, avaliar os riscos das opções que lhe são apresentadas e definir qual será a melhor medida a ser por ele perfilhada, ou seja, aceitar ou não a proposta de transação penal que lhe é encaminhada pelo Ministério Público.

Certo é que, diferente do que ocorre na composição civil dos danos, é obrigatório que o autor dos fatos esteja acompanhado por defensor para pactuar a transação penal, considerando que ela vai envolver a fixação de pena.

Avaliados os comportamentos das partes envolvidas na transação penal, resta ainda definir o papel do juiz neste acordo. Destarte, a transação penal somente opera efeitos com a homologação judicial.

Nesse passo, o controle do juiz, via de regra, é apenas de legalidade, no sentido de que, para fins de homologação do acordo, ele deverá avaliar somente a presença da justa causa para o início da ação penal (indícios suficientes de autoria e prova da materialidade delitiva) e se a proposta se refere a fato típico, antijurídico e culpável de menor potencial ofensivo. Desse modo, não há controle quanto ao mérito, não podendo o magistrado interferir no patamar de pena escolhido pelas partes, desde que ele respeite os parâmetros legais, bem como que a pena eleita não seja privativa de liberdade. Todavia, excepcionalmente, é autorizado que o juiz adentre ao mérito do acordo: em sendo a pena oferecida a de multa, ele poderá reduzi-la até a metade (art. 76, § 1º, Lei nº 9.099/95).

Havendo a homologação judicial, caberá contra esta decisão o recurso de apelação (art. 76, § 5º, Lei nº 9.099/95). Se o juiz rejeita a homologação, para a doutrina, caberia igualmente recurso de apelação[4]; a jurisprudência do STJ já decidiu que caberia a impetração de *habeas corpus* (STJ – HC nº 82.697-1/SP, Rel. Min. Ilmar Galvão, DJU 14/3/2003, p. 39) ou mandado de segurança em matéria criminal, a depender do caso.

Se homologada a transação penal e cumprido o acordo, opera-se a extinção da punibilidade do agente. Como a decisão não aprecia o mérito da causa, a

4. OLIVEIRA, Eugênio Pacelli de. *Curso de Processo Penal*. 10. ed. Rio de Janeiro: Lumen Juris, 2008, p. 606.

homologação judicial da transação penal fará apenas coisa julgada formal, daí porque fato superveniente poderá desconstituí-la. Destarte, se ocorrer o descumprimento injustificado do acordo, ainda que após o prazo do recurso que poderia ser interposto contra a decisão homologatória (apelação), será possível revogar a transação penal e consequentemente admite-se o oferecimento de denúncia pelo Ministério Público ou até de requisição deste órgão para a instauração de inquérito policial, nos termos da Súmula Vinculante nº 35 do STF, a qual possui a seguinte redação: *"A homologação da transação penal prevista no artigo 76 da Lei 9.099/1995 não faz coisa julgada material e, descumpridas suas cláusulas, retoma-se a situação anterior, possibilitando-se ao Ministério Público a continuidade da persecução penal mediante oferecimento de denúncia ou requisição de inquérito policial."*.

Por ausência de previsão legal, ao contrário do que ocorre na suspensão condicional do processo, a homologação da transação penal não suspende, nem interrompe o curso do prazo prescricional. O que, a nosso ver, é uma grave falha legislativa, incentivadora muitas vezes, na prática, de comportamentos de má-fé de agentes, que celebram o acordo e intencionalmente não o cumprem com o claro objetivo de ser alcançada a prescrição. Para contornar esse tipo de situação, devem o Judiciário e principalmente o Ministério Público fiscalizar de perto, com rigor e de forma tempestiva, o cumprimento do ajuste. Verificando o *Parquet* o descumprimento injustificado da transação penal, deverá agir imediatamente requerendo a revogação do benefício, complementando a investigação criminal ou já oferecendo denúncia, na linha do previsto na Súmula Vinculante nº 35 do STF.

Por fim, faz-se imprescindível destacar que, com esteio no **art. 27 da Lei nº 9.605/98**, nos crimes ambientais de menor potencial ofensivo, a proposta de transação penal somente poderá ser formulada desde que tenha havido a prévia composição civil do dano ambiental, salvo em caso de comprovada impossibilidade. É dizer, a composição civil do dano ambiental, na forma do art. 74 da Lei nº 9.099/95, é etapa prévia e obrigatória para fins de celebração do acordo de transação penal em crimes ambientais de menor potencial ofensivo, salvo se comprovada a sua impossibilidade. Tem-se aqui previsão legal de alta relevância no contexto do *Processo Penal Coletivo*, especialmente levando em conta que, como estatui o **art. 3º, inciso IV, da Resolução nº 243/2021 do CNMP**, é também vítima a denominada **vítima coletiva**, assim compreendida como grupo social, comunidades ou organizações sociais atingidas pela prática de crime, ato infracional ou calamidade pública que ofenda bens jurídicos coletivos, tais como a saúde pública, o *meio ambiente*, o sentimento religioso, o consumidor, a fé pública, a administração pública (destacamos).

4. SUSPENSÃO CONDICIONAL DO PROCESSO (ART. 89 DA LEI Nº 9.099/95)

A suspensão condicional do processo é mais um instituto típico da Justiça Penal Consensual encontrado na Lei nº 9.099/95, que tem o poder de mitigar o princípio da indisponibilidade da ação penal pública. Conforme entendimento da doutrina e da jurisprudência, ela tem aplicação também à **ação penal privada**.

Em apertada síntese, pode-se afirmar que a suspensão condicional do processo constitui o negócio jurídico processual penal ou o acordo penal firmado, via de regra, entre o Ministério Público (**ou querelante, na ação penal privada**) e o acusado, na presença de defensor, em seguida ao oferecimento da peça acusatória (portanto, quando já existente a ação penal), e homologado pelo juiz após o recebimento desta peça, que tem como objeto o cumprimento de determinadas condições estipuladas (não são penas), durante o período em que o processo fica suspenso, findo o qual, cumpridas todas essas condições, haverá a extinção da punibilidade.

Nos termos do art. 89, *caput*, da Lei nº 9.099/95, quando o Ministério Público oferecer a denúncia, poderá/deverá também apresentar a proposta de suspensão condicional do processo, desde que a pena mínima abstratamente cominada ao delito seja igual ou inferior a 1 (um) ano e que o acusado não esteja sendo processo ou não tenha sido condenado por *outro crime*, presentes os demais requisitos exigidos para a suspensão condicional da pena (art. 77 do Código Penal). A simples condenação anterior por contravenção penal não impede a concessão deste benefício.

Na ótica da acusação, em crime de ação penal pública, a iniciativa para a apresentação da proposta de suspensão condicional do processo é exclusiva do Ministério Público, o que deve ser feito quando do oferecimento da denúncia, em cota ministerial apartada; em crime de ação penal privada, a proposta poderá ser oferecida apenas pelo querelante, quando do encaminhamento da queixa-crime. Já na ótica do acusado, a aceitação da proposta deve ser feita obrigatoriamente na presença de defensor.

Celebrado o acordo entre o Ministério Público e o acusado, ele será submetido ao juiz para fins de homologação, momento a partir do qual passa a produzir efeitos. Caso o magistrado pretenda homologar o ajuste, deverá, antes, receber a denúncia. Em seguida, proferirá decisão homologando o acordo, suspendendo o curso do processo e sujeitando o réu ao cumprimento das condições firmadas.

Na dicção do § 1º do art. 89 da Lei nº 9.099/95, em verdade, toda a negociação a respeito deste acordo e a posterior homologação judicial deverão ser realizadas em audiência especificamente designada para este fim (afinal de contas, o dispositivo se utiliza do termo "na presença do Juiz").

Homologado judicialmente o acordo, o processo ficará suspenso pelo prazo de 2 (dois) a 4 (quatro) anos, que é denominado de **período de prova**, período no qual o réu fica submetido a determinadas **condições legais** (art. 89, § 1º, Lei nº 9.099/95), condições mínimas, que não podem ser subtraídas pelo juiz. São elas: I – reparação do dano, salvo impossibilidade de fazê-lo; II – proibição de frequentar determinados lugares; III – proibição de ausentar-se da comarca onde reside, sem autorização do Juiz; IV – comparecimento pessoal e obrigatório a juízo, mensalmente, para informar e justificar suas atividades.

Quanto à condição prevista no art. 89, § 1º, inciso I, da Lei nº 9.099/95 ("reparação do dano, salvo impossibilidade de fazê-lo"), o STJ pontificou que a falta de acordo entre as partes quanto ao valor a ser pago a título de reparação do dano inviabiliza o benefício legal da suspensão condicional do processo. Na oportunidade, registrou-se que "a reparação do dano causado, salvo na impossibilidade de fazê-lo, prevista no art. 89, § 1º, I, da Lei n. 9.099/1995, é imprescindível para concessão do sursis processual". (RHC 62.119/SP, Rel. Ministro Gurgel De Faria, Quinta Turma, julgado em 10/12/2015, DJe 05/02/2016). Outrossim, em situação análoga, decidiu a Corte que, "no que diz respeito à alegada afronta ao art. 89 da Lei n. 9.099/1995, tem-se que a suspensão condicional do processo deixou de ser oferecida não em virtude da ausência de prévia reparação do dano, mas sim em razão da ausência de acordo sobre o ressarcimento do dano, situação que, de fato, inviabiliza o benefício legal". (AgRg no AREsp n. 1.751.724/RJ, relator Ministro Reynaldo Soares da Fonseca, Quinta Turma, julgado em 21/9/2021, DJe de 27/9/2021) – Informativo nº 754.

É esta condição que, sem dúvida alguma, mais interessa ao perfil desta obra, eis que voltada a atender o *direito à reparação dos danos materiais, psicológicos e morais e à reparação simbólica* de vítimas de infrações penais.

O magistrado poderá ainda fixar outras condições (**condições judiciais**), desde que adequadas ao fato e à situação pessoal do acusado (art. 89, § 2º, Lei nº 9.099/95). Entre essas condições, naturalmente podem ser fixadas outras que venham a tutelar direitos fundamentais das vítimas. A título de ilustração, embora a doutrina venha entendendo que o magistrado não poderia estipular entre as condições penas restritivas de direito, certo é que o STJ vem decidindo que é possível a fixação de penas restritivas de direito, como a **prestação pecuniária** (pena que pode favorecer as vítimas de infrações penais, conforme já visto anteriormente), sob o argumento de que o termo "condição" deve ser interpretado de maneira ampla (STJ, AgRg no RHC nº 97.534/PR, Rel. Min. Sebastião Reis Júnior, DJe 13.06.18).

Durante o período de suspensão do processo, fica suspenso também o curso do prazo prescricional (art. 89, § 6º, Lei nº 9.099/95). Findo o prazo com o cumprimento das condições estabelecidas, haverá a extinção da punibilidade do agente (art. 89, § 5º, Lei nº 9.099/95).

A suspensão será revogada (**revogação obrigatória**) se, no curso do prazo, o beneficiário vier a ser processado por outro *crime* ou não efetuar, sem motivo justificado, a reparação do dano (art. 89, § 3º, Lei nº 9.099/95).

A suspensão poderá ser revogada (**revogação facultativa**) se o acusado vier a ser processado, no curso do prazo, por *contravenção*, ou descumprir qualquer outra condição imposta (art. 89, § 4º, Lei nº 9.099/95).

A suspensão condicional do processo **não é um direito público subjetivo para o acusado**, constituindo-se um verdadeiro **poder-dever para o Ministério Público**, no sentido de que, preenchidos os requisitos exigidos por lei, deverá oferecer a proposta ao agente delitivo. É esse inclusive o posicionamento majoritário do STJ (HC 218785/PA) e do STF (Informativo nº 903). Diante disso, todos os requisitos exigidos para a concessão deste benefício (inclusive não estar o acusado sendo processado) são tidos pelo STF como constitucionais (Informativo nº 903).

Noutro giro, se for oferecida a proposta, o acusado não está obrigado a aceitá-la. Em recusando tal proposta, o processo prosseguirá em seus ulteriores termos (art. 89, § 7º, Lei nº 9.099/95).

A suspensão condicional do processo só opera efeitos a partir da homologação judicial. Nesse trilhar, não há previsão em lei de recurso para atacar a decisão que homologa este instituto. No silêncio, há divergência na doutrina sobre qual seria a impugnação cabível. Para uns, caberia o recurso em sentido estrito, por interpretação extensiva do art. 581, inciso XI, do CPP (que prevê o RESE para atacar decisão que concede a suspensão condicional da pena). Para outros, caberia o recurso de apelação, por se tratar de decisão com força de definitiva que encerra uma parte do processo (analogia ao art. 593, II, CPP) ou por analogia ao disposto no art. 76, § 5º, da Lei nº 9.099/95 (que prevê este recurso para atacar a decisão homologatória da transação penal). Há ainda entendimento sustentando o cabimento de *habeas corpus* ou mandado de segurança em matéria criminal, conforme o caso, ou mesmo de correição parcial, se preenchidos os requisitos legais.

A mesma discussão se verifica quanto ao recurso cabível para combater a decisão que não homologa a suspensão condicional do processo: para uns, caberia o recurso em sentido estrito, por interpretação extensiva do art. 581, inciso I (que prevê o RESE para atacar a rejeição da denúncia ou queixa) ou XI (prevê o RESE para impugnar decisão que nega a suspensão condicional da pena), do CPP; para outros, caberia o recurso de apelação, por analogia ao art. 76, § 5º, da Lei nº 9.099/95. Há ainda entendimento sustentando o cabimento de *habeas corpus* ou mandado de segurança em matéria criminal, conforme o caso, ou mesmo de correição parcial, se preenchidos os requisitos legais.

5. QUADRO SINÓTICO

CAPÍTULO IX – INSTRUMENTOS DE TUTELA AOS DIREITOS DAS VÍTIMAS NA LEI Nº 9.099/95	
1. Tutela aos direitos das vítimas na Lei nº 9.099/95 por meio de acordos	A Lei nº 9.099/95 simboliza um grande marco na implementação no país da Justiça Penal Consensual. Inovando no ordenamento jurídico até então vigente, esta lei cria 3 (três) tipos distintos de acordos (composição civil dos danos, transação penal e suspensão condicional do processo), os quais permitem, a uma, a solução da demanda criminal pelos principais interessados (Justiça Restaurativa) e, a duas, fomentam a não aplicação de pena privativa de liberdade, até porque os fatos que permitem tais acordos são de menor gravidade. Não se olvida ainda que, por meio dos acordos em pauta, os direitos fundamentais das vítimas das infrações penais também serão devidamente resguardados, principalmente o *direito à reparação dos danos materiais, psicológicos e morais e à reparação simbólica*. O que se torna bem evidente com o instituto da composição civil dos danos. Na transação penal, a pena a ser pactuada poderá ser a de prestação pecuniária; além disso, nos crimes ambientais de menor potencial ofensivo, ela somente se tornará viável desde que tenha havido a prévia composição do dano ambiental, salvo em caso de comprovada impossibilidade (art. 27 da Lei nº 9.605/98). E na suspensão condicional do processo, deverá ser firmado o acordo com a condição obrigatória de reparação do dano, salvo impossibilidade de fazê-lo (art. 89, § 1º, I, da Lei nº 9.099/95), admitindo-se a estipulação de outras condições (art. 89, § 2º, da Lei nº 9.099/95) que também atendam aos direitos das vítimas. Portanto, são esses os 3 (três) tipos de acordos que resguardam os direitos das vítimas disciplinados pela Lei nº 9.099/95: **1. Composição civil dos danos (art. 74 da Lei nº 9.099/95);** **2. Transação penal (art. 76 da Lei nº 9.099/95);** **3. Suspensão condicional do processo (art. 89 da Lei nº 9.099/95).**

CAPÍTULO X

INSTRUMENTOS DE TUTELA AOS DIREITOS DAS VÍTIMAS NA LEI Nº 13.431/17 (ESCUTA PROTEGIDA)

1. ESCUTA PROTEGIDA (GÊNERO): ESCUTA ESPECIALIZADA E DEPOIMENTO ESPECIAL

A Lei nº 13.431/17, criada no país para estabelecer o sistema de garantia de direitos da criança e do adolescente vítima ou testemunha de violência, acabou ficando mais conhecida como a Lei da Escuta Protegida.

Nesse sentido, a escuta protegida pode ser definida como a oitiva de crianças e adolescentes vítimas ou testemunhas de violência por meio de equipe técnica capacitada, observando-se todo um protocolo definido em lei, de modo a evitar, ao máximo, o contato com o agressor e a reiteração do depoimento, com a finalidade última de impedir que ocorra a revitimização. Em essência, trata-se de instituto que implementa o **princípio da proteção integral de crianças e adolescentes** (art. 227 CF; art. 3º ECA), resguardando os direitos fundamentais dessas pessoas enquanto vítimas (ou mesmo testemunhas) de crimes praticados mediante violência, notadamente o *direito a apoio*, o *direito à proteção psicológica*, o *direito de participação* e o *direito a tratamento profissional individualizado e não discriminatório*.

Com efeito, o art. 5º, inciso II, do Decreto nº 9.603/18 (decreto regulamentador da Lei nº 13.431/17) conceitua a **revitimização** como o discurso ou prática institucional que submeta vítimas ou testemunhas a procedimentos desnecessários, repetitivos, invasivos, que levem tais pessoas a reviver a situação de violência ou outras situações que gerem sofrimento, estigmatização ou exposição de sua imagem.

Nesse contexto, ganha destaque a denominada **violência institucional**, entendida como a praticada por instituição pública ou conveniada, inclusive quando gerar revitimização, como estatui o art. 4º, inciso IV, da Lei nº 13.431/17. Ou, como estabelece o art. 5º, inciso I, do Decreto nº 9.603/18, é a violência praticada por agente público no desempenho de função pública, em instituição de qualquer natureza, por meio de atos comissivos ou omissivos que prejudiquem o atendimento à criança ou ao adolescente vítima ou testemunha de violência.

Aliás, relembre-se que o art. 15-A da Lei nº 13.869/19 tipifica como crime de **violência institucional** a conduta de "submeter a vítima de infração penal ou a testemunha de crimes violentos a procedimentos desnecessários, repetitivos ou invasivos, que a leve a reviver, sem estrita necessidade: I – a situação de violência; ou II – outras situações potencialmente geradoras de sofrimento ou estigmatização", prevendo a pena de detenção, de 3 (três) meses a 1 (um) ano, e multa. E se o agente público (notadamente o magistrado) permitir que terceiro intimide a vítima de crimes violentos, gerando indevida revitimização, aplica-se a pena aumentada de 2/3 (dois terços) – § 1º. Finalmente, se o agente público intimidar a vítima de crimes violentos, gerando indevida revitimização, aplica-se a pena em dobro – § 2º.

Em verdade, a escuta protegida deve ser compreendida como um gênero, do qual fazem parte duas espécies distintas, quais sejam, (i) a escuta especializada e (ii) o depoimento especial.

A escuta especializada é tratada pelos arts. 7º, 9º e 10 da Lei nº 13.431/17 e pelos arts. 19 a 21 do Decreto nº 9.603/18. Já o depoimento especial é regido pelos arts. 8º a 12 da Lei nº 13.431/17 e pelos arts. 22 a 26 do Decreto nº 9.603/18. No âmbito do CNJ, o depoimento especial ainda é alvo da Recomendação nº 33/2010 e da Resolução nº 299/2019.

<table>
<tr><td rowspan="2">Escuta protegida (gênero)</td><td>Escuta especializada (arts. 7º, 9º e 10 Lei nº 13.431/17; arts. 19 a 21 Decreto nº 9.603/18).</td></tr>
<tr><td>Depoimento especial (arts. 8º a 12 Lei nº 13.431/17; arts. 22 a 26 Decreto nº 9.603/18; Recomendação nº 33/2010 e Resolução nº 299/2019 CNJ).</td></tr>
</table>

A seguir, essas espécies serão abordadas em tópicos separados.

2. ESCUTA ESPECIALIZADA

A escuta especializada é o procedimento de entrevista sobre situação de violência com criança ou adolescente perante órgão da rede de proteção, limitado o relato estritamente ao necessário para o cumprimento de sua finalidade (art. 7º da Lei nº 13.431/17).

A escuta especializada é o procedimento de entrevista sobre situação de violência com criança ou adolescente perante órgão da rede de proteção, limitado o relato estritamente ao necessário para o cumprimento de sua finalidade (art. 7º da Lei nº 13.431/17).

Em outras palavras, ela é o procedimento realizado pelos órgãos da rede de proteção nos campos da educação, da saúde, da assistência social, da segurança pública e dos direitos humanos, com o objetivo de assegurar o acompanhamento da vítima ou da testemunha de violência, para a superação das consequências da violação sofrida, limitado ao estritamente necessário para o cumprimento da finalidade de proteção social e de provimento de cuidados (art. 19, *caput*, do Decreto nº 9.603/18).

Impende esclarecer que a escuta especializada não tem o escopo de produzir prova para o processo de investigação e de responsabilização, e fica limitada estritamente ao necessário para o cumprimento de sua finalidade de proteção social e de provimento de cuidados (art. 19, § 4º, do Decreto nº 9.603/18).

A escuta especializada é marcada pela informalidade e pela agilidade na sua realização. Por exemplo, na hipótese de uma criança encaminhada ao Conselho Tutelar pela escola onde estuda com o propósito de relatar aos conselheiros a prática de algum crime sexual de que foi vítima em sua própria residência e que foi relevada pela primeira vez aos seus professores, tal relato buscará apenas e tão somente elementos mínimos que permitam o Conselho Tutelar atuar (art. 136 ECA). Deve então o entrevistador evitar perguntas diretas e específicas acerca do fato violento do qual a criança foi vítima, sendo ainda de todo não recomendável que venha a explorar detalhes a respeito dessa violência, sob risco de frustrar o principal objetivo do instituto, que é o de promover o cuidado do menor.

O procedimento em si da escuta especializada vem disciplinado nos arts. 19 a 21 do Decreto nº 9.603/18. Assim, a criança ou o adolescente deve ser informado em linguagem compatível com o seu desenvolvimento acerca dos procedimentos formais pelos quais terá que passar e sobre a existência de serviços específicos da rede de proteção, de acordo com as demandas de cada situação (art. 19, § 1º). A busca de informações para o acompanhamento da criança e do adolescente deverá ser priorizada com os profissionais envolvidos no atendimento, com seus familiares ou acompanhantes (art. 19, § 2º). O profissional envolvido no atendimento primará pela liberdade de expressão da criança ou do adolescente e sua família e evitará questionamentos que fujam aos objetivos da escuta especializada (art. 19, § 3º). A escuta especializada será realizada por profissional capacitado conforme o disposto no art. 27 daquele Decreto (art. 20). Os órgãos, os serviços, os programas e os equipamentos da rede de proteção adotarão procedimentos de atendimento condizentes com os princípios estabelecidos no art. 2º do Decreto (art. 21).

Em complemento, a Lei nº 13.431/17 prevê que a criança ou o adolescente será resguardado de qualquer contato, ainda que visual, com o suposto autor ou acusado, ou com outra pessoa que represente ameaça, coação ou constrangimento (art. 9º). Tanto a escuta especializada quanto o depoimento especial serão realizados em local apropriado e acolhedor, com infraestrutura e espaço físico que garantam a privacidade da criança ou do adolescente vítima ou testemunha de violência (art. 10).

Considerando que a escuta especializada não conta com a presença do suposto agressor, inviabilizando com isso o contraditório, e do Ministério Público, as informações colhidas a partir dela terão reduzido valor probatório. Mas nada impede que, se tais informações forem confirmadas pelas provas produzidas em juízo, observando-se o contraditório e a ampla defesa, elas sejam utilizadas pelo juiz na formação do seu convencimento, justificando inclusive a condenação do acusado.

3. DEPOIMENTO ESPECIAL

Inicialmente denominado na praxe forense de depoimento sem dano (DSD), o depoimento especial é prática inovadora que envolve a oitiva de crianças e adolescentes em situação de violência, permitindo-se que o depoimento seja tomado através de um técnico (psicólogo ou assistente social) em uma sala especial, conectada por equipamento de vídeo e áudio à sala de audiência, em tempo real. O técnico possui um ponto eletrônico por meio do qual o juiz direciona as perguntas a serem encaminhadas ao menor. Além disso, o depoimento é gravado, constando como prova no processo.

De acordo com o art. 8º da Lei nº 13.431/17, o depoimento especial é o procedimento de oitiva de criança ou adolescente vítima ou testemunha de violência perante autoridade policial ou judiciária.

O depoimento especial é o procedimento de oitiva de criança ou adolescente vítima ou testemunha de violência perante autoridade policial ou judiciária (art. 8º da Lei nº 13.431/17).

Indo além, o art. 22, *caput*, do Decreto nº 9.603/18 afirma que o depoimento especial é o procedimento de oitiva de criança ou adolescente vítima ou testemunha de violência perante autoridade policial ou judiciária *com a finalidade de produção de provas* (destacamos). Esta finalidade de produção de provas é uma nota marcante do depoimento especial que o distingue da escuta especializada.

Levando em consideração que o regramento anteriormente transcrito evidencia ser possível a tomada do depoimento especial na fase de investigação (já que ele pode ser produzido "perante autoridade policial"), entende-se, por interpretação extensiva daquelas normas, que ele pode ser colhido também no âmbito do Ministério Público, em sede de procedimento investigatório criminal (PIC), regido pela Resolução nº 181/2017 do CNMP.

Por força do que dispõe o art. 3º-A do CPP, tido como constitucional pelo STF nas ADIs ajuizadas contra o Pacote Anticrime (6.298, 6.299, 6.300 e 6.305), fica vedada a iniciativa do juiz na fase de investigação criminal. Em razão disso, não se permite que o juiz, de ofício, determine a colheita do depoimento especial na etapa de investigação. No entanto, na fase judicial, admite-se que o magistrado, atuando sobretudo enquanto tutor dos direitos fundamentais de crianças e adolescentes, decrete de ofício a tomada do depoimento especial, com fundamento no art. 156, inciso I, 2ª parte, do CPP.

Como já afirmado anteriormente, o depoimento especial, em essência, busca impedir a revitimização, bem como permitir seja o depoimento prestado de modo calmo, tranquilo, evitando o formalismo e a frieza dos ambientes judiciais.

Assim, por exemplo, para oitiva de uma criança vítima de estupro de vulnerável, um assistente social ou um psicólogo permanecerá com ela em uma sala especial, espaço lúdico, contendo brinquedos, paredes coloridas, jogos etc. Nesse lugar, procurará conversar informalmente com a vítima, no intuito de descobrir detalhes importantes sobre o delito. O juiz e as partes estarão acompanhando a oitiva em outro ambiente, observando-se com isso o contraditório e a ampla defesa. Haverá então uma oitiva judicial, realizada, porém, de forma muito mais serena.

Em outros termos, pode-se afirmar que o depoimento especial procura, em apertada síntese, evitar a *revitimização*, minorando ao máximo os danos psicológicos que decerto surgirão no momento em que se presta o depoimento em virtude da lembrança de fatos profundamente traumáticos para o(a) depoente.

Por consequência, o depoimento especial é de **realização obrigatória**. Como reconhece o art. 25, *caput*, da Resolução nº 299/2019 do CNJ, "Os tribunais estaduais e federais deverão velar pela estrita observância do direito de crianças e adolescentes vítimas ou testemunhas serem ouvidas por magistrados na forma do depoimento especial, *não se tratando de faculdade procedimental*" (destacamos). Nesse trilhar, o art. 7º deste ato normativo reza que "a implantação das salas de depoimento especial *é obrigatória* em todas as comarcas do território nacional, nos termos da Lei no 13.431/2017 por tratar-se de direito de todas crianças e adolescentes vítimas ou testemunhas de violência apresentar suas narrativas de forma segura, protegida e acolhedora" (destacamos).

Caso o juiz indefira a oitiva do menor por meio do depoimento especial, estará causando inversão tumultuária do processo, justificando o cabimento de correição parcial.

Quanto ao procedimento em si do depoimento especial, o art. 9º da Lei nº 13.431/17 dispõe que a criança ou o adolescente será resguardado de qualquer contato, ainda que visual, com o suposto autor ou acusado, ou com outra pessoa que represente ameaça, coação ou constrangimento. Levando em conta o direito a assistência qualificada jurídica que possui a criança ou adolescente (art. 5º, VII, Lei nº 13.431/17), impõe-se que o Ministério Público ou qualquer outro órgão designado para atuar em seu favor formule requerimento de afastamento de pessoa, se necessário inclusive a título de medida protetiva.

Além disso, o art. 10 da Lei nº 13.431/17 estabelece que a escuta especializada e o depoimento especial serão realizados em local apropriado e acolhedor, com infraestrutura e espaço físico que garantam a privacidade da criança ou do adolescente vítima ou testemunha de violência.

Com esteio no art. 11, *caput*, da Lei nº 13.431/17, o depoimento especial reger-se-á por protocolos e, sempre que possível, será realizado **uma única vez**, em sede de produção antecipada de prova judicial, garantida a ampla defesa do investigado (destacamos). Busca-se com isso impedir a *revitimização*.

Aliás, atenta justamente ao objetivo de se evitar a *revitimização*, a Lei nº 13.431/17, em seu art. 11, § 2º, frisa que "não será admitida a tomada de novo depoimento especial, salvo quando justificada a sua imprescindibilidade pela autoridade competente e houver a concordância da vítima ou da testemunha, ou de seu representante legal".

Em complemento, a Lei nº 14.321/22, alterando a Lei nº 13.869/21 (lei dos crimes de abuso de autoridade), tipifica no art. 15-A desta última, como crime de **violência institucional**, a conduta de "submeter a vítima de infração penal ou a testemunha de crimes violentos a procedimentos desnecessários, repetitivos ou invasivos, que a leve a reviver, sem estrita necessidade: I – a situação de violência; ou II – outras situações potencialmente geradoras de sofrimento ou estigmatização", prevendo a pena de detenção, de 3 (três) meses a 1 (um) ano, e multa. E se o agente público (notadamente o magistrado) permitir que terceiro intimide a vítima de crimes violentos, gerando indevida revitimização, aplica-se a pena aumentada de 2/3 (dois terços) – § 1º. Finalmente, se o agente público intimidar a vítima de crimes violentos, gerando indevida revitimização, aplica-se a pena em dobro – § 2º.

Acrescente-se que a criança ou adolescente vítima ou testemunha de violência tem assegurado por lei o **direito ao silêncio** (art. 5º, VI, Lei nº 13.431/17), motivo pelo qual os órgãos policiais envolvidos devem envidar esforços investigativos para que o depoimento especial não seja o único meio de prova para o julgamento do réu (art. 22 Lei nº 13.431/17).

É garantido à criança ou adolescente vítima ou testemunha de violência o direito de prestar depoimento diretamente ao juiz, se assim o entender (art. 12, § 1º, Lei nº 13.431/17), dispensando-se, pois, a sistemática do depoimento especial, hipótese em que deverá ser observado o protocolo de entrevista forense (art. 23 Resolução nº 299/19 CNJ). Contudo, a dispensa do depoimento especial deve ser avaliada com muita prudência pelo magistrado, cabendo-lhe analisar se o depoente está apto realmente a não ter a seu favor toda a estrutura que lhe é disponibilizada pelo Estado com aquele depoimento. Percebendo o juiz que o depoimento direto será mais prejudicial ao depoente, deverá determinar a oitiva deste por meio do depoimento especial.

A esse respeito, o STJ já decidiu que o depoimento diretamente ao juiz por parte de pessoa menor de idade vítima ou testemunha de violência não é um dever, mas um direito, daí porque a não realização do depoimento especial, por requerimento do próprio depoente, não constitui nulidade. Conforme pontuado pelo tribunal, "os mecanismos de "Escuta Especializada" estão colocados à disposição e discricionariedade das vítimas e testemunhas de violência para o seu devido resguardo, não sendo plausível o reconhecimento de suposta nulidade em virtude da sua não realização, quando a vítima ou testemunha efetivamente deseja depor perante o Juízo, como ocorreu na espécie, não se podendo retirar a validade das declarações colhidas perante o magistrado, mormente quando respeitados o contraditório e a ampla defesa [...]. Nos termos do parecer do Ministério Público Federal, a inquirição especial a que alude a Recomendação n. 33/ CNJ constitui "medida de proteção que deve ser utilizada, exclusivamente, em benefício da vítima, não sendo razoável admitir – diferentemente daquilo que pretende aqui a Defesa – que a ausência de tal procedimento seja tomada em seu desfavor" (STJ, 6ª Turma, HC nº 422.635/SP, Rel. Min. Antonio Palheiro, j. 26.02.2019).

Importante rememorar que, nos arts. 155, *caput*, parte final, e 156, inciso I, o CPP prevê a possibilidade de **produção antecipada de provas.** Exemplo sintomático desta produção pode ocorrer justamente com a colheita do depoimento especial.

Destarte, consoante o disposto no art. 11, *caput*, da Lei nº 13.431/17, o depoimento especial reger-se-á por protocolos e, sempre que possível, será realizado uma única vez, em sede de **produção antecipada de prova judicial**, garantida a ampla defesa do investigado. Em complemento, o § 1º deste dispositivo legal assevera que o depoimento especial seguirá o rito cautelar de antecipação de prova: I – quando a criança ou o adolescente tiver menos de 7 (sete) anos; II – em caso de violência sexual. Ou seja, nessas hipóteses, o depoimento especial observará o regramento legal da **produção antecipada da prova previsto nos arts. 381 a 383 do CPC**.

Nesse passo, o STJ já decidiu que é justificável a produção antecipada do depoimento especial de adolescente vítima de suposto crime contra a dignidade sexual, a uma, pela especial relevância da palavra da vítima em crimes dessa natureza, e, a duas, pela urgência decorrente da falibilidade da memória de crianças e adolescentes (STJ, processo em segredo de justiça, Rel. Min. Massod Azualay Neto, j. 06.03.2023 – Informativo nº 767).

Como já afirmado alhures, no procedimento cautelar de produção antecipadas de prova judicial, impõe-se a observância do contraditório (além da ampla defesa), que poderá ser atual ou diferido (ou postergado ou retardado).

Haverá o exercício do contraditório atual quando ele é cumprido no momento da produção da prova, o que é comum na hipótese de já ser possível identificar o autor da violência, o qual deverá ser intimado para, na presença de defensor, acompanhar o depoimento especial, inclusive dele participando ativamente, sendo-lhe assegurado o direito de formular perguntas ao depoente, por meio do seu defensor. Nessa situação em que o agressor já é identificado, ocorrerá nulidade da prova produzida se aquele não for intimado para acompanhar o ato.

De outro lado, de acordo com entendimento do STJ, não configura nulidade por cerceamento de defesa o fato de o defensor e o acusado de crime sexual praticado contra criança ou adolescente não estarem presentes na oitiva da vítima devido à utilização do método do depoimento sem dano, precluindo eventual possibilidade de arguição de vício diante da falta de alegação de prejuízo em momento oportuno e diante da aquiescência da defesa à realização do ato processual apenas com a presença do juiz, do assistente social e da servidora do Juízo. Com efeito, em se tratando de crime sexual contra criança e adolescente, justifica-se a inquirição da vítima na modalidade do depoimento sem dano, em respeito à sua condição especial de pessoa em desenvolvimento, procedimento aceito pelo STJ, inclusive antes da deflagração da persecução penal, mediante prova antecipada. Ademais, o STJ tem entendido que a inércia da defesa, em situações semelhantes à presente, acarreta preclusão de eventual vício processual, mormente quando não demonstrado o prejuízo concreto ao réu, incidindo, na espécie o art. 563 do CPP (Informativo nº 556).

Noutro giro, a hipótese de contraditório diferido se dá quando a parte contra quem foi colhida a prova irá se manifestar sobre ela depois da sua produção. É o exemplo da situação em que o autor da violência ainda não foi identificado, o qual deverá ser representado por defensor nomeado pelo juiz (defensor dativo), sendo-lhe conferida a faculdade de formular perguntas. Após o oferecimento da denúncia, deve ser assegurado ao réu o direito de se manifestar sobre a prova produzida, momento em que apreciará a forma e o conteúdo desta prova. Não haverá, porém, a necessidade de repetição da prova.

Todo o procedimento do depoimento especial vem ainda detalhado no art. 12 da Lei nº 13.431/17, complementado pelo art. 26 do Decreto nº 9.603/18. São aplicadas também as recomendações técnicas do Protocolo Brasileiro de Entrevista Forense, como determina o art. 8º da Resolução nº 299/19 do CNJ.

Dessa forma, o depoimento especial será colhido conforme o seguinte procedimento: I – os profissionais especializados esclarecerão a criança ou o adolescente sobre a tomada do depoimento especial, informando-lhe os seus direitos e os procedimentos a serem adotados e planejando sua participação, sendo vedada a leitura da denúncia ou de outras peças processuais (para que se permita o relato livre do depoente); II – é assegurada à criança ou ao adolescente a livre narrativa sobre a situação de violência, podendo o profissional especializado intervir quando necessário, utilizando técnicas que permitam a elucidação dos fatos; III – no curso do processo judicial, o depoimento especial será transmitido em tempo real para a sala de audiência, preservado o sigilo; IV – findo o procedimento previsto no inciso II deste artigo, o juiz, após consultar o Ministério Público, o defensor e os assistentes técnicos, avaliará a pertinência de perguntas complementares, organizadas em bloco (como indica o art. 22 da Resolução nº 299/19 do CNJ, "o magistrado deverá velar para que as perguntas formuladas pelas partes sejam concentradas tanto quanto possível em apenas um bloco"); V – o profissional especializado poderá adaptar as perguntas à linguagem de melhor compreensão da criança ou do adolescente (como permitem os arts. 5º, VII, e 151, parte final, do ECA, o profissional especializado tem ampla liberdade em adaptar as perguntas, podendo até mesmo se negar a fazer aquelas que, a juízo técnico, resultam em grave dano ao depoente); VI – o depoimento especial será gravado em áudio e vídeo (art. 12, I a VI, Lei nº 13.431/17), devendo o depoente ser comunicado acerca da gravação (art. 5º, V, Lei nº 13.431/17).

Prosseguindo com o registro do procedimento estabelecido pelo art. 12 da Lei nº 13.431/17, vale a pena destacar que o juiz tomará todas as medidas apropriadas para a preservação da intimidade e da privacidade da vítima ou testemunha (§ 2º). O profissional especializado comunicará ao juiz se verificar que a presença, na sala de audiência, do autor da violência pode prejudicar o depoimento especial ou colocar o depoente em situação de risco, caso em que, fazendo constar em termo, será autorizado o afastamento do imputado (§ 3º). Nas hipóteses em que houver risco à vida ou à integridade física da vítima ou testemunha, o juiz tomará as medidas de proteção cabíveis, inclusive a restrição do disposto nos incisos III e VI deste artigo (§ 4º). As condições de preservação e de segurança da mídia relativa ao depoimento da criança ou do adolescente serão objeto de regulamentação, de forma a garantir o direito à intimidade e à privacidade da vítima ou testemunha (§ 5º). O depoimento especial tramitará em **segredo de justiça** (§ 6º).

Eventual descumprimento das formalidades acima expostas caracteriza nulidade relativa, dependente da demonstração de prejuízo.

O procedimento ora em destaque deve ser cumprido também na etapa de investigação criminal, pela polícia judiciária ou pelo Ministério Público, bem como na escuta especializada (art. 7º Lei nº 13.431/17).

Indo além do regramento da Lei nº 13.431/17, frise-se que a Lei nº 14.344/22 (Lei Henry Borel) faz importantes referências à lei do depoimento especial. Com efeito, conforme art. 2º, parágrafo único, da Lei Henry Borel, "para a caracterização da violência prevista no *caput* deste artigo, deverão ser observadas as definições estabelecidas na Lei nº 13.431, de 4 de abril de 2017."; já o art. 12 apregoa que "o depoimento da criança e do adolescente vítima ou testemunha de violência doméstica e familiar será colhido nos termos da Lei nº 13.431, de 4 de abril de 2017, observadas as disposições da Lei nº 8.069, de 13 de julho de 1990 (Estatuto da Criança e do Adolescente)". Além disso, a lei adiciona o inciso V ao art. 4º da Lei nº 13.431/17, estipulando que é forma de violência também a "violência patrimonial, entendida como qualquer conduta que configure retenção, subtração, destruição parcial ou total de seus documentos pessoais, bens, valores e direitos ou recursos econômicos, incluídos os destinados a satisfazer suas necessidades, desde que a medida não se enquadre como educacional.".

Em acréscimo, tem-se que a Lei Henry Borel, em seu art. 21, § 1º, dispõe que a autoridade policial poderá *requisitar* e o Conselho Tutelar requerer ao Ministério Público a propositura de ação cautelar de antecipação de produção de prova nas causas que envolvam violência contra a criança e o adolescente, observadas as disposições da Lei nº 13.431, de 4 de abril de 2017. Todavia, polêmica é a previsão legal que autoriza a autoridade policial a *requisitar* do Ministério Público a propositura de ação cautelar de antecipação de produção de prova.

Com efeito, a Associação Nacional dos Membros do Ministério Público (CONAMP) ajuizou no STF a ADI nº 7.192 justamente contra essa previsão legal, sob o argumento de que ela viola o sistema acusatório e a independência funcional dos membros do Ministério Público. Assim, afirmou-se que a norma inverte a lógica acusatória, pois cabe ao Ministério Público requisitar diligências policiais. Afirmou-se que a ação penal pública deve ser promovida, privativamente, pelo Ministério Público e, por essa razão, a Constituição Federal não permite ao delegado de polícia promovê-la. Nos exatos termos constantes da ação, "o Ministério Público não se submete à determinação ou ordem da autoridade policial". Acatando boa parte desses argumentos, o STF julgou a ADI parcialmente procedente para conferir interpretação conforme ao art. 21, § 1º, da Lei nº 14.344/2022, de modo a assentar que o Delegado pode solicitar (e não requisitar, determinar) ao Ministério Público a propositura de ação cautelar de antecipação de produção de prova nas causas que envolvam violência contra a criança e o adolescente, cabendo ao membro desta última instituição avaliar se entender ser o caso de atuação, nos limites de sua independência funcional e observados os deveres que lhe são inerentes (STF, Plenário, ADI nº 7.192, Rel. Min. Luiz Fux, julgamento virtual finalizado em 17.05.2024). Portanto, a Suprema Corte interpretou o termo "requisitar" não como sinônimo de determinar, obrigar, mas sim no sentido de solicitar, pedir, requerer, sendo que o pleito será avaliado pelo membro do Ministério Público, no âmbito da sua independência funcional e cumprindo os seus deveres funcionais.

Ademais, ultrapassando os muros da esfera penal, a Lei nº 14.340/22 acrescentou o art. 8º-A à lei da alienação parental (Lei nº 12.318/10), segundo o qual "sempre que necessário o depoimento ou a oitiva de crianças e de adolescentes em casos de alienação parental, eles serão realizados obrigatoriamente nos termos da Lei nº 13.431, de 4 de abril de 2017, sob pena de nulidade processual".

Digno de nota ainda é o teor do art. 3º, parágrafo único, segundo o qual a aplicação desta lei é facultativa para as vítimas e testemunhas de violência entre 18 (dezoito) e 21 (vinte e um) anos, de acordo com o previsto no art. 2º, parágrafo único, do Estatuto da Criança e do Adolescente. Portanto, o depoimento especial pode ser realizado também em prol da vítima ou testemunha de violência maior de 18 (dezoito) e menor de 21 (vinte e um) anos.

Nessa esteira, no âmbito da Lei Maria da Penha, consoante o seu art. 10-A, § 2º, com a redação dada pela Lei nº 13.505/17, na inquirição de mulher em situação de violência doméstica e familiar ou de testemunha de delitos de que trata esta Lei, será adotado o procedimento dos incisos I a III deste dispositivo legal, em muito semelhante àquele relativo ao depoimento especial.

No mais, esclareça-se que, na dicção dos arts. 7º e 8º da Lei nº 13.431/17, tanto a escuta especializada quanto o depoimento especial podem ser produzidos em qualquer tipo de processo, não apenas no penal. Por exemplo, em um processo civil de divórcio entre os pais, sendo que os filhos presenciaram fato violento, admite-se a oitiva destes últimos por meio do depoimento especial.

4. QUADRO SINÓTICO

CAPÍTULO X – INSTRUMENTOS DE TUTELA AOS DIREITOS DAS VÍTIMAS NA LEI Nº 13.431/17 (ESCUTA PROTEGIDA)	
1. Escuta Protegida (Gênero): Escuta Especializada e Depoimento Especial	A Lei nº 13.431/17, criada no país para estabelecer o sistema de garantia de direitos da criança e do adolescente vítima ou testemunha de violência, acabou ficando mais conhecida como a Lei da Escuta Protegida. Nesse sentido, a escuta protegida pode ser definida como a oitiva de crianças e adolescentes vítimas ou testemunhas de violência por meio de equipe técnica capacitada, observando-se todo um protocolo definido em lei, de modo a evitar, ao máximo, o contato com o agressor e a reiteração do depoimento, com a finalidade última de impedir que ocorra a revitimização. Em essência, trata-se de instituto que implementa o princípio da proteção integral de crianças e adolescentes (art. 227 CF; art. 3º ECA), resguardando os direitos fundamentais dessas pessoas enquanto vítimas (ou mesmo testemunhas) de crimes praticados mediante violência, notadamente o *direito a apoio*, o *direito à proteção psicológica*, o *direito de participação* e o *direito a tratamento profissional individualizado e não discriminatório*. Em verdade, a escuta protegida deve ser compreendida como um gênero, do qual fazem parte duas espécies distintas, quais sejam, (i) a escuta especializada e (ii) o depoimento especial. A escuta especializada é tratada pelos arts. 7º, 9º e 10 da Lei nº 13.431/17 e pelos arts. 19 a 21 do Decreto nº 9.603/18. Já o depoimento especial é regido pelos arts. 8º a 12 da Lei nº 13.431/17 e pelos arts. 22 a 26 do Decreto nº 9.603/18. No âmbito do CNJ, o depoimento especial ainda é alvo da Recomendação nº 33/2010 e da Resolução nº 299/2019.
2. Escuta Especializada	A escuta especializada é o procedimento de entrevista sobre situação de violência com criança ou adolescente perante órgão da rede de proteção, limitado o relato estritamente ao necessário para o cumprimento de sua finalidade (art. 7º da Lei nº 13.431/17). Em outras palavras, ela é o procedimento realizado pelos órgãos da rede de proteção nos campos da educação, da saúde, da assistência social, da segurança pública e dos direitos humanos, com o objetivo de assegurar o acompanhamento da vítima ou da testemunha de violência, para a superação das consequências da violação sofrida, limitado ao estritamente necessário para o cumprimento da finalidade de proteção social e de provimento de cuidados (art. 19, *caput*, do Decreto nº 9.603/18). A escuta especializada não tem o escopo de produzir prova para o processo de investigação e de responsabilização, e fica limitada estritamente ao necessário para o cumprimento de sua finalidade de proteção social e de provimento de cuidados (art. 19, § 4º, do Decreto nº 9.603/18). O procedimento em si da escuta especializada vem disciplinado nos arts. 19 a 21 do Decreto nº 9.603/18. Em complemento, a Lei nº 13.431/17 prevê que a criança ou o adolescente será resguardado de qualquer contato, ainda que visual, com o suposto autor ou acusado, ou com outra pessoa que represente ameaça, coação ou constrangimento (art. 9º). Tanto a escuta especializada quanto o depoimento especial serão realizados em local apropriado e acolhedor, com infraestrutura e espaço físico que garantam a privacidade da criança ou do adolescente vítima ou testemunha de violência (art. 10).

CAPÍTULO X – INSTRUMENTOS DE TUTELA AOS DIREITOS DAS VÍTIMAS NA LEI Nº 13.431/17 (ESCUTA PROTEGIDA)	
2. Escuta Especializada	Considerando que a escuta especializada não conta com a presença do suposto agressor, inviabilizando com isso o contraditório, e do Ministério Público, as informações colhidas a partir dela terão reduzido valor probatório. Mas nada impede que, se tais informações forem confirmadas pelas provas produzidas em juízo, observando-se o contraditório e a ampla defesa, elas sejam utilizadas pelo juiz na formação do seu convencimento, justificando inclusive a condenação do acusado.
3. Depoimento especial	De acordo com o art. 8º da Lei nº 13.431/17, o depoimento especial é o procedimento de oitiva de criança ou adolescente vítima ou testemunha de violência perante autoridade policial ou judiciária. Indo além, o art. 22, *caput*, do Decreto nº 9.603/18 afirma que o depoimento especial é o procedimento de oitiva de criança ou adolescente vítima ou testemunha de violência perante autoridade policial ou judiciária *com a finalidade de produção de provas* (destacamos). Esta finalidade de produção de provas é uma nota marcante do depoimento especial que o distingue da escuta especializada. Levando em consideração que o regramento anteriormente transcrito evidencia ser possível a tomada do depoimento especial na fase de investigação (já que ele pode ser produzido "perante autoridade policial"), entende-se, por interpretação extensiva daquelas normas, que ele pode ser colhido também no âmbito do Ministério Público, em sede de procedimento investigatório criminal (PIC), regido pela Resolução nº 181/2017 do CNMP. O depoimento especial, em essência, busca impedir a revitimização, bem como permitir seja o depoimento prestado de modo calmo, tranquilo, evitando o formalismo e a frieza dos ambientes judiciais. Por consequência, o depoimento especial é de **realização obrigatória**. Como reconhece o art. 25, *caput*, da Resolução nº 299/2019 do CNJ, "Os tribunais estaduais e federais deverão velar pela estrita observância do direito de crianças e adolescentes vítimas ou testemunhas serem ouvidas por magistrados na forma do depoimento especial, *não se tratando de faculdade procedimental*" (destacamos). Nesse trilhar, o art. 7º deste ato normativo reza que "a implantação das salas de depoimento especial *é obrigatória* em todas as comarcas do território nacional, nos termos da Lei no 13.431/2017 por tratar-se de direito de todas crianças e adolescentes vítimas ou testemunhas de violência apresentar suas narrativas de forma segura, protegida e acolhedora" (destacamos). Caso o juiz indefira a oitiva do menor por meio do depoimento especial, estará causando inversão tumultuária do processo, justificando o cabimento de correição parcial. O procedimento em si do depoimento especial vem previsto nos arts. 9º a 12 da Lei nº 13.431/17, complementados pelo art. 26 do Decreto nº 9.603/18. São aplicadas também as recomendações técnicas do Protocolo Brasileiro de Entrevista Forense, como determina o art. 8º da Resolução nº 299/19 do CNJ. Eventual descumprimento das formalidades caracteriza nulidade relativa, dependente da demonstração de prejuízo. O procedimento ora em destaque deve ser cumprido também na etapa de investigação criminal, pela polícia judiciária ou pelo Ministério Público, bem como na escuta especializada (art. 7º Lei nº 13.431/17).

PARTE II

CAPÍTULO X – INSTRUMENTOS DE TUTELA AOS DIREITOS DAS VÍTIMAS NA LEI Nº 13.431/17 (ESCUTA PROTEGIDA)	
3. Depoimento especial	Acrescente-se que a criança ou adolescente vítima ou testemunha de violência tem assegurado por lei o **direito ao silêncio** (art. 5º, VI, Lei nº 13.431/17), motivo pelo qual os órgãos policiais envolvidos devem envidar esforços investigativos para que o depoimento especial não seja o único meio de prova para o julgamento do réu (art. 22 Lei nº 13.431/17). É garantido à criança ou adolescente vítima ou testemunha de violência o direito de prestar depoimento diretamente ao juiz, se assim o entender (art. 12, § 1º, Lei nº 13.431/17), dispensando-se, pois, a sistemática do depoimento especial, hipótese em que deverá ser observado o protocolo de entrevista forense (art. 23 Resolução nº 299/19 CNJ). Contudo, a dispensa do depoimento especial deve ser avaliada com muita prudência pelo magistrado, cabendo-lhe analisar se o depoente está apto realmente a não ter a seu favor toda a estrutura que lhe é disponibilizada pelo Estado com aquele depoimento. Percebendo o juiz que o depoimento direto será mais prejudicial ao depoente, deverá determinar a oitiva deste por meio do depoimento especial. O STJ já decidiu que o depoimento diretamente ao juiz por parte de pessoa menor de idade vítima ou testemunha de violência não é um dever, mas um direito, daí porque a não realização do depoimento especial, por requerimento do próprio depoente, não constitui nulidade (STJ, 6ª Turma, HC nº 422.635/SP, Rel. Min. Antonio Palheiro, j. 26.02.2019). Nos arts. 155, *caput*, parte final, e 156, inciso I, o CPP prevê a possibilidade de **produção antecipada de provas**. Exemplo sintomático desta produção pode ocorrer justamente com a colheita do depoimento especial. Destarte, consoante o disposto no art. 11, *caput*, da Lei nº 13.431/17, o depoimento especial reger-se-á por protocolos e, sempre que possível, será realizado uma única vez, em sede de **produção antecipada de prova judicial**, garantida a ampla defesa do investigado. Em complemento, o § 1º deste dispositivo legal assevera que o depoimento especial seguirá o rito cautelar de antecipação de prova: I – quando a criança ou o adolescente tiver menos de 7 (sete) anos; II – em caso de violência sexual. Ou seja, nessas hipóteses, o depoimento especial observará o regramento legal da **produção antecipada da prova previsto nos arts. 381 a 383 do CPC**. No procedimento cautelar de produção antecipadas de prova judicial, impõe-se a observância do contraditório (além da ampla defesa), que poderá ser atual ou diferido (ou postergado ou retardado). Haverá o exercício do contraditório atual quando ele é cumprido no momento da produção da prova, o que é comum na hipótese de já ser possível identificar o autor da violência, o qual deverá ser intimado para, na presença de defensor, acompanhar o depoimento especial, inclusive dele participando ativamente, sendo-lhe assegurado o direito de formular perguntas ao depoente, por meio do seu defensor. Nessa situação em que o agressor já é identificado, ocorrerá nulidade da prova produzida se aquele não for intimado para acompanhar o ato. Noutro giro, a hipótese de contraditório diferido se dá quando a parte contra quem foi colhida a prova irá se manifestar sobre ela depois da sua produção. É o exemplo da situação em que o autor da violência ainda não foi identificado, o qual deverá ser representado por defensor nomeado

CAPÍTULO X – INSTRUMENTOS DE TUTELA AOS DIREITOS DAS VÍTIMAS NA LEI Nº 13.431/17 (ESCUTA PROTEGIDA)	
3. Depoimento especial	pelo juiz (defensor dativo), sendo-lhe conferida a faculdade de formular perguntas. Após o oferecimento da denúncia, deve ser assegurado ao réu o direito de se manifestar sobre a prova produzida, momento em que apreciará a forma e o conteúdo desta prova. Não haverá, porém, a necessidade de repetição da prova. Na dicção dos arts. 7º e 8º da Lei nº 13.431/17, tanto a escuta especializada quanto o depoimento especial podem ser produzidos em qualquer tipo de processo, não apenas no penal. Por exemplo, em um processo civil de divórcio entre os pais, sendo que os filhos presenciaram fato violento, admite-se a oitiva destes últimos por meio do depoimento especial.

PARTE II

CAPÍTULO XI

INSTRUMENTOS DE TUTELA AOS DIREITOS DAS VÍTIMAS NA LEI Nº 9.807/99 (PROVITA)

1. BREVES NOÇÕES SOBRE O PROGRAMA DE PROTEÇÃO A VÍTIMAS E TESTEMUNHAS AMEAÇADAS

A Lei nº 9.807/99 estabelece no país normas para a organização e a manutenção de programas especiais de proteção a vítimas e a testemunhas ameaçadas (PROVITAs), instituindo o Programa Federal de Assistência a Vítimas e a Testemunhas Ameaçadas (PROVITA Federal), dispondo ainda sobre a proteção de acusados ou condenados que tenham voluntariamente prestado efetiva colaboração à investigação policial e ao processo criminal.

Esta lei é complementada pelo Decreto nº 3.518/00, que regulamenta o PROVITA Federal, disciplinando a execução do sistema protetivo voltado para os depoentes e apontando quais são os papeis e responsabilidades de cada órgão envolvido no programa.

De acordo com o regramento contido na Lei nº 9.807/99, em apertada síntese, pode-se afirmar que as medidas de proteção requeridas por vítimas ou por testemunhas de crimes que estejam coagidas ou expostas a grave ameaça em razão de colaborarem com a investigação ou processo criminal serão prestadas pela União, pelos Estados e pelo Distrito Federal, no âmbito das respectivas competências, na forma de programas especiais organizados com base nas disposições desta Lei (art. 1º, *caput*). Note-se que o Município não foi incluído entre os entes federativos responsáveis pela aplicação de medidas protetivas à vítima e testemunha. Além disso, o ente estatal competente para aplicar tais medidas é definido a partir da competência para julgamento do crime: se a competência é da Justiça Estadual, cabe ao Estado a missão de aplicá-las; se a competência é da Justiça Federal, incumbe a União essa tarefa.

A União, os Estados e o Distrito Federal poderão celebrar convênios, acordos, ajustes ou termos de parceria entre si ou com entidades não governamentais objetivando a realização dos programas (art. 1º, § 1º). A supervisão e a fiscalização dos convênios, acordos, ajustes e termos de parceria de interesse da União ficarão a cargo do órgão do Ministério da Justiça com atribuições para a execução da política de direitos humanos (art. 1º, § 2º). Nada impede, muito antes pelo contrário, que o Ministério Público, pelo seu perfil constitucional, também fiscalize os programas e convênios relacionados à proteção da vítima e de testemunhas.

Nos termos do art. 2º da lei, a proteção concedida pelos programas e as medidas dela decorrentes levarão em conta os seguintes **requisitos**: (i) a gravidade da coação ou da ameaça à integridade física ou psicológica; (ii) a dificuldade de preveni-las ou reprimi-las pelos meios convencionais; (iii) a sua importância para a produção da prova (*caput*); (iv) o comportamento e a conduta pessoal e social do colaborador devem ser compatíveis com as limitações e restrições impostas pelo programa de proteção; (v) ficam excluídos do programa os condenados que estejam cumprindo pena e os indiciados ou acusados sob prisão cautelar em qualquer de suas modalidades (art. 2º, § 2º); (vi) a anuência do protegido com as regras do programa (art. 2º, § 3º).

Há prolongamento das medidas protetivas a terceiros, considerando que a proteção poderá ser dirigida ou estendida ao cônjuge ou companheiro, ascendentes, descendentes e dependentes que tenham convivência habitual com a vítima ou testemunha, conforme o especificamente necessário em cada caso (art. 2º, § 1º), até porque tais pessoas também podem ser compreendidas como vítimas (art. 3º, incisos II e V, da **Resolução nº 243/2021 do CNMP**; art. 1º, § 2º, da **Resolução nº 253/2018 do CNJ**).

De qualquer maneira, a pessoa que, não admitida ou mesmo excluída do programa, corra risco e colabore na produção da prova receberá a tutela do Decreto nº 3.518/00, na condição de **depoente especial**, nos termos do seu art. 10, inciso II.

Após ingressar no programa, o protegido ficará obrigado ao cumprimento das normas por ele prescritas (art. 2º, § 4º). As medidas e providências relacionadas com os programas serão adotadas, executadas e mantidas em **sigilo** pelos protegidos e pelos agentes envolvidos em sua execução (art. 2º, § 5º).

Toda admissão no programa ou exclusão dele será precedida de **consulta ao Ministério Público** sobre o disposto no art. 2o e deverá ser subsequentemente comunicada à autoridade policial ou ao juiz competente (art. 3º). A prévia oitiva do Ministério Público para inclusão no programa ou exclusão dele é obrigatória em qualquer caso, mesmo nas hipóteses de ação penal privada, quando o órgão atuará enquanto fiscal da ordem jurídica, possuindo interesse na produção das provas. Para fins de inclusão de alguém no programa, o *Parquet* deverá observar os requisitos do art. 2º da lei; já na análise da exclusão, deve se ater às hipóteses previstas no art. 10 do texto legal.

Cada programa será dirigido por um **conselho deliberativo** em cuja composição haverá representantes do Ministério Público, do Poder Judiciário e de órgãos públicos e privados relacionados com a segurança pública e a defesa dos direitos humanos (art. 4º, *caput*). A execução das atividades necessárias ao programa ficará a cargo de um dos órgãos representados no conselho deliberativo, devendo os agentes dela incumbidos ter formação e capacitação profissional compatíveis com suas tarefas (art. 4º, § 1º). Os órgãos policiais prestarão a colaboração e o apoio necessários à execução de cada programa (art. 4º, § 2º).

Caberá ao conselho deliberativo decidir sobre: I – o ingresso do protegido no programa ou a sua exclusão; II – as providências necessárias ao cumprimento do programa (art. 6º, *caput*). As deliberações do conselho serão tomadas por maioria absoluta de seus membros e sua execução ficará sujeita à disponibilidade orçamentária (art. 6º, parágrafo único).

Na linha do que consta no art. 5º da lei, são **legitimados para requerer o ingresso no programa**: I – o próprio interessado; II – o representante do Ministério Público; III – a autoridade policial que conduz a investigação criminal; IV – o juiz competente para a instrução do processo criminal; V – os órgãos públicos e entidades com atribuições de defesa dos direitos humanos. Lembrando que quando o pedido não for realizado pelo próprio interessado, ele deverá anuir com a solicitação de ingresso no PROVITA (art. 2º, § 3º).

A solicitação será instruída com a qualificação da pessoa a ser protegida e com informações sobre a sua vida pregressa, o fato delituoso e a coação ou ameaça que a motiva (art. 5º, § 1º). Para fins de instrução do pedido, o órgão executor poderá solicitar, com a aquiescência do interessado: I – documentos ou informações comprobatórios de sua identidade, estado civil, situação profissional, patrimônio e grau de instrução, e da pendência de obrigações civis, administrativas, fiscais, financeiras ou penais; II – exames ou pareceres técnicos sobre a sua personalidade, estado físico ou psicológico (art. 5º, § 2º).

Em caso de (i) urgência e levando em consideração a (ii) procedência, gravidade e a iminência da coação ou ameaça, a vítima ou testemunha poderá ser colocada provisoriamente sob a custódia (**custódia provisória**) de órgão policial, pelo órgão executor, no aguardo de decisão do conselho deliberativo, com comunicação imediata a seus membros e ao Ministério Público.

A **exclusão** da pessoa protegida de programa de proteção a vítimas e a testemunhas poderá ocorrer a qualquer tempo, nas hipóteses definidas no art. 10 da lei, a saber: I – por solicitação do próprio interessado; II – por decisão do conselho deliberativo, em consequência de: a) cessação dos motivos que ensejaram a proteção; b) conduta incompatível do protegido.

A proteção oferecida pelo programa terá a **duração máxima de dois anos** (art. 11, *caput*). Em circunstâncias excepcionais, *perdurando os motivos que autorizam a admissão*, a **permanência poderá ser prorrogada** (art. 11, parágrafo único). A prorrogação poderá ocorrer por tempo indeterminado, desde que persistam os motivos que levaram à inclusão no programa. Apesar do silêncio da lei, como cabe ao conselho deliberativo a decisão de incluir alguém no programa ou dele excluir, naturalmente compete a este mesmo órgão definir pela prorrogação do programa.

No mais, o art. 12 da lei institui, no âmbito do órgão do Ministério da Justiça com atribuições para a execução da política de direitos humanos, o Programa Federal de Assistência a Vítimas e a Testemunhas Ameaçadas (PROVITA Federal), regulamentado pelo Decreto nº 3.518/00.

2. INSTRUMENTOS DE TUTELA AOS DIREITOS DAS VÍTIMAS NA LEI Nº 9.807/99 (ARTS. 7º A 9º E 19-A)

A Lei nº 9.807/99, em seus arts. 7º a 9º e 19-A, apresenta importantes instrumentos de tutela aos direitos das vítimas (e também de testemunhas) de crimes, notadamente o *direito a apoio*, *direito à segurança*, o *direito à proteção física* e o *direito à proteção psicológica*. Esses instrumentos serão abordados a seguir, em tópicos separados.

2.1. Medidas de proteção (art. 7º)

O art. 7º da Lei nº 9.807/99 lista um rol de medidas de proteção a serem aplicadas no PROVITA, de forma isolada ou cumulativamente, em benefício da pessoa protegida, levando em conta a gravidade e as circunstâncias de cada caso.

Esse **rol não é taxativo**, sendo possível que o conselho deliberativo aplique medidas protetivas além daquelas que constam no art. 7º da lei. Até porque este dispositivo emprega o termo "entre outras", o que deixa bem clara a ideia de um **rol meramente exemplificativo.**

As medidas de proteção elencadas no art. 7º da Lei nº 9.807/99 são as seguintes:

> **I – segurança na residência, incluindo o controle de telecomunicações**: esta medida inevitavelmente restringe a liberdade do indivíduo protegido e das demais pessoas que com ele residem. Apesar deste efeito, a medida pode ser absolutamente necessária em algumas situações para resguardar a segurança pessoal das vítimas (ou testemunhas) e de todos aqueles que residem no local, o que inclui o controle de telecomunicações.
>
> **II – escolta e segurança nos deslocamentos da residência, inclusive para fins de trabalho ou para a prestação de depoimentos**: de igual modo, é medida que restringe a liberdade da pessoa protegida, mas que se revela indispensável em muitos casos. A escolta deverá ser realizada por policiais, nos termos do art. 4º, § 2º, da Lei nº 9.807/99.
>
> **III – transferência de residência ou acomodação provisória em local compatível com a proteção**: em algumas hipóteses, o monitoramento da residência pode não ser suficiente para resguardar a segurança da pessoa protegida, sendo então necessário que ela venha a ser colocada provisoriamente em algum local compatível com a proteção.
>
> **IV – preservação da identidade, imagem e dados pessoais**: deve o órgão que executará as medidas de proteção zelar pela preservação da identidade, imagem e dados pessoais do indivíduo protegido. Aliás, o próprio protegido deve cumprir as orientações do PROVITA para se colocar em segurança, preservando com isso a sua identidade, imagem e dados pessoais.
>
> **V – ajuda financeira mensal para prover as despesas necessárias à subsistência individual ou familiar, no caso de a pessoa protegida estar impossibilitada de desenvolver trabalho regular ou de inexistência de qualquer fonte de renda**: se com a sua inclusão no PROVITA, a pessoa ficar impedida de exercer a sua ocupação profissional regular, ou mesmo não possuir qualquer outro tipo de fonte de renda, deverá receber ajuda financeira mensal do Estado para que possa arcar com as despesas necessárias à subsistência individual ou da sua família. Essa ajuda financeira terá um teto estipulado pelo conselho deliberativo no início de cada exercício financeiro (art. 7º, parágrafo único, Lei nº 9.807/99). É possível ainda que a ajuda financeira seja complementada por entidades privadas.
>
> **VI – suspensão temporária das atividades funcionais, sem prejuízo dos respectivos vencimentos ou vantagens, quando servidor público ou militar**: o servidor público ou militar incluído no PROVITA que tenha que suspender temporariamente suas atividades funcionais, continuará recebendo os seus respectivos vencimentos ou vantagens.

VII – apoio e assistência social, médica e psicológica: o Estado deve tutelar o direito a apoio das vítimas (ou testemunhas), fornecendo toda assistência social, médica e psicológica da pessoa protegida e de seus familiares. Destaque para o apoio psicológico, considerando que a inclusão no PROVITA implica em uma profunda mudança de vida do indivíduo protegido e de sua família.

VIII – sigilo em relação aos atos praticados em virtude da proteção concedida: o sigilo é ferramenta essencial para o sucesso do PROVITA. Ocorrendo vazamento de informações, certamente estará em risco a segurança da pessoa protegida, além de ficar prejudicada a produção da prova.

IX – apoio do órgão executor do programa para o cumprimento de obrigações civis e administrativas que exijam o comparecimento pessoal: como a pessoa incluída no PROVITA passa a ter uma série de limitações de direitos, devendo ainda ficar no anonimato, compete ao órgão executor do programa conferir-lhe apoio para que consiga adimplir suas obrigações civis e administrativas.

2.2. Medidas cautelares (art. 8º)

Para a efetiva proteção das vítimas (ou testemunhas) de crimes, é possível ainda a fixação de determinadas medidas cautelares, a serem escolhidas conforme as circunstâncias do caso concreto.

Nessa senda, o art. 8º da Lei nº 9.807/99 assevera que, quando entender necessário, poderá o conselho deliberativo solicitar ao Ministério Público que requeira ao juiz a concessão de medidas cautelares direta ou indiretamente relacionadas com a eficácia da proteção.

Naturalmente, essa solicitação feita pelo conselho deliberativo não vincula o Ministério Público, devendo este órgão analisar os elementos que circundam aquele caso concreto, especialmente a gravidade deste caso e a imperiosa necessidade de que venha a distribuir em juízo o requerimento cautelar para fins de proteção da pessoa ameaçada.

Ademais, nada impede que o Ministério Público formule o requerimento cautelar de ofício, isto é, mesmo sem ter sido devidamente provocado pelo conselho deliberativo.

2.3. Alteração do nome (art. 9º)

O art. 9º da Lei nº 9.807/99 prevê a possibilidade, sempre excepcional, de alteração do nome completo da pessoa incluída no PROVITA.

Com efeito, em casos excepcionais e considerando as características e gravidade da coação ou ameaça, poderá o conselho deliberativo encaminhar requerimento da pessoa protegida ao juiz competente para registros públicos objetivando a alteração de nome completo (*caput*).

Registre-se que a alteração do nome tem como finalidade a proteção do indivíduo ameaçado, daí porque ela não poderá prejudicar o direito de terceiros, isentando a pessoa protegida de suas obrigações.

Em acréscimo, frise-se que a alteração de nome completo poderá estender-se ao cônjuge ou companheiro, ascendentes, descendentes, inclusive aos filhos menores, e dependentes que tenham convivência habitual com a vítima ou testemunha, e será precedida das providências necessárias ao resguardo de direitos de terceiros (§ 1º).

O requerimento de alteração do nome será formulado pela própria pessoa ameaçada, sendo que tal requerimento, por meio do conselho deliberativo, será remetido ao juiz da Vara de Registro Público (e não ao juiz criminal). O pedido será sempre fundamentado e sobre ele o juiz ouvirá previamente o Ministério Público, determinando, em seguida, que o procedimento tenha rito sumaríssimo e corra em segredo de justiça (§ 2º), de modo a garantir a segurança do interessado.

Concedida a alteração pretendida, ela terá caráter permanente, vindo o juiz a determinar na sentença, observando o sigilo indispensável à proteção do interessado: I – a averbação no registro original de nascimento da menção de que houve alteração de nome completo em conformidade com o estabelecido nesta Lei, com expressa referência à sentença autorizatória e ao juiz que a exarou e sem a aposição do nome alterado; II – a determinação aos órgãos competentes para o fornecimento dos documentos decorrentes da alteração; III – a remessa da sentença ao órgão nacional competente para o registro único de identificação civil, cujo procedimento obedecerá às necessárias restrições de sigilo (§ 3º). O conselho deliberativo, resguardado o sigilo das informações, manterá controle sobre a localização do protegido cujo nome tenha sido alterado (§ 4º).

De qualquer sorte, cessada a coação ou ameaça que deu causa à alteração, ficará facultado ao protegido solicitar ao juiz competente o retorno à situação anterior, com a alteração para o nome original, em petição que será encaminhada pelo conselho deliberativo e terá manifestação prévia do Ministério Público (§ 5º).

2.4. Prioridade de tramitação (art. 19-A)

O art. 19-A, *caput*, da Lei nº 9.807/99, estatui que terão prioridade na tramitação o inquérito e o processo criminal em que figure indiciado, acusado, *vítima* ou réu colaboradores, *vítima* ou testemunha protegidas pelos programas de que trata esta Lei (destacamos). A prioridade de tramitação resta justificada pelo fato de que as investigações e processos que envolvem pessoas protegidas não devem se alongar no tempo, sob pena de promoverem em tais pessoas um sofrimento psicológico indevido, violando-se o *direito à proteção psicológica.*

Por sua vez, o parágrafo único do dispositivo em comento assevera que qualquer que seja o rito processual criminal, o juiz, após a citação, tomará antecipadamente o depoimento das pessoas incluídas nos programas de proteção previstos nesta Lei, devendo justificar a eventual impossibilidade de fazê-lo no caso concreto ou o possível prejuízo que a oitiva antecipada traria para a instrução criminal.

Ademais, insta salientar que, no âmbito do Ministério Público, a **Resolução nº 93/2013 do CNMP** dispõe sobre a atuação do *Parquet* nos programas especiais de proteção a vítimas e testemunhas ameaçadas. Acerca do tema em pauta, é digno de destaque o teor do art. 5º deste ato normativo, segundo o qual "terão prioridade na tramitação o inquérito e o processo criminal em que figure indiciado, acusado, vítima ou réu colaboradores, vítima ou testemunha protegidas pelos programas de que trata esta Resolução, na forma do disposto no caput do art. 19-A da Lei nº 9.807, de 13 de julho de 1999, cabendo ao membro do Ministério Público cumprir rigorosamente todos os prazos processuais previstos em lei, se não for possível antecipá-los" (*caput*). Além disso, "a prioridade de que trata o caput deste artigo abrange os processos de competência originária, as cartas precatórias e rogatórias, assim como os incidentes processuais e os recursos porventura interpostos" (§ 1º). Em complemento, afirma-se que "o Ministério Público zelará ainda pela celeridade dos demais feitos criminais ou não criminais de interesse da pessoa protegida e que possam interferir na efetividade do programa ou na qualidade da proteção do assistido" (§ 2º).

Por fim, tem-se que o Ministério Público, no intuito de zelar pelo cumprimento do conteúdo do art. 19-A da Lei nº 9.807/99, poderá adotar qualquer outra providência, a exemplo do requerimento de produção antecipada de prova testemunhal, devendo ser levado em conta o alto risco à integridade física do depoente (art. 6º da Resolução nº 93/2013 do CNMP).

3. QUADRO SINÓTICO

CAPÍTULO XI – INSTRUMENTOS DE TUTELA AOS DIREITOS DAS VÍTIMAS NA LEI Nº 9.807/99 (PROVITA)	
1. Breves noções sobre o Programa de Proteção a Vítimas e Testemunhas Ameaçadas	A Lei nº 9.807/99 estabelece no país normas para a organização e a manutenção de programas especiais de proteção a vítimas e a testemunhas ameaçadas (PROVITAs), instituindo o Programa Federal de Assistência a Vítimas e a Testemunhas Ameaçadas (PROVITA Federal), dispondo ainda sobre a proteção de acusados ou condenados que tenham voluntariamente prestado efetiva colaboração à investigação policial e ao processo criminal. Esta lei é complementada pelo Decreto nº 3.518/00, que regulamenta o PROVITA Federal, disciplinando a execução do sistema protetivo voltado para os depoentes e apontando quais são os papeis e responsabilidades de cada órgão envolvido no programa. Nos termos do art. 2º da lei, a proteção concedida pelos programas e as medidas dela decorrentes levarão em conta os seguintes **requisitos**: (i) a gravidade da coação ou da ameaça à integridade física ou psicológica; (ii) a dificuldade de preveni-las ou reprimi-las pelos meios convencionais; (iii) a sua importância para a produção da prova (*caput*); (iv) o comportamento e a conduta pessoal e social do colaborador devem ser compatíveis com as limitações e restrições impostas pelo programa de proteção; (v) ficam excluídos do programa os condenados que estejam cumprindo pena e os indiciados ou acusados sob prisão cautelar em qualquer de suas modalidades (art. 2º, § 2º); (vi) a anuência do protegido com as regras do programa (art. 2º, § 3º). Há prolongamento das medidas protetivas a terceiros, considerando que a proteção poderá ser dirigida ou estendida ao cônjuge ou companheiro, ascendentes, descendentes e dependentes que tenham convivência habitual com a vítima ou testemunha, conforme o especificamente necessário em cada caso (art. 2º, § 1º), até porque tais pessoas também podem ser compreendidas como vítimas (art. 3º, incisos II e V, da **Resolução nº 243/2021 do CNMP**; art. 1º, § 2º, da **Resolução nº 253/2018 do CNJ**).

PARTE II

CAPÍTULO XI – INSTRUMENTOS DE TUTELA AOS DIREITOS DAS VÍTIMAS NA LEI Nº 9.807/99 (PROVITA)	
1. Breves noções sobre o Programa de Proteção a Vítimas e Testemunhas Ameaçadas	De qualquer maneira, a pessoa que, não admitida ou mesmo excluída do programa, corra risco e colabore na produção da prova receberá a tutela do Decreto nº 3.518/00, na condição de **depoente especial**, nos termos do seu art. 10, inciso II. Após ingressar no programa, o protegido ficará obrigado ao cumprimento das normas por ele prescritas (art. 2º, § 4º). As medidas e providências relacionadas com os programas serão adotadas, executadas e mantidas em **sigilo** pelos protegidos e pelos agentes envolvidos em sua execução (art. 2º, § 5º). Toda admissão no programa ou exclusão dele será precedida de **consulta ao Ministério Público** sobre o disposto no art. 2o e deverá ser subsequentemente comunicada à autoridade policial ou ao juiz competente (art. 3º). A prévia oitiva do Ministério Público para inclusão no programa ou exclusão dele é obrigatória em qualquer caso, mesmo nas hipóteses de ação penal privada, quando o órgão atuará enquanto fiscal da ordem jurídica, possuindo interesse na produção das provas. Para fins de inclusão de alguém no programa, o *Parquet* deverá observar os requisitos do art. 2º da lei; já na análise da exclusão, deve se ater às hipóteses previstas no art. 10 do texto legal. Na linha do que consta no art. 5º da lei, são **legitimados para requerer o ingresso no programa**: I – o próprio interessado; II – o representante do Ministério Público; III – a autoridade policial que conduz a investigação criminal; IV – o juiz competente para a instrução do processo criminal; V – os órgãos públicos e entidades com atribuições de defesa dos direitos humanos. Lembrando que quando o pedido não for realizado pelo próprio interessado, ele deverá anuir com a solicitação de ingresso no PROVITA (art. 2º, § 3º). A proteção oferecida pelo programa terá a **duração máxima de dois anos** (art. 11, *caput*). Em circunstâncias excepcionais, *perdurando os motivos que autorizam a admissão*, a **permanência poderá ser prorrogada** (art. 11, parágrafo único).
2. Instrumentos de tutela aos direitos das vítimas na Lei nº 9.807/99 (arts. 7º a 9º e 19-A)	A Lei nº 9.807/99, em seus arts. 7º a 9º e 19-A, apresenta importantes instrumentos de tutela aos direitos das vítimas (e também de testemunhas) de crimes, notadamente o *direito a apoio*, *direito à segurança*, o *direito à proteção física* e o *direito à proteção psicológica*. São esses os instrumentos: **1. Medidas de proteção (art. 7º);** **2. Medidas cautelares (art. 8º);** **3. Alteração do nome (art. 9º);** **4. Prioridade de tramitação (art. 19-A).**

CAPÍTULO XII

INSTRUMENTOS DE TUTELA AOS DIREITOS DAS VÍTIMAS NA LEI Nº 11.340/06 (LEI MARIA DA PENHA)

1. REQUISITOS PARA A INCIDÊNCIA DA LEI MARIA DA PENHA

O art. 226, § 8º, da Constituição Federal, estabelece que "o Estado assegurará a assistência à família na pessoa de cada um dos que a integram, criando mecanismos para coibir a violência no âmbito de suas relações". Apesar desta previsão constitucional datada de 1988 e de uma série de tratados e convenções internacionais firmados pelo Brasil versando sobre a matéria (com destaque para a Convenção sobre a Eliminação de Todas as Formas de Discriminação contra as Mulheres e a Convenção Interamericana para Prevenir, Punir e Erradicar a Violência contra a Mulher), a Lei nº 11.340/06 (Lei Maria da Penha) somente surgiu em 2006, para atender à recomendação da Organização dos Estados Americanos (OEA) proveniente de condenação do país no caso que ficou conhecido como "Maria da Penha".

É nesse contexto que a Lei Maria da Penha cria no Brasil mecanismos para coibir a violência doméstica e familiar contra a mulher, nos termos do § 8º do art. 226 da Constituição Federal, da Convenção sobre a Eliminação de Todas as Formas de Discriminação contra as Mulheres e da Convenção Interamericana para Prevenir, Punir e Erradicar a Violência contra a Mulher.

Em acréscimo, tem-se que a própria Lei Maria da Penha, em seu art. 6º, assevera que a violência doméstica e familiar contra a mulher constitui uma das **formas de violação dos direitos humanos**.

Em apertada síntese, pode-se afirmar que a sua incidência está condicionada ao preenchimento de **3 (três) requisitos cumulativos (e não alternativos)**, a saber:

(i) **sujeito passivo mulher**;

(ii) **prática de violência física, psicológica, sexual, patrimonial ou moral**: para a incidência da lei, é suficiente que ocorra apenas uma dessas formas de violência;

(iii) **violência dolosa praticada no âmbito da unidade doméstica, no âmbito da família, ou em qualquer relação íntima de afeto**: são situações igualmente alternativas, nas quais se presume uma maior vulnerabilidade da mulher, bastando, pois, a presença de uma delas.

Requisitos (cumulativos) para a aplicação da Lei Maria da Penha:
1. Sujeito passivo mulher;
2. Prática de violência física, psicológica, sexual, patrimonial ou moral;
3. Violência dolosa praticada no âmbito da unidade doméstica, no âmbito da família, ou em qualquer relação íntima de afeto.

A seguir, serão apresentadas breves considerações sobre cada um desses requisitos.

1.1. Sujeito passivo mulher

Para incidência da Lei Maria da Penha, exige-se que o sujeito passivo da violência doméstica e familiar seja **mulher**.

Assim, recebem a tutela da lei não só esposas, companheiras, namoradas, ex-namoradas, amantes, mas também filhas, netas, mães, sogras, avós ou qualquer outra pessoa do gênero feminino, *pouco importando a idade (criança, adolescente, adulta ou pessoa idosa)*, desde que haja uma relação doméstica, familiar ou íntima de afeto entre agressor e vítima.

Por consequência, a tutela legal não se destina a pessoas do gênero masculino, ainda que a violência seja originada do ambiente doméstico ou familiar. Nem mesmo se a pessoa do gênero masculino é vitimizada em relação homoafetiva.

De outro lado, conforme entendimento do STF, a Lei Maria da Penha deve ser aplicada aos transgêneros e aos transexuais, *independentemente da cirurgia de transgenitalização, ou da realização de tratamentos hormonais ou patologizantes, o direito à alteração de prenome e gênero diretamente no registro civil* (STF, Plenário, ADI nº 4.275/DF, Rel. Min. Edson Fachin, j. 01.03.2018; RE nº 670.422/RS, Rel. Min. Dias Toffoli, j. 15.08.2018).

O STJ também possui posicionamento no sentido de que a Lei Maria da Penha é aplicável a mulher trans em situação de violência doméstica e familiar (STJ, 6ª Turma, REsp nº 1.977.124/SP, Rel. Min. Rogerio Schietti Cruz, j. 05.04.2023; Informativo nº 732).

Havendo ato de violência praticado contra vítimas de gêneros distintos, como, por exemplo, se um pai agride, a um só tempo, uma filha e um filho, deverá incidir a Lei Maria da Penha tão somente para a vítima do gênero feminino. No entanto, por força da conexão, admite-se a reunião dos dois casos em um só juízo (no Juizado de Violência Doméstica e Familiar contra a Mulher), sendo que os institutos despenalizadores (transação penal e suspensão condicional do processo), se eventualmente cabíveis, terão lugar apenas para o fato envolvendo a vítima do gênero masculino, pois não são aplicáveis na hipótese de violência contra a mulher (art. 41 da Lei nº 11.340/06; Súmula nº 536 STJ).

Esclareça-se que a Lei Maria da Penha deve ser aplicável independentemente do *status* econômico e/ou social que a vítima detém. Assim, por exemplo, mesmo se a vítima for figura pública bastante conhecida, receberá a proteção legal. Isso porque "a situação de vulnerabilidade e de hipossuficiência da mulher, envolvida em relacionamento íntimo de afeto, revela-se *ipso facto*, sendo irrelevante a sua condição pessoal[1]". Há, portanto, uma **presunção legal absoluta de hipossuficiência da mulher**, pela condição que ela ocupa na sociedade brasileira da atualidade.

Como já decidido pelo STJ, a orientação mais condizente com o espírito da Lei nº 11.340/2006 é no sentido de que a vulnerabilidade e a hipossuficiência da mulher são presumidas, sendo desnecessária a demonstração da motivação de gênero para que incida o sistema protetivo da Lei Maria da Penha e a competência da vara especializada. No caso em apreço, o Tribunal de origem, diante de uma situação de violência doméstica e familiar contra a mulher, praticada por irmão contra irmã, rechaçou a competência do Juizado de Violência Doméstica e Familiar contra a Mulher, bem como a incidência da Lei Maria da Penha, sob o fundamento de que não teria sido constatada relação de dominação ou poder do acusado sobre a vítima, o que afastaria, por conseguinte, a motivação de gênero na ação delituosa. Contudo, a orientação mais condizente com o espírito protetivo da Lei nº 11.340/2006, que restou evidenciada pela inovação legislativa promovida pela Lei nº 14.550/2023 e abraçada pelos precedentes mais recentes da Corte, é no sentido de que a vulnerabilidade e a hipossuficiência da mulher são presumidas, em todas as relações previstas no seu art. 5º, ou seja, no âmbito das relações domésticas, familiares ou íntimas de afeto. Nesse sentido, o novel art. 40-A da Lei Maria da Penha passou a prever que o diploma protetivo será aplicado "a todas as situações previstas no seu art. 5º, independentemente da causa ou da motivação dos atos de violência e da condição do ofensor ou da ofendida ". Na mesma toada, "[o] Superior Tribunal de Justiça entende ser presumida, pela Lei n. 11.340/2006, a hipossuficiência e a vulnerabilidade da mulher em contexto de violência doméstica e familiar. É desnecessária, portanto, a demonstração específica da subjugação feminina para que seja aplicado o sistema protetivo da Lei Maria da Penha, pois a organização social brasileira ainda é fundada em um sistema hierárquico de poder baseado no gênero, situação que o referido diploma legal busca coibir" (AgRg na MPUMP 6/DF, relatora Ministra Nancy Andrighi, Corte Especial, DJe de 20/5/2022). Logo, no contexto em que o irmão, "segundo as declarações da ofendida, atacou-a pelas costas com socos, enquanto ela lavava louça e, depois, apossou-se de uma faca com a intenção de feri-la", denota-se existir situação de violência doméstica e familiar contra a mulher a ser apurada no caso, apta a justificar a incidência do diploma protetivo pertinente e a competência da vara especializada, nos termos do art. 5º, I e II, da Lei nº 11.340/2006 (STJ, 5ª Turma, AgRg no REsp nº 2.080.317/GO, Rel. Min. Joel Ilan Paciornik, j. 04.03.2024).

Nessa direção, relembre-se que a mulher vítima de violência doméstica e familiar deve ser compreendida como uma **vítima de especial vulnerabilidade**, na linha do previsto no art. 3º, inciso III, da **Resolução nº 243/2021 do CNMP**, merecendo proteção prioritária por parte do Ministério Público (art. 3º, § 2º, do mesmo ato normativo).

1. LIMA, Renato Brasileiro de. *Manual de Legislação Criminal Especial*. 12. ed. rev., atual. e ampl. São Paulo: Juspodivm, 2024, p. 1.500.

1.2. Violência física, psicológica, sexual, patrimonial ou moral

Para a incidência da Lei Maria da Penha, deve-se ter a prática de pelo menos um dos tipos de violência doméstica e familiar contra a mulher reconhecidos pelo seu art. 7º, quais sejam, a violência física, psicológica, sexual, patrimonial ou moral. Alerte-se para o fato de que este dispositivo, em seu *caput*, ao empregar o termo "entre outras", indica que o rol das formas de violência é **exemplificativo**.

Com efeito, são formas de violência doméstica e familiar contra a mulher, entre outras:

> **I – violência física**: deve ser entendida como qualquer conduta que ofenda a integridade ou saúde corporal da mulher. É o que se verifica, por exemplo, na prática do crime definido no art. 129, § 13, do Código Penal no contexto de violência doméstica e familiar.
>
> **II – violência psicológica**: envolve qualquer conduta que cause à mulher dano emocional e diminuição da autoestima ou que lhe prejudique e perturbe o pleno desenvolvimento ou que vise degradar ou controlar suas ações, comportamentos, crenças e decisões, mediante ameaça, constrangimento, humilhação, manipulação, isolamento, vigilância constante, perseguição contumaz, insulto, chantagem, violação de sua intimidade, ridicularização, exploração e limitação do direito de ir e vir ou qualquer outro meio que lhe cause prejuízo à saúde psicológica e à autodeterminação. A título de ilustração, é o que se dá quando do cometimento do crime de violência psicológica contra a mulher no contexto de violência doméstica e familiar (art. 147-B do Código Penal).
>
> **III – violência sexual**: diz respeito a qualquer conduta que constranja a mulher a presenciar, a manter ou a participar de relação sexual não desejada, mediante intimidação, ameaça, coação ou uso da força; que a induza a comercializar ou a utilizar, de qualquer modo, a sua sexualidade, que a impeça de usar qualquer método contraceptivo ou que a force ao matrimônio, à gravidez, ao aborto ou à prostituição, mediante coação, chantagem, suborno ou manipulação; ou que limite ou anule o exercício de seus direitos sexuais e reprodutivos. É o exemplo tradicional da prática de crimes contra a dignidade sexual contra a mulher no contexto de violência doméstica e familiar, como o estupro (art. 213 do Código Penal).
>
> **IV – violência patrimonial**: compreende qualquer conduta que configure retenção, subtração, destruição parcial ou total de seus objetos, instrumentos de trabalho, documentos pessoais, bens, valores e direitos ou recursos econômicos, incluindo os destinados a satisfazer suas necessidades. É o exemplo da prática de crimes contra o patrimônio, como furto (art. 155 CP) e roubo (art. 157 CP), contra a mulher no contexto de violência doméstica e familiar. Aliás, para crimes dessa natureza, não devem incidir as imunidades absolutas e relativas estabelecidas, respectivamente, nos arts. 181 e 182 do Código Penal, considerando o maior rigor que o Estado necessita conferir a delitos cometidos no âmbito de violência doméstica e familiar contra a mulher.
>
> **V – violência moral**: engloba qualquer conduta que configure calúnia, difamação ou injúria. Em outros termos, é o que se dá nos crimes contra a honra (calúnia, difamação ou injúria) praticados contra a mulher no contexto de violência doméstica e familiar.

1.3. Âmbito da unidade doméstica, da família ou em qualquer relação íntima de afeto

O terceiro requisito que deve ser preenchido para se permitir a aplicação da tutela da Lei Maria da Penha é o fato de que a violência dolosa deve ser praticada no âmbito da unidade doméstica, no âmbito da família ou em qualquer relação íntima de afeto. Como já dito anteriormente, são situações alternativas, nas quais se presume uma maior vulnerabilidade da mulher, bastando, pois, a presença de uma delas.

Assim, nos termos do art. 5º da Lei Maria da Penha, para os efeitos desta Lei, configura violência doméstica e familiar contra a mulher qualquer ação ou omissão baseada no gênero que lhe cause morte, lesão, sofrimento físico, sexual ou psicológico e dano moral ou patrimonial:

> **I – no âmbito da unidade doméstica**: deve ser compreendida como o espaço de convívio permanente de pessoas, com ou sem vínculo familiar, inclusive as esporadicamente agregadas. O elemento determinante é que a mulher deve integrar esse convívio de forma permanente. A lei não define o que seria esse convívio permanente, mas, de pronto, deve-se considerar apenas aquele tipo de convívio que seja duradouro, habitual, se afastando situação que seja passageira, fugaz. A título de ilustração, se uma mulher que presta serviço em uma residência como decoradora de ambientes vem a ser vítima de violência (física, por exemplo), não deve ser aplicada a Lei Maria da Penha. A legislação também não se aplica se houver uma violência (sexual, por exemplo) contra uma diarista que presta serviços em uma residência apenas eventualmente, mas poderá incidir no caso de alguma violência (psicológica, por exemplo) contra empregada doméstica que mora com a família empregadora, para ela prestando serviço há muito tempo e sendo tratada por todos como integrante daquela família.
>
> **II – no âmbito da família**: a família deve ser entendida como a comunidade formada por indivíduos que são ou se consideram aparentados, unidos por laços naturais, por afinidade ou por vontade expressa. O conceito legal de família ora trazido é amplo (como deve ser), devendo contemplar não só as formas de família textualmente reconhecidas pela Constituição Federal em seu art. 226 (casamento, união estável e família monoparental), como também todas aquelas outras marcadas pelos vínculos de afeto, como as uniões homoafetivas. É com fundamento nesta hipótese que se aplica a Lei Maria da Penha havendo algum tipo de violência (como a física) praticada por um irmão contra a irmã. Na situação em apreço, pouco importa o local de cometimento da violência, isto é, não necessariamente ela deve ocorrer no espaço caseiro. Por exemplo, um irmão pode, em via pública, causar dano ao veículo de propriedade da sua irmã (violência patrimonial).
>
> **III – em qualquer relação íntima de afeto, na qual o agressor conviva ou tenha convivido com a ofendida, independentemente de coabitação**: nessa hipótese, o legislador até dispensa que exista coabitação entre o agressor e a vítima, mas aponta a necessidade de que aquele conviva ou tenha convivido com esta. Desse modo, em uma relação íntima de afeto, deve-se ter algum tipo de envolvimento entre duas pessoas. No entender da doutrina, a relação íntima de afeto deve ser interpretada restritivamente, para abranger apenas relacionamentos dotados de conotação sexual ou amorosa, como um noivado. Desse modo, uma simples amizade, mesmo com

intensa proximidade, não autoriza a incidência da Lei Maria da Penha[2]. Quanto à dispensa da coabitação, vale a pena registrar o teor da Súmula nº 600 do STJ, segundo a qual "*Para a configuração da violência doméstica e familiar prevista no artigo 5º da Lei nº 11.340/2006 (Lei Maria da Penha) não se exige a coabitação entre autor e vítima*". No que diz respeito ao namoro, deve-se ter cautela para analisar o caso concreto: conforme jurisprudência do STJ, se os elementos indicam que a relação foi fugaz e passageira, não se aplica a Lei Maria da Penha; mas se for constatado o nexo de causalidade entre uma conduta delitiva e a relação íntima de afeto mantida entre agressor e vítima, a qual estaria sendo, por exemplo, ameaçada de morte depois de romper um namoro de quase dois anos, incidirá a proteção legal, mesmo se não houver entre eles coabitação.

Por fim, saliente-se que as relações pessoais enunciadas no *caput* do art. 5º da Lei Maria da Penha independem de orientação sexual, de acordo com o que dispõe o parágrafo único deste dispositivo legal.

2. INSTRUMENTOS DE TUTELA AOS DIREITOS DAS VÍTIMAS NA LEI MARIA DA PENHA

A seguir, serão destacados os efetivos instrumentos que a Lei Maria da Penha expressamente prevê para fins de tutela dos direitos das mulheres vítimas de violência doméstica e familiar de qualquer espécie.

2.1. Medidas integradas de prevenção (art. 8º)

O art. 8º da Lei Maria da Penha disciplina toda a política pública que visa coibir a violência doméstica e familiar contra a mulher, a qual se fará por meio de um conjunto articulado de ações da União, dos Estados, do Distrito Federal e dos Municípios e de ações não governamentais, tendo como diretrizes aquelas encontradas nos incisos I a IX deste dispositivo.

Digno de destaque é o teor do inciso I da norma, que estabelece como diretriz a integração operacional do Poder Judiciário, do Ministério Público e da Defensoria Pública com as áreas de segurança pública, assistência social, saúde, educação, trabalho e habitação. A união de esforços entre os órgãos que atuam na persecução penal e os órgãos responsáveis pelas áreas de segurança pública (notadamente os órgãos policiais), assistência social, saúde, educação, trabalho e habitação, sem dúvida alguma, aprimora a eficiência do Estado na tutela (preventiva) dos direitos fundamentais da mulher.

Outra diretriz que merece registro é a encontrada no inciso IV, qual seja, a implementação de atendimento policial especializado para as mulheres, em particular nas Delegacias de Atendimento à Mulher, conhecidas como DEAMs. Nessas Delegacias, a mulher vítima de violência doméstica e familiar receberá todo o atendimento devido e adequado, sendo que elas buscarão adotar todas as providências necessárias

2. LIMA, Renato Brasileiro de. *Manual de Legislação Criminal Especial*. 12. ed. rev., atual. e ampl. São Paulo: Juspodivm, 2024, p. 1.503.

para a tutela dos seus direitos, notadamente aquelas indicadas pelos arts. 10 a 12-C da Lei Maria da Penha.

Nesse sentido, o art. 12-A, *caput*, da lei afirma que "os Estados e o Distrito Federal, na formulação de suas políticas e planos de atendimento à mulher em situação de violência doméstica e familiar, darão prioridade, no âmbito da Polícia Civil, à criação de Delegacias Especializadas de Atendimento à Mulher (Deams), de Núcleos Investigativos de Feminicídio e de equipes especializadas para o atendimento e a investigação das violências graves contra a mulher".

A respeito das DEAMs, a Lei nº 14.541/23 dispõe sobre a criação e o funcionamento ininterrupto delas. Com efeito, além das funções de atendimento policial especializado para as mulheres e de polícia judiciária, o Poder Público prestará, por meio da Delegacia Especializada de Atendimento à Mulher (Deam), e mediante convênio com a Defensoria Pública, os órgãos do Sistema Único de Assistência Social e os Juizados de Violência Doméstica e Familiar contra a Mulher ou varas criminais competentes, a assistência psicológica e jurídica à mulher vítima de violência (art. 2º). As Delegacias Especializadas de Atendimento à Mulher (Deam) têm como finalidade o atendimento de todas as mulheres que tenham sido vítimas de violência doméstica e familiar, crimes contra a dignidade sexual e feminicídios, *e funcionarão ininterruptamente, inclusive em feriados e finais de semana* (art. 3º, *caput*). O atendimento às mulheres nas delegacias será realizado em sala reservada e, preferencialmente, por policiais do sexo feminino (art. 3º, § 1º). Os policiais encarregados do atendimento a que se refere o § 1º deste artigo deverão receber treinamento adequado para permitir o acolhimento das vítimas de maneira eficaz e humanitária (art. 3º, § 2º). As Delegacias Especializadas disponibilizarão número de telefone ou outro mensageiro eletrônico destinado ao acionamento imediato da polícia em casos de violência contra a mulher (art. 3º, 3º). No mais, nos Municípios onde não houver Delegacia Especializada de Atendimento à Mulher (Deam), a delegacia existente deverá priorizar o atendimento da mulher vítima de violência por agente feminina especializada (art. 4º).

Como se percebe de todas as medidas integradas de prevenção, inclusive com a atuação das DEAMs, são atendidos sobretudo o *direito a apoio*, o *direito à segurança* e o *direito a tratamento profissional individualizado e não discriminatório*.

2.2. Assistência à mulher em situação de violência doméstica e familiar (art. 9º)

O art. 9º da Lei Maria da Penha trata da assistência à mulher em situação de violência doméstica e familiar, que será prestada de forma articulada e conforme os princípios e as diretrizes previstos na Lei Orgânica da Assistência Social, no Sistema Único de Saúde, no Sistema Único de Segurança Pública, entre outras normas e políticas públicas de proteção, e emergencialmente quando for o caso (*caput*).

Destaque para o papel do juiz que, atuando enquanto tutor de direitos fundamentais, determinará, por prazo certo, a inclusão da mulher em situação de violência doméstica e familiar no cadastro de programas assistenciais do governo federal, estadual e municipal (§ 1º), em respeito ao *direito a apoio*. Além disso, assegurará à mulher em situação de violência doméstica e familiar, para preservar sua integridade física e psicológica (*direito à proteção física* e *direito à proteção psicológica*): I – acesso prioritário à remoção quando servidora pública, integrante da administração direta ou indireta; II – manutenção do vínculo trabalhista, quando necessário o afastamento do local de trabalho, por até seis meses; III – encaminhamento à assistência judiciária, quando for o caso, inclusive para eventual ajuizamento da ação de separação judicial, de divórcio, de anulação de casamento ou de dissolução de união estável perante o juízo competente.

Em atenção ao *direito à proteção física*, a assistência à mulher em situação de violência doméstica e familiar compreenderá o acesso aos benefícios decorrentes do desenvolvimento científico e tecnológico, incluindo os serviços de contracepção de emergência, a profilaxia das Doenças Sexualmente Transmissíveis (DST) e da Síndrome da Imunodeficiência Adquirida (AIDS) e outros procedimentos médicos necessários e cabíveis nos casos de violência sexual (§ 3º). Buscando garantir o *direito à reparação dos danos materiais, psicológicos e morais e à reparação simbólica*, é previsto que "aquele que, por ação ou omissão, causar lesão, violência física, sexual ou psicológica e dano moral ou patrimonial a mulher fica obrigado a ressarcir todos os danos causados, inclusive ressarcir ao Sistema Único de Saúde (SUS), de acordo com a tabela SUS, os custos relativos aos serviços de saúde prestados para o total tratamento das vítimas em situação de violência doméstica e familiar, recolhidos os recursos assim arrecadados ao Fundo de Saúde do ente federado responsável pelas unidades de saúde que prestarem os serviços" (§ 4º).

Também por força do *direito à reparação dos danos materiais, psicológicos e morais e à reparação simbólica* e em prol do *direito à segurança*, assevera-se que os dispositivos de segurança destinados ao uso em caso de perigo iminente e disponibilizados para o monitoramento das vítimas de violência doméstica ou familiar amparadas por medidas protetivas terão seus custos ressarcidos pelo agressor (§ 5º).

Reforçando ainda mais a tutela ao *direito à reparação dos danos materiais, psicológicos e morais e à reparação simbólica*, estipula-se que "o ressarcimento de que tratam os §§ 4º e 5º deste artigo não poderá importar ônus de qualquer natureza ao patrimônio da mulher e dos seus dependentes, nem configurar atenuante ou ensejar possibilidade de substituição da pena aplicada" (§ 6º).

Naturalmente, a reparação do dano ora em destaque pode ser fixada pelo juiz na sentença penal condenatória com fundamento no art. 387, inciso IV, do CPP.

Estendendo-se a tutela legal aos familiares da vítima, a lei assegura que "a mulher em situação de violência doméstica e familiar tem prioridade para matricular seus dependentes em instituição de educação básica mais próxima de seu domicílio, ou transferi-los para essa instituição, mediante a apresentação dos documentos comprobatórios do registro da ocorrência policial ou do processo de violência doméstica e familiar em curso" (§ 7º).

Por fim, em observância notadamente ao *direito à proteção documental (inclusive de dados pessoais)*, é estatuído que "serão sigilosos os dados da ofendida e de seus dependentes matriculados ou transferidos conforme o disposto no § 7º deste artigo, e o acesso às informações será reservado ao juiz, ao Ministério Público e aos órgãos competentes do poder público" (§ 8º).

2.3. Atendimento pela autoridade policial (arts. 10 a 12-C)

Os arts. 10 a 12-C da Lei Maria da Penha elencam as providências que devem ser adotadas pela autoridade policial na tutela dos direitos fundamentais da mulher que foi vítima de violência doméstica e familiar.

Assim, inicialmente de forma genérica, o art. 10, *caput*, afirma que, na hipótese da iminência ou da prática de violência doméstica e familiar contra a mulher, a autoridade policial que tomar conhecimento da ocorrência adotará, de imediato, as providências legais cabíveis. Essas providências são detalhadas nos arts. 10-A a 12-C da lei, como adiante será exposto. Aplica-se o disposto no *caput* do art. 10 ao descumprimento de medida protetiva de urgência deferida (art. 10, parágrafo único).

Abrindo o rol de providências legais a serem adotadas pela autoridade policial e atendendo ao *direito a tratamento profissional individualizado e não discriminatório*, o art. 10-A apregoa que é direito da mulher em situação de violência doméstica e familiar o atendimento policial e pericial especializado, ininterrupto e prestado por servidores – preferencialmente do sexo feminino – previamente capacitados (*caput*). Nessa esteira, a inquirição de mulher em situação de violência doméstica e familiar ou de testemunha de violência doméstica, quando se tratar de crime contra a mulher, obedecerá às seguintes diretrizes (§ 1º): I – salvaguarda da integridade física, psíquica e emocional da depoente, considerada a sua condição peculiar de pessoa em situação de violência doméstica e familiar (*direito à proteção física* e *direito à proteção psicológica*); II – garantia de que, em nenhuma hipótese, a mulher em situação de violência doméstica e familiar, familiares e testemunhas terão contato direto com investigados ou suspeitos e pessoas a eles relacionadas (*direito à segurança*); III – não revitimização da depoente, evitando sucessivas inquirições sobre o mesmo fato nos âmbitos criminal, cível e administrativo, bem como questionamentos sobre a vida privada (*direito à proteção psicológica*). E na inquirição de mulher em situação de violência doméstica e familiar ou de testemunha de delitos de que trata esta Lei, adotar-se-á, preferencialmente, o seguinte procedimento (§ 2º): I – a inquirição será feita em recinto especialmente projetado para esse fim, o qual conterá os equipamentos próprios e adequados à idade da mulher em situação de violência doméstica e familiar ou testemunha e ao tipo e à gravidade da violência sofrida (*direito à proteção psicológica* e *direito a tratamento profissional individualizado e não discriminatório*); II – quando for o caso, a inquirição será intermediada por profissional especializado em violência doméstica e familiar designado pela autoridade judiciária ou policial (*direito a tratamento profissional individualizado e não discriminatório*); III – o depoimento será registrado em meio eletrônico ou magnético, devendo a degravação e a mídia integrar o inquérito.

Prosseguindo com as providências legais a serem adotadas pela autoridade policial, o art. 11, em um **rol não taxativo** ("entre outras providências"), apresenta algumas dessas medidas. Desse modo, no atendimento à mulher em situação de violência doméstica e familiar, a autoridade policial deverá, entre outras providências: I – garantir proteção policial, quando necessário, comunicando de imediato ao Ministério Público e ao Poder Judiciário (*direito à segurança*); II – encaminhar a ofendida ao hospital ou posto de saúde e ao Instituto Médico Legal (*direito à* *proteção física*); III – fornecer transporte para a ofendida e seus dependentes para abrigo ou local seguro, quando houver risco de vida (*direito à segurança*); IV – se necessário, acompanhar a ofendida para assegurar a retirada de seus pertences do local da ocorrência ou do domicílio familiar (*direito à segurança* e *direito à proteção patrimonial*); V – informar à ofendida os direitos a ela conferidos nesta Lei e os serviços disponíveis, inclusive os de assistência judiciária para o eventual ajuizamento perante o juízo competente da ação de separação judicial, de divórcio, de anulação de casamento ou de dissolução de união estável (*direito à informação e à comunicação*).

Em complemento, o art. 12 aponta os procedimentos a serem adotados pela autoridade policial. Na dicção legal, em todos os casos de violência doméstica e familiar contra a mulher, feito o registro da ocorrência, deverá a autoridade policial adotar, de imediato, os seguintes procedimentos, sem prejuízo daqueles previstos no Código de Processo Penal: I – ouvir a ofendida, lavrar o boletim de ocorrência e tomar a representação a termo, se apresentada (*direito de participação*); II – colher todas as provas que servirem para o esclarecimento do fato e de suas circunstâncias; III – remeter, no prazo de 48 (quarenta e oito) horas, expediente apartado ao juiz com o pedido da ofendida, para a concessão de medidas protetivas de urgência; IV – determinar que se proceda ao exame de corpo de delito da ofendida e requisitar outros exames periciais necessários; V – ouvir o agressor e as testemunhas; VI – ordenar a identificação do agressor e fazer juntar aos autos sua folha de antecedentes criminais, indicando a existência de mandado de prisão ou registro de outras ocorrências policiais contra ele; VI-A – verificar se o agressor possui registro de porte ou posse de arma de fogo e, na hipótese de existência, juntar aos autos essa informação, bem como notificar a ocorrência à instituição responsável pela concessão do registro ou da emissão do porte, nos termos da Lei nº 10.826, de 22 de dezembro de 2003 (Estatuto do Desarmamento); VII – remeter, no prazo legal, os autos do inquérito policial ao juiz e ao Ministério Público.

O pedido da ofendida será tomado a termo pela autoridade policial e deverá conter: I – qualificação da ofendida e do agressor; II – nome e idade dos dependentes; III – descrição sucinta do fato e das medidas protetivas solicitadas pela ofendida. IV – informação sobre a condição de a ofendida ser pessoa com deficiência e se da violência sofrida resultou deficiência ou agravamento de deficiência preexistente (§ 1º). A autoridade policial deverá anexar ao documento referido no § 1º o boletim de ocorrência e cópia de todos os documentos disponíveis em posse da ofendida (§ 2º). Serão admitidos como meios de prova os laudos ou prontuários médicos fornecidos por hospitais e postos de saúde (§ 3º).

Por sua vez, o art. 12-A da Lei Maria da Penha reconhece a prioridade no atendimento à mulher. De acordo com a norma, os Estados e o Distrito Federal, na formulação de suas políticas e planos de atendimento à mulher em situação de violência doméstica e familiar, darão prioridade, no âmbito da Polícia Civil, à criação de Delegacias Especializadas de Atendimento à Mulher (Deams), de Núcleos Investigativos de Feminicídio e de equipes especializadas para o atendimento e a investigação das violências graves contra a mulher.

Aliás, em termos de prioridade, relembre-se que o CPP, em seu art. 158, parágrafo único, inciso I, estipula a prioridade de realização do exame de corpo de delito quando se tratar de crime que envolva violência doméstica e familiar contra a mulher.

Na esteira do art. 12-B, § 3º, da lei, poderá ainda a autoridade policial requisitar os serviços públicos necessários à defesa da mulher em situação de violência doméstica e familiar e de seus dependentes.

No que diz respeito a medidas protetivas de urgência, como será estudado em tópico futuro ainda neste capítulo, a competência para decretá-las, via de regra, é do juiz (cláusula de reserva de jurisdição), conforme se extrai dos arts. 18, *caput*, e 19, *caput*, da Lei Maria da Penha. A esse respeito, convém registrar que o projeto de lei que deu origem à Lei nº 13.505/2017, a qual faz importantes alterações na Lei Maria da Penha, previa que delegados de polícia poderiam aplicar, provisoriamente, até deliberação judicial, medidas protetivas de urgência em favor da vítima mulher no contexto de violência doméstica e familiar. Esta previsão, no entanto, foi vetada pelo Presidente da República, sob o argumento de que a prerrogativa de impor medidas protetivas de urgência é privativa do Poder Judiciário (cláusula de reserva de jurisdição), não podendo ser estendida à Polícia, até porque não contemplada pelo art. 144, § 4º, da Constituição Federal. O veto incidiu na redação que seria conferida ao art. 12-B da Lei Maria da Penha por aquela Lei de 2017.

A discussão deste tema, no entanto, voltou à baila a partir de 2019. É que o art. 12-C da Lei Maria da Penha foi alterado pela Lei nº 13.827/2019, passando a estabelecer que, verificada a existência de risco atual ou iminente à vida ou à integridade física da mulher em situação de violência doméstica e familiar, ou de seus dependentes, o agressor será imediatamente afastado do lar, domicílio ou local de convivência com a ofendida: I – pela autoridade judicial; II – pelo delegado de polícia, quando o Município não for sede de comarca; ou III – pelo policial, quando o Município não for sede de comarca e não houver delegado disponível no momento da denúncia. Nas hipóteses de determinação da medida pelo delegado de polícia e por policial, o juiz será comunicado no prazo máximo de 24 (vinte e quatro) horas e decidirá, em igual prazo, sobre a manutenção ou a revogação da medida aplicada, devendo dar ciência ao Ministério Público concomitantemente (art. 12-C, § 1º).

Algumas considerações a respeito desta legislação devem ser feitas.

A uma, a lei não limita o alcance do termo "policial", sendo possível, pois, nele inclui qualquer agente dos órgãos de segurança pública do Estado indicados no art. 144, *caput*, incisos I a VI, da Constituição Federal, com a redação dada pela Emenda Constitucional nº 104/2019.

A duas, a previsão legal de fixação da medida em comento por parte do delegado de polícia e do policial é alvo de sérias críticas, sob o argumento de que ela ofenderia a cláusula de reserva de jurisdição, bem como o devido processo legal e até mesmo a inviolabilidade do domicílio (art. 5º, incisos XII, LIV e XI, da Carta Magna Federal).

Com esse argumento, a Associação dos Magistrados Brasileiros (AMB) chegou a ajuizar no STF a ADI nº 6138, ressaltando que, de acordo com o texto constitucional, o ingresso no domicílio sem o consentimento do morador só poderia ocorrer em caso de flagrante delito, desastre ou, durante o dia, mediante autorização judicial. Ninguém poderia ser privado da liberdade ou de seus bens sem o devido processo legal e, no caso, o dispositivo legal estaria admitindo que um delegado de polícia ou um policial restrinjam essa liberdade do agressor, sem que tenha sido instaurado um processo e proferida uma decisão judicial. Ainda de acordo com a ADI, mesmo que a nova lei tenha previsto a submissão da medida imposta pelo delegado ou pelo policial no prazo de 24 horas à autoridade judicial para sua manutenção, revogação ou alteração, tal situação não afastaria a inconstitucionalidade, pois se trata de hipótese de reserva absoluta de jurisdição. Ao final, a AMB asseverou que, ao invés de fazer com que o cidadão tenha acesso ao Poder Judiciário, mediante o incremento de um maior número de magistrados, passa-se a atribuir atividades do Poder Judiciário a agentes públicos do Poder Executivo desprovidos do dever funcional de imparcialidade, com ofensa ao princípio da separação de Poderes.

Contudo, o STF, em 2022, julgou improcedente a mencionada ADI, reconhecendo como válida a atuação supletiva e excepcional de delegados de polícia e de policiais a fim de afastar o agressor do lar, domicílio ou local de convivência com a ofendida, quando constatado risco atual ou iminente à vida ou à integridade da mulher em situação de violência doméstica e familiar, ou de seus dependentes, conforme o art. 12-C inserido na Lei 11.340/2006 (Lei Maria da Penha). Conforme consignado pela Suprema Corte, a inclusão dos dispositivos questionados na Lei Maria da Penha – art. 12-C, II, III e § 1º – é razoável, proporcional e adequada. Ela permite a retirada imediata do algoz, sem ordem judicial prévia, mediante a atuação de delegados de polícia, quando o município não for sede de comarca, e de policiais, quando o município não for sede de comarca e não houver delegado disponível no momento da denúncia. Em ambos os casos, o juiz deverá ser comunicado no prazo máximo de 24 horas e decidirá sobre a manutenção ou revogação da medida protetiva de urgência. O afastamento ocorre de forma excepcional, supletiva e *ad referendum* do magistrado. Esse importante mecanismo visa garantir a efetividade da retirada do agressor e inibir a violência no âmbito das relações domésticas e familiares.

Ademais, esclareceu-se que a opção do legislador não contraria a cláusula da inviolabilidade de domicílio, tampouco ofende o devido processo legal (CF, art. 5º, XI e LIV). As mudanças estão em consonância com o texto constitucional, que não exige ordem judicial prévia para o afastamento, bem como determina a criação de mecanismos para coibir a violência no âmbito das relações familiares (CF, art. 226, § 8º).

Além disso, pontuou-se que a legislação está de acordo com o sistema internacional de proteção aos direitos humanos das mulheres e de combate à violência contra a mulher, que evoluiu no sentido de recomendar a criação de mecanismos preventivos e repressivos eficazes e, dentre outras considerações, a outorga de prioridade à segurança sobre os direitos de propriedade (STF, Plenário, ADI nº 6.138, Rel. Min. Alexandre de Moraes, j. 23.03.2022).

Acrescente-se que, em favor da previsão legal, há argumento de ordem pragmática, considerando a realidade do Brasil, país de dimensões continentais que não consegue prover adequadamente todas as comarcas com juízes e todos os municípios com delegados, existindo sempre nesses locais ao menos um policial (geralmente militar), o que implicaria, em tese, em uma maior proteção à vítima mulher e, por consequência, evitaria a impunidade da infração penal. Em tese porque, na prática, a mulher poderia se sentir, em sua intimidade, desestimulada/inibida/constrangida em relatar o fato do qual foi vítima a um delegado de polícia ou mesmo a um policial, ainda mais se ele for do sexo masculino.

Avançando nas alterações promovidas pela Lei nº 13.827/19, o art. 12-C, § 2º, da Lei Maria da Penha afirma que, nos casos de risco à integridade física da ofendida ou à efetividade da medida protetiva de urgência, não será concedida liberdade provisória ao preso. É mais uma previsão suscetível a críticas, considerando que o STF, há muito tempo, pacificou o entendimento de que a proibição à liberdade provisória em abstrato (de antemão, para todo e qualquer caso, indistintamente) é inconstitucional por violação notadamente ao princípio da individualização da pena, além dos princípios da proporcionalidade, devido processo legal, presunção de inocência, contraditório, ampla defesa, separação dos poderes e da dignidade da pessoa humana. Assim, qualquer proibição à liberdade provisória deveria ocorrer, na verdade, a partir da análise do juiz das circunstâncias objetivas e subjetivas do caso concreto. Esse foi o posicionamento da Suprema Corte quando se pronunciou acerca do teor do art. 44 da Lei nº 11.343/06, que vedava em abstrato a liberdade provisória (HC nº 104339/SP). Nesse passo, o art. 3º da Lei nº 9.613/98 e o art. 7º da anterior Lei de Organização Criminosa – Lei nº 9.034/95, que também vedavam em abstrato a liberdade provisória, foram revogados, respectivamente, pela Lei nº 12.683/12 e pela Lei nº 12.850/13.

2.4. Retratação da representação nos crimes praticados no contexto de violência doméstica e familiar contra a mulher (art. 16)

O art. 16 da Lei nº 11.340/06 cuida da retratação da representação da ofendida no contexto de violência doméstica e familiar contra a mulher: é possível que ela ocorra, mas em **audiência especial**, com a presença do juiz e do Ministério Público, o que pode ser feito até o **recebimento da denúncia** (e não oferecimento da denúncia, regra geral prevista no art. 25 do CPP).

A esse respeito, o STJ já decidiu que não atende ao disposto no art. 16 da Lei Maria da Penha a retratação da suposta ofendida ocorrida em cartório de Vara, sem a designação de audiência específica necessária para a confirmação do ato (Informativo nº 656).

Em acréscimo, na esteira também do entendimento do STJ, *o não comparecimento da ofendida à audiência prevista no art. 16 da Lei nº 11.340/06 não significa retratação tácita do direito de representação, mas, pelo contrário, a ratificação de seu interesse em levar adiante o feito*. Nas exatas palavras deste tribunal, "a audiência do art. 16 deve ser realizada nos casos em que houve manifestação da vítima em desistir da persecução penal. Isso não quer dizer, porém, que eventual não comparecimento da ofendida à audiência do art. 16 ou a qualquer ato do processo seja considerada como retratação tácita. Pelo contrário: se a ofendida já ofereceu a representação no prazo de 06 (seis) meses, na forma do art. 38 do CPP, nada resta a ela a fazer a não ser aguardar pelo impulso oficial da persecutio criminis" (STJ, EDcl no REsp nº 1.822.250/SP, Rel. Min. Antonio Saldanha Palheiro, j. 11.11.19; AREsp nº 1.165.962/AM, Rel. Min. Sebastião Reis Júnior, DJe 22.11.17). Logo, o procedimento prosseguirá, mesmo se a vítima, regularmente intimada para a audiência especial, não comparecer ao ato sem motivo justo.

Enfim, a realização da audiência prevista no art. 16 da Lei nº 11.340/06 somente se faz necessária se a vítima houver manifestado, de alguma forma, em momento anterior ao recebimento da denúncia, ânimo de desistir da representação (STJ, 5ª Turma, AgRg no REsp nº 1.946.824/SP, Rel. Min. Joel Ilan Paciornik, j. 14.06.2022).

Nesse cenário, conforme será estudado com maiores detalhes em tópico futuro ainda neste capítulo, o art. 88 da Lei nº 9.099/95 determina que os crimes de lesões corporais leves e culposas serão de ação penal pública condicionada à representação do ofendido. Não sendo possível a aplicação de qualquer dispositivo da Lei nº 9.099/95 aos crimes praticados no contexto de violência doméstica e familiar contra a mulher, se houver o cometimento de crimes de lesões leves e culposas no mencionado contexto, eles serão de ação penal pública incondicionada, até com base no que dispõe o art. 100, *caput* e § 1º, do Código Penal (no silêncio da lei, a ação penal é pública incondicionada).

Nessa perspectiva, o Tribunal Pleno do STF, no julgamento da ADI 4424, em 09/02/2012, por maioria, dando interpretação conforme aos artigos 12, inciso I, e 16, ambos da Lei nº 11.340/2006, assentou a natureza incondicionada da ação penal em caso de crime de lesão, pouco importando a extensão desta, praticado contra a mulher no ambiente doméstico. Posteriormente, o STJ, seguindo o julgado do STF, também consolidou este mesmo entendimento no âmbito da sua jurisprudência, editando a Súmula nº 542, segundo a qual *"A ação penal relativa ao crime de lesão corporal resultante de violência doméstica contra a mulher é pública incondicionada"*.

Assim, os crimes de lesões corporais leves e culposas no contexto da Lei Maria da Penha são de ação penal pública incondicionada, não podendo se falar, pois, em retratação da representação. Todavia, crimes que não sejam de lesões corporais e que eram de ação penal pública condicionada à representação do ofendido, a exemplo do crime de ameaça, continuam com a natureza desta ação penal inalterada, não sendo alcançados pela decisão do STF.

Acrescente-se que, de acordo com posicionamento do STJ, a audiência especial alhures aludida só deverá ser designada se houver manifestação anterior da vítima no sentido de que deseja se retratar da sua representação. Em outros termos, não há obrigatoriedade de realização desta audiência para que a vítima possa confirmar a sua representação; se entendimento contrário prevalecesse, o não comparecimento da vítima intimada para este ato levaria à retração tácita da representação, o que não é admitido. A audiência, portanto, tem como objetivo a confirmação da retratação e não da representação (STJ, RMS nº 35566/MS).

Conforme tese fixada pelo STJ no rito dos recursos repetitivos, *"A audiência prevista no art. 16 da Lei 11.340/2006 tem por objetivo confirmar a retratação, não a representação, e não pode ser designada de ofício pelo juiz. Sua realização somente é necessária caso haja manifestação do desejo da vítima de se retratar trazida aos autos antes do recebimento da denúncia."* (STJ, 3ª Seção, Tema Repetitivo nº 1167, REsps nºs 1964293/MG e 1977547/MG, Rel. Min. Reynaldo Soares da Fonseca, DJe 08.03.23).

Nessa mesma linha de intelecção, o STF entende que a interpretação no sentido da obrigatoriedade da audiência prevista no artigo 16 da Lei Maria da Penha (Lei 11.340/2006), sem que haja pedido de sua realização pela ofendida, viola o texto constitucional e as disposições internacionais que o Brasil se obrigou a cumprir, na medida em que discrimina injustamente a própria vítima de violência. Com efeito, asseverou-se que a audiência perante o juiz, de que trata o referido dispositivo para as ações penais públicas condicionadas à representação da ofendida, tem a finalidade de viabilizar que a vítima, devidamente assistida por uma equipe multidisciplinar, expresse, de forma livre, a sua vontade. Não se trata da mera avaliação da presença de um requisito procedimental, de modo que não cabe ao magistrado delegar a realização da audiência a outro profissional, ou designá-la de ofício ou a requerimento de outra parte. Visto que a garantia da liberdade somente é assegurada caso a própria vítima, de forma exclusiva, solicite a realização dessa solenidade, determinar o seu comparecimento ao ato configura desrespeito a sua intenção, que, nesse caso, deve prevalecer. Com base nesse entendimento, a Suprema Corte promoveu interpretação conforme a Constituição ao artigo 16 da Lei 11.340/2006, no sentido de reconhecer a inconstitucionalidade (i) da designação, de ofício, da audiência nele prevista; e (ii) do reconhecimento de que eventual não comparecimento da vítima de violência doméstica implique "retratação tácita" ou "renúncia tácita ao direito de representação" (STF, Plenário, ADI nº 7.267/DF, Rel. Min. Edson Fachin, julgamento virtual finalizado em 21.08.2023).

Como se percebe, o instituto em comento e todo o seu tratamento pela jurisprudência visam tutelar, em essência, o *direito à segurança*, *direito à proteção física*, *direito à proteção psicológica* e o próprio *direito de participação*.

No mais, sob o enfoque da Vitimologia, o disposto no art. 16 da Lei Maria da Penha é altamente salutar para fins de redução da denominada **cifra cinza** quanto aos crimes de violência doméstica e familiar contra a mulher. A partir do seu teor, evita-se que a mulher, socialmente vulnerável, sob a influência do seu agressor e diante da dependência psicológica e/ou financeira dele, depois de registrar o fato delitivo, retorne à delegacia de polícia para se retratar da representação anteriormente apresentada[3]. Ou seja, procura-se garantir que a retratação esteja ocorrendo de livre e espontânea vontade por parte da vítima.

2.5. Vedação à aplicação de penas de cesta básica ou outras de prestação pecuniária e de substituição de pena privativa de liberdade que implique o pagamento isolado de multa (art. 17)

Como informa o art. 17 da Lei Maria da Penha, é vedada a aplicação, nos casos de violência doméstica e familiar contra a mulher, de penas de cesta básica ou outras de prestação pecuniária, bem como a substituição de pena que implique o pagamento isolado de multa.

A "pena de cesta básica" não existe no país com essa denominação. No entanto, é possível afirmar que ela, na verdade, se trata de uma criação extraída do art. 45, § 2º, do Código Penal, funcionando como espécie de prestação pecuniária, pena restritiva de direitos (art. 43, I, CP), estando regulamentada, pois, pelos §§ 1º e 2º do art. 45 do CP. Trata-se então de uma alternativa à pena restritiva de direitos de prestação pecuniária.

Pretendeu o art. 17 da Lei nº 11.340/06 conferir um maior rigor na punição aos crimes praticados no contexto de violência doméstica e familiar contra a mulher, fornecendo um tratamento penal recrudescido, observando o **mandado de criminalização** contido no art. 226. § 8º, parte final, da Constituição.

Ampliando o alcance deste comando normativo, o STJ publicou a Súmula nº 588, segundo a qual "*A prática de crime ou contravenção penal contra a mulher com violência ou grave ameaça no ambiente doméstico impossibilita a substituição da pena privativa de liberdade por restritiva de direitos*".

2.6. Medidas protetivas de urgência (arts. 18 a 24)

2.6.1. Noções gerais (arts. 18 a 21)

Como assevera o art. 18 da Lei Maria da Penha, recebido o expediente com o pedido da ofendida, caberá ao juiz, no prazo de 48 (quarenta e oito) horas: I – conhecer

---

3. OLIVEIRA, Natacha Alves de. *Criminologia*. 2. ed. rev., ampl. e atual. Salvador: Juspodivm, 2020, p. 203-203.

do expediente e do pedido e decidir sobre as medidas protetivas de urgência; II – determinar o encaminhamento da ofendida ao órgão de assistência judiciária, quando for o caso, inclusive para o ajuizamento da ação de separação judicial, de divórcio, de anulação de casamento ou de dissolução de união estável perante o juízo competente; III – comunicar ao Ministério Público para que adote as providências cabíveis; IV – determinar a apreensão imediata de arma de fogo sob a posse do agressor.

Em complemento, o art. 19, *caput*, da lei reza que as medidas protetivas de urgência poderão ser concedidas pelo juiz, a requerimento do Ministério Público ou a pedido da ofendida.

Como se percebe, via de regra, as medidas protetivas de urgência são marcadas pela **judicialidade**, isto é, cabe ao juiz, enquanto tutor de direitos fundamentais, decretá-las (cláusula de reserva de jurisdição). Exceção feita à medida protetiva de afastamento do agressor do lar, domicílio ou local de convivência com a ofendida, que, na situação insculpida no art. 12-C, *caput*, da Lei Maria da Penha, como já visto em tópico anterior deste capítulo, poderá ser concedida pelo delegado de polícia (quando o Município não for sede de comarca) ou pelo policial (quando o Município não for sede de comarca e não houver delegado disponível no momento da denúncia); nesta hipótese, o juiz será comunicado no prazo máximo de 24 (vinte e quatro) horas e decidirá, em igual prazo, sobre a manutenção ou a revogação da medida aplicada, devendo dar ciência ao Ministério Público (art. 12-C, § 1º).

No que diz respeito ao **procedimento para a aplicação das medidas protetivas**, os §§ 1º a 6º da Lei Maria da Penha estabelecem regras importantes. Na dicção legal, as medidas protetivas de urgência poderão ser concedidas de imediato, independentemente de audiência das partes e de manifestação do Ministério Público, devendo este ser prontamente comunicado (§ 1º). Elas serão aplicadas isolada ou cumulativamente, e poderão ser substituídas a qualquer tempo por outras de maior eficácia, sempre que os direitos reconhecidos nesta Lei forem ameaçados ou violados (§ 2º). Poderá o juiz, a requerimento do Ministério Público ou a pedido da ofendida, conceder novas medidas protetivas de urgência ou rever aquelas já concedidas, se entender necessário à proteção da ofendida, de seus familiares e de seu patrimônio, ouvido o Ministério Público (§ 3º). As medidas protetivas de urgência serão concedidas em juízo de cognição sumária a partir do depoimento da ofendida perante a autoridade policial ou da apresentação de suas alegações escritas e poderão ser indeferidas no caso de avaliação pela autoridade de inexistência de risco à integridade física, psicológica, sexual, patrimonial ou moral da ofendida ou de seus dependentes (§ 4º). Elas serão concedidas independentemente da tipificação penal da violência, do ajuizamento de ação penal ou cível, da existência de inquérito policial ou do registro de boletim de ocorrência (§ 5º). E vigorarão enquanto persistir risco à integridade física, psicológica, sexual, patrimonial ou moral da ofendida ou de seus dependentes (§ 6º).

Atinente ao § 6º do art. 19 da lei, muito embora o indiciamento não tenha o condão de promover repercussões práticas relevantes para a persecução penal, o STJ decidiu que é indevida a manutenção de medidas protetivas na hipótese de conclusão do inquérito policial sem indiciamento do acusado (STJ, 6ª Turma, Processo sob segredo de justiça, Rel. Min. Antonio Saldanha Palheiro, j. 20.09.2022 – Informativo nº 750). *Data maxima venia*, discordamos desse posicionamento, considerando que o indiciamento não possui efeito vinculante, sendo que o Ministério Público, detentor da *opinio delicti*, pode perfeitamente discordar da autoridade policial e, por exemplo, oferecer a denúncia, pugnando, nesse momento, pela manutenção das medidas protetivas, especialmente se persistirem os motivos cautelares que ensejaram o seu decreto judicial. Caso o juiz venha a concordar com a providência adotada pelo Ministério Público, estaria mais do que justificada a manutenção de tais medidas, sendo irrelevante, pois, se ocorreu ou não o indiciamento do agente em sede de inquérito policial.

Por sua vez, o art. 21 da lei prevê que a ofendida deverá ser notificada dos atos processuais relativos ao agressor, especialmente dos pertinentes ao ingresso e à saída da prisão, sem prejuízo da intimação do advogado constituído ou do defensor público (*caput*). A ofendida não poderá entregar intimação ou notificação ao agressor (parágrafo único).

Sobre todo este procedimento, algumas considerações devem ser feitas, senão vejamos.

Como decidido pelo STJ, a alteração promovida pela Lei nº 14.550/2023 na Lei Maria da Penha no que diz respeito ao teor dos §§ 4º a 6º do seu art. 19 não provocou qualquer modificação quanto à natureza cautelar penal das medidas protetivas de urgência previstas no art. 22, incisos I, II e III, da Lei nº 11.340/2006, apenas previu uma fase pré-cautelar na disciplina das medidas protetivas de urgência (STJ, 5ª Turma, processo em segredo de justiça, Rel. Min. Joel Ilan Paciornik, j. 05.09.2023 – Informativo nº 786).

De outra banda, independentemente da extinção de punibilidade do autor, a vítima de violência doméstica deve ser ouvida para que se verifique a necessidade de prorrogação/concessão das medidas protetivas (STJ, 3ª Seção, REsp nº 1.775.341/SP, Rel. Min. Sebastião Reis Júnior, j. 12.04.2023).

Em acréscimo, tem-se que a natureza jurídica das medidas protetivas de urgência previstas na Lei Maria da Penha é de **tutela inibitória** e não cautelar, inexistindo prazo geral para que ocorra a reavaliação de tais medidas, sendo necessário que, para sua eventual revogação ou modificação, o Juízo se certifique, mediante contraditório, de que houve alteração do contexto fático e jurídico (STJ, 6ª Turma, REsp nº 2.036.072/MG, Rel. Min Laurita Vaz, j. 22.08.2023).

Na senda da jurisprudência do STJ, "as medidas protetivas de urgência, embora tenham caráter provisório, não possuem prazo de vigência, devendo vigorar enquanto persistir a situação de risco à ofendida". Como destacado, as medidas protetivas de urgência previstas na Lei nº 11.340/06, por visarem resguardar a integridade física e psíquica da ofendida, possuem feição de **tutela inibitória e reintegratória**, **conteúdo satisfativo** e não se vinculam, necessariamente, a um procedimento principal. Elas têm como objeto a proteção da vítima e devem permanecer enquanto durar a situação de perigo. Neste ponto, destacou-se julgado do próprio tribunal no sentido de que "[se] deve [...] compreender a medida protetiva como tutela inibitória que prestigia a sua finalidade de prevenção de riscos para a mulher, frente à possibilidade de violência doméstica e familiar" (CC 156.284/PR, Rel. Ministro Ribeiro Dantas, Quinta Turma, DJe 6/3/2018). Entretanto, as medidas protetivas também têm caráter provisório, e como tal, devem apenas vigorar enquanto subsistir o risco à integridade física, psicológica, sexual, patrimonial ou moral da vítima. Com efeito, a fim de se evitar a perenização das medidas, há a orientação de revisão periódica da necessidade de sua manutenção. Nesse contexto, a jurisprudência recente da Corte entende que, para a revogação dessas medidas, é necessária a manifestação da vítima. Sob todas essas premissas, não se pode presumir a desnecessidade das medidas protetivas pelo simples fato de estarem vigentes por certo período de tempo (STJ, 6ª Turma, processo em segredo de justiça, Rel. Min. Rogerio Schietti Cruz, j. 02.04.2024 – Informativo nº 807).

D'outro vértice, denota-se não haver previsão de procedimento específico para concessão da tutela cautelar, restringindo-se a lei a determinar, em seu art. 18, que caberá ao juiz, a requerimento do Ministério Público ou da ofendida, no prazo de 48 horas, decidir sobre as medidas protetivas, entre outras providências. Dessa feita, não cabe a instauração de um processo, com citação do requerido para ciência e contestação, sob pena de decretação de sua revelia, nos moldes do estabelecido na lei processual civil. Aplicável, sim, o regramento do CPP que, em caso de risco à efetividade da medida, determina a intimação do suposto agressor após a decretação da cautelar, facultando-lhe a possibilidade de manifestar-se nos autos a qualquer tempo, sem a aplicação dos efeitos da revelia. O parágrafo único do art. 21 também reforça a não adoção do regramento previsto no CPC, porquanto determina que "a ofendida não poderá entregar intimação ou notificação ao agressor", nada mencionando sobre citação.

Portanto, deve-se aplicar às medidas protetivas de urgência o **regramento previsto pelo CPP** no que tange às **medidas cautelares**. Dessa forma, não cabe falar em instauração de processo próprio, com citação do requerido, tampouco com a possibilidade de decretação de sua revelia em caso de não apresentação de contestação no prazo de cinco dias. Aplicada a cautelar *inaudita altera pars*, para garantia de sua eficácia, o acusado será intimado de sua decretação, facultando-lhe, a qualquer tempo, a apresentação de razões contrárias à manutenção da medida (STJ, 5ª Turma, REsp nº 2.009.402-GO, Rel. Min. Ribeiro Dantas, Rel. Acd. Min. Joel Ilan Paciornik, j. 08.11.2022).

Certo é que, conforme julgado pelo STJ, o Ministério Público possui legitimidade para requerer, em ação civil pública, medida protetiva de urgência em favor de mulher vítima de violência doméstica. Nessa situação, o órgão atua na defesa de direito individual indisponível. Essa legitimidade ganha relevância prática quando houver negativa judicial de medida protetiva de urgência no procedimento próprio, especialmente se houver extinção da pena aplicada ao réu, o que efetivamente ocorreu no caso apreciado pelo Tribunal da Cidadania (STJ, 6ª Turma, REsp nº 1.828.546/SP, Rel. Min. Jesuíno Rissato, Desembargador convocado do TJDFT, j. 12.09.2023).

As medidas protetivas de urgência, assim como todas as demais causas decorrentes da prática de violência doméstica e familiar contra a mulher, são de competência dos Juizados de Violência Doméstica e Familiar contra a Mulher, órgãos com competência cível e criminal (art. 14, *caput*). Enquanto não implementados tais Juizados, as varas criminais acumularão as competências cível e criminal para conhecer e julgar as causas relacionadas à lei (art. 33, *caput*), sendo garantido o direito de preferência para o processo e o julgamento delas (art. 33, parágrafo único). Nesse passo, o STJ já chegou a decidir que compete ao juízo da vara especializada em violência doméstica e familiar a apreciação do pedido de imposição de medida protetiva de manutenção de vínculo trabalhista, por até seis meses, em razão de afastamento do trabalho de ofendida decorrente de violência doméstica e familiar, com fundamento nos artigos 9º, § 2º, inciso II, 14 e 22 da Lei Maria da Penha (Informativo nº 655).

Em outro julgado importante, o STJ esclareceu que, após o advento do art. 23 da Lei nº 13.431/2017 ("Art. 23. Os órgãos responsáveis pela organização judiciária poderão criar juizados ou varas especializadas em crimes contra a criança e o adolescente. Parágrafo único. Até a implementação do disposto no *caput* deste artigo, o julgamento e a execução das causas decorrentes das práticas de violência ficarão, preferencialmente, a cargo dos juizados ou varas especializadas em violência doméstica e temas afins."), nas comarcas em que não houver vara especializada em crimes contra a criança e o adolescente, compete à vara especializada em violência doméstica, onde houver, processar e julgar os casos envolvendo estupro de vulnerável cometido pelo pai (bem como pelo padrasto, companheiro, namorado ou similar) contra a filha (ou criança ou adolescente) no ambiente doméstico ou familiar.

Na sequência, nos termos do art. 927, § 3º, do CPC, tendo em vista a alteração da jurisprudência dominante da Corte em relação às ações penais que tenham tramitado ou que estejam atualmente em trâmite nas varas criminais comuns, a fim de assegurar a segurança jurídica, notadamente por se tratar de competência de natureza absoluta, definiu-se que a tese ora firmada terá sua aplicação modulada nos seguintes termos:

a) nas comarcas em que não houver juizado ou vara especializada nos moldes do art. 23 da Lei nº 13.431/2017, as ações penais que tratam de crimes praticados com violência contra a criança e o adolescente, distribuídas até a data de publicação do acórdão deste julgamento (inclusive), tramitarão nas varas às quais foram distribuídas originalmente ou após determinação definitiva do Tribunal local ou superior, sejam elas juizados/varas de violência doméstica, sejam varas criminais comuns;

b) nas comarcas em que não houver juizado ou vara especializada nos moldes do art. 23 da Lei nº 13.431/2017, as ações penais que tratam de crimes praticados com violência contra a criança e o adolescente, distribuídas após a data de publicação do acórdão deste julgamento, deverão ser obrigatoriamente processadas nos juizados/varas de violência doméstica e, somente na ausência destas, nas varas criminais comuns (STJ, Terceira Seção, Processo sob segredo de justiça, Rel. Min. Sebastião Reis Júnior, j. 26.10.2022 – Informativo nº 755).

Nos termos do art. 36 da Lei nº 11.340/06, a União, os Estados, o Distrito Federal e os Municípios promoverão a adaptação de seus órgãos e de seus programas às diretrizes e aos princípios desta Lei. Esta previsão legal é criticada pela doutrina, sob o argumento de que ela invadiria a competência dos Estados para legislarem sobre organização judiciária (art. 125 CF), desrespeitando o pacto federativo. Nessa direção, André Nicolitt afirma que os "Estados não são obrigados a criar esse ou aquele órgão, quanto mais modificarem a competência de varas criminais para julgarem questões cíveis por força de lei federal[4]".

4. NICOLITT, André. *Manual de Processo Penal*. 10. ed. Belo Horizonte, São Paulo: D'Plácido, 2020, p. 708.

PARTE II

Ainda quanto à competência, registre-se que a ofendida tem a opção de propor ação de divórcio ou de dissolução de união estável no Juizado de Violência Doméstica e Familiar contra a Mulher (art. 14-A, *caput*). Contudo, exclui-se da competência dos Juizados de Violência Doméstica e Familiar contra a Mulher a pretensão relacionada à partilha de bens (art. 14-A, § 1º). Iniciada a situação de violência doméstica e familiar após o ajuizamento da ação de divórcio ou de dissolução de união estável, a ação terá preferência no juízo onde estiver (art. 14-A, § 2º).

Certo é que, com fincas no art. 38-A da Lei Maria da Penha, com a redação dada pela Lei nº 13.827/19, o juiz competente providenciará o registro da medida protetiva de urgência (*caput*). As medidas protetivas de urgência serão, após sua concessão, imediatamente registradas em banco de dados mantido e regulamentado pelo Conselho Nacional de Justiça, garantido o acesso instantâneo do Ministério Público, da Defensoria Pública e dos órgãos de segurança pública e de assistência social, com vistas à fiscalização e à efetividade das medidas protetivas (parágrafo único, com a redação dada pela Lei nº 14.310/22).

Noutro giro, o art. 20 da lei dispõe acerca da **prisão preventiva** por crime praticado contra a mulher no contexto de violência doméstica e familiar. De acordo com esta norma, "em qualquer fase do inquérito policial ou da instrução criminal, caberá a prisão preventiva do agressor, decretada pelo juiz, de ofício, a requerimento do Ministério Público ou mediante representação da autoridade policial" (*caput*). Além disso, "o juiz poderá revogar a prisão preventiva se, no curso do processo, verificar a falta de motivo para que subsista, bem como de novo decretá-la, se sobrevierem razões que a justifiquem" (parágrafo único).

No que tange ao *caput* do art. 20 da Lei Maria da Penha, prevalece o entendimento de que a redação do art. 313, III, do CPP dada pela Lei nº 12.403/11 e, posteriormente, o conteúdo do art. 311 do CPP conferido pela Lei nº 13.964/19 acabaram revogando tacitamente aquele dispositivo legal. É que ele estipula que a prisão preventiva em casos de violência doméstica e familiar contra a mulher poderia ser decretada de forma autônoma, ou seja, mesmo sem que previamente tivesse ocorrido descumprimento de medida protetiva de urgência, o que confronta com o espírito do art. 313, III, do CPP. Mais do que isso, tal norma dava a entender que, nestes casos, a prisão preventiva poderia ser decretada de ofício pelo juiz em qualquer fase do inquérito policial ou da instrução criminal, o que viola frontalmente o exposto no atual art. 311 do CPP. O conflito aparente entre normas seria resolvido não pelo princípio da especialidade, mas sim pelo princípio da posteridade, considerando que as Leis de nº 12.403/11 e 13.964/19 são posteriores à Lei Maria da Penha. É esse também o posicionamento do STJ, que já decidiu que, não obstante o art. 20 da Lei Maria da Penha ainda autorize a decretação da prisão preventiva de ofício pelo Juiz de direito, tal disposição destoa do atual regime jurídico. A atuação do juiz de ofício é vedada independentemente do delito praticado ou de sua gravidade, ainda que seja de natureza hedionda, e deve repercutir no âmbito da violência doméstica e familiar (STJ, 6ª Turma, RHC nº 145.225/RO, Rel. Min. Rogerio Schietti Cruz, j. 15.02.2022). Aliás, em reforço a esse entendimento, verifica-se que a Lei Henry Borel (Lei nº 14.344/22), que busca essencialmente repetir a sistemática da Lei Maria da Penha no âmbito de violência doméstica e familiar contra crianças e adolescentes, possui dispositivo muito semelhante ao art. 20, *caput*, da Lei Maria da Penha, mas nele já não consta a previsão de decreto judicial da prisão preventiva de ofício pelo juiz, estando perfeitamente adaptado ao teor do "Pacote Anticrime". Assim, o art. 17, *caput*, da Lei Henry Borel assevera que *"Em qualquer fase do inquérito policial ou da instrução criminal, caberá a prisão preventiva do agressor, decretada pelo juiz, a requerimento do Ministério Público ou mediante representação da autoridade policial"*.

2.6.2. Medidas protetivas de urgência que obrigam o agressor (art. 22)

O art. 22 da Lei Maria da Penha elenca, em um **rol não taxativo** ("entre outras"), as medidas protetivas de urgência que obrigam o agressor, no intuito de que os mais diversos direitos fundamentais das vítimas sejam devidamente preservados.

Na dicção legal, constatada a prática de violência doméstica e familiar contra a mulher, nos termos desta Lei, o juiz poderá aplicar, de imediato, ao agressor, em conjunto ou separadamente, as seguintes medidas protetivas de urgência, entre outras:

> I – suspensão da posse ou restrição do porte de armas, com comunicação ao órgão competente, nos termos da Lei nº 10.826, de 22 de dezembro de 2003;
>
> II – afastamento do lar, domicílio ou local de convivência com a ofendida;
>
> III – proibição de determinadas condutas, entre as quais:
>
> a) aproximação da ofendida, de seus familiares e das testemunhas, fixando o limite mínimo de distância entre estes e o agressor;
>
> b) contato com a ofendida, seus familiares e testemunhas por qualquer meio de comunicação;
>
> c) frequentação de determinados lugares a fim de preservar a integridade física e psicológica da ofendida;
>
> IV – restrição ou suspensão de visitas aos dependentes menores, ouvida a equipe de atendimento multidisciplinar ou serviço similar;
>
> V – prestação de alimentos provisionais ou provisórios.
>
> VI – comparecimento do agressor a programas de recuperação e reeducação; e
>
> VII – acompanhamento psicossocial do agressor, por meio de atendimento individual e/ou em grupo de apoio.

Nos termos do decidido pelo STJ, as medidas protetivas de urgência previstas nos incisos I, II e III do art. 22 da Lei Maria da Penha têm natureza de cautelares penais, não cabendo falar em citação do requerido para apresentar contestação, tampouco a possibilidade de decretação da revelia, nos moldes da lei processual civil. Na oportunidade, registrou-se que as medidas protetivas de urgência dispostas nos demais incisos desse dispositivo têm natureza cível. Ademais, consignou-se que as medidas protetivas dos incisos I, II e III do art. 22 da Lei nº 11.340/2006 remetem ao paralelismo existente entre estas e as medidas alternativas à prisão dos incisos II e III do art. 319 do CPP. Dessa forma, tanto a proibição de acessar ou frequentar determinados lugares para evitar a prática de novas infrações penais, quanto a proibição de manter contato com pessoa determinada têm grande semelhança com as medidas de proibição de aproximar-se da vítima e de com ela manter contato, previstas na lei protetiva à mulher. (STJ, 5ª Turma, REsp nº 2.009.402-GO, Rel. Min. Ribeiro Dantas, Rel. Acd. Min. Joel Ilan Paciornik, j. 08.11.2022).

O § 1º do art. 22 da lei reforça a ideia de que o rol de medidas protetivas indicado no dispositivo é, de fato, **exemplificativo**, pois assevera que "as medidas referidas neste artigo não impedem a aplicação de outras previstas na legislação em vigor, sempre que a segurança da ofendida ou as circunstâncias o exigirem, devendo a providência ser comunicada ao Ministério Público".

Na hipótese específica de aplicação da medida de suspensão da posse ou restrição do porte de armas, encontrando-se o agressor nas condições mencionadas no *caput* e incisos do art. 6º da Lei nº 10.826/03, o juiz comunicará ao respectivo órgão, corporação ou instituição as medidas protetivas de urgência concedidas e determinará a restrição do porte de armas, ficando o superior imediato do agressor responsável pelo cumprimento da determinação judicial, sob pena de incorrer nos crimes de prevaricação ou de desobediência, conforme o caso (§ 2º).

Para garantir a efetividade das medidas protetivas de urgência, seja ela qual for, poderá o juiz requisitar, a qualquer momento, auxílio da força policial (§ 3º).

Por fim, saliente-se que são aplicadas às hipóteses previstas no art. 22 da Lei Maria da Penha, no que couber, o disposto no *caput* e parágrafo único do art. 497 do CPC/15, que versa sobre a tutela judicial para o cumprimento de obrigação de fazer ou não fazer, por interpretação atualizada do § 4º daquele mesmo art. 22 da Lei nº 11.340/06 (que se refere textualmente ao art. 461, *caput* e §§ 5º e 6º, do CPC/73).

2.6.3. Medidas protetivas de urgência à ofendida (arts. 23 e 24)

O art. 23 da Lei Maria da Penha, em um **rol não taxativo** ("sem prejuízo de outras medidas"), estipula medidas protetivas de urgência que podem ser decretadas judicialmente em favor da vítima, na defesa dos mais diversos direitos de sua titularidade.

Consoante este dispositivo, poderá o juiz, quando necessário, sem prejuízo de outras medidas:

> I – encaminhar a ofendida e seus dependentes a programa oficial ou comunitário de proteção ou de atendimento;
>
> II – determinar a recondução da ofendida e a de seus dependentes ao respectivo domicílio, após afastamento do agressor;
>
> III – determinar o afastamento da ofendida do lar, sem prejuízo dos direitos relativos a bens, guarda dos filhos e alimentos;
>
> IV – determinar a separação de corpos.
>
> V – determinar a matrícula dos dependentes da ofendida em instituição de educação básica mais próxima do seu domicílio, ou a transferência deles para essa instituição, independentemente da existência de vaga.
>
> VI – conceder à ofendida auxílio-aluguel, com valor fixado em função de sua situação de vulnerabilidade social e econômica, por período não superior a 6 (seis) meses.

Em complemento, o art. 24 da Lei Maria da Penha indica que para a proteção patrimonial dos bens da sociedade conjugal ou daqueles de propriedade particular da mulher (*direito à proteção patrimonial*), o juiz poderá determinar, liminarmente, as seguintes medidas, entre outras:

> I – restituição de bens indevidamente subtraídos pelo agressor à ofendida;
>
> II – proibição temporária para a celebração de atos e contratos de compra, venda e locação de propriedade em comum, salvo expressa autorização judicial;
>
> III – suspensão das procurações conferidas pela ofendida ao agressor;
>
> IV – prestação de caução provisória, mediante depósito judicial, por perdas e danos materiais decorrentes da prática de violência doméstica e familiar contra a ofendida.

Deverá o juiz oficiar ao cartório competente para os fins previstos nos incisos II e III deste artigo (parágrafo único).

2.7. Crime de descumprimento de medidas protetivas de urgência (art. 24-A)

Antes do advento da Lei nº 13.641/18, o STJ vinha entendendo que o descumprimento injustificado de medida protetiva imposta judicialmente com base na Lei Maria da Penha não configuraria delito de desobediência disposto no art. 330 do Código Penal. No entender deste tribunal, afastava-se a tipicidade da conduta nos casos em que o descumprimento da ordem fosse punido com sanção específica de natureza civil ou administrativa. Destarte, a Lei Maria da Penha determinava que, nos casos em que ocorresse descumprimento das medidas protetivas de urgência aplicadas ao agressor, seriam cabíveis a requisição de força policial e a imposição de multas, entre outras sanções, não havendo ressalva expressa no sentido da aplicação cumulativa do art. 330 do Código Penal (STJ, Recurso Especial nº 1.477.671).

Ocorre que foi publicada a Lei nº 13.641/18, a qual alterou radicalmente o cenário acima exposto. É que esta legislação criou o art. 24-A na Lei Maria da Penha e nele tipificou o crime de descumprimento de medidas protetivas de urgência, prevendo a pena de detenção de 3 (três) meses a 2 (dois) anos para a conduta de *"Descumprir decisão judicial que defere medidas protetivas de urgência previstas nesta Lei"* (art. 24-A, *caput*, da Lei Maria da Penha). Com isso, restou absolutamente superado o argumento até então empregado pelo STJ de ausência de previsão legal para a configuração do delito em comento. Evidentemente, pelo princípio da especialidade, o crime perpetrado nesta hipótese é o inserido no art. 24-A da Lei Maria da Penha e não o do art. 330 do Código Penal.

A configuração do crime independe da competência civil ou criminal do juiz que deferiu as medidas (art. 24-A, § 1º, da Lei Maria da Penha). Não obstante a pena máxima abstratamente cominada a este delito seja inferior a 4 (quatro) anos de pena privativa de liberdade, o que, em tese, permitiria a concessão de fiança pela autoridade policial, conforme art. 322, *caput*, do CPP, o art. 24-A, § 2º, da Lei Maria da Penha acaba afirmando que *"Na hipótese de prisão em flagrante, apenas a autoridade judicial poderá conceder fiança."*. É cabível, pois, a fixação de fiança (ainda que apenas pelo Juiz), ao contrário do que assevera o art. 69, parágrafo único, da Lei nº 9.099/95. Aliás, muito embora o crime em apreço seja de menor potencial ofensivo, eis que a sua pena máxima é de 2 (dois) anos de detenção, certo é que, por estar tipificado na própria Lei Maria da Penha e com fundamento no art. 41

desta mesma Lei, ele não está submetido ao regramento da Lei nº 9.099/1995, não lhe sendo aplicado nenhum instituto previsto neste último diploma legal.

O disposto no art. 24-A da Lei Maria da Penha não exclui a aplicação de outras sanções cabíveis, consoante estipulado pelo § 3º deste dispositivo legal. Em outros termos, a configuração do delito não afasta a fixação de outras sanções estabelecidas em lei, a exemplo da requisição de força policial, imposição de multas etc., nem mesmo o cabimento da própria prisão preventiva, com fincas no art. 313, III, do CPP.

Sem dúvida alguma, o delito em comento cumpre importante papel de compelir ainda mais o agressor a cumprir as medidas protetivas de urgência que lhe forem impostas, servindo como mais um instrumento relevante de tutela aos direitos fundamentais da mulher vítima de violência doméstica e familiar.

2.8. Assistência judiciária (arts. 27 e 28)

Como forma de tutelar o *direito à justiça* e o *direito à participação*, os arts. 27 e 28 da Lei Maria da Penha asseguram à mulher que foi vítima de violência doméstica e familiar o direito à assistência judiciária.

Com esteio no art. 27 da lei, em todos os atos processuais, cíveis e criminais, a mulher em situação de violência doméstica e familiar deverá estar acompanhada de advogado, ressalvado o previsto no art. 19 desta Lei (referente às medidas protetivas de urgências, das quais o pleito pode ser feito pela própria ofendida, mesmo desacompanhada de advogado ou defensor público).

Fica ainda garantido a toda mulher em situação de violência doméstica e familiar o acesso aos serviços de Defensoria Pública ou de Assistência Judiciária Gratuita, nos termos da lei, em sede policial e judicial, mediante atendimento específico e humanizado (art. 28).

Como será estudado no último capítulo desta obra, para onde, desde já, se remete o(a) leitor(a), os arts. 27 e 28 da Lei Maria da Penha fundamentam a existência do que a doutrina denomina de **assistência qualificada da vítima**.

No mais, noticie-se que, atualmente, a Defensoria Pública em todo o país conta com núcleo especializado na defesa dos direitos das mulheres em situação de violência, o denominado Núcleo Especializado na Defesa dos Direitos das Mulheres (NUDEM).

2.9. Equipe de atendimento multidisciplinar (arts. 29 a 32)

Em respeito ao *direito a tratamento profissional individualizado e não discriminatório*, os arts. 29 a 32 da Lei Maria da Penha colocam à disposição da mulher vítima de violência doméstica e familiar o atendimento feito por equipe multidisciplinar.

Assim, os Juizados de Violência Doméstica e Familiar contra a Mulher que vierem a ser criados poderão contar com uma equipe de atendimento multidisciplinar, a ser integrada por profissionais especializados nas áreas psicossocial, jurídica e de saúde (art. 29).

Compete à equipe de atendimento multidisciplinar, entre outras atribuições que lhe forem reservadas pela legislação local, fornecer subsídios por escrito ao juiz, ao Ministério Público e à Defensoria Pública, mediante laudos ou verbalmente em audiência, e desenvolver trabalhos de orientação, encaminhamento, prevenção e outras medidas, voltados para a ofendida, o agressor e os familiares, com especial atenção às crianças e aos adolescentes (art. 30).

Quando a complexidade do caso exigir avaliação mais aprofundada, o juiz poderá determinar a manifestação de profissional especializado, mediante a indicação da equipe de atendimento multidisciplinar (art. 31).

No mais, o Poder Judiciário, na elaboração de sua proposta orçamentária, poderá prever recursos para a criação e manutenção da equipe de atendimento multidisciplinar, nos termos da Lei de Diretrizes Orçamentárias (art. 32).

2.10. Tutela Coletiva (art. 37)

Insta ressaltar que toda a tutela conferida pela Lei Maria da Penha à mulher vítima de violência doméstica e familiar se insere inteiramente no contexto do *garantismo penal integral* e do *Processo Penal Coletivo*.

Destarte, a proteção a direitos fundamentais da vítima, como já reiteradamente afirmado nesta obra, é uma das facetas do Estado Democrático de Direito e, portanto, do Processo Penal Constitucional, instrumental e garantista (*garantismo penal integral*).

Por sua vez, o *Processo Penal Coletivo* resta reconhecido no contexto de violência doméstica e familiar contra a mulher a partir do disposto no art. 37 da Lei Maria da Penha, segundo o qual "a defesa dos interesses e direitos transindividuais previstos nesta Lei poderá ser exercida, concorrentemente, pelo Ministério Público e por associação de atuação na área, regularmente constituída há pelo menos um ano, nos termos da legislação civil" (*caput*), sendo que "o requisito da pré-constituição poderá ser dispensado pelo juiz quando entender que não há outra entidade com representatividade adequada para o ajuizamento da demanda coletiva" (parágrafo único).

2.11. Impossibilidade da aplicação da Lei nº 9.099/95 (art. 41)

No intuito de conferir um tratamento penal recrudescido, atendendo ao **mandado de criminalização** estampado no art. 226, § 8º, parte final, da Constituição, o art. 41 da Lei Maria da Penha dispõe que aos crimes praticados com violência doméstica e familiar contra a mulher, independentemente da pena prevista, não se aplica a Lei nº 9.099/95. A esse respeito, vale a pena registrar que o Tribunal Pleno do STF, no julgamento na ADI 4424 e da ADC 19, em 09/02/2012, por unanimidade, declarou a plena constitucionalidade deste dispositivo legal. Pode perfeitamente o legislador ordinário tutelar de maneira diferenciada a pessoa hipossuficiente (igualdade material), justificando-se assim o tratamento mais gravoso estipulado pela norma para os delitos cometidos no âmbito de violência doméstica e familiar contra a mulher. Na concepção do garantismo penal integral, não se admite que o Estado tutele de maneira ineficiente os direitos fundamentais em risco.

Consequência direta do teor do dispositivo em comento é a natureza da **ação penal nos crimes de lesões corporais leves e culposas no âmbito da Lei Maria da Penha**.

Nos termos do art. 88 da Lei nº 9.099/95, os crimes de lesões corporais leves e culposas seriam de ação penal pública condicionada à representação do ofendido. No entanto, se tais crimes forem praticados no contexto de violência doméstica e familiar contra a mulher, deve incidir o regramento previsto na Lei Maria da Penha (Lei nº 11.340/06), a qual, como já visto, no seu art. 41, veda integralmente a aplicação da Lei nº 9.099/95 a todos os crimes cometidos justamente com violência doméstica e familiar contra a mulher.

Diante disso, por muito tempo, se questionou acerca da natureza da ação penal dos crimes de lesões corporais leves e culposas no âmbito da Lei Maria da Penha.

PARTE II

De acordo com uma primeira corrente, não sendo possível a aplicação do art. 88 da Lei nº 9.099/95 a tais crimes, valeria a regra prevista no art. 100, *caput*, do Código Penal, segundo a qual, no silêncio da lei, a ação penal deveria ser pública incondicionada. Para uma segunda corrente, no entanto, o art. 41 da Lei nº 11.340/06 seria inconstitucional, por violação de princípios como proporcionalidade, igualdade, dignidade da pessoa humana etc., daí porque os crimes em referência continuariam sendo de ação penal pública condicionada à representação do ofendido.

Encerrando de uma vez por todas essa discussão, o STF, no julgamento da ADI 4424 e da ADC 19 alhures referido, dentre outras matérias, decidiu que o art. 41 da Lei Maria da Penha é constitucional, assentando dessa forma a natureza incondicionada da ação penal em caso de crime de lesão, pouco importando a extensão desta, praticado contra a mulher no ambiente doméstico.

Assim, **os crimes de lesões corporais leves e culposas no contexto da Lei Maria da Penha são de ação penal pública incondicionada**. Todavia, crimes que não sejam de lesões corporais e que eram de ação penal pública condicionada à representação do ofendido, a exemplo do crime de ameaça, continuam com a natureza desta ação penal inalterada, não sendo alcançados pela decisão do STF.

Posteriormente, o STJ, seguindo o julgado do STF, também consolidou este mesmo entendimento no âmbito da sua jurisprudência, editando a Súmula nº 542, segundo a qual *"A ação penal relativa ao crime de lesão corporal resultante de violência doméstica contra a mulher é pública incondicionada"*.

Sob o enfoque da Vitimologia, a ação penal pública incondicionada em crimes de lesões corporais leves e culposas no contexto de violência doméstica e familiar contra a mulher é altamente salutar para fins de redução da denominada **cifra cinza**. Evita-se que a mulher, socialmente vulnerável, sob a influência do seu agressor e diante da dependência psicológica e/ou financeira dele, deixe de apresentar à autoridade competente a representação do ofendido (se ela fosse exigida)[5], o que levaria a uma injusta e indevida impunidade do fato por influência (direta ou indireta) do seu próprio autor.

Por fim, nessa linha de intelecção, frise-se que o STJ editou a Súmula nº 536, segundo a qual *"A suspensão condicional do processo e a transação penal não se aplicam na hipótese de delitos sujeitos ao rito da Lei Maria da Penha"*.

3. INSTRUMENTOS DE TUTELA AOS DIREITOS DAS MULHERES VÍTIMAS DE VIOLÊNCIA DOMÉSTICA E FAMILIAR ENCONTRADOS FORA DA LEI MARIA DA PENHA

A tutela aos direitos fundamentais das mulheres vítimas de violência doméstica e familiar não é taxativa, sendo complementada por instrumentos que se encontram fora da Lei Maria da Penha, seja na legislação penal especial, no próprio CPP ou até em entendimento sustentado pela jurisprudência do país. A seguir, serão apontados alguns desses instrumentos.

3.1. Programa Sinal Vermelho contra a Violência Doméstica (Lei nº 14.188/21)

Ampliando de forma relevante a tutela da mulher vítima de violência doméstica e familiar, a Lei nº 14.188/21 define o programa de cooperação Sinal Vermelho

5. OLIVEIRA, Natacha Alves de. *Criminologia*. 2. ed. rev., ampl. e atual. Salvador: Juspodivm, 2020, p. 203-203.

contra a Violência Doméstica como uma das medidas de enfrentamento da violência doméstica e familiar contra a mulher previstas na Lei nº 11.340/06 (Lei Maria da Penha), e no Código Penal.

Nos termos da lei, fica autorizada a integração entre o Poder Executivo, o Poder Judiciário, o Ministério Público, a Defensoria Pública, os órgãos de segurança pública e as entidades privadas, para a promoção e a realização do programa Sinal Vermelho contra a Violência Doméstica como medida de ajuda à mulher vítima de violência doméstica e familiar, conforme os incisos I, V e VII do *caput* do art. 8º da Lei nº 11.340/06 (art. 2º, *caput*, da lei).

Tais órgãos deverão estabelecer um canal de comunicação imediata com as entidades privadas de todo o País participantes do programa, a fim de viabilizar assistência e segurança à vítima, a partir do momento em que houver sido efetuada a denúncia por meio do código "sinal em formato de X", preferencialmente feito na mão e na cor vermelha (art. 2º, parágrafo único).

A identificação deste código poderá ser feita pela vítima pessoalmente em repartições públicas e entidades privadas de todo o País e, para isso, deverão ser realizadas campanha informativa e capacitação permanente dos profissionais pertencentes ao programa, conforme dispõe o inciso VII do *caput* do art. 8º da Lei nº 11.340/06, para encaminhamento da vítima ao atendimento especializado na localidade.

3.2. Outras previsões legais que tutelam a mulher vítima de violência doméstica e familiar

Nos termos do art. 1º, *caput*, da Lei nº 10.778/03, com a redação dada pela Lei nº 13.931/19, constituem objeto de notificação compulsória, em todo o território nacional, os casos em que houver indícios ou confirmação de violência contra a mulher atendida em serviços de saúde públicos e privados, casos estes que serão obrigatoriamente comunicados à autoridade policial no prazo de 24 (vinte e quatro) horas, para as providências cabíveis e para fins estatísticos (art. 1º, § 4º, da Lei nº 10.778/03).

Em acréscimo, aponte-se que, alterando a Lei nº 13.979/20 (que disciplina as medidas para enfrentamento da emergência de saúde pública de importância internacional decorrente da pandemia pelo coronavírus), a Lei nº 14.022/20 tratou sobre medidas de enfrentamento à violência doméstica e familiar contra a mulher (e também de enfrentamento à violência contra crianças, adolescentes, pessoas idosas e pessoas com deficiência) durante a emergência de saúde pública de importância internacional decorrente do coronavírus responsável pelo surto de 2019.

Noticie-se ainda que, com fincas no art. 798-A, inciso II, do CPP, com a redação dada pela Lei nº 14.365/22, suspende-se o curso do prazo processual nos dias compreendidos entre 20 de dezembro e 20 de janeiro, inclusive, salvo nos procedimentos regidos pela Lei nº 11.340, de 7 de agosto de 2006 (Lei Maria da Penha). Além disso, durante o período de suspensão, fica vedada a realização de audiências e de sessões de julgamento, salvo nas hipóteses dos incisos I, II e III do *caput* deste artigo (art. 798-A, parágrafo único, do CPP).

Por fim, tem-se que a Lei nº 14.847/2024, alterando a Lei Orgânica da Saúde (Lei nº 8.080/90) para dispor sobre o atendimento de mulheres vítimas de violência em ambiente privativo e individualizado nos serviços de saúde prestados no âmbito do Sistema Único de Saúde, inseriu no art. 7º desta última lei o parágrafo único, o qual preleciona que, para os efeitos do inciso XIV do caput deste artigo ("Art. 7º As ações e serviços públicos de saúde e os serviços privados contratados ou conveniados que integram o Sistema Único de Saúde (SUS), são desenvolvidos de acordo com as diretrizes previstas no art. 198 da Constituição Federal, obedecendo ainda aos seguintes princípios: [...] XIV – organização de atendimento público específico e especializado para mulheres e vítimas de violência doméstica em geral, que garanta, entre outros, atendimento, acompanhamento psicológico e cirurgias plásticas reparadoras, em conformidade com a Lei nº 12.845, de 1º de agosto de 2013"), as mulheres vítimas de qualquer tipo de violência têm o direito de serem acolhidas e atendidas nos serviços de saúde prestados no âmbito do SUS, na rede própria ou conveniada, em local e ambiente que garantam sua privacidade e restrição do acesso de terceiros não autorizados pela paciente, em especial o do agressor.

3.3. Impossibilidade de aplicação do princípio da insignificância (Súmula nº 589 STJ)

Impende registrar o teor da Súmula nº 589 do STJ, segundo a qual *"É inaplicável o princípio da insignificância nos crimes ou contravenções penais praticados contra a mulher no âmbito das relações domésticas"*.

O entendimento sumular encontra-se justificado em face da extrema relevância dos bens jurídicos tutelados pela Lei Maria da Penha (direitos fundamentais das vítimas de violência doméstica e familiar), servindo como mais um tratamento penal recrudescido conferido pelo Estado, em observância ao **mandado de criminalização** encontrado no art. 226, § 8º, parte final, da Constituição.

4. QUADRO SINÓTICO

<table>
<tr><th colspan="2">CAPÍTULO XII – INSTRUMENTOS DE TUTELA AOS DIREITOS DAS VÍTIMAS NA LEI Nº 11.340/06 (LEI MARIA DA PENHA)</th></tr>
<tr><td>1. Requisitos para a incidência da Lei Maria da Penha</td><td>Em apertada síntese, pode-se afirmar que a incidência da Lei Maria da Penha está condicionada ao preenchimento de 3 (três) requisitos cumulativos (e não alternativos), a saber:
1. sujeito passivo mulher;
2. prática de violência física, psicológica, sexual, patrimonial ou moral: para a incidência da lei, é suficiente que ocorra apenas uma dessas formas de violência;
3. violência dolosa praticada no âmbito da unidade doméstica, no âmbito da família, ou em qualquer relação íntima de afeto: são situações igualmente alternativas, nas quais se presume uma maior vulnerabilidade da mulher, bastando, pois, a presença de uma delas.</td></tr>
</table>

CAPÍTULO XII – INSTRUMENTOS DE TUTELA AOS DIREITOS DAS VÍTIMAS NA LEI Nº 11.340/06 (LEI MARIA DA PENHA)	
2. Instrumentos de tutela aos direitos das vítimas na Lei Maria da Penha	Os efetivos instrumentos que a Lei Maria da Penha expressamente prevê para fins de tutela dos direitos das mulheres vítimas de violência doméstica e familiar de qualquer espécie são os seguintes: **1. Medidas integradas de prevenção (art. 8º);** **2. Assistência à mulher em situação de violência doméstica e familiar (art. 9º);** **3. Atendimento pela autoridade policial (arts. 10 a 12-C);** **4. Retratação da representação nos crimes praticados no contexto de violência doméstica e familiar contra a mulher (art. 16);** **5. Vedação à aplicação de penas de cesta básica ou outras de prestação pecuniária e de substituição de pena privativa de liberdade que implique o pagamento isolado de multa (art. 17);** **6. Medidas protetivas de urgência (arts. 18 a 24);** **7. Crime de descumprimento de medidas protetivas de urgência (art. 24-A);** **8. Assistência judiciária (arts. 27 e 28);** **9. Equipe de atendimento multidisciplinar (arts. 29 a 32);** **10. Tutela Coletiva (art. 37);** **11. Impossibilidade da aplicação da Lei nº 9.099/95 (art. 41).**
3. Instrumentos de tutela aos direitos das mulheres vítimas de violência doméstica e familiar encontrados fora da Lei Maria da Penha	A tutela aos direitos fundamentais das mulheres vítimas de violência doméstica e familiar não é taxativa, sendo complementada por instrumentos que se encontram fora da Lei Maria da Penha, seja na legislação penal especial, no próprio CPP ou até em entendimento sustentado pela jurisprudência do país. A seguir, constam alguns desses instrumentos: **1. Programa Sinal Vermelho contra a Violência Doméstica (Lei nº 14.188/21);** **2. Outras previsões legais que tutelam a mulher vítima de violência doméstica e familiar** (art. 1º, *caput* e § 4º, da Lei nº 10.778/03; Lei nº 14.022/20; art. 798-A, II e parágrafo único, do CPP; Lei nº 14.847/2024). **3. Impossibilidade de aplicação do princípio da insignificância (Súmula nº 589 STJ).**

PARTE II

CAPÍTULO XIII

INSTRUMENTOS DE TUTELA AOS DIREITOS DAS VÍTIMAS NA LEI Nº 14.344/22 (LEI HENRY BOREL)

1. SISTEMÁTICA DA LEI MARIA DA PENHA REPLICADA NA LEI HENRY BOREL E MICROSSISTEMA DE COMBATE À VIOLÊNCIA DOMÉSTICA E FAMILIAR

O art. 226, § 8º, da Constituição Federal, estabelece que "o Estado assegurará a assistência à família na pessoa de cada um dos que a integram, criando mecanismos para coibir a violência no âmbito de suas relações". Além disso, o art. 227, *caput*, do Texto Constitucional estabelece que "é dever da família, da sociedade e do Estado assegurar à criança, ao adolescente e ao jovem, com absoluta prioridade, o direito à vida, à saúde, à alimentação, à educação, ao lazer, à profissionalização, à cultura, à dignidade, ao respeito, à liberdade e à convivência familiar e comunitária, além de colocá-los a salvo de toda forma de negligência, discriminação, exploração, violência, crueldade e opressão". Em complemento, o § 4º deste último dispositivo constitucional assevera que "a lei punirá severamente o abuso, a violência e a exploração sexual da criança e do adolescente".

Esses mandados de criminalização foram atendidos inicialmente no país por meio da Lei nº 8.069/90 (Estatuto da Criança e do Adolescente), que inclusive prevê, em seu art. 3º, *caput*, o **princípio da proteção integral** de crianças e adolescentes.

Em acréscimo, verifica-se que, no plano internacional, há diversos diplomas normativos que buscam proteger crianças e adolescentes, merecendo destaque a Convenção de Genebra de 1924, a Declaração dos Direitos da Criança de 1959, o Pacto Internacional sobre Direitos Civis e Políticos de 1966, a Convenção Americana sobre Direitos Humanos de 1969, as Regras Mínimas das Nações Unidas para a Administração da Justiça e da Juventude (Regras Mínimas de Beijing) de 1985, a Convenção Internacional sobre os Direitos da Criança de 1989, as Diretrizes das Nações Unidas para a Prevenção da Delinquência Juvenil (Diretrizes de Riad) de 1990 e as Regras Mínimas das Nações Unidas para a Proteção dos Jovens Privados de Liberdade de 1990.

Em meio a todo esse cenário normativo, como resposta imediata à trágica morte do menino "Henry Borel", vítima de homicídio, em 08 de março de 2021, no Rio de Janeiro, em seu próprio apartamento em que morava com sua mãe (Monique

Medeiros) e seu padrasto (o ex-vereador Jairo Souza Santos, o "Jairinho"), crime cruelmente praticado por este, contando com a omissão dolosa daquela, surgiu no país a Lei nº 14.344/22, denominada Lei Henry Borel, que cria mecanismos para a prevenção e o enfrentamento da violência doméstica e familiar contra a criança e o adolescente, nos termos do § 8º do art. 226 e do § 4º do art. 227 da Constituição Federal e das disposições específicas previstas em tratados, convenções ou acordos internacionais de que o Brasil seja parte, alterando ainda o CP, a LEP, o ECA, a Lei de Crimes Hediondos (Lei nº 8.072/90) e a Lei da Escuta Especializada (Lei nº 13.431/17).

Como se percebe de uma simples e rápida leitura da Lei Henry Borel, ela buscou replicar, no âmbito de violência doméstica e familiar contra criança e adolescente, praticamente todos os dispositivos penais e processuais encontrados na Lei Maria da Penha, alterando apenas o sujeito passivo do ato de violência, isto é, substituindo a mulher pela criança e adolescente.

Com efeito, pode-se afirmar, em apertada síntese, que a Lei Henry Borel nada mais é do que a Lei Maria da Penha adaptada ao contexto de violência doméstica e familiar contra criança e adolescente. A sistemática desta é repetida quase que na íntegra por aquela.

Aliás, vale a pena frisar que essas duas leis reconhecem, no país, a existência de um verdadeiro **microssistema de combate à violência doméstica e familiar**. Nessa esteira, o art. 13 da Lei Maria da Penha estatui que "ao processo, ao julgamento e à execução das causas cíveis e criminais decorrentes da prática de violência doméstica e familiar contra a mulher aplicar-se-ão as normas dos Códigos de Processo Penal e Processo Civil e da legislação específica relativa à criança, ao adolescente e ao idoso que não conflitarem com o estabelecido nesta Lei". Em reforço, o art. 33 da Lei Henry Borel reza que "aos procedimentos regulados nesta Lei aplicam-se subsidiariamente, no que couber, as disposições das Leis nºs 8.069, de 13 de julho de 1990 (Estatuto da Criança e do Adolescente), 11.340, de 7 de agosto de 2006 (Lei Maria da Penha), e 13.431, de 4 de abril de 2017". Por sua vez, o Estatuto da Pessoa Idosa, em seu art. 94, informa que "aos crimes previstos nesta Lei, cuja pena máxima privativa de liberdade não ultrapasse 4 (quatro) anos, aplica-se o procedimento previsto na Lei no 9.099, de 26 de setembro de 1995, e, subsidiariamente, no que couber, as disposições do Código Penal e do Código de Processo Penal". Portanto, o CP, o CPP, o CPC, o ECA, a Lei nº 13.431/17 (Lei da Escuta Especializada), o Estatuto da Pessoa Idosa e, com destaque especial, a Lei Maria da Penha e a Lei Henry Borel, somados, formam esse microssistema normativo de combate à violência doméstica e familiar. Fica excluída do microssistema a Lei nº 9.099/95, pois ela jamais se aplica ao contexto da Lei Maria da Penha, por força do seu art. 41, e, em algumas situações, também não se aplicará ao cenário tratado pela Henry Borel, em decorrência do previsto no art. 226, § 1º, do ECA (como será visto ainda neste capítulo).

Por consequência, nada impede (muito antes pelo contrário, tudo recomenda) que institutos encontrados em uma dessas leis (por exemplo, na Lei Maria da Penha) possam ser aplicados em outra (por exemplo, no Estatuto da Pessoa Idosa), com as devidas adaptações, se apropriados para a defesa daquela pessoa alvo de especial proteção legal (por exemplo, a pessoa idosa). A título de ilustração, é possível ampliar o rol de medidas específicas de proteção estipulado pelo art. 45 do Estatuto da Pessoa Idosa, incidindo-se na defesa da pessoa idosa alguma(s) medida(s) protetiva(s) de urgência encontrada(s) nos arts. 22 a 24 da Lei Maria da Penha. Por exemplo, deve ser autorizado que o juiz aplique em favor da pessoa idosa a medida protetiva de urgência consistente no afastamento do lar, domicílio ou local de convivência com a vítima (art. 22, II, da Lei Maria da Penha e art. 21, II, da Lei Henry Borel).

Registre-se, porém, que, quanto aos delitos tipificados em cada uma dessas leis, em respeito ao princípio da legalidade, não se admite o emprego de analogia *in malam partem*, não podendo o crime previsto em uma das leis incidir em outra.

Assim, à semelhança do que é feito pela Lei Maria da Penha, a Lei Henry Borel estipula que a sua incidência está condicionada ao preenchimento de **3 (três) requisitos cumulativos (e não alternativos)**, a saber:

(i) **sujeito passivo criança e adolescente**;

(ii) **prática de violência física, psicológica, sexual, institucional ou patrimonial**: para a incidência da lei, é suficiente que ocorra apenas uma dessas formas de violência. A Lei Henry Borel, em seu art. 2º, parágrafo único, remete aos conceitos dessas espécies de violência encontrados no art. 4º da Lei nº 13.431/17. No comparativo com a Lei Maria da Penha, a Lei Henry Borel não menciona a violência moral, indicada no art. 7º, V, da Lei Maria da Penha, ao passo que reconhece a violência institucional (art. 4º, IV, Lei nº 13.431/17), situação não contemplada pela Lei Maria da Penha. De qualquer forma, em face da ideia de um microssistema de combate à violência doméstica e familiar, nada impede, muito antes pelo contrário, que essas duas espécies de violência se apliquem a ambas as leis. Até porque as listas de violências apresentadas por esses dispositivos (art. 2º, parágrafo único, da Lei Henry Borel c/c art. 4º da Lei nº 13.431/17; art. 7º da Lei Maria da Penha) não são taxativas, mas meramente exemplificativas;

(iii) **ação ou omissão que cause à criança e adolescente morte, lesão, sofrimento físico, sexual, psicológico ou dano patrimonial no âmbito do domicílio ou da residência da criança e do adolescente, no âmbito da família, ou em qualquer relação doméstica e familiar na qual o agressor conviva ou tenha convivido com a vítima, independentemente de coabitação**: são situações igualmente alternativas, nas quais se presume uma maior vulnerabilidade da criança e do adolescente, bastando, pois, a presença de uma delas.

Requisitos (cumulativos) para a aplicação da Lei Henry Borel:
1. Sujeito passivo criança e adolescente;
2. Prática de violência física, psicológica, sexual, institucional ou patrimonial;
3. Ação ou omissão que cause à criança e adolescente morte, lesão, sofrimento físico, sexual, psicológico ou dano patrimonial no âmbito do domicílio ou da residência da criança e do adolescente, no âmbito da família, ou em qualquer relação doméstica e familiar na qual o agressor conviva ou tenha convivido com a vítima, independentemente de coabitação.

Quanto ao primeiro requisito ("sujeito passivo criança e adolescente"), o art. 2º, *caput*, do ECA considera como criança a pessoa até doze anos de idade incompletos, e adolescente aquela entre doze e dezoito anos de idade.

Nessa direção, relembre-se que a criança e o adolescente vítimas de violência doméstica e familiar devem ser compreendidos como **vítimas de especial vulnerabilidade**, na linha do previsto no art. 3º, inciso III, da **Resolução nº 243/2021 do CNMP**, merecendo proteção prioritária por parte do Ministério Público (art. 3º, § 2º, do mesmo ato normativo).

Com relação ao segundo requisito, o conceito de violência doméstica e familiar contra criança e adolescente vem detalhadamente indicado no art. 4º da Lei nº 13.431/17, em muito semelhante ao disposto no art. 7º da Lei Maria da Penha. Na dicção daquele dispositivo (art. 4º da Lei nº 13.431/17), são formas de violência:

> I – violência física, entendida como a ação infligida à criança ou ao adolescente que ofenda sua integridade ou saúde corporal ou que lhe cause sofrimento físico;
>
> II – violência psicológica:
>
> a) qualquer conduta de discriminação, depreciação ou desrespeito em relação à criança ou ao adolescente mediante ameaça, constrangimento, humilhação, manipulação, isolamento, agressão verbal e xingamento, ridicularização, indiferença, exploração ou intimidação sistemática (**bullying**) que possa comprometer seu desenvolvimento psíquico ou emocional;
>
> b) o ato de alienação parental, assim entendido como a interferência na formação psicológica da criança ou do adolescente, promovida ou induzida por um dos genitores, pelos avós ou por quem os tenha sob sua autoridade, guarda ou vigilância, que leve ao repúdio de genitor ou que cause prejuízo ao estabelecimento ou à manutenção de vínculo com este;
>
> c) qualquer conduta que exponha a criança ou o adolescente, direta ou indiretamente, a crime violento contra membro de sua família ou de sua rede de apoio, independentemente do ambiente em que cometido, particularmente quando isto a torna testemunha;
>
> III – violência sexual, entendida como qualquer conduta que constranja a criança ou o adolescente a praticar ou presenciar conjunção carnal ou qualquer outro ato libidinoso, inclusive exposição do corpo em foto ou vídeo por meio eletrônico ou não, que compreenda:
>
> a) abuso sexual, entendido como toda ação que se utiliza da criança ou do adolescente para fins sexuais, seja conjunção carnal ou outro ato libidinoso, realizado de modo presencial ou por meio eletrônico, para estimulação sexual do agente ou de terceiro;
>
> b) exploração sexual comercial, entendida como o uso da criança ou do adolescente em atividade sexual em troca de remuneração ou qualquer outra forma de compensação, de forma independente ou sob patrocínio, apoio ou incentivo de terceiro, seja de modo presencial ou por meio eletrônico;
>
> c) tráfico de pessoas, entendido como o recrutamento, o transporte, a transferência, o alojamento ou o acolhimento da criança ou do adolescente, dentro do território nacional ou para o estrangeiro, com o fim de exploração sexual, mediante ameaça, uso de força ou outra forma de coação, rapto, fraude, engano, abuso de autoridade,

aproveitamento de situação de vulnerabilidade ou entrega ou aceitação de pagamento, entre os casos previstos na legislação;

IV – violência institucional, entendida como a praticada por instituição pública ou conveniada, inclusive quando gerar revitimização.

V – violência patrimonial, entendida como qualquer conduta que configure retenção, subtração, destruição parcial ou total de seus documentos pessoais, bens, valores e direitos ou recursos econômicos, incluídos os destinados a satisfazer suas necessidades, desde que a medida não se enquadre como educacional.

Com relação ao terceiro requisito, qual seja, o âmbito em que a violência doméstica e familiar contra criança e adolescente ocorre, o art. 2º da Lei Henry Borel, que guarda profunda semelhança com o art. 5º da Lei Maria da Penha, afirma que configura violência doméstica e familiar contra a criança e o adolescente qualquer ação ou omissão que lhe cause morte, lesão, sofrimento físico, sexual, psicológico ou dano patrimonial:

I – no âmbito do domicílio ou da residência da criança e do adolescente, compreendida como o espaço de convívio permanente de pessoas, com ou sem vínculo familiar, inclusive as esporadicamente agregadas: o dispositivo é quase uma cópia fiel do art. 5º, I, da Lei Maria da Penha. Como ele se refere a um "espaço de convívio permanente de pessoas", ficam excluídas da aplicação da lei situações em que, por exemplo, o autor do fato delitivo faz uma visita esporádica (como um amigo da família), ou quando ele é um entregador de algum produto.

II – no âmbito da família, compreendida como a comunidade formada por indivíduos que compõem a família natural, ampliada ou substituta, por laços naturais, por afinidade ou por vontade expressa: a norma é muito semelhante àquela contida no art. 5º, II, da Lei Maria da Penha. Há também aqui um conceito bem amplo de família.

III – em qualquer relação doméstica e familiar na qual o agressor conviva ou tenha convivido com a vítima, independentemente de coabitação: esta norma se distancia um pouco do teor do art. 5º, III, da Lei Maria da Penha, que faz menção a "qualquer relação íntima de afeto". No dispositivo em comento da Lei Henry Borel, há referência a "qualquer relação doméstica e familiar". No entanto, tal dispositivo se torna um tanto quanto redundante e desnecessário, pois a situação por ele tratada já se encontra devidamente englobada nos dois incisos anteriores. De qualquer forma, a norma em comento, ao se utilizar do termo "independentemente de coabitação", volta a se aproximar do art. 5º, III, da Lei Maria da Penha. Desse modo, é aplicável também para a Lei Henry Borel o que apregoa a Súmula nº 600 do STJ ("Para a configuração da violência doméstica e familiar prevista no art. 5º da Lei Maria da Penha, não se exige a coabitação entre autor e vítima."). Assim, como a Lei Henry Borel, neste inciso III do art. 2º, não exige coabitação, muito menos vínculo familiar, é possível aplicá-la se a prática de violência doméstica e familiar contra criança e adolescente partir, por exemplo, de babá ou empregada doméstica, desde que haja um tempo razoável em que a profissional exerce suas funções na residência, a ser definido conforme circunstâncias do caso concreto. Aliás, admite-se até mesmo o ato de violência seja cometido fora da residência, se vinculado à relação de convivência familiar, como, por exemplo, se uma babá agride a criança em uma praça ou em um parque.

O art. 2º da Lei Henry Borel comete uma grave falha ao não mencionar outros ambientes em que crimes contra criança e adolescente normalmente ocorrem, com destaque especial ao ambiente escolar. Assim, lamentavelmente, os atos de violência contra criança e adolescente que são cometidos em ambiente escolar não sofrem a incidência da Lei Henry Borel. Algo que necessita ser contornado, com urgência, pelo legislador.

Como bem pondera Renato Brasileiro, "à evidência, na hipótese de escolas em regime de internato, em que as crianças e adolescentes residem no local durante determinados dias da semana, ou mesmo no caso de instituições de acolhimento institucional (v.g., orfanato), dúvida não há quanto à possibilidade de reconhecimento da violência doméstica e familiar, seja à luz do inciso I, seja à luz do inciso III, ambos do art. 2º da Lei Henry Borel. Todavia, à exceção dessas hipóteses, em que a criança ou o adolescente efetivamente residem no ambiente escolar, é dizer, nas situações em que as crianças passam apenas um período do dia, ou mesmo o dia inteiro, na escola, retornando para casa na sequência, não nos parece possível reconhecer a existência de violência doméstica e familiar, pelo menos diante da atual redação do art. 2º da Lei Henry Borel, sendo inviável suprirmos essa lacuna ampliando o âmbito de abrangência da Lei n. 14.344/22, sob pena de evidente violação do princípio da legalidade, já que haveria, *in casu*, analogia *in malam partem*. É de se esperar, portanto, que o equívoco sob comento seja corrigido o quanto antes possível pelo próprio Congresso Nacional, a quem caberá proceder à alteração do art. 2º da Lei Henry Borel[1]".

Noutro giro, repetindo o conteúdo do art. 6º da Lei Maria da Penha, o art. 3º da Lei Henry Borel pontifica que a violência doméstica e familiar contra a criança e o adolescente constitui uma das **formas de violação dos direitos humanos**.

Em acréscimo, no caso particular de tutela à criança e ao adolescente, é digno de breve nota o teor da Lei nº 14.826/2024, que institui a parentalidade positiva e o direito ao brincar como estratégias intersetoriais de prevenção à violência contra crianças. Frise-se que a parentalidade positiva deve ser compreendida como "o processo desenvolvido pelas famílias na educação das crianças na condição de sujeitos de direitos no desenvolvimento de um relacionamento fundamentado no respeito, no acolhimento e na não violência" (art. 5º da Lei nº 14.826/2024). Nesse trilhar, esta lei chega a modificar a Lei Henry Borel, a qual passa a prever, em seu art. 5º, inciso VII, que o Sistema de Garantia dos Direitos da Criança e do Adolescente intervirá nas situações de violência contra a criança e o adolescente com a finalidade, dentre outras, de promover a parentalidade positiva e o direito ao brincar como estratégias de prevenção à violência doméstica contra a criança e o adolescente.

No mais, quanto aos instrumentos de tutela aos direitos da criança e do adolescente vítimas de violência doméstica e familiar, detecta-se que a Lei Henry Borel replica praticamente em sua totalidade o regramento encontrado na Lei Maria da Penha, como adiante será apreciado.

---

1. LIMA, Renato Brasileiro de. *Manual de Legislação Criminal Especial*. 12. ed. rev., atual. e ampl. São Paulo: Juspodivm, 2024, p. 1.506.

2. INSTRUMENTOS DE TUTELA AOS DIREITOS DAS VÍTIMAS NA LEI HENRY BOREL

Os instrumentos de tutela aos direitos das vítimas trazidos pela Lei Henry Borel são, quase em sua totalidade, cópias dos instrumentos dessa natureza que estão disciplinados na Lei Maria da Penha, apenas se alterando o sujeito passivo do ato de violência doméstica e familiar (a mulher é substituída pela criança e adolescente). A seguir, serão tão somente indicados quais são esses instrumentos, sem que, no entanto, seja feito um estudo profundo dos institutos, para evitar repetições desnecessárias nesta obra. Nesse sentido, para maiores informações a respeito desses instrumentos, remetemos o(a) leitor(a) para o capítulo anterior, oportunidade em que eles foram detidamente analisados no âmbito da Lei Maria da Penha.

2.1. Assistência à criança e ao adolescente em situação de violência doméstica e familiar (arts. 6º a 10)

A assistência à criança e ao adolescente em situação de violência doméstica e familiar presente nos arts. 6º a 10 da Lei Henry Borel se assemelha àquela destinada à mulher indicada nos arts. 8º e 9º da Lei Maria da Penha.

Na dicção da Lei Henry Borel, a assistência à criança e ao adolescente em situação de violência doméstica e familiar será prestada de forma articulada e conforme os princípios e as diretrizes previstos nas Leis nºs 8.069, de 13 de julho de 1990 (Estatuto da Criança e do Adolescente), e 8.742, de 7 de dezembro de 1993, no Sistema Único de Saúde, no Sistema Único de Segurança Pública, entre outras normas e políticas públicas de proteção, e emergencialmente, quando for o caso (art. 6º).

A União, o Distrito Federal, os Estados e os Municípios poderão criar e promover, para a criança e o adolescente em situação de violência doméstica e familiar, no limite das respectivas competências e de acordo com o art. 88 da Lei nº 8.069, de 13 de julho de 1990 (Estatuto da Criança e do Adolescente): I – centros de atendimento integral e multidisciplinar; II – espaços para acolhimento familiar e institucional e programas de apadrinhamento; III – delegacias, núcleos de defensoria pública, serviços de saúde e centros de perícia médico-legal especializados; IV – programas e campanhas de enfrentamento da violência doméstica e familiar; V – centros de educação e de reabilitação para os agressores.

O Sistema de Garantia dos Direitos da Criança e do Adolescente, juntamente com os sistemas de justiça, de saúde, de segurança pública e de assistência social, os Conselhos Tutelares e a comunidade escolar, poderão, na esfera de sua competência, adotar ações articuladas e efetivas direcionadas à identificação da agressão, à agilidade no atendimento da criança e do adolescente vítima de violência doméstica e familiar e à responsabilização do agressor (art. 8º).

Os Estados e o Distrito Federal, na formulação de suas políticas e planos de atendimento à criança e ao adolescente em situação de violência doméstica e familiar, darão prioridade, no âmbito da Polícia Civil, à criação de Delegacias Especializadas de Proteção à Criança e ao Adolescente (art. 9º).

Aliás, em termos de prioridade, relembre-se que o CPP, em seu art. 158, parágrafo único, inciso II, estipula a prioridade de realização do exame de corpo de delito quando se tratar de crime que envolva violência contra *criança, adolescente*, pessoa idosa ou com deficiência.

A União, os Estados, o Distrito Federal e os Municípios poderão estabelecer dotações orçamentárias específicas, em cada exercício financeiro, para a implementação das medidas estabelecidas nesta Lei (art. 10).

Todos esses instrumentos tutelam o *direito a apoio*, o *direito à segurança*, o *direito a tratamento profissional individualizado e não discriminatório*, o *direito à proteção física* e o *direito à proteção psicológica* de criança e adolescente vítimas de violência doméstica e familiar.

2.2. Atendimento pela autoridade policial (arts. 11 a 14)

Tratando do atendimento pela autoridade policial, os arts. 11 a 14 da Lei Henry Borel são, em sua maioria, cópias fiéis dos arts. 10 a 12-C da Lei Maria da Penha.

De acordo com o regramento do art. 11 Lei Henry Borel (reprodução adaptada do art. 10 da Lei Maria da Penha), na hipótese de ocorrência de ação ou omissão que implique a ameaça ou a prática de violência doméstica e familiar contra a criança e o adolescente, a autoridade policial que tomar conhecimento da ocorrência adotará, de imediato, as providências legais cabíveis (art. 11, *caput*). Aplica-se esta previsão ao descumprimento de medida protetiva de urgência deferida (art. 11, parágrafo único).

O depoimento da criança e do adolescente vítima ou testemunha de violência doméstica e familiar será colhido nos termos da Lei nº 13.431/17 e do ECA (art. 12) – escuta protegida, o que inclui a escuta especializada e o depoimento especial.

Em reprodução adaptada do art. 11 da Lei Maria da Penha, o art. 13 da Lei Henry Borel assevera que no atendimento à criança e ao adolescente em situação de violência doméstica e familiar, a autoridade policial deverá, entre outras providências: I – encaminhar a vítima ao Sistema Único de Saúde e ao Instituto Médico-Legal imediatamente; II – encaminhar a vítima, os familiares e as testemunhas, caso sejam crianças ou adolescentes, ao Conselho Tutelar para os encaminhamentos necessários, inclusive para a adoção das medidas protetivas adequadas; III – garantir proteção policial, quando necessário, comunicados de imediato o Ministério Público e o Poder Judiciário; IV – fornecer transporte para a vítima e, quando necessário, para seu responsável ou acompanhante, para serviço de acolhimento existente ou local seguro, quando houver risco à vida.

Buscando replicar, de forma adaptada, a sistemática contida no art. 12-C da Lei Maria da Penha, o art. 14 da Lei Henry Borel dispõe que verificada a ocorrência de ação ou omissão que implique a ameaça ou a prática de violência doméstica e familiar, com a existência de risco atual ou iminente à vida ou à integridade física da criança e do adolescente, ou de seus familiares, o agressor será imediatamente afastado do lar, do domicílio ou do local de convivência com a vítima: I – pela autoridade judicial; II – pelo delegado de polícia, quando o Município não for sede de comarca; III – pelo policial, quando o Município não for sede de comarca e não houver delegado disponível no momento da denúncia. O Conselho Tutelar poderá representar às autoridades referidas nos incisos I, II e III do *caput* deste artigo para requerer o afastamento do agressor do lar, do domicílio ou do local de convivência com a vítima (§ 1º). Nas hipóteses previstas nos incisos II e III do *caput* deste artigo, o juiz será comunicado no prazo máximo de 24 (vinte e quatro) horas e decidirá, em igual prazo, sobre a manutenção ou a revogação da medida aplicada, bem como dará ciência ao Ministério Público concomitantemente (§ 2º). Nos casos de risco à integridade física da vítima ou à efetividade da medida protetiva de urgência, não será concedida liberdade provisória ao preso (§ 3º).

Por meio dos instrumentos ora em destaque, a Lei Henry Borel protege o *direito a tratamento profissional individualizado e não discriminatório*, o *direito à segurança*, o *direito à proteção física*, o *direito à proteção psicológica*, o *direito à informação e à comunicação* e o *direito de participação* de criança e adolescente vítimas de violência doméstica e familiar.

2.3. Medidas protetivas de urgência (arts. 15 a 21)

2.3.1. Noções gerais (arts. 15 a 19)

O regramento das medidas protetivas de urgência estabelecido pelos arts. 15 a 21 da Lei Henry Borel busca replicar, de forma adaptada, a sistemática contida nos arts. 18 a 24 da Lei Maria da Penha.

Destarte, na linha do previsto no art. 15 da Lei Henry Borel, cópia adaptada do art. 18 da Lei Maria da Penha, recebido o expediente com o pedido em favor de criança e de adolescente em situação de violência doméstica e familiar, caberá ao juiz, no prazo de 24 (vinte e quatro) horas: I – conhecer do expediente e do pedido e decidir sobre as medidas protetivas de urgência; II – determinar o encaminhamento do responsável pela criança ou pelo adolescente ao órgão de assistência judiciária, quando for o caso; III – comunicar ao Ministério Público para que adote as providências cabíveis; IV – determinar a apreensão imediata de arma de fogo sob a posse do agressor.

O art. 16 da Lei Henry Borel, por sua vez, reprodução adaptada do art. 19 da Lei Maria da Penha, estatui que as medidas protetivas de urgência poderão ser concedidas pelo juiz, a requerimento do Ministério Público, da autoridade policial, do Conselho Tutelar ou a pedido da pessoa que atue em favor da criança e do adolescente (*caput*). As medidas protetivas de urgência poderão ser concedidas de imediato, independentemente de audiência das partes e de manifestação do Ministério Público, o qual deverá ser prontamente comunicado (§ 1º). Tais medidas serão aplicadas isolada ou cumulativamente e poderão ser substituídas a qualquer tempo por outras de maior eficácia, sempre que os direitos reconhecidos nesta Lei forem ameaçados ou violados (§ 2º). Poderá o juiz, a requerimento do Ministério Público ou do Conselho Tutelar, ou a pedido da vítima ou de quem esteja atuando em seu favor, conceder novas medidas protetivas de urgência ou rever aquelas já concedidas, se entender necessário à proteção da vítima, de seus familiares e de seu patrimônio, ouvido o Ministério Público (§ 3º).

O art. 17 da Lei Henry Borel guarda importante distinção quanto ao seu dispositivo correlato na Lei Maria da Penha, qual seja, o art. 20, pois não permite o decreto de ofício da prisão preventiva, conforme já abordado no capítulo anterior e como será reprisado em tópico futuro ainda deste capítulo. Assim, de acordo com aquela norma, em qualquer fase do inquérito policial ou da instrução criminal, caberá a prisão preventiva do agressor, decretada pelo juiz, a requerimento do Ministério Público ou mediante representação da autoridade policial (art. 17, *caput*). O juiz poderá revogar a prisão preventiva se, no curso do processo, verificar a falta de motivo para que subsista, bem como decretá-la novamente, se sobrevierem razões que a justifiquem (art. 17, parágrafo único).

Adaptando o disposto no art. 21 da Lei Maria da Penha, o art. 18 da Lei Henry Borel reza que o responsável legal pela criança ou pelo adolescente vítima ou testemunha de violência doméstica e familiar, desde que não seja o autor das agressões, deverá ser notificado dos atos processuais relativos ao agressor, especialmente dos pertinentes ao ingresso e à saída da prisão, sem prejuízo da intimação do advogado constituído ou do defensor público.

Em reprodução adaptada do art. 38-A da Lei Maria da Penha, o art. 19 da Lei Henry Borel afirma que o juiz competente providenciará o registro da medida protetiva de urgência (*caput*). As medidas protetivas de urgência serão, após sua concessão, imediatamente registradas em banco de dados mantido e regulamentado pelo Conselho Nacional de Justiça, garantido o acesso instantâneo do Ministério Público, da Defensoria Pública, dos órgãos de segurança pública e de assistência social e dos integrantes do Sistema de Garantia dos Direitos da Criança e do Adolescente, com vistas à fiscalização e à efetividade das medidas protetivas (parágrafo único).

2.3.2. Medidas protetivas de urgência que obrigam o agressor (art. 20)

Replicando, de forma adaptada, a sistemática do art. 22 da Lei Maria da Penha, o art. 20 da Lei Henry Borel contempla as medidas protetivas de urgência que obrigam o agressor.

Na dicção legal, em um **rol não taxativo** ("entre outras"), no intuito de que os mais diversos direitos fundamentais das vítimas sejam devidamente preservados, o *caput* do art. 20 da Lei Henry Borel prevê que, constatada a prática de violência doméstica e familiar contra a criança e o adolescente nos termos desta Lei, o juiz poderá determinar ao agressor, de imediato, em conjunto ou separadamente, a aplicação das seguintes medidas protetivas de urgência, entre outras:

> I – a suspensão da posse ou a restrição do porte de armas, com comunicação ao órgão competente, nos termos da Lei nº 10.826, de 22 de dezembro de 2003;
>
> II – o afastamento do lar, do domicílio ou do local de convivência com a vítima;
>
> III – a proibição de aproximação da vítima, de seus familiares, das testemunhas e de noticiantes ou denunciantes, com a fixação do limite mínimo de distância entre estes e o agressor;
>
> IV – a vedação de contato com a vítima, com seus familiares, com testemunhas e com noticiantes ou denunciantes, por qualquer meio de comunicação;

> V – a proibição de frequentação de determinados lugares a fim de preservar a integridade física e psicológica da criança ou do adolescente, respeitadas as disposições da Lei nº 8.069, de 13 de julho de 1990 (Estatuto da Criança e do Adolescente);
>
> VI – a restrição ou a suspensão de visitas à criança ou ao adolescente;
>
> VII – a prestação de alimentos provisionais ou provisórios;
>
> VIII – o comparecimento a programas de recuperação e reeducação;
>
> IX – o acompanhamento psicossocial, por meio de atendimento individual e/ou em grupo de apoio.

As medidas referidas neste artigo não impedem a aplicação de outras previstas na legislação em vigor, sempre que a segurança da vítima ou as circunstâncias o exigirem, e todas as medidas devem ser comunicadas ao Ministério Público (art. 20, § 1º). Na hipótese de aplicação da medida prevista no inciso I do *caput* deste artigo, encontrando-se o agressor nas condições referidas no art. 6º da Lei nº 10.826, de 22 de dezembro de 2003, o juiz comunicará ao respectivo órgão, corporação ou instituição as medidas protetivas de urgência concedidas e determinará a restrição do porte de armas, e o superior imediato do agressor ficará responsável pelo cumprimento da determinação judicial, sob pena de incorrer nos crimes de prevaricação ou de desobediência, conforme o caso (art. 20, § 2º). Para garantir a efetividade das medidas protetivas de urgência, poderá o juiz requisitar, a qualquer momento, auxílio da força policial (art. 20, § 3º).

2.3.3. Medidas protetivas de urgência à vítima (art. 21)

Reproduzindo, de modo adaptado, a sistemática dos arts. 23 e 24 da Lei Maria da Penha, o art. 21 da Lei Henry Borel trata sobre as medidas protetivas de urgência à vítima.

Assim, em um **rol não taxativo** ("sem prejuízo de outras medidas"), na defesa dos mais diversos direitos da criança e do adolescente vítimas de violência doméstica e familiar, o *caput* do art. 21 da Lei Henry Borel estabelece que poderá o juiz, quando necessário, sem prejuízo de outras medidas, determinar:

> I – a proibição do contato, por qualquer meio, entre a criança ou o adolescente vítima ou testemunha de violência e o agressor;
>
> II – o afastamento do agressor da residência ou do local de convivência ou de coabitação;
>
> III – a prisão preventiva do agressor, quando houver suficientes indícios de ameaça à criança ou ao adolescente vítima ou testemunha de violência;
>
> IV – a inclusão da vítima e de sua família natural, ampliada ou substituta nos atendimentos a que têm direito nos órgãos de assistência social;
>
> V – a inclusão da criança ou do adolescente, de familiar ou de noticiante ou denunciante em programa de proteção a vítimas ou a testemunhas;
>
> VI – no caso da impossibilidade de afastamento do lar do agressor ou de prisão, a remessa do caso para o juízo competente, a fim de avaliar a necessidade de acolhimento familiar, institucional ou colação em família substituta;

VII – a realização da matrícula da criança ou do adolescente em instituição de educação mais próxima de seu domicílio ou do local de trabalho de seu responsável legal, ou sua transferência para instituição congênere, independentemente da existência de vaga.

A autoridade policial poderá requisitar (no sentido de solicitar, conforme interpretação realizada pelo STF na ADI nº 7.192) e o Conselho Tutelar requerer ao Ministério Público a propositura de ação cautelar de antecipação de produção de prova nas causas que envolvam violência contra a criança e o adolescente, observadas as disposições da Lei nº 13.431, de 4 de abril de 2017 (art. 21, § 1º). O juiz poderá determinar a adoção de outras medidas cautelares previstas na legislação em vigor, sempre que as circunstâncias o exigirem, com vistas à manutenção da integridade ou da segurança da criança ou do adolescente, de seus familiares e de noticiante ou denunciante (art. 21, § 2º).

2.4. Crimes de descumprimento de medidas protetivas de urgência (art. 25) e de omissão de comunicação (art. 26)

O crime de descumprimento de medidas protetivas de urgência tipificado no art. 25 da Lei Henry Borel é exatamente idêntico ao delito de mesmo nome previsto no art. 24-A da Lei Maria da Penha.

Assim, é tipificada a conduta de "descumprir decisão judicial que defere medida protetiva de urgência prevista nesta Lei", prevendo-se a pena de detenção, de 3 (três) meses a 2 (dois) anos (*caput*). A configuração do crime independe da competência civil ou criminal do juiz que deferiu a medida (§ 1º). Na hipótese de prisão em flagrante, apenas a autoridade judicial poderá conceder fiança (§ 2º). O disposto neste artigo não exclui a aplicação de outras sanções cabíveis (§ 3º).

Indo além da Lei Maria da Penha, a Lei Henry Borel trouxe a tipificação de conduta que não está presente naquela legislação. Com efeito, o *caput* do art. 26 da Lei Henry Borel tipifica como crime a conduta de "deixar de comunicar à autoridade pública a prática de violência, de tratamento cruel ou degradante ou de formas violentas de educação, correção ou disciplina contra criança ou adolescente ou o abandono de incapaz", fixando a pena de detenção, de 6 (seis) meses a 3 (três) anos. A pena é aumentada de metade, se da omissão resulta lesão corporal de natureza grave, e triplicada, se resulta morte (§ 1º). Aplica-se a pena em dobro se o crime é praticado por ascendente, parente consanguíneo até terceiro grau, responsável legal, tutor, guardião, padrasto ou madrasta da vítima (§ 2º).

Sem dúvida alguma, os delitos em comento procuram compelir ainda mais o agressor a cumprir as medidas protetivas de urgência que lhe forem impostas, servindo como mais um instrumento relevante de tutela aos direitos fundamentais da criança e do adolescente vítimas de violência doméstica e familiar.

3. REGRAMENTO ESPECÍFICO DA LEI HENRY BOREL

Apesar da grande similitude entre a Lei Maria da Penha e a Lei Henry Borel, como exposto em tópicos anteriores deste capítulo, verifica-se que há determinadas previsões desta última lei que se afastam um pouco do regramento oferecido por aquela legislação.

Neste tópico, serão destacadas 3 (três) dessas previsões específicas do regramento da Lei Henry Borel, senão vejamos.

3.1. Ação penal nos crimes previstos no ECA (arts. 226, § 1º, com a redação dada pela Lei Henry Borel, e 227 do ECA)

Conforme mencionado no capítulo anterior, a Lei Maria da Penha traz em seu próprio bojo norma (qual seja, o art. 41) que veda a aplicação da Lei nº 9.099/95 aos crimes praticados com violência doméstica e familiar contra a mulher, independentemente da pena prevista.

No entanto, especificamente quanto à incidência da Lei nº 9.099/95, a Lei Henry Borel não possui em seu corpo dispositivo semelhante ao art. 41 da Lei Maria da Penha. Ao contrário, a Lei Henry Borel preferiu inserir norma dessa natureza no Estatuto da Criança e do Adolescente (ECA), em seção que trata dos crimes nela previstos, em um capítulo introdutório a tais delitos. Com efeito, nos termos do art. 226, § 1º, do ECA, com a redação dada pela Lei Henry Borel, *"aos crimes cometidos contra a criança e o adolescente, independentemente da pena prevista, não se aplica a Lei nº 9.099, de 26 de setembro de 1995."*. Por questões de hermenêutica, obviamente o § 1º deve ser lido à luz do *caput* do art. 226 do ECA, o qual se refere apenas e tão somente aos "crimes definidos nesta Lei".

Com isso, chega-se à inarredável conclusão de que a proibição de incidência da Lei nº 9.099/95 se restringe **aos crimes previstos no ECA**, ainda que não sejam praticados mediante violência doméstica e familiar contra crianças e adolescentes. Logo, se os crimes não forem previstos no ECA, ainda que cometidos no contexto de violência doméstica e familiar contra crianças e adolescentes, e não estiverem inseridos no cenário da Lei Maria da Penha, é perfeitamente possível a aplicação da Lei nº 9.099/95 para eles.

De forma didática, pode-se então afirmar:

(i) os crimes previstos no ECA, ainda que não sejam praticados mediante violência doméstica e familiar contra crianças e adolescentes, não permitem a aplicação da Lei nº 9.099/95, por força do que dispõe o art. 226, § 1º, do ECA. Portanto, quando possuírem pena privativa de liberdade máxima inferior a 2 (dois) anos, não serão de competência do Juizado Especial Criminal, não sendo cabíveis os institutos da transação penal e da suspensão condicional do processo;

(ii) os crimes não previstos no ECA, mas se praticados no contexto de violência doméstica e familiar contra crianças e adolescentes do gênero feminino, também não permitem a aplicação da Lei nº 9.099/95, em virtude do estipulado no art. 41 da Lei Maria da Penha. É o exemplo do tipo penal simples de maus-tratos (art. 136, *caput*, do CP) praticado contra criança ou adolescente do gênero feminino: muito embora possua pena máxima de detenção de um ano, não será julgado pelo Juizado Especial Criminal, não sendo cabíveis ainda os institutos da transação penal e da suspensão condicional do processo (Súmula nº 536 do STJ);

(iii) os crimes não previstos no ECA, se praticados no contexto de violência doméstica e familiar contra crianças e adolescentes do gênero masculino, permitem perfeitamente a aplicação da Lei nº 9.099/95. São os exemplos dos crimes de maus-tratos (art. 136, *caput*, do CP) e de ameaça (art. 147 do CP), infrações de menor potencial ofensivo, portanto, de competência do Juizado Especial Criminal, para as quais, em tese, são cabíveis os institutos da transação penal e da suspensão condicional do processo.

Disso não destoa a doutrina. A título de ilustração, para Rogério Sanches Cunha e Thiago Pierobom de Ávila, "a interpretação sistemática a partir da inserção topográfica deste dispositivo sinaliza no sentido de que a retirada do sistema do JEC é apenas para os crimes previstos no ECA (mesmo que não sejam de violência doméstica) e não para todos os delitos do CP e legislação especial. Pois se a intenção da norma fosse retirar tudo do sistema do JEC, a alteração teria sido feita diretamente no corpo da Lei n. 14.344/2022, assim como o fez a LMP, e não no capítulo introdutório dos crimes previstos no ECA[2]".

No que diz respeito ao objeto do presente tópico, qual seja, a ação penal, tem-se que o art. 227 do ECA assevera que os crimes definidos nesta Lei são de **ação penal pública incondicionada**. Esta previsão legal naturalmente se aplica a qualquer crime tipificado no ECA, ocorra ou não no contexto de violência doméstica e familiar contra crianças e adolescentes.

Já se os delitos não estiverem tipificados no ECA e forem praticados no cenário de violência doméstica e familiar contra crianças e adolescentes, é preciso averiguar a natureza do crime praticado e o respectivo regramento legal a ser aplicado para se definir a espécie de ação penal. Por exemplo, no crime de lesão corporal, quando praticado mediante violência doméstica e familiar contra crianças e adolescentes, do gênero masculino (art. 129, § 9º, do CP) ou feminino (art. 129, § 13, do CP), a ação penal será pública incondicionada. De outro lado, crimes como os de ameaça (art. 147 do CP) e de perseguição (art. 147-A do CP), mesmo se cometidos no contexto de violência doméstica e familiar contra crianças e adolescentes, do gênero feminino ou masculino, continuarão sendo de ação penal pública condicionada à representação do ofendido, conforme, respectivamente, os arts. 147, parágrafo único, e 147-A, § 3º, do CP.

Em resumo:

(i) os crimes previstos no ECA são sempre de ação penal pública incondicionada, pouco importando se são praticados ou não no contexto de violência doméstica e familiar contra crianças e adolescentes;

(ii) os crimes não previstos no ECA, quando praticados no contexto de violência doméstica e familiar contra crianças e adolescentes, demandam análise da natureza do crime e do respectivo regramento legal para fins de definição da espécie de ação penal. Por exemplo, o crime de lesões corporais contra crianças e adolescentes, do gênero masculino (art. 129, § 9º, do CP) ou feminino (art. 129, § 13, do CP), é de ação penal pública incondicionada. Já os crimes de ameaça (art. 147 do CP) e de perseguição (art. 147-A do CP), mesmo se praticados no contexto de violência doméstica e familiar contra crianças e adolescentes, do gênero feminino ou masculino, são de ação penal pública condicionada à representação do ofendido (arts. 147, parágrafo único, e 147-A, § 3º, do CP, respectivamente).

---

2. CUNHA, Rogério Sanches; ÁVILA, Thiago Pierobom de. *Violência Doméstica e Familiar contra Crianças e Adolescentes – Lei Henry Borel*: comentários à Lei 14.344/22. Salvador: Juspodivm, 2022, p. 29.

3.2. Impossibilidade de decreto da prisão preventiva de ofício pelo juiz (art. 17, *caput*, da Lei Henry Borel)

Como já estudado no capítulo anterior, o art. 20, *caput*, da Lei Maria da Penha dispõe que "em qualquer fase do inquérito policial ou da instrução criminal, caberá a prisão preventiva do agressor, decretada pelo juiz, de ofício, a requerimento do Ministério Público ou mediante representação da autoridade policial".

No que tange a esta, prevalece o entendimento de que a redação do art. 313, III, do CPP dada pela Lei nº 12.403/11 e, posteriormente, o conteúdo do art. 311 do CPP conferido pela Lei nº 13.964/19 acabaram revogando tacitamente aquele dispositivo legal. É que ele estipula que a prisão preventiva em casos de violência doméstica e familiar contra a mulher poderia ser decretada de forma autônoma, ou seja, mesmo sem que previamente tivesse ocorrido descumprimento de medida protetiva de urgência, o que confronta com o espírito do art. 313, III, do CPP. Mais do que isso, tal norma dava a entender que, nestes casos, a prisão preventiva poderia ser decretada de ofício pelo juiz em qualquer fase do inquérito policial ou da instrução criminal, o que viola frontalmente o exposto no atual art. 311 do CPP. O conflito aparente entre normas seria resolvido não pelo princípio da especialidade, mas sim pelo princípio da posteridade, considerando que as Leis de nº 12.403/11 e 13.964/19 são posteriores à Lei Maria da Penha. É esse também o posicionamento do STJ, que já decidiu que, não obstante o art. 20 da Lei Maria da Penha ainda autorize a decretação da prisão preventiva de ofício pelo Juiz de direito, tal disposição destoa do atual regime jurídico. A atuação do juiz de ofício é vedada independentemente do delito praticado ou de sua gravidade, ainda que seja de natureza hedionda, e deve repercutir no âmbito da violência doméstica e familiar (STJ, 6ª Turma, RHC nº 145.225/RO, Rel. Min. Rogerio Schietti Cruz, j. 15.02.2022).

Nessa esteira, reforçando esse entendimento, verifica-se que a Lei Henry Borel, em seu art. 17, *caput*, não contempla a previsão de decreto judicial da prisão preventiva de ofício pelo juiz, estando perfeitamente adaptado ao teor do "Pacote Anticrime". Assim, tal norma assevera que *"Em qualquer fase do inquérito policial ou da instrução criminal, caberá a prisão preventiva do agressor, decretada pelo juiz, a requerimento do Ministério Público ou mediante representação da autoridade policial"*.

3.3. Requisição da autoridade policial e requerimento do Conselho Tutelar ao MP para propor ação cautelar de antecipação de produção de prova (art. 21, § 1º, da Lei Henry Borel)

A Lei Henry Borel, em seu art. 21, § 1º, dispõe que a autoridade policial poderá *requisitar* e o Conselho Tutelar requerer ao Ministério Público a propositura de ação cautelar de antecipação de produção de prova nas causas que envolvam violência contra a criança e o adolescente, observadas as disposições da Lei nº 13.431/17. Trata-se de dispositivo sem precedente na Lei Maria da Penha e que se refere à hipótese em que o Ministério Público ajuizará pedido cautelar de produção antecipada de prova para fins de colheita do depoimento especial de criança e adolescente vítimas de violência doméstica e familiar, na linha do estabelecido pelo art. 11, § 1º, da Lei nº 13.431/17.

Todavia, polêmica é a previsão legal que autoriza a autoridade policial a *requisitar* do Ministério Público a propositura de ação cautelar de antecipação de produção de prova.

PARTE II

Com efeito, a Associação Nacional dos Membros do Ministério Público (CONAMP) ajuizou no STF a ADI nº 7.192 justamente contra essa previsão legal, sob o argumento de que ela viola o sistema acusatório e a independência funcional dos membros do Ministério Público. Assim, afirmou-se que a norma inverte a lógica acusatória, pois cabe ao Ministério Público requisitar diligências policiais. Afirmou-se que a ação penal pública deve ser promovida, privativamente, pelo Ministério Público e, por essa razão, a Constituição Federal não permite ao delegado de polícia promovê-la. Nos exatos termos constantes da ação, "o Ministério Público não se submete à determinação ou ordem da autoridade policial". Acatando boa parte desses argumentos, o STF julgou a ADI parcialmente procedente para conferir interpretação conforme ao art. 21, § 1º, da Lei nº 14.344/2022, de modo a assentar que o Delegado pode solicitar (e não requisitar, determinar) ao Ministério Público a propositura de ação cautelar de antecipação de produção de prova nas causas que envolvam violência contra a criança e o adolescente, cabendo ao membro desta última instituição avaliar se entender ser o caso de atuação, nos limites de sua independência funcional e observados os deveres que lhe são inerentes (STF, Plenário, ADI nº 7.192, Rel. Min. Luiz Fux, julgamento virtual finalizado em 17.05.2024). Portanto, a Suprema Corte interpretou o termo "requisitar" não como sinônimo de determinar, obrigar, mas sim no sentido de solicitar, pedir, requerer, sendo que o pleito será avaliado pelo membro do Ministério Público, no âmbito da sua independência funcional e cumprindo os seus deveres funcionais.

4. QUADRO SINÓTICO

CAPÍTULO XIII – INSTRUMENTOS DE TUTELA AOS DIREITOS DAS VÍTIMAS NA LEI Nº 14.344/22 (LEI HENRY BOREL)	
1. Sistemática da Lei Maria da Penha replicada na Lei Henry Borel e microssistema de combate à violência doméstica e familiar	Como se percebe de uma simples e rápida leitura da Lei Henry Borel, ela buscou replicar, no âmbito de violência doméstica e familiar contra criança e adolescente, praticamente todos os dispositivos penais e processuais encontrados na Lei Maria da Penha, alterando apenas o sujeito passivo do ato de violência, isto é, substituindo a mulher pela criança e adolescente. Com efeito, pode-se afirmar, em apertada síntese, que a Lei Henry Borel nada mais é do que a Lei Maria da Penha adaptada ao contexto de violência doméstica e familiar contra criança e adolescente. A sistemática desta é repetida quase que na íntegra por aquela. Aliás, vale a pena frisar que essas duas leis reconhecem, no país, a existência de um verdadeiro **microssistema de combate à violência doméstica e familiar**. Nessa esteira, o art. 13 da Lei Maria da Penha estatui que "ao processo, ao julgamento e à execução das causas cíveis e criminais decorrentes da prática de violência doméstica e familiar contra a mulher aplicar-se-ão as normas dos Códigos de Processo Penal e Processo Civil e da legislação específica relativa à criança, ao adolescente e ao idoso que não conflitarem com o estabelecido nesta Lei". Em reforço, o art. 33 da Lei Henry Borel reza que "aos procedimentos regulados nesta Lei aplicam-se subsidiariamente, no que couber, as disposições das Leis nºs 8.069, de 13 de julho de 1990 (Estatuto da Criança e do Adolescente), 11.340, de 7 de agosto de 2006 (Lei Maria da Penha), e 13.431, de 4 de abril de 2017". Por sua vez, o Estatuto da Pessoa Idosa, em seu art. 94, informa que

CAPÍTULO XIII – INSTRUMENTOS DE TUTELA AOS DIREITOS DAS VÍTIMAS NA LEI Nº 14.344/22 (LEI HENRY BOREL)

1. Sistemática da Lei Maria da Penha replicada na Lei Henry Borel e microssistema de combate à violência doméstica e familiar	"aos crimes previstos nesta Lei, cuja pena máxima privativa de liberdade não ultrapasse 4 (quatro) anos, aplica-se o procedimento previsto na Lei no 9.099, de 26 de setembro de 1995, e, subsidiariamente, no que couber, as disposições do Código Penal e do Código de Processo Penal". Portanto, o CP, o CPP, o CPC, o ECA, a Lei nº 13.431/17 (Lei da Escuta Especializada), o Estatuto da Pessoa Idosa e, com destaque especial, a Lei Maria da Penha e a Lei Henry Borel, somados, formam esse microssistema normativo de combate à violência doméstica e familiar. Fica excluída do microssistema a Lei nº 9.099/95, pois ela jamais se aplica ao contexto da Lei Maria da Penha, por força do seu art. 41, e, em algumas situações, também não se aplicará ao cenário tratado pela Henry Borel, em decorrência do previsto no art. 226, § 1º, do ECA (como será visto ainda neste capítulo). Por consequência, nada impede (muito antes pelo contrário, tudo recomenda) que institutos encontrados em uma dessas leis (por exemplo, na Lei Maria da Penha) possam ser aplicados em outra (por exemplo, no Estatuto da Pessoa Idosa), com as devidas adaptações, se apropriados para a defesa daquela pessoa alvo de especial proteção legal (por exemplo, a pessoa idosa). A título de ilustração, é possível ampliar o rol de medidas específicas de proteção estipulado pelo art. 45 do Estatuto da Pessoa Idosa, incidindo-se na defesa da pessoa idosa alguma(s) medida(s) protetiva(s) de urgência encontrada(s) nos arts. 22 a 24 da Lei Maria da Penha. Por exemplo, deve ser autorizado que o juiz aplique em favor da pessoa idosa a medida protetiva de urgência consistente no afastamento do lar, domicílio ou local de convivência com a vítima (art. 22, II, da Lei Maria da Penha e art. 21, II, da Lei Henry Borel). Registre-se, porém, que, quanto aos delitos tipificados em cada uma dessas leis, em respeito ao princípio da legalidade, não se admite o emprego de analogia *in malam partem*, não podendo o crime previsto em uma das leis incidir em outra. Assim, à semelhança do que é feito pela Lei Maria da Penha, a Lei Henry Borel estipula que a sua incidência está condicionada ao preenchimento de **3 (três) requisitos cumulativos (e não alternativos)**, a saber: **(i) sujeito passivo criança e adolescente**; **(ii) prática de violência física, psicológica, sexual, institucional ou patrimonial**: para a incidência da lei, é suficiente que ocorra apenas uma dessas formas de violência. A Lei Henry Borel, em seu art. 2º, parágrafo único, remete aos conceitos dessas espécies de violência encontrados no art. 4º da Lei nº 13.431/17. No comparativo com a Lei Maria da Penha, a Lei Henry Borel não menciona a violência moral, indicada no art. 7º, V, da Lei Maria da Penha, ao passo que reconhece a violência institucional (art. 4º, IV, Lei nº 13.431/17), situação não contemplada pela Lei Maria da Penha. De qualquer forma, em face da ideia de um microssistema de combate à violência doméstica e familiar, nada impede, muito antes pelo contrário, que essas duas espécies de violência se apliquem a ambas as leis. Até porque as listas de violências apresentadas por esses dispositivos (art. 2º, parágrafo único, da Lei Henry Borel c/c

CAPÍTULO XIII – INSTRUMENTOS DE TUTELA AOS DIREITOS DAS VÍTIMAS NA LEI Nº 14.344/22 (LEI HENRY BOREL)	
1. Sistemática da Lei Maria da Penha replicada na Lei Henry Borel e microssistema de combate à violência doméstica e familiar	art. 4º da Lei nº 13.431/17; art. 7º da Lei Maria da Penha) não são taxativas, mas meramente exemplificativas; **(iii) ação ou omissão que cause à criança e adolescente morte, lesão, sofrimento físico, sexual, psicológico ou dano patrimonial no âmbito do domicílio ou da residência da criança e do adolescente, no âmbito da família, ou em qualquer relação doméstica e familiar na qual o agressor conviva ou tenha convivido com a vítima, independentemente de coabitação**: são situações igualmente alternativas, nas quais se presume uma maior vulnerabilidade da criança e do adolescente, bastando, pois, a presença de uma delas.
2. Instrumentos de tutela aos direitos das vítimas na Lei Henry Borel	Os instrumentos de tutela aos direitos das vítimas trazidos pela Lei Henry Borel são, quase em sua totalidade, cópias dos instrumentos dessa natureza que estão disciplinados na Lei Maria da Penha, apenas se alterando o sujeito passivo do ato de violência doméstica e familiar (a mulher é substituída pela criança e adolescente). Assim, os efetivos instrumentos que a Lei Henry Borel expressamente prevê para fins de tutela dos direitos das crianças e adolescentes vítimas de violência doméstica e familiar de qualquer espécie são os seguintes: **1. Assistência à criança e ao adolescente em situação de violência doméstica e familiar (arts. 6º a 10);** **2. Atendimento pela autoridade policial (arts. 11 a 14);** **3. Medidas protetivas de urgência (arts. 15 a 21);** **4. Crimes de descumprimento de medidas protetivas de urgência (art. 25) e de omissão de comunicação (art. 26).**
3. Regramento específico da Lei Henry Borel	Apesar da grande similitude entre a Lei Maria da Penha e a Lei Henry Borel, verifica-se que há determinadas previsões desta última lei que se afastam um pouco do regramento oferecido por aquela legislação. Três dessas previsões específicas do regramento da Lei Henry Borel são as seguintes: **1. Ação penal nos crimes previstos no ECA (arts. 226, § 1º, com a redação dada pela Lei Henry Borel, e 227 do ECA);** **2. Impossibilidade de decreto da prisão preventiva de ofício pelo juiz (art. 17, *caput*, da Lei Henry Borel);** **3. Requisição da autoridade policial e requerimento do Conselho Tutelar ao MP para propor ação cautelar de antecipação de produção de prova (art. 21, § 1º, da Lei Henry Borel).**

CAPÍTULO XIV

INSTRUMENTOS DE TUTELA AOS DIREITOS DAS VÍTIMAS NA LEI Nº 10.741/03 (ESTATUTO DA PESSOA IDOSA)

1. TRATAMENTO LEGAL DA PESSOA IDOSA E SEUS DIREITOS FUNDAMENTAIS

A tutela da pessoa idosa no Brasil possui, inicialmente, sede constitucional, estando reconhecida nos arts. 229 e 230 da Carta Magna Federal. Na dicção constitucional, "os pais têm o dever de assistir, criar e educar os filhos menores, e os filhos maiores têm o dever de ajudar e amparar os pais na velhice, carência ou enfermidade" (art. 229). Além disso, "a família, a sociedade e o Estado têm o dever de amparar as pessoas idosas, assegurando sua participação na comunidade, defendendo sua dignidade e bem-estar e garantindo-lhes o direito à vida" (art. 230, *caput*). E "os programas de amparo aos idosos serão executados preferencialmente em seus lares" (art. 230, § 1º). Finalmente, "aos maiores de sessenta e cinco anos é garantida a gratuidade dos transportes coletivos urbanos" (art. 230, § 2º).

Apesar de a Constituição ter garantido a gratuidade de passagem em transportes coletivos urbanos para os maiores de sessenta e cinco anos, certo é que, em nenhum momento, ela chegou a efetivamente definir quem seria a pessoa idosa.

Esse papel coube ao legislador ordinário, que conceituou a pessoa idosa, primeiro, no art. 2º da Lei nº 8.842/94 e, posteriormente, no art. 1º da Lei nº 10.741/03, denominado Estatuto da Pessoa Idosa.

De acordo com esta última previsão legal (art. 1º do Estatuto da Pessoa Idosa), considera-se pessoa idosa toda aquela que possui **idade igual ou superior a 60 (sessenta) anos**. Adotou o legislador o **critério cronológico** para definição da pessoa idosa, critério este que leva em consideração para tal fim apenas e tão somente o patamar etário fixado na lei. Trata-se de critério "objetivo, pois basta analisar a idade da pessoa para saber se é ou não pessoa idosa[1]".

1. CASAROTI, Luciano. *Idoso – Lei nº 10.741/2003*. *In*: CUNHA, Rogério Sanches; PINTO, Ronaldo Batista; SOUZA, Renee do Ó (Coords.). *Leis Penais Especiais Comentadas*. 4. ed. rev., atual. e ampl. Salvador: Juspodivm, 2021, p. 1.473.

Trata-se de pessoa que, enquanto vítima de crimes, deve ser compreendida como uma **vítima de especial vulnerabilidade**, na linha do previsto no art. 3º, inciso III, da **Resolução nº 243/2021 do CNMP**, merecendo proteção prioritária por parte do Ministério Público (art. 3º, § 2º, do mesmo ato normativo).

Desse modo, para tais pessoas, a Lei nº 10.741/03 regulamenta os direitos fundamentais que são inerentes à pessoa humana, estipulando a **proteção integral**, assegurando-se-lhe, por lei ou por outros meios, todas as oportunidades e facilidades, para preservação de sua saúde física e mental e seu aperfeiçoamento moral, intelectual, espiritual e social, em condições de liberdade e dignidade (art. 2º). Em reforço, reconhece a **absoluta prioridade** na efetivação de direitos fundamentais como o direito à vida, à saúde, à alimentação, à educação, à cultura, ao esporte, ao lazer, ao trabalho, à cidadania, à liberdade, à dignidade, ao respeito e à convivência familiar e comunitária (art. 3º).

Essa garantia de prioridade compreende: I – atendimento preferencial imediato e individualizado junto aos órgãos públicos e privados prestadores de serviços à população; II – preferência na formulação e na execução de políticas sociais públicas específicas; III – destinação privilegiada de recursos públicos nas áreas relacionadas com a proteção à pessoa idosa; IV – viabilização de formas alternativas de participação, ocupação e convívio da pessoa idosa com as demais gerações; V – priorização do atendimento da pessoa idosa por sua própria família, em detrimento do atendimento asilar, exceto dos que não a possuam ou careçam de condições de manutenção da própria sobrevivência; VI – capacitação e reciclagem dos recursos humanos nas áreas de geriatria e gerontologia e na prestação de serviços às pessoas idosas; VII – estabelecimento de mecanismos que favoreçam a divulgação de informações de caráter educativo sobre os aspectos biopsicossociais de envelhecimento; VIII – garantia de acesso à rede de serviços de saúde e de assistência social locais. IX – prioridade no recebimento da restituição do Imposto de Renda (art. 3º, § 1º).

Entre as pessoas idosas, é assegurada prioridade especial aos maiores de 80 (oitenta) anos, atendendo-se suas necessidades sempre preferencialmente em relação às demais pessoas idosas (art. 3º, § 2º). Aliás, o Estatuto da Pessoa Idosa detalha ainda mais essa **prioridade especial para as pessoas maiores de 80 (oitenta) anos**, asseverando, a uma, que "em todo atendimento de saúde, os maiores de 80 (oitenta) anos terão preferência especial sobre as demais pessoas idosas, exceto em caso de emergência" (art. 15, § 7º), e, a duas, que "dentre os processos de pessoas idosas, dar-se-á prioridade especial aos das maiores de 80 (oitenta) anos" (art. 71, § 5º).

No que diz respeito à violação aos direitos fundamentais das pessoas idosas, o que deve incluir a prática de infrações penais contra elas, o Estatuto da Pessoa Idosa apresenta importante regramento em seus arts. 4º a 6º. Destarte, como dispõe o *caput* do art. 4º, "nenhuma pessoa idosa será objeto de qualquer tipo de negligência, discriminação, violência, crueldade ou opressão, e todo atentado aos seus direitos, por ação ou omissão, será punido na forma da lei". Informa ainda o dispositivo que "é dever de todos prevenir a ameaça ou violação aos direitos da pessoa idosa" (art. 4º, § 1º) e que "as obrigações previstas nesta Lei não excluem da prevenção outras decorrentes dos princípios por ela adotados" (art. 4º, § 2º).

Prosseguindo com a disciplina legal, o art. 5º informa que "a inobservância das normas de prevenção importará em responsabilidade à pessoa física ou jurídica nos termos da lei", ao passo que o art. 6º, tratando do instituto da *delatio criminis*, reza que "todo cidadão tem o dever de comunicar à autoridade competente qualquer forma de violação a esta Lei que tenha testemunhado ou de que tenha conhecimento".

Dentro de todo esse sistema protetivo trazido pela Lei nº 10.741/03, vejamos a seguir os instrumentos oferecidos por ela para a tutela da pessoa idosa quando for vítima da prática de crimes.

2. INSTRUMENTOS DE TUTELA AOS DIREITOS DAS VÍTIMAS NO ESTATUTO DA PESSOA IDOSA

Como já afirmado no capítulo anterior, o Estatuto da Pessoa Idosa é apenas uma das leis que integram o **microssistema de combate à violência doméstica e familiar**.

Com efeito, o art. 13 da Lei Maria da Penha prevê que "ao processo, ao julgamento e à execução das causas cíveis e criminais decorrentes da prática de violência doméstica e familiar contra a mulher aplicar-se-ão as normas dos Códigos de Processo Penal e Processo Civil e da legislação específica relativa à criança, ao adolescente e ao idoso que não conflitarem com o estabelecido nesta Lei". Em reforço, o art. 33 da Lei Henry Borel determina que "aos procedimentos regulados nesta Lei aplicam-se subsidiariamente, no que couber, as disposições das Leis nºs 8.069, de 13 de julho de 1990 (Estatuto da Criança e do Adolescente), 11.340, de 7 de agosto de 2006 (Lei Maria da Penha), e 13.431, de 4 de abril de 2017". Por sua vez, o Estatuto da Pessoa Idosa, em seu art. 94, informa que "aos crimes previstos nesta Lei, cuja pena máxima privativa de liberdade não ultrapasse 4 (quatro) anos, aplica-se o procedimento previsto na Lei no 9.099, de 26 de setembro de 1995, e, subsidiariamente, no que couber, as disposições do Código Penal e do Código de Processo Penal".

Portanto, o CP, o CPP, o CPC, o ECA, a Lei nº 13.431/17 (Lei da Escuta Especializada), a Lei Maria da Penha, a Lei Henry Borel e o Estatuto da Pessoa Idosa, somados, formam esse microssistema normativo de combate à violência doméstica e familiar. Fica excluída do microssistema a Lei nº 9.099/95, pois ela jamais se aplica ao contexto da Lei Maria da Penha, por força do seu art. 41, e, em algumas situações, também não se aplicará ao cenário tratado pela Henry Borel, em decorrência do previsto no art. 226, § 1º, do ECA.

Assim, nada impede (muito antes pelo contrário, tudo recomenda) que institutos encontrados na Lei Maria da Penha e na Lei Henry Borel, se apropriados para a tutela da pessoa idosa, possam ser também utilizados em seu favor, com as devidas adaptações. A título de ilustração, é possível ampliar o rol de medidas específicas de proteção estipulado pelo art. 45 do Estatuto da Pessoa Idosa, incidindo-se na defesa da pessoa idosa alguma(s) medida(s) protetiva(s) de urgência encontrada(s) nos arts. 22 a 24 da Lei Maria da Penha. Por exemplo, deve ser autorizado que o juiz aplique em favor da pessoa idosa a medida protetiva de urgência consistente no afastamento do lar, domicílio ou local de convivência com a vítima (art. 22, II, da Lei Maria da Penha e art. 21, II, da Lei Henry Borel). Exceção feita apenas aos tipos penais, em respeito ao princípio da legalidade, não se admitindo o emprego de analogia *in malam partem*.

De qualquer sorte, o Estatuto da Pessoa Idosa traz alguns instrumentos próprios para a tutela da pessoa idosa enquanto vítima de crimes, conforme adiante será exposto.

2.1. Medidas específicas de proteção (arts. 43 a 45)

Os arts. 43 a 45 da Lei nº 10.741/03 versam sobre medidas específicas de proteção à pessoa idosa. Embora, em essência, tais medidas sejam de índole cível, é plenamente possível que elas também se apliquem na hipótese de a pessoa idosa ser vítima de crimes.

Ademais, como já visto no tópico anterior, admite-se que o rol de medidas específicas de proteção da Lei nº 10.741/03 seja ampliado com a incidência das medidas protetivas de urgência estabelecidas pelos arts. 22 a 24 da Lei Maria da Penha e arts. 20 e 21 da Lei Henry Borel, se elas forem apropriadas à defesa da pessoa idosa, e com as devidas adaptações (microssistema de combate à violência doméstica e familiar). Por exemplo, deve ser autorizado que o juiz aplique em favor da pessoa idosa a medida protetiva de urgência consistente no afastamento do lar, domicílio ou local de convivência com a vítima (art. 22, II, da Lei Maria da Penha e art. 21, II, da Lei Henry Borel).

Na dicção do Estatuto da Pessoa Idosa, conforme aponta o seu art. 43, as medidas de proteção à pessoa idosa são aplicáveis sempre que os direitos reconhecidos nesta Lei forem ameaçados ou violados: I – por ação ou omissão da sociedade ou do Estado; II – por falta, omissão ou abuso da família, curador ou entidade de atendimento; III – em razão de sua condição pessoal.

Além disso, "as medidas de proteção à pessoa idosa previstas nesta Lei poderão ser aplicadas, isolada ou cumulativamente, e levarão em conta os fins sociais a que se destinam e o fortalecimento dos vínculos familiares e comunitários".

Em seguida, o art. 45 da lei afirma que, verificada qualquer das hipóteses previstas no art. 43, o Ministério Público ou o Poder Judiciário, a requerimento daquele, poderá determinar, dentre outras, as seguintes medidas:

> I – encaminhamento à família ou curador, mediante termo de responsabilidade;
>
> II – orientação, apoio e acompanhamento temporários;
>
> III – requisição para tratamento de sua saúde, em regime ambulatorial, hospitalar ou domiciliar;
>
> IV – inclusão em programa oficial ou comunitário de auxílio, orientação e tratamento a usuários dependentes de drogas lícitas ou ilícitas, à própria pessoa idosa ou à pessoa de sua convivência que lhe cause perturbação;
>
> V – abrigo em entidade;
>
> VI – abrigo temporário.

Como se percebe, a uma, essas medidas específicas de proteção podem ser determinadas pelo próprio Ministério Público, ou até pelo Poder Judiciário, mas não de ofício e sim por requerimento do órgão ministerial. A duas, o **rol dessas medidas não é taxativo**, ou seja, o **rol é exemplificativo** ("dentre outras"), até porque, como já afirmado anteriormente, é possível o seu complemento por meio das medidas protetivas de urgência fixadas nos arts. 22 a 24 da Lei Maria da Penha e arts. 20 e 21 da Lei Henry Borel, se elas forem apropriadas à defesa da pessoa idosa, e com as devidas adaptações (microssistema de combate à violência doméstica e familiar).

No mais, tem-se que as medidas ora tratadas buscam tutelar os mais diversos direitos fundamentais da pessoa idosa.

2.2. Acesso à Justiça (arts. 69 a 71)

Os arts. 69 a 71 da Lei nº 10.741/03 apresentam importantes regras de acesso à Justiça por parte da pessoa idosa. Não obstante o contido no art. 69, que se refere à aplicação subsidiária do Código de Processo Civil, nada impede que aqueles dispositivos também incidam no processo penal que trate de crime praticado contra a pessoa idosa.

Nesse sentido, merece destaque a prioridade de tramitação de processos e procedimentos envolvendo pessoas com idade igual ou superior a 60 (sessenta) anos, em qualquer instância (art. 71, *caput*), dando-se prioridade especial aos feitos com maiores de 80 (oitenta) anos (art. 71, § 5º).

Na hipótese de pessoa idosa figurando como vítima de crime, indubitavelmente todo esse regramento legal fornece relevante tutela ao *direito à justiça* e ao próprio *direito de participação*.

A esse respeito, relembre-se que o CPP, em seu art. 158, parágrafo único, inciso II, estipula a prioridade de realização do exame de corpo de delito quando se tratar de crime que envolva violência contra criança, adolescente, *pessoa idosa* ou com deficiência.

2.3. Tutela coletiva (arts. 78 a 93)

Os arts. 78 a 92 da Lei nº 10.741/03 cuidam da "proteção judicial dos interesses difusos, coletivos e individuais indisponíveis ou homogêneos". Embora tais dispositivos tenham sido criados para incidência no Processo Civil (o que está inclusive expresso no art. 81, *caput*), nada impede que eles, devidamente adaptados, possam ser utilizados também no âmbito do Processo Penal.

Aliás, o art. 93 da Lei nº 10.741/03, que se encontra no Título VI da lei, o qual versa os crimes praticados contra a pessoa idosa, determina a aplicação subsidiária, no que couber, das disposições da Lei nº 7.347/85, que é a lei da ação civil pública. Como se percebe, o próprio Estatuto da Pessoa Idosa admite o uso de importante ferramenta da tutela cível coletiva à esfera penal.

À guisa de conclusão, na medida do que for cabível, aplica-se o regramento da tutela coletiva para a proteção de pessoas idosas que forem vítimas da prática de crimes. Incide aqui o contexto do *Processo Penal Coletivo*, já desenhado em capítulo anterior desta obra, para onde se remete o(a) leitor(a).

Por meio desse instrumento, ocorrerá a devida tutela de direitos fundamentais de pessoas idosas (como o *direito à segurança*, o *direito à proteção física* e o *direito à proteção psicológica*), reforçando-se ainda o *direito à justiça*.

2.4. Adoção do procedimento comum sumaríssimo (art. 94)

O art. 94 da Lei nº 10.741/03 dispõe que "aos crimes previstos nesta Lei, cuja pena máxima privativa de liberdade não ultrapasse 4 (quatro) anos, aplica-se o procedimento previsto na Lei no 9.099, de 26 de setembro de 1995, e, subsidiariamente, no que couber, as disposições do Código Penal e do Código de Processo Penal". O objetivo da lei foi conferir maior celeridade ao processamento de infrações penais que atingem pessoas idosas, as quais recebem tratamento prioritário por parte do Estado. Deixa-se, pois, de se adotar o procedimento comum sumário (art. 394, § 1º, II, CPP) para ser estabelecido o procedimento comum sumaríssimo.

No entanto, esclareça-se que o que deve ser aplicado para estes delitos é tão somente a etapa processual do rito sumaríssimo, ou seja, as regras deste rito que se aplicam a partir do oferecimento da denúncia ou queixa até a sentença. Quanto à etapa pré-processual, os institutos da composição civil dos danos e da transação penal são aplicáveis apenas para os crimes cuja pena máxima seja igual ou inferior a 2 (dois) anos de prisão. Em resumo: se o crime contra a pessoa idosa tiver pena máxima igual ou inferior a 2 (dois) anos de prisão, é aplicável todo o disposto no procedimento sumaríssimo, sendo possível inclusive a composição civil dos danos ou a transação penal; já se o crime contra a pessoa idosa possuir pena máxima superior a 2 (dois) anos, mas inferior a 4 (quatro) anos de prisão, não são admitidas a composição civil dos danos e a transação penal, embora incidam as regras da etapa processual do procedimento sumaríssimo.

Nessa esteira, o STF, julgando a ADI nº 3096/DF ajuizada contra o art. 94 do Estatuto da Pessoa Idosa, decidiu que o dispositivo legal deve ser interpretado em favor do seu específico destinatário – a própria pessoa idosa – e não de quem lhe viole os direitos. Com isso, os infratores não poderão ter acesso a benefícios despenalizadores de direito material, como conciliação, transação penal, composição civil de danos ou conversão da pena. Somente se aplicam as normas estritamente processuais para que o processo termine mais rapidamente, em benefício da pessoa idosa (STF, ADI nº 3096/DF, Rel. Min. Cármen Lúcia, j. 16.06.10).

Ademais, se o crime contra a pessoa idosa tiver pena máxima superior a 4 (quatro) anos de prisão, será aplicado o procedimento comum ordinário ou eventualmente, se for o caso, algum procedimento especial.

Como se percebe, o art. 94 da Lei nº 10.741/03 apresenta tratamento penal de maior celeridade e eficiência aos direitos fundamentais das pessoas idosas que foram vítimas de infrações penais, atendendo-se ainda ao *direito à justiça*.

2.5. Ação penal pública incondicionada (art. 95)

De acordo com o art. 95 da Lei nº 10.741/03, os crimes definidos nesta Lei são de ação penal pública incondicionada, não se lhes aplicando os arts. 181 e 182 do Código Penal.

Tem-se aqui um tratamento penal recrudescido, na medida em que o Estado procura punir os crimes praticados contra a pessoa idosa independentemente da autorização desta para fins de início da persecução penal.

Nessa direção, o dispositivo em comento também afasta a possibilidade de reconhecimento das hipóteses de imunidades absoluta (art. 181 CP) e relativa (art. 182 CP) quando da prática de crime patrimonial contra vítima idosa.

Portanto, o art. 95 da Lei nº 10.741/03 funciona como mais um instrumento relevante de tutela aos direitos fundamentais da pessoa idosa que foram violados com o cometimento de crimes, garantindo-se com isso o *direito à justiça*.

Por fim, saltando os muros do Estatuto da Pessoa Idosa, verifica-se que, no Código Penal, a conduta de injúria qualificada consistente na utilização de elementos referentes à condição de pessoa idosa, tipificada em seu art. 140, § 3º, é suscetível de ação penal pública condicionada à representação do ofendido (art. 145, parágrafo único, parte final, CP), o que visa atender ao *direito de participação*.

2.6. Tipificação de crimes (arts. 96 a 109)

Os arts. 96 a 108 da Lei nº 10.741/03 tipificam crimes praticados contra a pessoa idosa. Em complemento, o art. 109 da lei tipifica a conduta de quem impede ou embaraça ato do representante do Ministério Público ou de qualquer outro agente fiscalizador.

Não é objetivo desta obra avaliar com minúcias todo o teor desses tipos penais. Neste espaço, procura-se apenas destacar que os crimes previstos na legislação funcionam como instrumentos de tutela dos mais diversos direitos fundamentais de pessoas idosas.

Sem pretender exaurir a matéria, somente a título de ilustração, o *direito à proteção documental (inclusive de dados pessoais)* e o *direito à proteção patrimonial* são os fundamentos que justificam a tipificação, no art. 104 do Estatuto da Pessoa Idosa, da conduta de "Reter o cartão magnético de conta bancária relativa a benefícios, proventos ou pensão da pessoa idosa, bem como qualquer outro documento com objetivo de assegurar recebimento ou ressarcimento de dívida".

Ainda quanto ao *direito à proteção patrimonial*, há a tipificação na lei das condutas previstas nos arts. 102 ("Apropriar-se de ou desviar bens, proventos, pensão ou qualquer outro rendimento da pessoa idosa, dando-lhes aplicação diversa da de sua finalidade"), 103 ("Negar o acolhimento ou a permanência da pessoa idosa, como abrigada, por recusa desta em outorgar procuração à entidade de atendimento"), 106 ("Induzir pessoa idosa sem discernimento de seus atos a outorgar procuração para fins de administração de bens ou deles dispor livremente") e 107 ("Coagir, de qualquer modo, a pessoa idosa a doar, contratar, testar ou outorgar procuração") do Estatuto da Pessoa Idosa.

Por sua vez, os crimes dos arts. 97 a 99 da Lei nº 10.741/03 estão relacionados ao *direito à proteção física*, ao passo que a conduta definida no art. 105 da lei se origina do *direito à proteção psicológica*.

3. QUADRO SINÓTICO

CAPÍTULO XIV – INSTRUMENTOS DE TUTELA AOS DIREITOS DAS VÍTIMAS NA LEI Nº 10.741/03 (ESTATUTO DA PESSOA IDOSA)	
1. Tratamento legal da pessoa idosa e seus direitos fundamentais	De acordo com o art. 1º da Lei nº 10.741/03, considera-se pessoa idosa toda aquela que possui **idade igual ou superior a 60 (sessenta) anos**. Trata-se de pessoa que, enquanto vítima de crimes, deve ser compreendida como uma **vítima de especial vulnerabilidade**, na linha do previsto no art. 3º, inciso III, da **Resolução nº 243/2021 do CNMP**, merecendo proteção prioritária por parte do Ministério Público (art. 3º, § 2º, do mesmo ato normativo). Entre as pessoas idosas, é assegurada prioridade especial aos maiores de 80 (oitenta) anos, atendendo-se suas necessidades sempre preferencialmente em relação às demais pessoas idosas (art. 3º, § 2º). Aliás, o Estatuto da Pessoa Idosa detalha ainda mais essa **prioridade especial para as pessoas maiores de 80 (oitenta) anos**, asseverando, a uma, que "em todo atendimento de saúde, os maiores de 80 (oitenta) anos terão preferência especial sobre as demais pessoas idosas, exceto em caso de emergência" (art. 15, § 7º), e, a duas, que "dentre os processos de pessoas idosas, dar-se-á prioridade especial aos das maiores de 80 (oitenta) anos" (art. 71, § 5º). No que diz respeito à violação aos direitos fundamentais das pessoas idosas, o que deve incluir a prática de infrações penais contra elas, o Estatuto da Pessoa Idosa apresenta importante regramento em seus arts. 4º a 6º. Destarte, como dispõe o *caput* do art. 4º, "nenhuma pessoa idosa será objeto de qualquer tipo de negligência, discriminação, violência, crueldade ou opressão, e todo atentado aos seus direitos, por ação ou omissão, será punido na forma da lei". Informa ainda o dispositivo que "é dever de todos prevenir a ameaça ou violação aos direitos da pessoa idosa" (art. 4º, § 1º) e que "as obrigações previstas nesta Lei não excluem da prevenção outras decorrentes dos princípios por ela adotados" (art. 4º, § 2º). Prosseguindo com a disciplina legal, o art. 5º informa que "a inobservância das normas de prevenção importará em responsabilidade à pessoa física ou jurídica nos termos da lei", ao passo que o art. 6º, tratando do instituto da *delatio criminis*, reza que "todo cidadão tem o dever de comunicar à autoridade competente qualquer forma de violação a esta Lei que tenha testemunhado ou de que tenha conhecimento".
2. Instrumentos de tutela aos direitos das vítimas no Estatuto da Pessoa Idosa	O Estatuto da Pessoa Idosa traz alguns instrumentos próprios para a tutela da pessoa idosa enquanto vítima de crimes, a saber: **1. Medidas específicas de proteção (arts. 43 a 45);** **2. Acesso à Justiça (arts. 69 a 71);** **3. Tutela coletiva (arts. 78 a 93);** **4. Adoção do procedimento comum sumaríssimo (art. 94);** **5. Ação penal pública incondicionada (art. 95);** **6. Tipificação de crimes (arts. 96 a 109).**

CAPÍTULO XV

INSTRUMENTOS DE TUTELA AOS DIREITOS DAS VÍTIMAS NA LEI Nº 13.146/15 (ESTATUTO DA PESSOA COM DEFICIÊNCIA)

1. TRATAMENTO LEGAL DA PESSOA COM DEFICIÊNCIA E SEUS DIREITOS FUNDAMENTAIS

A proteção a pessoas portadoras de deficiência tem, inicialmente, fundamento constitucional, estando consubstanciada nos arts. 1º, III (estampa a dignidade da pessoa humana como um dos fundamentos da República Federativa do Brasil), 5º, § 3º (dispõe que os tratados e convenções internacionais sobre direitos humanos que forem aprovados, em cada Casa do Congresso Nacional, em dois turnos, por três quintos dos votos dos respectivos membros, serão equivalentes às emendas constitucionais) e 24, XIV (fixa a competência da União, dos Estados e do Distrito Federal para legislar concorrentemente sobre proteção e integração social das pessoas portadoras de deficiência), da Carta Magna.

Além disso, há de se mencionar o art. 19 da Convenção sobre os Direitos das Pessoas com Deficiência (Nova York, março de 2007), segundo o qual "os Estados Partes desta Convenção reconhecem o igual direito de todas as pessoas com deficiência de viver na comunidade, com a mesma liberdade de escolha que as demais pessoas, e tomarão medidas efetivas e apropriadas para facilitar às pessoas com deficiência o pleno gozo desse direito e sua plena inclusão e participação na comunidade...". Esta Convenção foi subscrita pelo Brasil e ingressou no ordenamento jurídico pátrio por meio do Decreto Legislativo nº 186/08, que o aprovou, e, posteriormente, com a promulgação do Decreto Presidencial nº 6.949/09, que marcou o início da sua vigência no país.

Há ainda o Tratado de Marraqueche (promulgado pelo Decreto Presidencial nº 9.522/18), que tutela, primordialmente, pessoas cegas ou com graves deficiências visuais, permitindo o acesso de tais pessoas a obras impressas em geral, em formato inclusive que facilite a leitura.

Nesse cenário é que surge a Lei nº 13.146/15, a qual institui a Lei Brasileira de Inclusão da Pessoa com Deficiência (Estatuto da Pessoa com Deficiência), destinada a assegurar e a promover, em condições de igualdade, o exercício dos direitos e das liberdades fundamentais por pessoa com deficiência, visando à sua inclusão social e cidadania (art. 1º, *caput*). Esta Lei tem como base a Convenção sobre os Direitos das Pessoas com Deficiência e seu Protocolo Facultativo, ratificados pelo Congresso Nacional por meio do Decreto Legislativo nº 186, de 9 de julho de 2008 , em conformidade com o procedimento previsto no § 3º do art. 5º da Constituição da República Federativa do Brasil, em vigor para o Brasil, no plano jurídico externo, desde 31 de agosto de 2008, e promulgados pelo Decreto nº 6.949, de 25 de agosto de 2009 , data de início de sua vigência no plano interno (art. 1º, parágrafo único).

Nos termos do art. 2º, *caput*, da Lei nº 13.146/15, considera-se pessoa com deficiência aquela que tem impedimento de longo prazo de natureza física, mental, intelectual ou sensorial, o qual, em interação com uma ou mais barreiras, pode obstruir sua participação plena e efetiva na sociedade em igualdade de condições com as demais pessoas.

Trata-se de pessoa que, enquanto vítima de crimes, deve ser compreendida como uma **vítima de especial vulnerabilidade**, na linha do previsto no art. 3º, inciso III, da **Resolução nº 243/2021 do CNMP**, merecendo proteção prioritária por parte do Ministério Público (art. 3º, § 2º, do mesmo ato normativo).

A esse respeito, tem-se que a avaliação da deficiência, quando necessária, será biopsicossocial, realizada por equipe multiprofissional e interdisciplinar e considerará: I – os impedimentos nas funções e nas estruturas do corpo; II – os fatores socioambientais, psicológicos e pessoais; III – a limitação no desempenho de atividades; e IV – a restrição de participação (art. 2º, § 1º). O Poder Executivo criará instrumentos para avaliação da deficiência (art. 2º, § 2º). E o exame médico-pericial componente da avaliação biopsicossocial da deficiência de que trata o § 1º deste artigo poderá ser realizado com o uso de tecnologia de telemedicina ou por análise documental conforme situações e requisitos definidos em regulamento (art. 2º, § 3º).

No que diz respeito à tutela legal da pessoa com deficiência, o que, por óbvio, deve incluir a tutela penal, a Lei nº 13.146/15 apresenta importante regramento em seus arts. 4º a 8º.

Na dicção legal, toda pessoa com deficiência tem direito à igualdade de oportunidades com as demais pessoas e não sofrerá nenhuma espécie de discriminação (art. 4º, *caput*). Considera-se discriminação em razão da deficiência toda forma de distinção, restrição ou exclusão, por ação ou omissão, que tenha o propósito ou o efeito de prejudicar, impedir ou anular o reconhecimento ou o exercício dos direitos e das liberdades fundamentais de pessoa com deficiência, incluindo a recusa de adaptações razoáveis e de fornecimento de tecnologias assistivas (art. 4º, § 1º).

Em acréscimo, estipula-se que a pessoa com deficiência será protegida de toda forma de negligência, discriminação, exploração, violência, tortura, crueldade, opressão e tratamento desumano ou degradante (art. 5º, *caput*). Para os fins dessa proteção, são considerados especialmente vulneráveis a criança, o adolescente, a mulher e a pessoa idosa, com deficiência, com base no art. 5º, parágrafo único, da lei, o que decerto demanda uma proteção do Estado ainda mais especial. Por consequência, admite-se que a tutela da Lei nº 13.146/15 seja complementada pelos regramentos contidos na Lei Henry Borel, na Lei Maria da Penha e no Estatuto da Pessoa Idosa, integrantes do microssistema de combate à violência doméstica e familiar. Nessa senda, frise-se que o art. 121 da Lei nº 1.3146/15 dispõe que os direitos, os prazos e as obrigações previstos nesta Lei *não excluem os já estabelecidos em outras legislações*, inclusive em pactos, tratados, convenções e declarações internacionais aprovados e promulgados pelo Congresso Nacional, e devem ser aplicados em conformidade com as demais normas internas e acordos internacionais vinculantes sobre a matéria (*caput*). Em arremate, é dito pelo parágrafo único deste dispositivo que prevalecerá a norma mais benéfica à pessoa com deficiência.

Tratando do instituto da *delatio criminis*, o art. 7º, *caput*, da lei reza que é dever de todos comunicar à autoridade competente qualquer forma de ameaça ou de violação aos direitos da pessoa com deficiência. E se, no exercício de suas funções, os juízes e os tribunais tiverem conhecimento de fatos que caracterizem as violações previstas nesta Lei, devem remeter peças ao Ministério Público para as providências cabíveis (art. 7º, parágrafo único).

A Lei nº 13.146/15 ainda assevera, em seu art. 8º, que é dever do Estado, da sociedade e da família assegurar à pessoa com deficiência, com **prioridade**, a efetivação de uma série de direitos fundamentais, quais sejam, dos direitos referentes à vida, à saúde, à sexualidade, à paternidade e à maternidade, à alimentação, à habitação, à educação, à profissionalização, ao trabalho, à previdência social, à habilitação e à reabilitação, ao transporte, à acessibilidade, à cultura, ao desporto, ao turismo, ao lazer, à informação, à comunicação, aos avanços científicos e tecnológicos, à dignidade, ao respeito, à liberdade, à convivência familiar e comunitária, entre outros decorrentes da Constituição Federal, da Convenção sobre os Direitos das Pessoas com Deficiência e seu Protocolo Facultativo e das leis e de outras normas que garantam seu bem-estar pessoal, social e econômico.

Como é cediço, trata-se de **rol não taxativo ou exemplificativo** ("entre outros") de direitos fundamentais a serem tutelados pelo Estado. No caso particular da pessoa com deficiência que figure como vítima de delitos, há outros tantos direitos fundamentais já desenvolvidos ao longo de toda essa obra, os quais serão protegidos pelos instrumentos apresentados pela Lei nº 13.146/15 a seguir abordados.

2. INSTRUMENTOS DE TUTELA AOS DIREITOS DAS VÍTIMAS NO ESTATUTO DA PESSOA COM DEFICIÊNCIA

2.1. Atendimento prioritário (art. 9º)

Com fincas no art. 9º da Lei nº 13.146/15, a pessoa com deficiência tem direito a receber atendimento prioritário, sobretudo com as finalidades apontadas neste mesmo dispositivo.

Entre elas, merece destaque a prioridade contida no inciso VII, qual seja, a de tramitação processual e procedimentos judiciais e administrativos em que for parte ou interessada, em todos os atos e diligências, o que busca atender ao *direito à justiça* e ao próprio *direito de participação*.

A título de ilustração dessa prioridade, verifica-se que o CPP, em seu art. 158, parágrafo único, inciso II, estipula a prioridade de realização do exame de corpo de delito quando se tratar de crime que envolva violência contra criança, adolescente, pessoa idosa ou *pessoa com deficiência.*

2.2. Acesso à justiça (arts. 79 a 83)

Os arts. 79 a 83 da Lei nº 13.146/15 apresentam importantes regras de acesso à Justiça por parte da pessoa com deficiência.

Nesse sentido, merece destaque a previsão de que o poder público assegure o acesso da pessoa com deficiência à justiça, em igualdade de oportunidades com as demais pessoas, garantindo, sempre que requeridos, adaptações e recursos de tecnologia assistiva (art. 79, *caput*). Em complemento, estipula-se que devem ser oferecidos todos os recursos de tecnologia assistiva disponíveis para que a pessoa com deficiência tenha garantido o acesso à justiça, sempre que figure em um dos polos da ação ou atue como testemunha, partícipe da lide posta em juízo, advogado, defensor público, magistrado ou membro do Ministério Público (art. 80, *caput*).

No que diz respeito especificamente à atuação do Poder Judiciário, do Ministério Público e da Defensoria Pública em favor da pessoa com deficiência, determina-se que, a fim de garantir a atuação da pessoa com deficiência em todo o processo judicial, o poder público capacite os membros e os servidores que atuam no Poder Judiciário, no Ministério Público, na Defensoria Pública, nos órgãos de segurança pública e no sistema penitenciário quanto aos direitos da pessoa com deficiência (art. 79, § 1º). Em reforço, afirma-se expressamente que a Defensoria Pública e o Ministério Público tomarão as medidas necessárias à garantia dos direitos previstos nesta Lei (art. 79, § 3º).

Na hipótese de pessoa com deficiência figurando como vítima de crime, indubitavelmente todo esse regramento legal fornece relevante tutela ao *direito à justiça* e ao próprio *direito de participação.*

Por fim, saltando os muros do Estatuto da Pessoa com Deficiência, verifica-se que, no Código Penal, a conduta de injúria qualificada consistente na utilização de elementos referentes à condição de pessoa com deficiência, tipificada em seu art. 140, § 3º, é suscetível de ação penal pública condicionada à representação do ofendido (art. 145, parágrafo único, parte final, CP), o que visa atender ao *direito de participação.*

2.3. Tipificação de crimes (arts. 88 a 91)

Os arts. 88 a 91 da Lei nº 13.146/15 tipificam crimes praticados contra a pessoa com deficiência.

Não é objetivo desta obra avaliar com minúcias todo o teor desses tipos penais. Neste espaço, procura-se apenas destacar que os crimes previstos na legislação funcionam como instrumentos de tutela dos mais diversos direitos fundamentais de pessoas com deficiência.

Assim, o crime do art. 88 da lei ("Praticar, induzir ou incitar discriminação de pessoa em razão de sua deficiência") está relacionado ao *direito à proteção psicológica*; no art. 89 ("Apropriar-se de ou desviar bens, proventos, pensão, benefícios, remuneração ou qualquer outro rendimento de pessoa com deficiência"), o crime tem como fundamento o *direito à proteção patrimonial*; o tipo penal do art. 90 ("Abandonar pessoa com deficiência em hospitais, casas de saúde, entidades de abrigamento ou congêneres") está ligado ao *direito à proteção física* e ao *direito à proteção psicológica*; e, por fim, o delito insculpido no art. 91 ("Reter ou utilizar cartão magnético, qualquer meio eletrônico ou documento de pessoa com deficiência destinados ao recebimento de benefícios, proventos, pensões ou remuneração ou à realização de operações financeiras, com o fim de obter vantagem indevida para si ou para outrem") é justificado pela tutela ao *direito à proteção documental (inclusive de dados pessoais)* e ao *direito à proteção patrimonial.*

3. QUADRO SINÓTICO

CAPÍTULO XV – INSTRUMENTOS DE TUTELA AOS DIREITOS DAS VÍTIMAS NA LEI Nº 13.146/15 (ESTATUTO DA PESSOA COM DEFICIÊNCIA)	
1. Tratamento legal da pessoa com deficiência e seus direitos fundamentais	A Lei nº 13.146/15 institui a Lei Brasileira de Inclusão da Pessoa com Deficiência (Estatuto da Pessoa com Deficiência), destinada a assegurar e a promover, em condições de igualdade, o exercício dos direitos e das liberdades fundamentais por pessoa com deficiência, visando à sua inclusão social e cidadania (art. 1º, *caput*). Esta Lei tem como base a Convenção sobre os Direitos das Pessoas com Deficiência e seu Protocolo Facultativo, ratificados pelo Congresso Nacional por meio do Decreto Legislativo nº 186, de 9 de julho de 2008, em conformidade com o procedimento previsto no § 3º do art. 5º da Constituição da República Federativa do Brasil, em vigor para o Brasil, no plano jurídico externo, desde 31 de agosto de 2008, e promulgados pelo Decreto nº 6.949, de 25 de agosto de 2009 , data de início de sua vigência no plano interno (art. 1º, parágrafo único). Nos termos do art. 2º, *caput*, da Lei nº 13.146/15, considera-se pessoa com deficiência aquela que tem impedimento de longo prazo de natureza física, mental, intelectual ou sensorial, o qual, em interação com uma ou mais barreiras, pode obstruir sua participação plena e efetiva na sociedade em igualdade de condições com as demais pessoas. Trata-se de pessoa que, enquanto vítima de crimes, deve ser compreendida como uma **vítima de especial vulnerabilidade**, na linha do previsto no art. 3º, inciso III, da **Resolução nº 243/2021 do CNMP**, merecendo proteção prioritária por parte do Ministério Público (art. 3º, § 2º, do mesmo ato normativo). No que diz respeito à tutela legal da pessoa com deficiência, o que, por óbvio, deve incluir a tutela penal, a Lei nº 13.146/15 apresenta importante regramento em seus arts. 4º a 8º. Na dicção legal, toda pessoa com deficiência tem direito à igualdade de oportunidades com as demais pessoas e não sofrerá nenhuma espécie de discriminação (art. 4º, *caput*). Considera-se discriminação em razão da deficiência toda forma de distinção, restrição ou exclusão, por ação ou omissão, que tenha o propósito ou o efeito de prejudicar, impedir ou anular o reconhecimento ou o exercício dos direitos e das liberdades fundamentais de pessoa com deficiência, incluindo a recusa de adaptações razoáveis e de fornecimento de tecnologias assistivas (art. 4º, § 1º).

PARTE II

CAPÍTULO XV – INSTRUMENTOS DE TUTELA AOS DIREITOS DAS VÍTIMAS NA LEI Nº 13.146/15 (ESTATUTO DA PESSOA COM DEFICIÊNCIA)	
1. Tratamento legal da pessoa com deficiência e seus direitos fundamentais	Em acréscimo, estipula-se que a pessoa com deficiência será protegida de toda forma de negligência, discriminação, exploração, violência, tortura, crueldade, opressão e tratamento desumano ou degradante (art. 5º, *caput*). Para os fins dessa proteção, são considerados especialmente vulneráveis a criança, o adolescente, a mulher e a pessoa idosa, com deficiência, com base no art. 5º, parágrafo único, da lei, o que decerto demanda uma proteção do Estado ainda mais especial. Por consequência, admite-se que a tutela da Lei nº 13.146/15 seja complementada pelos regramentos contidos na Lei Henry Borel, na Lei Maria da Penha e no Estatuto da Pessoa Idosa, integrantes do microssistema de combate à violência doméstica e familiar. Nessa senda, frise-se que o art. 121 da Lei nº 1.3146/15 dispõe que os direitos, os prazos e as obrigações previstos nesta Lei *não excluem os já estabelecidos em outras legislações*, inclusive em pactos, tratados, convenções e declarações internacionais aprovados e promulgados pelo Congresso Nacional, e devem ser aplicados em conformidade com as demais normas internas e acordos internacionais vinculantes sobre a matéria (*caput*). Em arremate, é dito pelo parágrafo único deste dispositivo que prevalecerá a norma mais benéfica à pessoa com deficiência. Tratando do instituto da *delatio criminis*, o art. 7º, *caput*, da lei reza que é dever de todos comunicar à autoridade competente qualquer forma de ameaça ou de violação aos direitos da pessoa com deficiência. E se, no exercício de suas funções, os juízes e os tribunais tiverem conhecimento de fatos que caracterizem as violações previstas nesta Lei, devem remeter peças ao Ministério Público para as providências cabíveis (art. 7º, parágrafo único). A Lei nº 13.146/15 ainda assevera, em seu art. 8º, que é dever do Estado, da sociedade e da família assegurar à pessoa com deficiência, com **prioridade**, a efetivação de uma série de direitos fundamentais, quais sejam, dos direitos referentes à vida, à saúde, à sexualidade, à paternidade e à maternidade, à alimentação, à habitação, à educação, à profissionalização, ao trabalho, à previdência social, à habilitação e à reabilitação, ao transporte, à acessibilidade, à cultura, ao desporto, ao turismo, ao lazer, à informação, à comunicação, aos avanços científicos e tecnológicos, à dignidade, ao respeito, à liberdade, à convivência familiar e comunitária, entre outros decorrentes da Constituição Federal, da Convenção sobre os Direitos das Pessoas com Deficiência e seu Protocolo Facultativo e das leis e de outras normas que garantam seu bem-estar pessoal, social e econômico. Como é cediço, trata-se de **rol não taxativo ou exemplificativo** ("entre outros") de direitos fundamentais a serem tutelados pelo Estado.
2. Instrumentos de tutela aos direitos das vítimas no Estatuto da Pessoa com Deficiência	O Estatuto da Pessoa com Deficiência traz alguns instrumentos próprios para a tutela da dessa pessoa enquanto vítima de crimes, a saber: **1. Atendimento prioritário (art. 9º);** **2. Acesso à justiça (arts. 79 a 83);** **3. Tipificação de crimes (arts. 88 a 91).**

CAPÍTULO XVI

INSTRUMENTOS DE TUTELA AOS DIREITOS DAS VÍTIMAS NA LEI Nº 7.716/89 (RACISMO)

1. TRATAMENTO LEGAL DO RACISMO

A Constituição Federal possui alguns dispositivos que procuram coibir o racismo no país, senão vejamos.

Nos termos do art. 3º, inciso IV, do Texto Constitucional, um dos objetivos da República Federativa do Brasil é a promoção do bem de todos, sem preconceitos de origem, raça, sexo, cor, idade e quaisquer outras formas de discriminação.

Por sua vez, o art. 4º, inciso VIII, da Carta Magna estabelece como um dos princípios das relações internacionais o repúdio ao terrorismo e ao racismo.

Além disso, há na Carta Maior proteção específica dos povos formadores da cultura brasileira e dos quilombolas, como se verifica do disposto nos arts. 215, §§ 1º e 3º, V, e 216, I a V, e § 5º. As terras quilombolas são ainda objeto de tutela no art. 68 do ADCT.

Em matéria penal, a Constituição traz dois **mandados de criminalização**. Em seu art. 5º, inciso XLI, afirma que "a lei punirá qualquer discriminação atentatória dos direitos e liberdades fundamentais". No caso particular do cometimento de racismo, o art. 5º, inciso XLII, do Texto Constitucional estipula que "a prática do racismo constitui crime inafiançável e imprescritível, sujeito à pena de reclusão, nos termos da lei".

Nesse sentido, a lei que busca definir os crimes resultantes de preconceito de raça ou de cor no país é a Lei nº 7.716/89. Na dicção do art. 1º deste diploma legal, serão punidos, na forma desta Lei, os crimes resultantes de discriminação ou preconceito de raça, cor, etnia, religião ou procedência nacional.

Todavia, tal legislação não chega a informar o que se deve entender por racismo.

Em face da lacuna legal, essa tarefa, inicialmente, foi cumprida pelo STF, que se debruçou sobre o tema no *Caso Ellwanger* (STF, Plenário, HC nº 82.424/RS, Rel. Min. Moreira Alves, j. 17.09.2023). Como bem sintetiza Filippe Augusto dos Santos Nascimento a conclusão a que se chegou a Suprema Corte neste caso, "estudos científicos na área genética (perspectiva biológica) aboliram o conceito tradicional de raça. Assim, para fins de aplicação do crime de racismo (perspectiva jurídica), deve-se observar o processo político-social que gera intolerância entre grupos humanos distintos. Diante disso, o racismo não depende de uma discriminação de grupos humanos em razão de sua raça em sentido genético, até porque sob essa perspectiva só há uma raça que é a humana, mas de raça em sentido histórico e cultural, o que inclui o antissemitismo. Assim, o racismo delimita-se pela discriminação histórica e social que um grupo humano sofre por não ter um padrão culturalmente dominante[1]".

Portanto, "no sentido da jurisprudência do STF, a raça e, por via de consequência o racismo, não se define por uma questão perspectiva biológica, mas por meio de uma construção política e social, baseada na intolerância entre grupos humanos distintos[2]".

Posteriormente, a Lei nº 12.288/10 (Estatuto da Igualdade Racial), em seu art. 1º, parágrafo único, incisos I a III, procurou definir e distinguir os conceitos de discriminação racial ou étnico-racial ("toda distinção, exclusão, restrição ou preferência baseada em raça, cor, descendência ou origem nacional ou étnica que tenha por objeto anular ou restringir o reconhecimento, gozo ou exercício, em igualdade de condições, de direitos humanos e liberdades fundamentais nos campos político, econômico, social, cultural ou em qualquer outro campo da vida pública ou privada"), desigualdade racial ("toda situação injustificada de diferenciação de acesso e fruição de bens, serviços e oportunidades, nas esferas pública e privada, em virtude de raça, cor, descendência ou origem nacional ou étnica") e desigualdade de gênero e raça ("assimetria existente no âmbito da sociedade que acentua a distância social entre mulheres negras e os demais segmentos sociais").

Por fim, o art. 20-C da Lei nº 7.716/89, com a redação dada pela Lei nº 14.532/23, passou a prescrever que "na interpretação desta Lei, o juiz deve considerar como discriminatória qualquer atitude ou tratamento dado à pessoa ou a grupos minoritários que cause constrangimento, humilhação, vergonha, medo ou exposição indevida, e que usualmente não se dispensaria a outros grupos em razão da cor, etnia, religião ou procedência".

Como se percebe, a tutela conferida pela Lei nº 7.716/89 não se limita à população negra, indo muito além, para também englobar outros grupos humanos que, histórica e socialmente, são alvos prioritários de discriminação. O que fica claro pela simples leitura do art. 20 da lei, que tipifica como crime a conduta de "praticar, induzir ou incitar a discriminação ou preconceito de raça, cor, etnia, religião ou procedência nacional". Logo, estão compreendidos nesse tipo penal e, por consequência, na tutela legal, atos que discriminem grupos humanos como, por exemplo, judeus e nordestinos. Conforme será visto no próximo capítulo, a população LGBTQIA+ também é alvo dessa tutela legal.

Relembre-se que a pessoa vítima de racismo deve ser compreendida como uma **vítima de especial vulnerabilidade**, na linha do previsto no art. 3º, inciso III, da

1. NASCIMENTO, Filippe Augusto dos Santos. *Manual de Humanística*: introdução às ciências humanas e à teoria do direito para carreiras jurídicas. 3. ed. rev., atual. e ampl. São Paulo: Juspodivm, 2024, p. 909.
2. NASCIMENTO, Filippe Augusto dos Santos. *Manual de Humanística*: introdução às ciências humanas e à teoria do direito para carreiras jurídicas. 3. ed. rev., atual. e ampl. São Paulo: Juspodivm, 2024, p. 910.

Resolução nº 243/2021 do CNMP, merecendo proteção prioritária por parte do Ministério Público (art. 3º, § 2º, do mesmo ato normativo).

A seguir, serão apreciados os instrumentos de tutela aos direitos das vítimas na Lei nº 7.716/89.

2. INSTRUMENTOS DE TUTELA AOS DIREITOS DAS VÍTIMAS NA LEI Nº 7.716/89

2.1. Tipificação de crimes (arts. 2º-A a 20-C)

Os arts. 2º-A a 20 da Lei nº 7.716/89 tipificam condutas que caracterizam a prática de crimes de racismo. Em acréscimo, os arts. 20-A a 20-C, introduzidos pela Lei nº 14.532/23, apresentam regras importantes que recrudescem o tratamento penal conferido por aquela legislação. Como já visto anteriormente, todo esse regramento objetiva cumprir o **mandado de criminalização** insculpido no art. 5º, inciso XLII, da Carta Maior.

Não é objetivo desta obra avaliar com minúcias todo o teor desses tipos penais. Neste espaço, procura-se apenas ressaltar que os crimes previstos na legislação funcionam como instrumentos de tutela dos mais diversos direitos fundamentais de pessoas que sofrem atos de discriminação racial.

Assim, digno de destaque é tipo penal contido no art. 2º-A, com a redação dada pela Lei nº 14.532/23, que pune com pena de reclusão, de 2 (dois) a 5 (cinco) anos, e multa a conduta de "injuriar alguém, ofendendo-lhe a dignidade ou o decoro, em razão de raça, cor, etnia ou procedência nacional", sendo a pena aumentada de metade se o crime for cometido mediante concurso de 2 (duas) ou mais pessoas. Tem-se aqui a previsão legal do **crime de injúria racial enquanto crime de racismo**.

Com efeito, inicialmente, o crime de "injúria qualificada" era, na íntegra, previsto no art. 140, § 3º, do Código Penal, que tipificava a injúria consistente na "utilização de elementos referentes a raça, cor, etnia, religião, origem ou a condição de pessoa idosa ou portadora de deficiência", estipulando a pena de reclusão de um a três anos e multa. Desde o advento da Lei nº 12.033/09, que alterou a redação do art. 145, parágrafo único, do Código Penal, todo esse tipo penal deixou de estar sujeito a ação penal privada e passou a ser submetido a ação penal condicionada à representação do ofendido.

Posteriormente, o STJ decidiu que a injúria racial, espécie do gênero "injúria qualificada", seria também uma espécie de racismo, daí porque mereceria o mesmo tratamento destinado a este último (STJ, AResp nº 686.965/DF, Rel. Min. Ericson Maranho, j. 12.05.15).

Em seguida, o STF também se pronunciou a respeito da matéria, se alinhando ao entendimento do STJ (STF, HC nº 154248). Destarte, o Plenário da Suprema Corte decidiu que o crime de injúria racial é espécie do gênero racismo, motivo pelo qual é imprescritível. Nesta oportunidade, o tribunal esclareceu que a prática de injuria racial, até então prevista no art. 140, § 3º, do Código Penal, trazia em seu bojo o emprego de elementos associados aos que se definem como raça, cor, etnia, religião ou origem para se ofender ou insultar alguém. Consistindo o racismo em processo sistemático de discriminação que elege a raça como critério distintivo para estabelecer desvantagens valorativas e materiais, a injúria racial consumaria os objetivos concretos da circulação de estereótipos e estigmas raciais. Nesse sentido, apontou-se que é insubsistente a alegação de que há distinção ontológica entre as condutas previstas na Lei nº 7.716/1989 e aquela constante do art. 140, § 3º, do CP. Em ambos os casos, haveria o emprego de elementos discriminatórios baseados naquilo que sociopoliticamente constitui raça, para a violação, o ataque, a supressão de direitos fundamentais do ofendido. Sendo assim, excluir o crime de injúria racial do âmbito do mandado constitucional de criminalização por meras considerações formalistas desprovidas de substância, por uma leitura geográfica apartada da busca da compreensão do sentido e do alcance do mandado constitucional de criminalização, seria restringir-lhe indevidamente a aplicabilidade, negando-lhe vigência (STF, Plenário, HC nº 154.248/DF, Rel. Min. Edson Fachin, j. 28.10.2021).

Advirta-se, no entanto, que, nesse julgado, o STF não fazia qualquer referência explícita quanto à natureza da ação penal para o delito de injúria racial, o que, para alguns, permitiria concluir que ela continuaria sendo pública condicionada à representação do ofendido. O que não deixaria de ser um tanto quanto inusitado, pois, de um lado, o crime não seria atingido jamais pela prescrição, mas, de outro, a ação penal poderia deixar de ser oferecida se não fosse apresentada a representação do ofendido dentro do prazo decadencial, ensejando assim a extinção da punibilidade (art. 107, IV, CP).

A mesma discussão havia quanto à fiança: para uns, no silêncio do STF no acórdão acima referido, em uma interpretação literal do art. 5º, inciso XLII, da Constituição Federal, a injúria racial seria crime afiançável; para outros, em uma interpretação social, teleológica e sistemática daquela norma constitucional, a injúria racial, assim como o racismo, seria delito inafiançável.

Com o advento da Lei nº 14.532, de 11 de janeiro de 2023, toda essa discussão se encerrou, considerando que a lei tipificou como crime de racismo a injúria racial. Desse modo, não há mais qualquer dúvida: **a injúria racial é crime sujeito a ação penal pública incondicionada**. Por consequência, a injúria racial é também crime inafiançável.

A Lei nº 14.532/23 acabou subdividindo o gênero "injúria qualificada" em duas espécies, quais sejam:

> (i) injúria racial: a conduta de injuriar alguém, ofendendo-lhe a dignidade ou o decoro, "em razão de raça, cor, etnia ou procedência nacional" é retirada do art. 140, § 3º, do Código Penal e passa a estar tipificada no art. 2º-A, *caput*, da própria Lei nº 7.716/89 (Lei do Crime Racial), fixando-se a pena de 2 (dois) a 5 (cinco) anos, e multa. Com isso, tal conduta é legalmente definida como racismo, recebendo o mesmo tratamento conferido pelo ordenamento jurídico a esse último. Logo, a injúria racial é delito não só imprescritível, como já havia definido o STF, mas também inafiançável (art. 5º, XLII, CF) e submetido a ação penal pública incondicionada.

Quanto à aplicação da Lei nº 14.532/23 no tempo, especificamente no que diz respeito à ação penal em crime de injúria racial, tem-se que ela **não deve retroagir**, por ser uma norma processual penal mista ou híbrida prejudicial ao réu, tendo em vista que, antes da lei, a ação penal era pública condicionada à representação do ofendido (cenário mais benéfico ao réu), e, após a lei, a ação penal passou a ser pública incondicionada (cenário desfavorável ao réu).

> (ii) injúria pela utilização de elementos referentes a religião ou à condição de pessoa idosa ou com deficiência: a conduta de injúria consistente na utilização de elementos referentes a "religião ou à condição de pessoa idosa ou com deficiência" foi mantida pela Lei nº 14.532/23 no art. 140, § 3º, do Código Penal, sendo estabelecida a pena de reclusão de 1 (um) a 3 (três) anos, e multa. Para essa conduta, portanto, a ação penal continua a ser pública condicionada à representação do ofendido, conforme estipulado pelo art. 145, parágrafo único, do CP.

Em reforço à tutela legal, na busca de conferir tratamento recrudescido ao delito de injúria racial/racismo, convém noticiar que o STF decidiu que não é cabível o acordo de não persecução penal para os crimes de injúria racial e de racismo (STF, 2ª Turma, RHC nº 222.599/SC, Rel. Min. Edson Fachin, julgamento virtual finalizado em 06.02.2023).

Outro delito digno de nota na Lei nº 7.716/89 é o estatuído em seu art. 20, que tipifica a conduta de "praticar, induzir ou incitar a discriminação ou preconceito de raça, cor, etnia, religião ou procedência nacional". Como já afirmado anteriormente, pela simples leitura desse tipo penal, percebe-se que a tutela oferecida pela Lei nº 7.716/89 não se limita à população negra, indo muito além, para também englobar outros grupos humanos que, histórica e socialmente, são alvos prioritários de discriminação. Logo, estão compreendidos nesse tipo penal e, por consequência, na tutela legal, atos que discriminem grupos humanos como, por exemplo, judeus e nordestinos. Conforme será visto no próximo capítulo, a população LGBTQIA+ também é alvo dessa tutela legal.

Complementando a tipificação de crimes (arts. 2º-A a 20) encontrada na Lei nº 7.716/89, a Lei nº 14.532/23 inseriu neste diploma legal os arts. 20-A a 20-C, que apresentam regras responsáveis por um tratamento ainda mais rigoroso da prática do racismo. Isto posto, "os crimes previstos nesta Lei terão as penas aumentadas de 1/3 (um terço) até a metade, quando ocorrerem em contexto ou com intuito de descontração, diversão ou recreação." (art. 20-A). Acrescente-se que "os crimes previstos nos arts. 2º-A e 20 desta Lei terão as penas aumentadas de 1/3 (um terço) até a metade, quando praticados por funcionário público, conforme definição prevista no Decreto-Lei nº 2.848, de 7 de dezembro de 1940 (Código Penal), no exercício de suas funções ou a pretexto de exercê-las." (art. 20-B). Ademais, "na interpretação desta Lei, o juiz deve considerar como discriminatória qualquer atitude ou tratamento dado à pessoa ou a grupos minoritários que cause constrangimento, humilhação, vergonha, medo ou exposição indevida, e que usualmente não se dispensaria a outros grupos em razão da cor, etnia, religião ou procedência." (art. 20-C).

2.2. Assistência judiciária (art. 20-D)

Imprescindível ainda destacar, mesmo brevemente, que o art. 20-D da Lei nº 7.716/89, com a redação dada pela Lei nº 14.532/23, determina que "em todos os atos processuais, cíveis e criminais, a vítima dos crimes de racismo deverá estar acompanhada de advogado ou defensor público".

Trata-se de previsão legal que, em essência, funciona como relevante instrumento de tutela ao *direito à justiça* e ao *direito à participação.*

3. QUADRO SINÓTICO

CAPÍTULO XVI – INSTRUMENTOS DE TUTELA AOS DIREITOS DAS VÍTIMAS NA LEI Nº 7.716/89 (RACISMO)	
1. Tratamento legal do racismo	Nos termos do art. 3º, inciso IV, do Texto Constitucional, um dos objetivos da República Federativa do Brasil é a promoção do bem de todos, sem preconceitos de origem, raça, sexo, cor, idade e quaisquer outras formas de discriminação. Por sua vez, o art. 4º, inciso VIII, da Carta Magna estabelece como um dos princípios das relações internacionais o repúdio ao terrorismo e ao racismo. Além disso, há na Carta Maior proteção específica dos povos formadores da cultura brasileira e dos quilombolas, como se verifica do disposto nos arts. 215, §§ 1º e 3º, V, e 216, I a V, e § 5º. As terras quilombolas são ainda objeto de tutela no art. 68 do ADCT. Em matéria penal, a Constituição traz dois **mandados de criminalização**. Em seu art. 5º, inciso XLI, afirma que "a lei punirá qualquer discriminação atentatória dos direitos e liberdades fundamentais". No caso particular do cometimento de racismo, o art. 5º, inciso XLII, do Texto Constitucional estipula que "a prática do racismo constitui crime inafiançável e imprescritível, sujeito à pena de reclusão, nos termos da lei". Nesse sentido, a lei que busca definir os crimes resultantes de preconceito de raça ou de cor no país é a Lei nº 7.716/89. Na dicção do art. 1º deste diploma legal, serão punidos, na forma desta Lei, os crimes resultantes de discriminação ou preconceito de raça, cor, etnia, religião ou procedência nacional. Relembre-se que a pessoa vítima de racismo deve ser compreendida como uma **vítima de especial vulnerabilidade**, na linha do previsto no art. 3º, inciso III, da **Resolução nº 243/2021 do CNMP**, merecendo proteção prioritária por parte do Ministério Público (art. 3º, § 2º, do mesmo ato normativo).
2. Instrumentos de tutela aos direitos das vítimas na Lei nº 7.716/89	A Lei de Racismo apresenta os seguintes instrumentos de combate a essa prática: **1. Tipificação de crimes (arts. 2º-A a 20-C);** **2. Assistência judiciária (art. 20-D).**

CAPÍTULO XVII

INSTRUMENTOS DE TUTELA AOS DIREITOS DAS VÍTIMAS DE LGBTQIA+FOBIA (EXTENSÃO DA TUTELA DA LEI Nº 7.716/89)

1. TRATAMENTO LEGAL DA LGBTQIA+FOBIA A PARTIR DA ADO Nº 26 E DO MI Nº 4733

A sigla LGBTQIA+ pretende reunir indivíduos que se identificam por uma orientação sexual (isto é, com qual ou quais gêneros a pessoa se relaciona) ou uma identidade de gênero (forma com que a pessoa se identifica socialmente) diferente do que a sociedade normatizou (orientação heterossexual e gêneros masculino e feminino). Desse modo, ela inclui lésbicas, gays, bissexuais, trans e travestis, queers, intersexuais, assexuais e todos os demais gêneros e sexualidades existentes[1].

Nesse cenário, fala-se em direitos de orientação sexual como aqueles que "garantem que cada pessoa, enquanto ser com personalidade, autonomia e capacidade de manifestação livre e madura de vontade, possa vivenciar, a sua própria maneira, afetividade e atração sexual. O termo *orientação sexual* revela-se mais adequado do que *opção sexual*, por não se tratar de uma escolha do indivíduo, mas de algo que lhe é intrínseco[2]".

Os direitos de orientação sexual têm proteção no ordenamento jurídico brasileiro e mesmo no plano internacional ainda muito escassa.

Assim, na Constituição Federal, é previsto no art. 3º, inciso IV, que um dos objetivos da República Federativa do Brasil é a promoção do bem de todos, sem preconceitos de origem, raça, sexo, cor, idade e quaisquer outras formas de discriminação. Já o art. 7º, inciso XXX, proíbe a diferença de salários, de exercício de funções e de critério de admissão por motivo de sexo, idade, cor ou estado civil.

Em matéria penal, a Constituição traz, em seu art. 5º, inciso XLI, o **mandado de criminalização** segundo o qual "a lei punirá qualquer discriminação atentatória dos direitos e liberdades fundamentais".

---

1. NASCIMENTO, Filippe Augusto dos Santos. *Manual de Humanística*: introdução às ciências humanas e à teoria do direito para carreiras jurídicas. 3. ed. rev., atual. e ampl. São Paulo: Juspodivm, 2024, p. 915.
2. NASCIMENTO, Filippe Augusto dos Santos. *Manual de Humanística*: introdução às ciências humanas e à teoria do direito para carreiras jurídicas. 3. ed. rev., atual. e ampl. São Paulo: Juspodivm, 2024, p. 915.

Todavia, até o momento, inexiste no ordenamento infraconstitucional que expressamente cumpra esse mandado de criminalização, isto é, não há nenhuma legislação penal específica para a proteção de direitos de orientação sexual e punição da prática de LGBTQIA+fobia.

Com o passar do tempo, percebeu-se que diversos projetos de lei que criminalizavam condutas de caráter homofóbico e transfóbico encontravam grande e injustificada resistência no Congresso Nacional, o que mantinha a mora legislativa.

Diante disso, foram ajuizados no STF a Ação Direta de Inconstitucionalidade por Omissão (ADO) nº 26 e o Mandado de Injunção (MI) nº 4.733, no intuito que o tribunal reconhecesse que a homofobia e a transfobia se enquadrariam no conceito de racismo ou, subsidiariamente, que fossem compreendidas como discriminações que violariam direitos fundamentais.

Nesta ação, o STF, em julgamento histórico proferido em 2019, decidiu que deve ser aplicada a Lei nº 7.716/89 aos crimes homofóbicos e transfóbicos. Foram utilizados como argumentos para se chegar a esse entendimento os mandados de criminalização contidos nos incisos XLI e XLII do art. 5º do Texto Constitucional, a indevida omissão legislativa, que necessitaria ser corrigida, o que se deu aplicando-se a Lei nº 7.716/89 (ao menos enquanto não se edita uma lei específica para punir as condutas homofóbicas e transfóbicas), que, como visto no capítulo anterior, contempla conceito amplo de racismo, não se limitando uma definição biológica.

Conforme teses fixadas pelo tribunal:

> *– Até que sobrevenha lei emanada do Congresso Nacional destinada a implementar os mandados de criminalização definidos nos incisos XLI e XLII do art. 5º da Constituição da República, as condutas homofóbicas e transfóbicas, reais ou supostas, que envolvem aversão odiosa à orientação sexual ou à identidade de gênero de alguém, por traduzirem expressões de racismo, compreendido este em sua dimensão social , ajustam-se, por identidade de razão e mediante adequação típica, aos preceitos primários de incriminação definidos na Lei nº 7.716, de 08/01/1989, constituindo, também, na hipótese de homicídio doloso, circunstância que o qualifica , por configurar motivo torpe (Código Penal, art. 121, § 2º, I, "in fine");*
>
> *– A repressão penal à prática da homotransfobia não alcança nem restringe ou limita o exercício da liberdade religiosa, qualquer que seja a denominação confessional professada, a cujos fiéis e ministros (sacerdotes, pastores, rabinos, mulás ou clérigos muçulmanos e líderes ou celebrantes das religiões afro-brasileiras, entre outros) é assegurado o direito de pregar e de divulgar, livremente, pela palavra, pela imagem ou por qualquer outro meio, o seu pensamento e de externar suas convicções de acordo com o que se contiver em seus livros e códigos sagrados, bem assim o de ensinar segundo sua orientação doutrinária e/ou teológica, podendo buscar e conquistar prosélitos e praticar os atos de culto e respectiva liturgia, independentemente do espaço, público ou privado, de sua atuação individual ou coletiva, desde que tais manifestações não configurem discurso de ódio, assim entendidas aquelas exteriorizações que incitem a discriminação, a hostilidade ou a violência contra pessoas em razão de sua orientação sexual ou de sua identidade de gênero;*
>
> *– O conceito de racismo, compreendido em sua dimensão social, projeta-se para além de aspectos estritamente biológicos ou fenotípicos, pois resulta, enquanto manifestação de poder, de uma construção de índole histórico-cultural motivada pelo objetivo de*

justificar a desigualdade e destinada ao controle ideológico, à dominação política, à subjugação social e à negação da alteridade, da dignidade e da humanidade daqueles que, por integrarem grupo vulnerável (LGBTI+) e por não pertencerem ao estamento que detém posição de hegemonia em uma dada estrutura social, são considerados estranhos e diferentes, degradados à condição de marginais do ordenamento jurídico, expostos, em consequência de odiosa inferiorização e de perversa estigmatização, a uma injusta e lesiva situação de exclusão do sistema geral de proteção do direito (STF, Plenário, ADO nº 26/DF, Rel. Min. Celso de Mello; MI nº 4.733/DF, Rel. Min. Edson Fachin, j. 13.06.2019 – Informativo nº 944).

Nessa senda, como bem resume Filippe Augusto dos Santos Nascimento, "o conceito de racismo [...] como delimitado na jurisprudência do STF desde o Caso Ellwanger, possui uma dimensão social, para que se proteja, além de aspectos estritamente biológicos ou fenotípicos, outras vulnerabilidades humanas, pois o racismo resulta de uma manifestação de poder apta a gerar subjugação social e negação da dignidade da pessoa humana daqueles que integram grupo excluído, por isso, a comunidade LGBTQIA+ merece proteção contra os atos homofóbicos e transfóbicos, mediante a aplicação dos crimes previstos na Lei nº 7.716/89 para tais condutas[3]".

À guisa de conclusão, pode-se afirmar que, no Brasil, atualmente, a Lei nº 7.716/89 é aquela que confere tratamento penal às vítimas de LGBTQIA+fobia.

No mais, relembre-se que a pessoa vítima de LGBTQIA+fobia deve ser compreendida como uma **vítima de especial vulnerabilidade**, na linha do previsto no art. 3º, inciso III, da **Resolução nº 243/2021 do CNMP**, merecendo proteção prioritária por parte do Ministério Público (art. 3º, § 2º, do mesmo ato normativo).

2. INSTRUMENTOS DE TUTELA AOS DIREITOS DAS VÍTIMAS DE LGBTQIA+FOBIA NA LEI Nº 7.716/89

Sem dúvida alguma, o maior instrumento de tutela aos direitos das vítimas de crimes relacionados à LGBTQIA+fobia consiste na aplicação da Lei nº 7.716/89 aos delitos homofóbicos e transfóbicos, na linha do que foi decidido pelo STF na ADO nº 26 e no MI nº 4.733, conforme exposto no item anterior deste capítulo.

A partir daí, todos os instrumentos encontrados nesta lei são válidos também para os crimes de homofobia e transfobia. Ou seja, a tipificação de crimes (arts. 2º-A a 20, merecendo destaque especial a conduta tipificada no art. 20, de constante ocorrência prática), as regras que recrudescem o tratamento penal (arts. 20-A a 20-C) e o direito à assistência judiciária (art. 20-D) se estendem às vítimas daquelas condutas.

Como esses instrumentos já foram devidamente analisados no capítulo anterior, para evitar maiores repetições, remetemos o(a) leitor(a) para tal parte desta obra.

Aproveitando o ensejo, em termos de jurisprudência, convém noticiar que o STF julgou que a injúria homotransfóbica é uma espécie de injúria racial, ou seja, de racismo (STF, Plenário, EDcl no MI nº 4.733, Rel. Min. Edson Fachin, j. 22.08.2023).

3. NASCIMENTO, Filippe Augusto dos Santos. *Manual de Humanística*: introdução às ciências humanas e à teoria do direito para carreiras jurídicas. 3. ed. rev., atual. e ampl. São Paulo: Juspodivm, 2024, p. 924.

Por coerência lógica do sistema, assim como se dá com o racismo, a ação penal para delito dessa natureza também deve ser pública incondicionada; e não deve caber acordo de não persecução penal em tal hipótese.

No mais, relembre-se que, em situação de violência doméstica e familiar, a vítima de LGBTQIA+fobia pode receber também toda a tutela da Lei Maria da Penha. É que, a uma, o art. 5º, parágrafo único, desta lei estabelece que "as relações pessoais enunciadas neste artigo independem de orientação sexual". E, a duas, conforme entendimento do STF, a Lei Maria da Penha deve ser aplicada aos transgêneros e aos transexuais, *independentemente da cirurgia de transgenitalização, ou da realização de tratamentos hormonais ou patologizantes, o direito à alteração de prenome e gênero diretamente no registro civil* (STF, Plenário, ADI nº 4.275/DF, Rel. Min. Edson Fachin, j. 01.03.2018; RE nº 670.422/RS, Rel. Min. Dias Toffoli, j. 15.08.2018). O STJ também possui posicionamento no sentido de que a Lei Maria da Penha é aplicável a mulher trans em situação de violência doméstica e familiar (STJ, 6ª Turma, REsp nº 1.977.124/SP, Rel. Min. Rogerio Schietti Cruz, j. 05.04.2023; Informativo nº 732).

3. QUADRO SINÓTICO

CAPÍTULO XVII – INSTRUMENTOS DE TUTELA AOS DIREITOS DAS VÍTIMAS DE LGBTQIA+FOBIA (EXTENSÃO DA TUTELA DA LEI Nº 7.716/89)	
1. Tratamento legal da LGBTQIA+fobia a partir da ADO nº 26 e do MI nº 4733	Os direitos de orientação sexual têm proteção no ordenamento jurídico brasileiro e mesmo no plano internacional ainda muito escassa. Assim, na Constituição Federal, é previsto no art. 3º, inciso IV, que um dos objetivos da República Federativa do Brasil é a promoção do bem de todos, sem preconceitos de origem, raça, sexo, cor, idade e quaisquer outras formas de discriminação. Já o art. 7º, inciso XXX, proíbe a diferença de salários, de exercício de funções e de critério de admissão por motivo de sexo, idade, cor ou estado civil. Em matéria penal, a Constituição traz, em seu art. 5º, inciso XLI, o **mandado de criminalização** segundo o qual "a lei punirá qualquer discriminação atentatória dos direitos e liberdades fundamentais". Todavia, até o momento, inexiste no ordenamento infraconstitucional que expressamente cumpra esse mandado de criminalização, isto é, não há nenhuma legislação penal específica para a proteção de direitos de orientação sexual e punição da prática de LGBTQIA+fobia. Com o passar do tempo, percebeu-se que diversos projetos de lei que criminalizavam condutas de caráter homofóbico e transfóbico encontravam grande e injustificada resistência no Congresso Nacional, o que mantinha a mora legislativa. Diante disso, foram ajuizados no STF a Ação Direta de Inconstitucionalidade por Omissão (ADO) nº 26 e o Mandado de Injunção (MI) nº 4.733, no intuito que o tribunal reconhecesse que a homofobia e a transfobia se enquadrariam no conceito de racismo ou, subsidiariamente, que fossem compreendidas como discriminações que violariam direitos fundamentais. Nesta ação, o STF, em julgamento histórico proferido em 2019, decidiu que deve ser aplicada a Lei nº 7.716/89 aos crimes homofóbicos e transfóbicos.

CAPÍTULO XVII – INSTRUMENTOS DE TUTELA AOS DIREITOS DAS VÍTIMAS DE LGBTQIA+FOBIA (EXTENSÃO DA TUTELA DA LEI Nº 7.716/89)	
1. Tratamento legal da LGBTQIA+fobia a partir da ADO nº 26 e do MI nº 4733	Logo, atualmente, a Lei nº 7.716/89 é aquela que confere tratamento penal às vítimas de LGBTQIA+fobia. Relembre-se que a pessoa vítima de LGBTQIA+fobia deve ser compreendida como uma **vítima de especial vulnerabilidade**, na linha do previsto no art. 3º, inciso III, da **Resolução nº 243/2021 do CNMP**, merecendo proteção prioritária por parte do Ministério Público (art. 3º, § 2º, do mesmo ato normativo).
2. Instrumentos de tutela aos direitos das vítimas de LGBTQIA+fobia na Lei nº 7.716/89	Sem dúvida alguma, o maior instrumento de tutela aos direitos das vítimas de crimes relacionados à LGBTQIA+fobia consiste na aplicação da Lei nº 7.716/89 aos delitos homofóbicos e transfóbicos, na linha do que foi decidido pelo STF na ADO nº 26 e no MI nº 4.733. A partir daí, todos os instrumentos encontrados nesta lei são válidos também para os crimes de homofobia e transfobia. Ou seja, a tipificação de crimes (arts. 2º-A a 20, merecendo destaque especial a conduta tipificada no art. 20, de constante ocorrência prática), as regras que recrudescem o tratamento penal (arts. 20-A a 20-C) e o direito à assistência judiciária (art. 20-D) se estendem às vítimas daquelas condutas.

CAPÍTULO XVIII

INSTRUMENTOS DE TUTELA AOS DIREITOS DAS VÍTIMAS NA LEI Nº 8.078/90 (CÓDIGO DE DEFESA DO CONSUMIDOR)

1. TRATAMENTO LEGAL DO CONSUMIDOR E SEUS DIREITOS FUNDAMENTAIS

A tutela do consumidor no Brasil possui, inicialmente, base constitucional, estando reconhecida nos arts. 5º, XXXII, e 170, V, da Carta Magna Federal. Na dicção constitucional, "o Estado promoverá, na forma da lei, a defesa do consumidor" (art. 5º, XXXII). Além disso, "a ordem econômica, fundada na valorização do trabalho humano e na livre iniciativa, tem por fim assegurar a todos existência digna, conforme os ditames da justiça social, observados os seguintes princípios: V – defesa do consumidor" (art. 170, V).

A lei referida pelo art. 5º, inciso XXXII, do Texto Constitucional é a de nº 8.078/90, denominado Código de Defesa do Consumidor (CDC).

Coube a esta legislação inclusive definir o conceito de consumidor. Assim, nos termos do art. 2º, *caput*, do CDC, consumidor é toda pessoa física ou jurídica que adquire ou utiliza produto ou serviço como destinatário final.

Em complemento, o parágrafo único deste dispositivo legal também afirma que se equipara a consumidor a coletividade de pessoas, ainda que indetermináveis, que haja intervindo nas relações de consumo. Trata-se de concepção fundamental para o desenvolvimento de toda a tutela coletiva do consumidor, desenhada pelo próprio CDC em seus arts. 81 a 104.

Ademais, o art. 17 do CDC apresenta o conceito de consumidor por equiparação (*bystander*), asseverando que são equiparados aos consumidores todas as vítimas do evento. Este conceito é de alta relevância para o estudo das infrações penais praticadas contra o consumidor (crimes contra as relações de consumo), tipificadas nos arts. 63 a 74 do CDC.

Por fim, registre-se que os direitos fundamentais do consumidor, intitulados pela lei de "direitos básicos do consumidor", estão elencados, em um rol não taxativo (rol exemplificativo), no art. 6º do CDC.

Vejamos a seguir os instrumentos de tutela penal aos direitos do consumidor estipulados pelo CDC.

2. INSTRUMENTOS DE TUTELA AOS DIREITOS DAS VÍTIMAS NO CÓDIGO DE DEFESA DO CONSUMIDOR

2.1. Tipificação de crimes (arts. 61 a 74) e regras sobre institutos penais e processuais penais (arts. 75 a 79)

De acordo com o art. 61 do CDC, constituem **crimes contra as relações de consumo** previstas nesta lei, sem prejuízo do disposto no Código Penal e leis especiais, as condutas tipificas nos artigos seguintes.

Tais delitos se encontram efetivamente tipificados nos arts. 63 a 74. Não é objetivo desta obra avaliar com minúcias todo o teor desses tipos penais. Neste espaço, fica apenas o registro de que os crimes previstos na legislação funcionam como instrumentos de tutela dos mais diversos direitos fundamentais do consumidor.

Na sequência, os arts. 75 a 79 do CDC estabelecem regras sobre institutos penais e processuais penais, a saber, acerca da responsabilidade (art. 75), circunstâncias agravantes (art. 76), pena pecuniária (art. 77), penas restritivas de direito (art. 78) e valor da fiança (art. 79). Com um tratamento perfeitamente especializado e adaptado às relações de consumo, tais institutos também servem como instrumentos de tutela penal ao consumidor.

2.2. Assistente de acusação e ação penal privada subsidiária da pública (art. 80)

Conforme já estudado em capítulo próprio sobre os instrumentos de tutela aos direitos das vítimas previstos no CPP, para onde se remete o(a) leitor(a), o assistente de acusação é o ofendido do crime (e não o seu advogado), que, excepcionalmente, pode comparecer em juízo por meio do seu representante legal (se incapaz) ou de seus sucessores indicados no art. 31 do CPP (se falecer). Porém, há situações especiais nas quais é admitida a intervenção de outras pessoas como assistente de acusação. Entre elas está exatamente a hipótese trazida pelo art. 80, 1ª parte, do CDC.

Na dicção deste dispositivo legal, "no processo penal atinente aos crimes previstos neste código, bem como a outros crimes e contravenções que envolvam relações de consumo, poderão intervir, como assistentes do Ministério Público, os legitimados indicados no art. 82, inciso III e IV, aos quais também é facultado propor ação penal subsidiária, se a denúncia não for oferecida no prazo legal".

É dizer, os denominados **corpos intermediários** (as entidades e órgãos da Administração Pública, direta ou indireta, ainda que sem personalidade jurídica, especificamente destinados à defesa dos interesses e direitos protegidos pelo Código de Defesa do Consumidor, bem como as associações legalmente constituídas há pelo menos um ano e que incluam entre seus fins institucionais a defesa dos interesses e direitos protegidos por este Código, dispensada a autorização assemblear), nos crimes e contravenções que envolvem relações de consumo, podem atuar auxiliando a atividade acusatória exercida pelo Ministério Público.

Como se percebe do dispositivo em comento, a possibilidade de atuação daqueles entes como assistentes de acusação não se restringe apenas aos crimes tipificados no CDC, se estendendo também para outros crimes e contravenções penais cujo bem jurídico protegido envolva as relações de consumo, a exemplo do que se verifica do art. 7º da Lei nº 8.137/90, o qual tipifica outros crimes contra as relações de consumo.

Ainda com fundamento no art. 80 do CDC, desta feita quanto ao teor da sua segunda parte, tem-se que aqueles corpos intermediários podem também propor ação penal privada subsidiária da pública, se a denúncia não for oferecida no prazo legal, isto é, se o órgão ministerial foi absolutamente inerte ao longo do prazo para oferecimento da denúncia, deixando-o transcorrer *in albis*.

Todavia, vale a pena frisar que há entendimento na doutrina segundo o qual a permissão legal de oferecimento da ação penal privada subsidiária da pública a órgãos públicos (como as entidades e órgãos da Administração Pública, direta ou indireta, ainda que sem personalidade jurídica, especificamente destinados à defesa dos interesses e direitos protegidos no CDC) seria inconstitucional, pois, entre os órgãos públicos, somente o Ministério Público poderia iniciar a ação penal, por força do disposto no art. 129, inciso I, da Constituição. Por consequência, a prerrogativa de iniciar a ação penal privada supletiva seria constitucional apenas para pessoas privadas. Por tudo, "qualquer atribuição de legitimidade que viole esse monopólio (ainda que subsidiariamente) para a propositura da ação penal pública, padece de inconstitucionalidade, como o art. 80, CDC, [...] na parte em que possibilita que as entidades públicas previstas no art. 82, incisos III e IV, CDC, proponham ação penal subsidiária[1]".

Maiores informações acerca do assistente de acusação também podem ser encontradas no capítulo de estudo dos instrumentos dos direitos das vítimas previstos no CPP, para onde se remete o(a) leitor(a).

No mais, relembre-se que os institutos destacados no presente tópico tutelam o *direito de participação* da vítima em processos que versem sobre crimes de ação penal pública. Ainda têm como fundamentos o *direito à reparação dos danos materiais, psicológicos e morais e à reparação simbólica* e o *direito à justiça*.

2.3. Tutela coletiva (arts. 81 a 104)

Os arts. 81 a 104 do CDC apresentam regramento extremamente relevante a respeito da tutela coletiva dos direitos do consumidor.

Nesse contexto, merece destaque o disposto no art. 81, parágrafo único, incisos I a III, do CDC, que indica a conceituação dos denominados interesses ou direitos difusos, coletivos e individuais homogêneos.

Na dicção legal, a defesa dos interesses e direitos dos consumidores e das vítimas poderá ser exercida em juízo individualmente, ou a título coletivo (art. 81, *caput*). A defesa coletiva será exercida quando se tratar de (art. 81, parágrafo único):

> I – interesses ou direitos difusos, assim entendidos, para efeitos deste código, os transindividuais, de natureza indivisível, de que sejam titulares pessoas indeterminadas e ligadas por circunstâncias de fato;

1. GUARAGNI, Fábio André; CABRAL, Rodrigo Leite Ferreira. *Consumidor – Lei nº 8.078/1990*. *In*: CUNHA, Rogério Sanches; PINTO, Ronaldo Batista; SOUZA, Renee do Ó (Coords.). *Leis Penais Especiais Comentadas*. 4. ed. rev., atual. e ampl. Salvador: Juspodivm, 2021, p. 765.

II – interesses ou direitos coletivos, assim entendidos, para efeitos deste código, os transindividuais, de natureza indivisível de que seja titular grupo, categoria ou classe de pessoas ligadas entre si ou com a parte contrária por uma relação jurídica base;

III – interesses ou direitos individuais homogêneos, assim entendidos os decorrentes de origem comum.

Esses e outros institutos podem perfeitamente ser aplicados à esfera penal, integrando o denominado *Processo Penal Coletivo*. Em outros termos, admite-se também a tutela processual penal dos direitos difusos, coletivos e individuais homogêneos. Até porque o **art. 3º, inciso IV, da Resolução nº 243/2021 do CNMP** considera como **vítima coletiva** o "grupo social, comunidades ou organizações sociais atingidas pela prática de crime, ato infracional ou calamidade pública que *ofenda bens jurídicos coletivos*, tais como a saúde pública, o meio ambiente, o sentimento religioso, *o consumidor*, a fé pública, a administração pública" (destacamos).

A matéria já foi devidamente estudada nesta obra em capítulo próprio. Para evitar maiores repetições, remetemos o(a) leitor(a) para essa parte deste trabalho.

Por meio desse instrumento, ocorrerá a devida tutela de direitos fundamentais de consumidores (como o *direito à segurança*, o *direito à proteção física* e o *direito à proteção psicológica*), reforçando-se ainda o *direito à justiça*.

Por fim, saliente-se que o meio ambiente é também um direito difuso, conforme será abordado no próximo capítulo.

3. QUADRO SINÓTICO

CAPÍTULO XVIII – INSTRUMENTOS DE TUTELA AOS DIREITOS DAS VÍTIMAS NA LEI Nº 8.078/90 (CÓDIGO DE DEFESA DO CONSUMIDOR)	
1. Tratamento legal do consumidor e seus direitos fundamentais	A tutela do consumidor no Brasil possui, inicialmente, base constitucional, estando reconhecida nos arts. 5º, XXXII, e 170, V, da Carta Magna Federal. Na dicção constitucional, "o Estado promoverá, na forma da lei, a defesa do consumidor" (art. 5º, XXXII). Além disso, "a ordem econômica, fundada na valorização do trabalho humano e na livre iniciativa, tem por fim assegurar a todos existência digna, conforme os ditames da justiça social, observados os seguintes princípios: V – defesa do consumidor" (art. 170, V). A lei referida pelo art. 5º, inciso XXXII, do Texto Constitucional é a de nº 8.078/90, denominado Código de Defesa do Consumidor (CDC). Coube a esta legislação inclusive definir o conceito de consumidor. Assim, nos termos do art. 2º, *caput*, do CDC, consumidor é toda pessoa física ou jurídica que adquire ou utiliza produto ou serviço como destinatário final. Em complemento, o parágrafo único deste dispositivo legal também afirma que se equipara a consumidor a coletividade de pessoas, ainda que indetermináveis, que haja intervindo nas relações de consumo. Trata-se de concepção fundamental para o desenvolvimento de toda a tutela coletiva do consumidor, desenhada pelo próprio CDC em seus arts. 81 a 104.

CAPÍTULO XVIII – INSTRUMENTOS DE TUTELA AOS DIREITOS DAS VÍTIMAS NA LEI Nº 8.078/90 (CÓDIGO DE DEFESA DO CONSUMIDOR)	
1. Tratamento legal do consumidor e seus direitos fundamentais	Ademais, o art. 17 do CDC apresenta o conceito de consumidor por equiparação (*bystander*), asseverando que são equiparados aos consumidores todas as vítimas do evento. Este conceito é de alta relevância para o estudo das infrações penais praticadas contra o consumidor (crimes contra as relações de consumo), tipificadas nos arts. 63 a 74 do CDC. Registre-se que os direitos fundamentais do consumidor, intitulados pela lei de "direitos básicos do consumidor", estão elencados, em um rol não taxativo (rol exemplificativo), no art. 6º do CDC.
2. Instrumentos de tutela aos direitos das vítimas no Código de Defesa do Consumidor	O CDC apresenta os seguintes instrumentos de tutela penal aos consumidores: **1. Tipificação de crimes (arts. 61 a 74) e regras sobre institutos penais e processuais penais (arts. 75 a 79);** **2. Assistente de acusação e ação penal privada subsidiária da pública (art. 80);** **3. Tutela coletiva (arts. 81 a 104).**

CAPÍTULO XIX

INSTRUMENTOS DE TUTELA AOS DIREITOS DA VÍTIMA NA LEI Nº 9.605/98 (LEI DOS CRIMES CONTRA O MEIO AMBIENTE)

1. O MEIO AMBIENTE COMO DIREITO FUNDAMENTAL DIFUSO (ART. 225, *CAPUT*, CF) E VÍTIMA COLETIVA (ART. 3º, IV, RESOLUÇÃO Nº 243/2021 CNMP). TRATAMENTO LEGAL

O meio ambiente pode ser definido como o conjunto de condições, leis, influências e interações de ordem física, química e biológica, que permite, abriga e rege a vida em todas as suas formas (art. 3º, I, da Lei nº 6.938/81).

A tutela ao meio ambiente (incluindo a tutela penal) possui fundamento constitucional, estando consubstanciada no inteiro teor do art. 225 da Carta Maior.

Com esteio no *caput* desta norma constitucional, "todos têm direito ao meio ambiente ecologicamente equilibrado, bem de uso comum do povo e essencial à sadia qualidade de vida, impondo-se ao Poder Público e à coletividade o dever de defendê-lo e preservá-lo para as presentes e futuras gerações".

Com efeito, o meio ambiente saudável é um direito fundamental de ordem difusa (**direito fundamental difuso** de terceira dimensão), isto é, direito de todos (tanto das presentes como das futuras gerações), bem de uso comum do povo e essencial para a qualidade de todos os indivíduos.

Em face dessa sua extrema relevância, o meio ambiente impõe uma proteção prioritariamente destinada à prevenção do dano, ficando a sua reparação ou sua simples indenização em segundo plano. Isso porque, ainda que em regra se revele possível a regeneração do meio ambiente, esta pode levar décadas ou, excepcionalmente, pode não se tornar viável; por sua vez, a mera indenização acaba não recompondo o dano ambiental. Por tudo, dá-se preferência à prevenção, servindo a reparação como opção secundária da tutela estatal.

Nesse sentido, fala-se nos **princípios da precaução e da prevenção**, que determinam uma atuação preventiva do Estado. O **princípio da precaução** decorre da incerteza científica (risco potencial) quanto aos efeitos de determinada conduta sobre o meio ambiente, devendo então ser adotada a posição mais favorável a este, incidindo-se o princípio do *in dubio pro natura*. Ele advém, implicitamente, do conteúdo do art. 225, § 4º, IV, do Texto Constitucional, que exige, na forma da lei, para instalação de obra ou atividade potencialmente causadora de significativa degradação do meio ambiente, estudo prévio de impacto ambiental, a que se dará publicidade. Já o **princípio da prevenção** indica a adoção de providências que evitem impactos ou riscos ambientais cujas consequências já são conhecidas pela ciência, ou seja, no contexto de certeza científica (risco certo[1]).

Tornando-se indispensável a prevenção do dano ambiental, surge o Direito Penal enquanto instrumento de tutela ao meio ambiente, até porque fica respeitada a subsidiariedade deste ramo jurídico, já que as medidas de índole administrativa e cível demonstram ser insuficientes para tal proteção.

Nesse cenário, impende registrar o **mandado de criminalização** contido no art. 225, § 3º, da Carta Magna, segundo o qual "as condutas e atividades consideradas lesivas ao meio ambiente sujeitarão os infratores, pessoas físicas ou jurídicas, a sanções penais e administrativas, independentemente da obrigação de reparar os danos causados".

Aliás, relembre-se que o **art. 3º, inciso IV, da Resolução nº 243/2021 do CNMP** considera como **vítima coletiva** o "grupo social, comunidades ou organizações sociais atingidas pela prática de crime, ato infracional ou calamidade pública que *ofenda bens jurídicos coletivos*, tais como a saúde pública, o *meio ambiente*, o sentimento religioso, o consumidor, a fé pública, a administração pública" (destacamos). O que se adequa perfeitamente ao cenário do *Processo Penal Coletivo*, havendo tutela penal/processual penal do direito difuso ao meio ambiente equilibrado, cenário este já desenhado em capítulo próprio desta obra, para onde se remete o(a) leitor(a).

Aquele imperativo constitucional é cumprido pelo legislador ordinário por meio da Lei nº 9.605/98 (Lei dos Crimes Contra o Meio Ambiente).

Mesmo possuindo natureza mista, já que contempla também conteúdo civil e administrativo, a Lei nº 9.605/98 se destaca por oferecer, de forma detalhada e com rigor, a tutela penal do meio ambiente, apresentando regras gerais acerca da responsabilidade penal e, em seguida, efetivamente tipificando os crimes contra o meio ambiente. Aliás, quanto a esta tipificação, esclareça-se que, buscando muito mais prevenir (e não apenas reparar) o dano ambiental, a lei, em diversas passagens, pune a conduta de quem proporciona algum tipo de risco relevante de dano ambiental, tipificando, pois, a probabilidade do dano, isto é, se valendo de tipos penais constituídos por crime de perigo, concreto ou abstrato.

Inicialmente, a Lei nº 9.605/98 apresenta algumas regras gerais sobre responsabilidade penal pela prática de crimes ambientais (arts. 2º a 4º). Em apertada síntese, tem-se a repetição da regra de culpabilidade estampada no art. 29 do CP (art. 2º, 1ª parte), a responsabilidade penal em crime societário (art. 2º, 2ª parte), a responsabilidade penal da pessoa jurídica (art. 3º, *caput*, reforçando o que o art. 225, § 3º, da Constituição já reconhece), sem prejuízo da responsabilidade das pessoas físicas coautoras ou partícipes do mesmo fato (art. 3º, parágrafo único) e a possibilidade

1. KURKOWSKI, Rafael Schwez. *Crime Ambiental – Lei nº 9.605/1998*. *In*: CUNHA, Rogério Sanches; PINTO, Ronaldo Batista; SOUZA, Renee do Ó (Coords.). *Leis Penais Especiais Comentadas*. 4. ed. rev., atual. e ampl. Salvador: Juspodivm, 2021, p. 1.227.

de desconsideração da pessoa jurídica sempre que sua personalidade for obstáculo ao ressarcimento de prejuízos causados à qualidade do meio ambiente (art. 4º).

Logo depois, a lei fornece regras acerca da aplicação da pena (arts. 6º a 24). Entre elas, merecem atenção especial aquelas contidas nos arts. 12, 17, 18, 19 e 20, que serão abordadas com maior vagar no próximo tópico deste capítulo.

O art. 25 da lei fornece detalhamento sobre a apreensão do produto e do instrumento de infração administrativa ou de crime.

Regras a respeito da ação e do processo penal (arts. 26 a 28) e a tipificação dos crimes ambientais (arts. 29 a 69-A), que vêm na sequência da lei, serão apreciadas também em espaço reservado, isto é, no próximo tópico deste capítulo.

E regras acerca da cooperação internacional para a preservação do meio ambiente (arts. 77 e 78) e disposições finais (arts. 79 a 82 – destaque para o art. 79, que estipula a aplicação subsidiária a esta lei das disposições do CP e do CPP) encerram o regramento da Lei nº 9.605/98.

Vejamos a seguir os instrumentos de tutela ao meio ambiente fornecidos pela lei em pauta.

2. INSTRUMENTOS DE TUTELA PENAL AO MEIO AMBIENTE NA LEI Nº 9.605/98

Como já exposto no item anterior, a Lei nº 9.605/98 apresenta uma série de instrumentos para o exercício da tutela penal do meio ambiente. Neste espaço, não se pretende esgotar o estudo de todos esses instrumentos, mas apenas tecer breves considerações a respeito daqueles mais relevantes e destacados. Senão vejamos.

2.1. Prestação pecuniária (art. 12)

O art. 12 da lei versa sobre a pena de prestação pecuniária, que "consiste no pagamento em dinheiro à vítima ou à entidade pública ou privada com fim social, de importância, fixada pelo juiz, não inferior a um salário mínimo nem superior a trezentos e sessenta salários mínimos. O valor pago será deduzido do montante de eventual reparação civil a que for condenado o infrator". Trata-se de cópia praticamente fiel do teor do art. 45, § 1º, do Código Penal.

Como já visto no capítulo próprio que apreciou os instrumentos de tutela aos direitos das vítimas no Código Penal, a pena de prestação pecuniária se volta, essencialmente, a resguardar os direitos das vítimas, sobretudo quanto ao *direito à reparação dos danos materiais, psicológicos e morais e à reparação simbólica*. No caso específico do meio ambiente enquanto vítima de crimes, atende-se ao seu direito à reparação dos danos materiais e morais. Até porque, como já visto ao longo desta obra, no contexto do Processo Penal Coletivo e em observância ao princípio da reparação integral, é perfeitamente possível a indenização a ser destinada ao meio ambiente contemplar os danos materiais (danos emergentes e lucros cessantes) e os danos morais (dano moral coletivo).

Visando evitar repetições desnecessárias, remetemos o(a) leitor(a) àquele capítulo para maiores informações acerca da matéria.

2.2. Reparação dos danos ambientais (arts. 17, 19 e 20)

Em complemento ao disposto em seu art. 12, a Lei nº 9.605/98 ainda apresenta outras regras relevantes acerca da reparação dos danos ambientais, visando tutelar o *direito à reparação dos danos materiais, psicológicos e morais e à reparação simbólica* (no caso do meio ambiente, direito à reparação dos danos materiais e morais). Elas estão previstas nos arts. 17, 19 e 20 da lei.

Assim, de acordo com o art. 17, "a verificação da reparação a que se refere o § 2º do art. 78 do Código Penal será feita mediante laudo de reparação do dano ambiental, e as condições a serem impostas pelo juiz deverão relacionar-se com a proteção ao meio ambiente". Desse modo, em matéria de crimes contra o meio ambiente, um dos requisitos para a concessão do *sursis* especial (art. 78, § 2º, CP) é a reparação do dano ambiental, sendo que a verificação dela deve ser feita por meio de laudo de reparação de tal dano. Além disso, estipula-se que as condições judiciais (referidas no art. 79 do CP) devem guardar pertinência com a tutela ao meio ambiente.

O art. 19, *caput*, da lei indica que "a perícia de constatação do dano ambiental, sempre que possível, fixará o montante do prejuízo causado para efeitos de prestação de fiança e cálculo de multa". Portanto, o laudo pericial deve não só constatar o dano ambiental em si, como também fixar o montante do prejuízo causado ao meio ambiente, para que se permita estabelecer o valor da fiança e o cálculo da multa. Já o parágrafo único deste dispositivo trata de situação envolvendo prova emprestada, pois afirma que "a perícia produzida no inquérito civil ou no juízo cível poderá ser aproveitada no processo penal, instaurando-se o contraditório".

Por sua vez, o art. 20, em seu *caput*, assevera que "a sentença penal condenatória, sempre que possível, fixará o valor mínimo para reparação dos danos causados pela infração, considerando os prejuízos sofridos pelo ofendido ou pelo meio ambiente". Tem-se aqui norma específica da tutela penal ambiental que se assemelha ao disposto no art. 387, IV, do CPP. Em complemento, o parágrafo único deste dispositivo informa que "transitada em julgado a sentença condenatória, a execução poderá efetuar-se pelo valor fixado nos termos do *caput*, sem prejuízo da liquidação para apuração do dano efetivamente sofrido". Tal norma praticamente repete o teor do art. 63, parágrafo único, do CPP. Esses artigos do CPP já foram devidamente analisados no capítulo voltado ao estudo dos instrumentos de tutela dos direitos das vítimas nele encontrados; visando evitar repetições desnecessárias, remetemos o(a) leitor(a) a esta parte da obra para maiores informações acerca da matéria.

No mais, como reconhece a Declaração dos Princípios Fundamentais de Justiça Relativos às Vítimas da Criminalidade e de Abuso de Poder da Organização das Nações Unidas (ONU), de 29 de novembro de 1985, no item 10 de seu anexo, "em todos os casos em que sejam causados graves danos ao ambiente, a restituição deve incluir, na medida do possível, a reabilitação do ambiente, a reposição das infraestruturas, a substituição dos equipamentos coletivos e o reembolso das despesas de reinstalação, quando tais danos impliquem o desmembramento de uma comunidade".

2.3. Ação e processo penal (arts. 26 a 28)

Os arts. 26 a 28 da Lei nº 9.605/98 fornecem importantes regras sobre a ação e o processo penal em crimes ambientais.

Quanto à ação penal, o art. 26 prevê que nas infrações penais previstas nesta Lei, a **ação penal é pública incondicionada**. E não poderia ser diferente, já que não há titularidade exclusiva do meio ambiente, sendo ele um direito de todos (direito fundamental difuso). Por esse instrumento, garante-se uma maior probabilidade de que os crimes ambientais sejam corretamente punidos, incrementando-se então a tutela estatal ao meio ambiente. Em essência, a regra em comento atende ao *direito à justiça*.

O art. 27 da lei traz regra própria da tutela penal do meio ambiente em matéria de **transação penal**. Na dicção legal, "nos crimes ambientais de menor potencial ofensivo, a proposta de aplicação imediata de pena restritiva de direitos ou multa, prevista no art. 76 da Lei nº 9.099, de 26 de setembro de 1995, somente poderá ser formulada desde que tenha havido a prévia composição do dano ambiental, de que trata o art. 74 da mesma lei, salvo em caso de comprovada impossibilidade". Ou seja, nos crimes ambientais de menor potencial ofensivo, a proposta de transação penal somente poderá ser formulada desde que tenha havido a prévia composição civil do dano ambiental, salvo em caso de comprovada impossibilidade. É dizer, a composição civil do dano ambiental, na forma do art. 74 da Lei nº 9.099/95, é etapa prévia e obrigatória para fins de celebração do acordo de transação penal em crimes ambientais de menor potencial ofensivo, salvo se comprovada a sua impossibilidade. Esse instrumento reforça a tutela penal ao *direito à reparação dos danos materiais, psicológicos e morais e à reparação simbólica* (no caso particular do meio ambiente, direito à reparação dos danos materiais e morais).

Por sua vez, o art. 28 da lei contém determinadas especificidades para o instituto da **suspensão condicional do processo** (art. 89 da Lei nº 9.099/95) quando aplicado em crimes ambientais que o admitem.

Desde já, registre-se que os requisitos da suspensão condicional do processo estão previstos no art. 89, *caput*, da Lei nº 9.099/95 e, entre eles, está a exigência de pena mínima cominada ao crime ser igual ou inferior a um ano; logo, se torna descabida, devendo ser desconsiderada, a limitação apresentada pelo *caput* do art. 28 da Lei nº 9.605/98 de admissão deste instituto apenas em "crimes de menor potencial ofensivo definidos nesta Lei". Por tudo, é possível a suspensão condicional do processo em crimes ambientais cuja pena mínima seja igual ou inferior a um ano.

Feito esse esclarecimento necessário, vejamos as especificidades do instituto em crimes ambientais a partir do teor do art. 28 da lei: "Art. 28. As disposições do art. 89 da Lei nº 9.099, de 26 de setembro de 1995, aplicam-se aos crimes de menor potencial ofensivo definidos nesta Lei, com as seguintes modificações: I – a declaração de extinção de punibilidade, de que trata o § 5° do artigo referido no *caput*, dependerá de laudo de constatação de reparação do dano ambiental, ressalvada a impossibilidade prevista no inciso I do § 1° do mesmo artigo; II – na hipótese de o laudo de constatação comprovar não ter sido completa a reparação, o prazo de suspensão do processo será prorrogado, até o período máximo previsto no artigo referido no *caput*, acrescido de mais um ano, com suspensão do prazo da prescrição; III – no período de prorrogação, não se aplicarão as condições dos incisos II, III e IV do § 1° do artigo mencionado no *caput*; IV – findo o prazo de prorrogação, proceder-se-á à lavratura de novo laudo de constatação de reparação do dano ambiental, podendo, conforme seu resultado, ser novamente prorrogado o período de suspensão, até o máximo previsto no inciso II deste artigo, observado o disposto no inciso III; V – esgotado o prazo máximo de prorrogação, a declaração de extinção de punibilidade dependerá de laudo de constatação que comprove ter o acusado tomado as providências necessárias à reparação integral do dano".

Nos termos do inciso I do art. 28 da lei, a extinção da punibilidade, efeito decorrente do cumprimento do acordo de suspensão condicional do processo (art. 89, § 5º, da Lei nº 9.099/95), fica vinculada à reparação do dano ambiental objeto do laudo de constatação. Até porque a reparação do dano (salvo impossibilidade de fazê-lo) é uma das condições a serem impostas para a celebração do acordo (art. 89, § 1º, I, da Lei nº 9.099/95).

O inciso II do dispositivo em apreço permite a prorrogação do prazo de cumprimento do acordo. Em outros termos, se o laudo concluir que houve apenas a reparação parcial do dano ambiental, admite-se a prorrogação do período de prova até o prazo máximo previsto no art. 89, *caput*, da Lei nº 9.099/95, isto é, 4 (quatro) anos, acrescido de mais 1 (um) ano e suspenso o prazo de prescrição.

Com fincas no inciso III do art. 28, no período desta prorrogação do prazo, não devem incidir as demais condições que foram pactuadas no acordo, para que se permita o agente efetuar a reparação do dano ambiental.

Na esteira do inciso IV do dispositivo em estudo, após a prorrogação do prazo, será confeccionado um segundo laudo pericial, que buscará constatar se, dessa feita, ocorreu a reparação integral do dano ambiental. A depender do que for verificado por este laudo, será possível uma segunda renovação do prazo, pelo período máximo previsto no art. 89, *caput*, da Lei nº 9.099/95 (isto é, quatro anos), acrescido de mais 1 (um) ano, sem que o agente tenha que cumprir as demais condições ajustadas no acordo.

Finalmente, o inciso V do art. 28 da lei informa que, após a segunda prorrogação do prazo, o decreto de extinção da punibilidade dependerá de laudo de constatação que ateste ter ocorrido a reparação integral do dano ambiental, a ser avaliado pelo juiz, levando em conta o empenho pessoal do agente para promover a reparação do dano.

Todo o esforço desenvolvido pelo art. 28 da lei, evidenciado pela constante tolerância e flexibilidade com o prazo do período de prova da suspensão condicional do processo, buscando sempre que se efetive a reparação do dano ambiental, tem como fundamento a tutela ao *direito à reparação dos danos materiais, psicológicos e morais e à reparação simbólica* (no caso particular do meio ambiente, direito à reparação dos danos materiais e morais).

2.4. Tipificação de crimes (arts. 29 a 69-A)

Os arts. 29 a 69-A da Lei nº 9.605/98 tipificam crimes contra o meio ambiente. Não é objetivo desta obra avaliar com minúcias todo o teor desses tipos penais. Neste espaço, fica apenas o registro de que os crimes previstos na legislação funcionam como instrumentos de tutela dos mais diversos elementos que compõem o meio ambiente.

Assim, os arts. 29 a 37 tipificam crimes contra a fauna; nos arts. 38 a 53, há crimes contra a flora; a poluição e outros crimes ambientais estão definidos nos arts. 54 a 61; os arts. 62 a 65 tratam dos crimes contra o ordenamento urbano e o patrimônio cultural; e os arts. 66 a 69-A versam a respeito de crimes contra a administração ambiental.

No mais, como já afirmado anteriormente, buscando muito mais prevenir (e não apenas reparar) o dano ambiental, a lei, em diversas passagens, pune a conduta de quem proporciona algum tipo de risco relevante de dano ambiental, tipificando, pois, a probabilidade do dano, isto é, se valendo de tipos penais constituídos por crime de perigo, concreto ou abstrato. É o que se verifica, por exemplo, nos delitos encontrados nos arts. 42 ("Fabricar, vender, transportar ou soltar balões que possam provocar incêndios nas florestas e demais formas de vegetação, em áreas urbanas ou qualquer tipo de assentamento humano"), 51 ("Comercializar motosserra ou utilizá-la em florestas e nas demais formas de vegetação, sem licença ou registro da autoridade competente"), 52 ("Penetrar em Unidades de Conservação conduzindo substâncias ou instrumentos próprios para caça ou para exploração de produtos ou subprodutos florestais, sem licença da autoridade competente"), 56 ("Produzir, processar, embalar, importar, exportar, comercializar, fornecer, transportar, armazenar, guardar, ter em depósito ou usar produto ou substância tóxica, perigosa ou nociva à saúde humana ou ao meio ambiente, em desacordo com as exigências estabelecidas em leis ou nos seus regulamentos") e 60 ("Construir, reformar, ampliar, instalar ou fazer funcionar, em qualquer parte do território nacional, estabelecimentos, obras ou serviços potencialmente poluidores, sem licença ou autorização dos órgãos ambientais competentes, ou contrariando as normas legais e regulamentares pertinentes").

3. TUTELA PENAL DAS VÍTIMAS DE DESASTRES AMBIENTAIS

Não só o meio ambiente em si pode ser alvo da tutela penal. Também as pessoas afetadas por desastres ambientais necessitam ser alcançadas por essa tutela, até porque, ao lado do meio ambiente, igualmente são vítimas desses eventos.

Relembre-se inclusive que a **Resolução nº 243/2021 do CNMP**, ao estabelecer a Política Institucional de Proteção Integral e de Promoção de Direitos e de Apoio às Vítimas, assegura, em seu art. 1º, direitos fundamentais às vítimas de desastres naturais.

Em uma sociedade de risco em que vivemos, com o constante incremento das atividades econômicas e empresariais de grande monta, é cada vez mais frequente a ocorrência de verdadeiras tragédias ambientais, a exemplo do rompimento de barragens, como o que se deu em Mariana/MG em 2015 e em Brumadinho/MG em 2019.

Fatos criminosos como esses demandam não só a exemplar punição de todos os seus responsáveis, mas também todo o amparo estatal para aqueles que foram direta ou indiretamente atingidos por tais eventos.

Com efeito, nos desastres ambientais, diversos indivíduos podem perder a vida, deixando aqueles que deles dependiam economicamente (também vítimas, conforme art. 3º, V, da Resolução nº 243/2021 do CNMP e art. 1º, § 2º, da Resolução nº 253/2018 do CNJ) desassistidos. Pessoas que venham a sobreviver a tais desastres podem ter sua saúde e incolumidade física comprometidas, diminuindo ou até mesmo perdendo por completo sua capacidade produtiva; podem ainda perder todo ou parte considerável do seu patrimônio, como casas, automóveis, objetos domésticos e pertences pessoais. Isso sem falar no profundo trauma psicológico que certamente surgirá com as perdas de entes queridos, comprometimento da integridade física e do seu patrimônio.

Enfim, direitos fundamentais da pessoa humana são, de forma grave e substancial, violados com os desastres ambientais.

Esse cenário se torna ainda mais delicado quando se percebe que as vítimas de desastres ambientais, costumeiramente, são pessoas já vulneráveis. Ou seja, são indivíduos que já suportam múltiplas condições de vulnerabilidade, como as econômicas (a exemplo de comunidades carentes), psicológicas (hipossuficientes, como crianças, adolescentes, mulheres e pessoas idosas ou com deficiência) e, em particular, de reconhecimento dos seus direitos (como os povos indígenas). Há até mesmo a vulnerabilidade em termos de espaço físico, considerando que, em situações como rompimentos de barragens, são atingidas com maior impacto as comunidades que residem próximas ao local; há vulnerabilidade inclusive quanto à capacidade de se deslocar (fugir) do ponto de desastre, bem como de os sobreviventes retomarem o curso de suas vidas.

Nessa senda, relembre-se também que o art. 3º, inciso III, da **Resolução nº 243/2021 do CNMP**, trata como **vítima de especial vulnerabilidade** toda a vítima "cuja singular fragilidade resulte, especificamente, de sua idade, do seu gênero, do seu estado de saúde ou de deficiência, bem como do fato de o tipo, o grau e a duração da vitimização terem resultado em lesões com consequências graves no seu equilíbrio psicológico ou nas condições de sua integração social".

Impõe-se assim uma atuação do Estado ainda mais rigorosa e eficiente para a defesa dos direitos fundamentais violados, servindo a tutela penal como importante instrumento para este fim.

Não pode mais o Estado tolerar esse tipo de prática, devendo atuar antes mesmo da ocorrência de tais fatos, isto é, de forma preventiva, para impedir que eles se realizem. Destarte, uma criteriosa e detalhada fiscalização em atividades arriscadas, que têm um potencial de, havendo um desastre, causar danos de alta repercussão, é medida que se impõe. Deve o Estado, por meio dos seus órgãos de fiscalização ambiental, ser eficiente na *gestão de riscos*, de maneira a não permitir a ocorrência de qualquer desastre ambiental.

No âmbito dessa atuação preventiva do Estado, o Ministério Público possui papel de extrema relevância. Deve o órgão atuar de modo a mitigar profundamente os riscos ambientais inerentes a certas atividades econômicas. Além disso, deverá atuar buscando implementar os direitos fundamentais de indivíduos que podem se tornar vítimas de desastres ambientais, reduzindo-se a vulnerabilidade (principalmente social) deles, os afastando com isso dos efeitos nefastos inerentes a esses eventos.

No entanto, se acaso venha a ocorrer o desastre ambiental, deve o Estado se utilizar da via sancionatória do Direito Penal, fazendo valer, com rigor, os tipos penais já previamente estabelecidos para essas situações. Nesse passo, passa a surgir a pretensão punitiva estatal, a ser deduzida em juízo por meio da ação penal oferecida pelo Ministério Público em desfavor dos autores do fato.

Também no âmbito do processo penal, buscará o Ministério Público, com fundamento no art. 387, inciso IV, do CPP, ou, quando reconhecida a sua legitimidade (art. 68 do CPP), por meio da ação civil *ex delicto* (arts. 63 e 64 do CPP), a reparação integral dos danos suportados pelas vítimas, o que deve incluir os danos materiais (danos emergentes e lucros cessantes) e os danos morais (inclusive a título de dano moral coletivo).

Aliás, na hipótese de desastre ambiental, tem-se situação bastante emblemática de incidência do *Processo Penal Coletivo*. É que o desastre afetará um coletivo de pessoas que compartilham a mesma relação jurídica base ou uma mesma origem, havendo, pois, indubitavelmente, um interesse coletivo (art. 81, parágrafo único, II, CDC) ou individual homogêneo (art. 81, parágrafo único, III, CDC), a ensejar a atuação do *Parquet* (art. 82, I, CDC).

Por consequência, o Ministério Público poderá atuar não somente na via judicial (ajuizando a ação penal pública, postulando a condenação dos agentes e a fixação de valor a título de indenização), mas também na via extrajudicial, se valendo, na esfera penal, de instrumentos típicos da tutela coletiva, como a recomendação administrativa e a celebração de termos de ajustamento de conduta. Nesse trilhar, o órgão ministerial deve se preocupar também em adotar providências que venham a impedir a ocorrência de novos desastres. Decerto, as vítimas têm direito à não repetição desses fatos.

O que, de fato, importa é que o Ministério Público exerça uma **atuação resolutiva**, na linha do que estabelece a Recomendação nº 54/2017 do CNMP, orientada para a entrega à sociedade de resultados socialmente relevantes.

Em síntese, o Ministério Público se revela como órgão absolutamente indispensável na salvaguarda dos direitos das vítimas de desastres ambientais e do próprio meio ambiente.

Há ainda de frisar a importância de que a defesa das vítimas de desastres ambientais se dê em rede, não apenas pela atuação do Ministério Público. Assim, a uma, com fincas no art. 6º da Resolução nº 243/2021 do CNMP, o *Parquet* diligenciará a fim de que seja assegurada às vítimas a prestação de apoio e atendimento especializado, por meio de equipe multidisciplinar da própria instituição *ou pelo devido encaminhamento às redes de apoio externas* (*caput*). Ademais, o Ministério Público fomentará a construção e a consistência das políticas de *atuação em rede*, mediante termos de cooperação e parcerias destinadas à implementação de atendimento das vítimas por *equipes multidisciplinares*, compostas por profissionais devidamente habilitados para a proteção integral, de modo a diminuir os efeitos e danos suportados em decorrência do fato (parágrafo único). Em acréscimo, outros órgãos do Poder Público e a própria sociedade civil devem unir esforços e recursos na defesa das vítimas de desastres ambientais.

No mais, como se percebe, todos os instrumentos ora explicitados conferem a adequada tutela penal dos direitos fundamentais das vítimas de desastres ambientais, a saber, o *direito à justiça, direito à segurança, direito à proteção física, direito à proteção patrimonial, direito à proteção psicológica, direito à reparação dos danos materiais, psicológicos e morais e à reparação simbólica* e o *direito a tratamento profissional individualizado e não discriminatório.*

4. QUADRO SINÓTICO

CAPÍTULO XIX – INSTRUMENTOS DE TUTELA AOS DIREITOS DA VÍTIMA NA LEI Nº 9.605/98 (LEI DOS CRIMES CONTRA O MEIO AMBIENTE)	
1. O meio ambiente como direito fundamental difuso (art. 225, *caput*, CF) e vítima coletiva (art. 3º, IV, Resolução nº 243/2021 CNMP). Tratamento legal	O meio ambiente pode ser definido como o conjunto de condições, leis, influências e interações de ordem física, química e biológica, que permite, abriga e rege a vida em todas as suas formas (art. 3º, I, da Lei nº 6.938/81). A tutela ao meio ambiente (incluindo a tutela penal) possui fundamento constitucional, estando consubstanciada no inteiro teor do art. 225 da Carta Maior. Com esteio no *caput* desta norma constitucional, "todos têm direito ao meio ambiente ecologicamente equilibrado, bem de uso comum do povo e essencial à sadia qualidade de vida, impondo-se ao Poder Público e à coletividade o dever de defendê-lo e preservá-lo para as presentes e futuras gerações". Com efeito, o meio ambiente saudável é um direito fundamental de ordem difusa (**direito fundamental difuso** de terceira dimensão), isto é, direito de todos (tanto das presentes como das futuras gerações), bem de uso comum do povo e essencial para a qualidade de todos os indivíduos. Nesse cenário, impende registrar o **mandado de criminalização** contido no art. 225, § 3º, da Carta Magna, segundo o qual "as condutas e atividades consideradas lesivas ao meio ambiente sujeitarão os infratores, pessoas físicas ou jurídicas, a sanções penais e administrativas, independentemente da obrigação de reparar os danos causados". Relembre-se que o **art. 3º, inciso IV, da Resolução nº 243/2021 do CNMP** considera como **vítima coletiva** o "grupo social, comunidades ou organizações sociais atingidas pela prática de crime, ato infracional ou calamidade pública que *ofenda bens jurídicos coletivos*, tais como a saúde pública, o *meio ambiente*, o sentimento religioso, o consumidor, a fé pública, a administração pública" (destacamos). O que se adequa perfeitamente ao cenário do *Processo Penal Coletivo*, havendo tutela penal/processual penal do direito difuso ao meio ambiente equilibrado. Aquele imperativo constitucional é cumprido pelo legislador ordinário por meio da Lei nº 9.605/98 (Lei dos Crimes Contra o Meio Ambiente), que oferece, de forma detalhada e com rigor, a tutela penal do meio ambiente.

CAPÍTULO XIX – INSTRUMENTOS DE TUTELA AOS DIREITOS DA VÍTIMA NA LEI Nº 9.605/98 (LEI DOS CRIMES CONTRA O MEIO AMBIENTE)	
2. Instrumentos de tutela penal ao meio ambiente na Lei nº 9.605/98	A Lei nº 9.605/98 apresenta uma série de instrumentos para o exercício da tutela penal do meio ambiente, a saber: **1. Prestação pecuniária (art. 12);** **2. Reparação dos danos ambientais (arts. 17, 19 e 20);** **3. Ação e processo penal (arts. 26 a 28);** **4. Tipificação de crimes (arts. 29 a 69-A).**
3. Tutela penal das vítimas de desastres ambientais	Não só o meio ambiente em si pode ser alvo da tutela penal. Também as pessoas afetadas por desastres ambientais necessitam ser alcançadas por essa tutela, até porque, ao lado do meio ambiente, igualmente são vítimas desses eventos. Relembre-se inclusive que a **Resolução nº 243/2021 do CNMP**, ao estabelecer a Política Institucional de Proteção Integral e de Promoção de Direitos e de Apoio às Vítimas, assegura, em seu art. 1º, direitos fundamentais às vítimas de desastres naturais. Nessa senda, relembre-se também que o art. 3º, inciso III, da **Resolução nº 243/2021 do CNMP** trata como **vítima de especial vulnerabilidade** toda a vítima "cuja singular fragilidade resulte, especificamente, de sua idade, do seu gênero, do seu estado de saúde ou de deficiência, bem como do fato de o tipo, o grau e a duração da vitimização terem resultado em lesões com consequências graves no seu equilíbrio psicológico ou nas condições de sua integração social". Impõe-se assim uma atuação do Estado ainda mais rigorosa e eficiente para a defesa dos direitos fundamentais violados, servindo a tutela penal como importante instrumento para este fim. No âmbito dessa atuação preventiva do Estado, o Ministério Público possui papel de extrema relevância. Deve o órgão atuar de modo a mitigar profundamente os riscos ambientais inerentes a certas atividades econômicas. Além disso, deverá atuar buscando implementar os direitos fundamentais de indivíduos que podem se tornar vítimas de desastres ambientais, reduzindo-se a vulnerabilidade (principalmente social) deles, os afastando com isso dos efeitos nefastos inerentes a esses eventos. No entanto, se acaso venha a ocorrer o desastre ambiental, deve o Estado se utilizar da via sancionatória do Direito Penal, fazendo valer, com rigor, os tipos penais já previamente estabelecidos para essas situações. Nesse passo, passa a surgir a pretensão punitiva estatal, a ser deduzida em juízo por meio da ação penal oferecida pelo Ministério Público em desfavor dos autores do fato. Também no âmbito do processo penal, buscará o Ministério Público, com fundamento no art. 387, inciso IV, do CPP, ou, quando reconhecida a sua legitimidade (art. 68 do CPP), por meio da ação civil *ex delicto* (arts. 63 e 64 do CPP), a reparação integral dos danos suportados pelas vítimas, o que deve incluir os danos materiais (danos emergentes e lucros cessantes) e os danos morais (inclusive a título de dano moral coletivo).

CAPÍTULO XIX – INSTRUMENTOS DE TUTELA AOS DIREITOS DA VÍTIMA NA LEI Nº 9.605/98 (LEI DOS CRIMES CONTRA O MEIO AMBIENTE)	
3. Tutela penal das vítimas de desastres ambientais	O Ministério Público poderá atuar não somente na via judicial (ajuizando a ação penal pública, postulando a condenação dos agentes e a fixação de valor a título de indenização), mas também na via extrajudicial, se valendo, na esfera penal, de instrumentos típicos da tutela coletiva, como a recomendação administrativa e a celebração de termos de ajustamento de conduta. Nesse trilhar, o órgão ministerial deve se preocupar também em adotar providências que venham a impedir a ocorrência de novos desastres. Decerto, as vítimas têm direito à não repetição desses fatos. O que, de fato, importa é que o Ministério Público exerça uma **atuação resolutiva**, na linha do que estabelece a Recomendação nº 54/2017 do CNMP, orientada para a entrega à sociedade de resultados socialmente relevantes. Há ainda de frisar a importância de que a defesa das vítimas de desastres ambientais se dê em rede, não apenas pela atuação do Ministério Público. Assim, a uma, com fincas no art. 6º da Resolução nº 243/2021 do CNMP, o *Parquet* diligenciará a fim de que seja assegurada às vítimas a prestação de apoio e atendimento especializado, por meio de equipe multidisciplinar da própria instituição *ou pelo devido encaminhamento às redes de apoio externas* (*caput*). Ademais, o Ministério Público fomentará a construção e a consistência das políticas de *atuação em rede*, mediante termos de cooperação e parcerias destinadas à implementação de atendimento das vítimas por *equipes multidisciplinares*, compostas por profissionais devidamente habilitados para a proteção integral, de modo a diminuir os efeitos e danos suportados em decorrência do fato (parágrafo único). Em acréscimo, outros órgãos do Poder Público e a própria sociedade civil devem unir esforços e recursos na defesa das vítimas de desastres ambientais.

PARTE III
ATUAÇÃO DO MINISTÉRIO PÚBLICO, DO PODER JUDICIÁRIO E DA DEFENSORIA PÚBLICA NA TUTELA AOS DIREITOS DAS VÍTIMAS

CAPÍTULO XX

ATUAÇÃO DO MINISTÉRIO PÚBLICO NA TUTELA DOS DIREITOS DAS VÍTIMAS

1. O MINISTÉRIO PÚBLICO COMO INSTITUIÇÃO DE GARANTIA NO CONTEXTO DO GARANTISMO PENAL INTEGRAL E DO PROCESSO PENAL COLETIVO

O presente tópico tem o objetivo de apresentar, sob um viés socioteleológico, qual o real sentido da atuação do Ministério Público na esfera penal em benefício do Estado Democrático de Direito e dos direitos fundamentais, em especial (ao menos para os fins desta obra) daqueles de titularidade das vítimas de crimes, o que está intimamente ligado ao garantismo penal integral e ao Processo Penal Coletivo. Esse estudo faz-se essencial para a correta compreensão do que será abordado no último item deste capítulo, o qual versará com maior precisão sobre o papel do Ministério Público na tutela dos direitos fundamentais das vítimas.

Nas lições de Luigi Ferrajoli[1], nas modernas democracias, levando em conta o critério da produção jurídica, podem ser apontadas duas funções bem distintas, a saber, as *funções de governo* e as *funções de garantia*.

As *funções de governo*, como expressão da esfera discricional "do decidível", são aquelas que contemplam as funções legislativas e as funções governistas de caráter administrativo e político[2]. Elas são exercidas pelas instituições de governo.

Já as *funções de garantia*, que mais nos interessam para os fins do presente tópico, são criadas para tutelar a esfera vinculada do "não decidível", incluindo, além da função judiciária, as funções de controle e as funções de garantia primária dos direitos fundamentais[3].

Essas funções de garantia são exercidas pelas *instituições de garantia*, que, a depender das garantias por elas tuteladas, se subdividem em:

a) *instituições de garantia primárias*: são aquelas que se destinam à tutela direta e à satisfação das garantias primárias, seja a garantia negativa relativa aos direitos de

---

1. FERRAJOLI, Luigi. *Pincipia iuris. Teoria del diritto e dela democrazia*. Vol. II. 2. Ed. Roma-Bari: Laterza, 2009.
2. SOUZA, Alexander Araujo de. *O Ministério Público como instituição de garantia*: as funções essenciais do *Parquet* nas modernas democracias. Rio de Janeiro: Lumen Juris, 2020, p. 136.
3. SOUZA, Alexander Araujo de. *O Ministério Público como instituição de garantia*: as funções essenciais do *Parquet* nas modernas democracias. Rio de Janeiro: Lumen Juris, 2020, p. 136.

liberdade, seja a garantia positiva relativa aos direitos sociais (como as escolas, hospitais, entidades de previdência e assistência social)[4];

b) *instituições de garantia secundárias*: são aquelas que se destinam à verificação ou à reparação das violações das garantias primárias[5]. Elas possuem um relevante papel na paulatina construção da democracia, pois ficam responsáveis pela tutela dos direitos fundamentais. Os exemplos marcantes são o Poder Judiciário e exatamente o Ministério Público.

Como se vê, portanto, no contexto do Estado Democrático de Direito, o Ministério Público deve ser compreendido como autêntica **instituição de garantia**. De acordo com o seu perfil constitucional (art. 127, *caput*, CF), como órgão que deve defender o regime democrático e os interesses sociais e individuais indisponíveis, o Ministério Público deve sempre pautar a sua atuação como principal tutor ou garante de direitos fundamentais consagrados na Carta Magna Federal. Com isso, revela-se um agente de transformação social, buscando implementar políticas públicas que confiram efetividade aos direitos fundamentais e ao próprio ideal democrático.

No Processo Penal em particular, é marcante a atuação do órgão como instituição de garantia, especialmente a partir de uma leitura da disciplina à luz do *garantismo penal integral* e da própria concepção do *Processo Penal Coletivo*.

Nesse prisma, no plano individual, deve o Ministério Público atuar não apenas em prol dos direitos fundamentais do acusado, mas também daqueles de titularidade da vítima, e, no plano coletivo (em sentido amplo), em favor dos interesses da sociedade, lembrando aqui que a segurança pública é direito fundamental de ordem difusa (art. 5º, *caput*, CF).

Desse modo, necessita o *Parquet*, mesmo sendo órgão legitimado à acusação, estar atento ao cumprimento dos direitos fundamentais do agente delitivo, desde a investigação criminal até a execução penal. Isso faz com que, por exemplo, na esfera individual, o órgão possa promover o arquivamento da investigação, requerer a absolvição do réu ao final da ação penal, recorrer ou impetrar *habeas corpus* em seu favor. Na esfera coletiva, a título de ilustração, pode e deve a instituição zelar pela regularidade do funcionamento dos estabelecimentos penais e das condições mínimas de dignidade para cumprimento das penas, inclusive, *verbi gratia*, ajuizando ação civil pública para, em casos extremos, promover a interdição de locais que não atendam às exigências da Constituição e da Lei de Execução Penal. Outro exemplo interessante é a legitimidade que deve ser assegurada ao órgão para impetrar *habeas corpus* coletivo.

Em proteção à vítima, o Ministério Público, por exemplo, deve atuar para resguardar a sua integridade física e a sua vida, adotando medidas práticas que evitem qualquer ofensiva contra ela por parte de quem quer que seja, inclusive do réu.

4. SOUZA, Alexander Araujo de. *O Ministério Público como instituição de garantia*: as funções essenciais do *Parquet* nas modernas democracias. Rio de Janeiro: Lumen Juris, 2020, p. 137.

5. SOUZA, Alexander Araujo de. *O Ministério Público como instituição de garantia*: as funções essenciais do *Parquet* nas modernas democracias. Rio de Janeiro: Lumen Juris, 2020, p. 137.

Além disso, observados alguns parâmetros, pode, na ação penal pública, formular requerimento de indenização em favor dela, com base no art. 387, inciso IV, do CPP.

Em defesa da segurança pública, é assegurado ao Ministério Público, a título de ilustração, poder de investigação criminal, para que, por meios próprios, tenha condições de apurar e, posteriormente, processar ilícitos praticados, principalmente aqueles ligados à *macrocriminalidade*, que coloquem em xeque a democracia. Ademais, igualmente com fundamento no art. 387, inciso IV, do CPP, em determinados crimes, como aqueles que atingem o patrimônio público, pode formular na denúncia pedido de ressarcimento dos danos, incluindo a estipulação de danos morais coletivos.

À guisa de conclusão, o Ministério Público, enquanto instituição de garantia (secundária), deve agir no Processo Penal para tutelar os direitos fundamentais de todos os envolvidos, isto é, acusado, vítima e a própria sociedade. Ele constitui instituição inerente à democracia constitucional, daí porque deve ter papel ativo na tutela dos direitos fundamentais individuais, coletivos e difusos.

2. CONTROLE DE CONVENCIONALIDADE PELO MINISTÉRIO PÚBLICO

O controle de convencionalidade pode se revelar uma ferramenta de alta relevância para a integral e eficiente atuação do Ministério Público, enquanto instituição de garantia, na tutela a direitos fundamentais, com destaque (pelo menos para o objetivo desta obra) para aqueles de titularidade de vítimas de crimes.

Nesse passo, o controle de convencionalidade pode ser definido como "a análise da compatibilidade dos atos normativos internos (comissivos ou omissivos) em face das normas internacionais (tratados, costumes internacionais, princípios gerais de direito, atos unilaterais e resoluções vinculantes das organizações internacionais)[6]". Ele envolve, portanto, a exigência imposta aos Estados de observar seus compromissos internacionais, ensejando um regime convencional de responsabilidade, fazendo com que as atuações internas de países signatários de uma Convenção estejam submetidas a um controle de convencionalidade perante a jurisdição da Corte internacional[7]. Ou seja, o controle de convencionalidade pressupõe a obrigação assumida pelos Estados de conformar o seu ordenamento jurídico às exigências convencionais de proteção e reparação dos direitos humanos[8].

Em complemento, nas palavras de Douglas Fischer e Frederico Valdez Pereira, "o mencionado regime convencional de responsabilidade dos Estados de observar as disposições internacionais de direitos humanos decorrentes dos sistemas regionais da Convenção Americana e da Convenção Europeia incide primariamente sobre

6. CARVALHO RAMOS, André de. *Processo Internacional de Direitos Humanos*. São Paulo: Saraiva, 2015, p. 321.
7. FISCHER, Douglas; PEREIRA, Frederico Valdez. *As Obrigações Processuais Penais Positivas*: segundo as Cortes Europeia e Interamericana de Direitos Humanos. 2. ed. rev. e ampl. Porto Alegre: Livraria do Advogado, 2019, p. 70.
8. FISCHER, Douglas; PEREIRA, Frederico Valdez. *As Obrigações Processuais Penais Positivas*: segundo as Cortes Europeia e Interamericana de Direitos Humanos. 2. ed. rev. e ampl. Porto Alegre: Livraria do Advogado, 2019, p. 70.

os processos de formação e de aplicação das normas domésticas. Trata-se de uma exigência de conformidade da normativa legal interna ao direito estipulado nos tratados internacionais de direitos humanos, o que decorre não apenas das cláusulas dos arts. 1º e 2º da CADH e 52 da CEDH, mas também, e principalmente, pelo princípio básico de direito sobre a responsabilidade internacional dos Estados de cumprir com suas obrigações internacionais voluntariamente e de boa-fé[9]".

O termo "controle de convencionalidade" foi utilizado pela primeira vez na jurisprudência da Corte Interamericana de Direitos Humanos no julgamento do Caso *Myrna Mack Chang vs. Guatemala*, mas foi apenas a partir do Caso *Arellano Almonacid vs Chile* que o tribunal interamericano, formalmente, inaugurou a "doutrina do controle de convencionalidade". Logo após, essa doutrina passou a ser frequentemente utilizada pelos tribunais superiores do Estado brasileiro[10].

Assim, o STF utilizou o controle de convencionalidade para proferir julgamentos paradigmáticos. O primeiro deles (e talvez o mais marcante) foi no caso referente à prisão do depositário infiel, no qual a Suprema Corte brasileira afastou norma constitucional originária em favor da Convenção Americana de Direitos Humanos. No âmbito do Processo Penal, tivemos o exemplo do julgamento em que o STF decidiu pela constitucionalidade da audiência de custódia à luz do Pacto de São José da Costa Rica, o qual, desde então, passou a ser compreendido como uma norma supralegal.

Nessa esteira, o STJ também já utilizou o controle de convencionalidade em seus julgamentos, como, *verbi gratia*, no caso em que decidiu que o crime de desacato é compatível com os tratados internacionais de direitos humanos. É dizer, reconheceu-se a convencionalidade do crime de desacato (STJ, Terceira Seção, HC nº 379.269/MS, Rel. Min. Reynaldo Soares da Fonseca, j. 29.05.17).

Ocorre que, com o tempo, percebeu-se que o controle de convencionalidade, no Brasil, foi instituto utilizado somente por membros do Poder Judiciário. O que não é recomendável. Para que se implemente (e se amplie) o princípio da máxima efetividade dos direitos humanos, deve ser conferida a toda e qualquer autoridade pública a prerrogativa de exercer o controle de convencionalidade.

Nesse passo, a Corte Interamericana de Direitos Humanos tem posicionamento consolidado no sentido de que não apenas os membros do Judiciário, mas todas as autoridades públicas têm o poder-dever de exercer o controle de convencionalidade (Caso *Gelman vs Uruguai*).

Com base nesse precedente, a doutrina passou a dividir o controle de convencionalidade em próprio e impróprio. O próprio é aquele exercido por membros do Poder Judiciário (juízes, desembargadores, ministros), ao passo que o impróprio (ou controle de matriz nacional não jurisdicional) é o exercido pelas demais autoridades

9. FISCHER, Douglas; PEREIRA, Frederico Valdez. *As Obrigações Processuais Penais Positivas*: segundo as Cortes Europeia e Interamericana de Direitos Humanos. 2. ed. rev. e ampl. Porto Alegre: Livraria do Advogado, 2019, p. 71.

10. HEEMANN, Thimotie Aragon. *O exercício do controle de convencionalidade pelo membro do Ministério Público*. Disponível em: <https://escolasuperior.mppr.mp.br/arquivos/File/MP_Academia/Teses_2019/Thimotie_Heemann_-_O_exercicio_do_controle_de_convencionalidade.pdf>. Acesso em: 02. mar. 2021.

públicas, como, *verbi gratia*, os membros da Defensoria Pública e justamente do Ministério Público[11].

Portanto, "em virtude do entendimento cristalizado pela Corte Interamericana de Direitos Humanos no caso *Gelman vs Uruguai*, reconhecer a legitimidade do membro do Ministério Público para exercer o controle de convencionalidade é medida que se impõe, uma vez que o próprio Estado brasileiro aderiu de forma voluntária à jurisdição do tribunal interamericano[12]". Nada mais adequado ao perfil de *instituição de garantia* assumido por esse órgão público.

Em reforço, a possibilidade de o Ministério Público reconhecer a inconvencionalidade de algum ato normativo interno decorre também da legitimidade que possui o órgão de suscitar o incidente de inconstitucionalidade de determinada lei. Até porque há quem sustente na doutrina que, para uma norma ser válida no ordenamento jurídico brasileiro, ela deve passar por um duplo crivo, isto é, perante o *controle de constitucionalidade* e o *controle de convencionalidade*[13].

Nesse passo, vale a pena registrar o teor da **Recomendação nº 96/2023 do CNMP**, a qual recomenda aos ramos e às unidades do Ministério Público a observância dos tratados, convenções e protocolos internacionais de direitos humanos, das recomendações da Comissão Interamericana de Direitos Humanos e da jurisprudência da Corte Interamericana de Direitos Humanos; e dá outras providências. De acordo com o art. 2º deste ato normativo, "recomenda-se aos órgãos do Ministério Público que observem, em seus respectivos âmbitos de atribuição, em todas as esferas de atuação: I – as normas dos tratados, convenções e protocolos internacionais de direitos humanos em vigor no Brasil e as demais normas imperativas do Direito Internacional dos Direitos Humanos; II – o efeito vinculante das decisões da Corte Interamericana de Direitos Humanos, nos casos em que o Brasil é parte, nos termos do artigo 68 da Convenção Americana sobre os Direitos Humanos; III – a jurisprudência da Corte Interamericana de Direitos Humanos, quando adequada ao caso; e IV – as declarações e outros documentos internacionais de direitos humanos, quando adequados ao caso". De forma ainda mais clara e expressa, o art. 3º, inciso I, da Resolução estipula que "recomenda-se aos membros do Ministério Público, respeitada a independência funcional, que: I – promovam o controle de convencionalidade das normas e práticas internas".

O controle de convencionalidade pelo Ministério Público pode ser efetuado nas mais diversas áreas de atuação do órgão, nas esferas cível (individual e coletiva) e criminal, desde que o agente ministerial o realize sempre de forma motivada, afinal, "a motivação permite o exercício da ampla defesa e do contraditório pela parte

11. HEEMANN, Thimotie Aragon. *O exercício do controle de convencionalidade pelo membro do Ministério Público*. Disponível em: <https://escolasuperior.mppr.mp.br/arquivos/File/MP_Academia/Teses_2019/Thimotie_Heemann_-_O_exercicio_do_controle_de_convencionalidade.pdf>. Acesso em: 02. mar. 2021.
12. HEEMANN, Thimotie Aragon. *O exercício do controle de convencionalidade pelo membro do Ministério Público*. Disponível em: <https://escolasuperior.mppr.mp.br/arquivos/File/MP_Academia/Teses_2019/Thimotie_Heemann_-_O_exercicio_do_controle_de_convencionalidade.pdf>. Acesso em: 02. mar. 2021.
13. HEEMANN, Thimotie Aragon. *O exercício do controle de convencionalidade pelo membro do Ministério Público*. Disponível em: <https://escolasuperior.mppr.mp.br/arquivos/File/MP_Academia/Teses_2019/Thimotie_Heemann_-_O_exercicio_do_controle_de_convencionalidade.pdf>. Acesso em: 02. mar. 2021.

irresignada com a manifestação do *parquet* (*efeito endoprocessual da motivação*), além de servir como uma forma de prestação de contas pelo membro do órgão ministerial para com a sociedade (*efeito exoprocessual da motivação*[14])". De qualquer sorte, a tese de convencionalidade utilizada pelo agente ministerial estará sempre submetida a um controle a ser feito *a posteriori*, seja ele judicial (quando o controle de convencionalidade for exercido em processo judicial) ou por meio de órgãos superiores do próprio Ministério Público (quando utilizada a convencionalidade em procedimento extrajudicial, como, por exemplo, na hipótese de promoção de arquivamento de inquérito civil, submetida à fiscalização do Conselho Superior).

No plano específico do Processo Penal, o controle de convencionalidade pode ser exercido pelo Ministério Público ao longo de toda a persecução penal, desde a fase de investigação criminal até o curso da ação penal, passando ainda pela etapa de execução penal.

Destarte, Valerio de Oliveira Mazzuoli, Marcelle Rodrigues da Costa e Faria e Kledson Dionysio de Oliveira, em obra extraordinária sobre o tema, indicam situações em que o Ministério Público, durante a persecução penal, deve ter especial preocupação para exercer o controle de convencionalidade, como no *arquivamento da investigação criminal* (que deve ficar a cargo exclusivamente da instituição, oportunidade em que impedirá o prosseguimento de investigação que viole preceitos contidos em tratados internacionais de direitos humanos em vigor no Brasil), na *limitação convencional ao* bis in idem *por pena cumprida no estrangeiro* (devendo observar a proibição da dupla persecução penal no âmbito internacional) e a *complementação da persecução penal em casos de coisa julgada fraudulenta ou aparente* (se for comprovado que o julgamento em outro país sobre os mesmos fatos não ocorreu de modo justo e legítimo, descumprindo obrigações processuais positivas, a vedação de dupla persecução pode eventualmente ser ponderada para complementação em persecução interna[15]).

Nesse prisma, podem ser apontados alguns exemplos de exercício do controle de convencionalidade pelo Ministério Público, sobretudo quando **exercido justamente em prol de direitos das vítimas de crimes.**

A título de ilustração, seria o caso hipotético de o membro do *Parquet* requerer ao juiz do Tribunal do Júri local a colocação imediata de processos em pauta de julgamento sob a alegação de que a jurisprudência da Corte IDH reconhece a duração razoável do processo tanto para agentes delitivos quanto para vítimas de crimes[16].

Quanto a isso, abrindo um pequeno adendo, convém frisar que, de fato, segundo a Corte IDH, a **duração razoável do processo deve ser lida como proteção também**

---

14. HEEMANN, Thimotie Aragon. *O exercício do controle de convencionalidade pelo membro do Ministério Público*. Disponível em: <https://escolasuperior.mppr.mp.br/arquivos/File/MP_Academia/Teses_2019/Thimotie_Heemann_-_O_exercicio_do_controle_de_convencionalidade.pdf>. Acesso em: 02. mar. 2021.
15. MAZZUOLI, Valerio de Oliveira; FARIA, Marcelle Rodrigues da Costa e; KLEDSON, Dionysio de Oliveira. *Controle de Convencionalidade pelo Ministério Público*. Rio de Janeiro: Forense, 2021, p. 171-186.
16. HEEMANN, Thimotie Aragon. *O exercício do controle de convencionalidade pelo membro do Ministério Público*. Disponível em: <https://escolasuperior.mppr.mp.br/arquivos/File/MP_Academia/Teses_2019/Thimotie_Heemann_-_O_exercicio_do_controle_de_convencionalidade.pdf>. Acesso em: 02. mar. 2021.

à vítima. É dizer, a demora na investigação ou no processamento do crime prejudica não só o agente delitivo, como também a vítima do fato. Com esteio no princípio da razoabilidade, a depender do caso concreto, a vítima do crime não punido pode ser afetada pelo atraso no julgamento, com a violação de seus direitos fundamentais, fomentando-se a indesejada revitimização. Como esclarece Douglas Fischer, "o art. 25 da Convenção Americana de Direitos Humanos (ao tratar de "proteção judicial") dispõe que **"toda pessoa" (e não apenas "todo investigado ou processado")** "*tem direito a um recurso simples e rápido ou a qualquer outro recurso efetivo, perante os juízes ou tribunais competentes, que a proteja contra atos que violem seus direitos fundamentais reconhecidos pela constituição, pela lei ou pela presente Convenção, mesmo quando tal violação seja cometida por pessoas que estejam atuando no exercício de suas funções oficiais.* É (também) por isso que o inciso LXXVIII do art. 5º da CF prevê que a garantia ali assegurada é a TODOS (não apenas processados ou investigados), no âmbito judicial e administrativo, à razoável duração do processo e os meios que garantam a sua celeridade na tramitação[17]".

Nessa direção, como reconhece a Declaração dos Princípios Fundamentais de Justiça Relativos às Vítimas da Criminalidade e de Abuso de Poder da Organização das Nações Unidas (ONU), de 29 de novembro de 1985, no item 6, "e", de seu anexo, "a capacidade do aparelho judiciário e **administrativo** para responder às necessidades das vítimas deve ser melhorada: [...] e) evitando demoras desnecessárias na resolução das causas e na execução das decisões ou sentenças que concedam indemnização às vítimas".

Outra situação relevante diz respeito à atuação do Ministério Público para garantir o pagamento de indenização a vítimas de tortura (a partir do *direito à verdade* e na tutela ao *direito à reparação dos danos materiais, psicológicos e morais e à reparação simbólica*), considerando que o art. 14 da Convenção contra a Tortura e Outros Tratamentos ou Penas Cruéis, Desumanos ou Degradantes, promulgada pelo Decreto nº 40, de 15 de fevereiro de 1991, impõe aos seus Estados-partes a obrigação de assegurar a todas as vítimas de atos de tortura o direito à reparação e a uma indenização justa e adequada, incluindo-se todas as providências necessárias à sua completa reabilitação, ao passo que o art. 387, inciso IV, do CPP estipula que o juiz, ao proferir sentença penal condenatória, fixe valor mínimo para a reparação dos danos sofridos pelo ofendido[18].

Em termos de casos concretos, deve ser registrado que o Procurador-Geral da República propôs perante o STF a ADI nº 4.424/DF, que procurou conferir interpretação conforme à Constituição aos arts. 12, inciso I, 16 e 41 da Lei nº 11.340/06 (Lei Maria da Penha), com o objetivo de que o crime de lesões corporais leves, cometidos contra a mulher no contexto doméstico e familiar, se processasse mediante ação penal pública incondicionada. Nesta oportunidade, dentre outros

17. FISCHER, Douglas. *Cuidado: DURAÇÃO RAZOÁVEL DO PROCESSO, PARA QUEM E QUAIS CRITÉRIOS?*. Disponível em: <https://temasjuridicospdf.com/cuidado-duracao-razoavel-do-processo-para-quem-e-quais-criterios/>. Acesso em: 31 mar. 2024.

18. MAZZUOLI, Valerio de Oliveira; FARIA, Marcelle Rodrigues da Costa e; KLEDSON, Dionysio de Oliveira. *Controle de Convencionalidade pelo Ministério Público*. Rio de Janeiro: Forense, 2021, p. 124.

argumentos, alegou-se que a exigência legal de representação da vítima para o início da persecução penal e consequente responsabilização do seu agressor descumpria o art. 5º da Convenção Americana sobre Direitos Humanos, que assegura a todos os indivíduos "o direito a que se respeite sua integridade física, psíquica e moral". Suscitou-se ainda fosse aplicado o teor da decisão da Corte IDH no caso *Velásquez Rodríguez vs. Honduras*, quando asseverou que "se o aparato estatal atua de modo a que a violação reste impune e não se restabeleça à vítima a plenitude de seus direitos, 'pode-se afirmar que descumpriu o dever de garantir seu livre e pleno exercício às pessoas sujeitas à sua jurisdição'". Ao final da ação, a Suprema Corte, reconhecendo a inconstitucionalidade e a inconvencionalidade da legislação processual penal que exigia a representação da vítima para a responsabilização penal de seu agressor, firmou o entendimento de que a ação penal referente à lesão corporal resultante de violência doméstica contra a mulher é pública incondicionada (ADI nº 4.424/DF, Rel. Min. Marco Aurélio, DJe 01.08.14).

No mais, como apontam Valerio de Oliveira Mazzuoli, Marcelle Rodrigues da Costa e Faria e Kledson Dionysio de Oliveira, no exercício do controle de convencionalidade, o Ministério Público deve estar atento às condenações impostas ao Brasil em matéria criminal pela Corte IDH, todas elas decorrentes de *omissões* ou *inações* do Estado brasileiro em promover efetivo cumprimento às suas obrigações positivas de tutela aos direitos humanos por meio da persecução penal, **não se garantindo às vítimas de violações a direitos humanos a devida reparação do Estado**. Ou seja, nenhuma delas está ligada a eventual excesso na persecução penal pelos órgãos públicos brasileiros. As condenações estipuladas pela Corte IDH ao Estado brasileiro por inconvencionalidades na persecução penal se deram nos seguintes casos[19]: *a) Ximenes Lopes (2006); b) Sétimo Garibaldi (2009); c) Escher e Outros (2009); d) Gomes Lund e Outros (2010); e) Trabalhadores da Fazenda Brasil Verde (2016); f) Favela Nova Brasília (2017); g) Herzog e Outros (2018); h) Gabriel Sales Pimenta (2022).*

Aliás, quanto ao Caso *Favela Nova Brasília vs. Brasil* (2017), insta salientar que a Corte IDH reconheceu que o incidente de deslocamento de competência (IDC), previsto no art. 109, § 5º, da Constituição Federal brasileira ("Nas hipóteses de grave violação de direitos humanos, o Procurador-Geral da República, com a finalidade de assegurar o cumprimento de obrigações decorrentes de tratados internacionais de direitos humanos dos quais o Brasil seja parte, poderá suscitar, perante o Superior Tribunal de Justiça, em qualquer fase do inquérito ou processo, incidente de deslocamento de competência para a Justiça Federal."), tem o papel de servir como garantia constitucional de cumprimento das obrigações positivas do Estado brasileiro. Por consequência, na ótica do Ministério Público, o IDC é medida que deve ser obrigatoriamente adotada pelo órgão, enquanto instituição de garantia, na tutela de direitos humanos objeto de tratados internacionais de que o país seja parte. Logo, "não é providência facultativa da instituição, mas significa verdadeira obrigação positiva do Estado para a proteção dos direitos humanos, desde que

19. MAZZUOLI, Valerio de Oliveira; FARIA, Marcelle Rodrigues da Costa e; KLEDSON, Dionysio de Oliveira. *Controle de Convencionalidade pelo Ministério Público*. Rio de Janeiro: Forense, 2021, p. 127-161.

preenchidos os requisitos indispensáveis para o seu manejo em caráter excepcional. Compete exclusivamente à instituição ministerial avaliar, portanto, se o sistema de justiça criminal tem se desenvolvido de maneira compatível ou não com os preceitos decorrentes dos tratados internacionais de direitos humanos em vigor no Brasil[20]".

3. A ATUAÇÃO DO MINISTÉRIO PÚBLICO NA TUTELA PENAL DOS DIREITOS DAS VÍTIMAS (RESOLUÇÃO Nº 243/2021 DO CNMP)

Embora o exercício do controle de convencionalidade seja instrumento de grande importância para a atuação do Ministério Público na tutela dos direitos das vítimas, naturalmente este papel não se limita àquela ferramenta.

Como já visto ao longo de toda esta obra, há inúmeros outros instrumentos que podem ser utilizados pela instituição para a defesa dos direitos fundamentais das vítimas de fatos ilícitos. Alguns deles inclusive foram destacados no capítulo anterior, quando se abordou o agir (tanto preventivo quanto repressivo) do órgão na hipótese de **desastre ambiental**. No intuito de evitar repetições desnecessárias, remetemos o(a) leitor(a) a esta parte da obra para maiores informações a respeito da matéria.

O leque de instrumentos que podem ser empregados pelo Ministério Público para a efetiva tutela penal dos direitos das vítimas é por demais amplo e a sua completa análise demandaria um espaço bem maior do que o perfil desta obra se propõe a oferecer. Destarte, para otimização dos estudos feitos pelo(a) leitor(a), buscou-se, a todo tempo, sistematizar nesta obra o rol de direitos das vítimas de acordo, sobretudo, com o disposto na **Resolução nº 243/2021 do CNMP**, mesmo ciente de que tal rol não é taxativo. Por coerência, com a abordagem dos instrumentos de atuação do Ministério Público na tutela desses direitos não será diferente: neste tópico, será abordada a atuação do *Parquet* a partir do que está contido no regramento estampado naquele ato normativo. Somente a título de breve complemento a este regramento, serão informados também dispositivos de outros atos normativos do CNMP que, de alguma maneira, também se referem à atuação ministerial na defesa de direitos das vítimas.

Com efeito, recapitulando rapidamente o que já foi apreciado em passagem anterior desta obra, a Resolução nº 243/2021 do CNMP estabelece a **Política Institucional de Proteção Integral e de Promoção de Direitos e de Apoio às Vítimas**, com o objetivo de assegurar direitos fundamentais às vítimas de infrações penais, atos infracionais, desastres naturais, calamidades públicas e graves violações de direitos humanos, garantindo-lhes acesso à informação, comunicação, participação, verdade, justiça, diligência devida, segurança, apoio, tratamento profissional individualizado e não discriminatório, proteção física, patrimonial, psicológica e de dados pessoais, participação e reparação dos danos materiais, morais e simbólica, suportados em decorrência do fato vitimizante (art. 1º).

Nessa esteira, as unidades do Ministério Público deverão implementar, gradualmente e de acordo com sua autonomia administrativa, **Núcleos ou Centros de Apoio**

20. MAZZUOLI, Valerio de Oliveira; FARIA, Marcelle Rodrigues da Costa e; KLEDSON, Dionysio de Oliveira. *Controle de Convencionalidade pelo Ministério Público*. Rio de Janeiro: Forense, 2021, p. 162-163.

às Vítimas, levando em consideração a gravidade, a magnitude e as características do fato vitimizante, e a consequente violação de direitos, sendo orientados pelos princípios da dignidade, da igualdade, do respeito, da autonomia da vontade, da confidencialidade, do consentimento e da informação, sem prejuízo do atendimento rotineiro das vítimas pelo órgão ministerial (art. 2º).

Após o art. 3º da Resolução nº 243/2021 do CNMP elencar os conceitos e espécies de vítimas (já tratados em capítulo próprio desta obra), o dispositivo estabelece que devem ser priorizadas as vítimas de infrações penais e atos infracionais que, pela condição de vulnerabilidade em decorrência da idade, do gênero, de deficiência, pelo estado de saúde ou pelas condições, natureza e duração da vitimização causada pelo delito, tenham experimentado consequências físicas ou psíquicas graves (art. 3º, § 2º). É o que se deve verificar, por exemplo, na atuação do Ministério Público em favor no combate à violência doméstica e familiar praticada contra a vítima mulher, criança e adolescente ou pessoa idosa. Não é por acaso que, no microssistema de combate à violência doméstica e familiar, são encontrados capítulos específicos que cuidam da atuação do Ministério Público.

Assim, na Lei Maria da Penha, a atuação do Ministério Público vem consagrada, em capítulo próprio, em seus arts. 25 ("*O Ministério Público intervirá, quando não for parte, nas causas cíveis e criminais decorrentes da violência doméstica e familiar contra a mulher.*") e 26 ("*Caberá ao Ministério Público, sem prejuízo de outras atribuições, nos casos de violência doméstica e familiar contra a mulher, quando necessário: I – requisitar força policial e serviços públicos de saúde, de educação, de assistência social e de segurança, entre outros; II – fiscalizar os estabelecimentos públicos e particulares de atendimento à mulher em situação de violência doméstica e familiar, e adotar, de imediato, as medidas administrativas ou judiciais cabíveis no tocante a quaisquer irregularidades constatadas; III – cadastrar os casos de violência doméstica e familiar contra a mulher.*").

A Lei Henry Borel, também em capítulo próprio, trata da atuação do *Parquet* em seu art. 22 ("*Caberá ao Ministério Público, sem prejuízo de outras atribuições, nos casos de violência doméstica e familiar contra a criança e o adolescente, quando necessário: I – registrar em seu sistema de dados os casos de violência doméstica e familiar contra a criança e o adolescente; II – requisitar força policial e serviços públicos de saúde, de educação, de assistência social e de segurança, entre outros; III – fiscalizar os estabelecimentos públicos e particulares de atendimento à criança e ao adolescente em situação de violência doméstica e familiar e adotar, de imediato, as medidas administrativas ou judiciais cabíveis no tocante a quaisquer irregularidades constatadas.*").

Por sua vez, o Estatuto da Pessoa Idosa disciplina o agir do Ministério Público, em capítulo separado, em seus arts. 73 a 77 ("*Art. 73. As funções do Ministério Público, previstas nesta Lei, serão exercidas nos termos da respectiva Lei Orgânica. Art. 74. Compete ao Ministério Público: I – instaurar o inquérito civil e a ação civil pública para a proteção dos direitos e interesses difusos ou coletivos, individuais indisponíveis e individuais homogêneos da pessoa idosa; II – promover e acompanhar as ações de alimentos, de interdição total ou parcial, de designação de curador especial, em circunstâncias que justifiquem a medida e oficiar em todos os feitos em que se discutam os direitos das pessoas idosas em condições de risco; III – atuar como substituto processual da pessoa idosa em situação de risco, conforme o disposto no art. 43 desta Lei; IV – promover a revogação de instrumento procuratório da pessoa idosa, nas hipóteses previstas no art. 43 desta Lei, quando necessário ou o interesse público justificar; V – instaurar procedimento administrativo e, para instruí-lo: a) expedir notificações, colher depoimentos ou esclarecimentos e, em caso de não comparecimento injustificado da pessoa notificada, requisitar condução coercitiva, inclusive pela Polícia Civil ou Militar; b) requisitar informações, exames, perícias e documentos de autoridades municipais, estaduais e federais, da administração direta e indireta, bem como promover inspeções e diligências investigatórias; c) requisitar informações e documentos particulares de instituições privadas; VI – instaurar sindicâncias, requisitar diligências investigatórias e a instauração de inquérito policial, para a apuração de ilícitos ou infrações às normas de proteção à pessoa idosa; VII – zelar pelo efetivo respeito aos direitos e garantias legais assegurados à pessoa idosa, promovendo as medidas judiciais e extrajudiciais cabíveis; VIII – inspecionar as entidades públicas e particulares de atendimento e os programas de que trata esta Lei, adotando de pronto as medidas administrativas ou judiciais necessárias à remoção de irregularidades porventura verificadas; IX – requisitar força policial, bem como a colaboração dos serviços de saúde, educacionais e de assistência social, públicos, para o desempenho de suas atribuições; X – referendar transações envolvendo interesses e direitos das pessoas idosas previstos nesta Lei. § 1º A legitimação do Ministério Público para as ações cíveis previstas neste artigo não impede a de terceiros, nas mesmas hipóteses, segundo dispuser a lei. § 2º As atribuições constantes deste artigo não excluem outras, desde que compatíveis com a finalidade e atribuições do Ministério Público. § 3º O representante do Ministério Público, no exercício de suas funções, terá livre acesso a toda entidade de atendimento à pessoa idosa. Art. 75. Nos processos e procedimentos em que não for parte, atuará obrigatoriamente o Ministério Público na defesa dos direitos e interesses de que cuida esta Lei, hipóteses em que terá vista dos autos depois das partes, podendo juntar documentos, requerer diligências e produção de outras provas, usando os recursos cabíveis. Art. 76. A intimação do Ministério Público, em qualquer caso, será feita pessoalmente. Art. 77. A falta de intervenção do Ministério Público acarreta a nulidade do feito, que será declarada de ofício pelo juiz ou a requerimento de qualquer interessado.*").

Em termos de atuação do Ministério Público na defesa de vítima de especial vulnerabilidade, não se olvida ainda de tudo aquilo que foi dito no capítulo anterior acerca do relevante papel a ser cumprido pela instituição em prol de pessoas que são vítimas de desastres ambientais.

Aliás, no contexto do Processo Penal Coletivo, na tutela da vítima coletiva, há ainda de se rememorar todo o estudo feito, em capítulos próprios, a respeito da atuação do *Parquet* em favor de direitos difusos, coletivos e individuais homogêneos, notadamente dos consumidores e do meio ambiente.

É certo que, havendo a prática de crimes tipificados nas mais diversas legislações (como no Código Penal, Lei Maria da Penha, Lei Henry Borel, Estatuto da Pessoa

Idosa, Estatuto da Pessoa com Deficiência, Lei nº 7.716/89, CDC ou Lei nº 9.605/98), surge para o Estado a pretensão punitiva, que será deduzida em juízo justamente pelo Ministério Público. Desse modo, o início da ação penal pública, com o órgão ministerial oferecendo denúncia, na qual imputa a prática de crimes tipificados naquelas leis em desfavor dos autores dos fatos, por si só, já configura um importante instrumento utilizado pelo *Parquet* na defesa dos direitos fundamentais das vítimas.

Mas, obviamente, a atuação do Ministério Público na tutela penal das vítimas não deve se restringir ao cumprimento desta função constitucional (art. 129, I, CF). Ciente disso, buscando ampliar as opções de atuação ministerial na defesa das vítimas, para que ela se torne ainda mais completa e eficiente, a Resolução nº 243/2021 do CNMP prevê outros instrumentos que podem ser utilizados pela instituição.

Nesse passo, este ato normativo, depois de registrar (em rol não taxativo indicado no art. 4º, *caput*) quais são os direitos que devem ser protegidos pelo Ministério Público ("direitos à informação, segurança, apoio, proteção física, patrimonial, psicológica, documental, inclusive de dados pessoais, participação e reparação dos danos materiais, psicológicos e morais suportados pelas vítimas em decorrência de delitos penais e atos infracionais"), assevera que a vítima tem o direito de ser protegida contra a repetição de delitos da mesma natureza e contra a vitimização secundária e terciária (art. 4º, parágrafo único).

Em seguida, tratando especificamente do *direito à informação e à comunicação*, o art. 5º da Resolução nº 243/2021 do CNMP estatui que *"Informações sobre direitos básicos, serviços de apoio, processos e outros meios de obtenção de reparação dos danos causados pela infração penal e ato infracional devem ser prestadas de forma completa e transparente às vítimas"*.

Logo, a vítima tem o direito de ser informada seus direitos básicos, os locais onde pode obter informações, as medidas de assistência e de apoio disponíveis, o andamento, os rumos e as etapas da investigação criminal e do processo penal, incluindo prazos para tramitação do inquérito policial, para oferecimento de denúncia por parte do Ministério Público e de queixa-crime por ela própria, e todos os detalhes sobre as fases seguintes do feito, e os meios para se obter consulta jurídica ou assistência jurídica, como a Defensoria Pública, os núcleos jurídicos atuantes em universidades federais etc. Todas as informações úteis às vítimas devem ser prestadas por todos os órgãos atuantes na persecução penal, com destaque ao Ministério Público.

Quando procurada pela vítima, a Promotoria de Justiça deve informá-la/comunicá-la, da maneira mais ampla e clara possível, não só sobre todos os seus direitos básicos, como também a respeito de toda a estrutura mantida pelo Estado em seu favor, para que não fique desassistida, inclusive informando-se os respectivos canais de comunicação com o órgão (telefone, *e-mail* etc.). Além disso, é preciso explicar à vítima acerca dos serviços de apoio existentes à sua disposição, como programa oficial ou comunitário de proteção ou de atendimento, a exemplo de programa de acompanhamento psicológico.

Com relação ao *direito a apoio* e ao *direito a tratamento profissional individualizado e não discriminatório*, o art. 6º, *caput*, da Resolução nº 243/2021 do CNMP destaca que o Ministério Público diligenciará a fim de que seja assegurada às vítimas a prestação de apoio e atendimento especializado, por meio de equipe multidisciplinar da própria instituição ou pelo devido encaminhamento às redes de apoio externas. Ademais, o parágrafo único deste dispositivo apregoa que o *Parquet* fomentará a construção e a consistência das políticas de atuação em rede, mediante termos de cooperação e parcerias destinadas à implementação de atendimento das vítimas por equipes multidisciplinares, compostas por profissionais devidamente habilitados para a proteção integral, de modo a diminuir os efeitos e danos suportados em decorrência do fato.

Portanto, a vítima poderá, em qualquer caso, procurar auxílio e orientação junto à sede do Ministério Público da localidade em que reside, onde receberá o encaminhamento necessário para obter apoio e proteção.

No que diz respeito ao *direito à segurança, direito à proteção física* e *direito à proteção psicológica*, o art. 7º da Resolução nº 243/2021 do CNMP reconhece que o Ministério Público deverá zelar pela proteção da segurança e da vida privada das vítimas e de seus familiares, mediante aplicação efetiva das medidas de proteção já previstas na legislação pátria e outras que se afigurem adequadas ao caso concreto, adotando, como princípio, o estatuto normativo mais protetivo, velando sempre pelo direito de a vítima não ter contato com o autor do fato, pela proteção de sua intimidade e integridade física e psíquica, mediante adoção de meios para evitar sua revitimização. É o que se verifica, por exemplo, quando o Ministério Público adota todas as providências para incluir a vítima do crime no Programa de Proteção às Vítimas e Testemunhas Ameaçadas (PROVITA), previsto na Lei nº 9.807/1999, a qual já foi analisada em capítulo separado desta obra, para onde se remete o(a) leitor(a).

A respeito do *direito de participação*, vale o registro de que o art. 8º da Resolução nº 243/2021 do CNMP estabelece que o Ministério Público deverá zelar para que as vítimas tenham participação efetiva na fase da investigação e no processo, seja por meio da materialização dos direitos de serem ouvidas, de terem seus bens restituídos, de apresentarem elementos de prova, de serem comunicadas de decisões no curso do processo, notadamente acerca do ingresso e saída do autor do fato da prisão, caso assim manifestem interesse, entre outras formas de participação. Como é cediço, o direito de participação da vítima engloba o direito à informação e à comunicação sobre a prática de atos processuais relevantes. A título de ilustração, a vítima será intimada da homologação do acordo de não persecução penal e de seu descumprimento (art. 28-A, § 9º, CPP).

Disciplinando a atuação do Ministério Público em prol do *direito à reparação dos danos materiais, psicológicos e morais e à reparação simbólica*, o art. 9º da Resolução nº 243/2021 do CNMP reza que o órgão deverá pleitear, de forma expressa, no bojo dos autos, a fixação de valor mínimo para reparação dos danos materiais, morais e psicológicos, causados pela infração penal ou ato infracional, em prol das vítimas diretas, indiretas e coletivas (*caput*). Incumbe ao Ministério Público, orientado pelo princípio da unidade institucional, implementar políticas, parâmetros e protocolos para a exigência, sempre que possível, da reparação dos danos materiais e morais das vítimas e familiares em investigações, processos e acordos celebrados com sua mediação ou participação (§ 1º). Os acordos ou valores recuperados para fins de ressarcimento dos danos suportados por vítimas ou familiares devem ser devidamente registrados em sistema próprio (§ 2º).

Essa atuação pode ser ilustrada a partir do requerimento formulado pelo Ministério Público na denúncia de fixação judicial de valor mínimo para reparação dos danos causados pela infração, considerando os prejuízos sofridos pelo ofendido, na linha do permitido no art. 387, IV, do CPP. Relembre-se que, no âmbito do Processo Penal coletivo, admite-se até mesmo o encaminhamento de pedido de dano moral coletivo. Ademais, quando reconhecida legitimidade (art. 68 do CPP, que somente será constitucional se naquele local de atuação do membro do *Parquet* não houver o funcionamento da Defensoria Pública – inconstitucionalidade progressiva do dispositivo reconhecida pelo STF), o Ministério Público poderá também ajuizar a ação civil *ex delicto* (arts. 63 e 64 do CPP) em favor da vítima pobre.

Ampliando ainda mais o espectro de atuação do Ministério Público na tutela aos direitos das vítimas, procurando conferir-lhe eficiência, o art. 10 da Resolução nº 243/2021 do CNMP, versando sobre a **Justiça Restaurativa**, estabelece que incumbe ao Ministério Público implementar projetos e mecanismos de resolução extrajudicial de conflitos, por meio da negociação, mediação e conferências reparadoras dos traumas derivados dos eventos criminosos ou de atos infracionais, observando-se as diretrizes traçadas nas Resoluções CNMP nos 118, de 1º de dezembro de 2014, e 181, de 7 de agosto de 2017 (art. 10, *caput*). Vale o lembrete de que a Resolução nº 118/2014 trata da autocomposição no âmbito do Ministério Público, ao passo que a Resolução nº 181/2017, disciplinando o procedimento investigatório criminal (PIC), aborda, em seu art. 17, os direitos das vítimas que devem ser assegurados pelo órgão neste procedimento.

Além disso, o Ministério Público deve implementar políticas de atuação em rede, mediante termos de cooperação e parcerias destinadas à implementação de políticas restaurativas, observada a assistência a que se refere o art. 6º, que visem à adesão e à integração voluntária e esclarecida da vítima (art. 10, parágrafo único).

Sem dúvida alguma, orientada, amparada e incentivada pelo Estado, por meio de órgãos públicos, notadamente o Ministério Público, a vítima participará do diálogo com o agente delitivo e com a sociedade como um todo em plenas condições de construir a solução ideal para o conflito que lhe gerou os danos a serem superados.

No contexto de atuação preventiva do Estado e de políticas públicas de proteção às vítimas, ganhando destaque a atuação em favor das denominadas vítimas latentes ou potenciais – "potencial de receptividade vitimal" (indivíduos que têm maior propensão de se tornarem vítimas de fatos ilícitos, o que pode decorrer de uma série de fatores, de ordem pessoal, de personalidade ou profissional) – ou, em outros termos, das vítimas de especial vulnerabilidade (art. 3º, III, da Resolução nº 243/2021 do CNMP), faz-se imprescindível que o ente público crie **programas de prevenção vitimária**, com a finalidade de informar e conscientizar tais pessoas de todos os riscos por ela assumidos, fomentando ainda a defesa dos seus próprios interesses. A título de ilustração, é o que pode ser feito por meio de campanhas divulgadas por meios de comunicação e a organização de atividades comunitárias[21]. Em sede específica do Ministério Público, a Resolução nº 243/2021 do CNMP, em seu Capítulo V, em atenção também ao cenário do *Processo Penal Coletivo*, trata da **atuação preventiva e difusa** do órgão, afirmando que lhe incumbe estimular políticas públicas e criar, em sua estrutura interna, meios de atendimento às vítimas que busquem evitar a revitimização, bem como núcleos próprios de jurimetria para diagnosticar e produzir uma política de atuação mais eficaz, resolutiva e preventiva (art. 11). Além disso, "caberá à Presidência do Conselho Nacional do Ministério Público compilar informações do número de casos atendidos, do número de casos em que se verificou a reparação dos danos sofridos, das taxas de vitimização, além de outras políticas que permitam a identificação de direitos difusos, coletivos ou individuais homogêneos lesados" (art. 12). Todo esse agir ministerial está de acordo com o disposto no art. 3º, § 2º, da Resolução nº 243/2021 do CNMP.

Prosseguindo, nos arts. 13 a 15, a Resolução nº 243/2021 do CNMP ainda apresenta as suas "disposições finais". Na dicção do ato normativo, "cada unidade do Ministério Público poderá regulamentar, por ato próprio, as diretrizes fixadas nesta Resolução, acrescentando outras que se conciliem com suas especificidades regionais e com a política de proteção integral aqui planejada" (art. 13). Nesse trilhar, "cada unidade do Ministério Público deverá incluir, obrigatoriamente, como meta de seu Planejamento Estratégico, tornar a vítima o objeto principal de defesa institucional, fomentando cursos de formação inicial e de capacitação continuada de membros e servidores, para atendimento especial de vítimas de infrações penais e atos infracionais" (art. 14). Em acréscimo, "os Ministérios Públicos deverão encaminhar ao Conselho Nacional do Ministério Público planejamento escalonado para implementação dos Núcleos ou Centros de Apoio às Vítimas" (art. 15, *caput*); "até a estruturação dos Núcleos ou Centros de Apoio às Vítimas, os Ministérios Públicos deverão assegurar, na medida do possível, a prestação do serviço por meio de outros canais de atendimento ao cidadão que estejam em pleno funcionamento, a exemplo das ouvidorias, dos projetos especializados e dos serviços de acolhimento multidisciplinar" (art. 15, § 1º). No mais, "será criado o Portal Informativo sobre os Direitos das Vítimas, gerenciado pela Presidência do Conselho Nacional do Ministério Público ou por órgão por ela autorizado, destinado a fornecer, em linguagem clara e acessível, informações às vítimas, dentre outras, sobre as reações e consequências de infrações penais ou atos infracionais, os direitos das vítimas, as fases do processo penal e os atores do sistema de justiça penal" (art. 15, § 2º).

Noutro giro, indo além do disposto na Resolução nº 243/2021 do CNMP, insta salientar que há outros tantos normativos do CNMP que, direta ou indiretamente, apresentam diretrizes relevantes acerca da atuação do Ministério Público na defesa dos direitos das vítimas.

Não pretendendo esgotar a matéria, até para não se causar exaustão no estudo ora realizado, alguns desses atos podem ser aqui mencionados, senão vejamos.

21. OLIVEIRA, Natacha Alves de. *Criminologia*. 2. ed. rev., ampl. e atual. Salvador: Juspodivm, 2020, p. 149.

Na tutela da mulher vítima de violência doméstica e familiar, o membro do Ministério Público deve observar, por exemplo, o regramento contido na Nota Técnica nº 11/2016 (versa sobre a atuação do Ministério Público nas audiências de custódia em casos de violência doméstica e familiar contra a mulher), na Resolução nº 135/2016 (institui o Cadastro Nacional de Casos de Violência Doméstica e Familiar contra a Mulher), na Recomendação nº 88/2022 (dispõe sobre a criação de um canal especializado, denominado Ouvidoria das Mulheres, no âmbito das Ouvidorias-Gerais de todos os ramos e unidades do Ministério Público e dá outras providências), na Recomendação nº 89/2022 (dispõe sobre a criação da semana "Ciclo de Diálogos da Lei Maria da Penha", a ser realizada anualmente, no mês de agosto, em todas as unidades e ramos do Ministério Público brasileiro), Recomendação nº 93/2022 (recomenda aos órgãos do Ministério Público brasileiro com atuação no enfrentamento à violência contra as mulheres a implementação de projetos de recuperação e reeducação do agressor e outras providências), na Recomendação nº 106/2023 (dispõe sobre a possibilidade de utilização das verbas oriundas de transações penais e suspensões condicionais do processo por instituições públicas e privadas de finalidade social destinadas à defesa e promoção dos direitos das mulheres e à prevenção e combate à violência contra a mulher) e na Resolução nº 264/2023 (estabelece parâmetros gerais para a contratação de mulheres em situação de vulnerabilidade econômica decorrente de violência doméstica e familiar no âmbito dos ramos e das unidades do Ministério Público), todas do CNMP. Há também Resolução Conjunta do CNMP e do CNJ, de nº 05/2020, que institui o Formulário Nacional de Avaliação de Risco no âmbito do Poder Judiciário e do Ministério Público, Formulário este que, posteriormente, passou a ser disciplinado pela Lei nº 14.149/2021.

Na esfera de proteção à criança e ao adolescente vítima de violência doméstica e familiar, impende registrar ato normativo de extrema relevância, qual seja, a Resolução nº 287/2024 do CNMP, a qual dispõe sobre a atuação integrada do Ministério Público para a efetiva defesa e proteção das crianças e adolescentes vítimas ou testemunhas de violência, conforme Lei nº 13.431/2017 (Lei da Escuta Especializada) e Lei nº 14.344/22 (Lei Henry Borel).

Por fim, faz-se imprescindível noticiar que, até mesmo no âmbito do **Procedimento Investigatório Criminal (PIC)**, investigação criminal presidida pelo Ministério Público, o órgão deverá observar os direitos das vítimas. Destarte, a Resolução nº 181/2017 do CNMP, que dispõe sobre instauração e tramitação do PIC, elenca, em capítulo próprio, mais especificamente em seu art. 17, os **direitos das vítimas** que devem ser respeitados nesta investigação.

Assim, em atenção ao *direito à informação e à comunicação*, o membro do Ministério Público que preside o procedimento investigatório criminal esclarecerá a vítima sobre seus direitos materiais e processuais, devendo tomar todas as medidas necessárias para a preservação dos seus direitos, a reparação dos eventuais danos por ela sofridos e a preservação da intimidade, vida privada, honra e imagem (art. 17, *caput*). Posteriormente, o membro do Ministério Público deverá diligenciar para a comunicação da vítima ou, na ausência desta, dos seus respectivos familiares sobre o oferecimento de ação penal (art. 17, § 7º).

Com fundamento no *direito à segurança*, o membro do Ministério Público velará pela segurança de vítimas e testemunhas que sofrerem ameaça ou que, de modo concreto, estejam suscetíveis a sofrer intimidação por parte de acusados, de parentes deste ou pessoas a seu mando, podendo, inclusive, requisitar proteção policial em seu favor (art. 17, § 1º). Em complemento, o membro do Ministério Público que preside o procedimento investigatório criminal, no curso da investigação ou mesmo após o ajuizamento da ação penal, deverá providenciar o encaminhamento da vítima ou de testemunhas, caso presentes os pressupostos legais, para inclusão em Programa de Proteção de Assistência a Vítimas e a Testemunhas ameaçadas ou em Programa de Proteção a Crianças e Adolescentes Ameaçados, conforme o caso (art. 17, § 2º). Em caso de medidas de proteção ao investigado, as vítimas e testemunhas, o membro do Ministério Público observará a tramitação prioritária do feito, bem como providenciará, se o caso, a oitiva antecipada dessas pessoas ou pedirá a antecipação dessa oitiva em juízo (art. 17, § 3º).

Zelando pelo *direito a apoio* e pelo *direito a tratamento profissional individualizado e não discriminatório*, o membro do Ministério Público que preside o procedimento investigatório criminal providenciará o encaminhamento da vítima e outras pessoas atingidas pela prática do fato criminoso apurado à rede de assistência, para atendimento multidisciplinar, especialmente nas áreas psicossocial, de assistência jurídica e de saúde, a expensas do ofensor ou do Estado (art. 17, § 4º).

Para que se implemente o *direito de participação*, nos procedimentos de acolhimento, oitiva e atenção à vítima, o membro do Ministério Público diligenciará para que a ela seja assegurada a possibilidade de prestar declarações e informações em geral, eventualmente sugerir diligências, indicar meios de prova e deduzir alegações, que deverão ser avaliadas fundamentadamente pelo Ministério Público (art. 17, § 5º).

Os procedimentos previstos no art. 17 da Resolução nº 181/2017 do CNMP poderão ser estendidos aos familiares da vítima (art. 17, § 6º), o que se coaduna perfeitamente aos conceitos de vítimas apresentados pelos incisos II (vítima indireta) e V (familiares e pessoas economicamente dependentes da vítima) do art. 3º da Resolução nº 243/2021 do CNMP. Nessa direção, o art. 19-I da Resolução nº 181/2017 do CNMP, com a redação dada pela Resolução nº 289/2024 do CNMP, enfatiza que "observar-se-á, no que couber, a Resolução nº 243, de 18 de outubro de 2021, inclusive no tocante à necessidade de ciência da decisão de arquivamento para, no mínimo, uma vítima indireta, em caso de inexistência da vítima direta".

Em atendimento ao *direito a tratamento profissional individualizado e não discriminatório*, nas investigações que apurem notícia de violência manifestada por agentes públicos em desfavor de vítimas negras, em atenção ao disposto no art. 53 da Lei nº 12.288/2010 (Estatuto da Igualdade Racial), o membro do Ministério Público deve levar em consideração, para além da configuração típico-penal, eventual hipótese de violência sistêmica, estrutural, psicológica, moral, entre outras, para fins dos encaminhamentos previstos no art. 17 da Resolução nº 181/2017 do CNMP (art. 17, § 8º).

4. QUADRO SINÓTICO

CAPÍTULO XX – ATUAÇÃO DO MINISTÉRIO PÚBLICO NA TUTELA DOS DIREITOS DAS VÍTIMAS	
1. O Ministério Público como instituição de garantia no contexto do garantismo penal integral e do Processo Penal Coletivo	No contexto do Estado Democrático de Direito, o Ministério Público deve ser compreendido como autêntica **instituição de garantia**. De acordo com o seu perfil constitucional (art. 127, *caput*, CF), como órgão que deve defender o regime democrático e os interesses sociais e individuais indisponíveis, o Ministério Público deve sempre pautar a sua atuação como principal tutor ou garante de direitos fundamentais consagrados na Carta Magna Federal. Com isso, revela-se um agente de transformação social, buscando implementar políticas públicas que confiram efetividade aos direitos fundamentais e ao próprio ideal democrático. No Processo Penal em particular, é marcante a atuação do órgão como instituição de garantia, especialmente a partir de uma leitura da disciplina à luz do *garantismo penal integral* e da própria concepção do *Processo Penal Coletivo*. Nesse prisma, no plano individual, deve o Ministério Público atuar não apenas em prol dos direitos fundamentais do acusado, mas também daqueles de titularidade da vítima, e, no plano coletivo (em sentido amplo), em favor dos interesses da sociedade, lembrando aqui que a segurança pública é direito fundamental de ordem difusa (art. 5º, *caput*, CF). Em proteção à vítima, o Ministério Público, por exemplo, deve atuar para resguardar a sua integridade física e a sua vida, adotando medidas práticas que evitem qualquer ofensiva contra ela por parte de quem quer que seja, inclusive do réu. Além disso, observados alguns parâmetros, pode, na ação penal pública, formular requerimento de indenização em favor dela, com base no art. 387, inciso IV, do CPP. Em defesa da segurança pública, é assegurado ao Ministério Público, a título de ilustração, poder de investigação criminal, para que, por meios próprios, tenha condições de apurar e, posteriormente, processar ilícitos praticados, principalmente aqueles ligados à *macrocriminalidade*, que coloquem em xeque a democracia. Ademais, igualmente com fundamento no art. 387, inciso IV, do CPP, em determinados crimes, como aqueles que atingem o patrimônio público, pode formular na denúncia pedido de ressarcimento dos danos, incluindo a estipulação de danos morais coletivos.
2. Controle de convencionalidade pelo Ministério Público	A **Recomendação nº 96/2023 do CNMP** recomenda aos ramos e às unidades do Ministério Público a observância dos tratados, convenções e protocolos internacionais de direitos humanos, das recomendações da Comissão Interamericana de Direitos Humanos e da jurisprudência da Corte Interamericana de Direitos Humanos; e dá outras providências. De acordo com o art. 2º deste ato normativo, "recomenda-se aos órgãos do Ministério Público que observem, em seus respectivos âmbitos de atribuição, em todas as esferas de atuação: I – as normas dos tratados, convenções e protocolos internacionais de direitos humanos em vigor no Brasil e as demais normas imperativas do Direito Internacional dos Direitos Humanos;

CAPÍTULO XX – ATUAÇÃO DO MINISTÉRIO PÚBLICO NA TUTELA DOS DIREITOS DAS VÍTIMAS	
2. Controle de convencionalidade pelo Ministério Público	II – o efeito vinculante das decisões da Corte Interamericana de Direitos Humanos, nos casos em que o Brasil é parte, nos termos do artigo 68 da Convenção Americana sobre os Direitos Humanos; III – a jurisprudência da Corte Interamericana de Direitos Humanos, quando adequada ao caso; e IV – as declarações e outros documentos internacionais de direitos humanos, quando adequados ao caso.". De forma ainda mais clara e expressa, o art. 3º, inciso I, da Resolução estipula que "recomenda-se aos membros do Ministério Público, respeitada a independência funcional, que: I – promovam o controle de convencionalidade das normas e práticas internas". No plano específico do Processo Penal, o controle de convencionalidade pode ser exercido pelo Ministério Público ao longo de toda a persecução penal, desde a fase de investigação criminal até o curso da ação penal, passando ainda pela etapa de execução penal. Nesse prisma, poderá exercer o controle de convencionalidade em prol de direitos das vítimas de crimes.
3. A atuação do Ministério Público na tutela penal dos direitos das vítimas (Resolução nº 243/2021 do CNMP)	A Resolução nº 243/2021 do CNMP estabelece a **Política Institucional de Proteção Integral e de Promoção de Direitos e de Apoio às Vítimas**, com o objetivo de assegurar direitos fundamentais às vítimas de infrações penais, atos infracionais, desastres naturais, calamidades públicas e graves violações de direitos humanos, garantindo-lhes acesso à informação, comunicação, participação, verdade, justiça, diligência devida, segurança, apoio, tratamento profissional individualizado e não discriminatório, proteção física, patrimonial, psicológica e de dados pessoais, participação e reparação dos danos materiais, morais e simbólica, suportados em decorrência do fato vitimizante (art. 1º). Toda a atuação do Ministério Público na tutela penal dos direitos das vítimas resta disciplinada pelo teor daquele ato normativo, que merece ser lido na íntegra.

PARTE III

CAPÍTULO XXI

ATUAÇÃO DO PODER JUDICIÁRIO NA TUTELA DOS DIREITOS DAS VÍTIMAS

1. ATUAÇÃO DO PODER JUDICIÁRIO NA TUTELA DE DIREITOS FUNDAMENTAIS (CLÁUSULA DE RESERVA DE JURISDIÇÃO)

No Estado Democrático de Direito, em que, no processo penal, prevalece o sistema acusatório, não deve, em regra, o juiz se envolver com a atividade de produção de provas, a qual deve ficar a cargo das partes. Assim, a sua atuação deve cingir-se ao julgamento da causa com imparcialidade, além de funcionar como agente de salvaguarda dos direitos fundamentais dos agentes envolvidos no processo penal (cláusula de reserva de jurisdição), inclusive aqueles de titularidade das vítimas.

Nesse cenário, relembre-se que o art. 3º-A do CPP, acrescido pela Lei nº 13.964/2019 ("Pacote Anticrime"), reconhece a adoção do sistema acusatório no país e veda a iniciativa probatória do magistrado na fase de investigação criminal, bem como a substituição da atuação probatória do órgão de acusação. Na exata dicção legal, "*o processo penal terá estrutura acusatória, vedadas a iniciativa do juiz na fase de investigação e a substituição da atuação probatória do órgão de acusação*".

É certo que o art. 156, incisos I e II, do CPP, com a redação dada pela Lei nº 11.690/08, confere excepcionalmente ao magistrado poderes de iniciativa probatória (poderes instrutórios do juiz), sob o argumento de que a atuação deste agente estatal visaria resguardar outros princípios do processo penal, em especial o princípio da busca da verdade real. De acordo com aquele dispositivo legal, é facultado ao juiz de ofício "ordenar, mesmo antes de iniciada a ação penal, a produção antecipada de provas consideradas urgentes e relevantes, observando a necessidade, adequação e proporcionalidade da medida" (inciso I), assim como "determinar, no curso da instrução, ou antes de proferir sentença, a realização de diligências para dirimir dúvida sobre ponto relevante" (inciso II). No entanto, em prol do sistema acusatório e da imparcialidade do juiz, impõe-se que esses poderes instrutórios sejam exercidos de forma complementar, suplementar ou residual à atividade probatória das partes. E, mesmo assim, entende-se que o teor da primeira parte do inciso I deste dispositivo ("mesmo antes de iniciada a ação penal") está revogado tacitamente pelo art. 3º-A do CPP, que, como visto alhures, proíbe a iniciativa probatória do magistrado na fase de investigação (ou seja, o poder instrutório reconhecido neste inciso I somente pode ser exercido no curso do processo penal).

Logo, além de ficar responsável pelo julgamento imparcial da demanda, não lhe sendo atribuído, em regra, poder instrutório, é de todo recomendável, para a consecução do sistema acusatório, que o juiz atue como tutor de direitos fundamentais postos em jogo no caso concreto. Porque com esse atuar permitirá que todos os envolvidos no processo venham a debater a causa em igualdade de condições, facilitando a construção de uma solução justa e ideal.

Nessa senda, via de regra, quando uma diligência investigatória em uma investigação criminal e/ou uma prova em juízo atingir direito fundamental, independentemente do seu titular, a sua produção restará condicionada à autorização do magistrado, em respeito à cláusula de reserva de jurisdição.

A título de ilustração, a interceptação telefônica, por atingir os direitos ao sigilo de dados, intimidade e vida privada, impõe sempre ordem judicial para a sua colheita (art. 5º, XII, CF; art. 1º, *caput*, Lei nº 9.296/96); a busca e apreensão domiciliar, ao menos em regra, depende de autorização judicial, pois o domicílio é o asilo inviolável (art. 5º, XI, CF); a prisão preventiva, igualmente, necessita de decreto judicial para ser realizada, já que está em risco o estado de liberdade do cidadão (art. 5º, *caput* e inciso LXI, CF; art. 311 CPP).

Aliás, impende frisar que é exatamente nesse contexto que se insere a figura do juiz das garantias, figura esta inserida nos arts. 3º-B a 3º-F do CPP a partir do advento da Lei nº 13.964/2019 ("Pacote Anticrime"). Como apregoa o art. 3º-B, *caput*, do CPP, *"o juiz das garantias é responsável pelo controle da legalidade da investigação criminal e pela salvaguarda dos direitos individuais cuja franquia tenha sido reservada à autorização prévia do Poder Judiciário [...]"*. Relembre-se ainda que o juiz das garantias foi compreendido como constitucional pelo STF, no julgamento em que o tribunal lhe deu interpretação conforme a Constituição (STF, Plenário, ADIs nºs 6.298, 6.299, 6.300 e 6.305, Rel. Min. Luiz Fux, j. 24.08.2023).

Na concepção do *garantismo penal integral*, que, em essência, busca manter o equilíbrio entre os direitos fundamentais em discussão no processo penal, a tutela a ser feita pelo juiz não se limita aos direitos fundamentais do acusado. É claro que, pela condição de hipossuficiente que o réu ostenta em face do Estado, a tutela dos seus direitos fundamentais que lhe é destinada pelo magistrado acaba se sobressaindo, mas, como visto ao longo de todo este trabalho, a atuação protetiva do juiz deve se estender também a outros direitos fundamentais colocados em risco com a prática do crime, tanto os de titularidade da sociedade como um todo (e a segurança pública é direito fundamental difuso – arts. 5º, *caput*, e 144 da Constituição), quanto aqueles pertencentes às vítimas.

Naturalmente, para os fins desta obra, deve ser destacada a tutela penal exercida pelo Poder Judiciário em favor dos direitos das vítimas de crimes.

Nesse trilhar, a título de ilustração desse agir jurisdicional, tem-se como exemplo sintomático o disposto no art. 201 do CPP, que, em respeito ao *direito à informação e à comunicação*, garante ao ofendido o direito de ser comunicado dos atos processuais relativos ao ingresso e à saída do acusado da prisão, à designação de data para audiência e à sentença e respectivos acórdãos que a mantenham ou modifiquem (§ 2º), sendo que as comunicações a ele deverão ser feitas no endereço que indicar, admitindo-se, por opção do ofendido, o uso de meio eletrônico (§ 3º); em cumprimento ao *direito à segurança*, ao *direito à proteção física* e ao *direito à proteção psicológica*, antes do início da audiência e durante a sua realização, será reservado espaço separado para o ofendido (§ 4º); para que se implemente o *direito a tratamento profissional individualizado e não discriminatório*, se o juiz entender necessário, poderá encaminhar o ofendido para atendimento multidisciplinar, especialmente nas áreas psicossocial, de assistência jurídica e de saúde, a expensas do ofensor ou do Estado (§ 5º); e, novamente com fundamento no *direito à segurança*, *direito à proteção física* e *direito à proteção psicológica*, o juiz tomará as providências necessárias à preservação da intimidade, vida privada, honra e imagem do ofendido, podendo, inclusive, determinar o segredo de justiça em relação aos dados, depoimentos e outras informações constantes dos autos a seu respeito para evitar sua exposição aos meios de comunicação (§ 6º).

Procurando disciplinar com maiores detalhes a tutela jurisdicional aos direitos fundamentais das vítimas, o CNJ editou a Resolução nº 253/2018, que define a política institucional do Poder Judiciário de atenção e apoio às vítimas de crimes e atos infracionais. Tal ato normativo será detidamente apreciado no tópico seguinte.

2. ATUAÇÃO DO PODER JUDICIÁRIO NA TUTELA DOS DIREITOS DAS VÍTIMAS (RESOLUÇÃO Nº 253/2018 DO CNJ)

Inicialmente, a **Resolução nº 253/2018 do CNJ** estabelece que o Poder Judiciário deverá, no exercício de suas competências, adotar as providências necessárias para garantir que as vítimas de crimes e de atos infracionais sejam tratadas com equidade, dignidade e respeito pelos órgãos judiciários e de seus serviços auxiliares (art. 1º, *caput*).

Após apresentar os conceitos e espécies de vítimas (art. 1º, §§ 1º e 2º), o ato normativo determina, em seu art. 2º, incisos I a IX, que os tribunais deverão instituir **Centros Especializados de Atenção às Vítimas**, aos quais incumbe, dentre outras atribuições (rol não taxativo ou exemplificativo): I – funcionar como canal especializado de atendimento, acolhimento e orientação às vítimas diretas e indiretas de crimes e atos infracionais (instrumento de tutela ao *direito à informação e à comunicação*, *direito a apoio* e *direito a tratamento profissional individualizado e não discriminatório*); II – avaliar a necessidade de propor ao tribunal a criação de plantão especializado de servidores(as) para atendimento às vítimas, destinando parcela da jornada dos(as) servidores(as) integrantes das equipes multidisciplinares e os espaços físicos adequados para tal (tutela ao *direito a apoio* e ao *direito a tratamento profissional individualizado e não discriminatório*); III – fornecer informações sobre a tramitação de inquéritos e processos judiciais que tenham por objeto a apuração de crime ou ato infracional, ou a reparação de dano decorrente de sua prática (tutela ao *direito à informação e à comunicação* e ao *direito à reparação dos danos materiais, psicológicos e morais e à reparação simbólica*); IV – propor ao tribunal a adoção de providências para destinar ambientes de espera separados para a vítima e seus familiares nos locais de realização de diligências processuais e audiências (tutela ao *direito à segurança*); V – fornecer informações sobre os direitos das vítimas, nos limites do campo de conhecimento da equipe multidisciplinar (tutela ao *direito à informação e à comunicação* e ao *direito a tratamento profissional individualizado e não discriminatório*); VI – promover o encaminhamento formal das vítimas para a rede de serviços públicos disponíveis na localidade, em especial os de assistência jurídica, médica, psicológica, social e previdenciária (tutela ao *direito à justiça, direito a apoio, direito à proteção física* e *direito à proteção psicológica*); VII – fornecer informações sobre os programas de proteção a vítimas e testemunhas ameaçadas e promover o respectivo encaminhamento formal, se for o caso (tutela ao *direito à informação e à comunicação* e ao *direito à segurança*); VIII – encaminhar a vítima aos programas de justiça restaurativa eventualmente instituídos em conformidade com a Resolução CNJ no 225/2016 (tutela ao *direito à justiça* e ao *direito a apoio*); e IX – auxiliar e subsidiar a implantação da política institucional do Poder Judiciário de atenção e apoio às vítimas de crimes e atos infracionais (tutela ao *direito a apoio*).

Até a estruturação dos Centros Especializados de Atenção às Vítimas, os tribunais deverão assegurar a prestação dos serviços previstos no artigo 2º por meio de outros canais de atendimento ao cidadão que já estejam em funcionamento, a exemplo das ouvidorias, dos plantões especializados e dos serviços de assistência multidisciplinar (art. 2º, § 2º). Os tribunais manterão registro dos atendimentos realizados e periodicamente avaliarão a sua qualidade, resguardado o sigilo necessário à preservação da intimidade e da segurança das pessoas atendidas (art. 2º, § 3º). O Conselho Nacional de Justiça e os órgãos do Poder Judiciário divulgarão informações sobre os programas especiais de atenção à vítima (art. 2º, § 4º).

Na sequência, o ato normativo assevera que sem prejuízo da instalação dos Centros Especializados de Atenção às Vítimas, os tribunais poderão firmar convênios com a Ordem dos Advogados do Brasil, Defensorias Públicas, Universidades e outras instituições para a prestação gratuita, mediante encaminhamento formal, de serviços de atendimento jurídico, médico, odontológico e psicológico, dentre outros, às vítimas de crimes e de atos infracionais (art. 3º), o que constitui importante instrumento de tutela ao *direito à justiça*, ao *direito à proteção física* e ao *direito à proteção psicológica*.

Na esteira do previsto no art. 201, § 4º, do CPP e em observância ao *direito à segurança*, ao *direito à proteção física* e ao *direito à proteção psicológica*, a Resolução nº 253/2018 do CNJ apregoa que os órgãos judiciários deverão adotar as providências possíveis para destinar ambientes de espera separadas para a vítima e seus familiares nos locais de realização de diligências processuais e audiências (art. 4º).

Sem dúvida alguma, é o art. 5º da Resolução nº 253/2018 do CNJ que fornece, de forma mais clara e concreta, os instrumentos práticos de tutela dos direitos das vítimas por parte do Poder Judiciário.

Na dicção deste dispositivo, no curso dos processos de apuração de crimes e atos infracionais e de execução de penas e medidas socioeducativas, as autoridades judiciais deverão:

I – orientar as vítimas sobre o seu direito de estar presente em todos os atos do processo (tutela ao *direito à informação e à comunicação*);

II – determinar às serventias o estrito cumprimento do parágrafo 2º do artigo 201 do Código de Processo Penal, notificando-se a vítima, por carta ou correio eletrônico, dos seguintes eventos (tutela ao *direito à informação e à comunicação*):

a) instauração da ação penal ou arquivamento do inquérito policial;

b) expedição de mandados de prisão, alvarás de soltura e respectivos cumprimentos;

c) fugas de réus presos;

d) prolação de sentenças e decisões judiciais monocráticas ou colegiadas.

III – destinar prioritariamente as receitas relativas à prestação pecuniária para reparação dos danos aproveitados pela vítima e pessoas referidas no § 2º do artigo 12 da presente Resolução (tutela ao *direito à reparação dos danos materiais, psicológicos e morais e à reparação simbólica*);

IV – determinar as diligências necessárias para conferir efetividade ao disposto no art. 387, inc. IV, do Código de Processo Penal, para fixar em sentença valor mínimo para reparação dos danos causados pela infração (tutela ao *direito à reparação dos danos materiais, psicológicos e morais e à reparação simbólica*);

V – adotar as providências necessárias para que as vítimas sejam ouvidas em condições adequadas para prevenir a vitimização secundária e para evitar que sofra pressões (tutela ao *direito à proteção psicológica*).

VI – zelar pela célere restituição de bens apreendidos, de propriedade da vítima, observadas as cautelas legais (tutela ao *direito à proteção patrimonial*).

Prosseguindo, o ato normativo informa que os órgãos competentes do Poder Judiciário deverão promover a capacitação de magistrados(as), servidores(as), colaboradores(as) e estagiários(as) que atuarão nos Centros Especializados de Atenção à Vítima (art. 6º, *caput*). Sem prejuízo disso, os tribunais deverão oferecer, a todo seu quadro de pessoal, cursos periódicos sobre o tratamento de vítimas no âmbito do sistema de justiça criminal (art. 6º, § 1º). Os cursos de capacitação ora descritos deverão abordar conteúdos direcionados para a atenção às violências tradicionalmente desconsideradas, tais como: racismo, violência sexual e de gênero, transfobia e homofobia, geracional, contra pessoas com deficiências, indígenas, quilombolas e refugiados (art. 6º, § 2º).

Noutro giro, os tribunais deverão regulamentar a instituição dos plantões referidos no art. 2º do ato normativo e a concessão gratuita de cópias dos autos às vítimas, se não houver norma específica sobre a matéria (art. 7º).

Com esteio no art. 8º da Resolução nº 253/2018 do CNJ, a Corregedoria Nacional de Justiça e as Corregedorias locais deverão incluir em seus planos de inspeção a fiscalização do cumprimento do disposto no parágrafo 2º do art. 201 do Código de Processo Penal. E as Corregedorias locais deverão adequar a regulamentação editada em conformidade com o art. 5º da Resolução 154, de 13 de julho de 2012, para determinar a destinação prioritária de receitas relativas à prestação pecuniária para reparação dos danos aproveitados pela vítima e pessoas referidas no § 2º do art. 1º da presente Resolução (art. 9º).

No mais, esta Resolução tem caráter complementar, não prejudicando os direitos das vítimas assegurados em outros atos normativos específicos (art. 10).

De fato, há outros diversos atos normativos do CNJ que versam sobre a tutela pelo Judiciário dos direitos fundamentais das vítimas.

Não pretendendo esgotar a matéria, até para não se causar exaustão no estudo ora realizado, alguns desses atos podem ser aqui mencionados, senão vejamos.

A Resolução nº 128/2011 do CNJ, por exemplo, determina a criação de Coordenadorias Estaduais das Mulheres em Situação de Violência Doméstica e Familiar no âmbito dos Tribunais de Justiça dos Estados e do Distrito Federal.

A Resolução nº 225/2016 do CNJ dispõe sobre a Política Nacional de Justiça Restaurativa no âmbito do Poder Judiciário.

A Resolução nº 254/2018 do CNJ institui a Política Judiciária Nacional de enfrentamento à violência contra as Mulheres pelo Poder Judiciário.

Há a Resolução Conjunta do CNJ e do CNMP nº 05/2020, que institui o Formulário Nacional de Avaliação de Risco no âmbito do Poder Judiciário e do Ministério Público, Formulário este que, posteriormente, passou a ser disciplinado pela Lei nº 14.149/2021.

A Recomendação nº 79/2020 do CNJ dispõe sobre a capacitação de magistradas e magistrados para atuar em Varas ou Juizados que detenham competência para aplicar a Lei nº 11.340/2006.

A Resolução nº 427/2021 do CNJ amplia a proteção a vítimas e testemunhas por meio da proteção à sua identidade, endereço e dados qualificativos.

A Recomendação nº 124/2022 do CNJ recomenda aos tribunais que instituam e mantenham programas voltados à reflexão e responsabilização de agressores de violência doméstica e familiar.

O Provimento nº 147/2023 do CNJ dispõe sobre a política permanente de enfrentamento a todas as formas de violência contra a mulher, no âmbito das atribuições da Corregedoria Nacional de Justiça; adota protocolo específico para o atendimento a vítimas e recebimento de denúncias de violência contra a mulher envolvendo magistrados, servidores do Poder Judiciário, notários e registradores; cria canal simplificado de acesso a vítimas de violência contra a mulher na Corregedoria Nacional de Justiça e dá outras providências.

Por sua vez, a Resolução nº 542/2023 do CNJ cria o Fórum Nacional de Enfrentamento à Violência Contra a Mulher (Fonavim), com o objetivo de aprimorar a atuação do Poder Judiciário no enfrentamento à violência contra a mulher.

Relembre-se ainda a **Resolução nº 492/2023 do CNJ**, que indica, para adoção de Perspectiva de Gênero nos julgamentos em todo o Poder Judiciário, as diretrizes do protocolo aprovado pelo Grupo de Trabalho constituído pela Portaria CNJ nº 27/2021 (**Protocolo para Julgamento com Perspectiva de Gênero**), conforme já visto em passagem anterior desta obra.

Por fim, não se olvide da possibilidade de que o Poder Judiciário, enquanto tutor dos direitos fundamentais das vítimas, exerça o **controle de convencionalidade** em casos concretos, nos termos do que já foi estudo no capítulo anterior desta obra, para onde se remete o(a) leitor(a).

3. QUADRO SINÓTICO

CAPÍTULO XXI – ATUAÇÃO DO PODER JUDICIÁRIO NA TUTELA DOS DIREITOS DAS VÍTIMAS	
1. Atuação do Poder Judiciário na tutela de direitos fundamentais (cláusula de reserva de jurisdição)	No Estado Democrático de Direito, em que, no processo penal, prevalece o sistema acusatório, não deve, em regra, o juiz se envolver com a atividade de produção de provas, a qual deve ficar a cargo das partes. Assim, a sua atuação deve cingir-se ao julgamento da causa com imparcialidade, além de funcionar como agente de salvaguarda dos direitos fundamentais dos agentes envolvidos no processo penal (cláusula de reserva de jurisdição), inclusive aqueles de titularidade das vítimas. Logo, além de ficar responsável pelo julgamento imparcial da demanda, não lhe sendo atribuído, em regra, poder instrutório, é de todo recomendável, para a consecução do sistema acusatório, que o juiz atue como tutor de direitos fundamentais postos em jogo no caso concreto. Porque com esse atuar permitirá que todos os envolvidos no processo venham a debater a causa em igualdade de condições, facilitando a construção de uma solução justa e ideal. Nessa senda, via de regra, quando uma diligência investigatória em uma investigação criminal e/ou uma prova em juízo atingir direito fundamental, independentemente do seu titular, a sua produção restará condicionada à autorização do magistrado, em respeito à cláusula de reserva de jurisdição. Aliás, impende frisar que é exatamente nesse contexto que se insere a figura do juiz das garantias, figura esta inserida nos arts. 3º-B a 3º-F do CPP a partir do advento da Lei nº 13.964/2019 ("Pacote Anticrime"). Como apregoa o art. 3º-B, *caput*, do CPP, *"o juiz das garantias é responsável pelo controle da legalidade da investigação criminal e pela salvaguarda dos direitos individuais cuja franquia tenha sido reservada à autorização prévia do Poder Judiciário [...]"*. Na concepção do *garantismo penal integral*, que, em essência, busca manter o equilíbrio entre os direitos fundamentais em discussão no processo penal, a tutela a ser feita pelo juiz não se limita aos direitos fundamentais do acusado. É claro que, pela condição de hipossuficiente que o réu ostenta em face do Estado, a tutela dos seus direitos fundamentais que lhe é destinada pelo magistrado acaba se sobressaindo, mas a atuação protetiva do juiz deve se estender também a outros direitos fundamentais colocados em risco com a prática do crime, tanto os de titularidade da sociedade como um todo (e a segurança pública é direito fundamental difuso – arts. 5º, *caput*, e 144 da Constituição), quanto aqueles pertencentes às vítimas. Exemplo sintomático de atuação do magistrado na defesa dos direitos fundamentais das vítimas é encontrado no teor do art. 201 do CPP.
2. Atuação do Poder Judiciário na tutela dos direitos das vítimas (Resolução nº 253/2018 do CNJ)	Procurando disciplinar com maiores detalhes a tutela jurisdicional aos direitos fundamentais das vítimas, o CNJ editou a Resolução nº 253/2018, que define a política institucional do Poder Judiciário de atenção e apoio às vítimas de crimes e atos infracionais. Sem dúvida alguma, é o art. 5º da Resolução nº 253/2018 do CNJ que fornece, de forma mais clara e concreta, os instrumentos práticos de tutela dos direitos das vítimas por parte do Poder Judiciário. Na dicção deste dispositivo, no curso dos processos de apuração de crimes e atos infracionais e de execução de penas e medidas socioeducativas, as autoridades judiciais devem adotar as providências ali elencadas para resguardar os direitos das vítimas. Não se olvide da possibilidade de que o Poder Judiciário, enquanto tutor dos direitos fundamentais das vítimas, exerça o **controle de convencionalidade** em casos concretos.

CAPÍTULO XXII

ATUAÇÃO DA DEFENSORIA PÚBLICA NA TUTELA DOS DIREITOS DAS VÍTIMAS

1. ATUAÇÃO DA DEFENSORIA PÚBLICA NA TUTELA DOS DIREITOS FUNDAMENTAIS DAS VÍTIMAS

Nos termos do art. 134, *caput*, da Constituição Federal, a Defensoria Pública é instituição permanente, essencial à função jurisdicional do Estado, incumbindo-lhe, como expressão e instrumento do regime democrático, fundamentalmente, a orientação jurídica, a promoção dos direitos humanos e a defesa, em todos os graus, judicial e extrajudicial, dos direitos individuais e coletivos, de forma integral e gratuita, aos necessitados, na forma do inciso LXXIV do art. 5º do próprio Texto Constitucional.

Como se percebe pelo seu perfil constitucional, a Defensoria Pública é mais um órgão público que, no Estado Democrático de Direito possui capacidade e legitimidade para atuar na tutela de direitos fundamentais.

Nesse trilhar, em apertada síntese, pode-se afirmar que, no Processo Penal, são 4 (quatro) as situações que permitem a atuação da Defensoria Pública, a saber:

a) **atuação típica**: é a atuação que se dá em prol do hipossuficiente econômico ("pobre em sentido legal"). É situação, portanto, que leva em conta a carência financeira do indivíduo. Ela vem prevista no art. 4º, inciso I, da Lei Complementar nº 80/94. Nesse passo, vale o registro de que as expressões "insuficiência de recursos" e "necessitados" podem aplicar-se tanto às pessoas físicas quanto às pessoas jurídicas, daí porque há a possibilidade de que pessoas jurídicas sejam, de fato, hipossuficientes. Desse modo, a Defensoria Pública pode prestar assistência jurídica às pessoas jurídicas que preencham os requisitos constitucionais (STF, Plenário, ADI nº 4.636/DF, Rel. Min. Gilmar Mendes, julgamento virtual finalizado em 03.11.21).

b) **atuação atípica**: é a atuação que se verifica mesmo se não houver hipossuficiência econômica. Ela é possível em virtude de a Constituição Federal não exaurir todas as atribuições da Defensoria Pública. Desse modo, o termo "necessitado" ganha ampla interpretação. É que o acusado que não constituiu defensor resta indefeso, estando em condição de vulnerabilidade em face do órgão acusatório estatal. Em favor do contraditório e da ampla defesa e para que se permita a igualdade material, permitindo que o réu litigue livremente, em igualdade de condições com a acusação, a Defensoria Pública recebe do Estado legitimidade para atuar em benefício de quem até então estava sem qualquer defensor. Na Lei Complementar nº 80/94, ela é extraída a partir do teor do art. 3º, inciso IV.

c) ***custos vulnerabilis***: é a atuação da Defensoria Pública na condição de "guardiã dos vulneráveis". Nesse trilhar, deve-se inicialmente esclarecer que, nessa situação, comparando-se com as atuações anteriores, o termo "vulnerável" possui sentido distinto e ainda mais amplo. Ou seja, ele não se limita apenas ao "pobre em sentido legal" ou ao indivíduo que não possui defensor nos autos. Vai muito além. Em verdade, ele envolve o agente que teve seu direito fundamental violado de forma indevida, sendo pobre ou não, independente se já possui defensor técnico no processo. Com efeito, trata-se de intervenção da Defensoria Pública "quando ocorrer, no curso do processo, uma possível ou efetiva violação de direitos fundamentais, em que se postulará, em nome da própria Defensoria e no interesse do acusado, o que for do interesse da causa, independentemente das condições econômicas do acusado e ainda que ele tenha defensor privado constituído ou já atue um defensor público[1]".

d) **atuação em favor da vítima**: na concepção do garantismo penal integral, não sendo o acusado o único titular de direitos fundamentais no processo penal, admite-se plenamente que a Defensoria Pública também atue em favor dos interesses da vítima. Assim, por exemplo, nos termos do art. 4º, inciso XV, da Lei Complementar nº 80/94, é função institucional da Defensoria patrocinar ação penal privada e a subsidiária da pública. Nesse prisma, admite-se inclusive a atuação do órgão em prol do assistente de acusação, o que não contraria o seu perfil constitucional. Aliás, cabe, com exclusividade, à própria Defensoria averiguar a condição de carência financeira de seus assistidos, não podendo o juiz impedir o exercício de suas atribuições sob a alegação de que a vítima não seria "pobre em sentido legal" (STJ, HC nº 24.079/PB, Rel. Min. Felix Fischer, j. 19.08.03). No entender do STJ, a atuação da Defensoria Pública em favor do assistente de acusação é fruto da teoria dos poderes implícitos, bem como das normas constitucionais e legais, todas engendradas para o bom desempenho da função constitucional do órgão (STJ, RMS nº 45.793/SC, Rel. Min. Reynaldo Soares da Fonseca, j. 07.06.18). Além disso, a Defensoria Pública pode ser intimada, de ofício, pelo Juízo para prestar assistência às crianças e aos adolescentes vítimas de violência, nos procedimentos de escuta especializada, sem que isso represente sobreposição inconstitucional às funções do Ministério Público. Inclusive a Lei Complementar nº 80/94 expressamente atribui às defensoras e aos defensores públicos a função de defender os interesses individuais e coletivos das crianças e adolescentes. Especificamente quando estas crianças e adolescentes são vítimas de abusos, discriminação ou qualquer outra forma de opressão ou violência, o inciso XVIII do art. 4.º da Lei Complementar nº 80/94 determina que a Defensoria Pública deve atuar na preservação e reparação dos seus direitos, propiciando acompanhamento e atendimento interdisciplinar (STJ, 6ª Turma, RMS nº 70.679/MG, Rel. Min. Laurita Vaz, j. 26.09.2023). Aliás, para que se garanta o acesso à Justiça, admite-se até mesmo que a Defensoria represente simultaneamente, desde que por meio de defensores públicos distintos, os interesses tanto do ofendido (como assistente de acusação) quanto do acusado no mesmo processo.

1. ARAÚJO, Fábio Roque; COSTA, Klaus Negri. *Processo Penal Didático*. Salvador: Juspodivm, 2018, p. 474.

Pelo que se percebe, essa última atuação da Defensoria Pública (em favor da vítima) está intimamente ligada ao garantismo penal integral e ao Processo Penal Coletivo. Nos dias de hoje, a instituição possui papel indispensável na defesa dos direitos coletivos (entendidos aqui em sentido amplo) tutelados pelo Estado Democrático de Direito. Registre-se inclusive que, em sua atuação na tutela coletiva, o órgão vem se valendo, com destaque, do instituto do *Habeas Corpus* coletivo, o qual tem sido acolhido com constância na jurisprudência do STF e do STJ. Garantindo amplo acesso à Justiça, a Defensoria procura utilizar a instrumentalidade do processo penal para buscar a defesa dos direitos fundamentais colocados em questão.

Outrossim, permite-se com isso que ela atue em defesa de direitos fundamentais das vítimas, como a vida e a saúde, em especial aqueles atinentes à mulher, à criança e ao adolescente vítimas de violência doméstica e familiar, bem como às pessoas idosas, portadoras de necessidades especiais etc.

A esse respeito, sintomático é o teor do art. 4º, incisos XI, XV e XVIII, da Lei Complementar nº 80/94, segundo o qual são funções institucionais da Defensoria Pública, dentre outras: XI – exercer a defesa dos interesses individuais e coletivos da criança e do adolescente, do idoso, da pessoa portadora de necessidades especiais, da mulher vítima de violência doméstica e familiar e de outros grupos sociais vulneráveis que mereçam proteção especial do Estado (XI); XV – patrocinar ação penal privada e a subsidiária da pública (XV); atuar na preservação e reparação dos direitos de pessoas vítimas de tortura, abusos sexuais, discriminação ou qualquer outra forma de opressão ou violência, propiciando o acompanhamento e o atendimento interdisciplinar das vítimas (XVIII).

Não se olvide da possibilidade de que a Defensoria Pública, na defesa dos direitos fundamentais das vítimas, exerça o **controle de convencionalidade** (controle de convencionalidade impróprio), consoante estudo já feito no capítulo XX desta obra, para onde se remete o(a) leitor(a).

Com tudo isso, amplia-se substancialmente o espectro de atuação do Estado Democrático de Direito na implementação de direitos fundamentais no Processo Penal. Ele não fica limitado à atuação do Ministério Público, que, naturalmente, possui outro viés, muitas vezes outros objetivos. Enfim, com a Defensoria Pública o Estado se torna ainda mais eficiente na defesa de direitos fundamentais das vítimas.

2. ASSISTÊNCIA QUALIFICADA DA VÍTIMA (ARTS. 27 E 28 DA LEI MARIA DA PENHA)

A figura da **assistência qualificada da vítima** possui respaldo jurídico em alguns atos normativos relevantes, como a Convenção Belém do Pará e a Convenção sobre Eliminação de Todas as formas de Violência contra a Mulher, e até mesmo em julgados da Corte Interamericana de Direitos Humanos (CIDH). Mas, indubitavelmente, o seu maior fundamento jurídico está no disposto nos arts. 27 e 28 da Lei Maria da Penha.

Com efeito, de acordo com o art. 27 da Lei Maria da Penha, "em todos os atos processuais, cíveis e criminais, a mulher em situação de violência doméstica e familiar deverá estar acompanhada de advogado, ressalvado o previsto no art. 19 desta

Lei". Em reforço, o art. 28 estipula que "é garantido a toda mulher em situação de violência doméstica e familiar o acesso aos serviços de Defensoria Pública ou de Assistência Judiciária Gratuita, nos termos da lei, em sede policial e judicial, mediante atendimento específico e humanizado". Trata-se de previsão legal que possui alta relevância para fins de tutela ao *direito à justiça*, podendo ainda proporcionar a defesa de outros direitos, como o direito à proteção física, direito à proteção patrimonial, direito à proteção psicológica e o direito de participação.

Como visto no item anterior deste capítulo, tal função pode ser perfeitamente exercida pela Defensoria Pública, não apenas pela advocacia. Aliás, a redação do art. 28 da Lei Maria da Penha não deixa qualquer dúvida a esse respeito.

Esclareça-se que o instituto em comento não se confunde com a assistência à acusação. A assistência qualificada da vítima é instituto mais amplo do que esta, pois compreende não só a função de auxiliar o Ministério Público na atividade acusatória em desfavor do agressor, mas também todo e qualquer acompanhamento e auxílio jurídicos que ela venha necessitar, como uma simples orientação sobre os caminhos que podem ser seguidos ao longo da persecução penal, as consequências de uma absolvição ou condenação, ou ainda uma explicação acerca de como será colhido o seu depoimento em juízo. Por meio da assistência qualificada da vítima, esta também receberá acompanhamento técnico-profissional para buscar a concessão em seu favor de medidas protetivas de urgência. Indo além do assistente à acusação, o assistente qualificado da vítima pode inclusive ajuizar a ação civil indenizatória (ação civil *ex delicto*) no juízo cível. Ademais, a assistência à acusação resta prevista no CPP (arts. 268 a 273), ao passo que a assistência qualificada da vítima está consagrada, sobretudo, na Lei Maria da Penha (arts. 27 e 28).

Atuando como assistente qualificado da vítima, a Defensoria Pública não só tutela os direitos fundamentais desta, como também contribui para que as decisões judiciais sejam proferidas com maior legitimidade, pois construídas a partir de um diálogo travado no Poder Judiciário a respeito de toda a condição de hipossuficiente que, nos dias atuais, a mulher ainda ocupa na sociedade, a necessidade de reprimir a opressão que lhe é dirigida e a resposta que o Estado lhe deve proporcionar, garantindo os seus direitos.

Apesar de a assistência qualificada da vítima estar prevista, em termos legislativos, apenas na Lei Maria da Penha, nada impede que ela se estenda a outras legislações, principalmente que tratem da violência doméstica e familiar. Assim, por exemplo, na concepção do **microssistema de combate à violência doméstica e familiar** (art. 13 da Lei Maria da Penha c/c art. 33 da Lei Henry Borel c/c art. 94 do Estatuto da Pessoa Idosa), admite-se que ela seja aplicada para a tutela aos direitos da criança e do adolescente (Lei Henry Borel), bem como da pessoa idosa (Estatuto da Pessoa Idosa). Em acréscimo, permite-se igualmente a atuação do assistente qualificado da vítima no Tribunal do Júri quando da prática de crime de feminicídio (art. 121, § 2º, VI, CP). A respeito, veja-se o teor do Enunciado nº 32 do Fonavid (Fórum Nacional de Juízas e Juízes de Violência Doméstica e Familiar contra a Mulher): *"As vítimas de crime de feminicídio e seus familiares devem contar com a assistência jurídica gratuita,* *devendo a juíza ou o juiz designar defensora(or) pública(o) ou advogada(o) dativa(o) para atuar em sua defesa nos processos de competência do Tribunal do Júri, exceto se estiverem assistidos por advogada(o) ou defensora(or) pública(o)"*.

Posteriormente, a Lei nº 14.532/23 inseriu na Lei nº 7.716/89 (Lei de Racismo) o art. 20-D, segundo o qual "em todos os atos processuais, cíveis e criminais, a vítima dos crimes de racismo deverá estar acompanhada de advogado ou defensor público". Surge com isso mais uma previsão legal que autoriza a atuação do assistente qualificado da vítima.

Outrossim, como já visto no tópico anterior, no âmbito do Processo Penal Coletivo, a Defensoria Pública pode atuar em prol da coletividade, o que está consolidado no art. 4º, inciso XI, da Lei Complementar nº 80/94, segundo o qual é função institucional da Defensoria Pública, dentre outras, exercer a defesa dos interesses individuais e coletivos da criança e do adolescente, do idoso, da pessoa portadora de necessidades especiais, da mulher vítima de violência doméstica e familiar e de outros grupos sociais vulneráveis que mereçam proteção especial do Estado. Tem-se aqui a atuação da Defensoria Pública como ***amicus communitatis*** (**"amiga da comunidade"**). É o que se verifica, por exemplo, quando o órgão adota providência judicial para afastar, ainda que cautelarmente, médico do serviço público que, de forma reiterada, vinha praticando violência obstétrica contra mulheres hipossuficientes[2].

Com efeito, atuando como assistente qualificada da vítima, a Defensoria Pública funciona como representante postulatória (em nome da vítima), representando interesse da própria vítima; já na atuação como "amiga da comunidade", o órgão assume a sua legitimidade coletiva, atuando em nome da instituição, mas vinculada à comunidade, representando interesse da coletividade vítima (ou potencialmente vítima[3]).

3. NÚCLEO ESPECIALIZADO NA DEFESA DOS DIREITOS DAS MULHERES EM SITUAÇÃO DE VIOLÊNCIA (NUDEM)

Finalizando o estudo realizado neste capítulo, vale a pena registrar, mesmo de forma breve, que, em respeito ao *direito a tratamento profissional individualizado e não discriminatório* e com espeque no art. 28, parte final, da Lei Maria da Penha, o qual assegura à mulher em situação de violência doméstica e familiar o "acesso aos serviços de Defensoria Pública ou de Assistência Judiciária Gratuita, nos termos da lei, em sede policial e judicial, mediante *atendimento específico e humanizado*" (destacamos), atualmente a Defensoria Pública em todo o país vem atuando na tutela aos direitos das mulheres em situação de violência mediante um núcleo especializado, denominado Núcleo Especializado na Defesa dos Direitos das Mulheres (NUDEM).

2. MAIA, Maurilio Casas. *Defensor integral da mulher e assistência qualificada da vítima*. Disponível em: <https://www.conjur.com.br/2023-mar-28/tribuna-defensoria-defensora-integral-mulher-assistencia-desqualificada-vitima/>. Acesso em: 30 mar. 2024.
3. MAIA, Maurilio Casas. *Defensor integral da mulher e assistência qualificada da vítima*. Disponível em: <https://www.conjur.com.br/2023-mar-28/tribuna-defensoria-defensora-integral-mulher-assistencia-desqualificada-vitima/>. Acesso em: 30 mar. 2024.

Tal órgão vem tendo atuação destacada, sobretudo no fornecimento de orientações jurídicas relativas às demandas judiciais e extrajudiciais, bem como na postulação e acompanhamento de medidas protetivas de urgência e até mesmo na elaboração de ações iniciais de família (divórcio, guarda, alimentos, reconhecimento e dissolução de união estável e outras).

Sem dúvida alguma, trata-se de mais um instrumento eficiente da atuação do Estado, por meio da Defensoria Pública, na tutela dos direitos fundamentais das vítimas.

4. QUADRO SINÓTICO

CAPÍTULO XXI – A ATUAÇÃO DA DEFENSORIA PÚBLICA NA TUTELA DOS DIREITOS DAS VÍTIMAS	
1. Atuação da Defensoria Pública na tutela dos direitos fundamentais das vítimas	Nos termos do art. 134, *caput*, da Constituição Federal, a Defensoria Pública é instituição permanente, essencial à função jurisdicional do Estado, incumbindo-lhe, como expressão e instrumento do regime democrático, fundamentalmente, a orientação jurídica, a promoção dos direitos humanos e a defesa, em todos os graus, judicial e extrajudicial, dos direitos individuais e coletivos, de forma integral e gratuita, aos necessitados, na forma do inciso LXXIV do art. 5º do próprio Texto Constitucional. Como se percebe pelo seu perfil constitucional, a Defensoria Pública é mais um órgão público que, no Estado Democrático de Direito possui capacidade e legitimidade para atuar na tutela de direitos fundamentais. Nesse trilhar, na concepção do garantismo penal integral, não sendo o acusado o único titular de direitos fundamentais no processo penal, admite-se plenamente que a Defensoria Pública também atue em favor dos interesses da vítima. Assim, por exemplo, nos termos do art. 4º, inciso XV, da Lei Complementar nº 80/94, é função institucional da Defensoria patrocinar ação penal privada e a subsidiária da pública. Outrossim, permite-se com isso que ela atue em defesa de direitos fundamentais das vítimas, como a vida e a saúde, em especial aqueles atinentes à mulher, à criança e ao adolescente vítimas de violência doméstica e familiar, bem como às pessoas idosas, portadoras de necessidades especiais etc. A esse respeito, sintomático é o teor do art. 4º, incisos XI, XV e XVIII, da Lei Complementar nº 80/94, segundo o qual são funções institucionais da Defensoria Pública, dentre outras: XI – exercer a defesa dos interesses individuais e coletivos da criança e do adolescente, do idoso, da pessoa portadora de necessidades especiais, da mulher vítima de violência doméstica e familiar e de outros grupos sociais vulneráveis que mereçam proteção especial do Estado (XI); XV – patrocinar ação penal privada e a subsidiária da pública (XV); atuar na preservação e reparação dos direitos de pessoas vítimas de tortura, abusos sexuais, discriminação ou qualquer outra forma de opressão ou violência, propiciando o acompanhamento e o atendimento interdisciplinar das vítimas (XVIII). Não se olvide da possibilidade de que a Defensoria Pública, na defesa dos direitos fundamentais das vítimas, exerça o **controle de convencionalidade** (controle de convencionalidade impróprio).

CAPÍTULO XXI – A ATUAÇÃO DA DEFENSORIA PÚBLICA NA TUTELA DOS DIREITOS DAS VÍTIMAS	
2. Assistência qualificada da vítima (arts. 27 e 28 da Lei Maria da Penha)	A figura da **assistência qualificada da vítima** possui como principal respaldo jurídico o disposto nos arts. 27 e 28 da Lei Maria da Penha. Trata-se de previsão legal que possui alta relevância para fins de tutela ao *direito à justiça*, podendo ainda proporcionar a defesa de outros direitos, como o direito à proteção física, direito à proteção patrimonial, direito à proteção psicológica e o direito de participação. Apesar de a assistência qualificada da vítima estar prevista, em termos legislativos, apenas na Lei Maria da Penha, nada impede que ela se estenda a outras legislações, principalmente que tratem da violência doméstica e familiar. Assim, por exemplo, na concepção do **microssistema de combate à violência doméstica e familiar** (art. 13 da Lei Maria da Penha c/c art. 33 da Lei Henry Borel c/c art. 94 do Estatuto da Pessoa Idosa), admite-se que ela seja aplicada para a tutela aos direitos da criança e do adolescente (Lei Henry Borel), bem como da pessoa idosa (Estatuto da Pessoa Idosa). Em acréscimo, permite-se igualmente a atuação do assistente qualificado da vítima no Tribunal do Júri quando da prática de crime de feminicídio (art. 121, § 2º, VI, CP). A Lei nº 14.532/23 inseriu na Lei nº 7.716/89 (Lei de Racismo) o art. 20-D, segundo o qual "em todos os atos processuais, cíveis e criminais, a vítima dos crimes de racismo deverá estar acompanhada de advogado ou defensor público". Surge com isso mais uma previsão legal que autoriza a atuação do assistente qualificado da vítima.
3. Núcleo Especializado na Defesa dos Direitos das Mulheres em Situação de Violência (NUDEM)	Em respeito ao *direito a tratamento profissional individualizado e não discriminatório* e com espeque no art. 28, parte final, da Lei Maria da Penha, atualmente a Defensoria Pública em todo o país vem atuando na tutela aos direitos das mulheres em situação de violência mediante um núcleo especializado, denominado Núcleo Especializado na Defesa dos Direitos das Mulheres (NUDEM).

REFERÊNCIAS BIBLIOGRÁFICAS

ALMEIDA, Gregório Assagra de; COSTA, Rafael de Oliveira. **Direito Processual Coletivo**: a tutela penal dos bens jurídicos coletivos. Belo Horizonte: D'Plácido, 2019.

ALVES, Leonardo Barreto Moreira. **Ação Penal nos Crimes Contra a Dignidade Sexual Após a Lei n. 12.015/09**. *In:* Revista Magister de Direito Penal e Processual Penal. Porto Alegre: Magister, v.33, dez./jan. 2010, p. 85-94.

ALVES, Leonardo Barreto Moreira; ZENKNER, Marcelo. **Ministério Público**: Lei n. 8.625/93. 6. ed. rev., ampl. e atual. Salvador: Juspodivm, 2018.

ALVES, Leonardo Barreto Moreira; BERCLAZ, Márcio Soares. **Ministério Público em Ação**: atuação prática jurisdicional e extrajurisdicional. 7. ed. rev., ampl. e atual. Salvador: Juspodivm, 2019.

ALVES, Leonardo Barreto Moreira. **Manual de Processo Penal**. 4. ed. rev., ampl. e atual. Salvador: Juspodivm, 2024.

ALVES, Leonardo Barreto Moreira. **Sinopse para Concursos**: Processo Penal – Parte Geral. 14. ed. rev., ampl. e atual. Salvador: Juspodivm, 2024, v. 7.

ALVES, Leonardo Barreto Moreira. **Sinopses para Concursos**: Processo Penal – Parte Especial. 14. ed. rev., ampl. e atual. Salvador: Juspodivm, 2024, v. 8.

ANDRADE, Carlos Gustavo Coelho de; FISCHER, Douglas. **Júri e absolvição contra a prova dos autos**: clemência absoluta ou arbítrio? Disponível em: <https://www.jota.info/opiniao-e-analise/artigos/juri-e-absolvicao-contra-a-prova-dos-autos-22082020>. Acesso em: 24 ago. 2020.

ANDRADE, Mauro Fonseca. **Juiz das Garantias**. 3. ed. Curitiba: Juruá, 2020.

ARAS, Vladimir. **O direito das vítimas a um julgamento justo**. Disponível em: <https://vladimiraras.blog/2020/10/04/o-direito-das-vitimas-a-um-julgamento-justo/>. Acesso em: 01 mar. 2021.

ARAÚJO, Fábio Roque; COSTA, Klaus Negri. **Processo Penal Didático**. Salvador: Juspodivm, 2018.

ARAÚJO, Fábio Roque; COSTA, Klaus Negri. **Processo Penal Didático**. 3. ed. rev., atual. e ampl. Salvador: Juspodivm, 2020.

AVENA, Norberto. **Processo Penal Esquematizado**. São Paulo: Método, 2009.

AVENA, Norberto. **Processo Penal**. 12. ed. rev., atual. e ampl. São Paulo: Método, 2020.

BADARÓ, Gustavo Henrique. **Processo Penal**. 8. ed. rev., atual. e ampl. São Paulo: RT, 2020.

BARREIRAS, Mariana Barros. **Manual de Criminologia**. 3. ed. rev., atual. e ampl. São Paulo: Juspodivm, 2023.

BEDÊ JÚNIOR, Américo; SENNA, Gustavo. **Princípios do Processo Penal**: entre o garantismo e a efetividade da sanção. São Paulo: RT, 2009.

BIFFE JUNIOR, João; LEITÃO JUNIOR, Joaquim. **Concursos públicos:** terminologias e teorias inusitadas. São Paulo: Método, 2016.

BINDER, Alberto. **Fundamentos para a Reforma da Justiça Penal**. Florianópolis: Empório do Direito, 2017.

BONFIM, Edilson Mougenot. **Curso de Processo Penal**. 5. ed. São Paulo: Saraiva, 2010.

BOSCHI, José Antônio Paganella. **Ação Penal**: denúncia, queixa e aditamento. 3. ed. Rio de Janeiro: AIDE, 2002.

BURKE, Anderson. **Vitimologia**: manual da vítima penal. 2. ed. rev., ampl. e atual. São Paulo: Juspodivm, 2022.

CABRAL, Rodrigo Leite Ferreira. **Manual do Acordo de Não Persecução Penal**: à luz da Lei 13.964/2019 (Pacote Anticrime). Salvador: Juspodivm, 2020.

CALABRICH, Bruno. **Investigação Criminal pelo Ministério Público:** uma renitente e brasileira polêmica. *In*: ALVES, Leonardo Barreto Moreira; CHAVES, Cristiano; ROSENVALD, Nelson. **Temas Atuais do Ministério Público:** a atuação do *Parquet* nos 20 anos da Constituição Federal. 2. ed. rev., ampl. e atual. Rio de Janeiro: Lumen Juris, p. 605-634.

CALHAU, Lélio Braga. **Princípios de Criminologia**. 9. ed. rev., ampl. e atual. Niterói RJ: Impetus, 2020.

CAPEZ, Fernando. **Curso de Processo Penal.** 14. ed. São Paulo: Saraiva, 2007.

CARNEIRO, Paulo Cezar Pinheiro. **O Ministério Público no processo civil e penal.** 5. ed. Rio de Janeiro: Forense, 1994.

CARNELUTTI, Francesco. **Sistemas de direito processual civil**. Tradução: Hiltomar Martins Oliveira. São Paulo: ClassicBook, 2000, v.1.

CARVALHO RAMOS, André de. **Processo Internacional de Direitos Humanos**. São Paulo: Saraiva, 2015.

CASAROTI, Luciano. **Idoso – Lei nº 10.741/2003**. *In*: CUNHA, Rogério Sanches; PINTO, Ronaldo Batista; SOUZA, Renee do Ó (Coords.). **Leis Penais Especiais Comentadas**. 4. ed. rev., atual. e ampl. Salvador: Juspodivm, 2021, pp. 1.473-1.509.

CASTRO, Ana Lara Camargo de. **Plea Bargain**: Resolução Penal Pactuada nos Estados Unidos. Belo Horizonte: D'Plácido, 2019.

CUNHA, Rogério Sanches. **Pacote Anticrime**: Lei 13.964/2019 – comentários às alterações no CP, CPP e LEP. Salvador: Juspodivm, 2020.

CUNHA, Rogério Sanches; PINTO, Ronaldo Batista; SOUZA, Renee do Ó (Coords.). **Leis Penais Especiais Comentadas**. 4. ed. rev., atual. e ampl. Salvador: Juspodivm, 2021.

CUNHA, Rogério Sanches; ÁVILA, Thiago Pierobom de. **Violência Doméstica e Familiar contra Crianças e Adolescentes – Lei Henry Borel**: comentários à Lei 14.344/22. Salvador: Juspodivm, 2022.

CUNHA, Rogério Sanches. **Manual de Direito Penal**: parte geral. 11. ed. rev., ampl. e atual. São Paulo: Juspodivm, 2022.

DEZEM, Guilherme Madeira. **Curso de Processo Penal**. 6. ed. rev., atual. e ampl. São Paulo: RT, 2020.

FERNANDES, Antônio Scarance Fernandes. **Processo penal constitucional**. 3. ed. São Paulo: RT, 2002.

FERNANDES, Antônio Scarance Fernandes. **Teoria geral do procedimento e o procedimento no processo penal**. São Paulo: RT, 2005.

FERRAJOLI, Luigi. **Derecho y razón**: teoria del garantismo penal. 4. ed. Madrid: Trotta, 2000.

FERRAJOLI, Luigi. **Pincipia iuris. Teoria del diritto e dela democrazia**. Vol. II. 2. Ed. Roma-Bari: Laterza, 2009.

FISCHER, Douglas. **O que é garantismo penal (integral)?**. *In*: CALABRICH, Bruno; FISCHER, Douglas; PELELLA, Eduardo (Orgs.). **Garantismo Penal Integral.** Salvador: Juspodivm, 2010.

FISCHER, Douglas; PEREIRA, Frederico Valdez. **As Obrigações Processuais Penais Positivas**: segundo as Cortes Europeia e Interamericana de Direitos Humanos. 2. ed. rev. e ampl. Porto Alegre: Livraria do Advogado, 2019.

FISCHER, Douglas. **Cuidado:** Duração razoável do processo, para quem e quais critérios?. Disponível em: <https://temasjuridicospdf.com/cuidado-duracao-razoavel-do-processo-para-quem-e-quais-criterios/>. Acesso em: 31 mar. 2024.

GARCIA, Emerson. **Ministério Público**: organização, atribuições e regime jurídico. 3. ed. Rio de Janeiro: Lumen Juris, 2008.

GOMES, Luiz Flávio. **Direito Processual Penal**. São Paulo: RT, 2005.

GONZAGA, Christiano. **Manual de Criminologia**. São Paulo: Saraiva, 2018.

GRECO, Rogério; CUNHA, Rogério Sanches. **Abuso de Autoridade**: Lei 13.869/2019 comentada artigo por artigo. Salvador: Juspodivm, 2020.

GUARAGNI, Fábio André; CABRAL, Rodrigo Leite Ferreira. **Consumidor – Lei nº 8.078/1990**. *In*: CUNHA, Rogério Sanches; PINTO, Ronaldo Batista; SOUZA,

Renee do Ó (Coords.). **Leis Penais Especiais Comentadas**. 4. ed. rev., atual. e ampl. Salvador: Juspodivm, 2021, pp. 697-765.

HABIB, Gabriel. **Leis Penais Especiais**. Salvador: Juspodivm, 2009, tomo I.

HEEMANN, Thimotie Aragon. **O exercício do controle de convencionalidade pelo membro do Ministério Público**. Disponível em: <https://escolasuperior.mppr.mp.br/arquivos/File/MP_Academia/Teses_2019/Thimotie_Heemann_-_O_exercicio_do_controle_de_convencionalidade.pdf>. Acesso em: 02. mar. 2021.

IENNACO, Rodrigo. **Da Vítima no Processo Penal**. *In*: ALVES, Leonardo Barreto Moreira; ARAÚJO, Fábio Roque (coords.). **O Projeto do Novo Código de Processo Penal**. Salvador: Juspodivm, 2012, p. 175-181.

JATAHY, Carlos Roberto de Castro. **Curso de Princípios Institucionais do Ministério Público**. 4. ed. Rio de Janeiro: Lumen Juris, 2009.

JARDIM, Afrânio Silva. **Direito processual penal**. 11. ed. Rio de Janeiro: Forense, 2002.

JARDIM, Afrânio Silva; AMORIM, Pierre Souto Maior Coutinho de. **Direito Processual Penal**: estudos e pareceres. 14. ed. rev., ampl. e atual. Salvador: Juspodivm, 2016.

KURKOWSKI, Rafael Schwez. **Crime Ambiental – Lei nº 9.605/1998**. *In*: CUNHA, Rogério Sanches; PINTO, Ronaldo Batista; SOUZA, Renee do Ó (Coords.). **Leis Penais Especiais Comentadas**. 4. ed. rev., atual. e ampl. Salvador: Juspodivm, 2021, pp. 1.227-1.356.

LIMA, Marcellus Polastri. **Manual de Processo Penal**. 3. ed. Rio de Janeiro: Lumen Juris, 2009.

LIMA, Renato Brasileiro de. **Manual de Processo Penal:** volume único. 8. ed. rev., ampl. e atual. Salvador: Juspodivm, 2020.

LIMA, Renato Brasileiro de. **Manual de Legislação Criminal Especial**. 12. ed. rev., atual. e ampl. São Paulo: Juspodivm, 2024.

LOPES JUNIOR, Aury. **Direito Processual e sua conformidade constitucional**. 5. ed. rev. e atual. Rio de Janeiro: Lumen Juris, 2010, v. I.

LOPES JUNIOR, Aury. **Introdução Crítica ao Processo Penal**: fundamentos da instrumentalidade constitucional. 5. ed. rev., atual. e ampl. Rio de Janeiro: Lumen Juris, 2010.

LOPES JUNIOR, Aury; ROSA, Alexandre Morais da. **Busca da Verdade no Processo Penal para além da ambição inquisitorial**. Disponível em: <https://www.conjur.com.br/2014-jul-04/busca-verdade-processo-penal-alem-ambicao-inquisitorial>. Acesso em: 12 ago. 2020.

LOPES JUNIOR, Aury. **Direito processual penal**. 17. ed. São Paulo: Saraiva Educação, 2020.

MAIA, Maurilio Casas. **Defensor integral da mulher e assistência qualificada da vítima**. Disponível em: <https://www.conjur.com.br/2023-mar-28/

tribuna-defensoria-defensora-integral-mulher-assistencia-desqualificada-vitima/>. Acesso em: 30 mar. 2024.

MARQUES, José Frederico. **Elementos de direito processual penal**. São Paulo: Forense, 1961, v. 1.

MARQUES, José Frederico. **Elementos de Direito Processual Penal**. 2. ed. Campinas: Millennium, 2003, v. 1.

MAZZILLI, Hugo Nigro. **Ministério Público e a Defesa do Regime Democrático**. In: VIGLIAR, José Marcelo Menezes; MACEDO JR., Ronaldo Porto (Coord.). **Ministério Público II – Democracia**. São Paulo: Atlas, 1999.

MAZZILLI, Hugo Nigro. **Regime Jurídico do Ministério Público**. 6. ed. São Paulo: Saraiva, 2007.

MAZZUOLI, Valerio de Oliveira; FARIA, Marcelle Rodrigues da Costa e; KLEDSON, Dionysio de Oliveira. **Controle de Convencionalidade pelo Ministério Público**. Rio de Janeiro: Forense, 2021.

MIRABETE, Julio Fabbrini. **Processo Penal**. 14. ed. São Paulo: Atlas, 2003.

MIRABETE, Júlio Fabbrini. **Processo Penal**. 16. ed. rev. e atual. por Renato N. Fabbrini. São Paulo: Atlas, 2004.

MIRANDA, Jorge. **Os Direitos Fundamentais – sua dimensão individual e social**. In: **Cadernos de Direito Constitucional e Ciência Política – CDCCP** – nº 1, 1992.

MOREIRA, Rômulo de Andrade. **Ação penal nos crimes contra a liberdade sexual e nos delitos sexuais contra vulnerável**: a lei n. 12.015/09. ***Jus Navigandi***, Teresina, ano 13, n. 2239, 18 ago. 2009a. Disponível em: <http://jus2.uol.com.br/doutrina/texto.asp?id=13345>. Acesso em: 05 dez. 2009.

MOREIRA, Rômulo de Andrade. **Curso Temático de Direito Processual Penal.** 2. ed. Salvador: Juspodivm, 2009b.

MOREIRA, Rômulo de Andrade. **O Supremo Tribunal Federal e a fixação da reparação do dano na sentença penal condenatória**. ***Jus Navigandi***, Teresina, ano 17, n. 3459, 20 dez. 2012. Disponível em: <http://jus.com.br/revista/texto/23296>. Acesso em: 4 fev. 2013.

NASCIMENTO, Filippe Augusto dos Santos. **Manual de Humanística**: introdução às ciências humanas e à teoria do direito para carreiras jurídicas. 3. ed. rev., atual. e ampl. São Paulo: Juspodivm, 2024.

NICOLITT, André. **Manual de Processo Penal**. 10. ed. Belo Horizonte, São Paulo: D'Plácido, 2020.

NUCCI, Guilherme de Souza. **Manual de Processo Penal e Execução Penal**. 5. ed. São Paulo: RT, 2008.

NUCCI, Guilherme de Souza. **Crimes contra a dignidade sexual**: comentários à lei 12.015, de 7 de agosto de 2009. São Paulo: RT, 2009.

NUCCI, Guilherme de Souza. **Curso de Direito Processo Penal**. 17. ed. rev., atual. e reform. Rio de Janeiro: Forense, 2020.

NUCCI, Guilherme de Souza. **Pacote Anticrime Comentado**. Rio de Janeiro: Forense, 2020.

NUNES, Ricardo Pieri. **Manual de princípios institucionais do Ministério Público.** Rio de Janeiro: Espaço Jurídico, 2001.

OLIVEIRA, Edmundo. **Vitimologia e direito penal**: o crime precipitado pela vítima. 2. ed. Rio de Janeiro: Forense, 2001.

OLIVEIRA, Eugênio Pacelli. **Processo e Hermenêutica na Tutela Penal dos Direitos Fundamentais**. Belo Horizonte: Del Rey, 2004.

OLIVEIRA, Eugênio Pacelli de. **Curso de Processo Penal**. 10. ed. Rio de Janeiro: Lumen Juris, 2008.

OLIVEIRA, Eugênio Pacelli de. **Atualização do Processo Penal**: Lei nº 12.403, de 05 de maio de 2011. Rio de Janeiro: Lumen Juris, 2011.

OLIVEIRA, Eugênio Pacelli. **Curso de Processo Penal**. 15. ed. Rio de Janeiro: Lumen Juris, 2011.

OLIVEIRA, Eugênio Pacelli de; FISCHER, Douglas. **Comentários ao Código de Processo Penal e sua Jurisprudência**. 4. ed. São Paulo: Atlas, 2012.

OLIVEIRA, Natacha Alves de. **Criminologia**. 2. ed. rev., ampl. e atual. Salvador: Juspodivm, 2020.

PINTO, Ronaldo Batista. **Primeiras observações sobre a alteração promovida no art. 387 do Código de Processo Penal. Jus Navigandi**, Teresina, ano 18, n. 3493, 23 jan. 2013. Disponível em: <http://jus.com.br/artigos/23528>. Acesso em: 6 fev. 2014.

POLASTRI, Marcellus. **Ministério Público e Persecução Criminal**. 5. ed. rev., atual e ampl. Salvador: Juspodivm, 2016.

RANGEL, Paulo. **Direito Processual Penal**. 17. ed. Rio de Janeiro: Lumen Juris, 2009.

SOUZA, Renee do Ó; CUNHA, Rogério Sanches; LINS, Caroline de Assis e Silva Homes. **A nova figura do agente disfarçado prevista na Lei 13.964/2019**. Disponível em: <https://meusitejuridico.editorajuspodivm.com.br/2019/12/27/nova-figura-agente-disfarcado-prevista-na-lei-13-9642019/>. Acesso em: 5 jan. 2020.

ROSA, Alexandre Morais da; AMORIM, Fernanda Pacheco. **O que implica a devida diligência na violência doméstica**. Disponível em: https://www.conjur.com.br/2019-out-04/limite-penal-implica-devida-diligencia-violencia-domestica/>. Acesso em 9. mar. 2024.

SOUZA, Alexander Araujo de. **O Ministério Público como instituição de garantia**: as funções essenciais do *Parquet* nas modernas democracias. Rio de Janeiro: Lumen Juris, 2020.

STASIAK, Vladimir. **O princípio do promotor natural e sua relevância na administração da justiça**. *In*: **Revista dos Tribunais (fascículo penal),** São Paulo: RT, 1989, v. 771, jan/2000.

TÁVORA, Nestor; ALENCAR, Rosmar Rodrigues. **Curso de Direito Processual Penal**. 3. ed. rev., ampl. e atual. Salvador: Juspodivm, 2009.

TÁVORA, Nestor; ARAÚJO, Fábio Roque. **Código de Processo Penal para Concursos**. Salvador: Juspodivm, 2010.

TÁVORA, Nestor; ALENCAR, Rosmar Rodrigues. **Comentários ao Anteprojeto de Lei Anticrime:** tripartido em três projetos de lei conforme versão enviada ao Congresso Nacional. Salvador: Juspodivm, 2019.

TÁVORA, Nestor; ALENCAR, Rosmar Rodrigues. **Novo Curso de Direito Processual Penal**. 15. ed. reestrut., rev. e atual. Salvador: Juspodivm, 2020.

TOURINHO FILHO, Fernando da Costa. **Manual de Processo Penal**. 5. ed. São Paulo: Saraiva, 2003, v. 1.

TOURINHO FILHO, Fernando da Costa. **Crimes Contra a Liberdade Sexual, em Face da Nova Lei**. *In*: Revista Magister de Direito Penal e Processual Penal. Porto Alegre: Magister, v.33, dez./jan. 2010, p. 78-84.

EDITORA *Jus*PODIVM
www.editorajuspodivm.com.br

Dizer O Direito
www.dizerodireito.com.br

DIZ3788